FUNDBERICHTE AUS ÖSTERREICH
MATERIALHEFTE

HERAUSGEGEBEN VOM BUNDESDENKMALAMT

REIHE A, HEFT 8 Wien 2000

SCHRIFTLEITUNG: HORST ADLER

Sigel: FÖMat A 8, 2000

Titelbild:
Kacheln des „Goldenen Ofens“ im Stift Altenburg, um 1480,
Kat. Nr. 19.41, 19.48, 19.36 und 19.40.
Grafische Gestaltung: Franz Siegmeth, Bad Vöslau.

BUNDESDENKMALAMT
ABTEILUNG FÜR BODENDENKMALE

FUNDORT KLOSTER

ARCHÄOLOGIE IM KLÖSTERREICH

KATALOG ZUR AUSSTELLUNG IM STIFT ALTENBURG

VOM 1. MAI BIS 1. NOVEMBER 2000

Herausgeber: Bundesdenkmalamt, Hofburg, Säulenstiege, 1010 Wien
Schriftleitung: Dr. Horst Adler, Abteilung für Bodendenkmale

ISBN 3-85028-323-2

Druck: Ferdinand Berger & Söhne Ges. m. b. H., 3580 Horn

INHALTSVERZEICHNIS

Aufsätze

Katalogteil

Bereich A – Kaisertrakt und Veitskapelle

Bereich B – Altane

Bereich C – Das Alte Kloster

Veranstalter:

Benediktinerabtei Altenburg

Bundesdenkmalamt (BDA), Abt. f. Bodendenkmale

Die Ausstellung wurde mit Unterstützung der Abteilung für Bodendenkmale des Bundesdenkmalamtes und der Abteilung Kultur und Wissenschaft des Amtes der NÖ. Landesregierung ermöglicht und aus Mitteln des EU-Regionalförderungsprogrammes LEADER II, kofinanziert vom BMWA, Abteilung Tourismus, des AMS und ESF gefördert.

Mit Spenden und Sachleistungen haben das Ausstellungsvorhaben gefördert:

Fa. Albrecht & Dörr
Fa. Groiß
Fa. Hohenegger
Fa. Hörmann
Fa. Kienast
Fa. Kindl
Fa. Leyrer und Graf
Fa. Polleroß
Fa. Schachtner
Fa. Strupp
Fa. Ulrich
Fa. Vrbicky
Fa. Wanzl
Lagerhaus Zwettl
Raika Horn
Sparkasse Horn
Waldviertler Volksbank
Wiener Städtische Versicherung

Ausstellungskonzeption:

HR Dr. Christa Farka, BDA
P. Dr. Albert Groiß OSB, Stift Altenburg
Mag. Martin Krenn, ASINOE

Ausstellungsgrafik:

Mag. Peter Seeberg

Katalogrecherche:

Dr. Marina Kaltenegger
Mag. Martin Krenn, ASINOE

Redaktion:

Dr. Horst Adler, BDA

Fotografische Aufnahmen:

Bundesdenkmalamt Wien
Verein ASINOE, Krems
Stiftsarchiv Altenburg
Fotografische Aufnahmen der Fundobjekte, wenn nicht anders bezeichnet, von Petra Laubenstein, BDA.

Digitale Planbearbeitung:

Mag. Gottfried Artner, ASINOE
Gerold Bawaronschütz, ASINOE
Mag. Kinga Tarcsay, BDA

Restaurierung der Fundobjekte:

Mag. Michael Marius, Werkstätten des Bundesdenkmalamtes
Mag. Susanne Kosma, Werkstätten des Bundesdenkmalamtes
Yassar Murat, Werkstätten des Bundesdenkmalamtes
Felix Sellner, ASINOE
Johann Leihs, ASINOE

Zeichnungen:

Dr. Helgard Rodriguez, ASINOE
Heinz Walcher

Ausstellungspädagogik und Kinderprogramme:

Mag. Karina Grömer, ASINOE
Fr. Michael Hüttl OSB, Stift Altenburg
Michael Steinböck, Stift Altenburg

Inszenierung und Drehbücher:

Prof. Dieter O. Holzinger

Multimedia:

Gerhard Gutscher (Vienna Light Sound)

Historische Gärten:

Leonhard Eder

Organisation:

P. Albert Groiß OSB, Stift Altenburg

Marketing und Sekretariat:

Michael Steinböck, Stift Altenburg

Aufbauten:

Verein ASINOE (Mag. Martin Krenn)
Bautrupp des Stiftes Altenburg (Dipl.-Ing. Friedrich Cornelson)

Vitrineneinrichtung:

Mag. Martin Krenn, ASINOE
Fr. Michael Hüttl OSB, Stift Altenburg

Leihgeber:

Bundesdenkmalamt, Abteilung für Bodendenkmale
Benediktinerstift Admont
Prämonstratenserstift Geras
Zisterzienserstift Heiligenkreuz
Zisterzienserstift Lilienfeld
Chorherrenstift Herzogenburg
Chorherrenstift Klosterneuburg
Stadtgemeinde Klosterneuburg – Stadtmuseum Klosterneuburg
Stadtgemeinde Tulln – Tullner Museen im Minoritenkloster
GEDESAG, Krems

Fotografische Aufnahmen wurden dankenswerterweise von folgenden Institutionen zur Verfügung gestellt:

Bundesdenkmalamt, Fotoarchiv
Österreichische Akademie der Wissenschaften
Prämonstratenserstift Geras
Benediktinerabtei Göttweig, Graphisches Kabinett
Benediktinerabtei Melk
Zisterzienserabtei Zwettl

Mitarbeiter am Ausstellungskatalog, Autorinnen und Autoren:

Leonhard Eder (L. Ed.)
HR Dr. Hanna Egger (H. Eg.)
HR Dr. Christa Farka (C. Fa.)
Mag. Alfred Galik
Prior P. Dr. Albert Groiß OSB (A. Gr.)
Mag. Karina Grömer (K. Gr.)
Univ.-Doz. Dr. Bernhard Hebert
Mag. Nikolaus Hofer (N. Ho.)
Dr. Marina Kaltenegger (M. Ka.)
Thomas Kreitner (T. Kr.)
Mag. Martin Krenn (M. Kr.)
Mag. Thomas Kühtreiber (T. Kü.)
Mag. Günther Karl Kunst
Dr. Manfred Lehner (M. Le.)
Univ.-Prof. Dr. Johannes-Wolfgang Neugebauer (J. Ne.)
Johann Offenberger (J. Of.)
Mag. Johannes Pöll
Fritz Preinfalk (F. Pr.)
Mag. Franz Sauer
Mag. Kinga Tarcsay (K. Ta.)
Dr. Johannes M. Tuzar (J. Tu.)
Univ.-Prof. Dr. Hannsjörg Ubl (H. Ub.)
P. Dr. Benedikt Wagner OSB
Dr. Barbara Wewerka (B. We.)
Mag. Andreas Zajic (A. Za.)

Vorwort

Liebe Besucher!

Viele bewundern die großartigen Klöster Österreichs: Hier ist Kultur in 1000 und mehr Jahren gewachsen und bewahrt. Der Rückblick im Jahre 2000 lässt uns die Wurzeln sehen und den kulturellen Humus, aus dem all das gewachsen ist und noch immer wächst. Im „Fundort Kloster" wird Vergangenheit lebendig, spüren wir etwas von den Mühen und Zielen, den Sorgen und Freuden der Menschen damals, aber auch von dem gläubigen Vertrauen, das ihr Leben beseelt hat. Nirgends kommt so viel und so Deutliches aus dem Leben früherer Zeiten ans Tageslicht. Da geht es nicht um trockene historische Belehrung, auch nicht um museale Aufbereitung einer toten Vergangenheit, da wird Geschichte greifbar und erlebbar. Diese Tiefenschichten unserer Vergangenheit spiegeln sich in den Tiefenschichten unserer Seele und zeigen uns Wege der Selbsterkenntnis und Be-Wertung. Sie geben aber auch kräftige Impulse für unsere eigene Zukunft und als authentische Zeugen Impulse für die Zukunft Europas. „Europa braucht eine Seele", das wird zur sprechenden Konsequenz für heute.

In Altenburg haben wir in den letzten 15 Jahren diese spannende Offenlegung lange verschütteter Zeugen der Vergangenheit erlebt. Viele archäologische Untersuchungen im österreichischen Klösterreich haben die Ergebnisse bestätigt und ergänzt. Gerne ermöglichen wir es einer breiten Öffentlichkeit, diese ergrabene Entdeckungsgeschichte zu durchwandern und bereichert zurückzukehren zur eigenen Lebensaufgabe. Es gibt keine Situation, in der der Mensch, „das Auge und Herz, das Licht und die Krone der Schöpfung", aufgeben muss. Wir alle dürfen unseren Lebensweg mit Dank und Hoffnung, mit Freude und Liebe gehen.

Der reiche „Fundort Kloster" soll auch für Sie ein Fundort für Ihr Leben sein!

Von ganzem Herzen danke ich allen, die die Grabungen der letzten 15 Jahre ermöglicht und begleitet haben, und allen. die diese Ausstellung aufbereitet haben.

Altenburg, 19. Jänner 2000 — Abt Bernhard Naber OSB

Zum Ausstellungsthema: Fundort Kloster. Klosterarchäologie der Abteilung für Bodendenkmale des Bundesdenkmalamtes

Christa Farka

Österreich besitzt ein reiches Erbe bedeutender, bis ins frühe Mittelalter zurückreichender Klöster, deren Einfluss auf Bildung, Kultur und Wirtschaft unsere Geschichte jahrhundertelang entscheidend geprägt hat.

Nur ein Teil dieser Klöster besteht bis heute in ihrer ursprünglichen Funktion. Auch wurden sie im Laufe der Jahrhunderte vielfach umgebaut, nach kriegerischen Ereignissen und Bränden erneuert und präsentieren sich heute zumeist als weitläufige, prunkvolle barocke Anlagen. Ihre mittelalterliche Entstehungsgeschichte ist vielfach nur mehr an Kirche und Klaustrum ablesbar. Von vielen Klöstern sind heute lediglich die Klosterkirche oder einzelne Gebäudeteile erhalten, die oftmals durch eine völlig andere Nutzung umfassende bauliche Veränderungen erfuhren. Dies gilt insbesondere für die in den Städten einst zahlreich bestehenden Bettelordensklöster, von denen eine beträchtliche Anzahl bereits im 19. Jahrhundert teilweise oder auch gänzlich abgebrochen wurden.

In der Erforschung von Klöstern und Kirchen hat die Archäologie neben Kunstgeschichte, historischer Forschung und Kirchengeschichte seit langem ihren unverzichtbaren Platz, sei es bei der Gewinnung von Primärquellen, den nur durch archäologischen Grabungen erschließbaren Vorgängerbauten, für die meist nur ein Gründungsdatum überliefert ist, oder von ergänzenden Informationen zu Datierung, Bautechnik, Nutzung und Sachkultur als Informationsträger des Alltagslebens der einstigen klösterlichen Gemeinschaften. Nicht zuletzt kann die archäologische Untersuchung gelegentlich auch Hinweise auf Bauschäden und deren Ursachen liefern.

Seit geraumer Zeit ist die Erforschung der Klosterlandschaft ein Schwerpunkt in der Tätigkeit der Abteilung für Bodendenkmale des Bundesdenkmalamtes.

Mit der Präsentation der Ergebnisse langjähriger Grabungstätigkeit der Abteilung in Klosteranlagen in dieser Ausstellung soll vor allem die Bedeutung der archäologischen Quellen für die Erforschung der frühen Kirchengeschichte unseres Landes aufgezeigt werden. Die Arbeit der archäologischen Denkmalpflege ist fast ausschließlich von durch äußere Sachzwänge diktierten Zufälligkeiten bestimmt, die nur dort Einblicke ermöglichen, wo Restaurierungs- und Umbaumaßnahmen Eingriffe in den Boden notwendig machen und den archäologischen Quellenbestand in seiner Existenz gefährden. In vielen Fällen ist die archäologische Denkmalpflege daher gezwungen, sich auf die vom Baugeschehen betroffenen Bereiche zu beschränken, die nur bruchstückhafte Ergebnisse liefern, deren Interpretation oftmals späteren Befundungen vorbehalten bleiben muss. Dennoch sind auch diese oftmals nur aus baubegleitenden Beobachtungen resultierenden Ergebnisse unverzichtbar.

Aus der nachfolgenden Zusammenstellung der vorläufigen Ergebnisse archäologischer Untersuchungen der Abteilung für Bodendenkmale in Klöstern wird deutlich, dass nur in wenigen Fällen eine kontinuierliche archäologische Begleitung aller Baumaßnahmen bisher möglich war, wie etwa in Altenburg, Heiligenkreuz und Mauerbach.

Nur ein einziges Kloster Österreichs konnte fast in seiner Gesamtheit archäologisch und bauhistorisch erforscht werden, das Kloster Mondsee. Dieses Beispiel zeigt, dass sich nur durch die Untersuchung des gesamten Klosterbezirkes mit seinem Umfeld, Friedhöfen und Wirtschaftsbauten unter Einbeziehung aller historischen und naturwissenschaftlichen Fachdisziplinen über die baugeschichtlichen Fragestellungen hinausgehende Fragen zu Kirchen-, Sozial- und Wirtschaftsgeschichte des Landes beantworten lassen.

Die in alphabetischer Folge angeführten Beispiele verdeutlichen die Ergebnisse und den wissenschaftlichen Erkenntnisgewinn, die aus den archäologischen Quellen resultieren, zeigen aber auch die Probleme bei der Interpretation der oftmals zu kleinflächigen Aufschlüsse auf.

Mit wenigen Ausnahmen existieren zu den Grabungen nur Vorberichte, so dass die angeführten Ergebnisse nur als vorläufig angesehen werden müssen.

Die Ausstellung soll nicht als Leistungsschau verstanden werden, sondern als Beitrag zum besseren Verständnis der Bedeutung der archäologischen Quellen für mittelalterliche Architekturgeschichte und frühe Kirchengeschichte Österreichs.

Für die wertvolle Hilfestellung bei der Zusammenstellung sei Frau Dr. Marina Kaltenegger, Herrn Univ.-Doz. Dr. Bernhard Hebert und Mag. Johannes Pöll sehr herzlich gedankt.

1. Admont (Steiermark)

Benediktinerkloster

Das Benediktinerkloster wurde als salzburgisches Eigenkloster 1074 unter Erzbischof Gebhard gegründet. Die unter Erzbischof Konrad I. im Zuge des Klosterausbaues neu errichtete, 1121 geweihte Basilika wurde nach einem Brand 1152 erneuert und im 13./14. Jahrhundert gotisiert. Im 17. Jahrhundert entstand die heutige barocke Klosteranlage. Nach einem Brand im 19. Jahrhundert wurde die bestehende neugotische Kirche unter Beibehaltung der alten Baufluchten errichtet.

Anlässlich eines groß angelegten Heizungsumbaues in der Stiftskirche 1998 waren lediglich baubegleitende archäologische Untersuchungen im Presbyterium und im nördlichen gotischen Presbyteriumsvorjoch möglich. Dabei konnten trotz der kleinflächigen Sondagen für die Baugeschichte der Kirche wichtige Ergebnisse erzielt werden. Für den 1121 geweihten Bau einer dreischiffigen Basilika gelang der Nachweis der Existenz einer nördlichen halbkreisförmigen Seitenapsis und eines Querhauses. Der Einbau einer mächtigen Gruft im 19. Jahrhundert innerhalb des Presbyteriums hatte ältere Befunde weitestgehend zerstört. Bedauerlicherweise wurden die tief greifenden Baumaßnahmen im Langhaus ohne archäologische Begleitung durchgeführt, wodurch zum Gründungsbau von 1074 derzeit keine Aussagen möglich sind.

Literatur:

M. Lehner, Fundberichte aus Österreich 37, 1998, 879.

J. Fürnholzer und M. Lehner, Zu den romanischen Vorgängerbauten der Admonter Stiftskirche: Der Versuch einer archäologischen Baubegleitung, Österreichische Zeitschrift für Kunst und Denkmalpflege 53, 1999, im Druck.

J. Fürnholzer und M. Lehner, Zu den romanischen Vorgängerbauten der Admonter Stiftskirche: Der Versuch einer archäologischen Baubegleitung, PAX, Magazin des Benediktinerstiftes Admont 1998/2, 38 ff.

Abb. 2 (Kat. Nr. 4.1.3):
Altenburg, dreidimensionale Rekonstruktion des mittelalterlichen Klosters.
Grafik: ASINOE.

2. Altenburg (Niederösterreich)

Benediktinerstift

Das Benediktinerstift wurde 1138/39 durch Hildburg von Poigen und ihren Sohn Hermann gegründet und mit Mönchen von St. Lambrecht in der Steiermark besiedelt.

Nach mehrfachen Zerstörungen durch kriegerische Ereignisse im 15. und 17. Jahrhundert erfolgte im späten 17. und 18. Jahrhundert der Ausbau der heutigen ausgedehnten barocken Anlage. Im Zuge der barocken Umgestaltung wurde das mittelalterliche Kloster teilweise abgebrochen und mit mächtigen Aufschüttungen überdeckt.

Bereits 1931/32 begann man mit den ersten Freilegungsarbeiten im Bereich des mittelalterlichen Kreuzganges, die 1985 abgeschlossen wurden.

Seit 1993 werden sämtliche im Zuge der laufenden Restaurierungsmaßnahmen erforderlichen Bodeneingriffe durch archäologisch-bauhistorische Untersuchungen begleitet. Aus diesen Untersuchungen ergaben sich bereits wesentliche Ergebnisse zur mittelalterlichen Baugeschichte.

Bei Untersuchungen im ehemaligen Refektorium wurde eine Heizanlage mit Vorraum, Bedienungsraum und den eigentlichem, doppelt gewölbtem Heizraum freigelegt. Eine weitere fast vollständig erhaltene Heizanlage des Calefaktoriums konnte unter der ehemaligen Fraterie aufgedeckt werden.

Die Grabungen an der Ostseite des Klaustrums erbrachten den Nachweis einer an den Kapitelsaal angebauten mehrphasigen Kapelle sowie einer romanischen Apsis, deren Zuordnung als Ostabschluss des südlichen Seitenschiffes der Kirche oder einer Seitenkapelle noch ungeklärt ist.

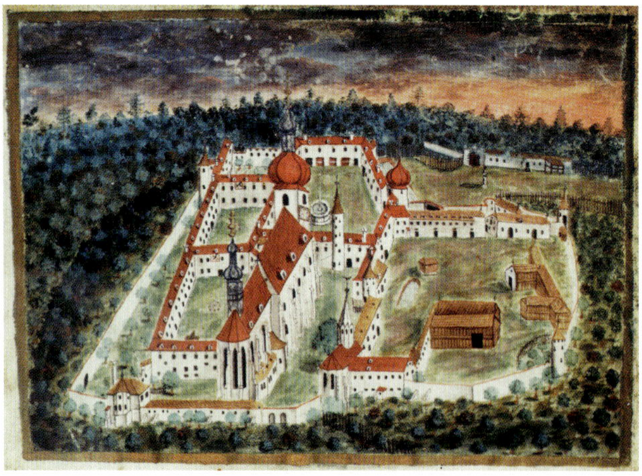

Abb. 1 (Kat. Nr. 4.1.1):
Stiftsansicht „ab oriente“ aus dem Altenburger Rotelbuch 1681.
Foto: Stift Altenburg

Abb. 3 (Kat. Nr. 4.1.8):
Altenburg, Grabungsübersicht Schnitt 7 von Süden, im Vordergrund die Apsis der Kapitelsaal-Kapelle.
Foto: Bundesdenkmalamt, Fotoarchiv.

Im Zuge der baulichen Sanierung der mittelalterlichen Veitskapelle wurde deren um 1308 zu datierender figural verzierter Fliesenboden freigelegt, der durch barocke Bestattungen zum Teil gestört war.

Literatur:

G. Seebach, Stift Altenburg. Studien zur Baukunst der Benediktiner im Mittelalter, unpublizierte Dissertation Wien 1986 [unter Berücksichtigung der Ausgrabungen von Hugo Windl 1983–85].

J. Tuzar und M. Krenn, *Untersuchungen im Benediktinerstift Altenburg, NÖ., Fundberichte aus Österreich 31, 1992, 157–175; auch veröffentlicht in: R. Andraschek-Holzer (Hrg.), Benediktinerstift Altenburg 1144–1994, Studien und Mitteilungen zur Geschichte des Benediktinerordens und seiner Zweige, 35. Ergänzungsband 1994, 85–113.*
J. Tuzar, *Vorbericht über neue archäologische Ausgrabungen im Benediktinerstift Altenburg, Archäologie Österreichs 4/1, 1993, 27–29.*
A. Groiß, *Das Alte Kloster – Zur Grabungsgeschichte, in: Das Alte Kloster. Baukunst und Mönchsleben im mittelalterlichen Altenburg. Altenburg 1994, 2–8.*
J. Tuzar, *Neue Einblicke in das alte Kloster – Ergebnisse der archäologischen Untersuchungen in den Jahren 1993/94, in: Das Alte Kloster. Baukunst und Mönchsleben im mittelalterlichen Altenburg, Altenburg 1994, 16–18.*
J. Tuzar, *Untersuchungen im Bereich der sogenannten Altane im Stift Altenburg, NÖ, Fundberichte aus Österreich 33, 1994, 245–251.*
U. Piëtzka und W. Wurzer, *Fundberichte aus Österreich 38, 1999, 13.*

3. Feldkirch (Vorarlberg)

Johanniterkommende

Die Kirche des hl. Johannes des Täufers wurde um 1218 von Hugo Graf von Montfort für die von ihm gestiftete Kommende des Johanniterordens gegründet und war bis 1610 Ordenskirche.

Im Rahmen von Restaurierungsarbeiten konnte der Innenraum flächig ergraben werden, eine Publikation liegt bislang nicht vor.

4. Göß (Steiermark)

Ehemaliges Benediktinerinnenkloster

Das am südlichen Stadtrand von Leoben gelegene älteste Kloster der Steiermark wurde um 1000 vom Pfalzgrafen Aribo und seiner Gemahlin Adala als hochadeliges Frauenstift gegründet und vom Stift Nonnberg in Salzburg aus besiedelt. Nach der Aufhebung des Stiftes 1782 wurde es zur Residenz des Bistums Leoben.

Unter dem Chor der frühromanischen dreischiffigen Basilika befindet sich eine dreischiffige Krypta, in der 1989 im Zuge einer Bodenerneuerung eine archäologische Untersuchung durchgeführt wurde.

Dabei konnten eine halbkreisförmige Apsis und Reste eines zugehörigen Mörtelestrichs freigelegt werden. Unter dem gotischen Mörtelboden kamen die als Basen der vier Stützen des Raumes dienenden Steinplatten zutage. Damit konnte der Ostabschluss der vor 1020 entstandenen Krypta archäologisch nachgewiesen werden. Für einen um die Apsis geführten Umgang gab es keine entsprechenden archäologischen Befunde.

Literatur:
B. Hebert, *Grabungen in der Krypta der ehemaligen Stiftskirche von Göß, Stmk. Ergebnisse zur ursprünglichen Baugestalt, Österreichische Zeitschrift für Kunst und Denkmalpflege 43, 1989, 181 ff.*
B. Hebert, *Fundberichte aus Österreich 28, 1989, 274.*

5. Göttweig (Niederösterreich)

Benediktinerstift

Das am östlichen Ende der Wachau gelegene Stift wurde 1083 von Bischof Altmann von Passau als Augustiner-Chorherrenstift gegründet und 1094 den Benediktinern übergeben. Nach dem Brand von 1718 wurde mit dem Bau der von Johann Lukas von Hildebrandt geplanten monumentalen Anlage begonnen.

Die Gründungsgeschichte des Stiftes, die „Vita Altmanni", berichtet über Zeugnisse einer älteren Besiedlung des Berges: *quod adhunc fossa et valli testantur et antiqua aedificia vel idola ibi reperta.*

Die archäologischen Grabungen und Fundbergungen bei Bauarbeiten am Stiftsfelsen belegen eine seit der Jungsteinzeit benutzte Höhensiedlung, die während der Eisenzeit zu größter Blüte gelangte. Auch Steingebäude der Römerzeit ließen sich nachweisen (Abb. 5, rot). Die in der Vita Altmanni überlieferten Befestigungswerke können mangels näherer Aufschlüsse zeitlich nicht eingeordnet werden.

Im Jahre 1964 fanden Ausgrabungen im Stiftshof vor dessen Umgestaltung statt, bei denen im Westen der Sebastianikapelle eine romanische Saalkirche mit geradem Chorabschluss aufgedeckt wurde, bei der es sich vermutlich um die 1072 geweihte Kirche der hl. Erentrudis handelt (Abb. 5, blau). Noch in romanischer Zeit wurde die Kirche nach Osten erweitert und ein Chorquadrat mit halbkreisförmiger, etwas eingezogener Apsis angefügt (Abb. 5, grün). Dieser um 1200 zu datierende Bau war Mittelpunkt des Göttweiger Nonnenklosters. Aus dem Bauschutt wurde der Torso eines romanischen Löwen aus Sandstein geborgen (Kat. Nr. 4.4.5). Im Osten der Kapelle lagen beigabenlose Bestattungen in gestreckter Rückenlage. Von dieser dem hl. Sebastian geweihten Kapelle sind heute im Aufgehenden nur mehr Chor und Apsis erhalten (Kat. Nr. 4.4.5). Innerhalb und westlich der Sebastianikapelle wurden römische Gebäudefundamente angeschnitten. Die östlich und nördlich der Kapelle aufgedeckten Mauerzüge gehörten zu gotischen Wirtschaftsbauten.

1965 wurden bei Heizrohrverlegungsarbeiten nahe dem Chor der Stiftskirche Bestattungen in Holzsärgen angeschnitten.

Literatur:
G. Melzer, *Fundberichte aus Österreich 8, 1961/65, 57–58.*
G. Moßler, *Berichte Zl. 927/65 und Zl. 3697/64, Mitteilungen der österreichischen Arbeitsgemeinschaft für Ur- und Frühgeschichte 17, 1966, 28.*
G. Moßler, *Archäologische Untersuchungen im Bereich des Stiftes Göttweig, Niederösterreich, in: 900 Jahre Stift Göttweig 1083–1983, Katalog zur Jubiläumsausstellung 1983, 100–104.*
G. Moßler, *Fundberichte aus Österreich 22, 1983, 323 f.*

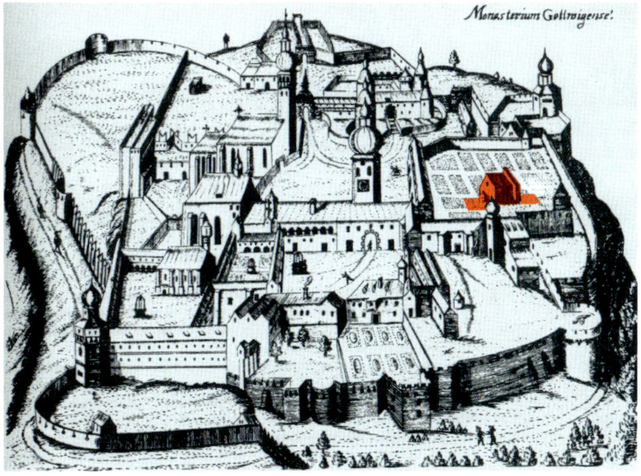

Abb. 4 (Kat. Nr. 4.4.1):
Göttweig, Vogelschau von Norden.
Kupferstich aus: Carolus Stengelius, Monasteriologia Band 2, 1638, Österreich. Nationalbibliothek Wien.

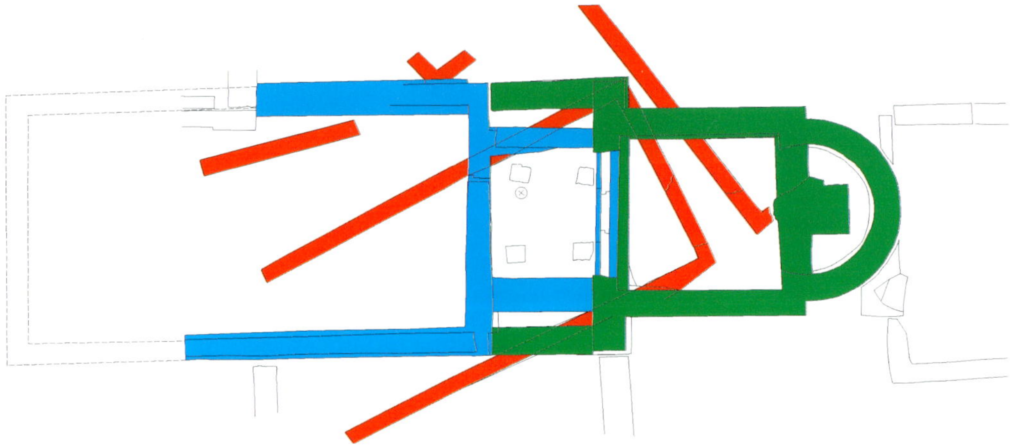

Abb. 5 (Kat. Nr. 4.4.3):
Grabungsplan Göttweig.
Umzeichnung nach: Bundesdenkmalamt, G. Melzer.

6. Graz (Steiermark)

Franziskanerkloster

Das am linken Murufer an der mittelalterlichen Stadtmauer von Graz gelegene Kloster wurde 1239 von Minoriten gegründet und 1515 den Franziskanern übergeben. Im Zuge von Renovierungsarbeiten 1989 wurden im Westteil des „Bienenhofes" neuzeitliche Aufschüttungen abgetragen. Dabei kamen Mauerzüge und zugehörige Bodenniveaus von mindestens zwei Bauphasen zutage. Eine nähere Interpretation ist aufgrund der kleinflächigen Untersuchung derzeit nicht möglich. Die älteste Siedlungsschicht ist in das späte 12. Jahrhundert, also noch vor die Klostergründung 1239 zu datieren.

Die mittelalterlichen Mauern wurden konserviert und in die Neugestaltung der Gartenanlage miteinbezogen.

Literatur:
B. Hebert, Fundberichte aus Österreich 28, 1989, 274f.
M. Lehner: Eine archäologische Untersuchung im Franziskanerkloster Graz – Innere Stadt, Beiträge zur Mittelalterarchäologie in Österreich 6, 1990, 94–113.

7. Graz Leechkirche (Steiermark)

Deutschordenskommende

Die im Jahre 1233 als Schenkung des Babenberger Herzogs Friedrich II. in den Besitz des Deutschen Ritterordens gelangte Leechkirche wurde zum Mittelpunkt der Grazer Deutschordenskommende.

Die Kirche steht auf einem hallstattzeitlichen Grabhügel (7. Jahrhundert v. Chr.) (Abb. 7, grau), der über einem urnenfelderzeitlichen Bestattungsplatz errichtet worden war.

In den Jahren 1991 bis 1993 wurden im Zuge der Generalsanierung der Kirche umfangreiche Grabungen durchgeführt. Über einem Rundbau vermutlich des 11. Jahrhunderts (Abb. 7, rot) konnte ein weiterer Rundbau mit einer fast dreiviertelkreisförmigen Apsis im Osten und einem Stufenvorbau im Westen befundet werden (Abb. 7, blau). Diese Rundkirche kann nach der urkundlich genannten, unter dem Babenberger Herzog Leopold VI. nach 1202 erbauten Kunigundenkapelle gleichgesetzt werden, die 1233 dem Deutschen Ritterorden von Friedrich II. geschenkt wurde. Nach der Zerstörung dieser Kapelle um die Mitte des 13. Jahrhun-

Abb. 6 (Kat. Nr. 4.15.1):
Ansicht der Leechkirche.
Kupferstich von Georg Matthäus Vischer,
Topographia Ducatus Stiriae, 1681.

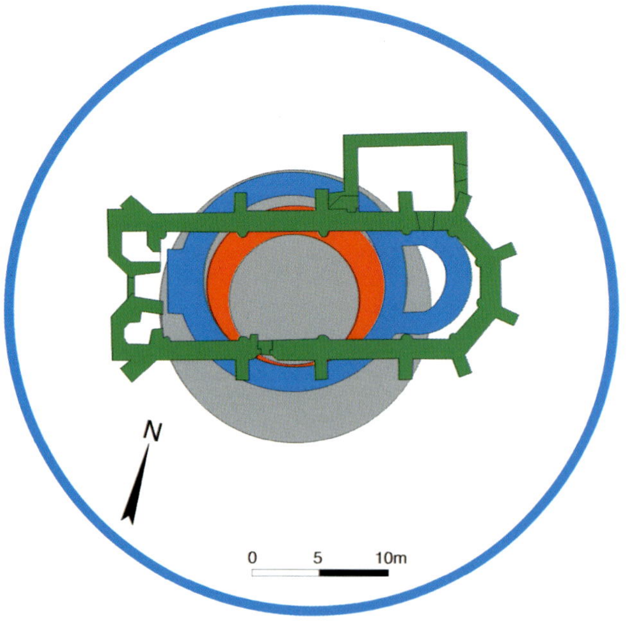

Abb. 7 (Kat. Nr. 4.15.2):
Schematisierter Phasenplan der Ausgrabungen.
Plan: Bundesdenkmalamt, M. Lehner.
Vereinfachte Grafik: P. Seeberg.

derts wurde die heutige, 1293 vollendete Kirche errichtet (Abb. 7, grün).

Durch technisch aufwendige Einbauten war es möglich, die ergrabenen Baubefunde unterhalb des heutigen Kirchenbodens für Besichtigungen zugänglich zu machen.

Literatur:
B. Hebert und M. Lehner, Fundberichte aus Österreich 31, 1992, 24.
B. Hebert und M. Lehner, Fundberichte aus Österreich 32, 1993, 629.
B. Hebert und M. Lehner, Graz, Leechkirche. Archäologische Untersuchungen des Bundesdenkmalamtes und der Universität Graz, Österreichische Zeitschrift für Kunst und Denkmalpflege 46, 1992, 210–213.
M. Lehner, Die Archäologie der Leech-Kirche, in: Die Leechkirche. Hügelgrab – Rundbau – Ordenshaus. Ausstellungskatalog Stadtmuseum Graz 1993.
Forschungen zur Leechkirche in Graz, Fundberichte aus Österreich, Materialheft A4, 1996.
M. Lehner, Grabraub und Bautypus – Ausdruck religiöser Vorstellungen im archäologischen Befund der Grazer Leechkirche?, Beiträge zur Mittelalterarchäologie in Österreich 14, 1998, 49–54.

8. Heiligenkreuz (Niederösterreich)

Zisterzienserstift

Das Zisterzienserstift Heiligenkreuz wurde 1134 vom Babenberger Markgraf Leopold III. auf Veranlassung seines Sohnes, des späteren Bischofs Otto von Freising, gegründet und mit Mönchen aus Morimond in Burgund besiedelt. Heiligenkreuz ist nach Rein in der Steiermark das zweitälteste Zisterzienserkloster in Österreich und besteht seit der Gründung in ungebrochener Kontinuität.

Die archäologischen Forschungen der Abteilung für Bodendenkmale begannen bereits im Jahre 1966 mit der Untersuchung der Kreuzkapelle, deren zweijochiger Westtrakt mit einem Stiegenabgang in die Krypta dokumentiert werden konnte. Nach Abriss der Kreuzkapelle 1672 blieb lediglich der Karner (Krypta) erhalten und wurde barock überbaut, der Zugang in den Westtrakt mit einer Ziegelmauer verschlossen.

In den Folgejahren führte das Inst. für Ur- und Frühgeschichte der Universität Wien unter R. Pittioni einige Untersuchungen im Konventgarten durch, deren bedeutendstes Ergebnis die Auffindung eines Eisenschmelzofens aus der 2. Hälfte des 15. Jahrhunderts war. Die Verhüttungsanlagen dürften nach den Zerstörungen während der Türkeneinfälle abgerissen und mit Schutt aus den Stiftsgebäuden überdeckt worden sein. In einem Suchschnitt wurde auch eine romanische Umfassungsmauer mit Toröffnung angeschnitten.

Seit 1990 fanden laufend archäologische und bauhistorische Untersuchungen im Klosterareal statt, die vielfältigen Umbau- und Renovierungsarbeiten werden zu baubegleitenden Forschungen genutzt.

Im Refektorium und dem westlich vorgelagerten Vorraum konnte der Südflügel des Gründungsklosters von 1134 zur Gänze ergraben werden. In der SO-Ecke wurde der ursprünglich tonnengewölbte Heizkeller des Calefactoriums (Wärmeraum) aufgefunden, der über einen südlich vorgelagerten Stiegenabgang durch eine massive Türöffnung zu betreten war (Abb. 10). Der Heizkeller des Calefactoriums wurde noch im 12. Jahrhundert bei der grundlegenden Neugestaltung des Südflügels mit riesigen Steinblöcken abgemauert und zugeschüttet, darüber ein Süddurchgang geschaffen und im Osten ein in der ersten Bauphase vermutlich zweischiffiger Mönchssaal angebaut. Westlich an das Calefactorium anschließend wurde das Flächenfundament eines Stiegenaufganges freigelegt, daneben ein schmaler Ka-

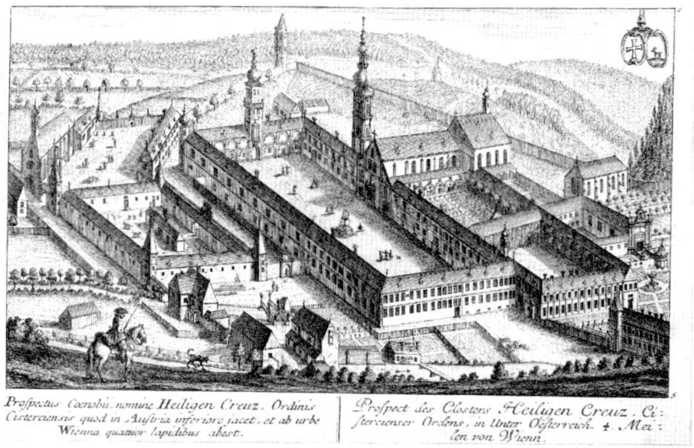

Abb. 8 (Kat. Nr. 4.6.1):
Ansicht des Stiftes Heiligenkreuz um 1710.
Kupferstich von Friedrich Bernhard Werner
und Johann Georg Merz.
Stiftsarchiv Heiligenkreuz.

nal, ein Raum mit der Südwand vorgelagerter Mauerbank, das Refektorium und die Küche. Das Refektorium erfuhr noch im 12. Jahrhundert eine Erweiterung nach Süden zu und lag damit dem bekannten Bauschema der Zisterzienser entsprechend rechtwinkelig zum Kreuzgang. In der Barockzeit erhielt es die heutige Form, wiederum parallel zum Kreuzgang. In der romanischen Küche waren ein Tischherd und ein Backofen vorhanden, von der gotischen Küche, deren Boden erhöht und mit Steinplatten ausgelegt war, konnte im Südteil die Aschengrube des Herdes dokumentiert werden. Beim barocken Umbau wurde die Küche in den Vorraum verlegt.

Der Osttrakt des Gründungsklaustrums wird unter dem heutigen Kreuzgang vermutet, vom Neubau des zweischiffigen Osttraktes blieben aufgrund von Niveauabsenkungen nur letzte Reste in Teilbereichen der Fraterie erhalten. An die ehemalige Sakristei (heute Annenkapelle und Anbetungskapelle) anschließend wurde hypothetisch ein 4-jochiger Kapitelsaal erschlossen, der die heutige Totenkapelle mit einschließt.

In der 1. Hälfte des 13. Jahrhunderts wurde der Osttrakt – Sakristei, Kapitelsaal, Fraterie – dreischiffig ausgebaut, der Kreuzgang neu angelegt. Mit dem Bau des gotischen, quadratischen, 3 × 3-jochigen Kapitelsaales wurde ein schmaler Raum mit der Funktion eines Ostdurchganges (die heutige Totenkapelle) abgetrennt. In beiden Räumen wurden mehrere Bestattungen freigelegt; Grab 3 in der Totenkapelle wird für eine Babenbergerbestattung im ehemals zweischiffigen Kapitelsaal gehalten.

In der Stiftskirche konnten in mehreren Sondagen die Abfolge und Tiefenlage älterer Fußböden festgestellt und die verschütteten Pfeilerbasen des Langhauses freigelegt werden. Drei unterschiedliche Bodenhorizonte waren jeweils durch etwa 40 cm starke Aufschüttungen voneinander getrennt, das älteste gehört einem Bau an, der älter ist als die bestehende romanische Pfeilerbasilika. Der erste Fußboden der Pfeilerbasilika war ein einfacher Estrich, der durch einen Fliesenboden aus quadratischen Tonplatten ersetzt wurde, von dem großteils nur die Abdrücke im Mörtelbett erhalten geblieben sind. Für 1678 ist die Anhebung des tiefer liegenden Konversenchores auf die Höhe des Mönchschores belegt; es ist dies das heute noch bestehende Fußbodenniveau.

Bei den zuletzt durchgeführten baubegleitenden Untersuchungen konnten im südlich der Fraterie anschließenden Neuen Konvent Aufschlüsse über die frühere Nutzung des barocken Traktes gewonnen werden und ein mittelalterlicher, mehrfach umgebauter Kanal befundet werden.

Abb. 9 (Kat. Nr. 4.6.2):
Heiligenkreuz, Grundrissplan der Klosteranlage mit gerasterten Grabungsflächen.
Ausführung: Bundesdenkmalamt, K. Tarcsay.

Literatur:

G. Moßler, Die romanische Kreuzkapelle zu Heiligenkreuz, p. B. Baden, NÖ, Archaeologia Austriaca 40, 1966, 211–214.

F. Gaumannmüller, Die mittelalterliche Klosteranlage der Abtei Heiligenkreuz, Heiligenkreuz und Wien 1967.

R. Pittioni, Eine spätmittelalterliche Eisenschmelze in Heiligenkreuz bei Baden, Niederösterreich, Jahrbuch für Landeskunde von Niederösterreich, N. F. 37, 1965/67 (= Festschrift zum 70. Geburtstag von Karl Lechner), Wien 1967, 112–118.

R. Pittioni, Über die Grabungen im Stiftsgarten, September 1967, Sancta Crux 29, 1967, 8–16.

R. Pittioni, Neue Ergebnisse der Grabungen im Stiftsgarten, Juli 1968, Sancta Crux 30, 1968, 23–29.

R. Pittioni, Von der Industriearchäologie zur Stiftsarchäologie, Anzeiger der phil.-hist. Klasse der Österr. Akademie der Wissenschaften 105, 1968, 269–275.

R. Pittioni, Die dritte Grabung im Stiftsgarten von Heiligenkreuz im September 1969, Sancta Crux 32, 1970, 15–16.

J. Offenberger, Fundberichte aus Österreich 9, 1966/70, 225.

R. Pittioni, Fundberichte aus Österreich 9, 1966/70, 155 und 224f.

R. Pittioni, Figural verzierte Bodenfliesen aus dem Stift Heiligenkreuz, Niederösterreich, ein Beitrag zur Physiologus-Forschung, Anzeiger der phil.-hist. Klasse der Österr. Akademie der Wissenschaften 107, 1970, 74–89.

R. Pittioni, Über wirtschafts- und handelsgeschichtliche Aussagen der Heiligenkreuzer Klosterarchäologie, Sancta Crux 39, 1977, 8–13.

P. Niemetz, Die Grablege der Babenberger in der Abtei Heiligenkreuz, Heiligenkreuz 1974.

W. Koch, Zu den Babenbergergräbern in Heiligenkreuz, Jahrbuch für Landeskunde von Niederösterreich, N. F. 42, 1976, 193–215.

M. Kaltenegger, Zu den archäologischen Untersuchungen des Bundesdenkmalamtes im Refektorium zu Heiligenkreuz, Sancta Crux 52, 1991, 64–69.

M. Kaltenegger, Grabungen im östlichen Hornturmtrakt, Sancta Crux 52, 1991, 70–72.

Abb. 10 (Kat. Nr. 4.6.6):
Heiligenkreuz, der Eingang in den
Heizraum des Calefactoriums.
Foto: Bundesdenkmalamt, J. Offenberger.

J. Offenberger, Archäologische Untersuchungen im Zisterzienserstift bei Wien, Fundberichte aus Österreich 31, 1992, 185–195. Mit einem Beitrag von E.-M. Winkler und B. Schweder, Anthropologische Funde der in der Totenkapelle und im Annenkeller von Stift Heiligenkreuz entdeckten Bestattungen, 197–210.

J. Offenberger, Der mittelalterliche Süd- und Osttrakt. Archäologische Untersuchungen im Zisterzienserstift Heiligenkreuz, Sancta Crux 54, 1993, 82–100 [unveränderter Abdruck aus: Fundberichte aus Österreich 31, 1992].

E.-M. Winkler und B. Schweder, Die zentrale Bestattung in der Totenkapelle von Stift Heiligenkreuz, Niederösterreich, ihre morphometrischen Ähnlichkeitsbeziehungen zu den in Melk, Lilienfeld und Klosterneuburg beigesetzten Babenbergern, Archaeologia Austriaca 76, 1992, 223–248.

L. Salvini-Plawen, Das Skelett in der Totenkapelle von Stift Heiligenkreuz – ein überzähliger Babenberger? Archaeologia Austriaca 76, 1992, 249–252.

M. Kaltenegger, Fundberichte aus Österreich 37, 1998, 19f.

M. Kaltenegger, Bis in die Tiefen der Heiligenkreuzer Kanalisation, ein Bericht über die Ausgrabungen im Neuen Konvent östlich des „Finsteren Ganges", Sancta Crux 60, 1999, 50–62.

M. Kaltenegger, Fundberichte aus Österreich 38, 1999, 20f.

9. Imbach (Niederösterreich)

Ehemaliges Dominikanerinnenkloster

Das im Kremstal nordwestlich der Stadt Krems gelegene Kloster wurde 1269 von Albero von Feldberg und seiner Gemahlin Gisela gestiftet. Nach einer Blütezeit im 15. Jahrhundert wurde es 1782 aufgehoben. Heute sind vom Bau des 13. Jahrhunderts nur mehr Reste des Osttraktes mit Spitzbogenfenstern erhalten.

1980 wurden bei der Errichtung von Wohnbauten im Klosterbereich südlich der Kirche Teile des Klostertraktes aus dem 15./16. Jahrhundert angeschnitten und soweit wie möglich dokumentiert.

Literatur:

G. Melzer, Fundberichte aus Österreich 19, 1980, 592–596.

10. Innsbruck (Tirol)

Servitinnenkloster

An der Stelle des 1607 gegründeten Doppelklosters der Servitinnen wurde Mitte des 19. Jahrhunderts eine Kaserne errichtet (Fennerkaserne, Universitätsstraße 15).

Nach Abbruch der Kaserne 1992 konnte das Areal vor der geplanten neuen Verbauung teilweise archäologisch untersucht werden. Dabei konnte der weitläufige Klosterkomplex großteils erfasst werden. Bei der Anlage der Kaserne Mitte des 19. Jahrhunderts war das Gelände so weit abgetieft worden, dass nur mehr die mehrphasigen Fundamentmauern der einen fast quadratischen Hof umgebenden Gebäudetrakte erhalten waren. Nördlich davon waren nur mehr geringe Bebauungsspuren nachweisbar. Die östlich des Hofes zu lokalisierende Kirche war beim Bau der Kaserne gänzlich zerstört worden.

Literatur:

W. Sydow, Jahresbericht, Innsbruck, Fundberichte aus Österreich 31, 1992, 569

11. Judenburg (Steiermark)

Ehemaliges Augustiner-Eremitenkloster

Das 1357 gegründete Augustiner-Eremitenkloster wurde 1620 den Jesuiten übergeben und nach der Aufhebung 1773 als Kaserne genutzt.

Anlässlich von Adaptierungsarbeiten für eine Landesausstellung wurden 1988 im Hof des Jesuitenkollegs Notgrabungen durchgeführt.

Im Ostteil des um 1660 entstandenen heutigen Hofes wurden zwei, einen quadratischen Innenhof umschließende Gebäudeteile des mittelalterlichen Augustinerklosters freigelegt. Die Baureste des alten Klosters waren durch rezente Leitungseinbauten und durch den Einbau eines großen barocken Kellers stark gestört.

Dem Bau des Klosters waren umfangreiche Gebäudeplanierungen vorangegangen, bei denen ältere mittelalterliche Bauten des 12. Jahrhunderts beseitigt worden waren.

Literatur:

B. Hebert und D. Kramer, Fundberichte aus Österreich 27, 1988, 335–336.

12. Kleinmariazell (Niederöstereich)

Ehemaliges Benediktinerkloster

Das Kloster „Mariazell in Österreich" wurde 1136 durch Markgraf Leopold III. gegründet und von Mönchen aus dem bayerischen Kloster Niederaltaich besiedelt. Die Gründungslegende besagt, dass die Brüder Heinrich und Rapoto von Schwarzenburg nach dem Tode ihres Vaters um 1120 in Erbstreitigkeiten gerieten. An einem Quellheiligtum an der Stelle der heutigen Stiftskirche versöhnten sich die beiden Brüder und beschlossen, zum Dank ein Kloster zu gründen.

Nach den Türkeneinfällen von 1529 und 1532 hatte die ruinöse Kirche profanen Zwecken gedient und wurde erst 1606 neu geweiht. Unter Abt Jakob Pach erfolgte im 18. Jahrhundert die barocke Umgestaltung des Klosters und die Ausschmückung der Kirche mit Fresken und Altarbildern von Johann Bergl (1764/65). 1782 wurde das Kloster aufgehoben, wobei die alte Pfarrkirche und der Karner sowie einige Klosterbaulichkeiten abgetragen wurden. In den sechziger Jahren des 20. Jahrunderts wurde die Klosteranlage bis auf Teile des Kreuzganges abgerissen.

Im Rahmen der umfassenden Renovierung der Pfarr- und Wallfahrtskirche Mariä Himmelfahrt in Kleinmariazell wurden von 1994 bis 1998 archäologische und bauanalytische Untersuchungen durchgeführt. Die dabei erzielten Ergebnisse erbrachten völlig neue Erkenntnisse zur Baugeschichte der ehemaligen Stiftskirche,

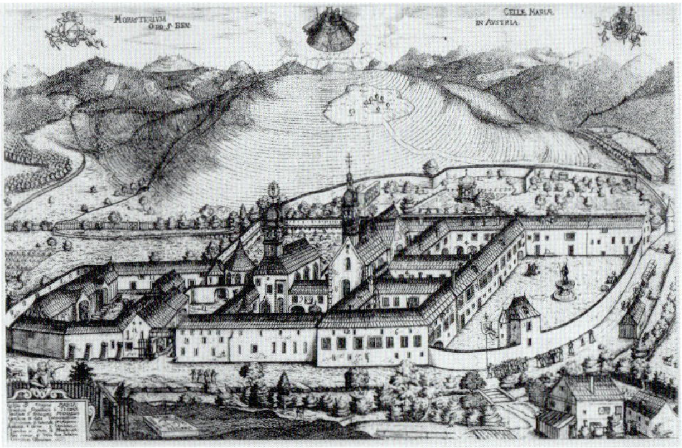

Abb. 11 (Kat. Nr. 4.3.1):
Kleinmariazell, Gesamtansicht der Klosteranlage.
Rechts im Bild die Klosteranlage,
links die Pfarrkirche und der Wirtschaftshof.
Kupferstich von Schlegel / Univ. Typographie 1699.
Foto: Bundesdenkmalamt, Bildsammlung.

Abb. 12 (Kat. Nr. 4.3.7):
Kleinmariazell, das Chorquadrat der 1. Kirche mit der Seitenschiffapsis des Erweiterungsbaues.
Foto: Bundesdenkmalamt, J. Offenberger.

sowohl zur Gründungskirche als auch zu ihren Erweiterungs- und Nachfolgebauten.

Bei den Grabungen in der Kirche konnte eine Reihe von Befunden aufgedeckt werden, die eine Besiedlung des Ortes noch vor der urkundlich genannten Gründung des Klosters nachweisen.

Ein schmales, mit Holzbrettern reguliertes Gerinne, in dessen Umfeld sich Wurzelstöcke von Augehölzen fanden, Pfostengruben, Brandrodungsspuren und einige Bestattungen gehören diesem frühen Siedlungshorizont an.

Die erste Steinkirche, eine schmale Saalkirche mit Rechteckchor, überbaut diese älteren Befunde. Möglicherweise wurde dieser bereits vor der Klostergründung 1136 bestehende Bau zur ersten provisorischen Klosterkirche adaptiert. Im Norden wurde an die Saalkirche ein Seitenschiff mit halbkreisförmiger Apsis angebaut und die Kirche nach Westen zu erweitert (Abb. 12).

Nach der Errichtung der Konventgebäude südlich der Kirche wurde diese erste Steinkirche bis auf die Südwand abgebrochen, die in die südliche Langhausmauer der neu erbauten Basilika integriert wurde.

Der romanische Neubau, eine dreischiffige Pfeilerbasilika mit Staffelchor, Querhaus und Seitenapsiden dürfte in mehreren Bauetappen errichtet worden sein. Der Fußboden dieser Kirche bestand aus einem Mörtelestrich, der in der Gotik durch einen ornamental verzierten Ziegelplattenboden ersetzt worden war. Die Innenwände und Pfeilerbasen waren mit roter Sockelmalerei versehen, darüber fanden sich Reste roter Quadermalerei auf weißem Grund.

Das mächtige, über 3 m starke Westfundament der Basilika lässt vermuten, dass ursprünglich die Errichtung eines Westwerkes geplant war.

In die Zeit der Errichtung der Basilika fällt der Anbau eines Raumes mit halbkreisförmiger Apsis – vermutlich die Marienkapelle des Osttraktes – an das südliche Querschiff.

Anfang des 14. Jahrhunderts wurde die Apsis des südlichen Querschiffes abgebrochen und ein tief fundamentierter, quadratischer Bau (Turm?) errichtet. Noch im 14. Jahrhundert entstand an der Stelle dieses Turmes eine Sakristei mit nach Süden zu anschließendem Waschraum, in dem der ursprüngliche Mosaikfliesenboden zum Teil noch erhalten war (siehe Kat. Nr. 23.1). Die südlich davon gelegene romanische Marienkapelle wurde durch einen gotischen Neubau mit polygonalem Chorschluss ersetzt. Zur gleichen Zeit wurde anstelle der Apsis des nördlichen Querschiffes ein Turm erbaut.

Die barocke Adaptierung der Basilika in der 2. Hälfte des 17. Jahrhunderts behielt die romanische Grundkonzeption bei, nur statt des Nordturmes wurde über der Nordwestecke der Kirche ein neuer Turm errichtet.

Die Taufkapelle an der Nordseite der Kirche entstand nach der Klosteraufhebung 1782. Damals wurde neben anderen Klosterbaulichkeiten auch die nördlich der Stiftskirche gelegene Pfarrkirche St. Thomas abgetragen. Der beide Kirchen verbindende, überdachte Gang schloss direkt an die Westfront der Stiftskirche an. Der quadratische Kapellenraum ist der südlichste Teil dieses Verbindungsganges. Das heute den Zugang bildende romanische Portal wurde erst nachträglich an diese Stelle der Kirchennordwand versetzt.

In der ehemaligen barocken Sakristei konnte ein Teil des ergrabenen Befundes, die südliche Seitenapsis der romanischen dreischiffigen Pfeilerbasilika sowie das gotische Turmfundament, sichtbar belassen und zugänglich gemacht werden.

Innerhalb und außerhalb der Kirche wurden über 300 Bestattungen geborgen, von denen die ältesten in die Zeit um 1200 datiert werden können. Bei einem Großteil der Bestattungen haben sich aufgrund der Durchfeuchtung des Bodens Totenbretter oder Holzsärge erhalten.

Während die Gräber der Frühzeit weder Trachtbestandteile noch Beigaben enthielten, stammen aus den Bestattungen der frühen Neuzeit neben Trachtbestandteilen wie Gewandreste, Knöpfe und Schnallen auch Beigaben wie Rosenkränze, Kreuze und Medaillons. Einem der Bestatteten war eine Krümme, ein hölzerner Abtsstab, mitgegeben worden (siehe Kat. Nr. 28.8).

Innerhalb des Presbyteriums der Kirche wurde die aus Ziegeln gemauerte und mit der zerbrochenen Grabplatte abgedeckte Gruft der Gründer des Klosters, der Brüder Heinrich und Rapoto von Schwarzenburg, freigelegt. Eine in der Gruft deponierte beschriftete Ziegelplatte belegt den 13. Mai 1609 als Tag der Wiederauffindung der Gebeine (siehe Kat. Nr. 28.91). Die ursprüngliche Grablege war vermutlich bei Plünderungen der Kirche durch die Türken zerstört worden.

Von den Bestattungen wurden bisher die anthropologischen Grundparameter wie Sterbealter, Geschlecht und Körperhöhe sowie Pathologien erhoben. Die anthropologische Bestimmung ergab insgesamt 344 Individuen, davon 239 Männer, 55 Frauen und 50 Kinder. An pathologischen Veränderungen konnten Erkrankun-

Abb. 13:
Kleinmariazell, archäologischer Schauraum in der barocken Sakristei mit Abgang in die neu errichtete Krypta, rechts die romanische Apsis des südlichen Seitenschiffes.

gen der Zähne wie Karies oder Parodontose, verschiedene Erkrankungen des rheumatischen Formenkreises sowie einige Frakturen festgestellt werden.

Die Holzartenbestimmung und dendrochronologische Bearbeitung der Särge ergab, dass für die Särge fast ausschließlich Tannenholz verwendet wurde, nur vereinzelt auch Fichte und Eiche.

Anhand der dendrochronologischen Altersbestimmung der Särge liegen Bestattungen des 12. Jahrhunderts und solche des 15. bis Anfang des 18. Jahrhunderts vor. Die älteste Grablege ist um 1120 zu datieren und gehört damit der Zeit vor der Gründung des Klosters an.

Literatur:
J. Offenberger und A. Geischläger, Erste Ergebnisse der archäologischen Untersuchungen in der Stiftskirche des ehemaligen Klosters Kleinmariazell: Bodenbeläge und Putzausstattung, Denkmalpflege in Niederösterreich 16, 1995, 36–39.
J. Offenberger, Fundberichte aus Österreich 34, 1995, 17f.
M. Kaltenegger und J. Offenberger, Fundberichte aus Österreich 35, 1996, 20f.
M. Kaltenegger, Fundberichte aus Österreich 36, 1997, 20f.
K. Großschmidt, Anthropologische Bearbeitungen Kleinmariazell, Fundberichte aus Österreich 36, 1997, 54.
R. Wimmer et al., Dendrochronologische Altersbestimmung von Holzfunden aus der Grabung Kleinmariazell, Fundberichte aus Österreich 36, 1997, 55ff.
M. Kaltenegger, Fundberichte aus Österreich 37, 1998, 21.
K. Großschmidt, Anthropologische Bearbeitungen Kleinmariazell, Fundberichte aus Österreich 37, 1998, 63.

13. Klostermarienberg

Ehemaliges Zisterzienserstift

Die einzige mittelalterliche Abtei des Burgenlandes liegt nahe der ungarischen Grenze im Rabnitztal. Das Kloster wurde 1195 vom Banus von Slawonien, Dominicus Bors, einem Verwandten der königlichen Familie, als Ablösung eines Kreuzzuggelübdes gegründet und 1197 von Heiligenkreuz aus mit Mönchen besiedelt. Die Zisterze wurde um 1530 bei einem Türkeneinfall zerstört und nach der Auflösung 1568 dem Verfall preisgegeben. Im späten 17. Jahrhundert gelangte die verfallene Klosteranlage durch Schenkung an das Stift Lilienfeld, und nach der teilweisen Instandsetzung wurde das monastische Leben wieder aufgenommen. Heute sind von der einstigen ausgedehnten Klosteranlage nur noch der im 17. Jahrhundert adaptierte Nordtrakt und ein Teil des Osttraktes erhalten, an den die 1741 etwa an der Stelle des Kapitelsaales des Gründungsklosters errichtete heutige Kirche angebaut wurde.

Ein geplantes Bauvorhaben führte in den Jahren 1992 bis 1995 zu umfangreichen Grabungen auf dem südlichen Klosterareal. Dabei konnten die mittelalterliche Kirche der Gründungsanlage sowie zahlreiche Gräber des Kloster- und späteren Dorffriedhofes aufgedeckt werden.

Die romanische Kirche entspricht im Grundriss dem klassischen Zisterzienserschema in Form eines lateinischen Kreuzes. Das Presbyterium und die beiden am Querhaus angesetzten seitlichen Kapellen der dreischiffigen, vierjochigen Basilika waren gerade abgeschlossen. Bei einem Umbau Mitte des 13. Jahrhunderts wurde dem Chor eine halbkreisförmige Apsis angefügt. Zwei reliefverzierte Fliesen gehören wohl zur Ausstattung dieses Baues. Bei den Grabungen konnten wiederholte Umbaumaßnahmen nachgewiesen werden, die belegen, dass die Kirche um die Mitte des 16. Jahrhunderts noch bestanden hat.

Nach der Auflösung des Klosters entstand im späten 17. Jahrhundert die an die Südmauer der ehemaligen Stiftskirche angebaute kleine Georgskirche mit dem bis ins 19. Jahrhundert belegten Dorffriedhof. Unter den über 1000 untersuchten Bestattungen konnten 37 mit Sicherheit dem mittelalterlichen Konvent zugeordnet werden.

Abb. 14 (Kat. Nr. 4.7.1):
Stuckdarstellung von Klostermarienberg in Zelle 13 von Stift Lilienfeld, um 1723.

Abb. 15:
Klostermarienberg, Schutzbau.
Foto: Bundesdenkmalamt.

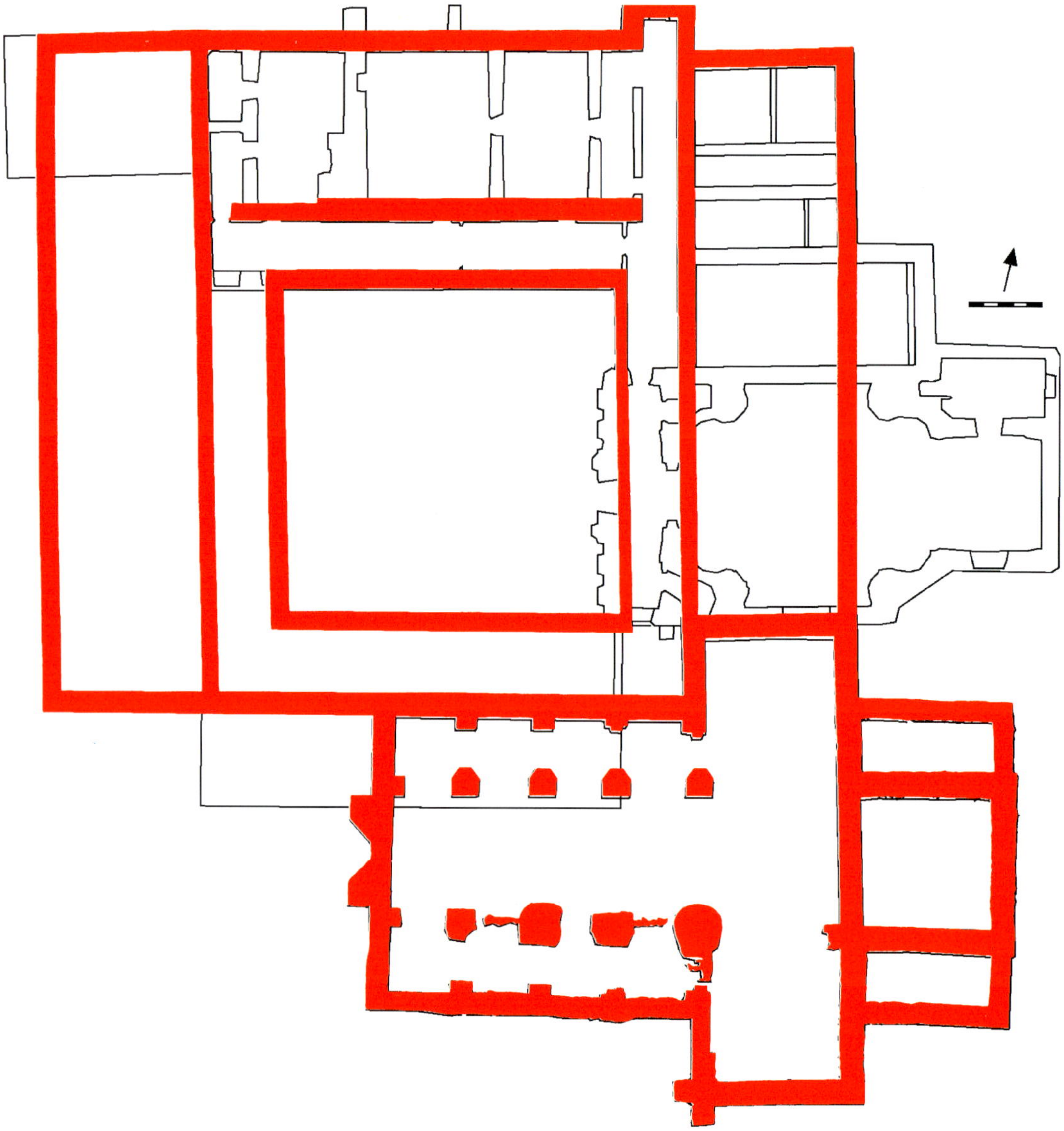

Abb. 16 (Kat. Nr. 4.7.2):
Grundrissplan Klostermarienberg.
Die Gründungsanlage ist auf dem Plan des bestehenden Klosters rot hinterlegt.
Ausführung: Bundesdenkmalamt, F. Sauer und F. Siegmeth.

Aus den Bestattungen des jüngeren Dorffriedhofes stammt eine große Anzahl von Trachtbestandteilen und ins Grab mitgegebene Gegenstände wie Rosenkränze, Kreuze, Wallfahrtsmedaillen und anderes.

Über einem begrenzten Ausschnitt der freigelegten romanischen Dorfkirche wurde ein Schutzbau errichtet, die übrigen Befunde zugeschüttet und der Kirchengrundriss mittels Kiesbahnen markiert.

Literatur:

F. Sauer, Fundberichte aus Österreich 33, 1994, 414.

F. Sauer, Fundberichte aus Österreich 34, 1995, 12.

F. Sauer, Die archäologischen Grabungen in der Zisterzienserkirche von Marienberg Beiträge zur Mittelalterarchäologie in Österreich 12, 1996, 197–206.

Ch. Farka und F. Sauer, Die archäologischen Grabungen in der Zisterzienserkirche von Marienberg, in: 800 Jahre Zisterzienser im Pannonischen Raum, Burgenländische Forschungen, Sonderband 18, Klostermarienberg 1996, 160–167.

Ch. Farka, Der Dorffriedhof, in: 800 Jahre Zisterzienser im Pannonischen Raum, Burgenländische Forschungen, Sonderband 18, Klostermarienberg 1996, 168–171.

S. Renhart, „Im Rosengarten von Klostermarienberg", in: 800 Jahre Zisterzienser im Pannonischen Raum, Burgenländische Forschungen, Sonderband 18, Klostermarienberg 1996, 155–159.

F. Franz und K. Großschmidt, Spurenelemente im Knochen: Rekonstuktion des Ernährungsverhaltens und soziale Differenzierung, in: 800 Jahre Zisterzienser im Pannonischen Raum, Burgenländische Forschungen, Sonderband 18, Klostermarienberg 1996, 173–181.

14. Klosterneuburg (Niederösterreich)

Augustiner-Chorherrenstift

Das um 1100 gegründete Kollegiatskapitel wurde 1133 in Zusammenhang mit der von Markgraf Leopold III. errichteten Pfalz von Augustiner Chorherren besie-

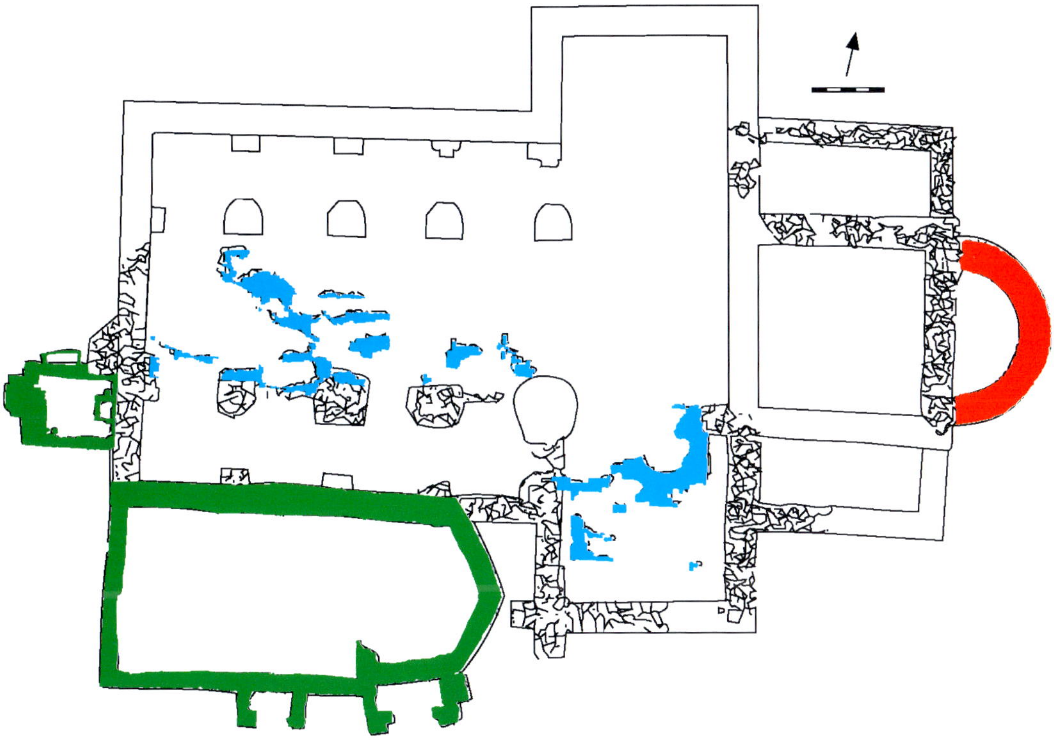

Abb. 17 (Kat. Nr. 4.7.5):
Grabungsplan der Klosterkirche mit Anbauten.
Ausführung: Bundesdenkmalamt, F. Sauer und F. Siegmeth.

delt. Der barocke Ausbau nach 1730 kam nur teilweise zur Ausführung.

Das Kloster wurde über den Ruinen eines römischen Kastells erbaut. Im Rahmen einer Generalsanierung der 1953/54 freigelegten *capella speciosa,* der babenbergerzeitlichen Palastkapelle, fanden 1976 Grabungen im Bereich der Kapelle und südlich der Sebastianikapelle sowie im Zentrum des alten Klosters, im Kreuzgarten und in den anschließenden Räumen statt. Die *capella speciosa* überbaut einen älteren einschiffigen Sakralbau mit Rundapsis und besaß eine kleine, einjochige Seitenkapelle mit 3/8-Schluss.

Im Bereich des Kreuzgartens bestand um die abgetragene Nikolauskapelle ein älterer Friedhof, dessen Bestattungen zum Teil unter den Fundamenten des östlichen Kreuzgangflügels liegen.

Die ältesten Klosterbauten konnten infolge der späteren Geländeterrassierungen nur mehr in geringen Spuren erfasst werden. Das Gelände nördlich der Kirche war unverbaut, drei Gebäudekomplexe umschlossen den Hof. Für die älteste Klosterperiode konnte kein Kreuzgang nachgewiesen werden.

1995 konnten im Zuge der Erneuerung der Freitreppe vor dem Westportal der Kirche und der Sanierung des Pflasters vor den Türmen römische Schichten und eine mittelalterliche Bebauung dokumentiert werden, die bis zum Nordturm reichte. Bei der Anlage eines quer über den Stiftshof führenden Kabelgrabens wurden römische und mittelalterliche Mauerzüge, unter anderem eine der Residenz Leopolds VI. zuzuordnende Umfassungsmauer, angeschnitten.

In den Jahren 1998 und 1999 erfolgten baubegleitende archäologische Untersuchungen im Zuge der Errichtung einer Klimaanlage in der Stiftskirche. Dabei wurde eine unter dem Presbyterium quer zur Achse des Mittelschiffes eingebaute Gruft mit Ziegelgewölbe aufgedeckt, die nach der Bauinschrift 1594 unter Propst Balthasar Polzmann angelegt und 1723 bei der Errichtung des heutigen Hochaltares wiederaufgefunden und verschlossen wurde.

In beiden Seitenschiffen konnten Reste älterer spätgotischer und barocker Fußböden dokumentiert werden.

Von besonderer Bedeutung war die Auffindung einer im Nordwest-Pfeiler des ersten Mittelschiffjo-

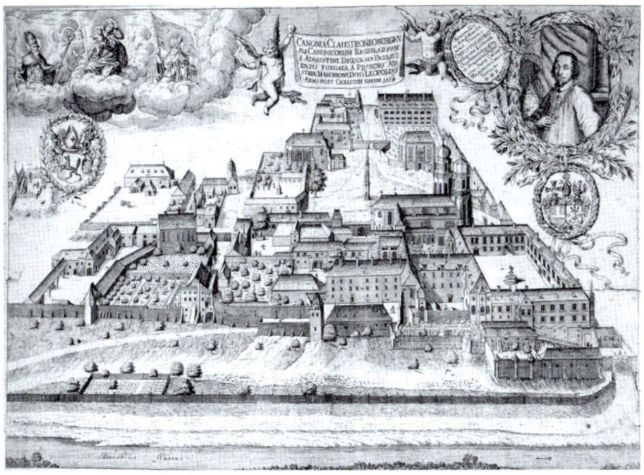

Abb. 18 (Kat. Nr. 4.11.1):
Vogelschaubild des Stifts Klosterneuburg.
Kupferstich von Johann Martin Lerch, nach 1683.
Stiftsarchiv Klosterneuburg.
Foto: I. Kitlitschka, Klosterneuburg.

Abb. 19 (Kat. Nr. 4.11.6):
Modell der Stiftskirche
Entwurf: H. Ubl, Ausführung: Architekt J. Rezac.
Foto: I. Kitlitschka, Klosterneuburg.

ches in situ vermauerten Säule des unter Leopold III. errichteten Kirchenbaues. Die Basis der bis in Kapitellhöhe erhaltenen Säule trägt als Eckzier drei menschliche Köpfe. Damit gelang der Nachweis, dass die Mittelschiffstützen des 1136 geweihten Kirchenbaues in der Ummantelung der barocken Pfeiler enthalten sind.

Literatur:
A. Schmeller, Die Ausgrabungen in Klosterneuburg 1953–1954, in: Beiträge zur Kunstgeschichte und Archäologie des Frühmittelalters, Akten zum VII. Internationalen Kongreß für Frühmittelalterforschung, 21.–28. September 1958, 291–324.
R. Egger, Die Anlage im Nordwesten der Capella Speziosa, in: Beiträge zur Kunstgeschichte und Archäologie des Frühmittelalters, Akten zum VII. Internationalen Kongreß für Frühmittelalterforschung, 21.–28. September 1958, 325–335.
H. Ladenbauer-Orel, Eine urnenfelderzeitliche Siedlungsanlage im Stift Klosterneuburg, Jahrbuch des Stiftes Klosterneuburg, N. F. 2, 1962, 159–162.
H. Ubl, Neues zum römischen und babenbergischen Klosterneuburg. Ein Vorbericht über die archäologischen Grabungskampagnen 1976 und 1977 des Bundesdenkmalamtes im Bereich des Stiftes, Jahrbuch des Stiftes Klosterneuburg, N. F. 11, 1979, 99–125.
H. Ubl, Klosterneuburg – Vom Römerlager zur Pfalz. Der neue Stand der Forschung, Mitteilungen der Gesellschaft für vergleichende Kunstforschung in Wien 33, 1981, 1–5.
H. Ubl, Klosterneuburg – Vom römischen Lager zur babenbergischen Residenz und Klosterstiftung, in: Der heilige Leopold. Landesfürst und Staatssymbol, Katalog des Niederösterreichischen Landesmuseums, N. F. 155, Wien 1985, 130–132.
H. Ubl, Fundberichte aus Österreich 34, 1995, 20f.
H. Ubl, Hatte das Kloster Leopolds III. in Nivenburg ursprünglich einen Kreuzgang?, Beiträge zur Mittelalterarchäologie in Österreich 12, 1996, 147–149.
H. Ubl, Fundberichte aus Österreich 36, 1997, 21.
H. Ubl, Fundberichte aus Österreich 37, 1998, 21.
H. Ubl, Tore, Türme, Festungsmauern. Die Befestigungen der Stadt Klosterneuburg, Aussellungskatalog Klosterneuburg 1998.
H. Ubl, Fundberichte aus Österreich 38, 1999, 23f.

Abb. 20:
Klosterneuburg, romanische Säule
im Bereich der Emporenstiege.
Foto: Bundesdenkmalamt, H. Ubl.

Abb. 21:
Klosterneuburg, Säulenbasis mit Eckvorlage
in Form von drei menschlichen Köpfen (?).
Foto: Bundesdenkmalamt, H. Ubl.

15. Kremsmünster (Oberösterreich)

Benediktinerkloster

Die auf der linken Flussterrasse der Krems gelegene Benediktinerabtei wurde 777 vom Agilolfingerherzog Tassilo III. gegründet und gelangte in karolingischer Zeit zu großer Blüte. Im 17. Jahrhundert erfolgte eine umfassende Umgestaltung und Erweiterung der Anlage. Zum ältesten Kloster gibt es hisher keine eindeutigen archäologischen Nachweise.

1965 wurden bei Kabelverlegungsarbeiten östlich der Stiftskirche Mauern der Marienkapelle des 13. Jahrhunderts angeschnitten.

Im Zuge von Restaurierungs- und Baumaßnahmen zwischen 1972 und 1976 konnten lediglich einige archäologische und bauhistorische Untersuchungen durchgeführt werden.

In der Kirche wurde im Umgang hinter dem Hochaltar ein Teilbereich des Mönchsfriedhofes erfasst, der beim Bau des Presbyteriums 1232 überbaut worden war. Im Konviktshof wurden einige kleinflächige Sondagen an der nördlichen Langhausmauer der Kirche angelegt. Die zweiphasigen Kirchenfundamente überbauen vermutlich antike Fundamente. Reste eines vorromanischen Gebäudes in Stein- und Holzbauweise und eines Anbaues an die romanische Kirche konnten nur ausschnittsweise erfasst werden und entziehen sich derzeit einer Interpretation.

Literatur:
L. Eckhart, Fundberichte aus Österreich 8, 1961/65, 198.
B. Ulm, Bericht Kremsmünster, Jahrbuch des Oberösterreichischen Musealvereines 111, 1966, 31f.
B. Ulm, Bericht Kremsmünster, Jahrbuch des Oberösterreichischen Musealvereines 114/I, 1969, 62ff.
L. Eckhart, Fundberichte aus Österreich 11, 1972, 143.
L. Eckhart und B. Ulm, Archäologische Grundlagen zur Baugeschichte, Österreichische Zeitschrift für Kunst und Denkmalpflege 27, 1972, 22 und 196–197.
L. Eckhart, Fundberichte aus Österreich 12, 1973, 115f.
L. Eckhart, Pro Austria Romana 23, 1973, 37.
B. Ulm, Bericht Kremsmünster, Jahrbuch des Oberösterreichischen Musealvereines 118/II, 1973, 19f.
B. Ulm, Bericht Kremsmünster, Jahrbuch des Oberösterreichischen Musealvereines 119/II, 1974, 23.
W. Neumüller OSB, Freilegungen und Funde in der Stiftskirche Kremsmünster im Jahre 1974, Informationen des Diözesan-Kunstvereines Linz 1974, 9–15.
J. Offenberger, Fundberichte aus Österreich 13, 1974, 172–175.
J. Offenberger, Fundberichte aus Österreich 15, 1976, 322–325.

16. Lilienfeld (Niedröstereich)

Zisterzienserstift

In dem 1202 durch Herzog Leopold VI., den Glorreichen, gegründeten und mit Mönchen aus Heiligenkreuz besiedelten Kloster wurden 1971 baubegleitende archäologische Untersuchungen durchgeführt.

Die im Osten des nördlichen Querschiffes der Kirche freigelegte gotische Kapelle, vermutlich die Mauritiuskapelle der Herren von Topel, überbaut einen älteren Friedhof. Die vor der Ostwand des Kapitelsaales freigelegte zweijochige gotische Kapelle besaß als ältesten Boden einen mit Tier- und Pflanzenmotiven verzierten Ziegelplattenboden.

Im neuen Küchenhof wurden Mauern des 1810 durch Brand zerstörten dreischiffigen Mönchssaales mit späteren Einbauten zum Teil freigelegt.

1974 wurden bei Grabungen im Presbyterium vier Bodenniveaus des 13. Jahrhunderts, der letzte aus 1263, mit quadratisch ornamentierten und figural verzierten Fliesen sowie fünf Bestattungen aufgedeckt, von denen drei als Grablegen Herzogs Leopold VI., seiner Tochter Margarete und der Mutter Kaiser Friedrichs III., Cimburgas von Masovien, identifiziert werden konnten.

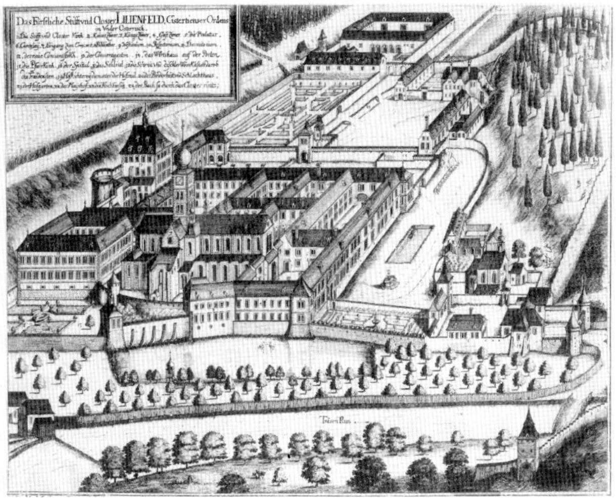

Abb. 22 (Kat. Nr. 4.8.1):
Lilienfeld, Ansicht von Norden.
Kupferstich von Georg Matthäus Vischer, vor 1672.
Foto: Bundesdenkmalamt, Fotoarchiv.

Abb. 23 (Kat. Nr. 4.8.4):
Das Presbyterium vor der Öffnung der Grüfte unterhalb der barocken Balustrade, rechts der Kenotaph Cimburgas von Masovien.
Foto: Bundesdenkmalamt, Fotoarchiv.

Literatur:
G. Melzer, Fundberichte aus Österreich 10, 1971, 135–137.
G. Melzer, Fundberichte aus Österreich 13, 1974, 156–161.
K. Schulz, Fundberichte aus Österreich 15, 1976, 377.
G. Moßler, Stiftskirche – Kirchengrabungen, in: 1000 Jahre Babenberger in Österreich, Katalog des Niederösterreichischen Landesmuseums, N. F. 66, Wien 1976, 341ff.
J. Jungwirth und E.-M. Winkler, Anthropologischer Befund der Skelette von Cimburgis von Masovien, Margarethe von Österreich und Herzog Leopold VI. aus den Fürstengräbern im Stift Lilienfeld, Niederösterreich, Mitteilungen der Anthropologischen Gesellschaft Wien 109, 1979, 9–19.
F. Vongrey, OCist., Ornamentierte mittelalterliche Bodenfliesen in Stift Lilienfeld, Österreichische Zeitschrift für Kunst und Denkmalpflege 26, 1972, 9–19.

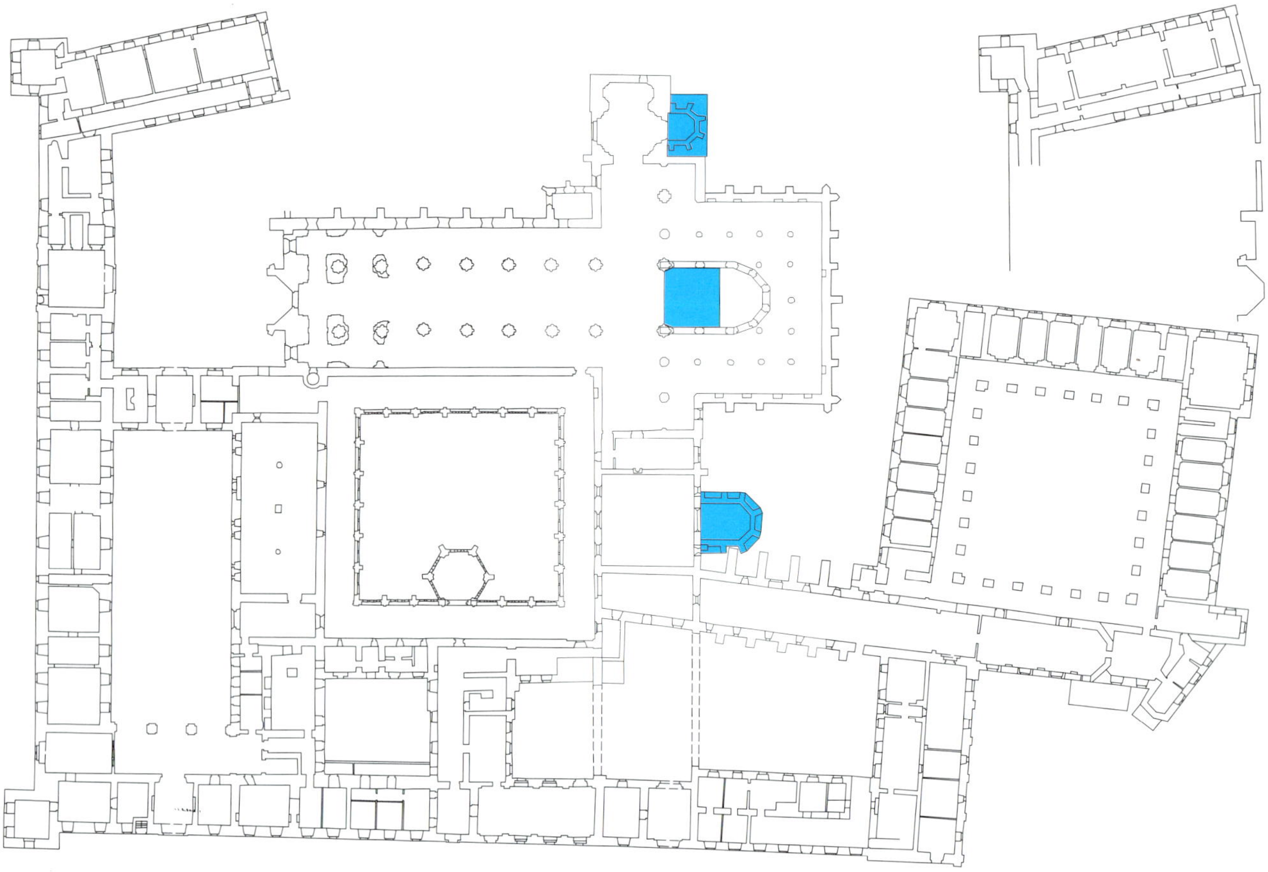

Abb. 24 (Kat. Nr. 4.8.2):
Plan des Klosters mit Eintragung der Grabungsflächen. Nach Adalbert Klaar, Grafik: ASINOE.

17. Mattsee (Salzburg)

Kollegiatstift

Das um 777 vom Agilolfinger Herzog Tassilo III. gegründete Kloster wird im 10. Jahrhundert zu einem passauischen Eigenkloster und im 11. Jahrhundert in ein Kollegiatstift umgewandelt, das bis heute existiert.

1978 konnten bei durch den Einbau einer Fußbodenheizung verursachten Grabungen in der Kirche bedeutende Ergebnisse zur Bauabfolge der Klosteranlage erzielt werden.

Teile der ältesten nachweisbaren Klostergebäude aus Holz sowie eine dreischiffige Saalkirche aus Holz, deren Ostabschluss nicht ergraben werden konnte, gehören dem späten 8. und 9. Jahrhundert an. Das Holzkloster wurde im 9. Jahrhundert von einem zweiräumigen Steinbau abgelöst. Auf den Holzkirchenbau folgte im 10. Jahrhundert eine Rechtecksaalkirche aus Stein. Im 12. Jahrhundert entstand eine dreischiffige Querhausbasilika mit quadratischem Presbyterium und Halbkreisapsis. Vom romanischen Kreuzgang konnte die Südwest-Ecke erfasst werden.

Nach einem Brand im 15. Jahrhundert wurde die Kirche zu einer dreischiffigen Säulenbasilika umgebaut. Von den bei den Grabungen aufgedeckten 50 Bestattungen, die vorwiegend ins 17. und 18. Jahrhundert zu datieren sind, konnte eine Baumsargbestattung auf-

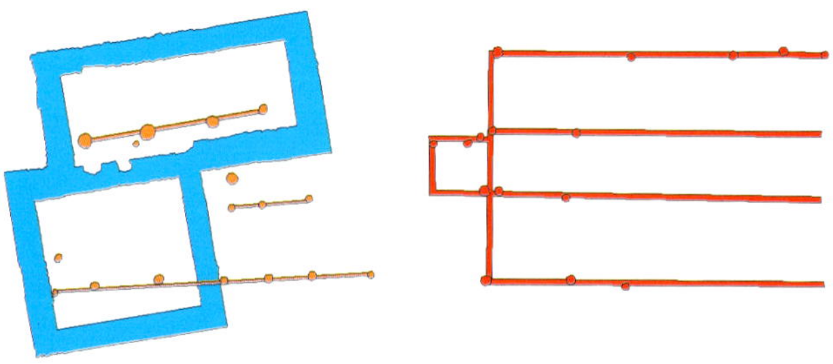

Abb. 25 (Kat. Nr. 4.10.2):
Mattsee, Holzkirche (rot) und Klosterbauten (gelb).
Erste Teilphase als Holzbau, zweite
Teilphase als Steinbau (blau), 8. – 9. Jahrhundert.
Nach Bundesdenkmalamt, G. Melzer, Grafik: ASINOE.

Abb. 26 (Kat. Nr. 4.10.5):
Grabungsüberblick von Westen.
Fundamente der 1. Steinkirche mit
gotischen Säulen und deren Fundamenten.
Foto: Bundesdenkmalamt, Fotoarchiv.

grund des ^{14}C-Datums dem ersten Holzklosterbau zugeordnet werden.

Literatur:
G. Melzer, Archäologische Untersuchungen in der Kollegiatsstiftskirche zum hl. Michael in Mattsee, Salzburg, Fundberichte aus Österreich 18, 1979, 103–135.
E.-M. Winkler, Anthropologische Befunde der Skelettreste aus der Stiftspfarrkirche von Mattsee in Salzburg, Fundberichte aus Österreich 18, 1979, 137–157.
H. Harum und E.-M. Winkler, Pathologisch-morphologische Befunde der Zähne und Kiefer von Skelettresten aus der Stiftspfarrkirche von Mattsee in Salzburg, Fundberichte aus Österreich 18, 1979, 159–164.
I. Petraschek-Heim, Die Metallborten und Textilien aus den Gräbern in der Stiftspfarrkirche Mattsee, Fundberichte aus Österreich 18, 1979, 165–173.

18. Mauerbach (Niederöstereich)

Ehemalige Kartause

Die Kartause wurde 1313 von Friedrich dem Schönen gegründet. Der heutige Baubestand stammt vorwiegend aus der Zeit des Abtes Georg Fasl (1616–1631). Das Kloster wurde 1782 aufgehoben und diente in der Folge als Armen- und Siechenhaus und nach 1945 als Obdachlosenheim. Seit den achtziger Jahren des 20. Jahrhunderts wird das Objekt vom Bundesdenkmalamt als Restaurierwerkstätte der Baudenkmalpflege genutzt.

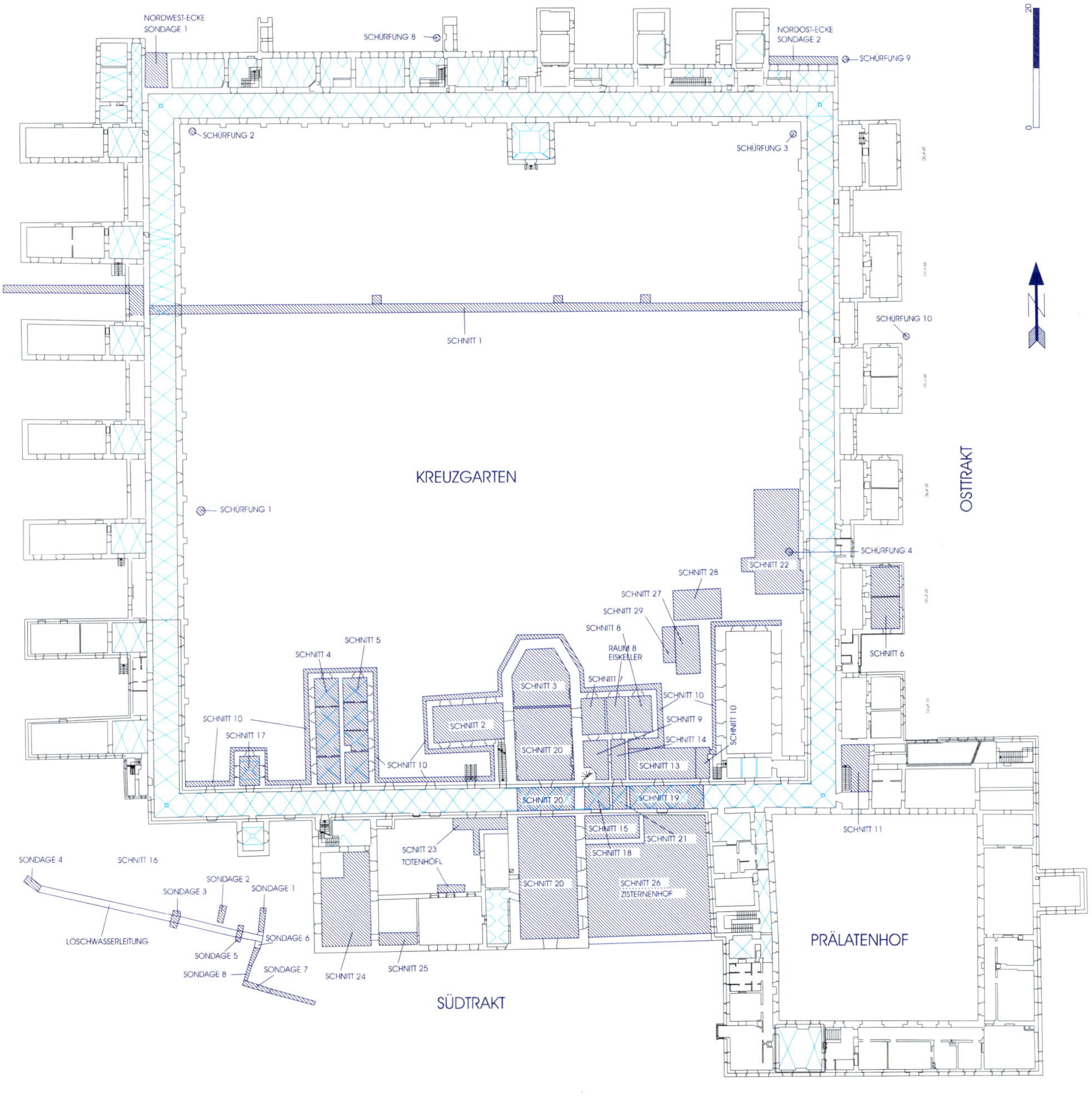

Abb. 27 (Kat. Nr. 4.12.3):
Mauerbach, Grundriss der Klosteranlage mit farbig hinterlegten Grabungsflächen.
Plan: ASINOE.

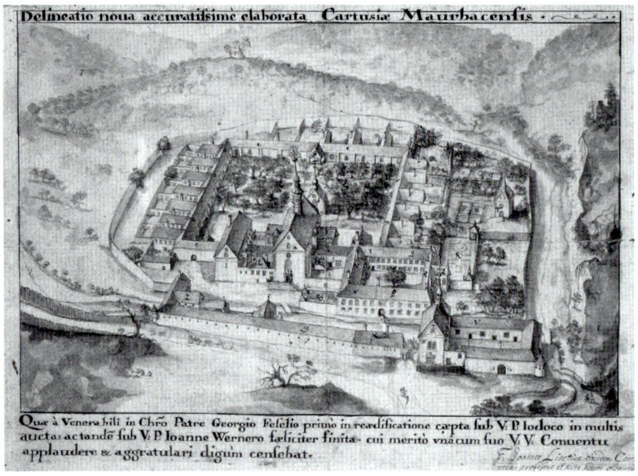

Abb. 28 (Kat. Nr. 4.12.1):
Ansicht der Kartause Mauerbach von Joannes Lisetius.
Haus-, Hof- und Staatsarchiv Wien.
Reproduktion: Fotostudio Otto, Wien.

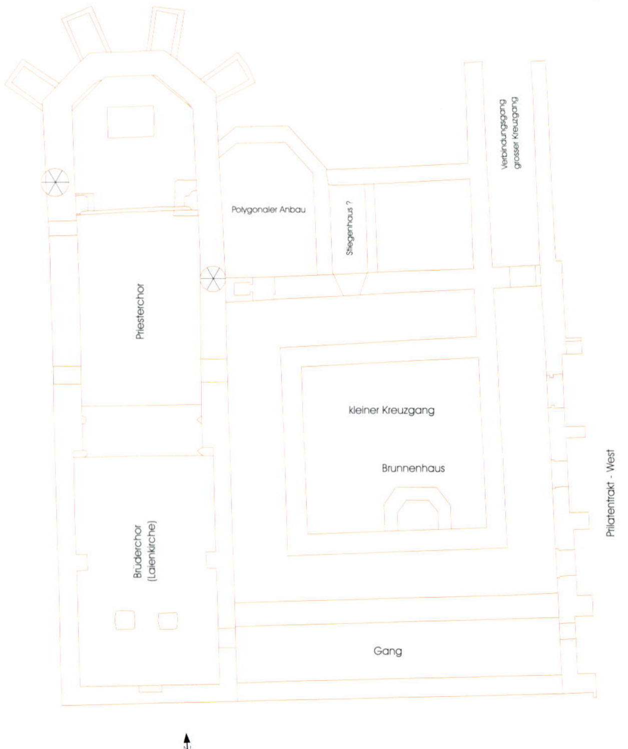

Abb. 29 (Kat. Nr. 4.12.4):
Mauerbach, Grundriss des Kleinen Kreuzganges,
Rekonstruktion nach dem Grabungsbefund.
Plan: ASINOE.

Seit 1996 werden in Zusammenhang mit der Restaurierung des Südtraktes umfassende archäologische und bauhistorische Untersuchungen durchgeführt, bei denen vor allem zur mittelalterlichen Gründungsanlage wesentliche neue Ergebnisse erzielt werden konnten. Die mittelalterliche Kirche konnte in ihrer Gesamtausdehnung erfasst werden, der lang gestreckte Saalbau mit polygonalem Chorschluss war durch einen Lettner unterteilt. Die innerhalb der Kirche aufgedeckten Bestattungen gehören vorwiegend dem 16. und 17. Jahrhundert an.

Im Bereich des kleinen Kreuzganghofes konnte die Baustruktur des *Claustrum minor* mit Brunnenhaus, sechsjochigen Kreuzgangflügeln und Konversengang erfasst werden. Im großen Kreuzganghof, dem *Claustrum maior*, wurden Teile des mittelalterlichen Kreuzganges und eine renaissancezeitliche Gartenanlage festgestellt. Die Befunde westlich der Kirche dürften als Hospital mit Ofenanlage und Wasserversorgung zu interpretieren sein. Der Bereich der Unterkirche mit den mittelalterlichen Befunden wurde konserviert und ist für Besucher zugänglich.

Literatur:

Th. Kreitner, Ein Vorbericht über die archäologischen Untersuchungen der Jahre 1996 bis 1998 in der Kartause Mauerbach, NÖ, Fundberichte aus Österreich 37, 1998, 342–396.

G. K. Kunst et al., Reste von Fastentieren und andere bemerkenswerte Tierreste aus der Kartause Mauerbach, Fundberichte aus Österreich 37, 1998, 397–402.

Th. Kreitner, Fundberichte aus Österreich 38, 1999, 26.

Th. Kreitner, Österreichische Zeitschrift für Kunst und Denkmalpflege 53/4, 1999, im Druck.

19. Melk (Niederösterreich)

Benediktinerkloster

Das Benediktinerkloster wurde 1098 durch Markgraf Leopold I. anstelle der Burg und eines etwa seit 980 bestehenden Kollegiatsstiftes gegründet und mit Mönchen aus Lambach besiedelt.

1968 wurden die in einer Steinkiste bestatteten Überreste der mehrfach umgebetteten Babenbergerskelette anthropologisch untersucht. Entgegen den Angaben am Epitaph waren nicht elf, sondern fünfzehn Individuen (?) in der Steinkiste beigesetzt worden.

Zur Baugeschichtes dieses Klosters liegen bedauerlicherweise nur die Ergebnisse zweier baubegleitender archäologischer Befundungen vor.

1970 wurde in der Ostwand des „Babenbergerturmes“ im Nordteil der Stiftsanlage ein Durchgang ausgebrochen und dabei die Turmfundamente untersucht. Aufgrund einer unter dem Fundament angetroffenen, durch Keramik in das 12. Jahrhundert zu datierenden Brandschicht fällt die Erbauungszeit des Turmes wohl erst in das 13. Jahrhundert.

Abb. 30 (Kat. Nr. 4.5.1):
Melk, Vogelschau von Süden mit farbig
hervorgehobenem Befestigungsgraben.
Kupferstich aus: Carolus Stengelius, Monasteriologia,
Band 2, 1638, fol. 47.
Österr. Nationalbibliothek Wien.

Anlässlich der Errichtung einer Tiefgarage östlich des Stiftes im so genannten Spielhof wurden 1991 zwei Baggersondagen angelegt. Dabei konnte der innere der beiden ursprünglich vorhandenen spätmittelalterlichen Befestigungsgräben nachgewiesen werden.

Literatur:

F. Hutter, Fundberichte aus Österreich 7, 1956/60, 176.

H. Ladenbauer-Orel, Fundberichte aus Österreich 9, 1966/70, 316f.

J. Jungwirth, Die Skelette der Babenberger im Stift Melk, in: 1000 Jahre Babenberger in Österreich, Katalog des Niederösterreichischen Landesmuseums, N. F. 66, Wien 1976, 231–236.

J. Jungwirth und E.-M. Winkler, Ergebnisse der anthropologischen Untersuchungen der Babenberger-Skelette im Stift Melk, Niederösterreich, Archaeologia Austriaca 63, 1979, 63–82.

B. Ellegast, Stift Melk, Geschichte und Gegenwart 3, 1983, 162f.

B. Wewerka, Zur Befestigung des Stiftes Melk, Fundberichte aus Österreich 31, 1992, 154–157.

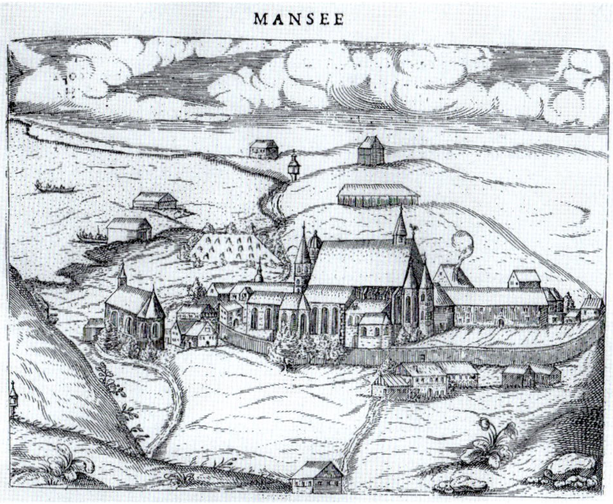

Abb. 31 (Kat. Nr. 4.2.1):
Kloster Mondsee, Ansicht von Osten.
Kupferstich aus: Carolus Stengelius, Monasteriologia, Band 1, 1619, fol. 11.
Österr. Nationalbibliothek Wien.

20. Mondsee (Oberösterreich)

Benediktinerkloster

Das Kloster Mondsee wurde um 748 durch den Agilolfinger Herzog Odilo gegründet und mit Mönchen besiedelt, die vermutlich aus Niederaltaich kamen. Nach einer frühen Blütezeit verlor das Kloster an Bedeutung, nachdem es als bischöfliches Eigenkloster an Regensburg gefallen war. Im 12. Jahrhundert erfolgte ein neuer Aufschwung, der sich im romanischen Neubau der Anlage manifestiert. Das Kloster wurde 1791 unter Kaiser Leopold II. aufgehoben und säkularisiert.

Vom Oberösterreichischen Landesmuseum wurden in den Jahren 1958 bis 1972 mehrere kleinflächige Grabungen und Sondagen, vorwiegend in Zusammenhang mit Bauarbeiten innerhalb der Kirche, durchgeführt. Bei Grabungen 1968 anlässlich der Auswechslung der Presbyteriumsstufen wurde die ehemalige Lettnermauer der gotischen Kirche und der Südteil der romanischen Krypta aufgedeckt. Bei einer unpublizierten Ausgrabung im Südschiff im Bereich der Kanzel und im Westteil des Schiffes soll die SW-Ecke der romanischen Basilika erfasst worden sein, der gesuchte Westabschluss konnte nicht gefunden werden.

Die Renovierung der Petruskapelle im Nordschiff der gotischen Kirche 1972 gab Anlass zu archäologischen Ausgrabungen der Abteilung für Bodendenkmale des Bundesdenkmalamtes. Dabei konnte der Nordteil der Hauptapsis des romanischen Kirchenbaues mit Krypta und die nördliche Seitenapsis mit Altarfundament und dem in der Apsisschulter angelegten Stiegenabgang in die Krypta freigelegt werden (Abb. 32). Die romanische Kirche war eine dreischiffige, querschifflose Basilika mit Staffelchor und einer Hallenkrypta (siehe Kat. Nr. 4.2.5). Die Doppelturmfassade im Westen ist vermutlich erst etwas später entstanden. Unter dem romanischen Seitenapsisfundament kamen Fundamentreste zutage, die als SO-Ecke der Vorgängerkirche interpretiert werden, deren Westabschluss in einem Nebenraum der Kirche aufgefunden wurde.

Im Kapitelsaal wurde über römischen Fundamenten ein zu dieser ersten Kirche gehörender Raum einer frühen Klosteranlage mit einer Herdplatte in der NO-Ecke (Wärmeraum?) freigelegt (siehe Kat. Nr. 4.2.7). Der Kapitelsaal entwickelte sich in der romanischen Klosteranlage aus einem größeren Saal durch Einziehen zweier Trennwände und erhielt im 15. Jahrhundert seine heutige gotische Fassung.

Der Verkauf des ehemaligen Klosters, später Schloss Mondsee, im Jahre 1985 an einen Bauunter-

Abb. 32 (Kat. Nr. 4.2.6):
Grabung Petruskapelle, die nördliche Seitenapsis der romanischen Basilika mit dem Abgang in die Krypta.
Foto: H. Riesner.

Abb. 33 (Kat. Nr. 4.2.9):
Grabungsfläche zwischen Kirchennordwand und Ostflügel Konvent. Im Hintergrund die romanische Marienkapelle. Die schräg laufenden Mauerzüge gehören zu römischen Bauten.
Foto: Bundesdenkmalamt, J. Offenberger.

nehmer führte zu den umfangreichsten archäologischen und bauhistorischen Untersuchungen, die bislang in Österreich in einer Klosteranlage durchgeführt worden sind. In den Jahren 1986–1994 wurden sämtliche Räumlichkeiten des ehemaligen Konvents, der Kreuzganghof, die ehemalige Infirmerie (Klosterspital), der Südflügel des Schlosses, die Mühle und Bäckerei, ein großer Teil des Wirtschaftshofes, der Ostteil des Schlosshofes, ein Bereich östlich des Konventes und verschiedene verbindende Flächen ergraben.

Die römische Vorgängerbesiedlung wurde durch die Auffindung einer *villa rustica* mit Badegebäude und Nebengebäuden dokumentiert. In der Spätantike fand ein Raum des Hauptgebäudes als Heizraum Verwendung; aus dieser Zeit stammen auch zwei kleine Holzbauten, einer davon mit Erdkeller.

Vom frühmittelalterlichen Kloster konnte das östliche Konventgebäude in Fortsetzung zu dem Raum mit Herdplatte nachgewiesen werden, außerdem Teile eines nördlichen Konventgebäudes. Im Westen waren durch die Terrassierungen der Barockzeit sämtliche frühen Befunde zerstört worden.

Ein Gräberfeld mit etwa 100 erfassten Bestattungen im Bereich des romanischen Klaustrums stört die ältesten Baubefunde des frühmittelalterlichen Klosters.

Vom romanischen Klaustrum konnte im bestehenden Bau die ursprüngliche Raumteilung erfasst werden, in der Nordwestecke war die Küche situiert, an die NW-Ecke die drei Räume umfassende Infirmerie angebaut. Das Abtshaus im Südwesten des Konvents im Bereich des heutigen „Schlosses" war ursprünglich vermutlich freistehend. Nördlich der gotischen Kirche konnte die aus historischen Quellen bekannte Marienkapelle ergraben werden.

Im Wirtschaftsbereich konnten verschiedenste Vorgängerbauten wie Ställe und handwerkliche Produktionsanlagen aufgefunden werden, so eine eingetiefte (Kupfer-)Schmelzanlage und drei kleine Gussöfen, ein gewölbter Brennofen und andere Öfen noch unbestimmter Funktion. In den Boden eingetiefte Fässer unterschiedlicher Machart dienten vermutlich der Vorratshaltung und Konservierung.

In der Gotik erfolgte der Neubau der Kirche, wobei die romanische Marienkapelle in den Umbau miteinbezogen wurde, indem die Südwand der Kapelle abgerissen und die Wand des Nordschiffes mit einer breiten Mauerschulter an die Apsis der Kapelle herangeführt wurde. Das Klosterspital wurde wesentlich vergrößert und im Osten mit einer kleinen Kapelle ausgestattet; in einer zweiten Ausbauphase erreichte der Bau seine heutige Größe.

Im Wirtschaftsbereich entwickelten sich auf der Grundlage der romanischen Steinbauten in drei großen Bauperioden bis in das 16./17. Jahrhundert umfangreiche Wirtschaftsobjekte. Das von NO nach SW stark abfallende Gelände wurde terrassiert und auf einer der Terrassen ein großer (Fisch-)Teich angelegt, der allerdings schon bald einplaniert wurde, denn im 16. Jahrhundert entstand hier eine Gartenanlage, die im Barock mit Zierteich, Blumenbeeten und Freitreppen auf das höher gelegene Terrain ausgebaut wurde (siehe Kat. Nr. 4.2.13). Vermutlich beim Bau des Neuen Konvents („Schloss") wurden große Teile der Wirtschaftsobjekte abgerissen und auf den heutigen Bestand reduziert.

In den Jahren 1988–1992 fanden parallel zu den archäologischen Untersuchungen des Bundesdenkmalamtes auch Grabungen des Österreichischen Archäologischen Institutes im West- und Nordtrakt des Schlosses, im „Blumenhof", im Wirtschaftshof und diesen umgebenden Bauten sowie in Teilen des Obstgartens statt.

Im Blumenhof wurden Reste römischer Bauten aufgefunden und anhand der Keramik in die Zeit ab dem 2. Jahrhundert datiert, in „spätfrühmittelalterlicher bis hochmittelalterlicher Zeit" wurde ein ausgedehnter Friedhof angelegt, der im gesamten Südbereich anzutreffen ist.

Unter dem Westtrakt des Schlosses wurden als älteste Bebauung einfache Holzscheunen, dann ein als Stall zu deutender Steinbau festgestellt. An der Nordwestecke des Schlosses wurde wohl im 17. Jahrhundert eine gemauerte Pferdeschwemme mit Holzboden in Vierpassform im Rechteck errichtet. Kurz vor 1750 erfolgte ein groß angelegter Umbau des gesamten Klosterkomplexes.

Literatur:

L. Eckhart, Fundberichte aus Österreich 7, 1956/60, 188.
L. Eckhart, Kulturgeschichtliche Probleme Oberösterreichs, Jahrbuch des Oberösterreichischen Musealvereines 105, 1960, 149–154.
L. Eckhart, Oberösterreichische Kirchen in archäologischer Schau, Jahrbuch des Oberösterreichischen Musealvereines 106, 1961, 165–179.
L. Eckhart, Kulturgeschichtliche Probleme Oberösterreichs III. Zur ehemaligen Stifts-, heute Pfarrkirche von Mondsee, Jahrbuch des Oberösterreichischen Musealvereines 110, 1965, 232–235.
L. Eckhart, Kulturgeschichtliche Probleme Oberösterreichs IV. Archäologische Untersuchungen in Chor

und Sakristei der Pfarr-(Stifts)kirche von Mondsee, Jahrbuch des Oberösterreichischen Musealvereines 111, 1966, 298–304.
L. Eckhart, Kulturgeschichtliche Probleme Oberösterreichs V. Archäologische Untersuchungen in der „Benedictus-Kapelle" der Pfarr-(Stifts)kirche von Mondsee, Jahrbuch des Oberösterreichischen Musealvereines 113, 1968, 65–71.
L. Eckhart, Zur gotischen und romanischen Stiftskirche von Mondsee, Jahrbuch des Oberösterreichischen Musealvereines 115, 1970, 115–128.
L. Eckhart, Ein Grabstein der späten Völkerwanderungszeit aus St. Georgen im Attergau, Jahrbuch des Oberösterreichischen Musealvereines 118, 1973, 89–114.
L. Eckhart, Fundberichte aus Österreich 11, 1972, 151.
L. Eckhart, Grabungstagebücher L. Eckhart, Heft III und IV, archiviert im OÖ. Landesmuseum in Linz.
B. Ulm, Zu den Ausgrabungen in der ehemaligen Stiftskirche Mondsee, Informationen des Diözesan-Kunstvereines Linz 4, 1972, 2–3.
J. Offenberger, Fundberichte aus Österreich 11, 1972, 144–150.
J. Offenberger, Fundberichte aus Österreich 14, 1975, 195.
J. Offenberger, Fundberichte aus Österreich 21, 1982, 320–321.
J. Offenberger, Archäologische Untersuchungen im ehemaligen Benediktinerkloster St. Michael in Mondsee, Jahrbuch der Oberösterreichischen Musealvereines 138/I, 1993, 39–130.
J. Offenberger, Archäologische Untersuchungen im ehemaligen Benediktinerkloster Mondsee, Österr. Zeitschrift für Kunst und Denkmalpfelge 42, 1987, 82–85.
J. Offenberger, Archäologische Untersuchungen im ehemaligen Benediktinerkloster Mondsee, Informationsunterlagen des Bundesdenkmalamtes Wien anlässlich der Konservatorentagung in Oberösterreich vom 21.–25. 9.1987, BDA Zl. 378/1/87 vom 7. 5. 1987.
M. Farka, Bauhistorische Untersuchungen im ehemaligen Benediktinerstift Mondsee, Informationsunterlagen des Bundesdenkmalamtes Wien anlässlich der Konservatorentagung in Oberösterreich vom 21.–25. 9. 1987, BDA Zl. 378/1/87 vom 7. 5. 1987.
Katalog zur Sonderausstellung des Bundesdenkmalamtes Wien im Kreuzgang des ehemaligen Stiftes Mondsee. Mondsee ²1989.
St. Karwiese, Jahresbericht Marktgemeinde Mondsee – ehem. Benediktinerkloster („Schloß") 1988 bis 1990, Jahreshefte des Österr. Archäol. Inst. in Wien 60, 1990, Beiblatt, Grabungen 1989, 59–64.
St. Karwiese, Jahresbericht Marktgemeinde Mondsee – ehem. Benediktinerkloster („Schloß") 1991, Jahreshefte des Österr. Archäol. Inst. in Wien 61, 1991/92, Beiblatt, Grabungen 1990/91, 45–47.
M. Kaltenegger, Archäologische Ausgrabungen des Bundesdenkmalamtes im ehemaligen Benediktinerkloster Mondsee 1972–1989, Bericht über den achtzehnten Historikertag in Linz, veranstaltet vom Verband Österreichischer Geschichtsvereine in der Zeit vom 24. bis 29. September 1990 (= Veröffentlichungen des Verbandes Österreichischer Geschichtsvereine 27), 1991, 39–41.
J. Offenberger, Fundberichte aus Österreich 31, 1992, 22.
J. Offenberger, Fundberichte aus Österreich 32, 1993, 626.
A. Kaltenberger, Fundbericht Marktgemeinde Mondsee – ehem. Benediktiner-Kloster („Schloß"), Jahreshefte des Österr. Archäol. Inst. in Wien 62, 1993, Beiblatt Grabungen 1992, 67–68.
St. Karwiese, Mondsee – eine Kontroverse. Die Arbeiten des Österreichischen Archäologischen Institutes, Arche, Zeitschrift für Geschichte und Archäologie in Oberösterreich 3, 1993, 20–22.
J. Offenberger, Mondsee. Drei Jahrzehnte archäologische Untersuchungen im ehemaligen Benediktinerkloster, Arche, Zeitschrift für Geschichte und Archäologie in Oberösterreich 3, 1993, 12–19.
J. Offenberger, Archäologische Untersuchungen im ehemaligen Benediktinerkloster St. Michael in Mondsee, Jahrbuch der Oberösterreichischen Musealvereines 138/I, 1993, Anhang, 119–127.
J. Offenberger, Das „Denkmal" Mondsee. Bemerkungen zur Programmatik der Denkmalpflege, Arche, Zeitschrift für Geschichte und Archäologie in Oberösterreich 5, 1994, 4–7.
J. Offenberger, Fundberichte aus Österreich 33, 1994, 439 f.
A. Kaltenberger, Funde der ÖAI-Grabung. Ein erster Überblick, Arche, Zeitschrift für Geschichte und Archäologie in Oberösterreich 5, 1994, 12–14.
A. Kaltenberger, Die Grabungen des Österreichischen Archäologischen Instituts im ehem. Benediktinerkloster („Schloß") Mondsee I. Römerzeit, Jahrbuch des Oberösterreichischen Musealvereines140/I, 1995, 7–56.
M. Kaltenegger, Die Frühgeschichte des Klosters Mondsee. Historische Auswertungen zu den ältesten Baubefunden (= Dissertationen der Karl-Franzens-Universität Graz 101), Graz 1995.
J. Offenberger, Mondsee – Drei Jahrzehnte archäologische Untersuchungen im ehemaligen Benediktinerkloster, Beiträge zur Mittelalterarchäologie in Österreich 12, 1996, 79–86.
M. Kaltenegger, Kloster Mondsee. Historische Anmerkungen zu den ältesten Baubefunden, Beiträge zur Mittelalterarchäologie in Österreich 12, 1996, 87–98.
A. Kaltenberger, Die Grabungen des Österreichischen Archäologischen Instituts im ehemaligen Benediktinerkloster („Schloß") Mondsee, III. Die frühneuzeitliche Malhornware, Jahrbuch des Oberösterreichischen Musealvereines 141/I, 1996, 187–228.
A. Kaltenberger, Die Grabungen des Österreichischen Archäologischen Instituts im ehem. Benediktinerkloster („Schloss") Mondsee, IV. Ein archivalischer Beitrag zu den Speisegewohnheiten im Kloster. Die erhaltenen Speisezettel der Jahre 1538/39, 1632 und 1730, Jahrbuch des Oberösterreichischen Musealvereines 143/I, 1998, 53–153.

21. Mürzzuschlag (Steiermark)

Ehemaliges Franziskanerkloster

Das an der Stadtmauer gelegene Kloster wurde 1641 gegründet und 1799 auf Betreiben des Ordens aufgehoben. Kloster und Kirche gingen in Privatbesitz über, und 1972 wurde das Kloster abgebrochen.

Die Kirche wurde im Zuge der Adaptierung für eine Landesausstellung in den Jahren 1989 bis 1991 einer archäologisch-bauhistorischen Untersuchung unterzogen, die der Klärung der Baugeschichte des Objektes diente. Dabei konnte auch eine dem Klosterbau vorangehende Bebauung, die Reste eines spätmittelalterlichen Gebäudes, aufgedeckt werden.

Literatur:

B. Hebert, in: W. Schmidt, Zur Geschichte des Hauses. Vom Franziskanerkloster zum Kunsthaus, Katalog der Steirischen Landesausstellung in Mürzzuschlag, 1991, 282 ff.

22. Neuberg an der Mürz (Steiermark)

Ehemaliges Zisterzienserstift

Das Kloster wurde 1327 durch Herzog Otto den Fröhlichen gegründet und mit Mönchen aus Heiligenkreuz besiedelt. Erst 1347 konnten die Mönche vom Meierhof ins Kloster übersiedeln. 1396 legte ein verheerender Brand die ganze Anlage in Schutt und Asche. Der Wiederaufbau des 15. Jahrhunderts ging nur langsam vor sich. 1786 wurde das Kloster aufgehoben und ist seit 1800 in Staatsbesitz (Bundesforste).

Bei der Sanierung des zu Beginn des 15. Jahrhunderts errichteten Brunnenhauses im Kreuzganghof wurde 1991 eine begleitende archäologisch-bauhistorische Untersuchung durchgeführt und der Unterbau eines mittelalterlichen Brunnens und Kanäle zur Wasserver- und -entsorgung nachgewiesen.

Im Zuge weiterer Sanierungsmaßnahmen 1999 wurde ein Teil der spätmittelalterlichen Klosterküche freigelegt. Im späten 16. Jahrhundert wurde an der Küchensüdmauer ein Latrinen-Erker angefügt und Abwasserkanäle errichtet. Der ursprünglich offen geführte Hauptkanal des Stiftes führte südlich der Küche vorbei unter das Refektorium. Aus dem reichen Fundmaterial sind vor allem die Speisereste bemerkenswert.

Literatur:

B. Hebert, Beobachtungen bei den Sanierungsarbeiten in Kreuzgang und Brunnenhaus von Stift Neuberg an der Mürz, unpubliziert (BDA Zl. 163/23/91 vom 14. 11. 1991).

B. Hebert, Fundberichte aus Österreich 38, 1999, 52 und 69.

M. Lehner, Die Klosterküche von Neuberg. Archäologische Forschungen im ehemaligen Zisterzienserstift, Archäologie Österreichs 10/1, 1999, 29f.

23. Pernegg (Niederösterreich)

Ehemaliges Prämonstratenserinnenkloster

Das Kloster wurde 1153 vom Grafen Ulrich II. von Pernegg und seiner Gemahlin Euphemia gegründet. Nach dem Niedergang des Klosters im 16. Jahrhundert wurde es 1586 von Chorherren aus Geras neu besiedelt, 1783 jedoch wieder aufgehoben.

Bedingt durch umfangreiche Bauvorhaben im ehemaligen Kloster fanden in den Jahren 1994 bis 1996 auch archäologische und bauhistorische Untersuchungen statt, die zur Klärung der Baugeschichte einen we-

Abb. 34 (Kat. Nr. 4.13.1):
Stift Pernegg, aquarellierte Zeichnung des Prämonstratenser Chorherrenstiftes vor der Aufhebung. Pfarrchronik Eibenstein.

Abb. 36 (Kat. Nr. 4.13.5):
Blick in den westlichen Kreuzgang.
Foto: ASINOE.

Abb. 35 (Kat. Nr. 4.13.3):
Dreidimensionale Rekonstruktion der Klosteranlage des 12. Jahrhunderts.
Plan: ASINOE.

sentlichen Beitrag lieferten. Das Kloster wurde an der Stelle eines zur Burg von Pernegg gehörenden Wirtschaftshofes errichtet. Das Kloster des 13. Jahrhunderts war eine dreiflügelige Anlage, in deren Nordostecke ein Sakralbau mit rechteckigem Langhaus und Apsis stand. In der Südwestecke des Klosters wurde eine Zisterne und später eine Latrine eingebaut. Im Spätmittelalter wurde das Kloster erweitert und mit einer Wehrmauer umgeben. Im Laufe des 17. und 18. Jahrhunderts erhielt die Anlage ihre heutige Gestalt.

Literatur:

W. Fletzer und B. Wewerka, Untersuchungen im Karner des Klosters Pernegg, Fundberichte aus Österreich 31, 1992, 149–151.
J. Tuzar, Archäologische Überwachung der Bauvorhaben im Kloster Pernegg, Niederösterreich, Fundberichte aus Österreich 33, 1994, 240–242.
M. Krenn und N. Hofer, Zu den bauarchäologischen Arbeiten im Prämonstratenserinnenkloster Pernegg, Niederösterreich, Fundberichte aus Österreich 34, 1995, 402–434.
J. Tuzar, Ergänzender Bericht zu den bauarchäologischen Arbeiten im Prämonstratenserinnenkloster Pernegg, Niederösterreich, Fundberichte aus Österreich 35, 1996, 262–270.
M. Krenn, Zu den bauarchäologischen Arbeiten im Prämonstratenserinnenkloster Pernegg, Niederösterreich, Beiträge zur Mittelalterarchäologie in Österreich 12, 1996, 189–196.

24. Stams (Tirol)

Zisterzienserstift

Das Stift wurde 1273 von Graf Meinhard II. von Tirol und seiner Gemahlin Elisabeth gegründet und diente als Familiengrabstätte der Grafen Görz-Tirol. Die Anlage wurde im 17. Jahrhundert barockisiert.

1972 wurden im Zuge von Bodenerneuerungsarbeiten in der Kirche, einer dreischiffigen, querschifflosen Pfeilerbasilika mit Mittelschiffapsiden und je einer Seitenapsis, zwischen Hochaltar und Mittelapsiden ältere Bodenniveaus, ein gotischer und romanische Estrichböden, festgestellt.

Weitere Revitalisierungsarbeiten im Südtrakt des Kreuzganges 1992 führten zur Aufdeckung des mittelalterlichen Kreuzganges.

Literatur:

L. Plank, Fundberichte aus Österreich 12, 1973, 159f.
W. Sydow, Fundberichte aus Österreich 31, 1992, 26.
W. Sydow, Fundberichte aus Österreich 32, 1993, 632.

Abb. 37:
Stams, Flugaufnahme der Gesamtanlage 1982.
Foto: Bundesdenkmalamt.

25. Stans, St. Georgenberg-Fiecht (Tirol)

Benediktinerkloster

Auf einem steil abfallenden Felsen erhebt sich die 1138 entstandene Benediktinerabtei St. Georgenberg, die auf eine um 950 von Rathold aus dem Pfalzgrafengeschlecht der Rapotonen gegründete Eremitage zurückgeht. Schon im Mittelalter war die Abtei ein bedeutender Wallfahrtsort für das Unterinntal und das benachbarte Bayern. Nach mehrfachen Brandkatastrophen erfolgte 1705 die Verlegung des Klosters nach Fiecht (Gem. Vomp). Bis heute erhalten sind die (Wallfahrts-)Kirche und zwei Gebäudeflügel.

1968 fanden im Kreuzgangbereich Grabungen statt, bei denen Mauerreste von mehreren Vorgängerbauten zutage kamen (unpubliziert). Beim Bau einer Kläranlage 1973 nordwestlich der Kirche wurde ein spätmittelalterlicher Mauerzug mit Ansatz eines Gewölbes dokumentiert.

Literatur:

G. Kaltenhauser, Fundberichte aus Österreich 12, 1973, 160.
F. Caramelle und R. Frischauf, Die Stifte und Klöster Tirols, Innsbruck und Wien 1985, 13ff.

26. St. Pölten (Niederösterreich)

Augustiner-Chorherrenstift

Das Benediktinerkloster St. Hippolytus wurde vermutlich nach den Awarensiegen Karls des Großen 791 zur Slawenmission von Tegernsee aus gegründet und

Abb. 38:
Stans, Kloster St. Georgenberg.
Foto: Bundesdenkmalamt, J. Pöll.

ist damit das älteste Kloster östlich der Enns. 1081 wurde es in ein Augustiner-Chorherrenstift umgewandelt. Der heutige barocke Bau wurde 1621 nach einem verheerenden Brand errichtet. 1785 wurde das Kloster Bischofssitz.

Archäologische Ausgrabungen fanden 1949 und 1951 im Stiftsbereich anlässlich der Domrenovierung statt, 1980–82 im nördlichen und östlichen Kreuzgang und 1988 im Rahmen eines Schwerpunktprojektes im Kapitelgarten.

In Zusammenfassung der Grabungsergebnisse von B. Saria 1949 und 1951 und von H. Ubl 1980–1982 konnte eine vorläufige Grundriss-Rekonstruktion des Osttraktes des romanisch-gotischen Klosters (Neubau 1228 geweiht) erstellt werden. An die Kirche schloss ein schmaler Raum an, der als Schatzkammer interpretiert wird und später in die Heiliggeist-Kapelle umgebaut wurde, weiters der Kapitelsaal und ein Calefactorium mit einem großen, unter dem Niveau situierten Ofen. In der Nordost-Ecke des Kreuzganges lagen Wirtschafts- und Küchenräume, an die nach Norden zu ein zweigeschossiger Bau mit großem Erdgeschoss-Saal angebaut war, das Refektorium. Zum ältesten Klosterbau liegen noch keine archäologischen Befunde vor, verschiedentlich wurde jedoch Keramik des beginnenden 9. Jahrhunderts geborgen.

1988 wurde in der Nordwest-Ecke des Kapitelgartens ein spätgotischer Saal, vermutlich das Sommerrefektorium, ergraben.

Literatur:
B. Saria, Fundberichte aus Österreich 5, 1946/50, 112, 234.
B. Saria, Grabungen in St. Pölten, Pro Austria Romana 1, 1951, 108ff.
B. Saria, Ausgrabungen in St. Pölten (Cetium), Unsere Heimat 22, 1951, 108–114.
H. Ubl, Fundberichte aus Österreich 19, 1980, 544.
B. Wühr, Fundberichte aus Österreich 21, 1982, 319.
H. Fasching (Hrg.), Dom und Stift St. Pölten und ihre Kunstschätze, St. Pölten und Wien 1985.
C. B. Wühr, Archäologische Ausgrabungen im Kreuzgang, in: H. Fasching, Dom und Stift St. Pölten und ihre Kunstschätze, St. Pölten und Wien 1985, 71–76.
P. Scherrer, Fundberichte aus Österreich 27, 1988, 315f.
P. Scherrer, Die archäologischen Ausgrabungen im Kapitelgarten zu St. Pölten 1988. Vorläufiger Bericht, Hippolytus, N. F. 15, 1990, 7ff.
P. Scherrer (Hrg.), Landeshauptstadt St. Pölten – Archäologische Bausteine, Österr. Archäol. Inst. Sonderschriften 22, Wien 1991.
P. Scherrer, Stadtarchäologie in St. Pölten (NÖ) – Erste Ergebnisse und offene Fragen, Beiträge zur Mittelalterarchäologie in Österreich 8, 1992, 183–218.
P. Scherrer, St. Pölten. Landeshauptstadt aus römischen Wurzeln. Ergebnisse der Stadtarchäologie 1988–1998, 1998.

27. Traunkirchen (Oberösterreich)

Benediktinerinnenkloster

Das auf einem in den Traunsee vorspringenden Felssporn gelegene, 1020 gegründete Kloster wurde in der Reformationszeit 1573 aufgehoben. Von 1622 bis zur Pfarrgründung 1778 bestand hier ein Jesuitenkolleg.

Im Zuge von Sanierungsmaßnahmen im Kreuzgangbereich wurden 1998 archäologische Untersuchungen durchgeführt. Im Kreuzhof konnten neben Streufunden des Neolithikums 95 hallstattzeitliche Brandgräber und 22 Körperbestattungen aufgedeckt werden. Einige West-Ost ausgerichtete Gräber, die zum Teil durch die Fundamente des Kreuzganges gestört waren, gehören dem Früh- und Hochmittelalter an. Zahlreiche Pfostengruben und Fundamentgräben belegen Bauten aus Holz, deren Zeitstellung noch ungeklärt ist. Parallel zum Westtrakt des ehemaligen Klosters wurde das Fundament des hochmittelalterlichen Kreuzganges aufgefunden.

1999 wurde im ehemaligen Wirtschaftshof des Klosters vor der geplanten Neugestaltung eine Sondage angelegt und dabei eine seewärts leicht abfallende Steinpflasterung mit zwei Rinnen (14. Jahrhundert?) aufgedeckt, die eine schräg zur Hofachse verlaufende Steinmauer überlagert. Die Interpretation ist aufgrund des kleinen Ausschnittes derzeit nicht möglich.

Literatur:
J. Offenberger und A. Geischläger, Fundberichte aus Österreich 37, 1998, 46f.
J. Offenberger und A. Geischläger, Fundberichte aus Österreich 38, 1999, 47–49.

28. Tulln, Minoritenkloster

Das in der Nordwestecke der Tullner Altstadt gelegene Kloster wurde nach der Ordenschronik nach 1225 gegründet, die erste urkundliche Nennung fällt in das Jahr 1328. Nach seiner Auflösung 1807 diente der Bau als Kaserne, ab 1918 als Wohnhausanlage.

Anlässlich der Revitaliserung und Umgestaltung zur einem Museum fanden 1991 bis 1993 im Innenhof und in den Erdgeschoss-Räumen archäologische Untersuchungen statt.

Die ältesten Siedlungsschichten am späteren Klosterstandort stammen aus dem 1. bis 3. nachchristlichen Jahrhundert. Vom ältesten Kloster des 13. Jahrhunderts zeigten sich der quadratische Chorraum der Kirche und ein Teil vom Osttrakt des Konventsgebäudes. Um die Mitte des 15. Jahrhunderts entstand ein Kirchenneubau, von dem der Chor mit 5/8–Schluss freigelegt wurde. In seinem Inneren lag eine Gruft, aus der eine Bulle von Papst Bonifatius IX. (1389–1404) stammt.

In der NO-Ecke des Hofes lag eine mittelalterliche Ofenanlage, vermutlich ein Ziegelofen. Weitere archäologische Aufschlüsse betrafen Umbauten aus der Barock- und jüngerer Zeit.

Auf die ursprünglich geplante Tiefgarage im Hof des Gebäudekomplexes wurden zugunsten der musealen Erhaltung des gotischen Kirchenchores verzichtet.

Abb. 39 (Kat. Nr. 4.14.1):
Ansicht der Stadt Tulln von Norden.
„Atlas du Cours du Danube. . ."
von Francois Nicolas de Sparr, 1751.
Kriegsarchiv Wien. Foto: F. Leuthner, Wien.

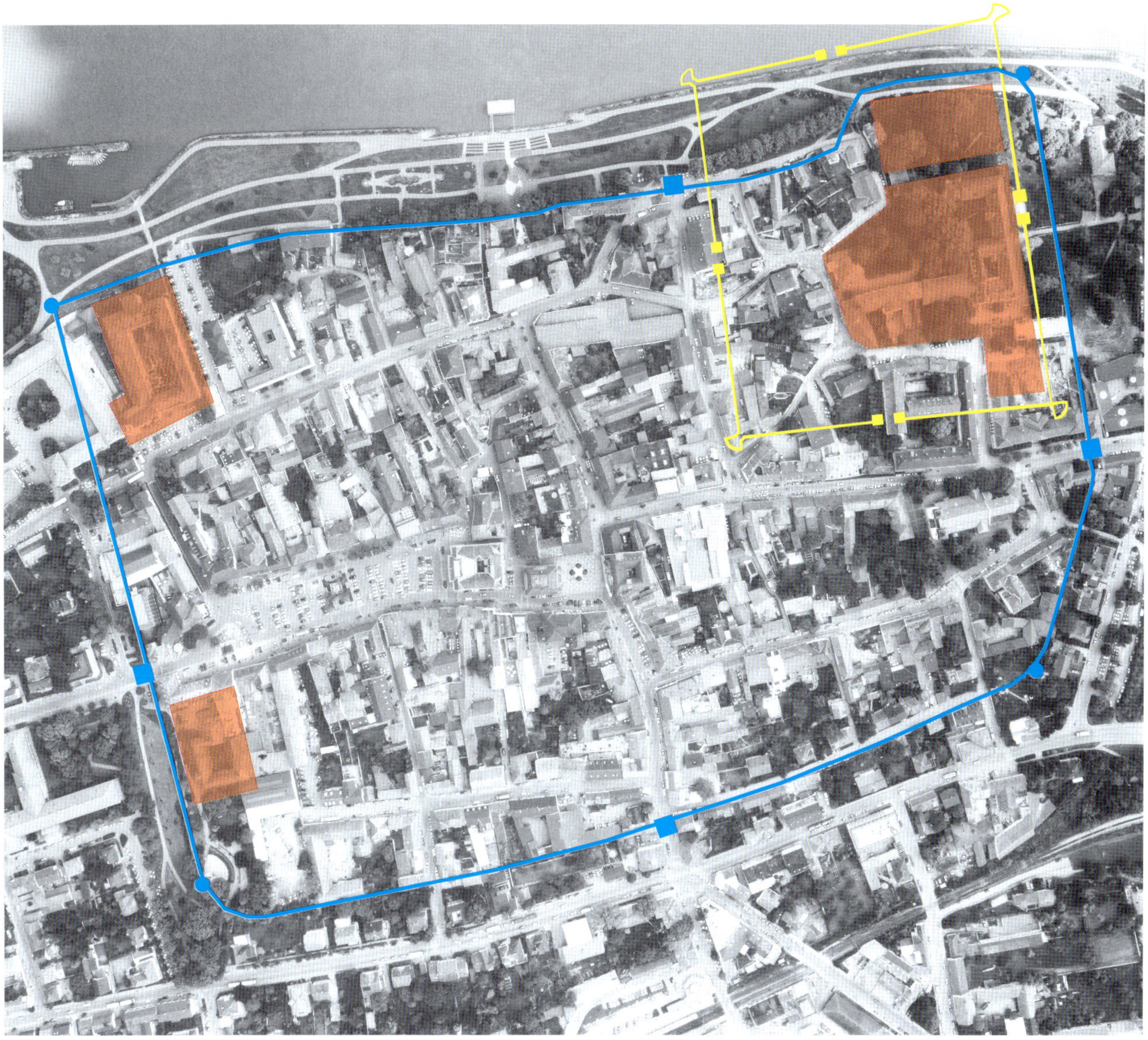

Abb. 40 (Kat. Nr. 4.14.2):
Luftbild von Tulln, darauf eingetragen das römische Lager (gelb), die mittelalterliche Stadtmauer (blau) und die Klosteranlagen (rot). Z280291, Freigabe BMfLV, 33.152/169–5.11/91. Grafik: ASINOE.

Literatur:

O. Biack und A. Kerschbaumer, Geschichte der Stadt Tulln, 1966, 457 ff.

J. Tuzar, Archäologische Untersuchungen in der ehemaligen Pionierkaserne in Tulln, Fundberichte aus Österreich 30, 1991, 44–48.

J. Tuzar, Weitere archäologische Untersuchungen in der ehemaligen Pionierkaserne in Tulln, Fundberichte aus Österreich 31, 1992, 130–138.

J. Tuzar, Rettungsgrabungen in der ehem. Pionierkaserne, Albrechtsgasse 34, Archäologie Österreichs 2/2, 1991, 32 ff.

J. Tuzar, Fundberichte aus Österreich 31, 1992, 21.

B. Wewerka u. a., Neue Ergebnisse zur Stadtarchäologie in Tulln. Grabungen des Vereins ASINOE der Jahre 1991–1997, Mitteilungen des heimatkundlichen Arbeitskreises für die Stadt und den Bezirk Tulln IX, 1997, 38 ff.

M. Krenn, Zur konzeptionellen Gestaltung der Stadtarchäologie in Niederösterreich, Archäologie Österreichs, Sonderheft 1997, 82

29. und 30. Tulln, Dominikaner- und Dominikanerinnenkloster (Niederösterreich)

In der NO-Ecke der mittelalterlichen Altstadt, im Bereich des römischen Alenlagers Comagena, befand sich das 1278 von Rudolf von Habsburg aus Dank über den Sieg über Ottokar von Böhmen gegründete Kloster der Dominikanerinnen. 1280 erfolgte die Grundsteinlegung für die Konventkirche „Unserer lieben Frau Verkündigung“, einer dreischiffigen, saalartigen Hallenkirche mit geradem Chorabschluss. Neben dem Stift wurde ein für die Seelsorge bei den Nonnen zuständiges Kloster für Dominikanermönche gegründet, das bis 1562 bestand.

1785 wurde der Frauenkonvent aufgelöst, 1825 der Großteil der Gebäude sowie die Kirche abgebrochen. Die verbliebenen Bauten dienten als Fabrik, später als Kaserne und zuletzt als Krankenhaus.

Vor der geplanten Neuverbauung des gesamten Areals erfolgen seit 1997 großflächige archäologische Untersuchungen.

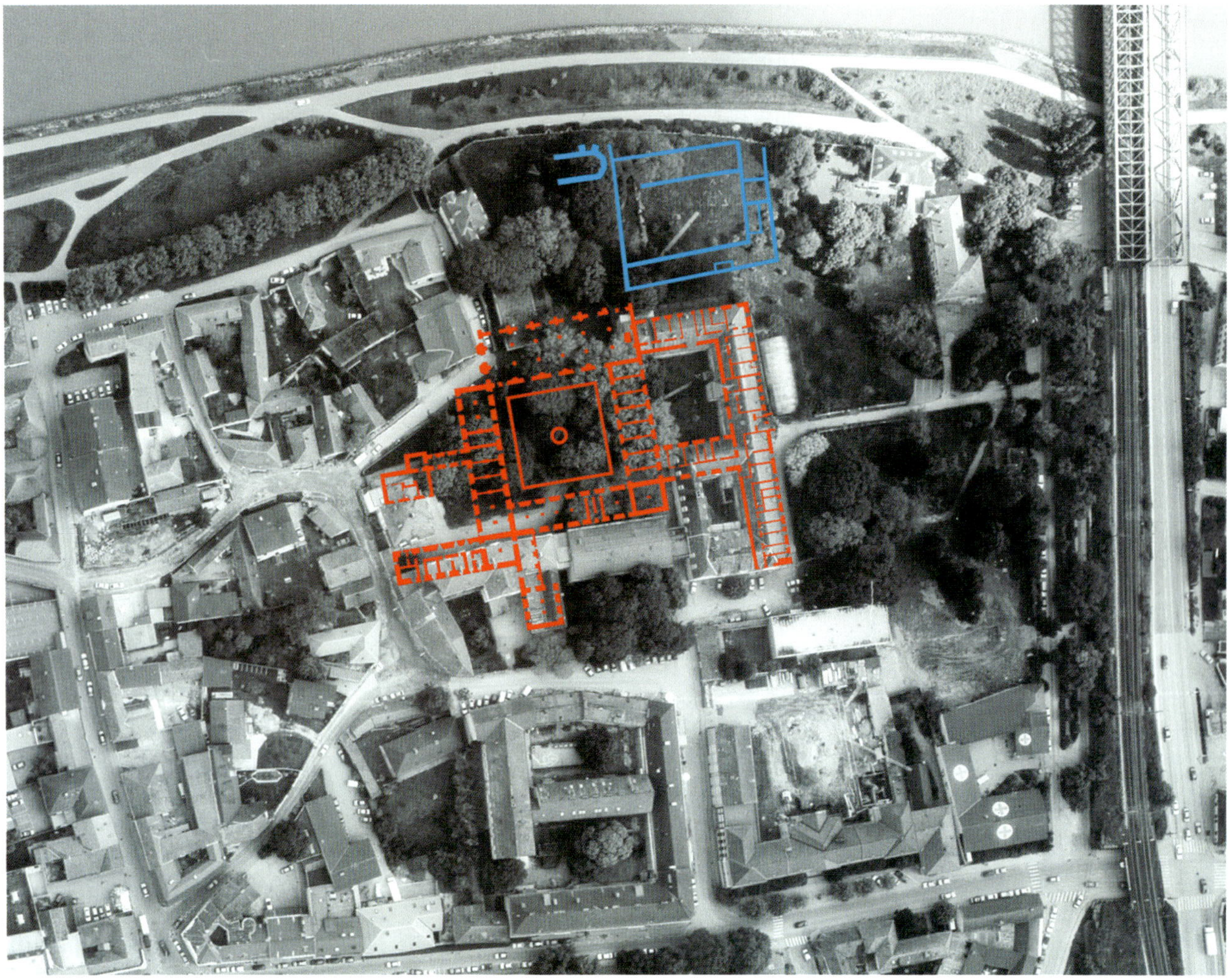

Abb. 41 (Kat. Nr. 4.14.9):
Das Tullner Dominikanerinnen- und Dominikanerkloster als schematische Rekonstruktion.
Dominikanerkloster nach Grabungsbefund (blau), Dominikanerinnen nach Bauaufnahme der k. k. Pionierschule, Mitte 19. Jahrhundert (rot).
Grafik: ASINOE.

Abb. 42 (Kat. Nr. 4.14.11):
Vogelschauplan des Tullner Dominikanerinnenklosters mit Stifterbild, nach 1760.
Ausschnitt aus einem anonymen Ölbild im Pfarrhof Tulln, nach 1760.
Reproduktion: Foto Schwarzenegger, Tulln.

Im Nordteil konnten Kirche und Konventgebäude des Männerklosters teilweise freigelegt werden.

Der Südteil erbrachte die Kirche mit anschließendem Kreuzgang des Frauenklosters. Die Freilegung des südlich angrenzenden Traktes ist noch nicht abgeschlossen.

Zu den bemerkenswertesten Funden der Untersuchungen zählen die in sekundärer Verlegung aufgefundenen dekorierten Bodenfliesen aus der Kirche des 13. Jahrhunderts (siehe Kat. Nr. 23.50–23.57).

Literatur:

O. Biack und A. Kerschbaumer, Geschichte der Stadt Tulln, 1966, 443 ff.

H. Ubl, Fundberichte aus Österreich 19, 1980, 549.

N. Hirsch und M. Perc, Fundberichte aus Österreich 36, 1997, 30 f.

N. Hirsch, Zum historischen Kernbereich der Stadt Tulln – Grabungen auf dem Areal des „Alten Krankenhauses", in: Bericht zu den Ausgrabungen des Vereins ASINOE in den Projektjahren 1997 und 1998, Fundberichte aus Österreich 37, 1998, 441 ff.

N. Hirsch, N. Hofer, M. Perc und B. Wewerka, Fundberichte aus Österreich 38, 1999, 38.

31. Tulln, Kapuzinerkloster (Niederösterreich)

Innerhalb der Südwestecke der mittelalterlichen Stadtbefestigung entstand 1652 ein Kapuzinerkloster, das unter Josef II. 1787 aufgehoben wurde und 1816 in Privatbesitz überging. Die Kirche wurde abgetragen, das Kloster als Gasthof genützt und danach als Wohnhaus adaptiert.

1996 wurden anlässlich der Sanierung des Objektes im Innenhof baubegleitende archäologische Untersuchungen durchgeführt, bei denen sich geringe Baureste des 15./16. Jahrhunderts zeigten, die vermutlich mit einem älteren, für die Errichtung des Klosters geschleiften Bürgerhaus in Zusammenhang stehen.

Literatur:

O. Biack und A. Kerschbaumer, Geschichte der Stadt Tulln, 1966, 466 ff.

N. Hirsch, Begleitende archäologische Untersuchungen während der Umbauarbeiten im Kapuzinerkloster Tulln, Fundberichte aus Österreich 34, 1995, 392.

N. Hirsch, Berichte zu den Ausgrabungen des Vereins ASINOE im Projektjahr 1995/96, Fundberichte aus Österreich 35, 1996, 392.

B. Wewerka u. a., Neue Ergebnisse zur Stadtarchäologie in Tulln. Grabungen des Vereins ASINOE der Jahre 1991–1997, Mitteilungen des heimatkundlichen Arbeitskreises für die Stadt und den Bezirk Tulln IX, 1997, 72.

32. Wien 1

Jesuitenkolleg

1623 wurde der Orden der Jesuiten, deren Lehrtätigkeit in Wien 1551 begann, in die Universität Wien inkorporiert. 1624 wurde mit dem Bau des Jesuitenkollegs und der Kirche begonnen.

1997 und 1998 wurden im Zuge der Generalsanierung des Baukomplexes im Hof des ehemaligen Kollegiums vor dem Ost- und Nordtrakt archäologische Untersuchungen im Bereich eines geplanten Tiefspeichers und eines Kollektorganges durchgeführt. Dabei konnten beiderseits eines Straßenzuges unterkellerte Holzbauten des 12./13. Jahrhunderts, die später durch Steinbauten ersetzt wurden, befundet werden.

Nach Abtragung dieser Gebäude wurde das Kollegium erbaut, wobei der Osttrakt zum Teil ältere Fundamente einbezog.

Literatur:

J. Offenberger und A. Geischläger, Fundberichte aus Österreich 36, 1997, 44 ff.

J. Offenberger und A. Geischläger, Fundberichte aus Österreich 37, 1998, 54 f.

34. Zell bei Kufstein (Tirol)

Ehemaliges Benediktinerkloster

Im *Indiculus Arnonis*, dem unter Bischof Arn von Salzburg 788/790 erstellten Güterverzeichnis, ist *„ad Caofstein ecclesia cum territorio et cellola, ubi fratres nostri manibus laborant"* ein kleines Kloster bezeugt. Das Gründungsdatum wird zwischen 700 und 740 angenommen.

1984 wurde anlässlich einer geplanten Erweiterung und Renovierung der Kirche St. Martin eine archäologische Untersuchung durchgeführt, bei der zwei Vorgängerbauten erfasst werden konnten.

Die älteste Kirche war eine Holzkirche des 7. Jahrhunderts (^{14}C-Datum 650–680 n. Chr.) mit zugehörigem Friedhof. Die im Westen der Kirche gelegenen West-Ost orientierten, beigabenlosen Bestattungen werden teilweise vom ersten Steinkirchenbau gestört. Der erste Steinbau (8./9. Jahrhundert), ein Rechtecksaal mit um Mauerstärke eingezogener gestelzter Halbkreisapsis,

Abb. 43:
Zell bei Kufstein, Martinskirche.
Blick von Westen auf das gemörtelte Taufbecken.
Foto: Bundesdenkmalamt, W. Sydow.

die außen rechteckig ummauert war, dürfte bereits als Klosterkirche gedient haben, wofür auch das im Westteil der Kirche aufgefundene runde, in den Boden eingetiefte Taufbecken spricht. Die zugehörigen Klosterbauten werden nördlich der Kirche vermutet. Um 1300 wurde die Kirche nach einem Brand erneuert; es entstand eine Saalkirche mit quadratischem Chor, die im 15. und 18. Jahrhundert weitere Umbauten erfuhr.

Literatur:

W. Sydow, Archäologische Untersuchungen in der Martinskirche in Zell bei Kufstein, Tirol, Fundberichte aus Österreich 23, 1984, 169–178.

35. Zwettl (Niederösterreich)

Zisterzienserstift

Das Kloster wurde 1137 von Hadmar I. von Kuenring gegründet und mit Mönchen aus Heiligenkreuz besiedelt. Im 18. Jahrhundert erfolgt ein großzügiger Ausbau der Gesamtanlage.

1978 und 1979 erfolgten Probegrabungen zur Klärung baugeschichtlicher Fragen im Südumgang des Presbyteriums und bei der Johanneskapelle im Konventgarten.

In der Stiftskirche wurden im südlichen Chorumgang die südliche Seitenapsis der ersten romanischen Bau-

Abb. 44 (Kat. Nr. 4.9.1):
Zwettl, Vogelperspektive von Südwesten.
Ölgemälde auf Leinwand, 1669.
Stiftsbibliothek Zwettl.
Foto: Stift Zwettl.

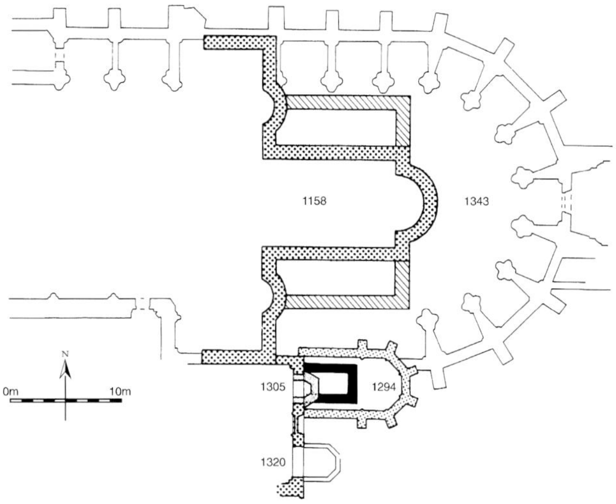

Abb. 45 (Kat. Nr. 4.9.4):
Rekonstruktionsplan der Allerheiligenkapelle beim Bau des Chorumganges (Baubeginn 1343). Ausführung: Bundesdenkmalamt, J. Offenberger. Rekonstruktion der romanischen Basilika von 1158 nach F. Daim.

phase freigelegt und das Fundament einer parallel zur Kirchenachse verlaufenden Mauer einer ebenfalls noch vorgotischen Bauperiode.

Im Konventgarten nördlich der Stiftskirche konnten Mauerfundamente des Langhauses der ehemaligen Spitalskirche freigelegt werden, von der das Chorquadrat noch als Johanneskapelle erhalten geblieben ist.

1994 wurde an der Südseite des Chores der Stiftskirche, im so genannten Bernhardihof, die 1294 geweihte Allerheiligenkapelle mit der Gruft Heinrichs IV. von Kuenring-Feldsberg († 1287) mit den mehrfach (?) umgelagerten Gebeinen von vier Individuen aufgedeckt. Die Gruft wurde von der von Heinrich gestifteten Allerheiligenkapelle um- und überbaut. Im Zuge des Neubaues des Chores der Stiftskirche wurde die Kapellennordwand abgebrochen und von der Südwand des Kapellenkranzes überbaut. Beim Neubau einer bis 1884 bestehenden Sakristei wurde die Kapelle 1643 abgebrochen.

1996 wurde südöstlich des Chores der Stiftskirche das Bodenniveau abgesenkt und dabei mehrere Mauerzüge aufgedeckt, die zu einem spätbarocken, zwischen alter und neuer Sakristei gelegenen Bautrakt gehören.

Literatur:
F. Daim, Archäologische Grabungen im Stift Zwettl 1978 und 1979, in: Die Kuenringer. Das Werden des Landes Niederösterreich, Katalog des Niederösterreichischen Landesmuseums, N. F. 110, Wien 1981, 738–746.
J. Offenberger, Fundberichte aus Österreich 33, 1994, 435 f.
J. Offenberger, Archäologische Untersuchung der Allerheiligenkapelle und der Kuenringergruft im Bernhardihof des Stiftes Zwettl in Niederösterreich, Fundberichte aus Österreich 36, 1997, 567–575.
J. Tuzar, Untersuchungen im Nordosten der Kirche des Zisterzienserstiftes Zwettl, Niederösterreich, Fundberichte aus Österreich 35, 1996, 280–287.

Poigen, der alte Name von Altenburg

Benedikt W a g n e r OSB

Einführung[1]

Die obige Überschrift ist eine neue Antwort auf die Frage, wo jenes Poigen lag, nach dem sich die Grafenfamilie nannte, die im Jahre 1144 das Kloster Altenburg stiftete. Seit langem nimmt man mit guten Gründen an, dass diese Familie auf die Grafen von Sulzbach in der Oberpfalz zurückgeht[2] und sich erst, seit sie sich im Waldviertel niedergelassen hatte, als Grafen von Poigen bezeichnete. Früher nahm man nun an, diese Grafenfamilie habe sich nach dem heutigen Dorf Poigen in der Gemeinde St. Bernhard-Frauenhofen, Gerichtsbezirk Horn, genannt. So bezieht H. Weigl[3] die Nennung der Grafen von Poigen auf diesen Ort, und E. Schuster[4] folgt ihm in dieser Gleichsetzung. G. Schweighofer folgert aus dieser Gleichsetzung[5], dieses Dorf sei „einst Mittelpunkt und wahrscheinlich der älteste Ort des Poigreiches" gewesen, „dessen Herren jedoch bald die Burg Stein zu ihrem Hauptsitz gemacht haben dürften." K. Lechner, der sich mehrmals mit den Grafen von Poigen befasst und 1924 noch vorsichtig erklärt hatte: „Der Name (der Grafen von Poigen) selbst haftet noch an der Ortschaft Poigen, nördlich Neukirchen"[6], nahm 1970[7] ebenfalls an, dass sich dieses Grafengeschlecht nach dem Dorf Poigen an der Großen Taffa genannt habe und fügte hinzu: „Die ursprüngliche Grafenburg in Poigen stand wohl auf dem benachbarten, im Zentrum des Poigreiches gelegenen und das Gebiet weithin beherrschenden 'Grünberg'. Noch heute weist ein bedeutendes wehrhaftes Erdwerk hinter der St. Margarethenkapelle auf die Burg hin".

Damit beginnen auch schon die Probleme: Es gibt noch Mauerreste hinter der ehemaligen Margarethen-, der heutigen Hubertuskapelle, auf dem Grünberg. Es ist ein kleinteiliges, spätmittelalterliches Mauerwerk. Dem entspricht auch, dass Kapelle und Burg von Grünberg erstmals 1299 genannt werden[8]. Damals war auch der letzte Zweig der Grafen von Poigen schon 90 Jahre erloschen. Würden wir also mit K. Lechner annehmen, dass die ursprüngliche Burg der Grafen von Poigen auf dem Grünberg stand, dann müssten wir zusätzlich annehmen, dass diese Burg 200 Jahre lang keinen eigenen Namen gehabt hätte, sondern nur nach dem zu Füßen des Grünberg liegenden Ort Poigen benannt worden wäre. Sonst wäre schwer zu verstehen, warum man diese Grafenfamilie immer nur nach Poigen oder einem ihrer anderen Sitze, zum Beispiel Wildberg, nie aber nach ihrer Stammburg Grünberg benannt hätte und dass nach ihrem Aussterben 90 Jahre kein Besitzer dieser Burg feststellbar wäre. Es ist also hier noch eine Überlegung nötig.

Ich stieß auf dieses Problem, als ich mich mit der Gründungsurkunde des Stiftes Altenburg befasste[9]. Diese führt aus, dass Hildburg nach dem Tod ihres Mannes, des Grafen Gebhard von Poigen, an dem Ort, der Altenburg heißt, gemeinsam mit ihrem Sohn Hermann ein Benediktinerkloster gegründet habe. Nun wird aber dieser Hermann im Altenburger Nekrologium Comes de Lapide, Graf von Stein genannt. Ja sogar schon 1141, also noch vor der Stiftung des Klosters Altenburg, wird in einer Verfügung für das Kloster Zwettl ein Hermannus comes de Stayn als Zeuge angegeben. Aber auch sein Vater, Graf Gebhard von Poigen, wird einmal um 1140, nach neuerer Datierung sogar schon um 1130, Comes Gebehardus de Steina genannt. A. Plesser hat schon 1904 erkannt, dass mit diesem Stein die Burg Stein am Kamp, später nach ihren Besitzern, dem Geschlecht der Tursen, Tursenstein genannt und heute als Ödes Schloss bezeichnet, gemeint war. Sie liegt nicht weit vom Stift Altenburg entfernt auf einem steilen Felsen über dem Kampbogen. Dort hat also Graf Gebhard von Poigen einige Zeit vor der Gründung des Stiftes Altenburg eine neue Burg errichtet, nach der sich nun er selbst und sein Sohn gelegentlich nannten. Wir können annehmen, dass sie in diese Burg mit ihrer sehr sicheren Lage umgezogen sind, wodurch ihre alte Burg funktionslos geworden ist. Bei dieser funktionslos gewordenen Burg gründete nun Hildburg das Kloster für Benediktiner. Damit haben wir den Namen Altenburg gedeutet und den Vorgang sowie die örtlichen Voraussetzungen der Gründung des Stiftes Altenburg beschrieben. „Alte Burg" konnte diese Wehranlage aber erst genannt werden, nachdem die neue Burg in Stein errichtet worden war. Wenn wir nun fragen, wie sie vorher geheißen habe, dann liegt es zumindest sehr nahe, dass sie Poigen hieß. Wie sich nämlich diese Grafen nach Errichtung der Burg Stein gelegentlich nach diesem neuen Sitz „von Stein" nannten, so werden sie sich vorher nach ihrer alten Burg „von Poigen" genannt haben[10].

Mir scheint nun diese Ableitung logisch zu sein, aber logische Ableitungen von geschichtlichen Vorgängen sind nur richtig, wenn man damals, als sich diese Ereignisse abspielten, logisch gehandelt hat. Der Mensch handelt aber nicht selten irrtümlich oder absichtlich anders, als man es logischerweise erwarten würde. Daher sollten solche historische Schlussfolgerungen womöglich noch anderweitig abgesichert werden. Außerdem waren eine Reihe von Denkschritten nötig, um zu dem Ergebnis zu kommen, dass Altenburg vorher Poigen hieß, und jeder Denkschritt ist auch eine mögliche Fehlerquelle. Die frühere Ansicht, dass sich die Grafen von Poigen nach der Ortschaft nannten, die heute noch Poigen heißt, beruht aber eigentlich, wenn auch unausgesprochen, auf dem ganz einfachen Schluss, die Grafen von Poigen könnten sich nur nach dieser Ortschaft genannt haben, weil es sonst weit und breit kein Poigen gab. Dieser Schluss steht und fällt mit der Voraussetzung, dass es sonst wirklich kein Poigen gab. Wenn es aber gelingt, glaubwürdig zu machen, dass Altenburg früher Poigen hieß, ist er hinfällig.

Es wird also gut sein, außer der obigen, etwas komplizierten Schlusskette noch nach weiteren Argumenten zu suchen, die dafür sprechen, dass Poigen der alte Name von Altenburg war. Dabei dürfen wir uns nicht erwarten, irgendeine Quelle des Hochmittelalters zu finden, die diese neue Ansicht direkt aussagt, etwa in der Formel: „Altenburg, vormals Poigen". Aber je mehr Anhaltspunkte wir finden, die zu demselben Ergebnis führen, umso glaubwürdiger wird dieses Resultat. Wir wollen daher untersuchen, was sich aus dem Namen Poigen selbst, aus den ältesten Nennungen des Poigreiches, aus den Quellen über die Grafen von Poigen und schließlich aus den ältesten Belegen über Adelige aus dem Waldviertel, die sich nach Poigen nannten, aber keine Grafen waren, für unsere Frage ergibt.

Der Name Poigen

Wenn wir aus dem Namen Poigen zur Lösung unserer Frage Aufschluss gewinnen wollen, müssen wir die ältesten Quellen heranziehen, in denen er vorkommt. Aus ihnen ist die älteste Form und aus dieser wieder die Bedeutung des Namens zu gewinnen. Sie geben uns aber auch an, welche Örtlichkeiten im Hochmittelalter diesen Namen trugen, was für unsere Überlegungen auch nicht ganz bedeutungslos ist.

Die älteste Nennung von Poigen im Bezirk Horn findet sich nun in einer Urkunde vom 24. März 1075, mit der Papst Gregor VII. die Stiftung des Klosters St. Nikola bei Passau bestätigte. An vorletzter Stelle der Güter dieses Klosters zählt diese Urkunde auch den Zehent im Lande Biugin auf [11]. In der Form Piugin erscheint dieser Name in einer Urkunde vom 6. September 1108, in der König Heinrich V. dem Kloster Göttweig unter anderem auch ein Gut dieses Namens schenkt[12]. In den Formen Biugin und Buigin kommt er in einer Schenkungsnotiz aus der Zeit von 1090 bis 1104[13] und vor 1108 als Sitz des Grafen Hermann, des Vaters jenes Grafen Gebhard von Poigen, den wir bereits kennen, in den Göttweiger Traditionsbüchern vor[14]. Bald darauf lautet dieser Name Biugen und Puigen, in der Stifterurkunde von Altenburg 1144 Bŏige und im Spätmittelalter Peugen[15].

Allein schon diese Entwicklung des Namens legt nahe, dass er etwas mit dem Zeitwort beugen und dem Hauptwort Beuge zu tun hat. H. Weigl deutet ihn daher als Bezeichnung einer Flussbiegung.

E. Schuster[16] sieht in diesen Namensformen einen Dativ Plural und übersetzt daher: „bei den Flußschlingen (der Großen Taffa)“. Die Frage ist nur, ob sie der obige Lautbestand zur Annahme eines dritten Falles der Mehrzahl genötigt hat oder ob sie zu dieser Annahme kam, weil sie wusste, dass man diesen Namen allgemein auf das heutige Dorf Poigen bezog und dass sich (vor ihrer Regulierung) die Große Taffa in vielen Windungen durch dieses lang gestreckte Dorf schlängelte. Dass die Endung -in, später -en unbedingt eine Mehrzahl bezeichnen sollte, ist mir nicht einsichtig. Es gibt ja genug Gegenbeispiele, so die Ortsnamen, die mit -kirchen zusammengesetzt sind. Der Name Neunkirchen, um 1100 als Niuvenchirinchin bezeugt[17], bedeutet ja auch nicht, dass dort einmal neun Kirchen gestanden sind, sondern eine Ortschaft zur (bei der) neuen Kirche. Ganz besonders interessant ist für unser Thema der Name Persenbeug. Im Jahre 863 heißt er einfach „ad Biugin, zu(r) Beuge(n)“, 1110 Bersinbiugin[18], weil inzwischen (vielleicht zur Unterscheidung von einem anderen Buigin an der Donau) der Personenname Perso (vermutlich von einem Besitzer des Ortes) vorangestellt worden ist[19]. Hier übersetzt auch E. Schuster selbst: „bei der Biegung (der Donau)“, also in der Einzahl, weil es eben in Persenbeug nur eine Donauschlinge gibt. Damit ist erwiesen, dass Biugin – Peugen – Poigen nicht „bei den Fluss-Schlingen“ heißen muss, sondern auch „bei der Fluss-Schlinge“ heißen kann.

Welche der zwei Bedeutungen für das Poigen, nach dem sich die Stifterfamilie des Klosters Altenburg nannte, zutrifft, können wir nicht sicher sagen, immerhin aber, welche wahrscheinlicher ist. Dazu müssen wir fragen, ob es sonst noch irgendwo Orte namens Poigen oder Peugen, allenfalls auch Boigen oder Beugen gibt und wo diese Orte liegen. Heute gibt es in Österreich außer unserem Poigen im Waldviertel nur noch eine Rotte Peugen in der Gemeinde Frohnleiten, nördlich von Graz[20]. Dort aber bildet die Mur eine Schlinge, woher wohl der Name Peugen kommt. Im Mittelalter gab es außerdem noch einen Ort Peugen. Er lag in der Pfarre Mannswörth östlich von Schwechat, also an der Donau, wo es heute noch den Flurnamen Poigen Au gibt[21].

Alle diese Orte liegen also an einem größeren Fluss, ausgenommen nur Poigen an der Großen Taffa, die man trotz ihres Namens nur als einen Bach bezeichnen kann. Wenn wir aber annehmen, jenes Poigen, nach dem man die Grafen von Poigen nannte, sei der alte Name von Altenburg, dann liegt es am Kamp, noch dazu an einer auffallenden Schlinge des Kamp, wo er beinahe einen Umlaufberg bildet, wozu noch kommt, dass dieser Fluss nur wenig weiter östlich in einer starken Krümmung vom West-Ost-Verlauf zur Nord-Süd-Richtung übergeht, dann passt das ganz zu den anderen Orten namens Poigen oder Peugen. Um den Unterschied zwischen dem heutigen Poigen einerseits und Altenburg und Persenbeug andererseits zu verdeutlichen, wollen wir diese drei Orte samt dem jeweiligen Fluss, an dem sie liegen, im Kartenbild nebeneinander stellen.

Diese Zusammenstellung von Kartenausschnitten macht klar, warum die Donauschleife namengebend wurde und die Kamptalschlinge namengebend werden konnte, und zeigt zugleich, warum es unwahrscheinlich ist, dass die Windungen der Großen Taffa für Poigen namengebend wurden. Gewiss zeigt der Ausschnitt Abb. 1 aus einer neueren Wanderkarte bereits den regulierten Zustand dieses Baches, und solange er sich noch in vielen Windungen durch den Ort schlängelte, war er sicher eindrucksvoller. Singulär war sein Verlauf aber auch damals nicht, denn es gab vor den vielen Regulierungsmaßnahmen genug Bäche mit geringem Gefälle, die sich in vielen Windungen dahinschlängelten. Würde das namengebend gewirkt haben, müsste es viel mehr Orte namens Peugen, Poigen oder ähnlich geben.

Die Untersuchung des Namens Poigen und seines Vorkommens hat also ergeben, dass dieser Name viel eher zur Gegend von Altenburg passt als zum heutigen Ort Poigen. Dagegen kann man freilich einwenden, man könne Tatsachen nicht mit Theorien anfechten. Der Ort an der Taffa heiße nun einmal Poigen, und woher sollte er sonst seinen Namen erhalten haben als nach den Windungen des Baches, an dem er liegt? Wir werden auf diesen nahe liegenden Einwand später zurückkommen. Vorher aber wollen wir zu den bisherigen Ausführungen, die dafür sprechen, dass Poigen der alte Name von Altenburg war, die Gegenprobe machen, indem wir fragen, ob es nicht Gründe gibt, die das ausschließen.

Das alte Poigreich

Ein solches Gegenargument könnte sich ergeben, wenn aus den ältesten Nennungen des Poigreiches hervorginge, dass Altenburg und seine nächste Umgebung gar nicht von Anfang an zum Poigreich gehörten. Denn dass der Name Poigreich mit Poigen zusammenhängt, ist von vornherein nahe liegend und wird dann zur Gewissheit, wenn wir bedenken, dass dieser Name erstmals in der schon erwähnten Urkunde vom 24. März 1075 vorkommt[22] und dort „in rure Biugin“, also „im Lande Poigen“ heißt. Heute liegt zwar Steyr außerhalb der Steiermark, aber das ist das Ergebnis einer längeren historischen Entwicklung. Aber für das 11. und 12. Jahrhundert

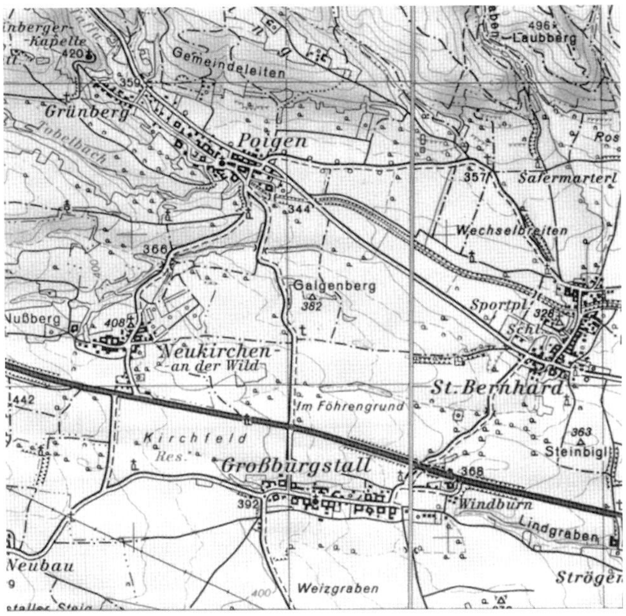

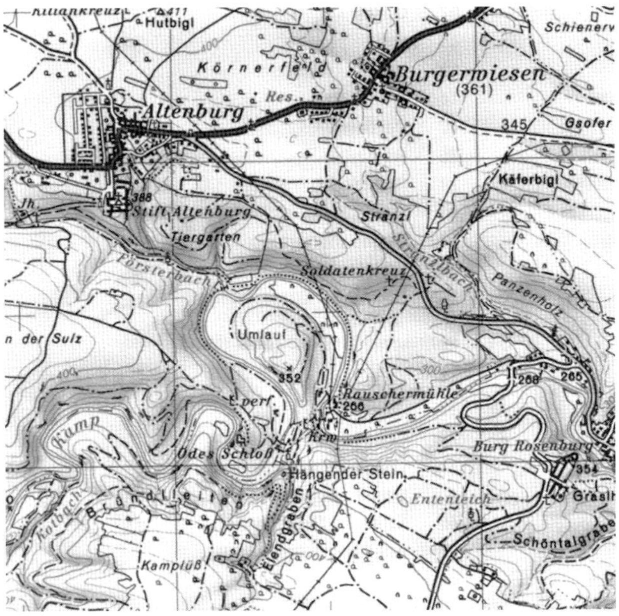

Abb. 1:
Lage von Poigen an der Großen Taffa.
Ausschnitt aus der ÖK 1 : 50.000, Blätter 20 und 21.

Abb. 2:
Lage von Altenburg am Kamp.
Ausschnitt aus der ÖK 1 : 50.000, Blatt 21.

müssen wir annehmen, dass Poigen innerhalb, nicht außerhalb des Poigreiches lag. Damit wir uns wieder eine bessere Vorstellung der geographischen Verhältnisse machen können, sei hier eine Karte des Poigreichs im Poigreichführer P. Gregor Schweighofers wiedergegeben.

In der Karte Abb. 4 liegt Poigen im Zentrum des Poigreiches. Wir wollen aber einmal untersuchen, ob man unter Poigreich von Anfang an dieses ganze Gebiet verstanden hat. Dabei gehen wir von seiner ersten Nennung in der erwähnten Urkunde aus dem Jahre 1075 aus. Sie wurde von Papst Gregor VII. dem Bischof Altmann von Passau ausgestellt, der das Chorherrenkloster St. Nikola bei Passau gegründet hatte. Der Papst bestätigt nun den Besitz dieses Stiftes, den er namentlich bezeichnet. Dabei hält er sich an das Formular einer Urkunde, die Papst Alexander II. am 3. März 1073 dem Bischof Altmann für St. Nikola ausgestellt hatte[23]. Auch die Liste der Besitzungen ist zunächst in beiden Urkunden fast gleich, doch fügt die Urkunde von 1075 am Ende der Besitzliste noch einige Besitzungen hinzu, an letzter Stelle[24] „decimationem in rure Biugin". Wir können daraus schließen, dass dieser Zehent kurz vorher zu den Besitzungen des Stiftes St. Nikola hinzugekommen ist. Dabei ist „in rure" weder kirchenrechtlich noch politisch ein Fachausdruck, sondern bedeutet einfach „im Land", vor allem „im Bauernland"[25]. Der Name Poigreich war also von Anfang an eine inoffizielle Bezeichnung und ist es bis heute geblieben.

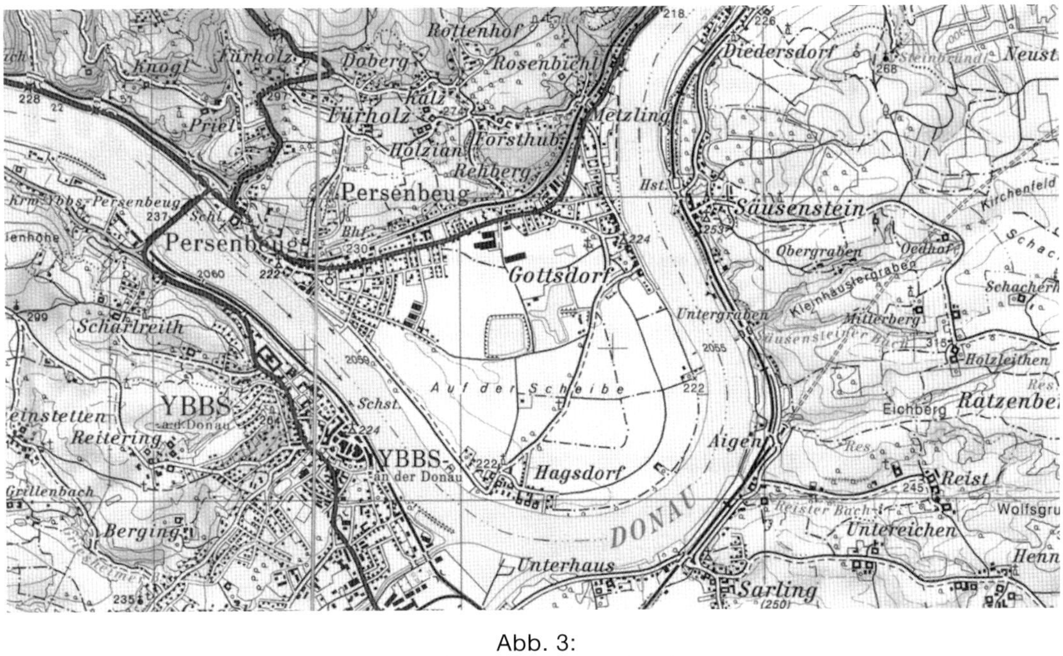

Abb. 3:
Lage von Persenbeug an der Donau.
Ausschnitt aus der ÖK 1 : 50.000, Blätter 53 und 54.

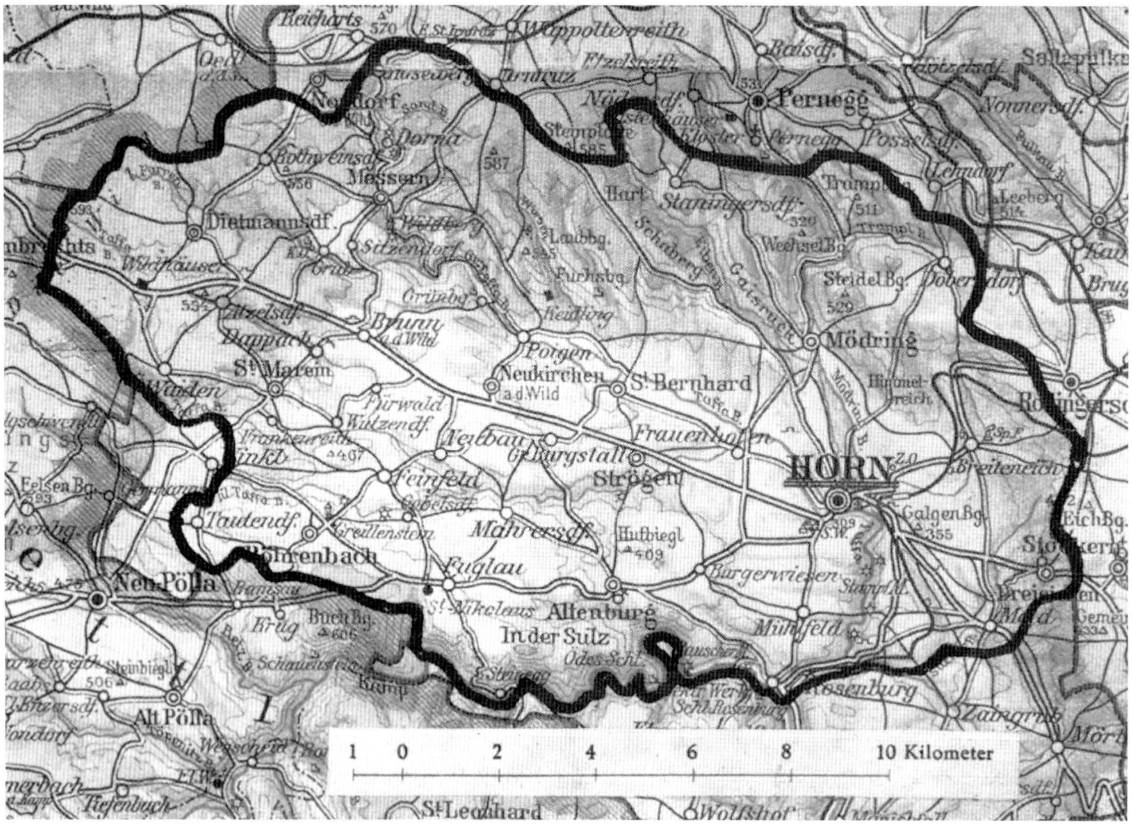

Abb. 4:
Kartenskizze des Poigreiches (aus G. Schweighofer, Poigreichführer).

In diesem Poigreich erhielt also das Chorherrenstift St. Nikola spätestens 1075 Zehent. Da die Ordnung des Zehentwesens Sache des Diözesanbischofs war[26], ist anzunehmen, dass Bischof Altmann diesen Zehent an St. Nikola verliehen hat. Dabei ist von der decimatio in rure Biugin ganz uneingeschränkt die Rede[27]. Wir müssen also davon ausgehen, dass der Zehent im ganzen Poigreich gemeint ist. Tatsächlich zeigt ein Zehentregister des Klosters St. Nikola aus der Zeit um 1320, dass dieses Stift damals im ganzen Poigreich, wie es die Karte Abb. 4 zeigt, Zehent besaß, ausgenommen in Horn, Altenburg, Frauenhofen und St. Bernhard[28]. Doch hatte das Nonnenkloster St. Bernhard 1315 den Zehent der Ortschaft Krug, die später nach dem Kloster St. Bernhard genannt wurde, vom Stift St. Nikola bei Passau eingetauscht[29]. In Frauenhofen hob das Kloster St. Bernhard bis 1320 den Zehent ein, worauf er durch Tausch an den Pfarrer von Strögen kam[30]. Woher die 1277 nach Krug gekommenen Nonnen[31] diesen Zehent erhalten haben, bedarf wohl noch der Klärung. In Altenburg und seiner nächsten Umgebung gehörten die Zehente und Pfarrrechte zur Pfarre Neukirchen, bis sie 1289 durch einen Tausch an das Stift übergingen[32]. Da Neukirchen nach dem obigen Zehentregister zum Zehentgebiet von St. Nikola gehörte, ist es nicht nur bei St. Bernhard, sondern auch bei Altenburg sicher, dass hier ursprünglich St. Nikola den Zehent einhob. Daraus ergibt sich, dass Altenburg schon 1075 zum Poigreich gehörte. Bei Frauenhofen ist es nicht bewiesen, aber wahrscheinlich. Nur Horn gehörte sicher schon 1075 nicht zum Zehentgebiet des Stiftes St. Nikola. Unter Bischof Egilbert von Passau (1045–1065) hatte nämlich ein Graf Gerold auf seinem Gut Horn eine Kirche erbaut und mit allem Zugehör, auch der Zehenteinhebung, dem Bischof Egilbert übergeben. Zwei Drittel des Horner Zehents, „den sie immer innehatte," übergab 1144 die Gräfin Hildburg dem von ihr gestifteten Kloster Altenburg. Wir können zwar nicht sicher sagen, wie sie zu diesem Zweidrittelzehent gekommen ist, doch kann kein Zweifel darüber bestehen, dass es ein Teil jenes Zehents ist, den Gerold dem Bischof Egilbert übergeben hatte[33].

Dass die Gräfin Hildburg nur zwei Drittel des Horner Zehnts besaß, hängt mit der Zweckbestimmung des Zehents, einer Art Kirchensteuer, zusammen. Im Allgemeinen wurde er in vier Teile geteilt, wovon je ein Teil des Zehents, der in einer Pfarre eingehoben wurde, dem Bischof, dem Pfarrer, dem Bau und der Erhaltung der Pfarrkirche und den Armen dienen sollte. Wenn es sich aber um eine Eigenkirche handelte, dann sollten zwei Drittel des Zehents dem Eigenkirchenherren, worunter auch ein Kloster gemeint sein konnte, der dann aber auch für die Erhaltung der Pfarrkirche zu sorgen hatte, und das dritte Drittel dem Pfarrer zustehen[34]. Von einer solchen Zehentteilung ist aber in der Papsturkunde des Jahres 1075 keine Rede. Vielmehr wird der Zehent im Poigreich uneingeschränkt dem Kloster St. Nikola bei Passau übergeben. Daraus ergibt sich, dass es damals im Poigreich (außer in Horn, das aber nach unseren obigen Überlegungen damals nicht zum Poigreich gerechnet wurde) noch keine Pfarren gab. Wir können also annehmen, dass 1075 im Poigreich die deutsche[35] Besiedlung so weit fortgeschritten war, dass es sich lohnte, von ihr den Zehent einzuheben, aber noch nicht so weit, dass eine sofortige Pfarrorganisation sinnvoll gewesen wäre. Erst eine gewisse Bevölkerungsdichte lässt ja erkennen, wie dicht das einzurichtende Pfarrnetz sein soll.

Man konnte aber den Leuten nicht zumuten, dass sie den Zehent, also Kirchensteuer, entrichteten, ohne ihnen eine Gegenleistung durch Seelsorge, für die ja der Zehent wenigstens teilweise zweckgebunden war, zu bieten. Außerdem ist ein Unterschied festzustellen, ob Laien oder Bischöfe eine Stiftung machten. Laien ging es dabei darum, einen dauernden Gottesdienst für ihr eigenes Seelenheil und das ihrer Angehörigen sicherzustellen. Gerade auch die Stiftung des Klosters Altenburg ist ein Beispiel dafür[36]. Ein bischöflicher Stifter dachte dabei aber auch an die Seelsorge, für die er verantwortlich war. Ganz besonders gilt das für Bischof Altmann von Passau, der gerade deshalb in seiner Sorge für die Klöster den Chorherrenstiften deutlich den Vorzug vor den Benediktinern gab, weil die Chorherren wenigstens am Ort des Klosters und in seiner Umgebung selbst die Seelsorge ausübten, während sich die Benediktiner damals noch unter dem Einfluss der Reform von Cluny der Seelsorge außerhalb des Klosters selbst gänzlich verschlossen[37]. Daher können wir, obwohl wir dafür in den Geschichtsquellen keinen Beleg haben, als sicher annehmen, dass der heilige Altmann mit der Übergabe des Zehents aus dem Poigreich den Auftrag an das Chorherrenstift St. Nikola verband, in diesem Landstrich eine ordentliche Seelsorge einzurichten[38]. Dass das Poigreich vom Stift so weit entfernt lag, ist kein Einzelfall. Bei den Klöstern Formbach und Reichersberg, die beide am Inn liegen und schon in ihrer Frühzeit Pfarren im Südosten Niederösterreichs erhielten[39], war die Entfernung noch größer.

Bischof Altmann kam nicht dazu, diese Absicht in die Tat umzusetzen[40]. Ein Jahr, nachdem Gregor VII. die Urkunde für St. Nikola ausgestellt hatte, brach nämlich der Investiturstreit zwischen Papst und Kaiser aus.

1078 besetzte Heinrich IV. Passau und damit auch das Kloster St. Nikola. Nach seinem Abzug wollten die dem Bischof Altmann treu ergebenen Chorherren ihr Kloster wieder in Ordnung bringen, wurden aber von Anhängern des Kaisers vertrieben. Auch Bischof Altmann konnte nicht mehr nach Passau zurückkehren[41]. Seinem Nachfolger Bischof Ulrich ging es zunächst nicht besser. Wahrscheinlich konnte er erst 1105 den Bischofsstuhl in Passau einnehmen und hierauf seine ganze Diözese regieren[42].

Er stellte nun mit Hilfe des Propstes Ulrich und des Dekans Manegold und der übrigen Chorherren auch St. Nikola wieder her, wie er selbst in einer Urkunde angibt[43], in der er dem Kloster auch seine Besitzungen bestätigt. Ein Vergleich mit der Papsturkunde von 1075 zeigt, dass sich inzwischen im Besitz des Chorherrenstiftes doch einiges geändert hat. Uns interessiert davon nur, dass dem Stift jetzt „in dem Landstrich, der Biuga[44] heißt" nur mehr „zwei Teile der Zehenteinhebung" zustehen, also jener Zweidrittelzehent, von dem wir oben gesprochen haben. Das setzt aber voraus, dass im Poigreich inzwischen wenigstens eine Pfarre gegründet worden sein muss. Am 25. Juni 1111 bestätigte auch Kaiser Heinrich V. die Besitzungen des Klosters St. Nikola[45]. Diese Urkunde hat beinahe dieselbe Auflistung der Besitzungen wie die Urkunde des Bischofs Ulrich und bringt daher für unser Thema nichts Neues. Hingegen hilft uns die kürzere gefälschte Gründungsurkunde von St. Nikola, die vorgibt, am 30. September 1067 von Bischof Altmann ausgestellt worden zu sein, aber nach dem Urteil der Historiker erst 1138 oder 1139 entstanden ist[46].

Wenn nun diese Urkunde auch eine Fälschung ist, so enthält sie doch den Besitzstand St. Nikolas zur Zeit ihrer Herstellung. Sie tut nur so, als ob alle aufgezählten Besitzungen schon in die Zeit der Gründung zurückgingen. Der hl. Altmann behauptet daher nach dieser Urkunde, er habe „in dem Land, das Beuchriche heißt, zwei Zehenteinhebungsteile in vier Kirchen, nämlich in Neukirchen, Röhrenbach, Mold und Rietenburg, auch die Zehente von den Neubrüchen in dem ganzen Gebiet dieser Kirchen, und einen einzigen Zehent in der Kirche Strögen" seiner Gründung St. Nikola übergeben. Richtig daran ist, dass Bischof Altmann, wie uns die Papsturkunde aus dem Jahre 1075 gezeigt hat, in dieser Gegend den Zehent tatsächlich dem Kloster St. Nikola übergeben hat. Doch sind seither in diesem Gebiet vier Kirchen errichtet worden. Weil aber vom Gebiet der vier Kirchen gesprochen wird, können damit nicht nur die Kirchenbauten gemeint sein, sondern auch die zugehörigen Sprengel. Unter Kirchen sind also hier wie in vielen Quellen jener Zeit Pfarren gemeint. Wenn wir nun fragen, seit wann diese Pfarren bestehen dürften, dann fällt auf, dass Neukirchen[47], Röhrenbach[48] und Rietenburg[49] in dieser 1138/39 entstandenen Urkunde überhaupt das erste Mal genannt wurden. Mold[50] wird zwar schon 1122/25, 1130 und 1131/36 genannt, aber nicht als Kirch- oder Pfarrort, sondern als Sitz ein und desselben adeligen Zeugen Otto von Mold[51]. Wenn wir also sehen, dass alle diese vier Orte in unserer Urkunde erstmals als Kirch- und Pfarrorte genannt sind und dass sie außerdem von Neubrüchen spricht, woraus hervorgeht, dass damals die Rodung in diesen Pfarren noch nicht abgeschlossen war, dann können wir annehmen, dass diese Pfarren damals noch nicht lange bestanden[52]. Wirklich gesichert ist freilich nur, dass diese vier Pfarren 1138 oder 1139 schon bestanden, wie lange schon, ist nicht sicher. Wenn nämlich diese Fälschung nicht etwa hergestellt wurde, um eine Art Reliquie vom hochverehrten Stiftsgründer zu besitzen, sondern als wirkliches Beweisstück für ein Rechtsverfahren, dann müsste man annehmen, dass diese Pfarren damals schon ein paar Jahrzehnte bestanden, weil sonst ein Kenner des Poigreiches die Urkunde leicht als Fälschung erkannt hätte[53].

Doch genügt es für unsere Gegenprobe ohnehin, dass diese Pfarren sicher schon vor 1140 bestanden, ja es würde sogar genügen, dass dies allein für Neukirchen gesichert wäre, denn wir stellten bereits fest, dass 1289 Altenburg und seine nähere Umgebung aus der Pfarre Neukirchen ausgeschieden wurden, um die neue Pfarre Altenburg zu gründen[54]. Wenn nämlich der Pfarrsprengel von Altenburg ursprünglich zur Pfarre Neukirchen (an der Wild) gehörte, die Pfarre Neukirchen aber nach der Urkunde von 1138 oder 1139 im Poigreich lag, dann gehörte Altenburg auch damals schon wie heute zum Poigreich; aber dann ist es möglich, dass Altenburg, bevor es durch die Übersiedlung der Grafen von Poigen in ihre neue Burg Stein zur „alten Burg" wurde, Poigen hieß.

Mehr als eine Möglichkeit ist damit aber noch nicht erwiesen. Doch kommen wir noch einen Schritt weiter, wenn wir die Lage dieser vier alten Poigreichpfarren auf der Karte Abb. 4 feststellen: Neukirchen liegt als Kirchort im Zentrum des Poigreiches, ganz in der Nähe des heutigen Poigen; als Pfarre aber reichte es bis zum Kamp, weil es ja das spätere Pfarrgebiet von Altenburg einschloss. Röhrenbach liegt als Kirchort am Südwestrand des heutigen Poigreiches, und sein Pfarrgebiet beschränkt sich[55] auf den Südwesten des Poigreiches. Mold hingegen liegt ganz im Südosten des Poigreiches. Es wird in unserer Urkunde als „Kirche" bezeichnet und damit ebenso eingestuft wie etwa Neukirchen. Auch sonst gibt es Belege, dass Mold eine Pfarre war. Andere Belege bezeichnen es als Filialkirche (capella). Es dürfte ein sehr kleines Pfarrgebiet gehabt haben und in Zeiten des Priestermangels wie eine Filialkirche von einer Nachbarpfarre mitbetreut worden sein, bis die Schweden im Dreißigjährigen Krieg das Dorf Mold samt der Kirche zerstörten[56]. Rietenburg war ebenfalls eine ganz kleine Pfarre südlich von Horn. Wie Mold dürfte auch Rietenburg von einem kleinen Adeligen als herrschaftliche Pfarre gegründet worden sein, weil man sonst die Gründung einer so kleinen Pfarre, im Fall von Rietenburg noch dazu in nächster Nähe von Horn, nicht verstehen könnte. Rietenburg wurde im 18. Jahrhundert nur mehr von Horn aus betreut und 1783 als Pfarre aufgehoben[57]. Wenn wir nun wieder einen Blick auf die Poigreichkarte Abb. 4 werfen, dann sehen wir, dass um 1140 die Südhälfte des heutigen Poigreiches ein dichtes Pfarrnetz aufwies, Pfarren im heutigen nördlichen Poigreich aber überhaupt nicht genannt werden. Denn auch Strögen, das in unserer Urkunde eigens als ecclesia, also als (Pfarr-)Kirche genannt wird, reichte mit seinem Pfarrgebiet nach Süden bis an den Kamp[58], und Horn, das in unserer Urkunde fehlt, weil es nicht zum Zehentgebiet von St. Nikola gehörte, liegt noch eher im Südosten des Poigreiches, südlicher noch als Neukirchen. Daraus ergibt sich eindeutig, dass der Schwerpunkt der Besiedlung um 1140 noch im südlichen Poigreich lag und dass sich das heutige Poigen nicht im Zentrum, sondern am nördlichen Rand des dichter besiedelten Gebietes befand[59]. Damit wächst aber auch die Wahrscheinlichkeit, dass sich die Grafen von Poigen nicht nach dem heutigen Poigen nannten, sondern nach ihrem wehrhaften Sitz im heutigen Altenburg, der dann Poigen geheißen haben muss.

Der Besitz der Grafen von Poigen im Poigreich

In diesem Abschnitt versuchen wir aus den Quellen Aufschluss zu gewinnen, wo der Schwerpunkt des Waldviertler Besitzes der Stifterfamilie von Altenburg lag. Sollte es sich nämlich herausstellen, dass er im südlichen Poigreich lag, dann wäre das ein zusätzliches Argument für unsere These, dass Poigen der alte Name von Altenburg war. Wenn nämlich ihr Hauptbesitz rund um das heutige Poigen lag, ist anzunehmen, dass sie sich nach diesem Poigen nannten, lag er aber weiter südlich, dann ist wahrscheinlicher in Altenburg ihr namengebender Sitz zu suchen. Es ist klar, dass für diese Untersuchung nur möglichst frühe Quellen in Betracht kommen, und auch unter diesen nur solche, die über den Besitz dieser Grafen etwas aussagen, nicht aber ihre vielen sonstigen Nennungen in Zeugenlisten. Ebenso sind für uns nur solche Nennungen zu gebrauchen, die sich sicher auf das Poigreich beziehen, nicht etwa auf das schon erwähnte Poigen an der Donau.

Allzu viel dürfen wir uns dabei nicht erwarten, weil die Zwettler und Altenburger Quellen erst mit der Zeit beginnen, mit der unsere Untersuchung endet. Am aufschlussreichsten sind die Quellen des Stiftes Göttweig, dessen Interessen durch seinen Besitz um Kottes, der eine sehr vage Nordgrenze hatte, mit den Grafen von Poigen in Berührung kommen mussten. Noch dazu schenkte ein Adeliger namens Pilgrim ein dominicale, also ein Gut, das er weder zu Lehen erhalten noch als Lehen vergeben hatte, sondern als Grundherr in Eigenregie bewirtschaftete, zu Buigin in der Zeit von 1090 bis 1104 dem Stifte Göttweig[60]. Buigin ist eine damalige Namensform für Poigen. Darum wundert es uns nicht, dass unter den Zeugen dieser Schenkung ein Graf Adalbert genannt wird, in dem A. Fuchs zu Recht Adalbert von Rebegau, einen Bruder Gebhards I. von Poigen und damit Schwager der Stifterin des Klosters Altenburg, gesehen hat[61]. Im Jahre 1108 bestätigte daher Kaiser Heinrich V. dem Stift Göttweig unter vielen anderen Besitzungen auch dieses „Gut Piugin, das Pilgrim gegeben hat“[62]. Für uns erhebt sich die Frage, ob mit diesem Buigin das heutige Dorf Poigen gemeint ist oder das spätere Altenburg. Dabei ist zu beachten, dass das Schenkungsgut des Pilgrim nach der Traditionsnotiz „ad Buigin“, also bei oder zu Poigen lag und nicht Poigen selbst war, nach dem sich die Grafen nannten. Es lag aber im Interesse der Grafen von Poigen, dieses Gut zur Arrondierung ihres Besitzes von Göttweig, von dem es ohnehin sehr weit entfernt war, zu erhalten. So kam es in der Zeit von 1122 bis 1125 zu einem Tausch, bei dem Graf Gebhard von Poigen dem Kloster Göttweig einen Herrschaftshof und fünf Bauernlehen zu Zendorf, heute Gemeinde Hafnerbach westlich von St. Pölten, überließ und dafür von Göttweig ein dominicale zu (bei) Piugin, also den uns schon bekannten Herrschaftshof zu (bei) Poigen, und dazu noch zwei Bauernlehen zu Burgerwiesen und eines zu Horn erhielt. Wenn wir nun wieder auf die Karte Abb. 4 blicken, dann finden wir Burgerwiesen zwischen Altenburg und Horn. Es gehört heute auch zur Gemeinde Altenburg. Wenn also diese Güter, die Graf Gebhard damals erwarb, zur Abrundung seines Besitzes dienen sollten, ist es wahrscheinlicher, dass mit Poigen in diesem Tauschvertrag das heutige Altenburg gemeint ist, nicht das heutige Poigen[63]. In dieselbe Richtung würde es weisen, wenn jenes Sanikou, wo sich ein Neubruch befand, den Graf Gebhard von Piugin dem Stift Göttweig übergab, mit A. Fuchs richtig mit Zaingrub gleichzusetzen wäre[64], denn Zaingrub liegt in der heutigen Gemeinde Rosenburg-Mold, also östlich von Altenburg, während sich Poigen nordwestlich von Altenburg befindet. Doch weil sich der Name Zaingrub schwer von Sanikou ableiten lässt und Göttweig später dort keinen Besitz hatte, nimmt man heute an, Sanikou sei ein abgekommener Ort in der Horner Gegend[65].

Auch aus der Gründungsurkunde des Stiftes Altenburg ist Aufschluss darüber zu erwarten, wo der Besitz der Grafen von Poigen lag. Das Stiftungsgut war ja vorher Besitz dieser Grafen. Außer dem Zweidrittelzehent in Horn werden noch Sanhecou, Toutendorf, Foukela und Stranzendorf als Stiftungsgut genannt[66]. Mit Sanhecou ist das oben erwähnte Sanikou gemeint, dessen Lage umstritten ist. Toutendorf ist das heutige Tautendorf, das ganz am Südwestrand des Poigreiches liegt. Foukela ist das heutige Fuglau in der Gemeinde Altenburg, westlich vom Stift gelegen. Die Lage von Stranzendorf ist unsicher und wahrscheinlich nicht im Poigreich zu suchen[67]. Nicht ganz uninteressant sind für unsere Fragen auch die Zeugen aus dem Poigreich in dieser Urkunde: Konrad von Rietenburg hatte seinen Sitz, wie wir bereits bei der Besprechung der Pfarren gesehen haben, südlich am Rande von Horn. Konrad von Krug saß im heutigen St. Bernhard, östlich von Neukirchen, denn wie wir bereits angegeben haben, war Krug der alte Name von St. Bernhard. Krug wird in dieser Urkunde, also 1144, zum ersten Mal genannt. Almar de Franchenrouthe saß im heutigen Frankenreith, Gemeinde Brunn an der Wild. Rapoto de Sizenisdorf saß wahrscheinlich im heutigen Sitzendorf, südwestlich von Wildberg. Auch Sitzendorf wird in dieser Urkunde zum ersten Mal genannt. Als letzter Zeuge wird noch ein Lanthfried genannt, der in dem uns schon bekannten Burgerwiesen saß[68].

Während also die Stiftungsgüter des Klosters Altenburg durchwegs im südlichen Poigreich lagen, finden sich immerhin drei von zehn Zeugen in der Altenburger Stiftungsurkunde, die aus dem mittleren Poigreich stammen. Was diese drei Zeugen mit der Stiftung des Klosters Altenburg zu tun haben, wird uns aus zwei Urkunden klar, die sich in einer Abschrift in Kremsmünster erhalten haben. Die erste datiert man um 1135[69]. In dieser Urkunde schenkt „eine gewisse edle Frau namens Alheidis, die Witwe des ebenso edlen Mannes Ernst von Hohenburg und Tochter des Vogtes Friedrich von Regensburg“ dem Stift Kremsmünster einen Wald am Weitenbach, also im südlichen Waldviertel. Die meisten Zeugen sind aber aus dem mittleren Poigreich: an erster Stelle Hartwig aus dem oben erwähnten Frankenreith, das hier erstmals genannt wird[70], dann Engelschalk von Dappach[71], Dietmar aus dem uns schon als Pfarre bekannten Strögen[72], Pilgrim von Wildberg[73] und sein Bruder Adalbrecht von Slate[74], Ortolf von Fürwald[75], Ortolf von Brunn[76] und Hartwig von Sulz[77]. Darauf folgen noch drei weitere Zeugen, deren Sitz nicht sicher festzustellen ist. Mit Ausnahme von Slate und Sulz, die in der Nähe von Altenburg liegen, haben alle oben genannten Zeugen ihren Sitz im mittleren Poigreich, und alle diese Orte werden in dieser Urkunde zum ersten Mal genannt. Wenn wir nun fragen, was diese Zeugen mit einer Schenkung im südlichen Waldviertel zu tun haben, so antwortet uns die zweite Kremsmünsterer Urkunde. 1140 weihte nämlich Bischof Reginbert von Passau „eine gewisse Kirche namens Martinsberg in dem Gut, das Frau Adelheid von Wildberg am Altare des hl. Agapitus (in Kremsmünster) übergeben hat“[78]. Dann waren also diese Zeugen aus Wildberg und dem mittleren Poigreich Gefolgsmannen der Adelheid von Hohenburg und Wildberg. Dass alle diese Orte um 1135 zum ersten Mal genannt werden und dass aus jedem dieser Orte ein Zeuge und nur einer genannt wird, sieht nicht nach Zufall, sondern nach einer planmäßigen Organisation aus. Wenn diese Männer als Zeugen beigezogen wurden, dann waren sie keine gewöhnlichen Bauern, die ihren Hof zu Lehen hatten, auch keine Hofstätter, die neben ihrer Kleinlandwirtschaft noch ein Handwerk ausübten, denn alle diese wurden nicht als zeugenfähig angesehen. Vielleicht haben die Zeugen der Adelheid von Wildberg irgendwie die Stellung eines Dorfvorstehers im Auftrag der Adelheid eingenommen. Weil sie auf jeden Fall im Gefolge der Witwe nach dem Edlen Ernst von Hohenburg auftreten, dieser aber sich, soweit wir das feststellen können, nie nach Wildberg genannt hat, müssen wir weiter annehmen, dass er erst in seiner letzten Lebenszeit oder gar erst seine Witwe Wildberg und die Umgebung nach Süden und Osten um etwa 1130 mit Deutschen besiedelt hat[79].

Es dürfte aber kein Zufall sein, dass aus dieser Gegend auch drei Zeugen in der Stiftungsurkunde von Altenburg vorkommen. Ernst von Hohenburg war nämlich sehr wahrscheinlich, ja nahezu sicher ein Bruder des Gebhard von Poigen und damit Schwager der Stifterin des Klosters Altenburg sowie ein Bruder des Adalbert von Rebegau[80]. Während nun in der Altenburger Gründungsurkunde Gebhards Sohn Hermann als erster Zeuge und Adalbert von Rebegau (Regau in Oberösterreich) als zweiter Zeuge genannt ist, findet sich niemand aus der Linie des verstorbenen Ernst von Hohenburg (im bayerischen Nordgau). Wahrscheinlich waren seine Söhne Ernst und Friedrich bei der Stiftung ihrer Mutter für Kremsmünster noch zu jung, um als Zeugen aufzutreten[81], bei der Gründung Altenburgs aber im fernen Hohenburg. Daher entsandte die Gräfin Adelheid, die als Frau nicht zeugenfähig war, in beiden Fällen Gefolgsleute als Zeugen.

Wenn wir nun diesen dritten Abschnitt unserer Überlegungen überblicken, so ergab er zunächst, dass wir innerhalb des Poigreiches nur für den Südteil wirklich Besitzungen des Grafen Gebhard von Poigen und seiner Familie nachweisen konnten. Das ist ein ähnliches Ergebnis, wie wir es im zweiten Abschnitt erzielten, als wir die Zehentrechte und frühen Pfarrgründungen im Poigreich behandelten. Dann aber fanden wir in einer Nachricht über eine Stiftung der Adelheid von Wildberg und in der Altenburger Stiftungsurkunde eine Reihe von Zeugen aus dem mittleren Poigreich, die alle dem niederen Adel angehörten und als Gefolgsleute dieser Gräfin anzusehen sind. Unsere Überlegungen ergaben, dass um etwa 1130 die Orte, aus denen diese Zeugen kamen, von Wildberg aus besiedelt wurden.

Zeugen des niederen Adels aus Poigen

Obwohl das heutige Poigen mitten im Poigreich liegt, fanden wir unter den obigen Zeugen keinen aus diesem Ort. Auch nach der Gründung des Klosters Altenburg nennen sich noch gelegentlich Mitglieder aller drei Zweige der Grafenfamilie nach Poigen, zum Beispiel Wolfger von Nalb, ein Sohn des uns schon bekannten Adalbert von Rebegau[82]. Das bedeutet nur, dass der Betreffende zum Geschlecht der Grafen von Poigen gehört, sagt aber nichts über seinen wirklichen Sitz aus und ist daher für unser Thema belanglos.

Während aber die Angehörigen des Grafengeschlechtes von Poigen in der 2. Hälfte des 12. Jahrhunderts aufhören, sich nach Poigen zu nennen, treten ungefähr zur selben Zeit andere auf, die weder Grafen sind noch sich im Stammbaum der Grafen von Poigen finden, sich aber nach Poigen nennen. Weil sie sich aber im Klosterneuburger Traditionskodex finden, müssen wir sehr vorsichtig sein, weil wir hier auch mit Angehörigen des schon erwähnten Ortes Poigen an der Donau rechnen müssen.

Immerhin dürften zwei von ihnen ins Poigreich gehören: In einer Traditionsnotiz, die H. Weigl in die Zeit von 1170 bis 1180 datiert[83], erneuern zwei Söhne die Übergabe eines Gutes zu Eggenburg durch ihren Vater Erchenbert, den Burghauptmann von Gars[84]. Die ersten zwei Zeugen sind aus Buchberg, Gemeinde Gars am Kamp, der nächste aus Idolsberg, dann folgen zwei Brüder aus Eggenburg, dann zwei aus Radlbrunn, an achter Stelle ein Eberhard von Piugen, auf den noch zwei Zeugen folgen. Hier ist aus der Stellung in der Zeugenliste ersichtlich, dass dieser Eberhard kein Graf ist, doch aus dem Gegenstand der Rechtshandlung und der Herkunft der anderen Zeugen können wir mit Zuversicht schließen, dass er aus Poigen im Poigreich stammt. Ähnlich ist es bei einer anderen Klosterneuburger Traditionsnotiz[85], die H. Weigl „vor 1192“ datiert[86]. Hier werden Güter im Dorf Lanzendorf, womit wahrscheinlich Lanzendorf bei Mistelbach gemeint ist, an Klosterneuburg übergeben. Der erste Zeuge ist der obige Burghauptmann Erchenbert von Gars (oder sein gleichnamiger Sohn), auf den zwei Zeugen aus Eggenburg folgen, die ebenfalls schon in der obigen Traditionsnotiz auftreten, der fünfte Zeuge heißt Perhtolt von Peugin, worauf noch acht Zeugen folgen, darunter einer aus Gars und zwei aus Raabs[87].

Erst ab etwa 1200 ist eine größere Zahl Urkunden im Stift Altenburg erhalten. Damit nimmt auch unsere Kenntnis über die Orte im Poigreich zu. Uns interessieren hier besonders die Nennungen aus dem mittleren Poigreich, also aus dem heutigen Poigen und seiner näheren Umgebung. Wir vermuteten bereits, dass diese Gegend durch die Grafen von Hohenburg und Wildberg mit Deutschen besiedelt worden ist. Darum überrascht es uns nicht, dass auch Männer aus diesem Bereich als Zeugen herangezogen wurden, als Herzog Leopold VI. das Erbe des letzten Enkels der uns schon bekannten Gräfin Adelheid von Wildberg an sich zog, jedoch dem Stift Altenburg bestätigte, was der Erblasser diesem Kloster zugedacht hatte. In einer am 26. Juli 1210 ausgestellten Urkunde erhielt Altenburg vom Herzog, der damals in Göttweig weilte, das Dorf Hafnerbach westlich von St. Pölten zugesprochen. Auf die Zeugen aus dem geistlichen Stand und die Ministerialen des Herzogs folgen hier: Eberhard und sein Sohn Heinrich von Krug (später St. Bernhard), die Brüder Heinrich und Engelbert von Dappach, Dietmar Kozzo, Gottfried von Bugen (Poigen), Dietrich Grello (von Greillenstein, Gemeinde Röhrenbach), Heinrich von Fuglau und Liutwin von Ebenbrunn (einem abgekommenen Dorf nordöstlich von St. Bernhard)[88]. Mit Ausnahme von Dietmar Kozzo[89] haben alle hier Genannten ihren Sitz im mittleren Poigreich. Drei dieser Sitze sind uns schon in der Schenkung von Adelheid von Wildberg für Kremsmünster untergekommen. Wir können annehmen, dass alle diese Zeugen Gefolgsmänner der Grafen von Wildberg und damit auch des Erblassers waren, die Altenburg als Zeugen für seinen Erbanspruch nach Göttweig gesandt hat. Wenn Gottfried von Bugen hier mitten unter den Zeugen aus dem mittleren Poigreich aufscheint, so ist klar, dass mit Bugen der heutige Ort Poigen mitten im Poigreich gemeint ist.

In einer zweiten Urkunde bestätigte um dieselbe Zeit Herzog Leopold VI. dem Kloster Altenburg auch den Besitz der Dorfschaft Fürwald, den der letzte Hohenburger Graf dem Stifte vermacht hatte, um dort eine Grablege und beständige Fürbitte der Mönche für sich und seine Vorfahren zu erhalten [90]. Hier heißt es ausdrücklich, dass die Übergabe des Schenkungsgutes an das Kloster im Beisein sehr vieler Ministerialen des Herzogs durch die Ministerialen des Verstorbenen geschehen ist. Daher werden als Zeugen zuerst ein gutes Dutzend Gefolgsleute des Landesfürsten aufgezählt. Die Gefolgsleute des Verstorbenen beginnen wahrscheinlich mit Engelbert von Messern und seinem Sohn Hartwig; darauf folgen Heinrich von Dappach, Eberhard von Krug und sein Sohn Heinrich, Heinrich von Sitzendorf, Ulrich von Pugen, Heinrich von Grafendorf[91], Heinrich von Rohrbach[92], Otto Fuchs[93], Almar und sein Sohn Wichard von Pugin, Gottfried von Pugin, Gottfried von Atzelsdorf (Gemeinde Brunn an der Wild), Dietmar Kozzo und sein Sohn Heinrich, Heinrich und Dietrich von Fuglau und Dietrich Grelle. Hier sind also noch mehr Gefolgsleute von Wildberg versammelt. Vermutlich hatten sie als Lokalzeugen der nächsten Umgebung von Fürwald auch über die Grenzen dieser Dorfschaft Auskunft zu geben. Poigen ist hier sogar mit vier Zeugen vertreten, wovon nur zwei als enge Verwandte, nämlich als Vater und Sohn, bezeichnet werden. Poigen muss also damals ein Dorf gewesen sein, in dem sich mindestens drei Familien befanden, die Freisassen waren und daher als Zeugen herangezogen werden konnten. Ein Rangunterschied dieser drei Familien ist nicht erkennbar.

Weil unsere Hauptquellen über das mittelalterliche Poigen im Stift Altenburg liegen, Poigen selbst aber damals nicht zu Altenburg kam, sondern weiterhin bei der Herrschaft Wildberg blieb[94], fehlen uns für die nächsten Jahrzehnte nach 1210 eingehendere Nachrichten über die Familien, die sich nach Poigen nannten. Gegen Ende des 13. und zu Beginn des 14. Jahrhunderts treten sie aber mehr mit Altenburg in Verbindung. Immerhin genügt das, dass wir die Familie des Almar und Wichard von Pugin noch immer vorfinden: am 29. Mai 1282 einen Wichardus von Peugen[95], ebenso am 28. Oktober 1288[96], am 9. April 1291 sogar zwei Wicharde von Peugen, einen älteren und einen jüngeren[97]. Ab 1301 tritt auch ein Almar von Peugen als Zeuge auf[98]. Wie schon 1210 nehmen diese Zeugen aus Poigen in der Zeugenliste keinen besonderen Rang ein.

Das gilt zunächst auch für Poppo von Peugen: Am 21. Juni 1276 finden sich in einer Zeugenliste zuerst die ministeriales Austrie, also die Gefolgsleute des Landesfürsten, dann die „Herren Ritter“ (domini milites) von Maissau, Breitenaich und Mold und schließlich noch zwölf gewöhnliche Zeugen, unter denen Poppo von Peugen an der sechsten Stelle steht[99]. Am 1. Mai 1281 steht er aber schon an dritter Stelle der Zeugenliste und wird „Herr“ (dominus) genannt[100]. Wahrscheinlich besaß er damals schon eine kleine Grundherrschaft, und wenn es sich auch nur um ein paar Hofstätter gehandelt haben sollte. Am 29. Mai 1282 steht er schon an der Spitze einer Zeugenliste[101]. Bei einem Schiedsspruch am 14. August 1283 heißt es ausdrücklich, der Abt von Altenburg habe den Pfarrer Wolfram von Strögen, Poppo von Peugen und Gottschalk von Frauenhofen zu seinen Schiedsrichtern bestellt[102].

Schließlich stellte am 13. Oktober 1288 der Pfarrer Paul von Röhrenbach dem Stift Altenburg eine Urkunde aus, in der unter den weltlichen Zeugen drei Rangstufen unterschieden werden: die „Herren Ritter“ (domini milites), die Angevogteten (clientes)[103], nämlich je ein Freisasse aus Dörfern wie Feinfeld, Wildberg, Frauenhofen, Dappach, Krug und Mold, und die Hausangestellten (famuli domus)[104]. Unter den „Herren Rittern“ nimmt nun Poppo von Peugen die letzte Stelle ein. Er hatte sich also bis zum Ritter emporgedient, wobei man den Eindruck hat, dass es vor allem im Dienste des Klosters Altenburg geschah. Als Ritter muss er aber einen wehrhaften Sitz gehabt haben. K. Lechner[105] vermutete nun, diese Burg des Poppo von Peugen sei die Burg Grünberg gewesen, die er ja, wie wir sahen, für die Burg der Grafen von Poigen hielt. Er übersah, dass im Zwettler Stiftungsbuch eine Urkunde vom Weihnachtstag 1287 abgeschrieben ist, in der ein Ulrich von Grünberg genannt ist[106]. Außerdem wird in diesem Stiftungsbuch bereits 1269 ein Ulrich Piber genannt[107]. Daher ist anzunehmen, dass die Piber schon früher, als man bisher angenommen hat[108], auf Grünberg saßen. Dann aber ist die Annahme K. Lechners, Poppo von Peugen sei auf Grünberg gesessen, nicht haltbar. Eher ist anzunehmen, dass er in Poigen selbst eine Art Burg hatte, wenn sich auch eine Feste Poigen wohl nicht so klar nachweisen lässt, wie G. Schweighofer[109] meinte.

Wenn wir nun diesen Abschnitt überblicken, so finden wir ab der 2. Hälfte des 12. Jahrhunderts einzelne, ab 1210 auch mehrere Zeugen des untersten Ranges, die sich nach Poigen nannten, wobei diese Nennungen aus 1210 mit der Herrschaft Wildberg zusammenhängen, zu der Poigen bis ins 19. Jahrhundert gehörte. In einer der Urkunden des Jahres 1210 finden sich sogar Angehörige von drei Familien in Poigen. Damit ist erwiesen, dass sie im Dorf Poigen saßen, denn man kann doch nicht annehmen, dass drei Familien auf Grünberg, wo K. Lechner die alte Burg Poigen vermutete, zugleich Burghüter waren[110]. Diese freien Geschlechter von Poigen finden sich auch noch im ausgehenden 13. Jahrhundert. Einer von ihnen namens Poppo arbeitete sich sogar zum Ritter empor und dürfte in Poigen selbst eine Burg errichtet haben, deren Stelle allerdings unbekannt ist. Es würde wohl des erfahrenen Blickes eines Mittelalter-Archäologen bedürfen, sie ausfindig zu machen.

Zusammenschau und Ergebnisse

Wir konnten, wie wir gleich eingangs sagten, keinen wirklichen Beweis für unsere Behauptung erbringen, dass Poigen als Sitz der Grafen, die sich danach nannten, nicht im heutigen Poigen, sondern an der Stelle des Klosters Altenburg zu suchen sei. Aber wir konnten mehrere Hinweise finden, die alle in diese Richtung zielen.

Ein erster Hinweis ergab sich aus der Bedeutung und dem Vorkommen des Namens Poigen, wonach dieser Name mit einer auffallenden Flussbeuge zu tun hat und daher viel besser für Altenburg in der Nähe eines Umlaufberges am Kamp als für das heutige Dorf Poigen passt[111].

In einer zweiten Überlegung gingen wir vom Namen und Begriff des Poigreiches aus, der im 11. und 12. Jahrhundert nur im Zusammenhang mit dem Chorherrenstift St. Nikola bei Passau vorkommt, das im

Poigreich Zehentrechte besaß. Zunächst ist von einer Beschränkung dieser Zehente keine Rede, was uns vermuten ließ, dass es dort im 11. Jahrhundert (außer Horn) noch keine Pfarren gab. Um 1110 erhielt aber St. Nikola nur mehr zwei Drittel des Zehents, woraus wir schlossen, dass es damals im Poigreich schon mindestens eine Pfarre gab, weil das dritte Zehentdrittel dem Pfarrer zustand. 1138 oder 1139 werden im Poigreich bereits fünf Pfarren genannt, alle im südlichen und mittleren Poigreich. Weil die Pfarrentwicklung der Bevölkerungs- und Besiedlungsentwicklung zu folgen pflegt, schlossen wir daraus, dass das Poigreich zunächst (im Osten bei Horn und) im Süden von Deutschen besiedelt wurde.

Dasselbe Ergebnis erzielten wir, als wir in der dritten Überlegung fragten, wo ein Besitz der Grafen von Poigen im Poigreich vor der Gründung des Klosters Altenburg nachweisbar sei. Für die Linie des Gebhard von Poigen, von der Altenburg gestiftet wurde, konnten wir nur Besitz im südlichen Poigreich belegen, für die Linie des Adalbert von Poigen keinen Besitz, weil ja der Schwerpunkt seiner Besitzungen in und um Rebegau in Oberösterreich lag, für die Linie des Ernst von Poigen zunächst ebenfalls keinen Besitz im Poigreich, weil der Schwerpunkt seiner Besitzungen um Hohenburg im bayerischen Nordgau, also in der heutigen Oberpfalz, lag. Doch etwa 1130 erbaute diese Hohenburger Linie die Burg Wildberg und begann nun systematisch im mittleren Poigreich Dörfer zu gründen und eine Herrschaft aufzubauen, zu der später auch das heutige Poigen gehörte. Sechs dieser Orte werden bereits um 1135 genannt, Poigen ist nicht darunter. Die Orte im nördlichen Poigreich sind überhaupt erst seit dem ausgehenden 12. Jahrhundert und dem 13. Jahrhundert urkundlich nachweisbar.

In der vierten Überlegung suchten wir herauszubringen, seit wann das Dorf Poigen nachweisbar sei. Wieder gingen wir von Nennungen in Zeugenlisten aus und fanden etwa ab 1170 vereinzelte Zeugen, die sich nach Poigen nannten, aber keine Grafen waren. 1210 finden wir im Zusammenhang mit dem Nachlass des letzten Grafen von Hohenburg und Wildberg im gleichen Beleg Zeugen aus Poigen, die doch wohl aus drei Familien stammten. Das setzt voraus, dass mit Poigen ein Dorf und daher das heutige Poigen gemeint ist. Dann dürfen wir annehmen, dass auch die seit etwa 1170 feststellbaren einzelnen Zeugen sich nach dem heutigen Poigen nannten. Dieses ist also erst etwa 30 bis 40 Jahre, nachdem die Grafenfamilie ihren bisherigen Sitz aufgegeben hat und nach Stein am Kamp übersiedelt ist, wodurch ihr bisheriger wehrhafter Sitz zur alten Burg wurde, nachweisbar.

Dies ermöglicht uns, eine Antwort auf die als Folge unserer ersten Überlegung gestellte Frage zu geben, warum das heutige Poigen diesen Namen habe, wenn er eigentlich kaum für diesen Ort passe. Es handelt sich wohl um eine so genannte sekundäre Verwendung dieses Namens. Alle drei Linien der Grafen von Poigen blieben sich immer ihres gemeinsames Ursprunges Poigen bewusst[112]. Dann lässt sich aber denken, dass, nachdem der alte Name Poigen durch den neuen Altenburg verdrängt war, der Wunsch bestand, ihn doch nicht ganz abkommen zu lassen. So konnte es einem der Grafen von Wildberg einfallen, einem der Dörfer, die er gründete, den Namen Poigen zu geben. Die Frage, ob die Bedeutung dieses Namens zu dieser Örtlichkeit passe, spielte bei solchen Überlegungen keine Rolle.

Die vorliegende Arbeit stützt sich nur auf Urkunden. Über das Aussehen des wehrhaften Sitzes der Grafen von Poigen ist darinnen nichts zu finden. Darüber müsste die weitere Forschung der in Altenburg so erfolgreichen Archäologen Auskunft geben[113].

Danksagung

Dem Abt und Konvent des Klosters Altenburg danke ich, dass sie mich bei den Nachforschungen für diese Arbeit gastlich aufgenommen und mit spezieller Literatur versorgt haben, Herrn Förster Ing. Herbert Schmidt, dass er mir einen Lokalaugenschein in Grünberg und Fuchsberg ermöglicht hat, und meinem Helfer, Herrn Harald Mata, für manche Unterstützung bei der Arbeit an diesem Aufsatz.

---

[1] In den Anmerkungen werden folgende Abkürzungen und Kurzzitate verwendet:

Boshof: E. Boshof, Die Regesten der Bischöfe von Passau, Band I, München 1992.

BUB: Urkundenbuch zur Geschichte der Babenberger, 4 Bände, Wien 1950–1997.

Festschrift Altenburg: R. Andraschek-Holzer (Hrg.), Benediktinerstift Altenburg 1144–1994, Studien und Mitteilungen zur Geschichte des Benediktinerordens und seiner Zweige, 35. Ergänzungsband, St. Ottilien 1994.

FRA II: Fontes Rerum Austriacarum, 2. Abt., Diplomataria et Acta, Wien 1849ff.

FRA II 3: J. v. Frast (Hrg.), Das Stiftungen-Buch des Cistercienser-Klosters Zwettl, Wien 1851.

FRA II 4: M. Fischer (Hrg.), Codex Traditionum Ecclesiae Collegiatae Claustroneoburgensis, Wien 1851.

FRA II 6, 125–347: Hartmann J. Zeibig (Hrg.), Das Stiftungs-Buch des Klosters St. Bernhard, Wien 1853.

FRA II 21, 1–440: H. Burger (Hrg.), Urkunden der Benedictiner-Abtei zum hl. Lambert in Altenburg, Wien 1865.

FRA II 51: A. Fuchs (Hrg.), Urkunden und Regesten zur Geschichte des Benedictinerstiftes Göttweig, 1. Teil, Wien 1901.

FRA II 69: A. Fuchs (Hrg.), Die Traditionsbücher des Benediktinerstiftes Göttweig, Wien 1931.

HHStÖ: K. Lechner (Hrg.), Handbuch der historischen Stätten Österreichs, 1. Band, Donauländer und Burgenland, Stuttgart 1970.

Jb.f. Lk.: Jahrbuch für Landeskunde von Niederösterreich, Neue Folge, Band 1ff., 1902ff.

Lechner, Schriften: K. Lechner, Ausgewählte Schriften, Wien 1947.

Lechner, Babenberger: K. Lechner, Die Babenberger. Markgrafen und Herzoge vom Österreich 976–1246, Veröffentlichungen des Instituts für österreichische Geschichtsforschung 23, Wien 1976.

LMA: Lexikon des Mittelalters, 9 Bände, 1977–1999, Nachdruck 1999.

Lukas-Moldaschl: F. Lukas und F. Moldaschl (Hrg.), Heimatbuch des Bezirkes Horn, Horn 1933.

OÖUB II: Urkundenbuch des Landes ob der Enns, 2. Band, Wien 1856.

Schragl: F. Schragl, Das Kloster und seine Pfarren, in: Festschrift Altenburg, 51–83.

Schuster: E. Schuster, Die Etymologie der niederösterreichischen Ortsnamen, 3 Bände, Wien 1989–1994.

Schweighofer, Poigreichführer: G. Schweighofer, Poigreichführer. Horn und Umgebung, Horn 1955.

Schweighofer, Geschichte: G. Schweighofer, Die Geschichte des Stiftes Altenburg, in: H. Egger u. a., Stift Altenburg und seine Kunstschätze, St. Pölten 1981, 6–35.

Stepan: E. Stepan (Hrg.), Das Waldviertel, 7. Band, Geschichte, Wien o. J.

Tyroller: F. Tyroller, Tafel 14A, Die Nachkommen des Herzogs Hermann IV. von Schwaben, in: W. Wegeners Genealogische Tafeln zur mitteleuropäischen Geschichte, Göttingen 1962.

Weigl: H. Weigl, Historisches Ortsnamenbuch von Niederösterreich, 8 Bände, Wien 1964–1981.

[2] Tyroller, 192–204, mit ausführlichen Literatur- und Quellenangaben. – Stammtafel der Grafen von Poigen und ihrer direkten Vorfahren auch bei Schweighofer, Geschichte, 8.

[3] Weigl, 1. Band, 204, Nr. B 343.

[4] Schuster, 1. Band, 303, Nr. B 343.

[5] Schweighofer, Poigreichführer, 64.

[6] K. Lechner, Geschichte der Besiedlung und der ursprünglichen Grundbesitzverteilung des Waldviertels, Jb.f. Lk. 19, 1924, 10–210, hier 45.

[7] HHStÖ, 473.

[8] Weigl, 2. Band, 399, Nr. G 370. – Dagegen behaupten die Kunsthistoriker F. Eppel, Das Waldviertel, 5. Aufl., Salzburg 1969, 120, M. Klehr, E. Kugler, A. Öttl und A. Peterstorfer vom Institut für Baukunst und Bauaufnahmen in ihrem 1991 erstellten „Bericht Kapelle St. Hubertus Grünberg Niederösterreich", 9, und das Dehio-Handbuch der Kunstdenkmäler Österreichs, Niederösterreich nördlich der Donau, Wien 1990, 368, Pepo de Gruniperc, ein Ministeriale des Grafen von Poigen, sei 1156 urkundlich zum ersten Mal als Besitzer von Grünberg erwähnt. Doch geht das auf einen Irrtum im Salzburger Urkundenbuch, 2. Band, Salzburg 1916, 449, Nr. 323a, zurück, wo unter einer Reihe von Waldviertler Ministerialen des Babenbergers Heinrich, Herzogs von Bayern und Markgrafen von Österreich, auch ein Poppo de Grunipurc als Zeuge genannt wird, der dann im Index 3. Band, R 137 auf Grünberg, Ortsgemeinde Poigen, bezogen wird. In Wirklichkeit gehörte er zu den Popponen von Grünburg an der Steyr, die seit etwa 1130 nachweisbar sind (Siebmachers Wappenbuch, Oberösterreichischer Adel, Nürnberg 1885–1904, 734f.).

[9] Festschrift Altenburg, 9–50.

[10] Ausführlicher dargestellt und mit Quellen- und Literaturangaben versehen ebenda, 33ff.

[11] OÖUB II, 104, Nr. 78, dazu Boshof, 109, Nr. 369.

[12] FRA II 51, 35, Nr. 18.

[13] FRA II 69, 179, Nr. 35.

[14] FRA II 69, 189, Nr. 50.

[15] Weigl, 1. Band, 204f., Nr. B 343.

[16] Schuster, 1. Band, 303, Nr. B 343.

[17] Weigl, 5. Band, 22, Nr. N 70.

[18] Weigl, 1. Band, 138, Nr. B 159.

[19] Schuster, 1. Band, 249f., Nr. B 159.

[20] Nachgeprüft nach dem Postlexikon der Republik Österreich, Wien 1954.

[21] Weigl, 1. Band, 205, Nr. B 344.

[22] Siehe Anm. 11!

[23] OÖUB II, 99f., Nr. 76, dazu Boshof, 106, Nr. 359.

[24] Genau genommen ist es im Urkundentext die vorletzte Stelle, denn es folgt noch: „item decimationem Zouintis", doch zeigt ein Vergleich mit der Urkunde das Jahres 1073, dass dieser Zehent hier nur nachgetragen wurde, weil er vorher übersehen worden war.

[25] K. Lechner vertrat immer wieder (zum Beispiel bei Lukas-Moldaschl, 262–265, bei Stepan, 2. Buch, 42, bei Lechner, Schriften, 31, bei Lechner, Babenberger, 162, und im HHStÖ, 473) die Ansicht, das Poigreich sei die Grafschaft der Grafen von Poigen gewesen. Solange aber diese Grafenfamilie in ihren drei Linien lebte, findet sich kein Beleg, dass diese Grafen (comites) eine Grafschaft (comitatus) gehabt haben. Bei den vielen Nennungen dieser Grafen kann das doch kein Zufall sein. Sie waren Grafen, aber nicht, weil sie eine Grafschaft hatten, sondern weil sie von Grafen abstammten.

[26] LMA, 9. Band, 1999, Sp. 500.

[27] Das ist nicht etwa eine Ungenauigkeit, denn sonst ist in dieser Urkunde immer nur vom Zehent in einem bestimmten Dorf oder einer einzelnen Pfarre die Rede. Daher ist nicht anzunehmen, dass die Urkunde nur beim Poigreich ungenau wäre.

[28] Lukas-Moldaschl, 260f.

[29] FRA II 6, 174–178, Nr. 24f.

[30] FRA II 6, 178, Nr. 26.

[31] HHStÖ, 771.

[32] FRA II 21, 48f., Nr. 47. Mit dieser Urkunde wurde eindeutig Altenburg und seine nähere Umgebung von der Pfarre Neukirchen getrennt (H. Wolf, Erläuterungen zum Historischen Atlas der österreichischen Alpenländer, 2. Abt., Die Kirchen- und Grafschaftskarte, Wien 1955, 257f.) Altenburg wurde also erst 1289 Pfarre. Die von F. Schragl (Festschrift Altenburg, 59f.) angenommene Stephanskirche samt Pfarrrechten in Altenburg beruht auf einer missverstandenen Stelle in der Altenburger Gründungsurkunde. (Mehr dazu in der Festschrift Altenburg, 32f., zur Pfarrgründung in Altenburg ebenda, 44 f.) Dass dem Kloster Altenburg in der Stiftungsurkunde 1144 vom Bischof das Tauf- und allgemeine Begräbnisrecht zugesprochen wurde, beweist nicht, dass die Altenburger Kirche zur Pfarrkirche bestimmt wurde. Dazu wäre auch eine Vereinbarung mit dem Pfarrer von Neukirchen nötig gewesen, der aber in dieser Urkunde nicht einmal als Zeuge vorkommt. Außerdem hätte dann der Bischof in der Urkunde einfach von Pfarrrechten sprechen und sich die Bestimmungen über das Tauf- und Begräbnisrecht ersparen können.

[33] Näheres zu diesem Horner Zehent in der Festschrift Altenburg, 39f.

[34] R. Puza, LMA, 9. Band, Sp. 500.

[35] Es gab im Poigreich auch eine slawische Besiedlung, wie Funde besonders in Frauenhofen und Umgebung, im heutigen Poigen sogar an mehreren Stellen, aber auch am Umlaufberg bei Altenburg beweisen (H. Friesinger, Die Slawen in Niederösterreich, Wissenschaftliche Schriftenreihe Niederösterreich, 15. Heft, St. Pölten, mit Verzeichnis der Fundorte bis Ende 1974, 29). Doch gibt es über diese Slawen im Poigreich und ihre eventuelle Missionierung keinerlei schriftliche Quellen. Bei dieser Gelegenheit sei erwähnt, dass man früher (nach H. Burger, Geschichtliche Darstellung der Gründung und Schicksale des Benediktinerstiftes S. Lambert zu Altenburg in Nieder-Österreich, Wien 1862, 2) den Namen Poigen mit den Böhmen (lateinisch Bohemi) in Verbindung brachte. Diese Ableitung ist allein schon deshalb falsch, weil es die Namensform Poigen erst seit der Neuzeit gibt.

[36] Näheres dazu in der Festschrift Altenburg, 35 und 43f.

[37] K. Rehberger, Altmann und die Chorherren, in: Der heilige Altmann, Bischof von Passau. Sein Leben und sein Werk, Festschrift, Göttweig 1965, 23–33.

[38] Dass sich die Passauer Bischöfe jener Zeit auch sonst der Klöster zur Organisation der Seelsorge in ihrer Riesendiözese bedienten, zeigt F.-R. Erkens in seinem Aufsatz über das Niederkirchenwesen im Bistum Passau (11.–13. Jh.), Mitteilungen des Instituts für österreichische Geschichtsforschung 102, Heft 1-2, 53–97, hier S. 78–83.

[39] Formbach erhielt gleich bei der Gründung 1094 die Pfarren Neunkirchen (HHStÖ, 439) und Pitten (HHStÖ, 468), Reichersberg 1160 die Pfarre Bromberg (HHStÖ, 220).

[40] In der kürzeren Stiftungsurkunde für St. Nikola vom 30. September 1067 (OÖUB II, 105–109, Nr. 79, dazu Boshof, 103f., Nr. 353) und der längeren vom 21. Mai 1074 (OÖUB II, 109–116, Nr. 80, dazu Boshof, 108, Nr. 364) sind zwar im Lande Beuchrich bereits vier Pfarren genannt, doch sind beide Urkunden unecht und geben den Zustand einer späteren Zeit wieder.

[41] J. Oswald, Das Leben des seligen Bischofs Altmann (Übersetzung der Göttweiger Vita prior beati Altmanni), in: Der heilige Altmann, Anm. 37, 149, Kap. 13. Dazu E. Boshof, Geschichte des Klosters St. Nikola, in: 900 Jahre Stift Reichersberg, Ausstellungskatalog, Linz 1984, 33–43, hier 35.

[42] A. Zurstraßen, Die Passauer Bischöfe des 12. Jahrhunderts, Passau 1989, 20–24.

[43] OÖUB II, 130–133, Nr. 93, von Boshof, 144, Nr. 482, vor dem 25. Juni 1111 datiert.

[44] Die Form Biuga beweist nicht etwa, dass sich inzwischen der Name Biugin zu Biuga verändert habe. -a ist einfach die lateinische Femininendung, die man in der lateinischen Urkunde statt der deutschen Endung -in an den Wortstamm angehängt hat.

[45] OÖUB II, 136–139, Nr. 96.

[46] OÖUB II, 105–109, Nr. 79, dazu Boshof, 103f., Nr. 353, mit ausführlicher Diskussion der Datierung.

[47] Weigl, 5. Band, 22, Nr. N 68

[48] Weigl, 5. Band, 213, Nr. R 308.

[49] Weigl, 5. Band, 192, Nr. R 255.

[50] Weigl, 4. Band, 173, Nr. M 246.

[51] FRA II 69, 314, Nr. 176 (hier auch zwei weitere Zeugen aus Mold); 357, Nr. 216; 389, Nr. 249; 458, Nr. 328.

[52] Immerhin dürften diese vier Pfarren älter sein als die in dieser Urkunde nach ihnen genannte Pfarre Strögen. Nur bei diesen vier Pfarren spricht nämlich die Urkunde vom Zweidrittelzehent, der auch schon in der Urkunde des Bischofs Ulrich enthalten ist, während sie bei der Pfarre Strögen eine andere Begrenzung des Zehents angibt, wobei die „zwei Teile der Zehenteinhebung" in den vier Pfarren sicher zwei Drittel des gesamten Zehents bedeuteten, während der „eine (oder einzige) Zehent" in der Pfarre Strögen auch bloß den Zehent von einem einzigen Dorf oder gar nur von einem Hof bedeuten kann. In unserer Überlegung über die Besitzungen der Grafen von Poigen werden wir einen Hinweis finden, dass Strögen erst um etwa 1130 von Wildberg aus gegründet worden ist.

[53] Am ehesten ist anzunehmen, dass die vier in einem Zuge genannten Pfarren des Poigreiches unter Bischof Ulrich nach der Wiederherstellung von St. Nikola, also etwa zwischen 1105 und seinem Tod im Jahre 1121 entstanden sind. Sie wurden aber nicht von den Chorherren selbst, sondern von Weltpriestern betreut, weshalb St. Nikola nicht mehr den ganzen Zehent behielt, sondern ein Drittel an diese Pfarrer abgeben musste.

[54] Siehe Anm. 32!

[55] Schragl, 72.

[56] Näheres samt Literatur bei Schragl, 76f. Schragls Meinung, Mold sei immer Zukirche zu Rietenburg gewesen, ist aber gerade für die Frühzeit der Poigreicher Pfarren unwahrscheinlich. So scheinen auch in einer Urkunde vom 13. Oktober 1284 (FRA II 21, 33f., Nr. 33) die Pfarrer (plebani) von Röhrenbach, Strögen und Mold gleichwertig als Zeugen auf.

Dass Mold 1390 bloß capella genannt wird, könnte auf den Bevölkerungsrückgang im 14. Jahrhundert zurückgehen. Nach Weigl, 8. Band, 230, ist im Waldviertel der Siedlungsstand der Jahre vor 1300 bis heute nicht mehr erreicht worden.

[57] Schragl, 73–76.

[58] Schragl, 62–68, hier S. 66. Als Ort, nach dem sich ein Zeuge Dietmar nennt, wird Strögen erstmals um 1135 genannt. Siehe unten die Anmerkungen 69 und 72!

[59] Im nördichen Poigreich wird Messern erst 1210 (Weigl, 4. Band, 148, Nr. M 183), Mödring 1180/90 (Weigl, 4. Band, 172, Nr. M 242), Dietmannsdorf 1182/89 (Weigl, 2. Band, 38, Nr. D 144), Doberndorf 1379 (Weigl, 2. Band, 43, Nr. D 164), Dorna 1300 (Weigl, 2. Band, 59, Nr. D 234) und Staningersdorf 1188 (Weigl, 6. Band, 157, Nr. S 429) zum ersten Mal genannt. Es kann also keinen Zweifel geben, dass das nördliche Poigreich beträchtlich später (deutsch) besiedelt wurde als das südliche. Daraus ergibt sich aber nicht unbedingt, dass es nicht zum ursprünglichen Gebiet des Poigreiches gehörte. Sonst wäre nämlich kaum zu erklären, warum nach der Liste der Jahre 1318–1320 (siehe Anm. 28!) St. Nikola auch im nördlichen Poigreich Zehent eingehoben hat. Daher ist anzunehmen, dass es schon zur Zeit Bischof Altmanns eine Grenzziehung gegeben hat, die sich aber nicht an Siedlungen, sondern an geographischen Gegebenheiten wie Bächen und Bergrücken orientierte.

[60] FRA II 69, 178f., Nr. 35. Dass Pilgrim von Rotingin seinen Herrensitz an Göttweig übergab, dürfte mit seinem Eintritt in dieses Kloster zusammenhängen (A. Fuchs zu FRA II 69, 264f., Nr. 129).

[61] Tyroller, Tafel 14 A, Nr. 20.

[62] FRA II 51, 35, Nr. 18.

[63] Der Tauschvertrag in FRA II 69, 312ff., Nr. 176. – Wie Göttweig zu dem Besitz in Burgerwiesen kam: FRA II 69, 222f., Nr. 83.

[64] FRA II 69, 271f., Nr. 135.

[65] Weigl, 6. Band, 10, Nr. S 21, und 8. Band, 371, Nr. S 21, sowie Schuster, 3. Band, 198f., Nr. S 21.

[66] FRA II 21, 1f., Nr. 1. – Festschrift Altenburg, 21ff., Übersetzung ebenda, 23–27.

[67] Ausführlicher zu diesen Stiftungsgütern in der Festschrift Altenburg, 41f.

[68] Näheres zur Zeugenliste ebenda, 47f.

[69] OÖUB II, 722 f, Anhang Nr. 13.

[70] Weigl, 2. Band, 234, Nr. F 149.

[71] Weigl, 2. Band, 13, Nr. D 52.

[72] Weigl, 6. Band, 213, Nr. S 565.

[73] Weigl, 7. Band, 124, Nr. W 310.

[74] Es handelt sich jedenfalls um jenes Slate, das Weigl, 6. Band, 45, Nr. S 120, unter dem Stichwort „Schlatt" als abgekommenen Ort „um Altenburg am Kamp" angibt.

[75] Weigl, 2. Band, 255, Nr. F 228.

[76] Brunn an der Wild, Weigl, 1. Bd, 262,. Nr. B 529.

[77] Weigl, 6. Band, 218, Nr. S 581 (ein abgekommener Hof bei Fuglau).

[78] OÖUB II, 724f., Nr. 15 im Anhang, dazu Boshof, 185f., Nr. 610.

[79] Tyroller bezieht (S. 201 zu Nr. 19 der Tafel 14 A) die cometissa de Wilperge (Gräfin von Wildberg) in der Lebensbeschreibung des heiligen Berthold von Garsten (neu herausgegeben von J. Lenzenweger, Berthold Abt von Garsten, Forschungen zur Geschichte Oberösterreichs, 5. Band, Linz 1958, 257f., Kap. 35, dazu Erläuterungen, 52f.) sicher mit Recht auf die Gräfin Adelheid. Aus dieser Quelle geht hervor, dass die Burg Wildberg bereits erbaut war und dass Adelheid in ihr wohnte, als sie von ihrem jüngst verstorbenen Gatten noch ein Kind erwartete und den heiligen Berthold einlud, sie zu besuchen und für ihren verstorbenen Gatten und sie selbst zu beten.

[80] Tyroller, Tafel 14 A, Nr. 19. – Festschrift Altenburg, 31.

[81] Nach Tyroller, 202 zu Nr. 33 der Tafel 14 A, tritt Ernst II. von Hohenburg erst 1138 zum ersten Mal selbständig auf.

[82] FRA II 69, 429f. Nr. 294. – Tyroller, 203 zu Nr. 36 der Tafel 14 A.

[83] Weigl, 3. Band, 175, Nr. I 8 (Idolsberg).

[84] FRA II 4, 74, Nr. 355.

[85] FRA II 4, 113, Nr. 525.

[86] Weigl, 5. Band, 107, Nr. R 1 (Raabs).

[87] In einer nur abschriftlich erhaltenen Urkunde des Chorherrenstiftes St. Pölten, die J. Lampel in seinem Urkundenbuch des aufgehobenen Chorherrenstiftes Sankt Pölten, 1. Teil, Wien 1891, 27, Nr. 18, um 1195 ansetzt, wird ein Albero von Piuge als Zeuge genannt, der aber weder in einem erkennbaren Zusammenhang zum Chorherrenstift noch zum Urkundengegenstand noch zu den anderen Zeugen steht. Daher kann man nicht sagen, ob er dem Poigreich angehörte.

[88] BUB I, 230f., Nr. 173. – Zu Ebenbrunn Weigl, 2. Band, 99, Nr. E 5.

[89] Er hängt wohl mit Kotzendorf, Gemeinde Gars, zusammen.

[90] BUB I, 228f., Nr. 170.

[91] Vielleicht der abgekommene Ort Grafendorf am Kamp, den Weigl, 2. Band, 345f., Nr. G 252, bei Gobelsburg lokalisiert.

[92] Wegen der vielen Orte dieses Namens nicht lokalisierbar; oder ist Röhrenbach gemeint?

[93] Er hängt wohl mit der Burg Fuchsberg nördlich von Poigen zusammen. Ausführlich zu dieser Burg und ihrer eindrucksvollen Ruine: F. J. Hampapa (Hrg.), Die Burgruine Fuchsberg bei Poigen, Gruber Burgblätter Nr. 2, 2. Aufl., 1993.

[94] Poigen gehörte bis ins 19. Jahrhundert zur Herrschaft Wildberg (Franz Schweickhardt Ritter von Sickingen, Darstellung des Erzherzogtums Österreich unter der Enns, Viertel Ober-Manhartsberg, 6. Band, Wien 1841, 117).

[95] FRA II 21, 24, Nr. 25 ; hier auch Poppo und Wipoto von Peugen.

[96] FRA II 21, 46, Nr. 45.

[97] FRA II 21, 62, Nr. 58; ebenso am 21. April 1291, FRA II 21, 64, Nr. 59, wo auch ein Wippoto von Peugen genannt wird, wie Altenburg unter anderem auch ein Gut in Poigen kauft. Der ältere Wichard könnte mit jenem Wichardus de Peugin identisch sein, der am 1. Juli 1268 gemeinsam mit seiner Frau Margareta, seiner Tochter, die ebenfalls Margareta hieß, und seiner Schwester Sophia dem Kloster Lilienfeld ein Gut im Dorf Grafenberg (bei Eggenburg) verkaufte, wobei sich unter den Zeugen auch ein Wernhardus de Peugin fand: FRA II 81 (G. Winner, Hrg., Die Urkunden des Zisterzienserstiftes Lilienfeld, Wien 1974), 59, Nr. 89.

[98] FRA II 21, 103, Nr. 91.

[99] FRA II 21, 19, Nr. 20.

[100] FRA II 21, 21, Nr. 22.

[101] FRA II 21, 24, Nr. 25.

[102] FRA II 21, 30, Nr. 30.

[103] Clientes ist ein Ausdruck der Gerichtssprache und bildet den Gegensatz zum advocatus, wovon das Wort Vogt kommt. Weil Freibauern nur schwer ihre Rechte wirksam vertreten konnten, unterstellten sie sich oft einem höheren Adeligen als ihrem Vogt.

[104] FRA II 21, 45, Nr. 44.

[105] HHStÖ, 474.

[106] FRA II 3, 306.

[107] FRA II 3, 467, ebenso 572.

[108] Weigl, 2. Band, 399, Nr. G 370, gibt als erste Nennung Grünbergs 1299 (nach FRA II 21, 92, Nr. 82) an.

[109] Schweighofer, Poigreichführer, 64, gibt an, 1403 sei die Feste Poigen im Besitz des Wolfgang Fraunhoffer gewesen. Das geht auf die in FRA II 21, 287, leider nicht voll abgedruckte Urkunde Nr. 336 zurück, aus der aber auch nicht mehr hervorgehen dürfte, als dass der Ritter Wolfgang Fraunhoffer in Poigen saß. Das gilt ohnehin auch von Poppo von Poigen.

[110] An sich ist K. Lechners Gedanke (HHStÖ, 473f.), auf Grünberg, also der von ihm angenommenen Grafenburg Poigen, seien später „ritterliche Gefolgsleute" der Grafen gesessen, durchaus möglich. So nannten sich auch die Pfleger der von den Grafen von Seeburg und Gleiß am Fuß des Sonntagberges gegründeten Burg Gleiß nach dem Aussterben der Grafen selbst nach Gleiß. Doch gibt es für K. Lechners Annahme, Grünberg sei die Burg der Grafen von Poigen gewesen, keinen Beleg, und seine Annahme, Poppo von Poigen sei auf Grünberg gesessen, haben wir als unhaltbar erwiesen.

[111] Es liegt zwar auch die Burg Wildberg auf einem Umlaufberg, doch ist dieser Umlaufberg der Taffa lange nicht so auffallend wie der am Kamp, der außerdem viel weniger von Altenburg als der Umlaufberg der Taffa von Poigen entfernt liegt.

[112] Zu diesem Zusammenhalt der drei Linien der Grafen von Poigen siehe Festschrift Altenburg, 30f. und 38.

[113] Kennern der Literatur mag auffallen, dass in diesen Ausführungen der Aufsatz von H. Mitscha-Märheim, Babenberger und Ebersberger und ihre Erben im und um das Poigreich, in: Babenberger-Forschungen, Jb.f. Lk. 42, 1976, 216–234, nicht angeführt wurde. Der Grund ist der, dass H. Mitscha-Märheims archäologische Angaben für das Poigreich nichts Neues bringen, der genealogische Teil seines Aufsatzes aber zumeist auf Namenskombinationen beruht, die sich nicht belegen lassen, während es gerade das Ziel des vorliegenden Aufsatzes ist, von dem auszugehen, was mit Quellen belegbar ist. Es gibt keinen Beleg, dass die Ebersberger im Poigreich Besitz hatten. Ebenso hat Bischof Altmann den Zehent im Poigreich nicht deshalb an St. Nikola verliehen, weil er sein Familienbesitz gewesen wäre, was H. Mitscha-Märheim (S. 220) vermutet, sondern weil er als Bischof von Passau zuständig war, den neu anfallenden Zehent im Poigreich einer zweckentsprechenden Verwendung zuzuführen.

Kurz gefasste Geschichte der Benediktinerabtei Altenburg vor dem Barockumbau (1144–1648)

Hanna E g g e r

Als die eigentliche Gründungsurkunde und ältestes Altenburger Dokument ist der so genannte lateinische Brief des Bischofs Reginbert von Passau, ausgestellt am 26. Juli 1144 in Krems, anzusehen (Kat. Nr. 15.4)[1]. Der Brief beinhaltet die Zustimmung des Diözesanbischofs zu der Gründung einer Mönchszelle, einer *domus constructa* nach der Regel des hl. Benedikt, die die *nobilissima Domina* Hildburg, verwitwete Gräfin von Bouige, auf ihrem Gut Altenburg hatte erbauen lassen. Der Bischof sagte dieser Gründung, die nach dem Tode des Grafen Gebhard von Bouige mit Hilfe und Einverständnis seines Sohnes, Graf Hermann (Kat. Nr. 15.3), erfolgte, seinen besonderen Schutz zu und anerkannte die Dotierung des Klosters und die Vogteirechte der Gründerfamilie. Weiterhin verlieh Bischof Reginbert dem jungen Kloster das Recht der freien Abtwahl und der Stephanskirche das Tauf- und Begräbnisrecht. Hildburg ihrerseits schrieb den Mönchen vor, bei der Stephanskirche einen dauernden Gebetsgottesdienst für die Seele ihres verstorbenen Mannes, für ihr eigenes Seelenheil sowie für das ihres Sohnes und Mitbegründers einzurichten. Schließlich bestätigt der lateinische Brief die Übernahme eines Eigenklosters der Grafen von Poigen in den Rechtsstatus eines bischöflichen Eigenklosters.

Es ist anzunehmen, dass die eigentliche Gründung des Klosters und der damit verbundene Bau bereits um 1138/39 erfolgte. Altenburg soll der Überlieferung nach von zwölf Mönchen aus dem Kloster St. Lambrecht in der Steiermark besiedelt worden sein (Abb. 1). Die Änderung des Patroziniums von St. Stephan in St. Lambrecht kann allerdings als einziger Beweis angeführt werden[2].

Das Waldviertel, das in Urkunden des 9. bis 13. Jahrhundert „Nortwald“ genannt wird, wurde von den Babenbergern seit der Mitte des 11. Jahrhunderts erschlossen. Zu Ende des 11. Jahrhunderts hatten die Grafen von Poigen-Rebegau das Horner Becken in Besitz genommen und das Poigreich errichtet (rus Beuchriche), das sie mit ihren drei Familienzweigen Rebegau, Hohenburg und Stein bis Ende des 12. und Anfang des 13. Jahrhunderts innehatten und kirchlich organisierten[3].

Nach einer alten Überlieferung soll Hildburg von Poigen schon am 4. Dezember 1144 gestorben (Abb. 2), ihr Sohn Hermann vor 1156 in einem Feldzug gegen die Ungarn gefallen sein[4].

Die Klostervogtei fiel wohl an Adalbertus von Rebegau. Er trat im lateinischen Brief als Zeuge auf und hatte seinen Sitz auf Hohenegg, soll aber bereits 1157 gestorben sein. Mit seinem Sohn Gebhard († um 1185 beziehungsweise 1188/89) erlosch die Rebegau-Linie. Schon seit dem Aussterben der Hauptlinie der Grafen von Poigen wird die Einflussnahme des babenbergischen Herzogs Leopold V. spürbar. Besitz- und Gerichtsrechte sowie Ministerialen der aussterbenden Linien der Grafen von Poigen-Rebegau-Hohenburg/Wildberg fielen mehr und mehr an den Herzog. Möglicherweise kam auch bereits um 1188 die Vogtei über das Kloster Altenburg an den Herzog.

Abb. 1:
Der hl. Benedikt übergibt den ersten Mönchen eine Regel (Rotelbuch AB 7 D 30).
Foto: Stiftsarchiv.

Graf Friedrich III. von Hohenburg starb 1210 als letzter Nachkomme der Grafen von Poigen-Wildberg-Hohenburg. Gelegentlich der Bestätigung früherer Vermächtnisse des Grafen an das Kloster Altenburg, sprach sich Herzog Leopold VI. eindeutig dafür aus, dass ihm die Besitzungen des ohne Erben verstorbenen Grafen Friedrich unter Berufung auf die Bestimmungen des Codex Iustinianus zustünden[5]. Ob die Klostervogtei mit inbegriffen war, geht aus den Urkunden nicht hervor, ist aber anzunehmen. Erst Herzog Friedrich II. nennt 1241 die Vogtei über Altenburg, allerdings in einer Urkunde, die als Fälschung des Passauer Bistums aus den Jahren zwischen 1254 und 1260 erkannt worden ist[6].

Mit Friedrich II. erlosch 1246 das Geschlecht der Babenberger in männlicher Linie. Mit Margarete und Gertrud erhoben Friedrichs Schwester und Nichte unter Berufung auf das Privilegium minus Anspruch auf seine Nachfolge. Im Jahre 1248 heiratete Gertrud den einer papsttreuen Familie entstammenden Markgrafen Hermann von Baden. Noch im selben Jahr bestätigte Papst Innozenz IV. dem Markgrafen Hermann die Schenkung des Herzogtumes Österreich durch seine Frau, die Ducissa Austriae. Weder Adel noch Kirche brachten dem neuen Herzog Sympathien entgegen. Dieser zog vor allem gegen Eggenburg und die Herren von Kuenring ins Feld. Er fügte auch Altenburg großen Schaden zu, da die Herren von Maissau Untervögte des Klosters waren und wahrscheinlich während des Interregnums die Vogtei überhaupt an sich gezogen hatten. Wie groß der Schaden gewesen sein muss, geht aus einer Urkunde hervor, die Gertrud vier Monate nach dem plötzlichen Tod ihres Mannes am 6. Februar 1251 in Wien ausstellen ließ. Sie schenkte dem Kloster Altenburg die unter ihrem Patronatsrecht stehende Pfarre Röhrenbach als Ersatz für die vielen Schädigungen *dampna et dispendia*, die ihr verstorbener Mann dem Kloster zugefügt hatte[7]. Klosterkirche und Veitskapelle mussten neu instand gesetzt und rekonziliiert werden. Die *episcopi consecrantes* bewilligten den Mithelfern beim Wiederaufbau der Kirche (*consecrata in honore Sancte Trinitatis, sancteque gloriose virginis Marie sanctique martiris et pontificis Lamperti*) sowie der Veitskapelle einen Ablass von 40 Tagen, den Abt Ulrich am 15. Juli 1265 zu Altenburg verkündete[8].

Aus der Regierungszeit von Abt Ulrich ist eine relativ große Zahl von Urkunden erhalten, die immer wieder seine Weltoffenheit, seine Verbindung zu Edlen und Rittern der Umgebung, seinen Sinn für die Realität und seine unentwegte Sorge für das ihm anvertraute Kloster erkennen lassen[9]. Erstmals erwähnt wird Abt Ulrich in einer Urkunde von 1260[10], wiewohl seine Wahl schon früher erfolgt sein dürfte. Um 1260, spätestens aber 1265, haben im Zusammenhang mit dem Ablassbrief Abt Ulrichs groß angelegte Bauarbeiten begonnen, in deren Verlauf die Kirche, alle Klostergebäude und die Trakte, die den Gästen und Schülern dienten, erneuert wurden.

Abt Ulrich vermochte auch, seine Verhandlungspartner immer wieder zu Schenkungen oder Stiftungen zu Gunsten des Klosters zu veranlassen. So etwa erwählte Marquard von Streitwiesen Altenburg zu seiner Begräbnisstätte. Er hatte 1266 bis zuletzt am Sterbebett der letzten Babenbergerin, Herzogin Margarete, verweilt, die interessanterweise 1252 ebenfalls die Pfarre Röhrenbach dem Stift Altenburg geschenkt hatte. Sein Sohn bestätigte 1279 die väterliche Schenkung an Altenburg. Ebenso wollte Ulrich von Kotzendorf im Kloster begraben sein und gab ein Vermächtnis an das Stift[11].

Im Jahre 1276 bezeichnet sich Stephan von Maissau zum ersten Mal als der „vom König von Böhmen," Ottokar Przemysl, bestellte Vogt des Klosters, dessen Aufgabe es sei, das Kloster gegen alles Unrecht zu verteidigen. Da aber sein Vater Otto von Maissau bereits 1265 die Schenkung eines Lehens in Frauenhofen beurkundet, ist anzunehmen, dass die Herren von Maissau die Vogtei bereits früher bekommen haben[12]. Otto von Maissau, verheiratet mit Elisabeth von Sunnberg, war erklärter Anhänger König Ottokars von Böhmen gewesen, wurde 1260 zum Landmarschall und 1262 zum Landrichter ernannt, verlor jedoch sehr bald die Gunst Ottokars und wurde 1265 hingerichtet[13]. Sein Sohn Stephan stellte sich im Kampf um das Erbe der Babenberger auf die Seite Rudolfs von Habsburg, trug 1278 zum siegreichen Ausgang der Schlacht bei Dürnkrut bei und wurde zum obersten Marschall von Österreich ernannt[14].

Am 3. März 1283 starb Abt Ulrich. Sein kongenialer Nachfolger, Abt Konrad (1283–1289), konnte zahlreiche Grundstücke ankaufen, trotz der hohen Ausgaben für die begonnenen Bauten, die weitergeführt wurden. 1284 und 1287 wurden Ablassbriefe zur Finanzierung

Abb. 2:
Nekrolog von 1411, Seite Dezember
(Sammelhandschrift AB 6 C 5).
Foto: A. Schumacher.

der Bautätigkeit erlassen; Vogt Stephan von Maissau, Marschall in Österreich, beurkundet immer wieder Ankäufe durch das Stift Altenburg[15]. Dazu kommen Stiftungen, vor allem jene des Ritters Konrad Dremel von Hymberg, der dem Stift Altenburg seinen Hof in Röhrenbach bei der Kirche schenkte, die heute noch dort befindliche Pfarrwirtschaft. Zur Bau- und Pfarrgeschichte des Klosters selbst gibt es im 2. Nekrolog des Stiftes eine wichtige Eintragung zum 19. Mai 1288, aus der hervorgeht, dass unter der Regierung des Abtes Konrad der spätere Abt Seifried von Bischof Wernhard von Passau mit einem „öffentlichen Altar" begabt wurde. Der Bischof selbst nahm die Weihe des Altares vor, wodurch bezeugt ist, dass die Pfarre Altenburg am 25. Mai 1288 begründet wurde und ein wesentlicher Teil des gotischen Kirchenneubaues fertig gestellt war (Abb. 3). Gleichzeitige Pfarrregulationsverhandlungen beweisen, dass das Jahr 1288 als Beginn der Pfarre Altenburg anzusehen ist[16].

Dem am 19. Oktober 1289 verstorbenen Abt Konrad folgte Abt Walchun (1290–1296), der von Anfang seiner Regierungszeit an unter dem Druck des Vogtes Stephan von Maissau stand[17]. Er musste früh resignieren. Die großen Bauunternehmungen des Klosters dürften stagniert haben und wurden erst unter Abt Seifried I. (1297–1319), dessen Initiative wohl auch ein weiterer Ablassbrief von 1297[18] zuzuschreiben ist, fortgeführt. Seifried, aus dem Geschlecht der Herren von Plank stammend, war eine der großen Abtpersönlichkeiten des Mittelalters. Er leitete die „äußere Klosterschule," in der die Söhne der Adeligen und Herrschaftsbesitzer unterrichtet wurden. Dies mag die Erklärung dafür sein, dass sich um die Jahrhundertwende um den Abt ein Kreis von Adeligen bildete, die sich mit den Geschicken des Klosters befassten und auseinander setzten. Diesem Kreis gehörten unter anderem die Burggrafen von Gars, die Streune von Schwarzenau, die Sunnberger von Raschala und Asparn, Otto von Mainburg, Siegfried von Plank, Heinrich von Kaja, Heinrich von Stockern und Ulrich von Maissau an. Der Kumaneneinfall von

Abb. 3:
Der hl. Lambert, der erste Klosterpatron
(Rotelbuch AB 7 D 30).
Foto: Stiftsarchiv.

1304 hat die positive Entwicklung des Klosters nicht gestört (siehe dazu den weiter unten folgenden Beitrag von A. Zajic, Kumanenstein).

In den Altenburger Urkunden tritt seit 1276 des öfteren ein Hadmar von Sunnberg als Zeuge auf. Die Sunnberger besaßen das Wasserschloss Sonnberg am Göllersbach bei Hollabrunn. Von seinen beiden Söhnen, ebenfalls auf Hadmar getauft, war Hadmar von Raschala der Erste, der im Jahre 1300 Altenburg zu seiner Begräbnisstätte erwählte[19]. Wenige Monate später errichtete Hadmar zu Asparn im Beisein von Abt Seifried, Stephan von Maissau und seines Bruders sein Testament[20] und verfügte eine Reihe von Zahlungen aus seinem Vermögen auch an das Kloster Altenburg. Hadmar, der zur Zeit der Abfassung dieses Testamentes wohl erkrankt war, genas wieder und heiratete noch einmal. Seine Frau starb aber schon 1303 und wurde in Altenburg begraben. Um einen Jahrtag zu stiften, lud Hadmar die ganze „Gmein" des Klosters nach Asparn ein. Erstmals wird der Personalstand des Klosters angegeben: Abt, Prior, zehn Priester, vier Diakone und zwei „Letzner," wohl Lektoren. Die Namen zeigen, dass zu dieser Zeit nur Postulanten „edler" Herkunft aufgenommen wurden[21]. Urkunden aus den Jahren 1306 und 1307 bestätigen Schenkungen Hadmars von Sunnberg an das Stift Altenburg. In einem großen Pergament vom 1. Jänner 1308 werden alle Stiftungen Hadmars zusammengefasst, insbesondere aber die Verpflichtungen des Klosters gegenüber einer Spitalsstiftung zu Altenburg – der Bau des Spitales dürfte noch 1307 abgeschlossen worden sein – durch Abt Seifried und den Konvent bestätigt. Dadurch wurde dem Kloster eine gewaltige Bürde auferlegt. Zunächst heißt es, dass die Zahl der Dürftigen im Spital stets mit der Zahl der Priester im Kloster übereinstimmen müsse. Unter Hinweis auf die Stiftungen Hadmars und deren Erträge, vor allem des Zehents der Pfarre Asparn, muss Abt Seifried diese Pfarre mit einem guten Priester besetzen, der wiederum zwei Hilfspriester anstellen muss. Ferner fordert Hadmar einen feierlichen Jahrtag am Montag nach St. Koloman, ein ewiges Licht auf dem Altar der von ihm gestifteten Kapelle, wo täglich drei Messen zu lesen sind.

Im Falle, dass das Kloster seinen Pflichten nicht nachkommen sollte, würde die Stiftung an die grauen Frauen in St. Bernhard, einem Zisterzienserinnenkloster nahe von Altenburg, übertragen werden. Wenn diese ablehnen, würde das ganze Stiftungsgut an die Kirche Asparn zurückfallen[22].

Trotz Verbesserungen der Stiftung durch Hadmar 1309 und 1312 sowie nach seinem Tode (um 1321) durch seinen Sohn Kraft von Sunnberg und dessen Gemahlin Katharina, mussten die Mönche bis um die Jahrhundertmitte ärmlich leben, um das Spital erhalten zu können, und konnten dennoch nicht verhindern, dass den Siechen im Spital kaum die nötige Pflege geboten wurde. Um der wirtschaftlichen Krise beizukommen, richtete Abt Seifried 1349 Bittgesuche um die Inkorporation der Pfarren Röhrenbach und Strögen an Rom. Kardinallegat Guido beauftragte daraufhin Abt Otto von Zwettl mit der Überprüfung der von Altenburg angegebenen großen Schuldenlasten. Abt Otto musste berichten, dass weder das klösterliche Rentamt noch die Spitalsverwaltung über nennenswerte Einkünfte verfügten und dass es den Konventualen an Kleidung und den Kranken am Nötigsten fehle. Der Kardinallegat inkorporierte daraufhin dem Kloster die Pfarre Strögen, nicht aber Röhrenbach.

Ähnlich wird die wirtschaftliche Lage auch in der Inkorporationsurkunde vom 10. Juni 1381 geschildert, die Papst Urban VI. auf Bitten Herzog Albrechts III. ausstellte[23]. Die Ungunst der Zeitverhältnisse, Brandschatzungen und die großen Auslagen für die Armen hatten zu einer unerträglichen Schuldenlast geführt. Herzog Albrecht III. (1365–1396) stiftete dem Kloster das „Gottesheilsalz," ein Privilegium zum kostenlosen Erwerb von Salz, das der Versorgung der Wirtschaftsbetriebe des Klosters diente, und gewährte noch weitere Privilegien zur Sanierung des Klosters. Mit einem Salzfass vor einem Landschaftshintergrund mit der Darstellung der Stiftskirche wird er auch in den beiden Altenburger Rotelbüchern als Wohltäter bildlich dargestellt und gewürdigt (Abb. 4)[24]. Die Sunnbergische Stiftung überlebte kaum ein Jahrhundert. Sie wurde 1413 auf Betreiben Reinprechts von Wallsee als Rechtsnachfolger der Sunnberger durch eine richterliche Entschließung dem Stift Altenburg entzogen, da das Stift die vertraglichen Verpflichtungen nicht erfüllt hatte und auch nicht in der Lage war, eine entsprechende Zusage für die Zukunft abzugeben. Da die Klosterfrauen von St. Bernhard die Annahme, wie es ihnen im Stiftungsbrief zugebilligt worden war, verweigerten, fiel das ganze Stiftungsgut Reinprecht von Wallsee am 7. Juli des Jahres 1413 zu[25]. Das Kloster Altenburg wurde zur Abtretung der Stiftungsgüter an die Kirche Asparn und zur Zahlung der Prozesskosten verurteilt.

Gegen die aus der Sunnbergischen Stiftung bedrückende Situation des Klosters stehen jedoch die Schenkungen der Burggrafen von Gars. Deren Schenkungen waren so zahlreich und groß, dass sie heute noch als „zweite Stifter" betrachtet und mit einem Jahrtag am 9. Oktober bedacht und verehrt werden. Vom

8. Dezember 1314 an stellten Rapot und Heidenreich, Burggrafen von Gars, Schenkungsbriefe an das Stift Altenburg aus. Die Schenker stellten es dabei dem Kloster anheim, sich einen guten Vogt zu nehmen, der ihm nützlich sei.

Die größte Stiftung des Burggrafen wurde dem Kloster am 6. Dezember 1327 von Gertraud, der Witwe des Grafen Heidenreich, in Altenburg verbrieft. In der Einleitung erzählt Gertraud, dass ihr Heidenreich „in seiner letzten Zeit" aufgetragen habe, für 600 Pfund Pfennige Wiener Münze freies Eigen zu kaufen und der „Sampnunge", dem Konvent, zu Altenburg zu übergeben – „der Treue willen, die er zu demselben Gotteshaus gehabt hat„. Sie sei diesem Auftrag mit Wissen und Zustimmung ihrer beider Tochter Agnes, jetzt Hausfrau Stephans II. von Maissau, Obristen Marschalls in Österreich, nachgekommen und habe dieses freie Eigen, das einen Jahresertrag von 33 Pfund Pfennige und 8 Schilling Pfennige Wiener Münze einbringe, angekauft. Die Dienste und Gülten liegen zum Großteil auf Lehen und Hofstätten, deren Vorbesitzer und Dienste genau angeführt werden.

Sie verteilen sich auf die Orte Manigfall, Straning, Hertweigs, Kaltenbach, Niederschleintz, Kalladorf, Grafenberg, Frauenhofen, Neubau, Burgerwiesen, Oberlaa und Mühlfeld. Sieben Urkunden der von Gertraud und Agnes getätigten Käufe sind im Stiftsarchiv noch vorhanden, acht fehlen. Sämtliche vorhandenen Urkunden sind in Altenburg ausgestellt und stammen aus den Jahren 1322–1323. Es ist anzunehmen, dass das Kloster die Nutznießung sofort angetreten hat. 1327 wurde nur die gleichsam zusammenfassende und abschließende Urkunde ausgestellt, wobei der Hauptakzent auf den Wünschen liegt, die Gertraud für die Feier der Seelenmessen und des Jahrtages äußert und dem Kloster zur Pflicht macht. Mit derselben Genauigkeit, mit der die gestifteten Güter aufgezählt werden, werden auch die Verpflichtungen festgelegt, die der Konvent „ewigleich" zu erfüllen hat. Gertraud verfügt, dass täglich zur Primzeit vor dem Frauenaltar eine Totenmesse für ihren verstorbenen Gemahl und alle Vorfahren gelesen werde. Der Zelebrant erhält zusätzlich zu seiner Pfründt morgens 3 Eier und abends ein „Phruent" Wein (ungefähr 1 Liter), in der Fastenzeit morgens ein Stück Fisch und abends den Wein. Weiters soll man am Montag vor dem Kolomanitag für 8 Pfund Pfennige Wein, Brot und Fleisch kaufen und an arme Leute verteilen. Gertraud will zu dem Anlass immer zwei ehrbare Männer mit vier Pferden in das Kloster schicken, die man auch „pflegen soll". Schließlich soll der Jahrtag selbst mit einer gesungenen Vigilmesse und einer Totenmesse begangen werden. Bei jeder Messe haben bei dem Grab Heidenreichs vier Kerzen zu brennen. Der Abt soll an diesem Tag „ohn allen Aufschub" den Mönchen zur „Besserung ihrer Pfründt" vier Pfund Pfennige übergeben. Die Stifterin vergisst auch nicht, einige Sicherheitsklauseln einzubauen. Sollten die übernommenen Verpflichtungen nicht erfüllt werden, vor allem die tägliche Messe und der Jahrtag, so würde die gesamte Stiftung an das Kloster Zwettl fallen, das dann auch die Feier der Messen und des Jahrtages in der festgelegten Form zu übernehmen hat. Die Vogtei soll ihr „Aidam" Stephan von Maissau übernehmen, nach ihm sein Sohn und dessen Nachkommen.

Erste Sieglerin ist Gertraud selbst, dann folgen Stephan von Maissau für seine Hausfrau Agnes und endlich Rapot der Burggraf, Heidenreichs Bruder[26]. Es war dies wahrscheinlich die größte Stiftung in der Geschichte des Klosters.

Zur Zeit der Stiftung Gertrauds von Gars war „Albertus Monacensis" (1327–1333) zum Abt gewählt worden,

Abb. 4:
Albrecht III. mit Salzfass (Rotelbuch AB 7 D 30).
Foto: A. Schumacher.

der möglicherweise mit Alber, dem Sunnberger von Raschala, identisch ist. Weiters ist anzunehmen, dass sich die Mönche von der kolonisatorischen Tätigkeit der Erstzeit zurückgezogen haben und sich mehr wissenschaftlichen und seelsorglichen Tätigkeiten zuwandten. Das Kloster besaß neben der Schule ein Skriptorium und eine kleine Bibliothek mit theologischen und philosophischen Werken (Abb. 5).

In die Regierungszeit von Abt Mathias (1333–1354) fällt eine Reihe von Stiftungen, vor allem die des Burggrafen Alber von Gars. Von großer Bedeutung für Altenburg aber ist, dass Abt Mathias im Formelbuch König Albrechts I. als *Visitator Ordinis S. Benedicti per Austriam in provinciali Capitulo electus* genannt wird[27], was die in diesem Kloster herrschende Disziplin und Regeltreue bestätigt.

Abt Seifried II. (1355–1380) erfreute sich sowohl des Wohlwollens Bischof Alberts von Passau (1363–1380) als auch Herzog Albrechts III. (1365–1395). Papst Urban VI. inkorporierte dem Kloster auf Ansuchen Herzog Albrechts III. die Pfarre Strögen, und der Herzog selbst erteilte dem Stift Altenburg das Privilegium, im Wiener Stiftshaus in der Krugergasse durch acht Jahre jährlich acht Fuder Wein ohne Bezahlung der Bürgersteuer ausschenken zu dürfen. Er schenkte dem Stift, wie schon einmal erwähnt, 60 Fuder „Gottesheilsalz" aus Hallstatt und verbriefte, dass der Dienst, den das Stift auf behausten Holden in den Ziegelöfen vor dem Kärntner Tor zu Wien besitzt, niemals verkauft werden soll[28].

Zu Ende des Jahrhunderts aber brach eine Zeit der Katastrophen an, die mit einem Großbrand im Stift im Jahre 1380 ihren Anfang nahm. In diesem Jahr wurde Seifried III. (1380–1396) Abt. Der Wiederaufbau war wegen der Schuldenlasten des Klosters gefährdet. Daher bemühte sich der Abt um die Inkorporation der Pfarre Röhrenbach, die ihm im Jahre 1384 Bischof

Abb. 5:
Pergamenthandschrift, 12. Jahrhundert, Expositiones Bedae (AB 14 D 15).
Foto: A. Schumacher.

Johann von Passau gewährte [29]. Die angesprochene Inkorporation der Pfarre Strögen scheint jedoch nicht vollzogen worden zu sein, da Papst Urban VI. am 18. Mai 1387 dem Offizial von Passau befahl, dies zu tun. Das Stift war durch Feuersbrunst und Verminderung der Einkünfte so herabgekommen, dass es die ihm aufgetragenen Verpflichtungen, vor allem die Erhaltung des Spitals, nicht mehr einhalten konnte[30]. Dem Brand von 1380 scheint auch das Spital zum Opfer gefallen zu sein, so dass es „auf Zeit" gesperrt werden musste. Dies bestätigt eine Stiftung des Zwettler Pfarrers Andreas Chrumicher vom 15. August 1403, in der er die Dürftigen im Spital bedenkt, damit sie ihr Gewand und den Lebensunterhalt verbessern können[31].

Waren die Maissauer Vögte zu Anfang des 14. Jahrhunderts noch einigermaßen um das Wohlergehen des Klosters besorgt, so lässt diese Sorge im weiteren Verlaufe immer mehr nach. Das Interesse galt der Mehrung des eigenen Reichtums und der Hebung des politischen Ansehens. So kam es im Jahre 1387 zu einem Streitverfahren zwischen Abt Seifried und den Herren Johann und Georg von Maissau um den Getreidezehent von Horn, der dem Stift entzogen worden war[32]. Dem geschickten Taktieren des Johann von Maissau zufolge wurde auch die Pfarre Horn landesfürstlich.

Die Hussiteneinfälle in Niederösterreich bedeuteten für Altenburg eine neuerliche schwere Krise. Nachdem sich die Herrschaft Herzog Albrechts V. in den niederösterreichischen Ländern zunächst erfolgreich gestaltet hatte, führte seine Heirat mit Elisabeth, der Tochter des böhmischen Königs Sigismund von Luxemburg, zur Verstrickung der albertinischen Länder des Hauses Habsburg in die hussitischen Wirren. Otto IV. von Maissau erhielt von Herzog Albrecht den Auftrag, das Land, das ihm angehörte, gegen die Feinde zu schützen. Da er sich an die Spitze einer Opposition österreichischer Adeliger gestellt haben soll, die einen Mordanschlag auf den Herzog plante, wurde er 1429 verhaftet. Obwohl mit dem Verlust eines Großteils seiner Güter bestraft, konnte er doch die Herrschaften Horn, Wildberg und Maissau sowie das Obrist-Schenkenamt und das Obrist-Marschallamt in Österreich behalten. Er blieb weiterhin, bis zu seinem Tode im Jahre 1440, Vogt des Stiftes Altenburg.

In der Regierungs- und Amtszeit von Abt Konrad II. (1417–1451) erlebte das Kloster Altenburg eine seiner schwersten Prüfungen, den Hussitensturm, der in der „Hussitenchronik," dem um 1430 verfassten Bericht „Damna Monasterii Altenburgensis", festgehalten ist[33]. Nach Einnahme und Plünderung des Stiftes Zwettl zogen die Hussiten 1427 nach Altenburg und verwüsteten das Kloster derart, dass nur der Taubenschlag und einige Hausgeräte übrig blieben. Die mit großen Kosten erbaute Orgel wurde zerschmettert, die wertvolle Turmuhr ausgebaut und geraubt, die Hostien zweier Ziborien geschändet und danach die kostbaren Gefäße geraubt, die Kirchenfenster, Statuen und Heiligenbilder zerstört. Eine Urkunde vom 30. September 1423 besagt, dass der Passauer Suffraganbischof Andreas anlässlich der Rekonziliation von Kloster und Friedhof den Kirchweihtag von Altenburg auf den Sonntag Misericordia Domini verlegte und dem Stift einen Ablassbrief verlieh[34]. Dieser Wiedereinweihung muss eine Entweihung vorangegangen sein, die wohl nur den Hussiten angelastet werden kann. Auch nach 1430 hielt das Bangen vor neuen Hussiteneinfällen noch an. Ein erster entscheidender Sieg gelang den Österreichern erst im Jahr 1431. 1432 begannen Friedensverhandlungen, die jedoch erst 1434 zu einem fünfjährigen Landfrieden führten.

Mit dem Wiederaufbau der niedergebrannten und verwüsteten Gebäude des Klosters Altenburg begann man schon 1430. Als die Hussiten jedoch neuerdings einfielen, steckten sie das Dormitorium in Brand, verwüsteten alle Werkstätten und verwendeten das Oratorium, das schon wieder in brauchbaren Zustand gebracht worden war, als Stall[35]. Abt Konrad hatte das Haus wegen der herrschenden Not verlassen und die Obsorge drei oder vier Mönchen übergeben. Er dürfte sich im Stift Göttweig aufgehalten haben, wo seine Anwesenheit für 1429 und 1432 belegt ist[36]. Dem hussitischen Klostersturm fielen auch viele wertvolle Urkunden, Handschriften und Pretiosen zum Opfer. In der Kaiserurkunde von 1460[37] und im Visitationsprotokoll von 1543/44 wird unter anderem von der Vernichtung der Gründungsurkunde gesprochen. Da jedoch mehr als 300 Urkunden aus der Zeit vor 1427 erhalten geblieben sind, vermutet man, dass ein Teil des Archives schon 1422 nach dem ersten Überfall durch die Hussiten verlagert worden war.

Im Februar 1433 nimmt Herzog Albrecht V. Stift Altenburg mit allen seinen Untertanen und Gütern unter seinen besonderen Schutz und verpflichtet Ulrich von Eytzing, Hauptmann zu Eggenburg, und den Burgpfleger Koloman Grasser von Gars, dem Kloster stets beizustehen[38].

Der Wiederaufbau des zerstörten Klosters und der ebenfalls arg mitgenommenen Kirchen in Strögen, Röhrenbach und Fuglau brachte das Stift in große finanzielle Not. Der Ertrag aus den durch die Hussiten verwüsteten Gütern war so gering, dass im Kloster kaum die Hälfte der sonst gewohnten Zahl an Mönchen beibehalten werden konnte.

Am 1. Juli 1437 konnten die Klosterkirche und die Kapelle des Klosters von Weihbischof Matthias rekonziliiert werden. An den folgenden vier Tagen wurden die Pfarrkirchen in Strögen, Röhrenbach und Fuglau geweiht; ein Ablassbrief wurde erteilt[39]. Die Bauten aber waren mit sparsamsten Mitteln und wesentlich einfacher ausgeführt als die älteren Bauteile.

Wie Abt Konrad, der im April des Jahres 1451 hochbetagt starb, persönlich zur Melker Reform gestanden hat, ist weitgehend unbekannt. Da aber die Melker Reform im Grunde genommen für die Einhaltung der *Consuetudines Mellicensis* plädierte, die die Mönche eng an das Gemeinschaftsleben in der Abtei banden, und damit die Verrichtung von Pfarrdiensten für Mönche nicht vorsah, ist es bemerkenswert, dass Bischof Leonhard von Passau, der für Deutschland zuständige Kardinallegat, aus wirtschaftlichen Gründen dem Stift Altenburg einen Ablassbrief zugesteht und dem Passauer Bischof die Inkorporation der für die Hebung der wirtschaftlichen Situation des Stiftes wichtigen Pfarren Strögen und Röhrenbach befiehlt.

Der Bischof seinerseits überließ es der Diskretion des Abtes, die Säkularpriester zur Aufgabe ihrer Pfarren zu bewegen und jene mit Mönchen aus dem eigenen Konvent zu besetzen. Daraus aber kann auch geschlossen werden, dass 1448 die Zahl der Mönche im Stammkloster wiederum bei zwölf Priestern gelegen sein muss[40]. Disziplin, Spiritualität und Pflege der Wissenschaft müssen intakt gewesen sein.

Nur weniges ist aus der Regierungszeit Abt Wolfgangs (1451–1466) überliefert. Im April 1459 bestätigte Erzherzog Albrecht VI. die Salzstiftung Herzog Albrechts III. Zu den wichtigsten Belegen für die Besitzgeschichte Altenburgs zählt die Bestätigungsurkunde aller Besitzungen, Freiheiten, Rechte und Privilegien des Stiftes durch Kaiser Friedrich III. aus dem Jahre 1460[41]. Als erste Quelle für den Nachweis über das Ausmaß des mittelalterlichen Grundbesitzes des Stiftes und seine Einkünfte ist allerdings das 1453 angelegte Michaeli-Grundbuch zu nennen[42].

Ob im Zusammenhang mit der Melker Reform Abt Wolfgang abgesetzt wurde oder ob er 1466 resignierte, ist ungewiss. Jedenfalls ergeben für das Kloster eine Sammelhandschrift mit Benediktinerregel und Nekrolog (AB 6 C 5) von 1411, die *Caeremoniae regularis observantiae* (AB 13 A 10) von 1407[43] und ein Brevier von 1480 (AB 13 F 21) sowie eine Anzahl weiterer Papierhandschriften das Bild einer intakten Klosterschule und eines wohl betreuten Skriptoriums – vor und nach dem Hussitensturm und zur Zeit der Wirksamkeit der Melker Reformbestrebungen mit ihrem Bemühen um spirituelle Vertiefung. Die Bibliothek, wenn auch klein, war mit wichtigen philosophischen und theologischen Werken ausgestattet, einzelne Mönche widmeten sich der Wissenschaft und waren juristisch gebildet.

Zur Zeit der Wahl des Abtes Stephan Vetz (1466–1485) war die Zahl der Kapitulare wiederum auf 13 angewachsen. Doch schon ein Jahr nach seiner Erhebung zum Abt brach eine neuerliche Katastrophe über Altenburg herein, die in den Zwettler Annalen geschildert wird[44]. Viktorin von Böhmen, ein Sohn des böhmischen Königs Georg von Podiebrad, des „Hussitenkönigs," drang nach Niederösterreich ein und zerstörte Altenburg neuerdings. In der Folge schlugen sich Raubritter und Adelige zum Teil auf die Seite Georg Podiebrads und erpressten von Klöstern und glaubenstreu gebliebenen Adeligen große Summen, so dass Altenburg zwischen 1474 und 1484 immer wieder in arge Bedrängnis geriet[45]. Abt Stephan erfuhr im Grunde während seiner gesamten Regierungszeit nichts als Gräuel, Wirren und Verwüstungen.

Nur kurz regierten die Äbte Paulus Khren und Laurentius; der eine ist 1485 und 1492 urkundlich nachgewiesen, der andere 1494 und 1496.

Den Zwettler Annalen sowie der Altenburger Manuskriptgeschichte von 1780 zufolge hat die Kirche von Altenburg 1493 abermals durch eine Feuersbrunst großen Schaden erlitten. Schon am 14. August 1494 erfolgte jedoch die Rekonziliation eines Teiles der Stiftskirche durch Weihbischof Nikolaus von Passau, der auch vier Altäre weihte, das Kirchweihfest auf den Sonntag Jubilate verlegte und zur finanziellen Verbesserung des Stiftes dessen Wohltätern einen Ablass erteilte[46].

Abt Laurentius starb 1502, ihm folgte Johannes Premb, der bereits 1511 wegen Altersschwäche resignierte und 1517 in St. Marein starb. Im Archiv des Stiftes Altenburg ist von 1500 ein Ablassbrief für die Pfarrkirche in Strögen erhalten, aus dem Jahre 1501 ein weiterer für jene, die sich gegen die Türken hilfreich einsetzen[47].

Dank der großen Bemühungen von Abt Andreas (1511–1519), der auch „der Altenburger" genannt wird, erhielt das Stift Altenburg am 28. November 1516 von Papst Leo X. große Freiheiten, die Äbte das Recht zum Tragen der Pontifikalien sowie die Vollmacht zum Erteilen verschiedener Weihen[48]. Auch das älteste Stiftswappen dürfte auf Abt Andreas zurückgehen.

Unter Abt Gallus Hornanus (1519–1552), der von seinen 13 Mitbrüdern einstimmig gewählt worden war, wurde das Kloster besonders harten Opfern für den Kampf gegen die immer weiter vordringenden Türken unterworfen. Altenburg hatte enorme Kriegsbeiträge zu zahlen, musste dazu noch gerüstete Fußsoldaten und Pferde stellen, dem Landesfürsten Darlehen geben (die nie zurückbezahlt wurden) und schließlich einer Verordnung vom 19. Februar 1527 zufolge alle Kleinodien mit Ausnahme der Messkelche abliefern, die jedoch 1532 für die Finanzierung der Befestigung Wiens ebenfalls eingezogen wurden. Die Härte der Situation konnten auch die nur auf dem Papier wirksamen Bestätigungen Erzherzog Ferdinands von 1522 nicht verbessern. Es handelte sich dabei um die Befreiung von Maut- und Zollabgaben für das „Gottesheilsalz" und die Bestätigung aller Besitzungen, Privilegien, Freiheiten und Rechte[49].

Dazu kam, dass sich zu dieser Zeit die Lehre Martin Luthers in Wien und Innerösterreich auszubreiten begann, und gerade auch im Waldviertel und hier in der unmittelbaren Umgebung von Altenburg besonders rasch Fuß fassen konnte. Die Herren der Puchheimer in Horn und Wildberg, die Grabner in Rosenburg, Teufel in Gars und Buchberg, Kuefstein in Greillenstein und die Schneckenreut in Breiteneich schlossen sich sehr bald der Reformation an, und zahlreiche ihrer Untertanen folgten ihnen. Sie verdrängten auf ihren Patronatspfarren die katholischen Priester, deren Ansehen mehr und mehr sank, und holten sich protestantische Theologen. Das Kloster befand sich in ständigem Kleinkrieg mit protestantischen Adeligen, aber auch mit aufständischen Bauern, was gegen die Jahrhundertmitte hin zu einem Abfall in wirtschaftlicher und kultureller Hinsicht führte. Die Regierung versuchte, die Übelstände in den Klöstern durch Visitationen unter Kontrolle zu halten, was offenbar gelang, denn in den Visitationsprotokollen von 1543/44 werden das ehrbare Leben und die gute Disziplin der Altenburger Konventualen hervorgehoben[50]. Auch Postulationen, wie die des P. Leopold Rueber 1543 nach Göttweig, wo er als Abt wirkte, und jene des Priors Placidus Schaffer nach Melk 1546, sind positive Zeugnisse für Altenburg[51].

Abt Gallus dürfte 1552 gestorben sein. Nach seinem Tod wird das Kloster als „ein Stainhauffen" bezeichnet. 1552 wurde Leopold Lasperger als Abt (bis 1575) investiert. Im Zuge einer Visitation im Jahre 1555 wurde dem Abt verboten, Güter oder Lehen des Klosters ohne kaiserliche Genehmigung zu verkaufen, zu verschenken oder zu vergeben[52]. Eine neuerliche Visitation von 1562 ergab, dass der Konvent zahlenmäßig sehr schwach war, der Gottesdienst nicht fleißig gehalten wurde, im Kloster Unfriede herrschte, die Klosterkirche baufällig und in die inkorporierten Pfarren das Luthertum eingedrungen war[53].

Abt Lasperger, dessen Schwäche und mangelndes Durchsetzungsvermögen immer heftigerer Kritik ausgesetzt waren, starb am 12. Juni 1575. Georg Striegel (1576–1583), Prior des Schottenklosters in Wien, folgte ihm, da sich in Altenburg kein für dieses Amt tauglicher Konventuale gefunden hatte. Aber auch Georg Striegel erlebte in Altenburg schlechte Zeiten, zumal die protestantischen Adeligen immer selbstherrlicher auftraten, bestärkt durch die von Kaiser Maximilian II. (1564–1576) gewährte freie Religionsausübung für den Adel. Zum anderen hatte er von seinen Vorgängern eine Schuldenlast von über 4.000 Gulden übernommen und musste Waisengeld, die Besoldung der Angestellten und die seit sechs Jahren nicht mehr geleisteten Kontributionen nachzahlen. Dazu kamen enorm hohe Summen, die das Stift dem Kaiserhaus geliehen beziehungsweise zu leihen hatte. Abt Georg Striegel wurde am 13. August 1583 nach Wien zurückgerufen und starb am 22. Februar 1608 als Abt des Schottenstiftes.

Ein wirklicher Umschwung und eine Wende zum Positiven zeichnete sich erst während der Regierungszeit von Abt Kaspar Hofmann (1583–1587) ab. In Mainfranken geboren, war er kurz vor 1570 in das Benediktinerkloster Melk eingetreten und wurde von dort bereits 1578 als Abt nach Kleinmariazell und 1583 mit Zustimmung Kaiser Rudolfs II. nach Altenburg postuliert[54]. 1587 wurde er in sein Mutterkloster zurückberufen, um auch dort mittels seiner Führungsqualitäten innere Konsolidierung und wirtschaftlichen Wiederaufbau zu ermöglichen[55]. Am 29. Februar 1585 ersuchte Abt Kaspar Erzherzog Ernst um die Zustimmung zur Aufnahme eines Darlehens für Altenburg in der Höhe von 500 Gulden, das er binnen zwei Jahren zurückzuzahlen versprach. Neben der Restaurierung der Klostergebäude ließ Abt Kaspar ein „Abtstöckl" mit einem festen Turm für die Bücher und Pretiosen errichten.

Nach Kaspar Hofmanns Rückkehr nach Melk wurde, wie es heißt, gegen den Willen der Altenburger Mönche, unter Einflussnahme von Melchior Khlesl, Andreas Pirch dem Stift als Abt vorgesetzt. Er war zu diesem Zeitpunkt Propst von Ardagger und bezeichnete sich als Hofkaplan Erzherzog Maximilians, des erwählten Königs von Polen. Andreas Pirch (1588–1596) galt in seinen Forderungen als hart, wenngleich er nicht ungerecht gewesen sein soll. Er starb nach langer Krankheit im Juni 1596, zu einer Zeit, als das Kloster ob der hohen Kriegstributszahlungen, der Forderungen nach Stellung wohlgerüsteter Männer und Pferde zum Kampf gegen den osmanischen Feind und großer innerer Schwierigkeiten in arge Bedrängnis geraten war. Zudem setzten die protestantischen Herren Puechheim von Horn, wie auch die gleichgesinnten Kuefsteiner, dem Kloster ständig zu. Zu alledem kam aber auch noch der seit März 1597 tobende große Bauernaufstand. In einer im Stiftsarchiv erhalten gebliebenen Schrift vom 12. März 1597 wird geschildert, wie 1000 Aufständische mit ihrem Hauptmann Martin Angerer in Altenburg und den umliegenden Dörfern lagen. Die neuen Fortifikationsanlagen des Stiftes Altenburg, mit deren Bau noch unter Abt Kaspar Hofmann begonnen worden war, verhinderten eine Einnahme des Klosters durch die Aufständischen, die schließlich nach vergeblichen Erpressungsversuchen um Brot, Wein und Rüstungen abziehen mussten. Weiters wird von einem anderen Oberhauptmann, Andreas Schrembser, berichtet, der Altenburg, Gars und Langenlois bedrängte[56]. Erzherzog Ernst entschied in Übereinkunft mit dem Klosterrat, dem Abt Kaspar Hofmann von Melk als Präsident vorstand, dass anstelle eines Abtes ein Administrator für Altenburg bestellt werden solle. Der Melker Prior Martin Schachenhuber wurde im Juni 1597 als solcher ernannt. Er war zusammen mit einem Mitbruder aus dem strengen Kloster Tegernsee nach Melk gekommen, um hier eine grundlegende Erneuerung des klösterlichen Lebens durchzuführen[57]. Schachenhuber verwaltete Altenburg durch drei Jahre bis zur Jahrhundertwende.

„Weil nun das Stift (Altenburg) wieder zu einer neuen Abtwahl schreiten durfte, so wurde zum 33. Abt Thomas Ziener, Profess des Stiftes Melk, postuliert, welcher eifrigst bemüht war, nicht nur das Stift wieder in Aufnahme zu bringen, und die klösterliche Disziplin wieder herzustellen,. . . die durch Zerstörungen, Überfälle und Luthertum nicht mehr gehalten werden konnte . . . sondern auch das durch feindliche Einfälle noch immer zum Teil verwüstete Stift in guten Baustand zu setzen suchte"[58].

Thomas Zienner (1600–1618) zählt zu den bedeutendsten Äbten Altenburgs. Zu seiner Charakterentwicklung und Persönlichkeitsstruktur mag seine Abstammung aus einer illegalen Verbindung eines „Presbyters" mit einer „Soluta" beigetragen haben. Aus Höhenberg bei Weitra stammend, fand er wahrscheinlich zur Regierungszeit von Abt Kaspar Hofmann in Altenburg Aufnahme und ging dann mit dem Abt nach Melk. Er inskribierte aber an der Universität Wien 1591 als Thomas Zeiner „ex Altenburg". Für ihn und seine beiden Brüder, die ebenfalls den geistlichen Beruf erwählt hatten, scheinen die Wege mühevoll gewesen zu sein, aus Rom jene Absolutionsurkunde zu erhalten, die sie Kindern aus einer legitimen Ehe gleichsetzte und ihnen bürgerliche Ehren und Rechte garantierte[59].

Die Investitur Thomas Zienners zum Abt von Altenburg erfolgte am 3. Oktober 1600 mit der Übergabe des Kircheninventars. Kaiser Rudolph II. erhob mit Diplom vom 24. April 1602 Thomas Zienner und seine Brüder in den Ritterstand für das Reich und die Erblande, gab ihnen die Lehenbesitzfähigkeit und besserte ihr Wappen auf. 1603 war Thomas Zienner zum „Commissarius bellicus," zum Kriegskommissar des Waldviertels, ernannt worden, ausgestattet mit dem Recht, Beiträge einzelner Häuser für Kriegsereignisse einzuheben. Es war dies ein mitunter mit großen Schwierigkeiten verbundenes Amt.

Kardinal Franz von Dietrichstein, der große Vorkämpfer der gegenreformatorischen Bewegung in Böhmen und Mähren, kaisertreu und dem Haus Habsburg zur Zeit des „Bruderzwistes" eng verbunden, ernannte Thomas Zienner im Jahre 1611, als er im Auftrag von Papst Paul II. der Hochzeit von König Mathias mit Anna von Tirol beiwohnte, zum „Protonotarius Apostolicus Lateranensis Aulae Sacrique Palatii Comes„[60]. In der folgenden Zeit wurde der Abt mehrfach vom Hause Habsburg mit Kommissionen betraut, die zumeist erfolgreich abgeschlossen werden konnten. Vor allem aber gelang es ihm, noch im Jahre 1609 mit dem protestantischen Hans Jakob Khuefsteiner, Freiherr auf Greillenstein, Frieden zu schließen, einen ähnlichen Vergleich mit den Puechheimern von Horn und Wildberg herzustellen und den Besitz des Klosters allmählich wieder zu vergrößern[61].

Dazu wurde Abt Thomas in der päpstlichen Legitimationsurkunde von 1609 bestätigt, dass die monastische Disziplin im Kloster wiederhergestellt sei, mehr Mönche im Kloster seien und er beim Wiederaufbau bedacht gehandelt hätte, das Kloster gegen unerwünschte Einnahmen durch die Häretiker zu schützen.

Über die Bautätigkeit von Thomas Zienner berichtet die Aufschrift auf dem verlorenen Porträt der Äbtebilderreihe Nr. 32 unter anderem, dass er die Mauern des Klosters befestigt hätte. Dieses Unternehmen konnte aber nicht verhindern, dass im Jahr nach seinem Tode (10. Juni 1618) die protestantischen „Horner Stände" unter der Führung des Reichhart (Hartnid) von Puechheim das Kloster einnahmen. Von 1619 bis 1620 war Altenburg fast ständig von protestantischen Truppen unter dem Kommando des Obristen Hans Sebastian Spet besetzt. Getreide, Wein, Vieh, Waffen und Rüstungen wurden geraubt. Die räuberischen protestantischen Rebellen waren meist Adelige, darunter Hans Jakob von Khuefstain, Georg Andre von Hofkirchen, Reichart und Dietrich von Puechaimb – Honorius Burger zählt alle ihre Namen auf, ebenso wie er genau festhält, was alles gestohlen wurde. Hans Albrecht von Ardtstetten und Obrist Stetten entwendeten am 22. April desselben Jahres 1 silberne Monstranz, 7 silberne Kelche, 1 ganzen Ornat, 1 Inful aus Gold, 1 Stab mit Silber beschlagen und noch viel mehr[62].

Abt Jonas Anser (1618–1622), postuliert aus Stift Melk, floh nach Wien, die Konventualen suchten in anderen Klöstern Zuflucht. Unersetzliche Werte gingen dem Kloster durch Plünderungen – vor allem durch Hans Jakob von Kuefstein und Oberstleutnant Hans Albrecht von Ardtstetten – verloren. Die adeligen Rebellen wurden am 16. September 1620 vom Kaiser proskribiert und ihres Vermögens für verlustig erklärt, Reichhart (Hartnid) von Puechheim in Krumau eingekerkert und später hingerichtet [63].

Am 21. Februar 1621 zelebrierte Abt Jonas in Horn nach fast 100-jähriger Unterbrechung wieder eine katholische Messe. Er versuchte auch die Pfarre dem Stift zu inkorporieren, was aber nicht gelang. Am 11. März bereits starb der Abt in Wien mit dem Wunsche, dass sein Leichnam nach Altenburg überführt werde.

Der damalige Prior von Altenburg, Georg Placidus Federer (1622–1635), wurde zum neuen Abt erwählt. Der „Actus Infulationis," dem nur wenige Gäste beiwohnten, verschob sich allerdings bis zum Fastensonntag des Jahres 1624. Abt Placidus Federer besaß eine ausgeprägte soziale Gesinnung; er war um das Schicksal seiner Untertanen besorgt, die durch die Kriegsunbilden schweren Schaden erlitten hatten. Ohne die Brandschäden einzubeziehen, errechnete der Abt insgesamt eine Schadenssumme von 69.390 fl. 145 Häuser waren verbrannt worden, aber auch die Besitzer der 307 noch bestehenden Häuser hatten zu kämpfen, so dass ihnen der Abt von ihrer normalen Abgabe an Weizen, Korn und Hafer an das Stift meist die Hälfte nachließ[64]. Dies geschah vor allem in Hinblick darauf, dass die Untertanen weiterhin Lebensmittel an das Kriegsvolk abzuliefern hatten, nur waren es nunmehr nach der Eroberung der Stadt und des Schlosses Horn am 8. August 1622 kaiserliche Truppen, die in und um Horn einquartiert waren. Ohne Rücksicht darauf verlangten die Landschaftsverordneten von Altenburg einen Beitrag von 700 fl für ein Geschenk an Kardinal Khlesl, das sich insgesamt auf 25.000 fl belief. Gleichzeitig „lieh" der „Prälatenstand" dem Kaiser 30.000 fl, wozu der Abt 874 fl beitragen musste.

Schließlich richtete der Abt am 26. Jänner 1633 an Kaiser Ferdinand II. ein Gesuch, in dem er ausführte, dass er das Kloster bei seinem Amtsantritt mit einem Schuldenstand von 17.000 fl übernommen habe. Müsse er die unerschwinglichen Kriegskontributionen und Landanlagen noch länger zahlen, wäre er nicht mehr in der Lage, seinen Konvent weiter zu unterhalten. Seine Untertanen wären gezwungen, Haus und Hof zu verlassen. Er verweist darauf, dass das Stift über neun Schuldobligationen von geleisteten Darlehen an die Kaiser Ferdinand I., Maximilian II. und Matthias verfüge, die insgesamt 17.066 fl betrügen, und ersucht, die Summe nach und nach den schuldigen Landanlagen gutzuschreiben. Die kaiserliche Hofkammer beantwortet das Bittschreiben kühl und teilt mit, dass der gesamte Prälatenstand Kaiser Matthias im Jahre 1613 die Schulden nachgesehen und die Obligationen zurückzugeben versprochen habe. Man erwarte daher, dass der Abt seine Originalobligationen der kaiserlichen Hofkammer einsende und in Hinkunft den Kaiser mit seinen Prätentionen verschone[65].

Nach längerem Leiden starb Abt Georg Federer am 3. September 1635. Aus dem hinterlassenen Sakristei-Inventar geht hervor, dass er es an Zahl und Qualität zu vermehren und zu verbessern wusste, was unter anderem auch die erhaltene Kreuzuhr in der Schatzkammer der Prälatur erweist. Allerdings hinterließ er einen Schuldensstand von 9.320 fl, denen nur 1.500 fl Aktiva gegenüberstanden[66].

Zacharias Frey (1635–1648), seiner Herkunft nach ein Altenburger, wurde zum neuen Abt erwählt. Er war zumindest seit 1624 Prior des Stiftes gewesen und hatte durch elf Jahre die Seelsorge in Strögen versehen. Als eifriger und durchaus im Leben stehender Mann verstand er es gut, in Streitfällen zu vermitteln und Gegner zu versöhnen, was ihm auch Kommissionen im Auftrag des Kaisers eintrug. Doch schon 1643 verlangte Kaiser Ferdinand III. neuerdings vom Prälatenstand ein hohes Darlehen „in Erwägung der eigenen Necessität". Falls die Prälaten das Geld nicht haben sollten, mögen sie Kredit aufnehmen oder Klostergüter verpfänden[67]. Der Prälatenstand gab vorerst 80.000 fl, auf Altenburg entfielen 1.552 fl.

Im Jahre 1645 brach die nächste Katastrophe für Stift Altenburg herein. In der Schlussphase des Dreißigjährigen Krieges kamen die Schweden auch nach Altenburg (Abb. 6). Die Manuskriptgeschichte berichtet, wie sie sich unter ihrem General Linnard Torstenson in Horn niederließen und von dort aus die Umgebung plünderten und brandschatzten. Die Schweden verlangten tägliche und wöchentliche Kontributionen nach Horn sowie monatlich 100 Taler Brandschatzung. Abt Zacharias Frey fand in Melk und Wien Zuflucht, der Prior Mathias Hofmann floh nach Göttweig und hatte den Auftrag, all jene Wertsachen zu betreuen, die unmittelbar vor der Schwedeninvasion von Altenburg in das Dominikanerkloster in Krems gebracht worden waren. Am 23. Juni 1645 schreibt er dem Abt, die Schweden würden dort Schanzen errichten. Im Dominikanerkloster hätten sie alles „verpetschiert," die Patres würden gerne die Stadt verlassen, würden aber zurückgehalten. In Altenburg selbst ging der Einfall der Schweden so rasch vor sich, dass ihnen alles, was in Schüttkasten und Keller aufbewahrt worden war, in die Hände fiel. Das Kloster wurde zerstört.

Der Manuskriptgeschichte zufolge verfiel der Abt nach seiner Rückkehr nach Altenburg in große Schwermut und starb am 11. März 1648 an einem Schlaganfall[68]. Zu dieser Zeit gehörten dem Stift nur neun Konventualen und ein Novize an.

Altenburg brauchte, nach Ansicht der Kommissäre, als Abt nunmehr einen im geistlichen und weltlichen Leben, in Wandel und Doktrin wie auch in Wirtschaftssachen erfahrenen Mann. Neuerdings wurde ein Melker Profess postuliert und Benedikt Leiss (1648–1658) zum neuen Abt erkoren (Abb. 7). Laut Inventar übernahm er von seinem Vorgänger 85 fl Bargeld und 11.562 fl Schulden. Zweifelsohne war Benedikt Leiss in hohem Maße von den Reformideen Abt Kaspar Hofmanns ge-

Abb. 6:
„Via Omnis Carne“, Stiftskirche, Veitskapelle und Friedhof (Rotelbuch AB 7 D 30).
Foto: Stiftsarchiv.

Abb. 7:
Portät des Abtes Benedikt Leiss aus dem 17. Jahrhundert.
Foto: Stiftsarchiv.

prägt. So ist es nicht erstaunlich, dass während seiner Amtszeit Altenburg wiederum zu einem wahrhaften Kloster wurde, geprägt vom Gedankengut der so genannten „2. Melker Reform“, wodurch vorreformatorische Traditionen neu auflebten. Die Zahl der Kapitularen stieg während seiner zehnjährigen Regierung von 9 auf 34 Mitbrüder.

Die katastrophale wirtschaftliche Lage des Klosters überblickte er rasch und vermochte sie ebenso rasch und effizient zu verbessern. Die Bemühungen des Abtes unterstützte vor allem sein aus Melk mitgebrachter Mitbruder Pater Leopold Scriba, den er als Prior einsetzte und ihm damit die Leitung des Klosters anvertraute, während er selbst als Kommissar der Gegenreformation bestrebt war, gegen letzte lutheranische Bewegungen im Waldviertel entschieden aufzutreten. Dazu gehörte auch die Wiederherstellung der Stiftsgebäude als „Hochburg“ gegen den Protestantismus, als repräsentatives Zentrum der Gegenreformation. Die durch Blitzschlag am 12. August 1650 abgebrannte Kirche musste neu errichtet werden; ein neuerliches Unwetter und Blitzschlag vernichteten aber schon am 3. Mai 1652 Kirchenturm und Kirchendachstuhl abermals.

Grundlegend für die weitere bauliche Entwicklung und Gestaltung des Stiftes war der Entschluss des Abtes, die alten Klostergebäude ganz aufzugeben. Den Neubau eines großen Konventgebäudes konnte er noch beginnen, ehe er am 2. August 1658 nach einem Schlaganfall verstarb[69].

---

[1] H. Burger, Urkunden der Benedictiner-Abtei zum Heiligen Lambert in Altenburg, NÖ, vom Jahre 1144 bis 1522 (FRA 2/21), Wien 1865, 1 Nr. I. – 1000 Jahre Babenberger. NÖ. Jubiläumsausstellung im Stift Lilienfeld, bearb. von E. Zöllner, Wien 1976, 284, Nr. 338. – Abb. in: K. Lechner, Geschichte der Besiedlung und ältesten Herrschaftsverteilung, Heimatbuch des Bezirkes Horn 1, Horn 1933, 267. – FRA 2/21, 336 Nr. 417. – Visitationsprotokoll 1543/44, fol. 329, Staatsarchiv Wien (Cod. weiß 720): Auf die Frage nach der Gründungsurkunde antwortet Abt Gallus den Visitatoren, diese sei im Hussitenkrieg verbrannt, zusammen mit vielen anderen wichtigen Urkunden und Schutzbriefen des Landesfürsten. – Vgl. G. Schweighofer, Stift Altenburg und seine Kunstschätze, 1981, 94, Anm. 1. – G. Egger und H. Egger, Schatzkammer in der Prälatur des Stiftes Altenburg, Schriften der Bibliothek des Österr. Museums für angewandte Kunst 19, Wien 1979, 18, Nr. 18. – B. Wagner, Die Stiftungsurkunde des Klosters Altenburg, in: R. Andraschek-Holzer (Hrg.), Benediktinerstift Altenburg 1144–1994 (= 35. Ergänzungsband der Studien und Mitteilungen des Benediktinerordens und seiner Zweige, St. Ottilien 1994), 9–50.

B. Wagner widerlegt die Meinung, es habe eine frühere Urkunde gegeben, die verbrannt wäre.

[2] Ein wohl aus dem 17. Jahrhundert stammendes Stifterbild ist während der Russenbesatzung 1945/46 verschwunden. Abbildung in: A. Grenser, Die Wappen der Äbte von Altenburg, Jahrbuch der k.k. heraldischen Gesellschaft Adler, N. F. 25, 1891, 1–20, Taf. I.

[3] K. Lechner, Die Babenberger. Markgrafen und Herzöge von Österreich 976–1246, Wien-Köln-Graz 1976, 95, 160–161, 162 und 208–210.

[4] H. Burger, Geschichtliche Darstellung der Gründung und Schicksale des Benediktinerstiftes St. Lambert zu Altenburg in Niederösterreich, dessen Pfarren, Besitzungen und mehrerer hiesige Gegend betreffende Ereignisse, Wien 1862, 5; Necrologium 1411 „fundatrix huius monasterii de Rebegaw“ (4. Dezember). Bis heute wird am 4. Dezember der Hildburgstiftung gedacht. M. Vansca, Geschichte Nieder- und Ober-

österreichs 1, Stuttgart 1905, 305–312. – Nach H. Burger, Geschichtliche Darstellung 1862, 7, soll Hildburg neben ihrem Sohn Hermann noch zehn Töchter hinterlassen haben, deren Namen Burger aufzählt. Die in der Barockzeit entstandenen Bildnisse der Töchter sind zur Zeit der Russenbesatzung 1946 verloren gegangen.

[5] K. Lechner, wie Anm. 3, 162 sowie 208–209. – Urkunden im Staatsarchiv (Kasten I, Nr. 2, 3). – FRA 2/21, 4, Nr. 3; 5, Nr. 4. – MGH. N 5, 1913, 339–340. – Nach P. Gregor Schweighofer ist kaum anzunehmen, dass die an Vogteirechten über Klöster höchst interessierten Babenberger die Vogtei über Altenburg den Hohenburgern auf Wildberg überlassen hätten. Es wäre jedoch möglich, dass die Hohenburger als „Untervögte" eingesetzt wurden, wie etwa später die Grafen von Maissau. Vgl. dazu auch K. Lechner, wie Anm. 1, 263. – K. Lechner, Grafschaft, Mark, Herzogtum, Jahrbuch für Landeskunde und Heimatschutz von NÖ und Wien, N. F. 20/1, 1926/27, 35, Anm. 143.

[6] G. Tellenbach, Die bischöflich passauischen Eigenklöster und ihre Vogteien (HS 173), Berlin 1928, 105. – K. Lechner, wie Anm. 3, 268–269, 406, Anm. 68 und 69.

[7] Urkundenbuch Babenberger 2, 1955, 319, Nr 453. – FRA 2/21, 10, Nr. 9: „. . . ad recompensanda dampna et dispendia multimoda . . ." Unter den Zeugen der Urkunde ist auch Otto von Maissau, der wohl ebenso wie die übrigen aufgezählten Adeligen der Witwe nahe gelegt hatten, das Kloster schadlos zu halten. Kirche und Kloster dürften weitreichend zerstört gewesen sein. Wahrscheinlich war auch der Verlust des alten Archivbestandes damit verbunden: G. Schweighofer, wie Anm. 1, 1981, 11.

[8] FRA 2/21, 15, Nr 16 – G. Schweighofer, Gründung und Geschichte des Stiftes Altenburg, ungekürzter Beitrag zu „Stift Altenburg und seine Kunstschätze", unveröffentlichtes Manuskript, Altenburg 1980, 23–24.

[9] FRA 2/21, 20, Nr 21 und 22. – H. Burger, wie Anm. 4, 15–19. – G. Schweighofer, wie Anm. 1, 11–12.

[10] FRA 2/21, 13, Nr. 13.

[11] FRA 2/21, 20, Nr. 21 und 22; 13, Nr. 13.

[12] FRA 2/21, 18, Nr. 20; 14, Nr. 15.

[13] M. Vancsa, wie Anm. 4, 564. – E. Zöllner, Geschichte Österreichs, Wien 1990[8], 113.

[14] FRA 2/21, 24, Nr. 26: Stephan von Meissau beurkundet den Verkauf eines Hofes in Waiden an das Stift Altenburg 1282 „nos Stephanus de Myssawe, marschallus Austrie. . .". Dazu: I. Pölzl , Herren von Meissau, Blätter des Vereines für Landeskunde von NÖ, N. F. 14, 1880, 12–13.

[15] FRA 2/21, 31, Nr. 31; 37, Nr. 37; 27, Nr. 28; 32, Nr. 32; 33, Nr. 33; 36, Nr. 35.

[16] G. Schweighofer G, wie Anm. 1, 12.

[17] FRA 2/21, 44, Nr. 49; 51, Nr. 50 und folgende. – G. Schweighofer, wie Anm. 8, 1980, 12–13.

[18] FRA 2/21, 84, Nr. 77.

[19] FRA 2/21, 96, Nr. 86.

[20] FRA 2/21, 97, Nr. 87.

[21] G. Schweighofer, wie Anm. 1, 13–14.

[22] FRA 2/21, 51, Nr. 50; 54, Nr. 52; 55, Nr. 53; 56, Nr. 54; 57, Nr. 55.

[23] FRA 2/21, 227, Nr. 232; 228, Nr. 233; 229, Nr. 234; 270, Nr. 301.

[24] G. Egger und H. Egger, wie Anm. 1, 38–40, Nr. 87 und 88.

[25] FRA 2/21, 29, Nr. 353; 20, Nr. 21; 51, Nr. 50; 140, Nr. 128; 144, Nr. 132; 145, Nr. 133.

[26] FRA 2/21, 174, Nr. 170.

[27] Das Formelbuch K. Albrechts I. (ed. von J. Chmel, Archiv für Kunde österreichischer Geschichts-Quellen 2, 1849/1, 211–307, hier 306). – G. Schweighofer, wie Anm. 8, 17.

[28] FRA 2/21, 270, Nr. 301, 10. Juni 1381, Rom. – 261, Nr. 288, 3. Jänner 1374, Wien. – 278, Nr. 316, 1392, Wien. – 260, Nr. 284, 5. Dezember 1372, Wien.

[29] FRA 2/21, 274, Nr. 306, 23. November 1384, Wien.

[30] FRA 2/21, 275, Nr. 308.

[31] FRA 2/21, 288, Nr. 338: Andreas Chrumicher, Pfarrer zu Zwettl, gibt dem Stift Altenburg all sein Kaufgut zu Kritzendorf.

[32] FRA 2/21, 275, Nr. 309; 276, Nr. 310.

[33] Die Hussitenchronik „Dampna Monasterii Altenburgensis", um 1430, ist ediert in H. Burger, wie Anm. 4, 32–34. – G. Egger und H. Egger, wie Anm. 1, Nr. 24. – A. Groiß, Altenburg im Jahrhundert der Katastrophen – hussitische Plünderungen und Melker Reformideen, in: R. Andraschek-Holzer (Hrg.), Benediktinerstift Altenburg 1144–1994, Studien und Mitteilungen des Benediktinerordens, 35. Ergänzungsband, St. Ottilien 1994, 157–180.

[34] FRA 2/21, 308, Nr. 364.

[35] Vgl. Hussitenchronik, wie Anm. 33.

[36] A. Fuchs, Urkunden und Regesten zur Geschichte des Benedictinerstiftes Göttweig, 2. Teil, 1401–1468 (FRA D 52), Wien 1901, 217, Nr. 1145; 241, Nr. 1165.

[37] FRA 2/21, 336, Nr. 417: Kaiser Friedrich III. bestätigt dem Stift Altenburg alle Besitzungen, Privilegien, Freiheiten und Rechte.

[38] FRA 2/21, 310, Nr. 367.

[39] FRA 2/21, 313, Nr. 372.

[40] FRA 2/21, 321, Nr. 394; 323, Nr. 396. – G. Schweighofer, wie Anm. 8, 20.

[41] FRA 2/21, 335, Nr. 415; 336, Nr. 417.

[42] Michaeli-Grundbuch 1453, heute im niederösterr. Landesarchiv, Nr. 549.

[43] Diese aus Subiaco stammende, über Melk nach Altenburg gekommene so wichtige Handschrift ist ediert von J. Angerer, Caeremoniae regularis observantiae sanctissimi patris nostri Benedicti ex ipsius regula sumptae, secundum quod in sacris locis, scilicet Specu et monasterio Sublacensi practicantur (CCM XI, 1), Siegburg 1985 (Beschreibung der Handschrift XX-XXVI). Vgl. A. Groiß, Spätmittelalterliche Lebensformen der Benediktiner von der Melker Observanz vor dem Hintergrund ihrer Bräuche. Ein darstellender Kommentar zum Caeremoniale Mellicense des Jahres 1460, Beiträge zur Geschichte des Alten Mönchtums und des Benediktinertums, Band 46, Aschendorff 1999.

[44] B. Linck, Annales Austrio-Claravallenses seu fundationis Monasterii Clarae-Valli Austriae, vulgo Zwettl 1–2, Wien 1723–1725, hier 2, 226f. (= Zwettler Annalen). – H. Burger, wie Anm. 4, 54.

[45] B. Linck, Annales 2, 1725, 240, 241, 259. – H. Burger, wie Anm. 4, 55–56.

[46] FRA 2/21, 358, Nr. 450. – H. Burger, wie Anm. 4, 59–60.

[47] FRA 2/21, 362, Nr. 454; 363, Nr. 455. – H. Burger, wie Anm. 4, 60.

[48] FRA 2/21, 369, Nr. 465.

[49] FRA 2/21, 372, Nr. 471; 373, Nr. 472. – H. Burger, wie Anm. 4, 66–67. – G. Schweighofer, wie Anm. 1, 21, mit Quellenangaben.

[50] G. Schweighofer, wie Anm. 1, 22. – Die Berichte im Codex weiß, Nr. 720, Staatsarchiv Wien, 329–330, 387–388. – Zur Geschichte des Stiftes Altenburg in der Reformationsepoche: G. Reingrabner, Kloster ohne Konvent, in: Benediktinerstift Altenburg 1144–1994, Studien und Mitteilungen des Benediktinerordens, 35. Ergänzungsband, St. Ottilien 1994, 235–255.

[51] G. Schweighofer, wie Anm. 1.

[52] H. Burger, Zusätze und Verbesserungen zur geschichtichen Darstellung, Horn 1868, 9.

[53] G. Schweighofer, wie Anm. 1, 22, unter Berufung auf T. Wiedemann, Geschichte der Reformation und Gegenreformation im Lande unter der Enns 1, Prag-Leipzig 1879, 171, und 2, 1880, 547.

[54] Th. Aigner, Mariazell in Österreich. Eine Klostergemeinschaft zwischen Reformation und Aufklärung, Beiträge zur Kirchengeschichte Niederösterreichs Band 2. Geschichtliche Beilagen zum St. Pöltner Diözesanblatt 19, St. Pölten 1998, 126–133.

[55] G. Flossmann und W. Hilger, Stift Melk und seine Kunstschätze, St. Pölten-Wien, 19853, 22.

[56] H. Burger, wie Anm. 4, 70, unter Berufung auf ein Memorial im Stiftsarchiv Altenburg vom 12. 3. 1597.

[57] H. Burger, wie Anm. 4, 66. – G. Schweighofer, wie Anm. 1, 24. – G. Flossmann und W. Hilger, wie Anm. 55, 23.

[58] H. Burger, wie Anm. 4, 71.

[59] Stiftsarchiv Altenburg, Urkunde I/500–503.

[60] Stiftsarchiv Altenburg, Urkunde I/505 und 506. – A. Grenser, wie Anm. 2, 11–12. – G. Schweighofer, wie Anm. 1, 24. – Die Texte auf den Äbtebildern, die größtenteils 1940–1946 verloren gingen, wurden von Abt Ambros Minarz (1923–1940) aufgeschrieben. Vgl. auch B. Naber, Inventarverluste des Stiftes Altenburg, Studien und Mitteilungen des Benediktinerordens, 35. Ergänzungsband, St. Ottilien 1994, 433–441.

[61] Stiftsarchiv Altenburg, Urkunden I/525, 531, 696 sowie 528 und 529. G. Schweighofer, wie Anm. 1, 24.

[62] H. Burger, wie Anm. 4, 76–78.

[63] H. Burger, wie Anm. 4, 76–77, mit genauer Auflistung der dem Stift Altenburg geraubten Güter.

[64] Stiftsarchiv Altenburg, Urkunde I/537. – G. Schweighofer, wie Anm. 1, 25–26.

[65] G. Schweighofer, wie Anm. 1, 26.

[66] H. Burger, wie Anm. 4, 82. – G. Egger und H. Egger, wie Anm. 1, Nr. 48. – G. Schweighofer, wie Anm. 1, 26.

[67] Stiftsarchiv Altenburg, Urkunde I/555 (9. April 1643, Wien).

[68] Manuskriptgeschichte 5. – G. Schweighofer, wie Anm. 1, 26–27.

[69] H. Burger, wie Anm. 4, 89.

Klosterleben im Mittelalter anhand der Melker Hausstatuten von 1451

Albert G r o i ß OSB

Vorbemerkungen

Beim Betreten eines Kreuzganges wird das Alltagsleben eines mittelalterlichen Mönches am leichtesten erahnbar. Doch Wissen und Vermutungen, Idealvorstellungen und falsche Projektionen vermischen sich – „Klosterleben im Mittelalter" kann unmöglich in einem kurzen Katalogbeitrag dargestellt werden, da sich das „Mittelalter" vom 7. bis zum 15. Jahrhundert unserer Zeitrechung erstreckt und sich in dieser Zeitspanne gerade im benediktinischen Mönchsleben wesentliche und grundverschiedene Lebenshaltungen und -äußerungen entwickelten. Mönchisches Leben, basierend auf der „Regula Benedicti"[1], erwächst erst endgültig in der karolingischen Zeit (1. Hälfte des 9. Jahrhunderts) aus der so genannten Mischregelobservanz (in der die Mönche nach mehreren „Regeln" wie der Benediktsregel, der Kolumbanregel u. v. a. lebten), wird zur einzigen Form von „Ordensleben" in Europa, erlebt Hochblüten und Niedergänge, Reformzweige (Zisterzienser) und Konkurrenz (Mendikantenorden usf.), engagiert sich in kirchlichen Reformen des 15. Jahrhunderts und kommt in der Reformationszeit fast zum Erliegen[2].

Klosterleben kann man nur punktuell beschreiben; klösterliche Lebenspraxis zeigt sich (bis heute), wenn man den Tagesablauf einer ganz bestimmten Gemeinschaft zu einer ganz bestimmten Zeit aufmerksam betrachtet.

Für unsere Darstellung des „Klosterlebens im Mittelalter" greifen wir daher auf ein relativ spätes Dokument des Mittelalters zurück, die Hausstatuten des Melker Priors und Visitators Johannes Schlitpacher aus dem Jahr 1451[3]. Bei diesem Text handelt es sich um einen um 1451 in Melk gelebten und von Johannes Schlitpacher während der Melker Klostervisitation vom 24. bis 29. Jänner 1451 erarbeiteten „Entwurf der bisher beobachteten Haus-Statuten"[4], die vom Kapitel in Melk den Visitatoren als Diskussionsgrundlage und Arbeitsgerüst zur Verfügung gestellt wurden[5]. Diese Hausstatuten sind nicht nur ein wesentliches Glied für die Erarbeitung eines eigenen Melker „Brauchtextes"[6], dem „Caeremoniale Mellicense"[7], das im gesamten österreichischen und süddeutschen Raum im Rahmen der Melker Reform in den Klöstern eingeführt wird und eine neue Lebenspraxis (Observanz) festlegt, sondern sie stellen in einigen Kapiteln auch das Alltagsleben eines Benediktiners im Spätmittelater beziehungsweise die Organisation einer benediktinischen Gemeinschaft, die sich der Melker Reform verpflichtet weiß, plastisch vor Augen.

Altenburg war natürlich nicht der wichtigste Proponent der Melker Reform[8] – eigentlich hat Altenburg in keiner Periode seiner über 850-jährigen ununterbrochenen Tradition eine Vorrangstellung eingenommen –, doch dass Altenburger Benediktiner sich mit den Reformgedanken der Melker, die eigentlich aus dem italienischen Subiaco übernommen wurden, auseinandersetzten, ist ein nicht mehr zu bezweifelnder Tatbestand[9]. Der erste Kontakt mit dem Sublacenser- beziehungsweise Melker Reformgut geht nicht erst auf die im Auftrag des österreichischen Landesherrn Albrecht V. 1418–1419 durchgeführte erste Visitationswelle zurück[10], sondern zeigt sich bereits vor 1400 in einem anonym verfassten Brief, in dem der Altenburger Mönch Johannes Leubs als Gewährsmann für die neue Lebenspraxis von Subiaco genannt wird[11]. Im Codex AB 13 A 10 des Altenburger Stiftsarchives (Abb. 1) liegt bis heute das wichtigste literarische Zeugnis für die Übertragung der Mönchsgewohnheiten von Subiaco aus dem ausgehenden 14. Jahrhundert in die von Melk beeinflussten Klöster in der 1. Hälfte des 15. Jahrhunderts vor[12].

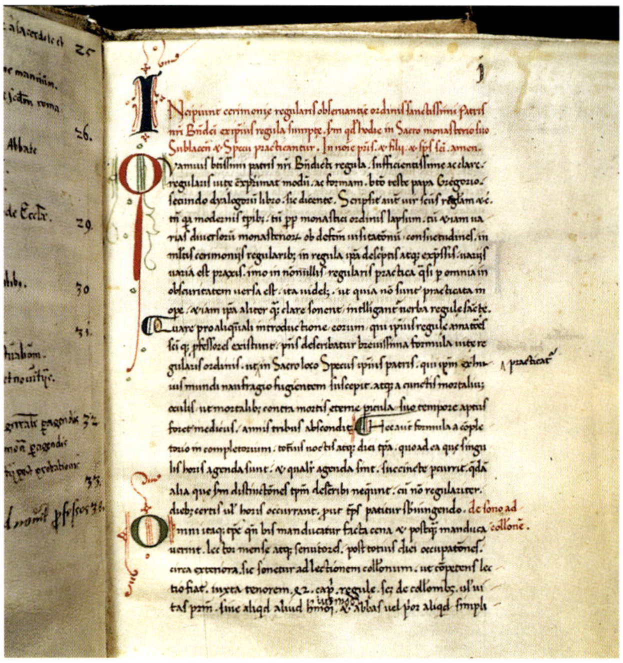

Abb. 1:
Handschrift Breviarium caeremoniarum monasterii Mellicensis aus Subiaco 1407.
Foto: A. Schumacher.

Die Tagesordnung nach den Hausstatuten Melks von 1451

Vor allem im Kapitel „De horis sive temporibus divinorum officiorum" (Über die Stunden und Zeiten der Gottesdienste) stellt der Melker Reformer Johannes Schlitpacher die Tagesordnung seines Klosters folgendermaßen auf[13]:

Die erste Uhrzeit bezieht sich auf die Hinweise über die Fastenzeit, die zweite auf die der Winterzeit. Fett gedruckt sind die kanonischen Horen, die die Benediktsregel vorsieht.

23.00 / 00.00	Nokturnen und Laudes
etwa 02.00	Schlaf
06.00 / 05.00	**Prim**
	Kapitel
	Privatmesse
08.00	**Terz**
	Konventmesse
	Sext und lectio regularis
	Non
11.00/10.00	Mittagessen
	Mittagspause
12.00	Persönliche Lesung
14.00/13.00	Handarbeit
15.30	**Vesper**
16.00	Abendessen
	Collatio
17.00	**Komplet**
17.30	Schweigen (Silentium) bis zum Kapitel des folgenden Tages
18.00	Schlaf

Kleine Umstellungen im Tagesprogramm sind abhängig von der jeweiligen Jahreszeit oder dem liturgischen Kalender (österliche Bußzeit, kirchliche Fasttage). So folgt in der Fastenzeit auf die Terz (08.00 Uhr) das Kapitel, Sext, Konventmesse, Non und Mittagessen; ebenso gibt es für die Lesung je eine Stunde Zeit entweder nach der Non, nach der Sext oder zwischen Terz und Sext, manchmal sogar zwischen 15.00 und 16.00 Uhr[14]. Die wöchentliche beziehungsweise bloß vierzehntägige persönliche Beichte kann man in der Nacht zwischen Nokturnen und Laudes, zwischen der Laudes und der Prim oder zwischen dem Kapitel und der Konventmesse beim Abt oder einem Beichtvater ablegen[15].

Dieser Stundenplan („horologium") orientierte sich an den Gebräuchen in Subiaco; die beiden Klöster S. Specus und das monasterium Sublacense standen nach Meinung der Melker Reformer an der Quelle des Benediktinertums, sie wären Muster und Vorbild für alle Benediktinerklöster, die direkt oder zumindest indirekt von dort abstammten[16].

Die geistlichen Grundpfeiler: Gebet – Lesung – Arbeit

Im Rahmen der Melker Reform bemühte man sich um ein ausgeglichenes Maß zwischen den drei Grundpfeilern des Mönchtums: Gebet, Lesung und Arbeit.

Auch wenn im Spätmittelalter im Zusammenhang mit der „devotio moderna" die Sehnsucht nach einem persönlichen Gebetsleben des Mönches erwächst, ist unter dem Gebet vor allem liturgisches Gebet zu verstehen. Die Rückkehr zu den kanonischen Horen des Tages (Prim, Terz, Sext, Non, Vesper und Komplet) und der nächtlichen Vigilfeier, wie man sie in der Benediktsregel[17] findet, ist Anliegen des Johannes Schlitpacher. Durch die im Laufe des Hochmittelalters angewachsenen Zusatzoffizien – um 1080 betete man in Cluny 215 Psalmen pro Tag anstatt der von Benedikt vorgesehenen 37 Psalmen[18] – war die Handarbeit oder ein ausreichendes Studium in den Klöstern nicht mehr möglich. Die Zusatzoffizien (wie das tägliche Marienoffizium, Totenoffizium, Benediktsoffizium, Allerheiligenoffizium, Gradualpsalmen, Dreiergebet, Familiarpsalmen, Litaneien und vieles mehr)[19] wurden in Subiaco und in Melk wesentlich gestrafft oder der persönlichen Gebetszeit anheim gestellt, ganz im Sinne eines Melker Visitators in der Abtei Göttweig: „Ein kurzes Gebet durchdringt eher den Himmel . . ., weil es mit einem frommen Anliegen des Herzens Gott wohlgefälliger sein dürfte als hundert Vigilien ohne entsprechendes Leben"[20]. Die Feier des Gottesdienstes sollte sich in den spätmittelalterlichen Klöstern an der Benediktsregel und an den (im 13. Jahrhundert erarbeiteten) römischen Rubriken orientieren: „prout in regula beatissimi patris Benedicti continetur. . .atque secundum Rubriacam ecclesie romane"[21]. Die Messfeier nach dem „Ordo missae" Roms wurde als Konventmesse, also für die ganze Klostergemeinschaft, und als Privat- beziehungsweise Votivmesse des einzelnen Priestermönches gefeiert, wie man dem Tagesablauf entnehmen kann; im Hochmittelalter noch hatte es in den Klöstern mindestens zwei Konventmessen nebst den Privatmessen gegeben[22]. Abschließend sei noch dem Melker Martin von Senging das Wort übergeben, das er 1436 beim Konzil von Basel als sein Reformanliegen vorgebracht hat. Der Tagesablauf für die Mönche besteht ja nicht nur aus der Feier der Liturgie, sondern auch die regeltreuen Bräuche („regulares consuetudines") und die natürlichen Bedürfnisse fordern ihre Zeit. Das sind: „Das Kapitel, die ‚correctiones' in demselben, der Schlaf, das Essen, die Handarbeit, die persönliche Lesung auf der Zelle, die Fußwaschung am Samstag, die sakramentale Beichte, die Vorbereitung auf die Beichte, das Vorbereiten des Cantus und der Lesungen im Chor, das Bitten um das Nötige, das Abschreiben, manchmal das Waschen des Kopfes und die Rasur, die tägliche abendliche Collatio mit der langen Lesung, die tägliche Regelauslegung und hin und wieder das Hören von Ansprachen." Alle überflüssige Gebetslast möge daher weggelassen werden, da die Zeit während des Tages allzu kurz ist[23]!

Auf gemeinschaftiche Lesung („lectio regularis/communis") und persönliche Lesung („lectio privata") wird im 15. Jahrhundert bei allen Reformbewegungen neuer Wert gelegt. Die Tagesordnung des Johannes Schlitpacher sieht gewöhnlich vor dem Mittagstisch eine Stunde für die „lectio regularis" vor, in der Fastenzeit wegen des längeren Chorgebetes eine Stunde zwischen 15.00 und 16.00 Uhr. Der Prior oder der Subprior haben die Aufgabe zu kontrollieren, ob die Brüder in ihrem Abteil des Zellendormitoriums wirklich die Zeit für die Lesung nutzen[24]. Die Mönche lesen vor allem die Hl. Schrift, doch ebenso patristische oder hagiographische Literatur. Der an die Kirche anschließende Teil des Kreuzganges trägt den Namen „Collationsgang", da sich die Mönche hier zur abendlichen „Konferenz", also zur „Collatio", der gemeinschaftlichen Lesung der „Collationes" des Johannes Cassian, versammeln[25]. Lesung impliziert natürlich auch Studium; manchen Mönchen war es im Spätmittelalter bereits erlaubt, an Universitäten zu studieren, auch wenn gewöhnlich das Studium meist vor dem Klostereintritt abgeschlossen war. Wien konnte als „Hausuniversität" für den Melker Reformkreis bezeichnet werden, doch auch Melk war eine Hochschule für die jungen Mönche, da etliche Wiener Professoren hier Vorlesungen hielten. Den Benediktinern war es wichtig, Intellekt und Frömmigkeit zu verbinden und daraus für ihr geistliches Leben und Predigen zu schöpfen[26].

Vom Melker Konventualen Johannes von Speyer († 1458) ist ein Traktat erhalten, der zur Lesung ermutigt[27]: Die Lesung solle oft und sorgfältig gepflegt werden. Sie sei nach dem Gotteslob und dem Gebet das Wichtigste der regeltreuen Übungen, an die sich ein Mönch halten soll[28]. Sie diene dem Gotteslob und dem Gebet. Die Lesung bilde den Verstand . . . So kann der Mönch Gott mehr Ehre erweisen, auch der Sinn der Gebete erschließe sich ihm leichter. Ebenso wird er sich seiner Sünden durch das Lesen bewusst; denn eigentlich „kommt jeder Fortschritt aus der Lesung und der Meditation" [29].

Der Nachmittag ist im Kloster des Johannes Schlitpacher der Arbeit gewidmet, er bezeichnet sie als Handarbeit („labor manualis") oder körperliche Übung („exercicio corporali")[30]. Als Arbeiten zählt er zum Beispiel Erde umgraben, Steine oder Holz tragen, Reinigungsarbeiten oder Küchen- und Gartenarbeiten auf. In den späteren Melker Brauchtexten wird an erster Stelle „Bücher schreiben, Bücher binden oder verbessern"[31] aufgelistet, dann folgt eine ähnliche Aufzählung wie bei Schlitpacher. Alle Mönche im Haus sind wochenweise für bestimmte Dienste eingeteilt, und diese Wochenarbeiten werden jeweils am Samstag beim Kapitel bekannt gemacht. Zu den Wochendiensten in Subiaco gehören jene des Tischlesers, des Tischdieners und des Koches. In den österreichischen Klöstern des Melker Kreises dürfen auch „ehrbare Weltleute" das Mahl zubereiten, die Mönche sind nur als Küchengehilfen eingeteilt, die Wasser tragen, Geschirr waschen oder die Handtücher für die Fußwaschung vorbereiten. Schlitpacher spricht von einem Küchenmeister („magister coquinae"), der für den Speiseplan und die Aufsicht in der Küche verantwortlich ist. Der Koch ist übrigens auch für die Rasur der Mönche verantwortlich – zweimal innerhalb von drei Wochen[32]! Zum Brotbacken sind wiederum alle Brüder verpflichtet, ebenso zur Reinigung des Klosters an jedem Samstag. Für das Handwerk in den verschiedenen Werkstätten wurden im spätmittelalterlichen Melk vor allem Konversen (Laienbrüder) und Donaten als „loyale, kostenlose und zum monastischen Leben verpflichtete Arbeitskräfte, welche die Kleriker entlasten konnten" aufgenommen[33]. Die Konversen als „fratres illiterati" lebten getrennt von den Mönchen, die des Lateinischen fähig sein mussten und daher schreiben und lesen konnten. Für die Mönche war daher die Arbeit im geistigen Zentrum des Klosters, dem Skriptorium, also der Schreibstube, vorgesehen, als Schriftsteller, Kopist, Korrektor oder Buchbinder. Diese Arbeiten wurden als geistliches Tun angesehen und deshalb hoch geschätzt: „Ein fleißiger Bücherabschreiber sammelt mehr Verdienste für die Ewigkeit als ein guter Prediger"[34]. Oder: „Indem der Mönch fromme Texte abschreibt, wird er allein schon durch das Schreiben allmählich in die Kenntnis der göttlichen Geheimnisse eingeführt und sein Geist wunderbar erleuchtet. Denn was wir niederschreiben, prägen wir dem Geist stärker ein, weil wir uns zum Lesen und Schreiben Zeit nehmen müssen"[35]. Johannes Schlitpacher erwähnt bereits als Beruf den Bibliothekar („librarius"). Er hat die Bücher für die Lesung auszuhändigen[36]. Interessant ist allerdings, dass nicht er, sondern der Vestiar, der Verantwortliche für die Kleidung, das Material für die Bücherherstellung ausgibt: Papier, Tinte, Schreibmaterial, Federn und eiserne Beschläge[37]. Der Cellerar ist für die Verwaltung des Klostergebäudes und alle wirtschaftlichen Belange („temporalia") zuständig. Da eine ausreichende wirtschaftliche Grundlage Voraussetzung für das spirituelle Leben der Mönche ist, werden im 15. Jahrhundert neue Aufzeichnungen über den Grundbesitz gemacht und das Inventar schriftlich festgehalten. In Melk wurde 1420 ein neues Urbar angelegt, das sich auf ein Vorgängerdokument aus dem Jahr 1375/93 stützt[38], in Altenburg das Urbar für die Wiener Besitzungen 1430, das so genannte Michaeligrundbuch 1453[39]. Der Wirtschafter des Klosters sollte sich bemühen, nicht allzu oft auswärts zu sein und seine gemeinschaftlichen Pflichten beim Chorgebet, im Kapitel oder im Speisesaal nicht zu vernachlässigen. Der Abt konnte auch einen Laienbruder oder einen Weltgeistlichen mit der Aufgabe des Cellerars betrauen. Im „Archiv" des Klosters, meist einer Kiste, wurde neben den Urkunden und Privilegien des Klosters auch das Siegel aufbewahrt, das bei Vertragsunterzeichnungen verwendet werden musste. Zu dieser dreifach versperrten Kiste hatten Abt, Prior und ein Mönch, der das Vertrauen der Brüder besaß, je einen Schlüssel.

Als letzte der in Frage kommenden Arbeiten der mittelalterlichen Benediktiner noch eine Überlegung zur Pfarrseelsorge. Obwohl im Spätmittelalter der Großteil der Klosterinsassen Priestermönche waren und alle österreichischen Klöster durch Stiftungsverpflichtungen für eine bestimmte Zahl von Pfarren verantwortlich waren, waren die Mönche grundsätzlich nicht als Pfarrer, die außerhalb des Klosters leben mussten, vorgesehen. Diese Aufgabe wurde durch „plebani", also „Leutpriester" wahrgenommen, die vom Abt aufgenommen und – je nach den Rechten des Klosters – eingesetzt oder vom Diözesanbischof präsentiert wurden[40]. Nur aus wirtschaftlicher Notlage wurden für Priestermönche Dispense gegeben, auch auf einer Pfarrei zu leben.

Klostereintritt

Die Brauchtexte Melks beziehen sich bei der Frage der Neuaufnahme eines Kanditaten auf das 58. Kapitel der Benediktsregel „Die Ordnung bei der Aufnahme von Brüdern"[41]. Die Probe- beziehungsweise Beobachtungszeit ist ziemlich kurz. Zuerst wird der Ankömmling nach der Intention seines Eintrittes gefragt, ebenso nach seinem physischen und psychischen Gesundheitszustand, nach seiner Frömmigkeit und seinen menschlichen Qualitäten[42]. Nach einigen Tagen beziehungsweise Wochen beginnt mit der Einkleidung das Noviziat, das ein Jahr dauert. Bei dieser Feier im Kapitelsaal oder vor dem Altar der Kirche wird dem jungen Mönch die Tonsur geschnitten und der Novizenhabit überreicht. Während des Noviziates ist der Novizenmeister („magister novitiorum") für die jungen Männer verantwortlich, die in Melk mindestens 18 Jahre alt sein mussten. Man lernt durch das Mitleben in der Gemeinschaft, indem man im gemeinsamen Dormitorium schläft, das Nacht- und Tagesoffizium mitfeiert, im Refektorium isst und vom Magister sorgfältig in die Bräuche der Gemeinschaft eingeführt wird[43]. Ein aus Lambach stammender Codex[44] gibt nähere Auskunft über das Noviziat: Der Novizenmeister lege täglich zu einer bestimmten Zeit für die Novizen die Benediktsregel im Kapitelsaal aus, er instruiere sie in den Sitten und lehre sie die Lesungen und Gesänge. Natürlich lernen die jungen Mitbrüder liturgische Haltungen wie das Stehen, Gehen und Schauen, Pünktlichkeit, Ehrfurcht, bestimmte Gebete (*Trina oratio*, Schuldbekenntnis), die Methoden der geistlichen Lesung, das private Beten des Marienoffiziums auf der Zelle, das Stillschweigen während der Nachtstunden, die Praxis der wöchentlichen Beichte und des Kommunionempfanges und das Schweigen im Oratorium, Refektorium und Dormitorium[45]. Einmal in der Woche wird die sakramentale Beichte verlangt und der Empfang der Eucharistie empfohlen. Auch eine Lebensbeichte soll beim Abt vor der Professfeier abgelegt werden[46]. Nach diesem Probejahr kann der Novize – nach den Melker Hausstatuten[47] – im Kapitel um die Aufnahme als Mönch bitten („petitio"). Dann folgt in der Klosterkirche die Feier der Profess, bei der die Professurkunde verlesen wird und dabei das Gelübde der Beständigkeit, des klösterlichen Lebenswandels und des Gehorsams abgelegt wird[48], weiters die Kukulle überreicht und schließlich die Kapuze für drei Tage zugenäht wird. Nach drei Tagen wird der neue Mitbruder durch die Anweisung seines Chorplatzes und die Übergabe des Stimmrechtes als Vollmitglied installiert[49].

Habit und Kleidung

In zwei Abschnitten legt Johannes Schlitpacher den Kleidungsmodus in Melk vor[50]. Der Professmönch trägt eine schwarze, lange Tunika und ein Skapulier mit Kapuze. Darüber wird bei den wichtigen Gottesdiensten die Kukulle mit Ärmeln getragen, die auch Frocke („floccus“) genannt wird und bei der Profess gesegnet wird. Eine Kukulle ohne Ärmel wird bei den kleinen Gebetszeiten getragen, beim Essen, bei der Fußwaschung oder beim Ministrieren bei der Messe. Im Winter braucht der Melker Benediktiner, um sich vor Wind und Wetter zu schützen, zwei Schafspelze als Kleidungsstücke, jedoch keine Pelze von Wildtieren. Dazu kommen pelzgefütterte Schuhe und Socken, natürlich auch Unterwäsche. In der Nacht trägt der Mönch eine weiße, knielange Tunika, ebenfalls mit weißem Kapuzen-Skapulier.

Die ausführlichste Beschreibung der Mönchskleidung findet sich bei Martin von Senging auf seiner schon oben erwähnten Konzilsrede in Basel. Jeder Orden, sagt Martin, hat sein spezifisches Mönchskleid, nur die Benediktiner unterscheiden sich mannigfach im Habit: Erstens in den Farben – Papst Clemens V. erlaubte nur drei Farben für den Habit, nämlich Schwarz, Braun oder Weiß. Weiters gibt es Unterschiede im Schnitt der Kukulle und Frocke, der Kapuze und dem Skapulier. Manche legen den regeltreuen Habit überhaupt ganz beiseite: Sie tragen Mäntel nach Art der Weltleute, die Kapuze ist nicht angenäht oder bedeckt die Schultern wie bei den Bischöfen. Manche tragen Leinenhemden, andere haben Kopfbedeckungen nach der Art der Weltpriester[51]. Martin von Senging schlägt daher den Konzilsvätern folgende Teile für den Mönchshabit vor [52]:

Die Frocke (*floccus*) ist ein Gewand, das bis an die Knöchel reicht, unten rund ist und so breit, dass man leicht einen Schritt machen kann. Sie hat Ärmel, deren Länge eine Elle über die Hand hinausreicht, die Breite aber soll nicht eineinhalb Ellen überschreiten.

Die Kapuze (*capucium*) erstreckt sich ungefähr bis zur Hälfte des Ellenknochens und reicht hinten mindestens bis zum Gürtel; sie kann sich vier Finger breit über jenen hinausziehen.

Die Kukulle (*cuculla*) ist als Kleidungsstück der Frocke sehr ähnlich, nur fehlen die Ärmel.

Die Cappa (*cappa*) ist ein zusammengenähtes Kleidungsstück in der Art eines normalen Mantels, rundherum geschlossen, und hat nichts angenäht zum Reiten. In die vorne offene Kapuze kann man einen Knoten machen, mit dem sie bei Wind geschlossen wird, damit er nicht eintritt.

Das Skapulier (*scapulare*) ist ein Gewand aus zwei Stücken, eines von vorne, ein anderes von hinten verbunden, das unter der Cappa auf Reisen, in Herbergen, bei den Arbeiten und unter dem Ornat in der Messe verwendet wird.

Essensgewohnheiten

Der gemeinsame Tisch ist wichtig für die Klostergemeinde. Je nach liturgischer Zeit wird einmal oder zweimal am Tag im gemeinsamen Speisesaal, dem Refektorium, gegessen. Mit Glockenzeichen wird den Brüdern die Mahlzeit angekündigt: Der Tischdiener schlägt mit einem kleinen Hammer auf ein Schallbecken oder eine Glocke, die sich im Kreuzgang beim Kapitelsaal oder Refektorium befinden. Das Läuten soll ein Vater-Unser lang sein, damit die Brüder noch zur Toilette beziehungsweise vom Dormitorium ins Refektorium kommen können. Beim Betreten des Refektoriums verneigt man sich vor dem Kreuz, dann stellt man sich an seinen Platz bei Tisch, der dem Eintrittsalter ins Kloster entspricht. Dann folgt das Tischgebet und der Tischsegen. Zu spät Kommende werfen sich inmitten des Speisesaales zu Boden, bis der Obere ein Zeichen gibt. Dann folgt das Essen in Schweigen, der Tischleser beginnt mit der Lesung[53].

Johannes Schlitpacher sieht bei zweimaligem Essen am Tag zu Mittag drei gekochte Gerichte „in moderater Menge, gut gewürzt und zubereitet“ vor. Wichtig ist, dass das Mahl mit Sorgfalt zusammengestellt, gekocht und zubereitet ist und diskret abwechslungsreich serviert wird. Zum Abendessen gibt es zwei Speisen[54]. Da die Benediktsregel für ihre Mönche den allgemeinen Brauch des Fleischverzichtes vorsieht[55], besteht der Speiseplan in Subiaco oder Melk vor allem aus Eiern, Käse, Milch, Erbsenbrei, Bohnen, Rüben, Kohl, Hülsenfrüchten und Fischen. Obst kommt je nach Jahreszeit hinzu; an Fasttagen verzichtet man auf Eier und Laktanzien. Brot und Wein soll in ausgewogenem Maß dazukommen[56]. Der Wein soll nach Johannes Schlitpacher nicht überhängend („pendulus“), trüb („turbidus“) oder sehr bitter („acerbus“) sein, sondern mittelmäßig und trinkbar. Der Wein bei der abendlichen Collatio soll von besserer Qualität sein[57].

Der Verzicht auf Fleischspeisen war das ganze Mittelalter hindurch Diskussionspunkt bei den Benediktinern. Besonders in den Klöstern des Alpengebietes ergab sich wegen der Kälte und schwierigen Beschaffung von Fischen geradezu die Unmöglichkeit, Fleischabstinenz zu halten. Mit der Bulle „Summi magistri“ von Papst Benedikt XII. wurde im Jahr 1336 eine Milderung eingeführt. Grundsätzlich sollte die fleischlose Nahrung den Speisezettel der Mönche bestimmen: Im Refektorium war jeder Fleischgenuss untersagt, doch im Haus der Kranken oder auf Einladung des Abtes in seine Wohnung durfte man (außer an Fasttagen) Fleisch essen, wenn mindestens die Hälfte des Konventes im Refektorium blieb[58]! Ein reformiertes Kloster wurde allerdings am allgemeinen Fleischverzicht gemessen, auch im Melker Reformkreis.

Schlafgewohnheiten

Während man um 1400 in Subiaco noch die früh- und hochmittelalterliche Praxis pflegt, in einem gemeinsamen Dormitorium zu schlafen (vgl. Benediktsregel, cap. 22[59]), zeichnet sich in den spätmittelalterlichen Klöstern in Österreich der Wandel zum so genannten Zellendormitorium ab. Im Dormitorium der Mönche werden Zwischenwände (meist aus Holz) aufgestellt, um einen persönlichen, privaten Bereich des Mönches zu schaffen. Jede so entstandene „Zelle“[60] ist mit einem Bett, einem Tisch und einem Sessel ausgestattet; Lesen und Schreiben ist damit im Privatbereich ermöglicht. Jede Zelle muss darüber hinaus ein Fenster als Lichtquelle besitzen. Nach vorne sind die Kabinen offen oder durch eine Schranke zu schließen, ein Vorhang ist wegen der Kälte erlaubt, dieser muss jedoch während der Lesungszeit offen bleiben[61]. Johannes Schlitpacher spricht davon, dass die Novizen weiterhin in einem gemeinsamen Dormitorium schlafen.

Auch die Ausstattung des Bettes ist genau geregelt. Das Bett besteht nach der Regula Benedicti[62] aus einem Sack, der mit Heu oder Stroh gefüllt ist, dieser wird mit einem groben leinernen Tuch überzogen. Dann folgt eine gewebte Decke zum Zudecken und ein Polster für den Kopf[63]. Johannes Schlitpacher aktualisiert diese Grundausstattung und sagt, jeder Mönch erhalte eine Matratze („matracium") oder ein Flickwerk („filtrum") aus Schafwolle. Darüber wird ein Leinentuch gezogen und ein weiteres zum Zudecken gegeben. Wer will, kann noch eine Wolldecke dazu haben. Erlaubt ist auch ein Schaf-Fell als Decke. Auch ein mit Leinen überzogener Polster ist vorgesehen, der in der Vulgärsprache „cussinum" (Kissen) genannt wird. Die Brüder schlafen mit einer Tunika bekleidet, mit Gürtel und kurzem Skapulier[64].

Calefactorium

In den Klöstern Österreichs ist ein Wärmeraum (Calefactorium) wichtig, die Mönche dürfen ihn in „Zwischenzeiten" zur Erholung aufsuchen. In den Nächten der rauen Winter sehen die Melker Bräuche vor, dass man nach den Nokturnen, die man privat auf der Zelle zu beten hat, eine Zeit im Wärmeraum verbringt, bevor man in die Kirche zum gemeinsamen Chordienst eilt. Der Raum zum Aufwärmen befindet sich nach dem St. Gallener Klosterplan unter dem Dormitorium, das dadurch ein wenig temperiert ist, oder im Küchen- und Speisesaalbereich. Johannes Schlitpacher spricht in den Hausstatuten davon, dass man die Lesungszeit im Winter wegen der Kälte im Speisesaal verbingen darf[65]. In von Melk beeinflussten Klöstern wie Blaubeuren oder Altenburg findet sich der fortschrittlichste Heizungstyp des Mittelalters, nämlich die rauchlose Heißluft-Heizung[66]: Der beheizte Raum wird von einem darunter gelegenen Feuergewölbe aus geheizt, indem man nach dem Verlöschen des Feuers die Abwärme erhitzter Kieselsteine durch das Öffnen spezieller Zugkanäle in den Fußboden oder die Seitenwände emporströmen lässt [67].

Körperpflege, Krankenbetreuung und Erholung

Johannes Schlitpacher rühmt sich in den Hausstatuten, dass in Melk seit der Reformierung des Klosters im Sommer nicht mehr „nach der Art der Weltleute" gebadet wird. Nur aus gesundheitlichen Gründen wird den Mönchen ein Wasser- oder Schwitzbad in Wannen zugestanden[68]. Gesunde Mönche sollten nach Martin von Senging nur dreimal im Jahr baden, vor Ostern, Pfingsten und Weihnachten[69], in manchen Melker Klöstern wurde ein monatliches Vollbad erlaubt[70]. Da es seit dem 9. Jahrhundert für Benediktiner nicht mehr üblich war, einen Bart zu tragen, werden die Mönche alle zehn bis zwölf Tage am gleichen Tag rasiert; das entspricht den hochmittelalterlichen Gewohnheiten von Cluny. Dass der Barbier oft der Koch war, wurde bereits oben erwähnt[71].

Zwar soll beim Rasieren und Haareschneiden das Stillschweigen beobachtet werden, doch sieht Johannes Schlitpacher bereits ein wöchentliches Kolloquium (freies Reden) außerhalb der Advents- und Fastenzeit vor. Obwohl auf die Einhaltung des Klausurbereiches großer Wert gelegt wird, dürfen die Brüder nach den Hausstatuten zur Erholung im Sommer viermal einen Spaziergang unternehmen: zweimal zur Mühle (an die Donau) und zweimal in den Garten zum Haus auf der Wiese im Freien[72].

Für die kranken Mitbrüder gibt es eine eigene Abteilung im Kloster, Johannes Schlitpacher spricht vom „Haus der Kranken" („domus infirmorum"). Dort befinden sich die Mönche, die wirklich krank sind, aber auch jene, die sich nach dem Aderlass erholen müssen. Der Aderlass („minuitio sanguinis" oder „phlebotomia" bezeichnet) ist eine allgemeine Gewohnheit in den mittelalterlichen Klöstern und bildet natürlich auch eine therapeutische Maßnahme: Er entsprach der Lehre von der Harmonie der Körpersäfte, und man versprach sich eine medizinische Wirkung vor allem bei Blutverunreinigung und bei zu hohen Blutdruck, bei Fieber und sexuellen Anfechtungen [73]. Am Tag nach dem Aderlass sind die Patienten von allen gemeinsamen Gebeten dispensiert, nur nicht von der Besprengung mit dem Weihwasser nach der Komplet. Am 2. Tag ist man noch von den nächtlichen Nokturnen und der Laudes befreit, außerdem ist der Speiseplan der Rekonvaleszenten um vieles reichhaltiger als jener der Gesunden[74]. Für die Kranken ist der Infirmar als Prior oder Zellerar zuständig. Er trägt Sorge für die Sauberkeit in den Einzelzimmern des Krankenhauses, die es dort der Ansteckungsgefahr, des Gestankes oder des Lärmes wegen gibt[75]. Der Infirmar begleitet die Kranken auch in ihre letzte Stunde, er sorgt dafür, dass der Kranke die Sterbesakramente empfängt. Beim Sterben eines Mitbruders versammelt sich die ganze Klostergemeinde am Krankenbett, um mit dem Sterbenden zu beten[76].

Verlassen wir nun wieder den Altenburger Kreuzgang. Wie man bei einem einmaligen Betreten eines Kreuzganges nicht die gesamte Wirklichkeit des Mönchslebens erfassen kann, so kann man es auch nicht, wenn man auf wenigen Seiten einige Punkte aus dem Alltagsleben eines mittelalterlichen Benediktiners liest. Man wird jedoch berührt von einer Lebenswelt, die uns fremd ist, die aber doch Orte, Landschaften, Länder – und Europa – geprägt hat.

---

[1] R. Hanslik, Benedicti Regula editio altera emendata, CSEL LXXV, [2]Wien 1977. – Die Benediktusregel, lateinisch/deutsch, hrg. im Auftrag der Salzburger Äbtekonferenz, Beuron 1992.

[2] Ph. Schmitz, Geschichte des Benediktinerordens, Band 3, Einsiedeln-Zürich 1955. – K. S. Frank, Grundzüge der Geschichte des christlichen Mönchtums, Darmstadt [4]1983. – P. Engelbert, Wege benediktinischer Geschichte: Zwischen Regel und Reform, Erbe und Auftrag 71, Beuron 1995, 5–23.

[3] Hausstatuten, ediert in: A. Groiß, Spätmittelalterliche Lebensformen der Benediktiner von der Melker Observanz vor dem Hintergrund ihrer Bräuche. Ein darstellender Kommentar zum Caeremoniale Mellicense des Jahres 1460, Beiträge zur Geschichte des alten Mönchtums und des Benediktinerordens 46, Aschendorff 1999, 306–356.

[4] I. F. Keiblinger, Geschichte des Benedictiner-Stiftes Melk in Niederösterreich, seiner Besitzungen und Umgebungen, Band 1, Wien 1851.

[5] A. Groiß, Spätmittelalterliche Lebensformen der Benediktiner von der Melker Observanz vor dem Hintergrund ihrer Bräuche. Ein darstellender Kommentar zum Caeremoniale Mellicense des Jahres 1460, Beiträge zur Geschichte des alten Mönchtums und des Benediktinerordens, Aschendorff 1999, 295–300.

[6] K. Hallinger, Consuetudines (Benedictinae), in: Repertorium Fontium Historiae Medii Aevi III, Fontes C, Rom 1970, 624–632.

[7] J. F. Angerer (rec.), Breviarium caeremoniarum monasterii Mellicensis, Corpus Consuetudinum Monasticarum XI, 2, hrg. von K. Hallinger, Siegburg 1987.

[8] Zur Melker Reform: J. Angerer, Die liturgisch-musikalische Erneuerung der Melker Reform. Studien zur Erforschung der Musikpraxis in den Benediktinerklöstern des 15. Jahrhunderts, Österreichische Akademie der Wissenschaften, phil.-histor. Klasse, Sitzungsberichte, 287. Band, 5. Abhandlung, Veröffentlichungen der Kommission für Musikforschung 15, Wien 1974. – J. Angerer, Reform von Melk (Druckfahne von 1995 für den Band „Austria Benedictina"), 1–40 (erscheint Herbst 2000).

[9] A. Groiß, Altenburg im Jahrhundert der Katastrophen – hussitische Plünderungen und Melker Reformideen, in: Benediktinerstift Altenburg

1144–1994, hrg. von R. Andraschek-Holzer, Studien und Mitteilungen zur Geschichte des Benediktinerordens und seiner Zweige, Ergänzungsband 35, St. Ottilien 1994, 157–180.

[10] M. Niederkorn-Bruck, Die Melker Reform in Spiegel der Visitationen, Mitt. des Österr. Inst. f. Geschichtsforschung, Ergänzungsband 30, Wien–München 1994, 27.

[11] Anonymi Benedictini an. MCCCC, Epistola de consuetudine et modo vivendi Coenobitarum Monasterii Subalcensis, in: B. Pez, Bibliotheca ascetica, Tom. VIII, Regensburg 1725, Neudruck Farnborough 1967, 493–502, 501. – A. Groiß, wie Anm. 5, 45.

[12] J. Angerer, „Habent fata sua libelli" – Der Kodex Altenburg AB 13 A 10, in: Benediktinerstift Altenburg 1144–1994, hrg. von R. Andraschek-Holzer, Studien und Mitteilungen zur Geschichte des Benediktinerordens und seiner Zweige, Ergänzungsband 35, St. Ottilien 1994, 181–193.

[13] Hausstatuten, wie Anm. 3, 309.

[14] Hausstatuten, wie Anm. 3, 340.

[15] A. Groiß, Spätmittelalterliche Lebensformen, wie Anm. 5, 175–177.

[16] Zum „Mythos von Specus" in den transalpinen Benediktinerprovinzen des Spätmittelalters: B. Frank, Subiaco, ein Reformkonvent des späten Mittelalters. Zur Verfassung und Zusammensetzung der Sublacenser Mönchsgemeinschaft in der Zeit von 1362–1514, Quellen und Forschungen aus italienischen Archiven und Bibliotheken 52, Tübingen 1972, 526–656, 531.

[17] Regula Benedicti 8–20: R. Hanslik, wie Anm. 1, 59–83.

[18] K. Hallinger, Überlieferung und Steigerung im Mönchtum des 8. bis 12. Jahrhunderts, in: Eulogia. Miscellanea liturgica in onore di P. Burckhard Neunheuser OSB (Analecta Liturgica 1), Studia Anselmiana 68, Roma 1979, 125–187, 157.

[19] A. Schmidt, Zusätze als Problem des monastischen Stundengebets im Mittelalter, Beiträge zur Geschichte des alten Mönchtums und des Benediktinerordens 36, Münster/Westfalen 1986, 9–17.

[20] „Bericht über die Visitation des Stiftes Göttweig durch Abt Angelus von Rein und Prior Leonhard von Gaming in Gegenwart zweier Mönche von Subiaco, des herzoglichen Marschalls, des Mathias Röhrer und dreier Doktoren (Göttweig 3. – 23. Juli 1418)", in: A. F. Fuchs (Hrg.), Urkunden und Regesten zur Geschichte des Benedictinerstiftes Göttweig, Band 3, Fontes rerum Austriacarum, Diplomatura et acta 55, Wien 1902, 398–402, 401–402.

[21] J. Hisch, Die liturgischen Bestimmungen der Basler Statuta für den Benediktinerorden aus zwei Salzburger Handschriften, ungedr. Diss. Wien 1976, 117 (Statuta 7). – Zur neu eingeführten Liturgie in Subiaco/Melk nach den römischen Rubriken: A. Groiß, wie Anm. 5, 115–118, 132–134.

[22] Vgl. zum Beispiel das cluniazensische Horarium eines Wintertages im 10./11. Jahrhundert: C. Elvert (Hrg.), Clavis Voluminum, Corpus Consuetudinum Monasticarum VII, 4, Siegburg 1986, 3.

[23] De Senging Martini, „Tuitiones pro observantia Regulae S.P.N. Benedicti ex Consilio Basiliensi", in: B. Pez, Bibliotheca ascetica, Tom. VIII, Regensburg 1725, Neudruck Farnborough 1967, 505–550, 546.

[24] Hausstatuten, wie Anm. 3, 340: De horis lectionis regularis.

[25] Regula Benedicti 42,3 und 73,5: R. Hanslik, wie Anm. 1, 114, 180.

[26] Zum Studium im spätmittelalterlichen Melker Reformkreis: A. Groiß, wie Anm. 5, 147–163.

[27] J. de Spira, „Libellus de studio lectionis spiritualis et eius impedimentis", in: B. Pez, Bibliotheca ascetica, Tom. IV, Regensburg 1725, Neudruck Farnborough 1967, 113–256.

[28] B. Pez, BA IV, 118: „Lectio post Dei laudem et orationem est praecipuum regulare exercitium, ad quod Monachus tenetur."

[29] B. Pez, BA IV, 119: „Omnis profectus ex lectione et meditatione procedit."

[30] Hausstatuten, wie Anm. 3, 341: De hora laboris manualis et exercicio corporali.

[31] J. Angerer, Breviarium caeremoniarum, wie Anm. 7, 72.

[32] A. Groiß, wie Anm. 5, 165–166.

[33] B. Frank, wie Anm. 16, 56. Das Institut der Laienbrüder findet sich nicht in der Benediktsregel, erlebte jedoch unter dem Einfluss der Zisterzienser im 11. und 12. Jahrhundert auch bei den Benediktinern eine Blütezeit. Ende des 14. Jahrhunderts wird es neu in den Klöstern eingeführt.

[34] E. Iserloh, Thomas von Kempen und die devotio moderna, in: Kirche – Ereignis und Institution. Aufsätze und Vorträge, Bd. 1: Kirchengeschichte als Theologie, Münster/Westfalen ^{2}1987, 111–136, 124.

[35] J. Trithemius, De laude scriptorum. Zum Lobe der Schreiber, eingeleitet, herausgegeben und übersetzt von K. Arnold, Mainfränkische Hefte 60, Würzburg 1973, 61.

[36] Hausstatuten, wie Anm. 3, 333.

[37] J. Angerer, Breviarium caeremoniarum, wie Anm. 7, 143. – M. Niederkorn-Bruck, „Scriptorium", in: E. Bruckmüller, B. Ellegast und E. Rotter (Hrg.), 900 Jahre Benediktiner in Melk. Jubiläumsausstellung 1989. Stift Melk, Stift Melk 1989, 49, Sp. 1. – Zur Grundausstattung eines mittelalterlichen Scriptoriums gehören neben diesen Materialien noch das Tintenhorn, in welchem jeder Schreiber die Tinte aufbewahrte, blaue (caerula) und rote Tinte beziehungsweise Zinnober (minium) zum Färben derselben, Blattgold, das vor allem für liturgische Handschriften verwendet wird, und schließlich auch noch einen Zirkel (circinus), der zum Stechen der Zeilenabstände, und wohl vereinzelt auch als Hilfsmittel für die Initialen und Federzeichnungen verwendet wird. Darüber hinaus benötigen die Schreiber ein Messer, mit welchem fehlerhafte Stellen wieder vom Pergament oder Papier abgekratzt wurden, und einen Bimsstein (pumex), der zum Glätten des Pergaments nach dem Radieren verwendet wurde.

[38] K. Schulz, Zur Besitzgeschichte Melks im Mittelalter, in: 900 Jahre Benediktiner in Melk. Jubiläumsausstellung 1989. Stift Melk, Stift Melk 1989, 473–477.

[39] A. Groiß, wie Anm. 9, 162.

[40] A. Groiß, wie Anm. 5, 172–175.

[41] R. Hanslik, wie Anm. 1, 146–151.

[42] A. Groiß, wie Anm. 5, 79–81. – A. Groiß, wie Anm. 3, 352: De interrogatoriis venienti ad converionem faciendis.

[43] J. Angerer, wie Anm. 7, 144–145.

[44] Heute Kremsmünster CC 246a, vgl. J. F. Angerer (rec.), Caeremoniae regularis observantiae sanctissimi patris nostri Benedicti ex ipsius regula sumptae, secundum quod in sacris locis, scilicet Specu et monasterio Sublacensi practicantur, Corpus Consuetudinum Monasticarum XI, 1, hrg. von K. Hallinger), Siegburg 1985, LVIII–LIX.

[45] J. Angerer, wie Anm. 7, 243–244.

[46] J. Angerer, wie Anm. 7, 144–145.

[47] Hausstatuten, wie Anm. 3, 354: De peticione eius ad professionem et admissione.

[48] Hausstatuten, wie Anm. 3, 354: „. . . promittit deo stabilitatem et conversionem morum et oboedienciam secumdum Regulam S. Benedicti."

[49] Ausführlich in: A. Groiß, wie Anm. 5, 82–90.

[50] A. Groiß, wie Anm. 5, 188–192. – Hausstatuten, wie Anm. 3, 331–332.

[51] B. Pez, BA VIII, wie Anm. 23, 531.

[52] Ebenda, 535–536: „Descriptio habitus regularis secundum suam denominationem." Dies ist die ausführlichste Beschreibung des Melker Habits.

[53] A. Groiß, wie Anm. 5, 181–183.

[54] Hausstatuten, wie Anm. 3, 330: De qualitate ciborum et condimentorum.

[55] Regula Benedicti 36, 9: R. Hanslik, wie Anm. 1, 105: „Doch sobald es ihnen (den Kranken) wieder besser geht, sollen sie alle nach allgemeinem Brauch auf Fleisch verzichten."

[56] A. Groiß, wie Anm. 5, 183–185.

[57] Hausstatuten, wie Anm. 3, 330: De pane et potu prebendali.

[58] J. Zeller, Das Provinzialkapitel im Stifte Petershausen. Ein Beitrag zur Geschichte der Reformen im Benediktinerorden zur Zeit des Konstanzer Konzils, Studien und Mitteilungen zur Geschichte des Benediktinerordens und seiner Zweige 41–42, 1921–1924, 1–73, 31.

[59] Regula Benedicti 22: R. Hanslik, wie Anm. 1, 84–85.

[60] Hausstatuten, wie Anm. 3, 339: De disposicione et usu cellarum.

[61] A. Groiß, wie Anm. 5, 193.

[62] Regula Benedicti 22 und 55: R. Hanslik, wie Anm. 1, 84–85 und 140–144.

[63] J. Angerer, wie Anm. 7, 15–16.

[64] Hausstatuten, wie Anm. 3, 332: De fratris lectisterniis.

[65] Hausstatuten, wie Anm. 3, 339.

[66] J. Sydow, Sichtbare Auswirkungen der Klosterreform des 15. Jahrhunderts. Beobachtungen an historischen Quellen südwestdeutscher Klöster – das Beispiel Blaubeuren, Rottenburger Jahrbuch für Kirchengeschichte 11, 1992, 209–221, 216. – A. Groiß, Die mittelalterlichen Regularräume, in: Das Alte Kloster. Baukunst und Mönchsleben im mittelalterlichen Altenburg, hrg.von H. Haslinger und A. Groiß, Altenburg 1994, 9–15, 13.

[67] J. Tuzar und M. Krenn, Untersuchungen im Benediktinerstift Altenburg, NÖ, Fundberichte aus Österreich 31, 1992, 157–175, 162–163. – H. Hundsbichler, „Heizung", in: Lexikon des Mittelaters IV, 2113–2114.

[68] Hausstatuten, wie Anm. 3, 336.

[69] B. Pez, BA VIII, wie Anm. 23, 538.

[70] A. Groiß, wie Anm. 5, 197.

[71] Hausstatuten, wie Anm. 3, 336.

[72] Ebenda, 335.

[73] G. Zimmermann, Ordensleben und Lebensstandard. Die Cura corporis in den Ordensvorschriften des abendländischen Hochmittelalters, Beiträge zur Geschichte des alten Mönchtums und des Benediktinerordens 32, Münster/Westfalen 1973, 180–183.

[74] Hausstatuten, wie Anm. 3, 335–336.

[75] J. Angerer, wie Anm. 7, 141.

[76] Hausstatuten, wie Anm. 3, 351: De unctione et communione infirmi.

Ausgrabungs- und Forschungsgeschichte des Benediktinerstiftes Altenburg[1]

Johannes M. T u z a r

Einleitung

Betritt der Besucher die weitläufige Anlage des Benediktinerklosters Altenburg, ist er von der Pracht der spätbarocken Architektur beeindruckt, die unter Abt Placidus Much (1715–1756) und seinem Baumeister Josef Munggenast entstand (Abb. 1). Fein geschotterte Kieswege führen ihn durch die verschiedenen Höfe. Der Blick ist fast ausnahmslos nach oben gerichtet, um die herrlichen Fassadenverzierungen und Figuren aus dieser Zeit zu betrachten. An manchen Stellen findet der aufmerksame Betrachter aber Bauteile oder deren Reste, geschickt in die barocken Fluchten integriert, die aus früheren Epochen stammen. Betritt man nach dem Kirchhof die Altane, merkt man, dass das Stift auf einer Anhöhe angelegt worden ist, die nach Süden und Osten steil abfällt (Abb. 2). Die Altane ist von J. Munggenast errichtet worden, indem er die spätmittelalterlichen Gebäude zum Teil abbrechen und die tiefer liegenden Höfe mit Bauschutt aufschütten ließ. So erhielt er eine freie ebene Fläche, hinter der die imposante Ostfassade, dem damaligen Zeitgeist entsprechend, erst richtig zur Geltung kam. Seit dem späten 18. Jahrhundert wurden im Kloster keine größeren Umbauten mehr durchgeführt.

Aus Archivalien und alten Abbildungen im Stiftsarchiv war bekannt, dass seit dem Dreißigjährigen Krieg die mittelalterlichen Bauteile sukzessiv abgetragen, umgebaut oder zugeschüttet worden waren. Zum Beispiel wurde unter Abt Benedikt Leiss (1648–1658) der nördliche Teil des Kreuzganges und später unter Abt Placidus Much der südliche Teil abgerissen und mehrere Meter hoch aufgeschüttet[2]. Damals wurden auch die frühgotischen Wölbungssysteme in der Fraterie und dem Kapitelsaal aus statischen Gründen ummauert.

Anfänge der Klosterarchäologie

Ab der Mitte des 19. Jahrhunderts, sicherlich bedingt durch das Aufstreben der Natur- und Geisteswissenschaften, wurde auch im nördlichen Niederösterreich den archäologischen Hinterlassenschaften und der mittelalterlichen Architektur mehr Augenmerk gewidmet. So befasste sich ab dem letzten Drittel des 19. Jahrhunderts der vielseitige Forscher P. Friedrich Endl OSB (1857–1945)[3] mit der Baugeschichte von Altenburg. 1891 beschrieb er die an den Bibliothekstrakt anschließenden, damals begehbaren Räume, den ehemaligen Kapitelsaal und die Fraterie (Abb. 3 und 4). Wertvoll sind seine Beschreibungen der Malereien in der Fraterie. Heute sind leider viele Details nicht mehr zu erkennen. Der Kapitelsaal war in der Zwischenkriegszeit als „Kellerstüberl" in Verwendung.

Unter P. Friedrich Endls Leitung wurden in den Jahren 1931 und 1932 die ersten Ausgrabungen durchgeführt. Er ließ dreieinhalb Joche des Ostflügels vom Kreuzgang freilegen, wobei Reste von Wandmalerei angetroffen wurden (Abb. 5). Die Grabungen veranlassten ihn zu ersten[4] Interpretationen des damals bekannten mittelalterlichen Baubestandes (Abb. 6).

Im Sommer 1954 wurde unter P. Gregor Schweighofer OSB eine kleine Ausgrabung, bei der auch der derzeitige Abt Bernhard Naber, damals junger Student, mitarbeitete, im Ostflügel des Kreuzganges, an der Ecke der südlichen Kirchenmauer und der Konventmauer, durchgeführt (Abb. 7). Er meinte, hier die Reste eines Vorgängerbaues der gotischen Kirche und den konventseitigen Kircheneingang anzutreffen. Aus seinem Tagebuch[5] erfahren wir, dass er neben Mauerresten eine „Nische" freilegen konnte, in der viele vereinzelte menschliche Knochen von etwa zehn Individuen lagen. Weiters unterschied er drei Schichten unterschiedlicher Konsistenz, die alle zu der Abbruchphase des ausgehenden 18. Jahrhunderts gehörten, in der die mittelalterlichen Gebäude und der Kreuzgang zugeschüttet worden waren. Auch entdeckte er neben dem nördlichen Ende des Kreuzganges eine Öffnung in der Mauer des Konventtraktes. Dahinter befand sich ein teilweise verschütteter, schwer zugänglicher Raum. Leider wurden die Grabungen nicht weiter geführt und die freigelegten Bereiche wieder zugeschüttet. An welcher Schlüsselstelle des mittelalterlichen Klosters Pater Gregor gegraben hatte, wird im Folgenden noch erläutert werden.

Ab den späten siebziger Jahren legte G. Seebach im Rahmen seiner bauhistorischen Forschungen einige Sondagen an. An der östlichen Außenmauer des Kapitelsaales entdeckte er die Maueransätze einer an den Kapitelsaal östlich anschließenden Kapitelkapelle[6]. Auch in dem durch drei in der Barockzeit ummantelten Stützen geteilten Raum, der im Süden den Kreuzgang begrenzt und von ihm als Refektorium angesprochen wird, schachtete er einen Suchgraben aus. Hier konnte er unter einem Ziegelfußboden Tontöpfe feststellen.

Alle bisher beschriebenen Ausgrabungen waren von engagierten Personen mit wenigen Helfern durchgeführt worden. Allen fehlt die genaue fotografische und zeichnerische Dokumentation sowie ein Verzeichnis der geborgenen Funde.

Systematische Ausgrabungen

Auf Betreiben von Abt Berhard Naber OSB wurde 1983 ein umfassendes Projekt zur Freilegung und Erhaltung des mittelalterlichen Kreuzganges ausgearbeitet. Bereits im Herbst desselben Jahres begannen unter der Leitung des Landesarchäologen von Niederösterreich, Helmut Windl, die Grabungsarbeiten[7]. Gleichzeitig erarbeitete der Bauhistoriker G. Seebach ein Restaurierungskonzept.

Durch zwei Suchschnitte wurde festgestellt, dass vom Fußboden des Kreuzganges bis zum barocken Hofniveau des Brunnhofes etwa 4 m Schutt zu entfernen waren. In den darauf folgenden Jahren 1984 und 1985 wurde der gesamte Kreuzgang freigelegt (Abb. 8

Abb. 1:
Bauprospekt des Josef Munggenast.
Österr. Nationalbibliothek, Bildarchiv.

und 9). Aus den Schuttmassen bargen die Ausgräber neben vielen Bauteilen des gotischen Kreuzganges wie Sandsteingewänden, Kreuzrippenteilen und sechs verzierten Schluss-Steinen auch unzählige Tonscherben und Ofenkacheln. Aus der Brunneneinfassung stammt ein sekundär verwendetes Fragment eines Figurenkapitells (siehe Kat. Nr. 24.1). Möglicherweise war es Teil der Toranlage zur Klosterkirche im Nordflügel des Kreuzganges.

Während der Grabungen zeigte sich, dass der Erhaltungszustand der Kreuzgangflügel unterschiedlich war. Stellenweise war der Ziegelfußboden aus dem 16. Jahrhundert stark beschädigt. Die Wand des Südflügels wies deutlich erkennbare Freskenreste (Abb. 10) und

Abb. 2:
Die gotische Umfassungsmauer für die barocke Altane.
Foto: NÖ. Landesregierung, Bernhart.

zwei abgemauerte Türen zum Dreistützenraum (Refektorium) auf.

Ab 1985 wurden unter Anleitung von G. Seebach von den Stiftsmaurern Teile des Kreuzganges rekonstruiert. Der West- und Nordtrakt wurden wieder aufgemauert, schadhafte Bereiche des Ziegelfußbodens neu verlegt. Die aus dem Schutt geborgenen Kreuzrippen wurden nach Möglichkeit zugeordnet und versetzt. Ebenso verfuhren sie mit den Fenstermaßwerken. Der Höhepunkt dieser Arbeiten war zweifellos die neue Ein-

Abb. 3:
Die Fraterie mit den Bibliotheksnischen.
Foto: Stiftsarchiv Altenburg.

Abb. 4:
Der Kapitelsaal.
Foto: Stiftsarchiv Altenburg.

Abb. 5:
Zugang von der Kirche in den
Ostflügel des Kreuzganges 1980.
Foto: Österr. Lichtbildstelle.

Abb. 7:
Der derzeitige Abt Bernhard Naber OSB
im Bild rechts als junger Student bei den
Ausgrabungen im Kreuzgang Juli 1954.

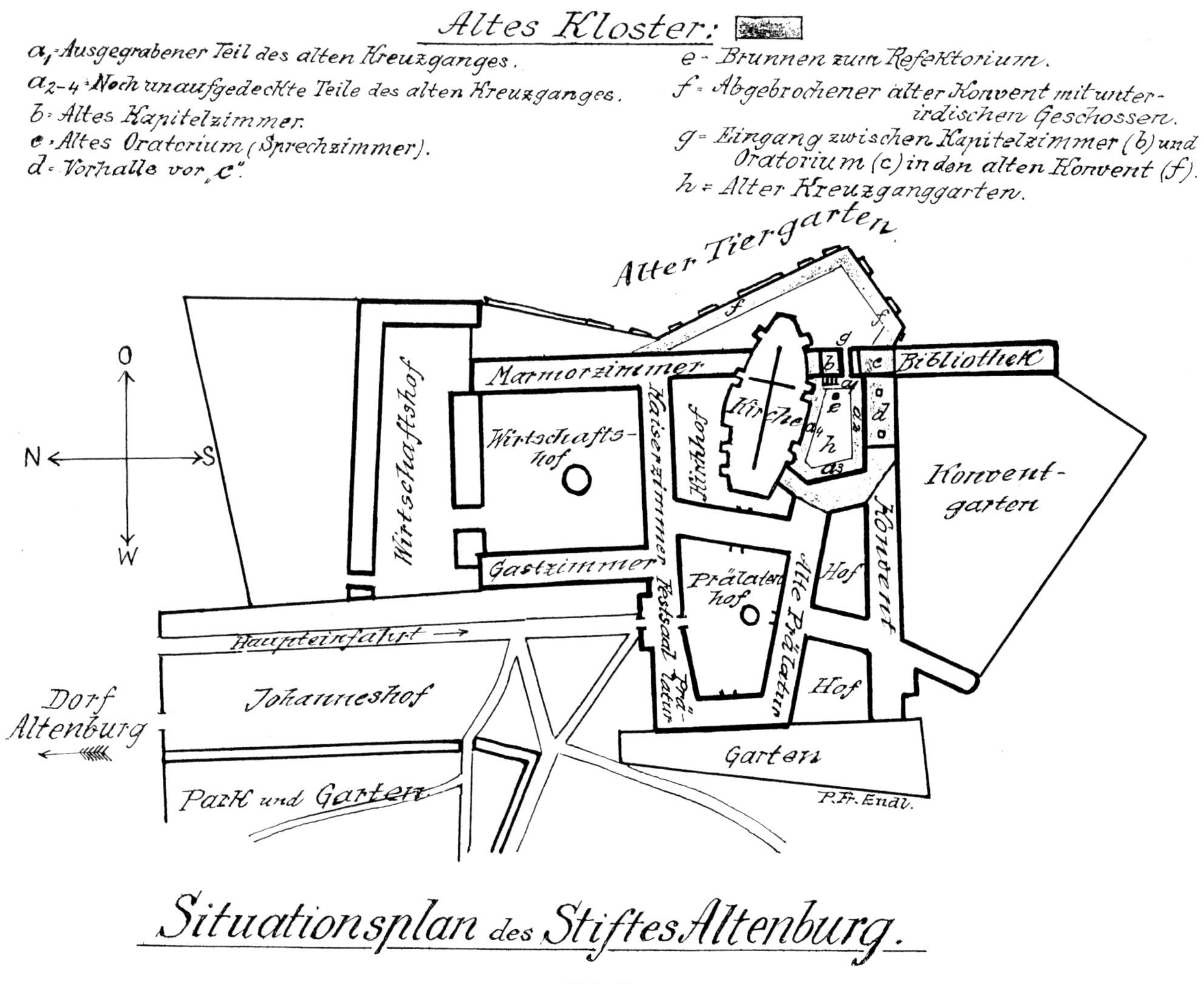

Abb. 6:
Situationsplan von P. Friedrich Endl OSB.
Stiftsarchiv Altenburg KGA 2b/Endl Fr. Nr. 3/6.

Abb. 8:
Blick in den Kreuzhof während der Ausgrabung 1984.
Foto: NÖ. Landesregierung, E. Nechuta.

Abb. 10:
Kreuzgang Südflügel,
Fresko Mariä Verkündigung um 1470.
Foto: Bundesdenkmalamt.

wölbung im Süd und Westtrakt (Abb. 11). So entstand der Eindruck einer geschlossenen Gangarchitektur. Von 1986 bis 1989 wurde der Bereich des Pforteneinganges freigelegt. G. Seebach prospektierte auch die mittelalterlichen Räume der Veitskapelle (Abb. 12) und fertigte einige Pläne an.

Durch die Freilegung des Kreuzganges und der begleitenden Untersuchungen waren wichtige Vorarbeiten zur mittelalterlichen Baugeschichte des Klosters gemacht worden, dennoch waren viele Fragen offen geblieben, vor allem die Interpretation einiger Räume blieb unklar; manche Bereiche waren unzureichend dokumentiert worden.

Abb. 9:
Blick in den Kreuzhof und den
Südwestflügel des Kreuzganges.
Foto: Bundesdenkmalamt, I. Kitlitschka.

Abb. 11:
Rekonstruktion der Kreuzganggewölbe
im Süd- und Westtrakt 1986.
Foto: Stift Altenburg.

Abb. 12:
Veitskapelle mit aufgebrochenen Särgen, vor 1985.
Foto: NÖ. Landesregierung, Bernhart.

Die Untersuchungen der Abteilung für Bodendenkmale des Bundesdenkmalamtes

Ab 1993 führte der Verein ASINOE im Auftrag der Abteilung für Bodendenkmale des Bundesdenkmalamtes mehrere Grabungskampagnen im Stift durch. Anlass hierfür waren bauliche Umgestaltungen im südlichen Kreuzgangflügel, wobei das Hauptaugenmerk auf dem länglichen Raum mit den drei Mittelstützen lag, der im Süden an den Kreuzgang anschloss. Dieser Raum wurde bislang als Refektorium gedeutet und stand bis 1993 als Vorratskeller in Verwendung (Abb. 13).

„Refektorium", Küche, Torturm

Nach dem Abtragen des Betonestrichs zeigte sich ein durch spätere Einbauten (Kanalanlagen, Wasserleitungen) teilweise beschädigter Ziegelfußboden aus dem 17. Jahrhundert (Abb. 14). Im Westen des Raumes, durch eine niedrige Mauer abgetrennt, befanden sich die Reste einer Heizanlage mit niedrigem Gewölbe und Vorraum. Bemerkenswert war, dass der vor dem Brennraum gelegene Arbeitsraum mit Keramik aus der 1. Hälfte des 15. Jahrhunderts verfüllt war (Abb. 15). Zu dem Arbeitsraum gelangte man über zwei in den Felsen geschlagene Stufen. Die Heizung wurde konserviert und ist im Ausstellungsbereich zu sehen.

Nach Abheben des Ziegelbodens traten im Südteil des Raumes Reste einer umgestürzten und verbrannten Holzkonstruktion und mehr als 20 zum Teil vollständig erhaltene Töpfe zutage (Abb. 16 und Kat. Nr. 21.4–21.6). Diese Befundsituation lässt den Schluss zu, dass in diesem Raum in der 1. Hälfte des 15. Jahrhunderts ein Holzregal stand, in dem Tongefäße gelagert waren. Die Zerstörung dieser Konstruktion ist mit den Hussiteneinfällen 1427 und 1430 in Zusammenhang zu bringen.

Die bisherige Interpretation des Raumes als Refektorium lässt sich zumindest für die Zeit des 14. und 15. Jahrhunderts nicht mehr aufrecht erhalten. Nach den archäologischen Befunden dürfte es sich um einen Lagerraum mit einer Vorratskammer oder Küchenbereich gehandelt haben, der im Zuge der Hussitenstürme in Flammen aufging. Bei der Wiederherstellung der Gebäude wurde der Raum beschüttet und das Fußbodenniveau angehoben. Dadurch verblieben Teile der abgebrannten Vorratskammer mit der Keramik an Ort und Stelle.

Zusammenfassend kann gesagt werden, dass keine Hinweise auf die Nutzung des Dreistützenraumes als Refektorium vorgefunden werden konnten; dieses befand sich wahrscheinlich auf einem anderen Niveau, möglicherweise im 1. Stock.

Im südlich anschließenden Klostergarten konnten die Fundamente eines mittelalterlichen Torturmes mit Eckpfeilern freigelegt werden (Abb. 17). Dieser Turm und der westlich an den Dreistützenraum anschließende Raum bildeten eine Einfahrt in den inneren Klosterbereich, von der aus auch die Heizanlage begehbar war.

Heizung

Bereits 1993 wurde die Abteilung für Bodendenkmale von Abt Bernhard Naber darauf aufmerksam gemacht, dass sich unter der Fraterie ein mit Schutt verfüllter, gewölbter Raum befindet, in den man durch eine Öffnung im Gewölbe gelangen kann. Im selben Jahr wurde der Schutt ausgeräumt und eine umfangreiche Dokumentation durchgeführt. Dabei stellte sich heraus, dass man hier auf eine sehr gut erhaltene Heizanlage gestoßen war. Mehrere Um- und Anbauten lassen auf eine lange Nutzung schließen. Der eigentliche Brennraum und das darüber liegende Tonnengewölbe waren aus statischen Gründen sekundär mit Ziegel, Schutt und Mörtel ausgefüllt worden. Die gesamte Heizung dürfte in der Barockzeit aufgegeben worden sein.

Ein abgemauerter Zugang in der Ostwand gab 1994 Anlass, in diesem Bereich auf der Altane einen Schnitt anzulegen. Nachdem die mächtige barockzeitliche Aufschüttung, in der sich auch ein aus Dachziegeln konstruierter Nutzwasserabfluss vorfand, entfernt worden war, zeigten sich vor dem vermauerten Zugang noch die Fundamente eines nach Osten anschließenden Vorbaues (Abb. 18). Hier waren auf dem mittelalterlichen Estrich noch Reste von Brandspuren zu erkennen. Über dem Heizungszugang befand sich ein mächtiges, aus einem rechteckigen Steinblock gefertigtes Überlager, auf dem zwei Säulenbasen aufgesetzt waren. Die Gesteinsanalysen ergaben, dass diese aus Kalksandstein gefertigt worden waren. In der nördlichen waren noch drei Steinmetzzeichen zu erkennen.

In diesem Schnitt zeigte sich, dass die mittelalterlichen Klostermauern direkt auf dem Felsen fundamentiert worden waren. Im Felsen eingetieft fanden sich zwei Gräber, von denen das eine im Kopfbereich durch eine später angelegte Pfostengrube zerstört worden war.

Nach Abschluss der Arbeiten wurde der Bereich zu einem neuen Kellerraum gestaltet, um die freigelegten Mauern zu sichern und öffentlich zugänglich zu machen. Erst nach diesen Bauarbeiten konnte im darauf folgenden Jahr der vermauerte Zugang zur Heizanlage geöffnet werden. Bei der Abtragung der Vermauerungen konnte eine große Menge an Kacheln, die von einem Ofen stammten, geborgen werden (siehe Ausstellungsthema 19: Der „Goldene Ofen").

Abb. 13:
Lageplan über die seit 1993 durchgeführten archäologischen Untersuchungen.
1 – Kirche. 2 – Kreuzgang. 3 – Kreuzhof. 4 – Refektorium (Dreistützenraum). 5 – Sondage Klostergarten.
6 – Altane, Grabung Heizanlage. 7 – Altane, Grabung Kapitelkapelle und romanische Apsis.
8 – Schnitt Kreuzgang. 9 – Grabung nördlich des Kirchenchores. 10 – Grabung Kellerraum. 11 – Veitskapelle.
Grafik: ASINOE.

Abb. 14:
Ziegelfußboden im Dreistützenraum (Refektorium?).
Foto: ASINOE.

Kapitelkapelle

Im Jahr 1994 wurde entlang der Ostfassade, zwischen Kirchenapsis und Eingang in das Parlatorium, ein Schnitt angelegt. Wie schon durch die Sondage von G. Seebach bekannt war, stieß man vor dem Kapitelsaal auf die Fundamente einer halbkreisförmigen Apsis der romanischen Kapitelkapelle. An diese setzte eine gotische Erweiterung an, deren Ostabschluss

Abb. 15:
Refektorium Westbereich,
Heizanlage mit Keramik verfüllt.
Foto: ASINOE.

Abb. 16:
Refektorium, zerscherbte Töpfe in Fundlage.
Foto: ASINOE.

Abb. 19:
Apsis der Kapitelkapelle.
Foto: Bundesdenkmalamt. B. Neubauer.

Abb. 17:
Klostergarten, Torturm Südseite.
Foto: Bundesdenkmalamt, B. Neubauer.

Abb. 20:
Fundamentreste der Apsis eines Seitenschiffes oder einer Seitenkapelle der romanischen Kirche.
Foto: Bundesdenkmalamt, B. Neubauer.

Abb. 18:
Heizanlage, Zugang von Osten.
Foto: Bundesdenkmalamt, B. Neubauer.

außerhalb des Grabungsbereiches lag. Zeitlich parallel zu dieser Erweiterung ist eine Gruft zu sehen, welche die romanische Apsis durchschlägt und leer vorgefunden wurde (Abb. 19). Unter dem Kapellenboden, der nicht mehr erhalten war, fanden sich mehrere in den Felsen eingetiefte Gräber, die teilweise von der romanischen Apsis überlagert waren. Weitere Bestattungen fanden sich in der geöffneten Fläche bis zum heutigen Kirchenchor. Die meisten waren in gestreckter Rückenlage, exakt West-Ost mit dem Schädel im Westen und Blick nach Osten ausgerichtet, beigesetzt worden, einige zeigten eine abweichende, nach Südosten gerichtete Orientierung.

Romanische Kirche

Im Areal, das südlich an den barockisierten gotischen Chor der Stiftskirche anschließt, wurde schon früher der romanische Vorgängerbau vermutet. 1994 konnten Mauern freigelegt werden, die als Reste einer halbkreisförmigen Apsis interpretiert werden können (Abb. 20). Die südliche Mauer setzte sich unter der heutigen Sakristei im Osttrakt (Konventtrakt) fort. Die anderen Mauerzüge waren zum Großteil durch spätere Einbauten zerstört worden. Damit konnte die Frage, ob die freigelegte Apsis zu einem Seitenschiff gehörte oder tatsächlich der Hauptchor war, nicht geklärt werden.

Um die genaue Lage festzustellen und die Fundamente der romanischen Kirche zu finden, müsste der Raum unter der Sakristei geöffnet werden. Leider konnten die Untersuchungen aus statischen Gründen nicht durchgeführt werden; denn durch eine Entlüftungsöffnung in der Mauer wurde festgestellt, dass der Raum nicht eingewölbt war. Der Boden des Obergeschosses, also der Sakristei, dürfte direkt auf einer Schuttschicht aufliegen. Um hier eine Grabung durchzuführen, wären umfangreiche Sicherungsmaßnahmen notwendig gewesen.

Vor derselben Situation stand schon 1954 P. Gregor Schweighofer, als er von der Kreuzgangseite her diesen Raum betreten wollte. An dieser Stelle sei Pater Gregor zitiert: „In der Mauer des Konventtraktes wurde außerdem ein viereckiges Loch entdeckt, welches mit Erde, Geröll und Schutt ausgefüllt war, in welchem sich einige Menschenknochen fanden. Der dahinter befindliche Raum ist mit dem gleichen Material ausgefüllt. Die obere Decke bildet eine Art Gewölbe, welches aber nicht als solches ausgeführt erscheint, sondern durch die Untermauerung des Ganges im Konventtrakt entstanden ist. Es scheint, daß es sich um den Zwischenraum zwischen einem darunter befindlichen Gewölbe und dem Fußboden des Konventtraktes handelt. Die Untersuchung ist durch die Enge des Fensters sehr erschwert.“

Die Beantwortung der Frage, wie die romanische Kirche situiert war, bleibt damit künftigen Forschergenerationen vorbehalten.

Gräber im Kreuzgang

Der Kreuzgang sollte im Rahmen der 850–Jahr-Feiern des Klosters für Besucher geöffnet und als Ausstellungsbereich adaptiert werden. In dem Zusammenhang war es notwendig, Teile des Ziegelbodens neu zu verlegen.

1994 bot sich aber die Möglichkeit, einen kleinen Bereich im Nordflügel des Kreuzganges zu untersuchen. Wie nicht anders zu erwarten war, lagen bereits in geringer Tiefe die ersten Gräber. Beim weiteren Abtiefen ließ sich erkennen, dass die Grablegen räumlich und zeitlich so dicht gedrängt angelegt worden waren, dass bei der Anlage neuer Gräber Teile älterer Bestattungen noch im Sehnenverband zur Seite geräumt werden mussten (Abb. 21).

Der Bereich nördlich des Kirchenchores

Im Jahr 1995 konnte im Norden des heutigen Chores ein Areal untersucht werden, in dem auf alten Abbildungen eine Seitenkapelle der gotischen Kirche dargestellt ist (siehe Kat. Nr. 4.1.1). Auch bot sich 1995 die Möglichkeit, zwei direkt anschließende, heute als Keller verwendete Räume zu ergraben. Neben einigen Mauerzügen, die der Seitenkapelle und einer Zufahrt zur Altane zuzurechnen sind, stießen man auf unzählige Gräber. Erstaunlich war die dichte Belegung der Bestattungen. Wie im Kreuzgang ließ sich auch hier nachweisen, dass Leichenteile noch im Sehnenverband zur Seite geräumt wurden, um Platz für neue Gräber zu schaffen (Abb. 22). Die Datierung der Bestattungen ist derzeit noch unklar.

Aufgefunden wurde außerdem eine Deponie sorgsam aufgeschlichteter Wasserleitungsrohre aus Keramik. Die konischen Rohre datieren in das 15. Jahrhundert.

Abb. 21:
Bestattungen im Kreuzgang.
Foto ASINOE

Veitskapelle

Schon unter P. Gregor Schweighofer und G. Seebach wurden erste Untersuchungen in einem der interessantesten Räume des Stiftes Altenburg, der Veitskapelle, vorgenommen[8].

Unter dem barocken Kapellenraum, der heute auch als Aufbahrungskapelle dient, befinden sich zwei weitere Stockwerke (siehe Kat. Nr. 7.1). Im gotischen Teil, der um 1308 unter Abt Seifried (1297–1320) errichtet worden war, fanden sich bei diesen Untersuchungen eine große Anzahl von teilweise bemalten Särgen aus der Barockzeit. Im zweiten Untergeschoss konnten weitere Särge und offen liegende Skelettreste beobachtet werden. Die beiden Untergeschosse waren durch zwei Treppenanlagen mit der barocken Veitskapelle verbunden. Eine Wendeltreppe im Nordwesten des Raumes erschloss den ehemaligen Kapellenraum, eine mit einer

Abb. 22:
Bestattungen.
Foto: ASINOE.

Abb. 23:
Barocke Stiege in das Untergeschoss der Veitskapelle.
Foto: Stiftsarchiv Altenburg.

Holzklappe verschließbare, in Raummitte gelegene zweite Stiegenanlage ermöglichte den Transport der Särge zur Beisetzung der Konventualen in die beiden Untergeschosse (Abb. 23). Nach der Barockzeit wurden beide Treppenanlagen aufgegeben, teilweise abgetragen und vermauert. Im Zuge der Untersuchungen von G. Seebach wurde der Stiegenabgang in beide Untergeschosse vollständig abgetragen. Dadurch bestand keine reguläre Möglichkeit mehr, in den Raum der mittelalterlichen Veitskapelle zu gelangen, lediglich über eine kleine Öffnung im Chorgewölbe direkt über dem Altar war ein Einstieg möglich.

Bei den Untersuchungen seit 1994 wurde über eben diese Öffnung der gesamte Schutt, der sich im Raum der mittelalterlichen Veitskapelle angesammelt hatte, mühsam entfernt. Der gesamte Innenraum wurde gereinigt und sowohl zeichnerisch als auch fotografisch aufgenommen (siehe Kat. Nr. 7.2). Bei den Dokumentationsarbeiten konnten im Fußboden eine Reihe von figural verzierten Bodenfliesen entdeckt werden. Ähnliche Fliesen hatte schon G. Seebach rund um den Altar, leider ohne erhaltene oder zugängliche Dokumentation, entfernt. Da eindeutig nachweisbar war, dass diese figural verzierten Fliesen sekundär verlegt waren, entschloss man sich, mittels einer kleinen Sondage den Fußbodenaufbau näher zu untersuchen. Dabei gelang es, das ursprüngliche Niveau der Zeit um 1308 zu definieren, da auf einer Fläche von 1,5 m^2 figural verzierte Fliesen noch in situ, also in Primärlage aufgefunden werden konnten.

1999 wurden die Untersuchungen in der Veitskapelle im Rahmen der Vorbereitungsarbeiten für diese Ausstellung fortgesetzt. Hierbei konnten einige barocke Grablegen, die so genannte Sunnberger-Gruft und der Westabschluss des Gruftraumes unter dem Altar freigelegt werden.

Für die Ausstellung wurde der Innenraum der mittelalterlichen Veitskapelle durch eine neue Wendeltreppe der Öffentlichkeit zugänglich gemacht.

Schlussbetrachtungen und Ausblick

Durch die nun schon seit über hundert Jahren andauernden Forschungen sind wichtige Erkenntnisse zur mittelalterlichen Geschichte des Stiftes Altenburg gewonnen worden. Viele Räume konnten durch die Synthese von Archäologie und Bauforschung mit Urkunden und Archivalien interpretiert werden. Neben dem mittelalterlichen Kreuzgang und der angrenzenden Räume konnte auch entlang des Osttraktes der alte Baubestand aufgenommen werden. Viele dieser Befunde dienen dem Verständnis der inneren Struktur einer mittelalterlichen Klosteranlage.

Die durch die Grabungen ans Licht geförderten Funde geben nicht nur einen Einblick in die Sachkultur eines mittelalterlichen Klosters, sondern lassen auch anhand der Tierknochen auf den Speiseplan der Mönche schließen. Gesteinsanalysen wie zum Beispiel der Bauteile aus Kalksandstein haben ergeben, dass dieser im Eggenburger Raum abgebaut worden ist. Ebenso stammt ein Bauteil aus Marmor, der oberhalb des Biforenfensters im Kapitelsaal eingebaut ist, nicht aus der unmittelbaren Umgebung von Altenburg. Schon dieser kleine Einblick zeigt, dass damals reger Baustoffhandel betrieben worden ist.

Freilich sind noch viele Fragen zum mittelalterlichen Altenburg offen, die durch neue Untersuchungen beantwortet werden können. Vor allem die Altanenaufschüttung wird ein Schwerpunkt künftiger Forschungen werden.

---

[1] Dieser Aufsatz basiert auf folgender Literatur: A. Groiß, Das Alte Kloster – Zur Grabungsgeschichte, in: Das Alte Kloster. Baukunst und Mönchsleben im mittelalterlichen Altenburg, Altenburg 1994, 2 ff. – J. Tuzar, Neue Einblicke in das Alte Kloster – Ergebnisse der archäologischen Untersuchungen in den Jahren 1993/94, in: Das Alte Kloster. Baukunst und Mönchsleben im mittelalterlichen Altenburg, Altenburg 1994, 16 ff. – J. Tuzar und M. Krenn, Untersuchungen im Bendiktinerstift Altenburg NÖ., in: Studien und Mitteilungen zur Geschichte des Benediktinerordens und seiner Zweige, 35. Ergänzungsband: Benediktinerstift Altenburg 1144–1994, bearbeitet von R. Andraschek-Holzer, 85 ff. – J. Tuzar, Untersuchungen im Bereich der sogenannten Altane im Stift Altenburg, Niederösterreich, Fundberichte aus Österreich 33, 1994, 245 ff.

[2] Durch diese Aufschüttungen ist der so genannte Brunnhof („Brunngartl") entstanden. Der alte Brunnen wurde weiter verwendet, indem die Steineinfassungen bis zum neuen Niveau hoch gezogen wurden.

[3] Zum Forscher P. F. Endl siehe R. Andraschek-Holzer, Das Lebenswerk von P. Friedrich Endl OSB (1857–1945): ein Vorbericht, in: Studien und Mitteilungen zur Geschichte des Benediktinerordens und seiner Zweige, 35. Ergänzungsband: Benediktinerstift Altenburg 1144–1994, bearbeitet von R. Andraschek-Holzer, 381 ff.

[4] Zu P. F. Endls Rauminterpretationen siehe auch: G. Seebach, Stift Altenburg. Studien zur Baukunst der Benediktiner im Mittelalter, ungedr. Diss. Wien 1986, Plan auf Beilage 1.

[5] P. Gregor Schweighofer OSB, Tagebuch über die Ausgrabungen im Sommer 1954, maschingeschriebenes Manuskript mit Fotos, ohne Signatur, in: Stiftsarchiv Kasten 17, Sammelband des Stiftsarchives Altenburg, Band 1, 79–85.

[6] G. Seebach, wie Anm. 4. – Planunterlagen aus dem Stiftsarchiv: Aufnahme 1979, Plan 1982.

[7] Unpubliziert; Kopien der Dokumentationsunterlagen der Grabungen befinden sich im Stiftsarchiv Altenburg.

[8] G. Schweighofer, Die Veitskapelle, in: Groteskes Barock, Katalog des Niederösterreichischen Landesmuseums N. F. 62, Wien 1975, 62 f.

lungsorte angegeben: zuerst die Position an dem als ursprünglich angenommenen, nicht näher bezeichneten Standort, dann die Sekundärverwendung als Türschwelle. Jedoch auch in letzterer Funktion scheint der Stein 1823 nicht mehr auffindbar gewesen zu sein, denn Reil hat das Denkmal offenbar nicht selbst gesehen. Die 1839 erschienene Darstellung Schweickhardts übernimmt lediglich die zweite Angabe Reils und bringt also unverändert die Nachricht, den Stein „hatte ein Bauer aus dem Dorfe Altenburg lange vor seiner Hausschwelle liegend gehabt“[11]. Honorius Burger schreibt 1862 in seiner Stiftsgeschichte bezüglich des Gedenksteines „(. . .) und soll daselbst [also in der Nähe des Heidenteiches bei Altenburg, siehe dazu unten; Anm. des Verfassers] eine Denksäule gestanden haben, die aber vor beiläufig 60 Jahren abgebrochen ist, und von einem Bauer als Thürschwelle verwendet worden sein soll“[12]. Es scheint der Erwähnung wert, dass ausgerechnet Burger, der den Stein offensichtlich auch nicht mit eigenen Augen gesehen hat, später (1893) als Gewährsmann für dessen Standort zu seiner Regierungszeit genannt wird: „Abt Honorius Burger hat den genannten Gedenkstein im Dorfe Altenburg vor einem Hause als Stufe verwendet gesehen“[13]. Nach Helmling sei der Stein 1892 als „Pflasterstein“ gefunden worden[14]. Unstreitig ist jedenfalls die museale Verwahrung seit der Hebung 1892 in der Abtei Altenburg[15]. Nach der Klärung der Präliminarien der Fundgeschichte, deren Ausführlichkeit durch die dargestellten Widersprüche gerechtfertigt scheint, soll nun auf den Inhalt der Inschriften eingegangen werden.

3. Inhalt der Inschriften

Am Leodegarstag (2. Oktober) 1304 waren in der unmittelbaren Nähe der Abtei Altenburg angeblich 7000 Kumanen auf der Flucht von den Truppen König Albrechts I. gestellt worden. In der darauf folgenden Schlacht wurden zwischen 400 und 500 Kumanen getötet, der Rest vertrieben.

Da dieses Kriegsereignis kaum größeren Niederschlag in der niederösterreichischen Landesgeschichtsschreibung, geschweige denn der gesamtösterreichischen Historiographie gefunden hat, auch die Rolle der Kumanen in der 2. Hälfte des 13. und am Beginn des 14. Jahrhunderts in der mitteleuropäischen Geschichte nicht allgemein bekannt sein dürfte, soll hier eine kurze Übersicht zu diesem Thema gegeben werden.

Die Kumanen (lat. comani und cumani von gr. κουμανοι, mhd. valwen), ein reiternomadisches Turkvolk ungeklärter Herkunft, beherrschten im 11. Jahrhundert einen Raum von der Donau im Westen bis zum Talas-Fluss in Zentralasien im Osten. In erster Linie von der wenig ausgeprägten Landwirtschaft und periodischen Raubzügen (nach Sklaven und Luxusgütern) lebend, unterhielten die Kumanen jedoch auch Handelsbeziehungen mit Westeuropa. Zunächst Anhänger schamanischer Kulte, verbreitete sich bei ihnen im 11. Jahrhundert teilweise der Islam, ab dem 13. Jahrhundert setzten orthodoxe und katholische (franziskanische) Missionierungsbestrebungen ein, doch wurde die Christianisierung erst im 14. Jahrhundert abgeschlossen. Im Inneren ohne eine eigentliche Zentralgewalt, bildeten sie wichtige Verbündete der umliegenden Reiche wie etwa der Kiever Rus'. Doch unternahmen die Kumanen weiterhin häufige Überfälle auf benachbarte Territorien (etwa Byzanz im 11. und 12. Jahrhundert). In Ungarn wurden etwa 20.000 Kumanen infolge des Verlustes ihrer alten Lebensräume durch den Mongolensturm zwischen 1239 und 1245 gegen den Widerstand der ungarischen Adeligen unter König Béla IV. angesiedelt[16]. Seit dieser Niederlassung in Ungarn finden sich Kumanen (deren Führungsschicht ab etwa 1290 dem ungarischen Adel rechtlich gleichgestellt war) immer wieder als leicht bewaffnete berittene Hilfstruppen in Schlachten wieder, wo sie stets in engem Zusammenhang mit den Ungarn genannt werden, so etwa bei der Schlacht von Dürnkrut und Jedenspeigen 1277 auf der Seite der Verbündeten Rudolfs von Habsburg[17]. Mit König László IV., genannt „der Kumane“, regierte Ende des 13. Jahrhunderts ein kumanischer Herrscher in Ungarn[18].

Als Reiterkontingent befanden sich Kumanen auch 1304 im Heer König Karls von Ungarn, der gemeinsam mit dem römischen König Albrecht I. und dessen Sohn, Herzog Rudolf von Österreich, einen bewaffneten Zug in die Länder seines Gegners im Streit um die ungarische Königskrone, König Wenzels von Böhmen, unternahm. Im Verlauf der Kriegszüge wurden auf Seiten der Österreicher Klagen über die verbündeten Kumanen laut, denen schwerwiegende Übergriffe auf die niederösterreichische Zivilbevölkerung zur Last gelegt wurden[19]. Für diese Ereignisse existieren in erster Linie drei annähernd zeitgenössische Quellen, nämlich die Continuatio Zwetlensis tertia[20], die so genannten Annales Zwetlenses[21] und die so genannte Österreichische Reimchronik[22]. Nach der Continuatio soll den Kumanen das Beutemachen sogar von Herzog Rudolf gestattet worden sein „loco solarii“, also anstelle eines Soldes[23]. Gegen Mitte September 1304 häuften sich allerdings im Feldlager der Verbündeten zwischen Weitra und Gmünd die Beschwerden der Österreicher, so dass König Albrecht sich zum Einschreiten veranlasst sah und die Freilassung der menschlichen Beute forderte. Nach Ablehnung der Übergabe beschloss angeblich ein 7000 Mann starker Teil der Kumanen und Ungarn eine nächtliche Flucht. Nach Bekanntwerden dieser Desertion befahl Herzog Rudolf 4000 gut gerüsteten Reitern die Verfolgung der Flüchtigen, von denen etwa 400 „in die beati Leodegarii una feria sexta[24]“ zwischen Feinfeld (Gem. Feinfeld-Neubau, Bez. Horn) und Altenburg unter der Führung Meinhards von Ortenburg gestellt und getötet wurden. Der Rest der ehemaligen Verbündeten wurde in Richtung Eggenburg und Kühnring (Gem. Burgschleinitz-Kühnring, Bez. Horn) vertrieben, die befreiten Gefangenen verblieben zunächst in Altenburg. Mit den Gefallenen aber wurde folgendermaßen verfahren: „ubi [also in Altenburg] etiam cadavera occisorum hinc inde sparsa per agros per abbatem loci collecta, ac in foveam grandem, ne aerem corrumperent, sunt proiecta; inter quos quidam nobilissimus comes, qui dicebatur dux ante Silvam, est occisus“[25]. Die weniger ausführlichen Annales Zwetlenses folgen inhaltlich den Aussagen der Continuatio und schließen mit der Datierung „Facta est autem hec strages in die sancti Leodegarii martiris[26]. Die Österreichische Reimchronik setzt die Zahl der getöteten Kumanen höher an: „die ze fliehen wâren laz,/ der wurden an dem nâch jagen / wol funf hundert erslagen“[27]. Außerdem weiß sie von den Tagen nach der Schlacht zu berichten: „dô der âbent ane gie, / dô kômen alle die, / die mit nâch jagen / der Valben heten vil erslagen / und die niht verrer mohten komen. / herberge wart genomen / bî Horne vil nâhen. / ein klôsterlîn si da sâhen / in den selben kreizen, / was Altenburc geheizen. / darin legten sich die herren; / von einander niht verren / daz ander gesinde lac. / unz an den funften tac / heten si dâ bit“[28].

Mit diesem Quellenwissen ausgerüstet, fällt es tatsächlich nicht schwer, die Inschrift des Steines auf die „Kumanenschlacht“ des Jahres 1304 zu beziehen. Ob aber deshalb automatisch und unbedenklich anzunehmen ist, Abt Seifried I. von Altenburg (siehe weiter unten) selbst habe das Denkmal in unmittelbarer Folge der Schlacht setzen lassen[29], scheint aus folgenden Gründen der eingehenden Untersuchung wert:

4. Problematik des Denkmales

Das auf der Vorderseite des Denkmales eingehauene lateinische Kreuz mit relativ breiten Balken und geraden Balkenenden weist eine Gestaltung auf, wie sie üblicherweise als für die Mitte des 12. Jahrhunderts auf Kleindenkmälern typisch angesehen wird[30], während die Inschrift aufgrund weiter unten zu besprechender Kriterien tatsächlich in einen engeren Zeitraum nach dem schon aus dem Text zu gewinnenden terminus post quem 1304 zu datieren ist. Wie bereits oben bemerkt, ist die erste Zeile der Inschrift auf der Vorderseite so eingehauen, dass *PO* von *TEMPORIBVS* innerhalb der Linien des senkrechten Kreuzesbalkens zu stehen kommt. Da aber mit dem Wortbeginn auf der Höhe des linken Querbalkenendes angesetzt wurde, entstand so eine deutliche Lücke zwischen *M* und *P;* offenbar wollte man der durch das Kreuz vorgegebenen Symmetrie in der Gestaltung der Inschrift Rechnung tragen. Außerdem musste die zweite Zeile wesentlich kleiner ausgeführt werden, um innerhalb des Querbalkens Platz zu finden. Das bedeutet aber, dass tatsächlich das Kreuz schon vor der Inschrift auf dem Stein gewesen sein muss: Handelt es sich bei dem „Kumanenstein“ möglicherweise um die sekundäre Beschriftung eines ursprünglich inschriftlosen Kreuzsteines aus dem 12. Jahrhundert?

Stelenartige Flurdenkmäler mit eingeritzten oder eingehauenen Kreuzen wie der Altenburger Stein sind in Mitteleuropa außerhalb Österreichs in großer Zahl aus dem Hoch- und Spätmittelalter erhalten geblieben und besonders in Deutschland seit den dreißiger Jahren des 20. Jahrhunderts zum Fachgebiet einer stark regional orientierten Forschung geworden[31]. Für die Bedeutung und Funktion der inschriftlosen Steinkreuze und Kreuzsteine wurden unterschiedliche Theorien angeführt: Die wohl verbreitetste Deutung bezieht sich auf die Errichtung einzelner Denkmäler im Zusammenhang einer Sühne[32]: Als Form einer gewissermaßen privaten Beilegung einer sonst Blutrache nach sich ziehenden Streitsache (zum Beispiel Totschlag) konnte im Mittelalter oft im Rahmen eines Sühnevertrages die zu erbringende Leistung des Schädigers festgelegt werden[33]. Nicht selten sind in Deutschland Sühneverträge erhalten geblieben, in denen sich auch mitunter die Errichtung eines Steinkreuzes an der Stelle des Totschlages als Bedingung findet[34].

Die Frage, ob es sich bei dem „Kumanenstein“ um einen frühen unbeschrifteten Sühnekreuzstein handeln könnte, ist eher negativ zu beantworten: Zunächst ist die Zuordnung eines inschriftlosen, undatierten Denkmales zu einem konkreten Ereignis ohne entsprechende Quellen naturgemäß schwierig, darüber hinaus aber sind in österreichischen Archiven generell kaum Sühnebriefe erhalten [35]. Eine im Stiftsarchiv Altenburg aufbewahrte spätere Urkunde scheint zwar aus einem Sühnevertrag hervorgegangen zu sein[36], Hinweise auf die Anfertigung eines Sühnekreuzes, die zumindest exemplarisch das Bestehen solcher Denkmäler für die Region nachweisen hätten können, fehlen jedoch. Weiters schiene unklar, wieso der Auftraggeber einer Gedenkinschrift an die Schlacht von 1304 einen älteren Kreuzstein mit der aktuellen Inschrift versehen lassen hätte sollen. Für den Fall, dass tatsächlich Abt Seifried das Denkmal setzen ließ, hätte er einen alten Stein mit ursprünglich anderer Funktion versetzen und an die Schlachtstätte verbringen lassen müssen, was absurd scheint. Besondere, ein solches Vorgehen erklärende Symbolik kann sich mit dem Stein nicht verbunden haben. Außerdem darf man wohl davon ausgehen, dass für ein memoratives Denkmal wie den vorliegenden Stein kein „Stein-Recycling“ vorgenommen worden wäre, zumal unser Objekt ja keineswegs aus kostbarem Material, sondern aus lokal gewonnenem Gestein besteht. Für den Fall, dass die Inschrift erst unter einem der Nachfolger Seifrieds angefertigt wurde, würde eine solche Vorgangsweise noch weniger sinnvoll erscheinen. Zweifellos war der Schauplatz der Ereignisse, an die man erinnern wollte, noch genau bekannt (sonst erübrigte sich ja die Angabe *HIC IN CAMPO*), eine nachträgliche Beschriftung eines vielleicht irrtümlich für den originalen Schlachten-Gedenkstein gehaltenen älteren Sühnesteines kann also ausgeschlossen werden. Ansonsten gilt auch hier, und hier noch mehr, was schon für eine Entstehung unter Abt Seifried gesagt wurde. Es scheint sinnvoll, die Inschrift selbst als Hilfsmittel einer Datierung heranzuziehen.

Die durchwegs, besonders jedoch auf der Rückseite, von geringer Schriftdisziplin und Stilisierung erfüllte Inschrift (einzelne über der Basislinie stehende Buchstaben und ein starkes Schwanken der Buchstabengrößen sind augenfällig) wurde durchwegs mit eher linearem, wenig flächigen und geringe Bogenschwellungen aufweisenden Duktus eingehauen (vgl. Abb. 3). Es fällt auf, dass die Beschriftung der Vorderseite einheitlichen Charakter aufweist, während auf der Rückseite die ersten drei Zeilen, dann Zeile 4 und 5 vom Duktus und den Proportionen der Inschrift her zusammengehörig sind, Zeile 6 und 7 von den beiden anderen leicht abweichen, schließlich Zeile 8 in jeder Hinsicht völlig aus dem Rahmen fällt. Im einzelnen ist die Inschrift um Variation durch einige Doppelformen bemüht: A, D, F, M und U sind jeweils mit wenigstens zwei Formen wiedergegeben. Zu einer Zeit des sich im Sinne eines ausgeprägten neuen Formgefühls (weiter zunehmende Übernahme unzialer Grundformen, Bogenschwellungen, Schließung von Buchstaben usw.) erst verdichtenden epigraphischen Schreibens in Stein entstanden, weist die Inschrift sowohl eher konservative und retardierende Elemente als auch äußerst progressive und produktive Merkmale auf: So steht der erwähnten, relativ linearen Schreibweise etwa die an Einzelformen zu beobachtende (auch schon in der spätromanischen Majuskel zu beobachtende) keilförmige Erweiterung von Schaftenden gegenüber. An einzelnen Buchstaben lässt sich diese Durchdringung von in die Vergangenheit deutenden und zukunftsweisenden Formen zeigen. Dem zahlenmäßig klar überwiegenden konservativen trapezförmigen A mit beidseitig überstehendem Deckbalken und meist geradem, teils eine leichte Brechung andeutendem Mittelbalken steht ein einzelnes sehr schmales pseudounziales A mit senkrechtem rechten Schaft, moderat links überstehendem Deckbalken, geradem Mittelbalken und geschwungenem linken Schaft gegenüber. C ist hingegen bereits durchwegs mit einem geraden bis leicht durchgebogenen Haarstrich geschlossen. D existiert in einer unzialen, mandelförmigen Ausprägung mit nach oben umgebogenem oberen Bogenabschnitt gleichberechtigt neben eingeschnürtem kapitalen D. Unziales geschlossenes E schwankt zwischen annähernd halbkreisförmigem und halbelliptischem Buchstabenkörper. F erscheint sowohl in kapitaler Form, allerdings mit stark verbreiterten Schaftenden, als auch in runder Form, einmal zeigt der Steinmetz Unsicherheit zwischen beiden Formen. G ist mit einer etwa in der Buchstabenmitte leicht eingerollten Cauda und keilförmiger Verbreiterung des oberen Bogenendes versehen. Das eine in der Inschrift auftauchende H ist unzial ohne Deckbalken ausgeführt. Der Schaft des I ist deutlich eingeschnürt. L (stark abgetreten) scheint einmal mit dem leicht verbreiterten Balkenende unter die Basislinie zu reichen. M ist zweimal als unziales M mit links geschlossenem Bogen, das rechte Bogenende dabei leicht eingerollt einmal unter die Basislinie reichend, einmal hingegen als symmetrisches unziales M mit kreisrunder Innenkontur und durchgebogenem Abschluss-Strich ausgeführt. N folgt (soweit keine Beschädigung vorliegt) der kapitalen Form, allerdings mit deutlich verbreiterten Schaftenden. O ist tendenziell kreisrund ausgeführt. Das obere Schaftende von P wird leicht nach links umgebrochen. T, durchwegs in runder Form, weist zweimal ein Einrollen des unteren Bogenendes und ein Umbiegen des linken Endes des Balkens parallel zum Bogen auf. Zwei kapitalen V mit Deckbalken (!) stehen zwei unziale U gegenüber, wobei eines der beiden sehr schmal geriet, das andere spiegelverkehrt ausgeführt wurde, so dass an dem linken Schaft ein Bogen ansetzt.

Von den Einzelformen zurück zum allgemeinen Eindruck der Inschriften. Während die Vorderseite in einem relativ harmonischen Wechsel breitere und schmälere Formen nebeneinander stellt, weist die Inschrift der Rückseite bis Zeile 5 und wieder Zeile 7 durchwegs breite, zum Teil sehr wuchtig wirkende Formen auf. Zeile 6 wirkt (mit Ausnahme von breitem B und V) teilweise sehr schlank und fast gelängt, Zeile 8 schließlich bringt eine völlig unbeholfene Aneinanderreihung von riesigen Einzelbuchstaben ohne einheitliches Formniveau. Bezüglich der Anfertigung durch einen oder mehrere Steinmetzen ist zu sagen, dass der schlechte Erhaltungszustand und das geringe Stilisierungs- und Ausführungsniveau der Inschrift eine Zuordnung zu einzelnen Händen kaum möglich machen: Doch lassen sich alle Zeilen mit Ausnahme der letzten wohl trotz der teilweise beträchtlichen Schwankungen im Kanon (siehe Abb. 3) einem Ausführenden zuschreiben, da auch innerhalb einzelner Zeilen Abweichungen im Formenbestand zu erkennen sind. Der unterschiedliche Charakter der Buchstaben und die wechselnden Proportionen und Gestaltungselemente dürften hier dem Unvermögen des Steinmetzen, dem wohl wenig Übung im Anfertigen von Inschriften zu Eigen war, zuzuschreiben sein. Eine nachträgliche, wenn auch nicht viel spätere Hinzufügung dürfte die letzte Zeile darstellen: Sowohl der Bruch im Formular des Textes als auch die nun völlig niveaulose Schriftgestaltung setzen diesen Teil deutlich von der übrigen Inschrift ab. Offenbar war bei der ursprünglichen Beschriftung ein Fehler, die Zahl der Getöteten betreffend, unterlaufen. Wie wir bereits wissen, nennen die historiographischen und erzählenden Quellen 400 beziehungsweise 500 Tote. Zunächst scheint jedoch nur die Zahl *IIII* am Ende der siebenten Zeile eingehauen worden zu sein, vermutlich irrtümlich statt *CCCC*. Um diesen Fehler zu verbessern, wurde später die Zeile mit der nun ausgeschriebenen Zahl *ET CENTVM* hinzugefügt, was jedoch nach dem Gesagten wohl als vierhundert zu verstehen ist. Mit zu der äußerst undisziplinierten Ausführung der letzten Zeile hat möglicherweise der Umstand beigetragen, dass zum Zeitpunkt ihrer Abfassung der Stein bereits senkrecht auf der Begräbnisstätte aufgestellt war, somit die Buchstaben in einer Höhe von etwa 2 cm über dem Boden einzuhauen waren. Bezüglich einer Datierung der Inschrift stehen einander wie erwähnt konservative Merkmale (zum Beispiel eher lineares Schreiben, deutliches Dominieren einzelner kapitaler, dem runderen Gestaltungsprinzip der entwickelten Gotischen Majuskel schlecht entsprechender Formen wie N und

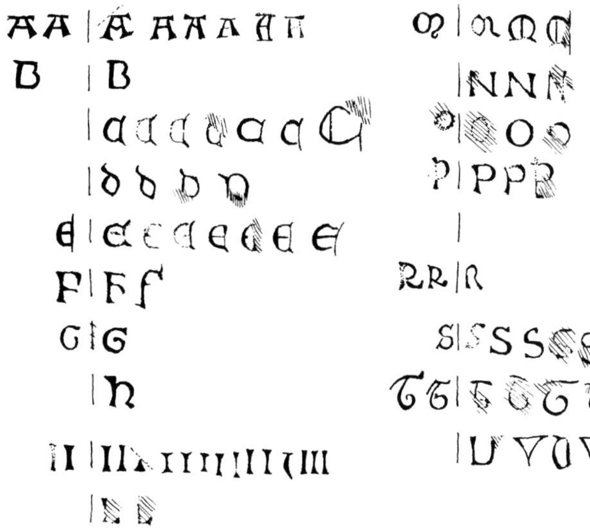

Abb. 3:
Nachzeichnung der Schriftformen
(nach Vorder- und Rückseite getrennt).

A, ein überwiegend runder, breiter Eindruck) zukunftsweisenderen Elementen (etwa Schließung von Buchstaben mit durchgebogenen Haarstrichen, Deckstrichen bei kapitalem V) gegenüber[37].

Die genannten Merkmale und eine Gegenüberstellung der Einzelformen lassen die Inschrift mit Vorsicht – in Anbetracht der dünn gesäten regional vergleichbaren Beispiele und des Erhaltungszustandes des Denkmales – in das 1. Viertel des 14. Jahrhunderts datieren. Somit wäre eine Entstehung des Denkmales zur Zeit Abt Seifrieds I. auch aus inschriftenpaläographischer Sicht gut vorstellbar. Bezüglich der Form des Kreuzes ist zu sagen, dass die Kriterien für die erwähnte Datierung in das 12. Jahrhundert ausschließlich an punktuellen Beispielen aus Deutschland entwickelt wurden, die nicht unbedingt für die Verhältnisse in Niederösterreich anwendbar sein müssen. Zudem konnte festgestellt werden, dass der ausführende Steinmetz bei einem durchaus klobigen Schreiben verblieb. Es scheint nicht überzogen anzunehmen, dass dem bildnerisch-grafischen Gestaltungsvermögen des Handwerkers die einfache Form des lateinischen Kreuzes eher entgegenkam als kompliziertere Lösungen. Die oben geschilderte Tatsache, dass das Kreuz offensichtlich vor der Inschrift eingehauen wurde, muss dem keineswegs widersprechen. Diese Abfolge kann auch für die in einem Arbeitsgang erfolgte Herstellung von Inschrift und Zeichen zutreffen. Nun ist zu beachten, dass ja der Gedenkstein nicht als Grabdenkmal zu verstehen ist, in welchem Fall man vielleicht mehr Aufwand in der Gestaltung betrieben hätte. Zudem muss aber darauf hingewiesen werden, dass das Kreuz bei der ursprünglichen Aufstellung für den Betrachter gleichsam aus dem Boden zu wachsen schien, da der senkrechte Kreuzesbalken unmittelbar aus dem im Erdreich versenkten Sockel des Steines steigt. Offenbar sollte das Denkmal an ein freistehendes Steinkreuz erinnern, das jedoch nicht vollplastisch ausgeführt werden konnte, da sonst der Platz für die geplante Inschrift nicht ausreichend gewesen wäre[38]. Damit sind wir aber bei der abschließenden Frage nach der Funktion des Denkmals angelangt.

Einer der häufigsten Beweggründe zur Errichtung von Denkmälern des Totengedächtnisses, die schriftliche Ergänzung der liturgischen Memoria[39], kann hier ausgeschlossen werden. Schließlich bezeichnet die Inschrift die Getöteten bewußt als „Pagani", während die oben erwähnten Quellen stets von „Comani" oder „Valwen", nur ein einziges Mal von „Heiden" sprechen. Vielmehr geht es dem Denkmal um die Darstellung des Ereignisses als Schlacht- und Siegesbericht, dem die Kenntnis des Geschehens wohl aus eigener Anschauung zugrunde liegt. Sowohl die Nennung der Zahl der Toten als auch die Selbstverständlichkeit, mit der die Kumanen nur als „Pagani" bezeichnet werden, setzen bei dem Auftraggeber der Inschrift und ihrem zeitgenössischen Leser die nötigen Hintergrundinformationen voraus. Wenn dabei das Denkmal über die Funktion der historischen Erinnerung im öffentlichen Raum hinaus den Ort des Geschehens bezeichnet, so ist freilich eine funktionale Verbindung des Gedenksteines zu den oben angesprochenen Steinkreuzen, die zum Andenken an einen Unglücksfall oder Mord an der Stelle des Ereignisses errichtet wurden, gegeben. Bereits für das Ende des 10. Jahrhunderts ist ein solcher Gedenkstein bei Adam von Bremen bezeugt: „(. . .) Burwido fecit duellum contra campionem Sclavorum, interfecitque eum; et lapis in eodem loco positus est in memoriam"[40]. Ein mit unserem Stein annähernd gleichzeitiges Denkmal in Form eines beschrifteten Kruzifixes war für den in der Schlacht am Hasenbühl bei Göllheim (Pfalz) 1289 gefallenen König Adolf von Nassau bald nach dem kriegerischen Ereignis an Ort und Stelle gesetzt worden[41]. Dass der Altenburger Stein zweifellos in einer Tradition ähnlicher Denkmale gestanden haben muss, die allerdings aus so früher Zeit kaum auf uns gekommen sind, zeigen mehrere Gedenksteine des 15. Jahrhunderts, die dem Formular unserer Inschrift weitestgehend folgen. Sowohl Denkmäler individueller Memoria für Einzelpersonen als auch kollektiven Gedächtnisses der Gefallenen und Ereignisse verschiedener Schlachten bedienen sich dann mit nur geringen Abweichungen und in unterschiedlicher Ausführlichkeit des uns bekannten Formulars: Jahr / Tagesdatum / Angabe des Ereignisses beziehungsweise Todesfalles mit Zahl der Opfer / Angabe des Ortes[42].

Der „Kumanenstein" ist also ein Denkmal, das der Memoria einer als bedeutsam empfundenen Schlacht gewidmet ist, wobei die Hauptaussage unzweifelhaft nicht auf dem Gedächtnis der Gefallenen, sondern auf der Demonstration des Sieges liegt.

5. Zusammenfassung

Bei der abschließenden Suche nach dem Auftraggeber unseres Denkmales erhebt sich die Frage, wer denn überhaupt am meisten an einer (in)schriftlichen Memoria des Kriegsereignisses Interesse und Möglichkeit zur Ausführung derselben hatte. Dies wäre nun gewiss Abt Seifried I. selbst. 1297 als Prior zum 11. Abt und Nachfolger Abt Walchuns gewählt, regierte er die Abtei 23 Jahre lang bis zu seinem Tod am 5. Mai 1320. In seine Regierungszeit fielen der Ankauf umfänglicher Gülten und der Empfang zahlreicher Stiftungen, darunter auch die Spitalsstiftung Hadmars von Sunnberg zu Asparn 1308[43]. Zweifellos hatte Abt Seifried beste Verbindungen zu führenden Ministerialiengeschlechtern (Albero, der Sohn eines anderen Sunnbergers und zumindest ein weiterer Angehöriger einer Adelsfamilie waren unter Seifried in die Abtei eingetreten[44]) und wusste deren Potential an Seelgerätsstiftungen an das Stift zu ziehen, zudem erfolgte während seiner Regierungszeit der Umbau der Veitskapelle des Klosters und anderer Teile der Anlage. Ebenso steht Seifrieds unmittelbare Anteilnahme an den kriegerischen Ereignissen um die Abtei 1304 außer Zweifel. Sowohl die Geschehnisse der Schlacht selbst als auch die anschließende Beherbergung der Ritter Herzog Rudolfs im Stift (siehe oben) dürften keine geringe Aufregung im Konvent verursacht haben. Schließlich war es wiederum auch Abt Seifried, der die Beisetzung der gefallenen Kumanen in einem Massengrab veranlasste. Da aus dem Text der Inschrift ebenfalls hervorgeht, dass der Urheber des Gedenksteines im Kloster Altenburg zu suchen ist (sowohl die auf der Vorderseite des Denkmales angebrachte Datierung des Ereignisses nach dem regierenden Abt als auch der deutliche Hinweis auf die von Abt Seifried ausgehobene „fossa" geben ausreichenden Grund zu dieser Annahme), darf wohl – gestützt auf die oben gebotenen Datierungsansätze – mit einiger Sicherheit auf Abt Seifried I. von Altenburg als Auftraggeber geschlossen werden.

Damit wäre der „Kumanenstein" tatsächlich ein einzigartiges Denkmal früher Schlachtenmemoria in Stein, dem nach Kenntnis des Autors zumindest in Niederösterreich, wahrscheinlich aber im ganzen Bundesgebiet nichts Vergleichbares an die Seite zu stellen ist.

---

[1] [Friedrich Endl], Notiz 150, Mittheilungen der k.k. Central-Commission zur Erforschung und Erhaltung der Kunst- und historischen Denkmale XVIII, 1892, 243. – N. N. (nach der vorgenannten Mitteilung), Gedenkstein an die Schlacht gegen die Kumanen bei Hainfeld (!) 1304, Monatsblatt des Alterthums-Vereines zu Wien IV, 1893/95, 6.

[2] Zur Person und dem umfangreichen publizistischen und sonstigen Schaffen Endls siehe Ralph Andraschek-Holzer, Das Lebenswerk von P. Friedrich Endl OSB (1857–1945), ein vorläufiger Bericht, in: Andraschek-Holzer (Bearb.), Benediktinerstift Altenburg 1144–1994 (= Studien und Mitteilungen zur Geschichte des Benediktinerordens und seiner Zweige, Erg.-Bd. 35), St. Ottilien 1994, 381–408.

[3] Den schwer dafür vorstellbaren Ort der Bibliothek nennt jedoch der damalige Stiftsbibliothekar Leander Helmling, Führer durch die Geschichte und Kunstwerke der Kirche und des Stiftes Altenburg, 2. Aufl., St. Pölten 1927, 45, Anm. 4.

[4] Das Alte Kloster. Baukunst und Mönchsleben im mittelalterlichen Altenburg. Benediktinerabtei Altenburg 1144–1994, Kat.-Nr. 29.

[5] Wie Anm. 1.

[6] Endls unvollständige und fehlerhafte Lesung ist unverändert in den Text der Kat.-Nr. zur Ausstellung 1994 (wie Anm. 4) übernommen worden.

[7] N. N., Gedenkstein (wie Anm. 1), nennt den Fund „einen historisch wichtigen Gedenkstein", Endls zugrundeliegenden Bericht (wie Anm. 1) „so interessant", dass er „in seinem allgemeinen Inhalte" den Lesern vermittelt werden solle. Hans Tietze (Bearb., mit Beiträgen von Moritz Hoernes und Johann Krahuletz), Die Denkmale des politischen Bezirkes Horn in Niederösterreich (= Österreichische Kunsttopographie Bd. V), Wien 1911, 34, nennt den Stein als einzige Quelle zur Geschichte des Ortes Altenburg. Im Text der Kat.-Nr. zur Ausstellung 1994 (wie Anm. 4) wird er „als eines der frühesten Freidenkmäler seiner Art" bezeichnet.

[8] Angabe der Gesteinsart nach Das Alte Kloster (wie Anm. 4), Kat.-Nr. 29.

[9] Zur Schriftbeschreibung siehe weiter unten.

[10] [Johann Anton] F[riedrich] Reil, Der Wanderer im Waldviertel. Ein Tagebuch für Freunde österreichischer Gegenden, Brünn 1823, 69.

[11] [Franz Xaver Joseph Schweickhardt Ritter von Sickingen], Darstellung des Erzherzogthums Oesterreich unter der Ens [sic!], durch umfassende Beschreibung aller Ruinen, Schlösser, Herrschaften, Städte, Märkte, Dörfer, Rotten etc. etc. topographisch, statistisch, genealogisch, historisch bearbeitet und nach den bestehenden vier Kreisvierteln gereiht. Erster Band Viertel Ober-Manhardsberg, Teil 1, Wien 1839, 11.

[12] Honorius Burger, Geschichtliche Darstellung der Gründung und Schicksale des Benediktinerstiftes S. Lambert zu Altenburg in Nieder-Oesterreich, dessen Pfarren und Besitzungen, und mehrere hiesige Gegend betreffender Ereignisse, Wien 1862, 32.

[13] N. N., Gedenkstein (wie Anm. 1).

[14] Helmling (wie Anm. 3).

[15] Erwähnt bei: Thomas Strommer, Das Stift Altenburg 1144–1944. Eine Chronik, [Altenburg 1944], 8. – Karl Gutkas, Geschichte des Klos-

ters Altenburg in Mittelalter und früher Neuzeit, ungedr. Diss. Wien 1949, 15, Anm. 1.

[16] Hansgerd Göckenjan, Kumanen, Lexikon des Mittelalters V,1991, 1568f.

[17] Max Vancsa, Geschichte Nieder- und Oberösterreichs (= Deutsche Landesgeschichten, hrg. von Armin Tille, 6), Erster Band: Bis 1283, Gotha 1905, 564.

[18] Alfred H. Posselt, Kawaren, Kumanen und Kangaren. Beiträge zur Frühgeschichte Ungarns und zur Geschichte der Erhebung des G. Dozsa-Szekely (Bd. I der Reihe Historische Studien), Wien 1985, 23.

[19] Es ist an dieser Stelle angebracht, darauf hinzuweisen, dass diesem Vorwurf bereits mehrere Jahre und Jahrzehnte österreichischer und katholischer ungarischer Agitation gegen die benachbarten, nicht christianisierten Kumanen vorangegangen waren: Schon den Mongolensturm von 1241 hatte man in ursächlichem Zusammenhang mit kumanischen Expansionsplänen gesehen, bald darauf wurde in Heiligenkreuz und Wien zum Kampf gegen die Mongolen aufgerufen, von denen man die Kumanen nicht klar unterscheiden wollte: Vancsa (wie Anm. 17), 478. – Posselt (wie Anm. 18), 22.

[20] Continuatio Zwetlensis tertia, ed. Georg Pertz, MGH Scriptores IX, unveränderter Nachdruck der 1. Ausgabe Hannover 1851, Stuttgart 1983, 654–669.

[21] Annales Zwetlenses, ed. Georg Pertz, MGH Scriptores IX (wie Anm. 20), 677–684.

[22] Ottokars Österreichische Reimchronik. Nach den Abschriften Franz Lichtensteins, hrg. von Joseph Seemüller, MGH Deutsche Chroniken V/2, unveränderter Nachdruck der 1. Ausg. Hannover 1890/93, München 1980.

[23] Continuatio (wie Anm. 20), 660, danach, wenn nicht anders vermerkt, das Folgende.

[24] Continuatio (wie Anm. 20), 661. Übersetzt: am Leodegarstag, einem Freitag.

[25] Ebd. Übersetzt: „Hier ließ auch der Abt des Ortes die Leichen der überall auf den Äckern verstreuten Getöteten sammeln und in einen großen Graben werfen, damit sie nicht die Luft verpesteten. Unter ihnen war auch ein edler Fürst mit dem Namen Herzog vor dem Wald getötet worden".

[26] Annales (wie Anm. 21), 680. Übersetzt: „Diese Schlacht aber geschah am Tag des heiligen Märtyrers Leodegar".

[27] Österreichische Reimchronik (wie Anm. 22) v. 84772–84774.

[28] Ebd., v. 84805–84819.

[29] Dies wird vorausgesetzt etwa bei Tietze (wie Anm. 7), und Das Alte Kloster (wie Anm. 4), Kat.-Nr. 29.

[30] Vgl. Karl Friedrich Azzola, Zur Ikonographie des Kreuzes auf Kleindenkmälern des Hoch- und Spätmittelalters im deutschen Sprachraum, in: Harald Zimmermann (Hrg.), Deutsche Inschriften. Fachtagung für mittelalterliche und neuzeitliche Epigraphik Worms 1986 (= Abhandlungen der Geistes- und Sozialwissenschaftl. Klasse der Akad. der Wiss. und der Literatur Mainz, Jahrgang 1987/Nr. 12), Stuttgart 1987, 9–41, besonders 16 und Abb. 10–14.

[31] Vgl. als ersten Überblick W. Leiser, Steinkreuz, Handwörterbuch zur Deutschen Rechtsgeschichte IV, 1990), 1948f. Zur deutschen Forschungslage auch sehr knapp Ada Paul, Steinkreuze und Kreuzsteine in Österreich. Eine Bestandsaufnahme, Horn 1975, 1f.

[32] Ebd., 10–12.

[33] E. Kaufmann, Sühne, Sühneverträge, Handwörterbuch zur Deutschen Rechtsgeschichte V, 1998, 72–76, hier 74.

[34] Ebd., und Leiser (wie Anm. 31), 1949, mit dem konkreten Beispiel eines beschrifteten Sühnekreuzes für einen 1299 bei einer Fehde erschlagenen Bischofs von Straßburg. Andere bekannte Sühne- und Gedenkkreuze (etwa Regensburg, 1313, und Dassel, 14. Jahrhundert) erinnern laut Inschrift ebenfalls an Unglücks- oder Mordfälle, deren Tatort sie bezeichnen: Walter Koch (unter Mitarbeit von Franz Bornschlegel u. a.), Literaturbericht zur mittelalterlichen und neuzeitlichen Epigraphik (1985–1991) (= MGH Hilfsmittel 14), München 1994, 107, 123 und 322–324 und die dort angegebene Literatur.

[35] Paul (wie Anm. 31), 12.

[36] (1314 September 8) FRA 2/21/1, Nr. CXXVIII: Berthold Graf von Hardegg schenkt dem Stift Altenburg Güter zu einer ewigen Seelmesse für einen Ungenannten in der zum Kloster gehörigen Kirche zu Retz „durch eines totslages willen".

[37] An für eine Datierung aussagekräftigen Einzelformen seien besonders erwähnt: C, das in dem an den Anfang des 14. Jahrhunderts zu setzenden Grabplattenfragment der Veitskapelle der Abtei Altenburg (siehe den vorhergehenden Beitrag, S. 74) erst eine – allerdings durchgebogene – Schließung andeutet, hier jedoch bereits durchgehend geschlossen ist, die wenn auch singuläre Verwendung eines I mit deutlich geschwelltem Schaft, gleichzeitige Verwendung des im regionalen Vergleich eher als konservativ zu wertenden unzialen M mit geschlossenem linken Bogen und des symmetrischen unzialen M, ausschließliche Verwendung von kapitalem N und T mit eingerolltem, aber keine Schließung des Buchstabens andeutenden Bogenende. Das C der letzten Zeile mit eingestelltem Schaft muss nicht auf eine spätere Datierung hinweisen: Die gleiche, nicht als lineare Ausführung der fetten Bogenschwellungen der Gotischen Majuskel der Mitte des 14. Jahrhunderts, sondern als Übernahme aus dem Versalienbestand der gotischen Kursiven des 13. Jahrhunderts zu verstehende Form weist etwa die Inschrift des Grundsteines der Winterbacher Pfarrkirche von 1309 auf (Die Inschriften des Rems-Murr-Kreises, gesammelt und bearb. von Harald Drös und Gerhard Fritz [= Die Deutschen Inschriften 37] ,Wiesbaden 1994, Kat.-Nr. 10, Abb. 6, vgl. auch ebd. XLV) und als regional unmittelbar vergleichbares Beispiel die Grabplatte einer Gebwirg von 1303 in der Pfarrkirche Altpölla (Gem. Pölla, Bez. Horn).

[38] Die Form eines einfachen lateinischen Kreuzes hat etwa ein beschriftetes Steinkreuz aus dem 4. Viertel des 13. Jahrhunderts im mittelrheinischen Viernheim: Die Inschriften des Landkreises Bergstraße, gesammelt und bearb. von Sebastian Scholz (= Die Deutschen Inschriften 38), Wiesbaden 1994, Kat.-Nr. 18, Abb. 18. Mehrere regional unmittelbar gegenüberzustellende, allerdings inschriftlose Beispiele: Paul (wie Anm. 31), 17–32.

[39] In Anbetracht der fast unüberschaubaren Fülle an Literatur zum Thema der Memoria muss hier der Hinweis auf den entsprechenden Artikel des Lexikons des Mittelalters für einen ersten Überblick genügen: Otto Gerhard Oexle, Memoria, Memorialüberlieferung, Lexikon des Mittelalters VI, 1993, 510–513.

[40] Buch II, Kap. 18, übersetzt: „Burwido stritt in einem Zweikampf gegen den campio (ein zum Zweikampf bestellter Vertreter) der Slawen und tötete ihn; dann wurde ein Stein an demselben Ort zum Gedenken gesetzt": Adam von Bremen, Hamburgische Kirchengeschichte, hrg. von Bernhard Schmeidler (= Scriptores rer. Germ. in usum schol. 2), 3. Aufl., Hannover-Leipzig 1917, 74. Möglicherweise war der Stein noch zu Zeiten Adams vorhanden, so dass er ihn aus eigener Anschauung kannte; siehe ebd.

[41] Renate Neumüllers-Klauser, Schlachten und ihre „memoria" in Bild und Wort, in: Bild und Geschichte. Studien zur politischen Ikonographie, Festschrift für Hansmartin Schwarzmaier zum fünfundsechzigsten Geb., hrg. von Konrad Krimm und Herwig John, Sigmaringen 1997, 181–196, hier 195f.

[42] Vgl. dazu die Beispiele bei Neumüllers-Klauser (wie Anm. 41), 185, 187, 191 und 194.

[43] Burger (wie Anm. 12), 26–30. Vgl. auch den Beitrag des Verfassers über die Grabdenkmäler in diesem Band, Kat.-Nr. 1 und 6.

[44] Burger (wie Anm. 12), 28f.

Klöster als Orte früher archäologischer Forschungs- und Sammeltätigkeiten

unter besonderer Berücksichtigung der Stifte Herzogenburg und Göttweig

Johannes-Wolfgang Neugebauer und Fritz Preinfalk

Kunstmuseen in Klöstern und an bischöfl. Kathedralen einzurichten, ist eine uralte und ziemlich allgemeine Gepflogenheit zu nennen.
J. Fahrngruber, 1893.

Einleitung

Die Klöster Österreichs – ganz besonders jene im ur- und frühgeschichtlich intensiv besiedelten Zentralraum des heutigen Niederösterreich – spielten nicht nur eine passive Rolle als Stätten, die archäologisch untersucht wurden, sondern wurden auch selbst bei der Erkundung unserer frühesten Geschichte aktiv. So haben viele Stifte und Klöster als geistige Zentren und traditionelle Stätten des Forschens und Lehrens, aber auch des Sammelns und der Bewahrung von Kulturgütern eine Reihe von Personen hervorgebracht, die nicht nur archäologische Funde gesammelt oder ausgegraben haben, sondern sogar zu den Pionieren der Ur- und Frühgeschichtsforschung sowie der Archäologie in den römischen Provinzen zu zählen sind und als solche eine nicht unwesentliche Rolle bei der Entwicklung dieser Wissenschaften gespielt haben.

Die Kirche war allerdings schon seit jeher einer der wichtigsten Vermittler des antiken Kulturgutes. Nicht nur die Abschrift der griechisch-römischen Literatur in den Klöstern, sondern auch die Bewahrung von (archäologischen) Funden als unmittelbare Zeugen des Altertums wurde von ihren verschiedenen Institutionen vorgenommen. Im Raum nördlich der Alpen finden sich unzählige Römersteine in vielen Sakralbauten eingemauert. So berichtet um 1300 ein Mönch namens Berchtold aus Kremsmünster über Steine mit Bildern und Inschriften, die im Zuge der Renovierung der Kirche von Lorch (Enns) zutage gekommen seien. Berchtold fertigte bei dieser Gelegenheit die erste Abschrift einer römischen Inschrift in Österreich an (CIL III 5671 = 11814). Eine einmalige Verbindung zwischen Römersteinen und kirchlichen Bauwerken schuf im 17. Jahrhundert der Schreiber der Kärntner Landstände Johann Dominikus Prunner, der auf dem Zollfeld nördlich von Klagenfurt, auf dem Gebiet der römischen Stadt Virunum, das so genannte Prunnerkreuz errichtete, eine kleine Feldkapelle, in die viele römische Inschriften- und Reliefsteine der Umgebung eingemauert wurden (Abb. 1)[1].

Kurzer Abriss der Forschungsgeschichte bis ins 19. Jahrhundert

Schon in der griechisch-römischen Antike gab es Überlegungen über den Ablauf vergangener Zeitalter. Wenngleich noch völlig ohne jede wissenschaftliche Methode wurde bereits auf eine Abfolge von Epochen mit unterschiedlichen verwendeten Materialen bei Hesiod, Lukrez und Pausanias hingewiesen. So wurde der Aufstieg oder Abstieg – je nach Autor – der menschlichen Entwicklung mit dem Verwenden verschiedener Werkstoffe gleichgesetzt. Die antiken Autoren stellen durchaus eine chronologische Abfolge von der Bronze- zur Eisenzeit fest; Lukrez kann diesen Epochen noch eine Zeit voranstellen, in welcher Stein und Holz als Werkstoffe Verwendung fanden. Pausanias sieht die Zeit der Heroen als das Zeitalter mit ausschließlich bronzenen Waffen[2].

Die neuzeitliche Auseinandersetzung mit urgeschichtlichen Funden kann in drei Perioden (Abb. 2, 3 und 4) gegliedert werden[3]:

1. Kuriositätenperiode (etwa 1450–1700): Dieser Zeitraum wird durch die Sammelleidenschaft begüterter Personen ohne tief greifende Fragen gekennzeichnet. So berichtet M. Merian im „Theatrum Europaeum", dass 1645 die Schweden in Krems beim Ausheben von Laufgräben auf Überreste von Riesen (Mammutknochen) gestoßen seien; Proben von dem Fund seien auch nach Wien an den Kaiser geschickt worden[4].

2. Romantische Periode (etwa 1700–1836): In jenem Abschnitt wurden, um Funde bestimmten Völkern zuweisen zu können, die antiken Autoren herangezogen. Doch in Verkennung der historischen Tiefe der Urzeit kam es zu gröbsten Irrtümern. Ein Historiker erzählt, dass er in einer Sammlung in Pressburg „gotische" Münzen mit der Legende „Biates" und „Unno" gesehen habe; in Wirklichkeit begutachtete er spätkeltische Prägungen des „Biatec" und des „Nonnos".

3. Wissenschaftliche Periode: Erst ab 1836 beginnt man mit dem Versuch einer Gliederung der Urzeit in drei Perioden („Dreiperiodensystem") durch den dänischen Altertumsforscher Christian Jürgensen Thomsen, klar umrissene Fragen mit wissenschaftlichen Methoden zu beantworten. Eduard von Sacken veröffentlichte 1865 einen „Leitfaden zur Kunde des heidnischen Altertums mit Beziehung auf die Österreichischen Lande" mit Anweisungen für Ausgrabungen und Behandlung von Altertümern. E. v. Sacken, M. Much, J. Szombathy und besonders M. Hoernes waren die Wegbereiter einer systematischen und mit wissenschaftlichen Methoden durchgeführten österreichischen Urgeschichtsforschung des späten 19. und 20. Jahrhunderts. 1899 wurde die erste Lehrkanzel für „Prähistorische Archäologie" an der Universität Wien mit Moritz Hoernes begründet.

Bereits in der Kuriositätenperiode – in der Spätrenaissance und im Barock – entstanden Sammlungen verschiedenster Objektkategorien, die in den so genannten Kunst- und Wunderkammern, beziehungsweise in den Kuriositätenkabinetten von vorwiegend

Abb. 1:
Das Prunner-Kreuz auf dem Zollfeld, Virunum,
im 17. Jh. von Johann Dominikus Prunner errichtet.
Foto: F. Preinfalk.

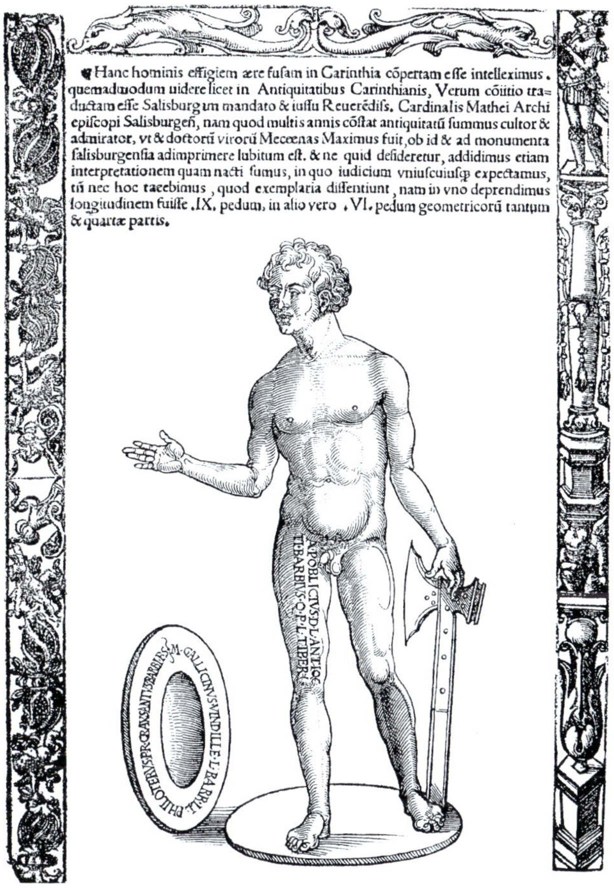

Hanc hominis effigiem ære fusam in Carinthia cõpertam esse intelleximus. quemadmodum uidere licet in Antiquitatibus Carinthianis, Verum cõitio tra=ductam esse Salisburgum mandato & iussu Reuerẽdiss. Cardinalis Mathei Archi episcopi Salisburgẽ, nam quod multis annis cõstat antiquitatũ summus cultor & admirator, vt & doctorũ virorũ Mecœnas Maximus fuit, ob id & ad monumenta salisburgensia adimprimere lubitum est. & ne quid desideretur, addidimus etiam interpretationem quam nacti sumus, in quo iudicium vniuscuiusq; expectamus, tñ nec hoc tacebimus, quod exemplaria dissentiunt, nam in vno deprendimus longitudinem fuisse .IX. pedum, in alio vero .VI. pedum geometricorũ tantum & quartæ partis.

Abb. 2:
Der 1502 entdeckte „Jüngling vom Magdalensberg“, der vom Geheimschreiber Kaiser Maximilians I., Matthäus Lang von Wellenburg, Bischof von Gurk, späterer Fürsterzbischof von Salzburg und Kardinal, erworben wurde (P. Apianus und B. Amantius, Inscriptiones sacrosanctae vetustatis, Ingolstadt MDXXXIV, Holzschnitt p. CCCXCVII).
Nach R. v. Schneider, Die Erzstatue vom Helenenberge, Wien 1893, 7.

Adeligen oder Klöstern aufgestellt wurden. Es war nicht wissenschaftliche Neugierde, die zur Schaffung dieser Sammlungen führte, sondern es war das Seltsame, das Wunderbare und Abenteuerliche, das diesen Exponaten anhaftete, das die Menschen damals faszinierte[5]. Eine der wenigen Möglichkeiten, die historische Konzeption eines naturwissenschaftlichen Museums aus der Barockzeit noch heute zu sehen, bietet sich im Stift Kremsmünster. Dort sind in der Sternwarte noch das geologische und paläontologische, das mineralogische, das physikalische, das zoologische, das anthropologische und das astronomische Kabinett untergebracht[6].

Auswahl archäologischer Sammlungen in Stiften und Klöstern Ober- und Niederösterreichs

Nachfolgend wird ein kurzer Überblick über einige exemplarisch herausgegriffene archäologische Sammlungen in Stiften aus Ober- und Niederösterreich gegeben. Dabei zeigt sich, dass diese zum einen durch Fremdkauf von Altertümern aus verschiedensten Gegenden der Welt zustande kamen, zum anderen aber, dass vieles durch entsprechendes wissenschaftliches Interesse der geistlichen Herren auch aus dem unmittelbaren Umfeld stammte.

Das Benediktinerstift Kremsmünster

Die anfangs nur aus Einzelstücken bestehende archäologische Sammlung des Stiftes Kremsmünster wurde mit den anderen wissenschaftlichen Exponaten in der Sternwarte, deren Bau 1758 fertig wurde, aufgestellt. Unter Abt Berthold Vogl (1759–1771) wurde die Sternwarte eingerichtet, wobei sie nicht bloß der Sternkunde dienen, sondern darüber hinaus ein Museum der Natur, Kunst und Altertumskunde sein sollte. So wurden im 5. Stockwerk des Turmes die Antiquitäten und Kuriositäten untergebracht[7]. Aus der Anfangszeit der Sternwarte und der dort aufgestellten Sammlungen existiert auch eine Detail-Beschreibung aller Bestände, die von P. Laurentius Doberschitz (1734–1799) in den Jahren zwischen 1764 und 1790 erstellt wurde. S. Fellöcker, der unter anderem mit den Angaben von Doberschitz in seiner „Geschichte der Sternwarte“ auch die Erstaufstellung der Sammlungen bespricht, schreibt im Kapitel über die mineralogischen Sammlungen Folgendes: *„Als Curiosität wurden gezeigt: Donnersteine (lapides ceraunii), die nach der Volksmeinung in der Luft gebildet mit dem Blitzstrahl herabgefahren, wahrscheinlich aber Keile von Waffen oder Opfermessern waren (die meisten mit Loche versehen, wahrscheinlich um einen Stiel einzustecken).“*[8]

Zu Beginn des 19. Jahrhunderts entstand die eigentliche prähistorische Sammlung, als Einzelfunde aus der

ABORIGINUM FORMA ET HAbitus: Libri primi figura.

LIBRI SECUNDI EICON. Gallogræcus, vel Galata.

Abb. 3 und 4:
„Der Landeseingeborene" und „Gallograecus", Holzschnitte
(W. Lazius, De gentium aliquot migrationibus . . ., Frankfurt MDC, Abb. p. 12 und 20).

Umgebung oder etwa 1815 die Privatsammlung von F. Steinkogler mit Hallstätter Funden in die Bestände des Stiftes kamen (Abb. 5). 1881 führte der damalige Kustos P. Anselm Pfeiffer Untersuchungen in der Lettenmayrhöhle in Kirchberg bei Kremsmünster durch, wo er neben paläontologischen Funden (denen sein Hauptinteresse galt) auch einen Eisendolch und eine eiserne Tüllenlanzenspitze fand. In der Folgezeit kamen auch regelmäßig Zufallsfunde aus der Umgebung des Stiftes zur prähistorischen Sammlung hinzu, so dass diese 1904/05 erstmals als eigene Abteilung innerhalb des Anthropologischen Kabinettes, nach wie vor im 5. Stockwerk, von P. Leonhard Angerer unter Mitarbeit von Fachleuten eingerichtet wurde[9].

Als 1988 bei Stratzing/Krems-Rehberg in Niederösterreich auf einem Grundstück des Stiftes Kremsmünster die älteste menschliche Plastik – die etwa 30.000 Jahre alte „Fanny vom Galgenberg" – gefunden wurde[10], entwickelten sich daraus neue Impulse für die archäologische Ausstellung in der Sternwarte von Kremsmünster. So wurde durch O. H. Urban vom Institut für Ur- und Frühgeschichte der Universität Wien im Mai 1992 eine Neuaufstellung der prähistorischen Sammlung durchgeführt, wobei neben einem Schwerpunkt auf die bedeutende Fundstelle von Stratzing/Krems-Rehberg versucht wurde, einen allgemeinen Überblick über die urgeschichtliche Entwicklung des Menschen zu geben[11].

Das Augustiner-Chorherrenstift St. Florian

Die Gründungssage des Stiftes St. Florian ist eng mit einem bedeutenden Ereignis in der Spätantike verbunden: So soll nach dem Martyrium des hl. Florianus am 4. Mai 304 seine Leiche am Ufer der Enns angespült und von einem Adler bewacht worden sein. Einer Frau namens Valeria erschien Florian und nannte ihr den Ort, wo sie seinen Leichnam bestatten sollte. Dies musste wegen der intensiven Christenverfolgungen heimlich erfolgen; am Ort seines Grabes geschahen später eine Reihe von Wunder und Heilungen. Dies soll an der Stelle sein, wo heute die Stiftskirche von St. Florian steht. In deren Krypta befindet sich heute

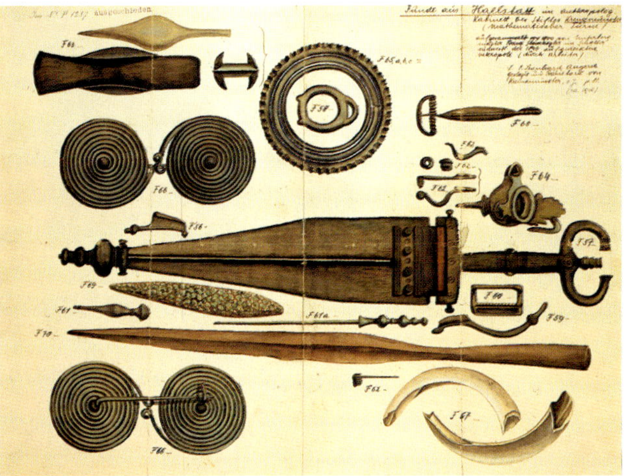

Abb. 5:
Funde der Sammlung F. Steinkogler aus Hallstatt, die sich seit etwa 1815 in der Sternwarte des Stiftes Kremsmünster befinden.
Aquarell von I. Engl oder Zeitgenossen, um 1850.
Original und Foto:
Prähistor. Abt. des Naturhistor. Museums Wien.

eine wohl aus dem 13. Jahrhundert stammende Inschrift, die von der Beisetzung der Valeria an einem 2. Mai berichtet[12].

Die archäologische Sammlung des Stiftes St. Florian entstand durch Erwerbungen der Pröpste, von zum Teil weit reisenden Augustiner-Chorherren oder durch Schenkungen an das Kloster. Eine der bedeutendsten Erwerbungen war die Münzkollektion des Apostolo Zeno (1668–1750), der als Librettist, Dichter – sogar Wiener Hofdichter – und Historiograph tätig war. Die Sammlung wurde unter dem Propst Johann Georg Wiesmayr (1732–1755) für das Stift St. Florian angekauft. Apostolo Zeno erwarb die Münzen, vornehmlich der Römischen Kaiserzeit, daneben aber auch keltische, griechische, byzantinische und orientalische Gepräge, im Zuge seiner lang gedehnten Reisen, im Besonderen in Italien. Als die Sammlung nach Österreich kam, umfasste sie 10.766 Münzen, darunter 433 in Gold. Die Sammlung wurde im Jahr 1955 vom Stift St. Florian ins Dorotheum zur Versteigerung gegeben und dabei zerteilt (Abb. 6 und 7)[13].

Vor allem im 19. Jahrhundert kamen aus vielen Ländern archäologische Fundstücke zur Stiftssammlung hinzu, so nicht nur römische und griechische Altertümer, sondern sogar Exponate aus Ägypten[14].

Die bedeutendsten Zuwächse erzielte die archäologische Sammlung des Stiftes durch die Grabungstätigkeit des Chorherren Josef Gaisberger. Dieser wurde am 6. 1. 1792 in Maria-Brunnenthal bei Schärding geboren. Er trat 1811 ins Stift St. Florian ein, wo er 1816 die feierlichen Gelübde ablegte. Nachdem er kurz in Windhaag und Thalheim bei Wels als Kooperator eingesetzt war, kam er ab 1818 an das Gymnasium in Linz, wo er 37 Jahre lang als Professor für Latein und Geschichte tätig sein sollte. Die intensive Auseinandersetzung mit den antiken Autoren erweckte sein Interesse an der römischen Geschichte Österreichs. So war Gaisberger 1833 eines der Gründungsmitglieder des „Vereines des vaterländischen Museums für Österreich ob der Enns“ (ab 1920 „Oberösterreichischer Musealverein“), wo er nicht nur eine vereinseigene Bibliothek ein-

Abb. 6 und 7:
Apostolo Zeno (1668–1750) und barocker Münzschrank seiner Sammlung.
Katalog Dorotheum: Sonder-Münzenauktion Sammlung Apostolo Zeno I, Wien 1955, Tafel vor Titelblatt und Tafel 39.

636. 8°

Die

Gräber bei Hallstadt

im

österreichischen

Salzkammergute.

Von

Joseph Gaisberger,

regulirtem Chorherrn von St. Florian und k. k. Professor der Geschichte und Philologie.

Mit 9 lithographirten Tafeln.

Linz, 1848.

Gedruckt bei Jos. Wimmer, auf Kosten des Francisko-Karolinums.

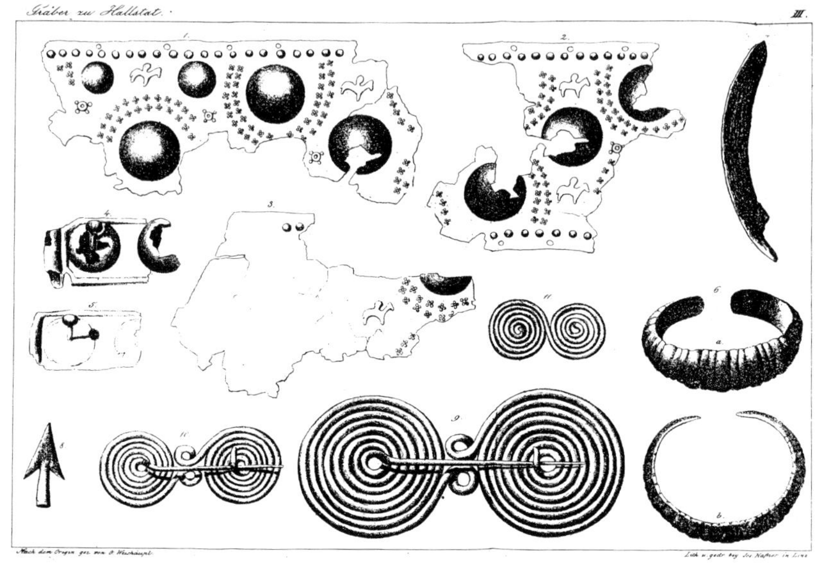

Abb. 8 und 9:
Titelblatt und lithographierte Tafel III aus: J. Gaisberger, Die Gräber bei Hallstadt im österreichischen Salzkammergut, Beilage zum Jahresbericht des Linzer Museums, Linz 1848.

richtete und leitete, sondern auch die Redaktion an der „Zeitschrift des Museums Francisco-Carolinum“ übernahm. Seine größten Verdienste lagen auf dem Gebiet der römerzeitlichen Archäologie Oberösterreichs. So wurden auf sein Betreiben hin die erste planmäßige Ausgrabungen 1838–1840 in Schlögen und 1841 in Oberranna durchgeführt. Er betreute später noch weitere wichtige Feldforschungen in Enns, Wels, Überackern oder etwa Windischgarsten. Eines seiner Hauptanliegen war, dass die erzielten Ergebnisse möglichst rasch und vollständig publiziert wurden. Er war auch der Erste, der über die urgeschichtlichen Grabfunde am Hallstätter Berg eine Publikation verfasste, wo er diese im Wesentlichen richtig der Keltenzeit zuordnete (Abb. 8 und 9). Josef Gaisberger starb am 5. 9. 1871 hoch geehrt im Stift St. Florian[15].

Die archäologische Sammlung des Stiftes St. Florian, die noch immer sowohl Funde aus der Umgebung von St. Florian, von den Grabungen Gaisbergers als auch aus aller Welt zusammengekaufte Stücke umfasst, wurde 1986 durch E. M. Ruprechtsberger wissenschaftlich bearbeitet und in Katalogform vorgelegt[16].

Das Benediktinerstift Seitenstetten

Das Archäologische Kabinett des Stiftes Seitenstetten geht auf P. Joseph Schaukegl (1721–1798) zurück, der nicht nur die Sammlung begründete und vermehrte, sondern selbst in einem zweibändigen historischen Werk auf die zu seiner Zeit noch sichtbaren Reste des römischen Lagers von Mauer an der Url einging. Er erwähnt dort auch schon von diesem Platz stammende römische Münzen und andere Altertümer. Von dieser Fundstelle kamen bis in jüngste Vergangenheit immer wieder Funde in die archäologische Sammlung des Stiftes Seitenstetten. Diese wurde im Jahr 1900 unter P. Joseph Fehringer in den Gymnasialgang verlagert, um dort auch mit zusätzlichen Modellen und Bildtafeln sowie Nachbildungen zur Unterstützung des humanistischen und historischen Unterrichtes zu dienen. Die heutige Form der Sammlungsaufstellung stammt von P. Petrus Obermayr, einem ausgebildeten Philologen und Archäologen, aus dessen Feder auch mehrere wissenschaftliche Arbeiten zur Ur- und Frühgeschichte des Seitenstettner Raumes stammen[17].

Neben den aus der Umgebung des Klosters gefundenen Altertümern wurden auch Objekte aus vielen Ländern, in die Stiftsangehörige reisten, als Geschenke oder Reiseandenken für die Sammlung im Stift Seitenstetten erworben. So finden sich dort unter anderem Tongefäße des 2. Jahrtausends v. Chr. aus Palästina, ein Keilschrifttext Nebukadnezars aus dem 6. Jahrhundert v. Chr. oder etwa griechische Tonstatuetten. Darüber hinaus wurden auch Funde aus der Umgebung von Seitenstetten gegen andere ur- und frühgeschichtliche Objekte aus Österreich getauscht, um so einen möglichst vollständigen Überblick über die Ur- und Frühgeschichte bieten zu können[18].

Neben größeren archäologischen Ausgrabungen der Limeskommission der Kaiserlichen Akademie der Wissenschaften in den Jahren 1907–1910 im römischen Kastell bei Mauer an der Url war es vor allem der Verwahrfund des Inventars eines Jupiter-Dolichenus-Heiligtums, das im Jahr 1937 zutage kam, der wissenschaftliche Beachtung fand[19].

Das Benediktinerstift Melk

Das Stift Melk besitzt eine archäologische Sammlung mit griechisch-römischen Altertümern, die zum Großteil auf Reisen von Stiftsangehörigen in verschiedenen Ländern erworben wurden. So sind etwa mykenische Keramiken aus Delphi, Mykene und Tiryns vorhanden, aber auch klassisch-griechische Keramik aus Athen. Neben römischen Gefäßen, die aus verschiedenen Provinzen stammen, kommen die meisten Bronzen aus dem heutigen Ungarn. Das bedeutendste Stück der Antikensammlung ist ein 10 cm hoher römischer Porträtkopf aus Deva an der Maros, der vielleicht Kaiser Trajan darstellen könnte. Im Kreuzgang des Stiftes ist ein Lapidarium mit verschiedenen römischen Inschriften- und Reliefsteinen eingerichtet. In der Schatzkammer des Stiftes befindet sich ein antiker Kameo mit einer Kinderkopfdarstellung, der als Verzierung auf der Rückseite des Melker Kreuzes Verwendung fand.

In der prähistorischen Sammlung sind größere Fundserien von der bekannten jungpaläolithischen Fundstelle in Willendorf in der Wachau vertreten. Daneben sind neolithische, bronze- und hallstattzeitliche Funde aus Margutta bei Großwardein in Ungarn, neolithische Objekte aus der Umgebung von Mistelbach sowie Studienserien aus der Kupfer- und Bronzezeit Ungarns vorhanden[20].

Das aufgelassene Augustiner-Chorherrenstift St. Pölten und das Diözesanmuseum St. Pölten

Das Stift St. Pölten, das das älteste von Niederösterreich und sogar zeitweise Sitz des Bischofs der 1783 gegründeten Diözese St. Pölten war, wurde am 16. Juli 1784 unter Kaiser Joseph II. aufgelassen. Es brachte einen der bedeutendsten Gelehrten des 18. Jahrhunderts hervor: Raimund Duellius (1693–1769). Er war Historiker und Stiftsbibliothekar und verfasste als solcher Auszüge aus Handschriften und bearbeitete die im Stift vorhandenen Urkunden. Im Anhang seiner „Excerptorum Genealogico-Historicorum" von 1725 bringt er ein „Syntagma Antiquitatum" – ein Verzeichnis der Altertümer, in welchem er unter anderem ein dem Neptun geweihten römischen Inschriftstein sowie verschiedene römische Münzen und Keramiken abbildet und beschreibt (Abb. 10)[21].

Im Jahr 1886 wurde der „Christlich religiöse Kunstverein in Nieder-Österreich" gegründet mit dem Ziel der Errichtung eines Kunstmuseums der Diözese St. Pölten. Bischof Matthäus Josef Binder ermöglichte es, dass bereits bei der 2. Generalversammlung des Kunstvereins am 19. April 1888 die Gründung dieses Diözesanmuseums beschlossen werden konnte, indem er die Unterbringung der Sammlungen im alten Klostergebäude, jetzt Bistumsgebäude, neben der Domkirche im ersten Stock gestattete. Der erste Leiter dieses Museums wurde der Theologieprofessor Johann Fahrngruber, der auch selbst einen Katalog mit acht Objektgruppen und zahlreichen Unterabteilungen von Sammlungsbeständen herausbrachte[22]. Nach den Wirren des Zweiten Weltkrieges und auch bedingt durch einen beachtlichen Neuzugang, nämlich einen großen Terra-Sigillata-Fundkomplex aus St. Pölten 1949/50, wurde eine Neuaufstellung der Sammlungen notwendig. Diese sind nun untergebracht im breiten Gang im Nordflügel des Kreuzgangtraktes des Bistumsgebäudes sowie in zwei anschließenden Räumen, der so genannten Kerens-Bibliothek, der alten barocken Stiftsbibliothek, und im bischöflichen Oratorium. Anlässlich der Wiedereröffnung des Diözesanmuseum erschien auch ein neuer Katalog der Sammlungen[23].

Der Katalog von Fahrnleitner erwähnt eine Anzahl archäologischer Objekte, worunter sich neben urgeschichtlichen Funden auch ägyptische, phönizische, hebräische und römische Altertümer finden. So sind etwa ein Stück einer ägyptischen Mumienbinde mit Hieroglyphen, irdene Öllampen aus Phönizien und vom Ölberg in Jerusalem, etruskische Graburnen aus Bracciano, ein Stück eines bronzenen Keltenschwertes oder neun römische Graburnen aus Michelhausen, bei denen es sich aber gemäß einer historischen Fotografie wohl eher um einen frühbronzezeitlichen Keramikdepotfund (Abb. 11) handeln wird, verzeichnet[24].

Das Augustiner-Chorherrenstift Klosterneuburg

Die systematische Sammeltätigkeit des Stiftes Klosterneuburg ist sehr alt und geht nach F. Röhrig auf die Zeit zurück, als Vorarbeiten für die Heiligsprechung des Gründers, des Markgrafen Leopold III., geleistet werden sollten[25]. 1323 wurde ein Verzeichnis aller Gebetserhörungen angelegt und Listen aller Gegenstände erstellt, die wirklich oder angeblich von ihm stammten. Nach seiner tatsächlichen Kanonisation im Jahre 1485

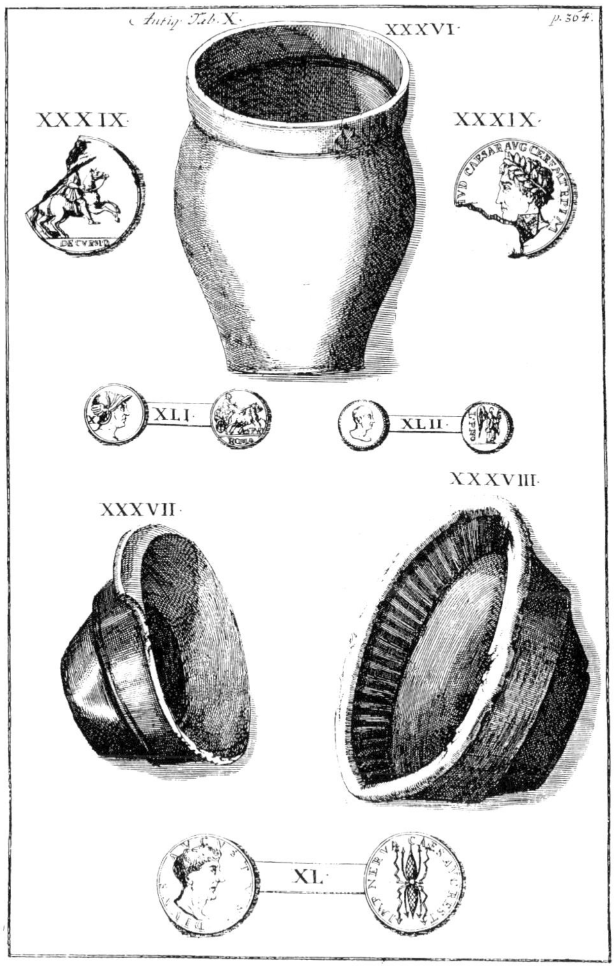

Abb. 10:
Römerfunde aus Klosterneuburg (R. Duellius, Excerptorum genealogico-historicorum, Leipzig MDCCXXV, Antiq. Tab. X, p. 364).

folgten verschiedenste, eigens angefertigte Kunstkammerstücke, die ihn und seine Familie den Wallfahrern näher bringen sollten. Des weiteren führte seine Verehrung generell zur Hochschätzung und Aufbewahrung aller alten Denkmäler, wenn sie aus dem kirchlichen Gebrauch kamen. Die eigentliche wissenschaftliche Sammlungstätigkeit geht auf Magister Ambros Lorenz (1721–1781) zurück, der 1772 zum Propst gewählt wurde. Er erweiterte die Gemäldegalerie und begründete ein Naturalien- und ein Münzkabinett durch entsprechende Ankäufe.

Die bislang im Stift verwahrte numismatische Sammlung bestand hauptsächlich aus zufällig zutage gekommenen Fundstücken, etwa beim Bau des barocken Stiftstraktes[26]. Dem Chorherren Benedikt Prill (21. 3. 1721 – 9. 5. 1759, 1743 ewige Gelübde, 1746 Primiz[27]) ist die erste brauchbare Beschreibung eines archäologischen Fundes aus der römischen Vergangenheit Klosterneuburgs zu verdanken: Als man 1736 beim Bau des „Neugebäudes" die Stadtseite der „Alten Kanzley sammt deren Briefthurme abzutragen nöthig fand"[28], grub man neben der äußeren Aufgangsstiege einen in einem Topf verwahrten Münzschatz aus der Römischen Kaiserzeit aus. Das handschriftliche Originalmanuskript mit dem Protokoll, den Bestimmungen der Gepräge und entsprechenden Zeichnungen wird im Stiftsarchiv[29] verwahrt (Abb. 12 und 13), eine erste Veröffentlichung erfolgte erst 1857 durch den Chorherrn

Abb. 11:
„Prähistorische Funde und Alterthümer“ im „Diöcesan-Museum in St. Pölten“, historisches Foto, um 1900. Stadtmuseum St. Pölten, Reproduktion: J. Penz.

Hartmann Zeibig[30]. Anlässlich der Auffindung des Schatzes von 1736 erzählten nach Benedikt Prill die Arbeiter von alten Geldstücken, die im Klosterneuburger Raum beim Bearbeiten der Weingärten immer wieder aufgelesen worden waren. Daraufhin erwarb er mehrere dieser Münzen ebenfalls für die stiftlichen Sammlungen. Die gesamten, nach wechselvollen Schicksalen heute noch vorhandenen numismatischen Bestände wurden 1972/82 wissenschaftlich bearbeitet und publiziert[31].

„Neue Impulse erhielt das Interesse an der römischen Vergangenheit durch den vermehrten Fundanfall während der Bauarbeiten zur Vollendung des ernestinischen Traktes des Neustiftes, vor allem im Jahr 1834. Die bedeutendste Fundstelle lag im Osten der Hauptapsis der Stiftsbasilika. Zusammen mit dem Fund von gestempelten Ziegeln . . . berichtet Maximilian Fischer (Abb. 14) erstmals auch über die Beobachtung römischer Mauerzüge . . . und die Art des Mauerwerks . . . Neben Kleinfunden und einem gewölbten Grab waren es Inschriftenfunde, zwei Meilensteine, ein Weihealtar, eine Bauinschrift und das Militärdiplom vom 13. Juni des Jahres 80 nach Christus. . . . Neues Fundmaterial aus dem Stiftsbereich, gestempelte Ziegel, Teile von Steininschriften und andere Kleinfunde lieferten die unter dem Wiener Dombaumeister F. v. Schmidt zwischen 1882 und 1893 durchgeführten restauratorischen Umbauarbeiten an der Stiftskirche. Das Zustandebringen der Denkmale ist dem späteren Schatzmeister und Kustos der stiftlichen Kunstsammlungen Karl Drexler zu verdanken. In mehreren Artikeln dokumentierte er selbst verschiedene Funde und veranlasste namhafte Wissenschaftler solche zu publizieren . . . 1894 erschien dann das bis heute als Fundgrube zur Geschichte Klosterneuburgs unerreichte Buch Karl Drexlers ‚Das Stift Klosterneuburg. Eine kunsthistorische Skizze‘, in dem er sich auch eingehend mit Römerfunden auseinandersetzt.“[32]

Ältere und neuere Schaustücke der Ur- und Frühgeschichte sowie vor allem der Römischen Kaiserzeit werden heute im „Römischen Lapidarium“ präsentiert; die Bestände wurden in Katalogform von H. Ubl und Mitarbeitern vorgelegt[33].

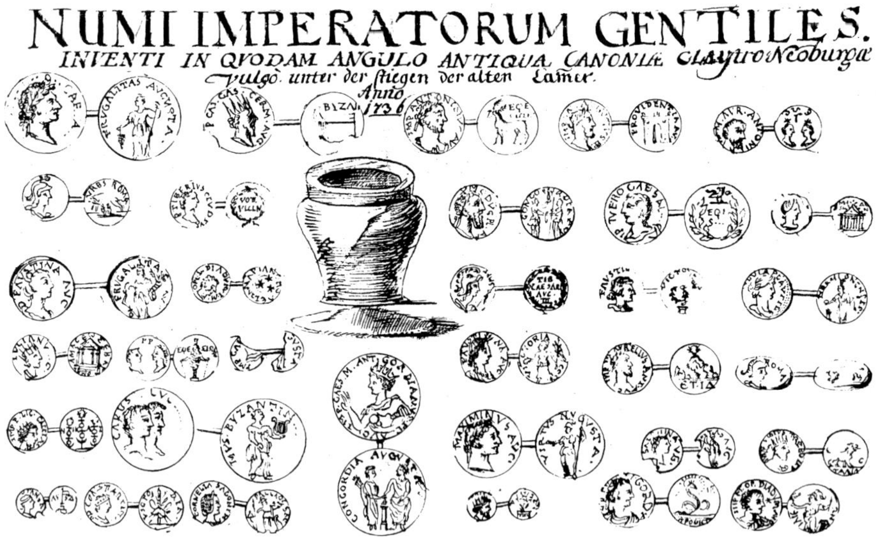

Abb. 12 und 13:
Auffindung eines römischen Münzschatzes im Jahre 1736 bei Bauarbeiten bei der „Alten Kanzley“ und Münztopf samt Auswahl der Fundmünzen.
Stiftsarchiv Klosterneuburg, HS 33, Benedikt Prill, Antiquissimae Familiae Gentiles, Judaicae & Christianae, . . . Camera Canoniae pervetusta. . ., Fasc. XIII.

Das Benediktinerstift Altenburg

Die archäologische Sammlung des Stiftes Altenburg entstand in erster Linie durch die rege Sammel- und Ausgrabungstätigkeit von Pater Friedrich Endl (1857–1945). Er trat 1871 als Novize in das Kloster ein, studierte in der Folge an der Diözesanlehranstalt in St. Pölten und erhielt schließlich 1881 die Priesterweihe. Zwischen 1888 und 1891 war er als Kooperator in Horn tätig, anschließend hatte er bis 1904 die Funktion des Archivars im Stift über. 1891 wurde er Korrespondent der k.k. Zentralkommission zur Erforschung und Erhaltung der Kunst- und historischen Denkmale, von der er 1897 zum Konservator ernannt wurde. Schließlich wurde er 1924 Konservator für kunsthistorische Agenden für den Bezirk Horn[34]. Darüber hinaus war P. F. Endl Mitglied der Wiener Prähistorischen Gesellschaft und veröffentlichte seine Forschungsergebnisse auch regelmäßig in deren Publikationsorgan, der Wiener Prähistorischen Zeitschrift[35].

Neben zahlreichen kleineren Aufsammlungen auf den Feldern der Umgebung des Stiftes, die Funde aus dem Neolithikum (Steinbeile und -äxte, Klopfsteine, Silexpfeilspitzen oder Schuhleistenkeile) erbrachten, war es vor allem eine spätkeltische Höhensiedlung auf dem Umlaufberg bei Altenburg, die auf einem von drei Seiten vom Kamp umflossenen Sporn liegt, wo er größere Fundmengen bergen konnte. Er fand dort neben einer großen Anzahl von Spätlatène-Keramik große Reibplatten, Reibsteine, verschiedene Eisengeräte, so unter anderem eine Tüllenaxt, Bronzegegenstände sowie eine Glasperle[36]. Im Jahr 1989 sind dort im Zuge von Abschubarbeiten für eine Forststraße erneut größere Mengen an spätkeltischen Funden zutage getreten[37].

Einen interessanten Fund von P. F. Endl stellt eine 76 cm hohe steinerne Plastik aus Großburgstall bei Altenburg dar. Das Gesicht der Figur ist kreisrund, die Augen, die Nase und der Mund sind sehr schematisch angedeutet, ohne Hals sitzt der Kopf auf einem stark beschädigten und nur mehr teilweise erhaltenen Rumpf auf. Endl berichtet, er habe diese Figur in einem muldenartig vertieften Brandgrab in der Ziegelei von Großburgstall entdeckt. In diesem Brandgrab seien Keramiken wohl spätlatènezeitlicher Datierung mit Kammstrichverzierung gefunden worden, weswegen er diese Skulptur auch in die keltische Zeit stellen wollte[38]. Nach der Abbildung in der Publikation scheint aber eine latènezeitliche Datierung eher unwahrscheinlich, man wird wohl eher an eine romanische Steinstele denken müssen[39]. Auch H. Mitscha-Märheim berichtet, dass ihm P. F. Endl Jahre später mündlich mitgeteilt habe, dass die Skulptur doch im Zusammenhang mit mittelalterlichen Scherben gefunden worden sein könnte[40].

Im Zuge der Wirren des Zweiten Weltkrieges sind allerdings beträchtliche Teile der stiftlichen Sammlungen, so auch ein großer Teil der archäologischen Funde, verloren gegangen[41].

Die archäologische Forschungstätigkeit der Stifte Herzogenburg und Göttweig

Wenngleich – wie wir gesehen haben – in einer Vielzahl von Stiften und Klöstern archäologische Sammlungsbestände vorhanden sind, meist antike Münzen oder Römersteine, so können die Stifte Herzogenburg und Göttweig nicht nur die bedeutendsten einschlägigen Sammlungen aufweisen, sondern es sind vor allem diese Klöster, von denen Angehörige immer wieder selbst durch Ausgrabungen oder anderweitige archäologische Geländearbeiten aktiv wurden.

Abb. 14:
Maximilian Fischer, Porträt, Lithographie.
R. Gaupmann, 1815–1877.
Reproduktion: A. Schumacher.

Bei den beiden Stiften Herzogenburg und Göttweig, die im Mittelpunkt dieser Betrachtungen stehen sollen, war wohl auch mit ausschlaggebend, dass sie sich in außergewöhnlichen Fundräumen befinden. Das Augustiner-Chorherrenstift Herzogenburg, das schon 1112 in St. Georgen an der Traisen gegründet worden war, aber wegen dauernder Bedrohungen durch Hochwässer der Donau 1244 nach Herzogenburg verlegt wurde (Abb. 15 und 16), befindet sich in der Mitte des Unteren Traisentales, also jenes Streckenverlaufes der Traisen zwischen St. Pölten und der Donaumündung bei Traismauer. Auf die Bedeutung des Unteren Traisentales als wichtiger urgeschichtlicher, Nord-Süd verlaufender Verkehrsweg, der schließlich nördlich der Donau im Kamptal seine Fortsetzung fand, wurde schon mehrfach hingewiesen[42].

Im Ortsgebiet von Herzogenburg sind in der Flur Kalkofen Gräber des Endneolithikums, der Früh- und Mittelbronzezeit sowie der Frühlatène-Kultur entdeckt und ausgegraben worden, weiters Siedlungsreste der Spätlatène-Kultur, der Römischen Kaiserzeit und des frühen Mittelalters[43].

Das 1083 gegründete Stift Göttweig steht auf einer Anhöhe, die bereits Siedlungen des späten Neolithikums, der frühen Bronzezeit, der Urnenfelder-, Hallstatt- und der Latène-Kultur trug[44]. Der Göttweiger Stiftsberg ist eine markante Erhebung direkt gegenüber der Mündung des Kamps in die Donau.

Herzogenburg im Jahre 1112.

Herzogenburg im Jahre 1740.

Abb. 15 und 16:
„Herzogenburg im Jahre 1112", sagenhaftes Aussehen des Stiftes in St. Georgen.
„Herzogenburg im Jahre 1740".
Holzschnitte vor S. 1 und S. 41 in: F. Schmolk, Kurze Geschichte des Augustiner-Chorherren-Stiftes zum heiligen Georg in Herzogenburg, Würzburg-Wien 1881.

Das Augustiner-Chorherrenstift Herzogenburg

Die archäologischen Sammlungen des Stiftes Herzogenburg wurden begründet, als beim Bau der Bahnstrecke St. Pölten – Tulln 1895 bei Getzersdorf zufällig urzeitliche Gräber entdeckt wurden, um die sich der damalige Kustos der stiftlichen Sammlungen, der spätere Propst Georg III. Baumgartner annahm[45]. Die Urgeschichtsforschung, die sich in dieser Zeit als eigenständige wissenschaftliche Disziplin langsam etablierte, begann Baumgartner immer mehr zu interessieren. Neben seinen verschiedenen Funktionen, die er innerhalb des Stiftes ausfüllte, bis hin zum Propst, nahm er immer wieder Fundbergungen in der Umgebung von Herzogenburg vor, wobei allerdings der Großteil der Funde ins k.k. Naturhistorische Hofmuseum nach Wien kam und nur ein kleiner Teil davon im Stift verblieb[46].

Als Baumgartner archäologisch aktiv war, wuchs in Herzogenburg der spätere Direktor der Prähistorischen Abteilung des Naturhistorischen Museums, Josef Bayer (1882–1931), heran (Abb. 17). Noch in der Zeit, als er in Wien Geschichte und Urgeschichte bei Prof. Moritz Hoernes studierte, grub er zum Teil parallel mit A. Dungel das hallstattzeitliche Gräberfeld von Statzendorf aus, wobei er post mortem dem Stift Herzogenburg unter dem damaligen Propst Frigdian Schmolk einen Teil der Funde vermachte; sie sollten von nun an einen der wesentlichsten Komplexe der archäologischen Sammlung darstellen. Einer der Mitarbeiter Bayers, der Notar Richard Teltschik, der bei den Grabungen die Vermessungsarbeiten und Dokumentationen vornahm,

Abb. 17:
Josef Bayer, späterer Direktor der Prähistor. Abt. des Naturhistor. Mus. Wien.
Foto: Stiftsarchiv Herzogenburg.
Reproduktion: A. Schumacher.

Abb. 18:
Exkursion der Anthropologischen Gesellschaft am 14. Juni 1903 zum Gräberfeld der Hallstattkultur in Statzendorf. In der Bildmitte Regierungsrat Dr. M. Much (links) und Abt Dr. A. Dungel (rechts).
Foto: Archiv Stift Göttweig.
Reproduktion: A. Schumacher.

überließ seinen Anteil ebenfalls testamentarisch dem Stift (Abb. 18 und 19)[47].

Schließlich nahm 1930 der Herzogenburger Augustiner-Chorherr und spätere Propst Georg (IV.) Hahnl bei einer Grabung J. Bayers am Grasberg von Ossarn, der eponymen Fundstelle des klassischen Abschnittes der jungneolithischen Badener Kultur, teil. Dies war der Beginn einer langen und intensiven Tätigkeit von Georg Hahnl im Bereiche der Urgeschichtsforschung und vor allem der Fundbergetätigkeit. Die großen Fundmengen, die Hahnl im Laufe vieler Jahre geborgen hatte, bildeten schließlich den letzten großen Zuwachs der Herzogenburger archäologischen Sammlung. Er bemühte sich auch noch um eine Neuaufstellung der Sammlung, die aus dem Stiftsmuseum ausgegliedert werden und im Altstift nach moderneren Gesichtspunkten in einem eigenen Raum neu aufgestellt werden sollte. Dies konnte allerdings erst nach seinem Ableben durch das NÖ Landesmuseum unter F. Hampl erfolgen[48].

Im Folgenden sollen Kurzbiographien ein Schlaglicht auf die beiden um die Urgeschichtsforschung um Herzogenburg verdienten Augustiner-Chorherren Georg Baumgartner und Georg Hahnl werfen, wobei besonders deren archäologische Grabungs- und Bergetätigkeiten Erwähnung finden sollen.

Georg (Adolf) Baumgartner

Georg Baumgartner wurde am 8. 6. 1861 in Meiningen in Vorarlberg als Sohn eines Finanzbeamten geboren und auf den Namen Adolf getauft[49]. Nach seinem Eintritt in das Stift Herzogenburg und seiner Priesterweihe 1888 übernahm er zuerst die Funktion des Kustos der Stiftssammlungen von 1888 bis 1890, Bibliothekar war er von 1891 bis 1893, Kämmerer von 1895 bis 1900 und Pfarrer in Brunn im Felde bei Gedersdorf von 1900 bis 1913[50]. Am 19. 2. 1913 wurde er schließlich Nachfolger von Frigdian II. Schmolk als Propst des Stiftes; seine Benediktion erfolgte am 20. 2. 1913. Sein Wahlspruch lautete: „Veritate et justitia" – „Wahrheit und Gerechtigkeit". Am 18. 8. 1917 wurde ihm das Komturkreuz des Franz-Josefs-Orden verliehen. Er starb am 11. 7. 1927 in Wien und wurde am 14. 7. 1927 in der Priesterbegräbnisstätte am öffentlichen Friedhof in Herzogenburg beigesetzt (Abb. 20)[51].

Die oben erwähnte erste Begegnung Baumgartners mit archäologischen Funden war bereits 1895, als der Korrespondent Ambros Zündel, Lehrer in Gemeinlebarn, an die k.k. Central-Commission zur Erforschung und Erhaltung der Kunst- und historischen Denkmale eine Mitteilung machte, dass nahe der Bahnstation Getzersdorf ein menschliches Skelett mit latènezeitlichen Bronzeringen zum Vorschein kam. Georg Baumgartner nahm sich dieser Fundstelle an und konnte nach dieser ersten Bergung am selben Fundplatz in den Jahren 1899 und 1900 weitere 13 urzeitliche Gräber freilegen, wovon eine beigabenlos war, eine frühbronzezeitlich zu datieren ist und elf der Frühlatènekultur angehören (Abb. 21). Daneben entdeckte er Siedlungsgruben und -schichten der Mittelbronzezeit[52].

Da nur wenig genaue Aufzeichnungen über seine späteren Grabungsaktivitäten existieren, kann man lediglich nachträglich aufgrund der Eintragungen im Inventarbuch der archäologischen Sammlung des Stiftes Herzogenburg ungefähr rekonstruieren, wo und in welchem Umfange er tätig war[53]. Daraus geht hervor, dass er größere Bergungen in einem urnenfelderzeitlichen Gräberfeld in Hadersdorf am Kamp durchführte. In der Prälatur des Stiftes Herzogenbild hängt ein von F. Trimmel angefertigtes Bild aus dem Jahr 1930 (drei Jahre nach seinem Tod), das Georg III. Baumgartner etwa lebensgroß als Propst darstellt. Neben dem

Abb. 19:
Alte Aufstellung der prähistorischen Sammlung des Stiftes Herzogenburg, im Vordergrund Funde des hallstattzeitlichen Gräberfeldes aus Statzendorf.
Foto: Stiftsarchiv Herzogenburg.
Reproduktion: A. Schumacher.

Abb. 20:
Propst Georg III. Baumgartner, Gemälde in der Prälatur des Stiftes Herzogenburg von F. Trimmel.
Foto: A. Schumacher.

Abb. 21:
Georg Baumgartner, Kämmerer bei den Grabungen in der „Eisenbahnschottergrube nächst der Station Getzersdorf“ 1899/1900.
Foto: Histor. Museum der Stadt St. Pölten.
Reproduktion: A. Schumacher.

Abb. 22:
Propst Georg IV. Hahnl bei den Grabungen 1951 bis 1962 im Gräberfeld der Frühbronzezeit in der Gemeindeschottergrube von Ossarn.
Foto: Stiftsarchiv Herzogenburg.
Reproduktion: A. Schumacher.

Abb. 23 und 24:
Propst Georg IV. Hahnl, Gemälde in der Prälatur des Stiftes Herzogenburg und Detail mit prähistorischen Funden von F. Trimmel.
Fotos: A. Schumacher.

Propst sind einige urzeitliche Gefäße, soweit erkennbar urnenfelderzeitliche Keramiken dargestellt, die wahrscheinlich aus seinen Grabungen in Hadersdorf am Kamp stammen. Weitere urnenfelderzeitliche Fundmaterialien aus seinem Nachlass stammten etwa aus Gemeinlebarn, aus Getzersdorf, aus Brunn im Felde oder aus Gedersdorf. Daneben konnte er neolithische Funde vom Friedhof von Unterradlberg bergen oder auch mittelalterliche Gegenstände vom so genannten Türkenkogel bei Herzogenburg.

Georg (Franz) Hahnl

Georg Hahnl wurde am 16. 9. 1898 in Wien 12, Meidling, als Sohn eines Kutschers geboren und auf den Namen Franz getauft. Nach seinem Eintritt in das Stift Herzogenburg im Jahr 1919 und seiner Priesterweihe 1924 war er als Kämmerer im Kloster tätig. Er wurde am 11. 12. 1946 als Nachfolger von Ubald Steiner zum Propst gewählt, am 12. 12. 1946 infuliert. Sein Wahlspruch war: „Soli deo honor" – „Gott allein zur Ehre". Georg IV. Hahnl starb am 15. 11. 1963 in Herzogenburg und wurde am 20. 11. 1963 in den dortigen Priestergräbern beigesetzt[54].

Die Teilnahme an Grabungen J. Bayers am Grasberg 1927/28 bei Ossarn erweckte in Hahnl das Interesse für die Urgeschichte. Ab 1933 führte er selbständig Bergungen und Fundaufsammlungen durch, worüber er regelmäßig Berichte an die Zentralanstalt für Denkmalschutz, wo er selbst später Korrespondent wurde, schickte[55]. 1937 wurde in Anwesenheit Hahnls in Unterwinden bei St. Andrä ein frühbronzezeitlicher Keramikdepotfund geborgen, der in der Folge auch in die stiftlichen Sammlungen aufgenommen wurde. 1935–1937 und 1951–1962 kam es auf seine Initiative zu Notbergungen in der Ossarner Gemeindeschottergrube, wo zahlreiche frühbronzezeitliche Grabinventare noch sichergestellt werden konnten (Abb. 22)[56]. 1961 verfasste er im Heimatbuch Herzogenburg einen Beitrag über die archäologischen Sammlungen seines Stiftes[57].

In der Prälatur des Stiftes Herzogenburg befindet sich ebenfalls ein von F. Trimmel angefertigtes Bild, das Georg IV. Hahnl etwa lebensgroß als Propst des Stiftes zeigt, wobei sich neben ihm neolithische und frühbronzezeitliche Gefäße befinden, die aus Herzogenburg (Hoher Kölbling) und Unterwinden stammen (Abb. 23 und 24).

Das Benediktinerstift Göttweig

Die Lebensbeschreibung des hl. Altmann (Vita Altmanni), des Gründers des Stiftes Göttweig, ist in zwei Versionen überliefert. Die Erstfassung (Vita prior) stammt aus den Jahren 1138–1141, die Zweitfassung (Vita posterior) etwa aus den Jahren 1192–1994. Die Texte schildern das Leben des späteren heiligen Bischofs von Passau (1065–1091), wobei auch die Gründung des Stiftes Göttweig – anfangs als Chorherren-Kloster – Berücksichtigung findet. Historisch interessant scheinen die Passagen im 26. Kapitel, in denen versucht wird, eine Etymologie des Namens „Göttweig" zu geben und wo auch geschildert wird, wie schon Bischof Altmann im Jahre 1083 auf dem heutigen Stiftsberg Überreste aus urgeschichtlicher Zeit bemerkte. Das Kapitel 26 wird im Folgenden wörtlich wiedergegeben[58]:

„Das Land, das jetzt Österreich heißt, soll einst von den Goten bewohnt gewesen sein. Dieses Volk ehrte vor allen anderen Göttern den Kriegsgott, weil es streitbarer war als die übrigen Völker. Es bewahrte die Überlieferung, der Gott des Krieges sei aus seinem Stamm hervorgegangen. Dieser besaß ein Schwert, das gewöhnlichen Schwertern ganz unähnlich und nach einem unserer Zeit nicht mehr bekannten Verfahren hergestellt worden war. Es hatte eine unglaubliche Schärfe, der nicht einmal Eisen widerstehen konnte, dieses vielmehr wie zerbrechliches Holz durchschnitt. Dieses Schwert soll Vulkan, der in der Schmiedekunst erfahrenste Grieche, verfertigt und Mars, dem Herzog der Goten, zum Geschenk gemacht haben. Deshalb soll nach der Sage Mars die Frau des Vulkan geliebt, Vulkan aber dafür den ersteren in eiserne Ketten geschlagen haben. Weil aber Mars auch die Kunst des Vulkan liebte, hat Vulkan ihm die Kriegswaffen geliefert. Beide wurden nach ihrem Tode vom Volk unter die Götter erhoben.

Nach vielen Jahrtausenden wurde das genannte Schwert wieder aufgefunden und Attila, dem Hunnenkönig, übergeben. Mit dessen furchterregender Kraft hat Attila sich beinahe ganz Europa untertan gemacht.

Von diesem Schwert wurde der Herzog der Goten zuerst Mors, nachher aber Mars genannt, indem der Buchstabe o in a umgewandelt wurde. Mars aber heißt in der Sprache der Goten Wich. Von ihrem Namen (Goten) und dem Wort Wich leitet sich die Bezeichnung des Berges her, nämlich Gotewich, nicht Kotewich, wie das gemeine Volk sagt. Auf diesem Berg soll ein Herzog der Goten namens Gotefrid gehaust und den Wich, das ist der Gott Mars, verehrt haben. Das bezeugen noch heute die Gräben und Schutzwälle, die alten Bauten sowie die dort aufgefundenen Götzenbilder."

Nach dieser ersten Bekanntschaft mit ur- und frühgeschichtlichen Hinterlassenschaften schon im Zuge der Gründung des Stiftes entstand in den folgenden Jahrhunderten durch die Sammeltätigkeit reisender Benediktiner und auch Pfarrherren der Umgebung eine mehrere hunderte Objekte umfassende Sammlung vor allem römerzeitlicher Funde. Diese sind als Sammlung erstmals unter dem Abt Gottfried Bessel (1714–1749) als Teil des Kuriositäten-Kabinetts belegt. In den Jahren 1746, 1777 und 1847 sollen auf dem Stiftsberg Spuren römischer Gebäude erkannt sowie Gold- und Bronzemünzen geborgen worden sein[59]. Moderne Grabungen wurden im Zuge der Klosterrenovierung zwischen 1962 und 1967 durchgeführt, die Siedlungsspuren aus mehreren urzeitlichen Epochen erbrachten (Abb. 25 und 26)[60].

Im ausgehenden 19. Jahrhundert war schließlich das Stift Göttweig Schauplatz reger wissenschaftlicher Tätigkeit. Drei Patres widmeten sich im Besonderen der historischen, vor allem der ur- und frühgeschichtlichen beziehungsweise archäologischen Forschung. So gehörten die im Folgenden kurz dargestellten P. Adalbert Dungel, der nachmalige Abt des Stiftes, P. Lambert Karner sowie P. Leopold Hacker zum „archäologischen Dreigestirn" des Stiftes Göttweig[61].

Adalbert (Alois) Dungel

Adalbert Alois Dungel wurde am 20. Juni 1842 in Luggau in Mähren geboren. Er wuchs dort in der Burg Neuhäusl auf, in der sein Vater gräflicher Heger war. Mit Unterstützung des Grafen konnte Adalbert Dungel das k.k. Obergymnasium in Znaim besuchen, das er mit sehr gutem Erfolg 1861 absolvierte[62].

Noch im selben Jahr erfolgte mit seiner Einkleidung am 8. September der Eintritt in das Benediktinerstift Göttweig als Novize, die schlichte Profess fand am 9. 10. 1862, die feierliche am 15. 10. 1865 statt. Im Stift Göttweig absolvierte er mit gutem Erfolg das Studium der Theologie an der hauseigenen Lehranstalt. Am 25. Juli 1866 wurde er schließlich in St. Pölten zum Priester geweiht und hatte seine Primiz am 12. 8. 1866 in Luggau. Er wurde vorerst als Cooperator an der Stiftspfarre Göttweig angestellt, von August 1868 bis

Abb. 25:
Stift Göttweig (G. M. Vischer, Geistlicher, Pfarrer in Leonstein und in Wien, Topographia Archiducatus Austriae Inf=, Modernae, seu, Wien 1672, VOWW 29).

Abb. 26:
Stift Göttweig, Luftbild von Süden.
Foto: E. Wallner, freigeg. BMfLV.

August 1869 war er Aushilfspfarrer in Tulln. Von 1. Oktober 1869 bis Ende September 1877 war er Professor für Moraltheologie im Stift Göttweig. Im Jahr 1877 übertrug ihm Abt Rudolph Gusenbauer das Amt des stiftlichen Waldmeisters und damit die Oberaufsicht und Bewirtschaftung sämtlicher stiftlichen Forste sowie das Amt eines Gebäudeinspektors. Als Forstmeister gelang es A. Dungel in der kurzen Zeit von sieben bis acht Jahren den damals schlechten Zustand der stiftlichen Wälder zu einen der anerkanntest bewirtschafteten Forste Niederösterreichs zu verbessern.

Nach dem Ableben des Abtes Gusenbauer am 14. Februar 1886 wurde A. Dungel am 29. September desselben Jahres von seinen Mitbrüdern zum 58. Abt des Stiftes Göttweig gewählt. Die Abtweihe erfolgte am 30. September im Stift Göttweig, im Zuge deren er vom Diözesanbischof die Zeichen der Abtwürde, Stab und Infel, empfing. Als Wahlspruch wählte er „Crux sacra sit mihi lux".

Abt Dr. Adalbert Dungel führte im Jahr 1887 die von seinem Vorgänger 1878 geschlossene theologische Hauslehranstalt wieder ein, der er auch von 1887 bis 1901 als Direktor vorstand. In dieser Zeit wurden auch von den Stiften Melk und Altenburg die Kleriker nach Göttweig geschickt. 1901 wurde die Hauslehranstalt schließlich endgültig geschlossen. Die Göttweiger Theologistudenten wurden nun nach S. Anselmo in Rom oder nach St. Pölten und auch Innsbruck geschickt.

Abt Adalbert Dungel wurde nach der Wiedererrichtung der Österreichischen Benediktinerkongregation (Marienkongregation) am 21. November 1889 zum ersten Abtpräses gewählt und blieb dies bis November 1921. In dieser Eigenschaft wurden ihm vom Apostolischen Stuhl die Cappa magna sowie weitere kirchliche Abzeichen verliehen. Sein Goldenes Priesterjubiläum konnte er am 6. August 1916 feiern. In seinen letzten Lebensjahren lebte Abt Adalbert Dungel, unter dessen Leitung es im Stift Göttweig 77 Professen gegeben hatte, sehr zurückgezogen in seinem Kloster und übertrug die Leitung desselben in die Hände des Priors Hartmann Strohsacker. Es wurde letztlich am 29. Mai 1922 mit P. Adalbert Fuchs (1868–1930) ein Abt-Koadjutor mit Ius sucessionis (dem Recht der Nachfolge) gewählt.

Am 10. Juli 1923 verstarb Abt Adalbert Dungel im Alter von 81 Jahren. Er wurde am Nachmittag dieses Tages tot im Glashaus des stiftlichen Gartens aufgefunden. Er musste sich dorthin vor wegen der Julihitze wild gewordenen Bienen flüchten; diese Aufregung konnte sein Herz nicht mehr verkraften.

Seine ersten Berührungspunkte mit heimatkundlicher, historischer und archäologischer Forschung waren, als A. Dungel im Jahr 1865 beim Empfang des Vereines für Landeskunde von Niederösterreich anlässlich dessen erster Sommerversammlung in Krems im Stift Göttweig durch den damaligen Abt Engelbert Schwerdfeger anwesend war. Von da an begannen seine Studien und Forschungen zur (Heimat-)Geschichte und Archäologie[63]. Er beschäftigte sich mit den Urkunden seines Klosters, mit der Geschichte des Bistums St. Pölten, mit kirchlichen und profanen Kunstobjekten ebenso wie mit den Überresten der Römerzeit oder genauso der ur- und frühgeschichtlichen Perioden.

Ab 1869 war A. Dungel Correspondent der k.k. Central-Commission für Erforschung und Erhaltung der Kunst- und historischen Denkmale, später Conservator, ab 1885 sogar zuständig für fast ganz Niederösterreich. In dieser Funktion führte er neben den Grabungen in den hallstattzeitlichen Hügelgräbern von Gemeinlebarn[64] eine Reihe von weiteren Ausgrabungen durch, wie im norisch-pannonischen Hügelgräberfeld von Oberbergern[65], in den römerzeitlichen Siedlungsschichten von Tulln[66], im antiken Favianis/Mautern[67], in den norisch-pannonischen Hügelgräbernekropolen in Kilb und Mank[68] oder im frühmittelalterlichen Gräberfeld von Thunau, wo er gemeinsam mit dem Heimatforscher Johann Krahuletz 1889 kleinere Bergungen vornehmen konnte[69]. Weiters leitete er die wichtigen archäologischen Untersuchungen im latènezeitlichen Gräberfeld von Kuffern oder im hallstattzeitlichen Gräberfeld von Statzendorf (Abb. 18 und 27)[70]. Adalbert Dungel publizierte viele seiner Forschungsergebnisse selbst, wobei allerdings nur die Gräberfelder von Kuffern und Statzendorf etwas eingehender von ihm vorgelegt wurden, seine anderen Grabungen veröffentlichte er in der Regel nur in kleineren Vorberichten.

Abb. 27:
Figural verzierte Bronzesitula der Frühlatènekultur aus Grab 1 von Kuffern, im alten Restaurationszustand.
Foto: Prähistor. Abt. des Naturhistor. Museums Wien.

Darüber hinaus war P. A. Dungel sowohl wegen seiner wissenschaftlichen Tätigkeit als auch wegen seiner hohen kirchlichen Würdenstellung eine Reihe von Funktionen, Auszeichnungen und Orden. So war Abt Dungel Consiliarius der k. k. apostolischen Majestät, im Jahr 1897 wurde er Reichsratsabgeordneter (im Herrenhaus). Der Kaiser verlieh ihm die Goldene Medaille für Kunst und Wissenschaft sowie die Würde eines Komturs des Franz-Josephs-Ordens mit dem Sterne und den Orden mit der Eisernen Krone 2. Klasse (Abb. 28). 1903 war er Deputierter zu den Nö. Ständen und wurde Ehrenbürger der Gemeinden Steinaweg, Paudorf, Höbenbach, Tiefenfucha, Elsarn, Voitsau in Niederösterreich sowie Luggau in Mähren. Letztlich war er auch engagierter Mitarbeiter und Förderer zahlreicher wissenschaftlicher und humanitärer Vereine.

Lambert (Ferdinand) Karner:

Lambert Karner wurde am 19. April 1841 in Kirchberg an der Pielach als Sohn eines Lederermeisters geboren und auf den Namen Ferdinand getauft. Nach dem Besuch des Stiftsgymnasiums Melk, wo er 1860 matu-

Abb. 28:
Abt Adalbert Dungel, Stift Göttweig.
Foto: Stiftsarchiv Göttweig.
Reproduktion: A. Schumacher.

Abb. 29:
Lambert Karner, Benediktinerpater von Stift Göttweig.
Foto: Stiftsarchiv Göttweig.
Reproduktion: A. Schumacher.

rierte, trat er noch im selben Jahr in das Stift Göttweig als Novize ein. Die niederen Weihen empfing er 1861, die ewige Profess legte er am 24. Juni 1865 ab, die Priesterweihe empfing er noch am 16. Juli desselben Jahres. Er war zuerst etwa ein halbes Jahr in der Stiftspfarre als Seelsorger tätig, anschließend wurde er Kooperator in Mautern. Von 1874 bis 1884 war er Pfarrvikar in Roggendorf. Danach kam er als Pfarrer nach Gösing und wurde 1888 schließlich Pfarrer in Brunnkirchen (Abb. 29). Schon im Frühjahr 1909 erkrankte Karner schwer und musste aus diesem Grund am 19. 7. dieses Jahres endgültig nach Göttweig zurückkehren, wo er am 17. 12. 1909 an einer tuberkulösen Wirbelentzündung starb. Er wurde am 19. 12. durch Abt Adalbert Dungel, mit dem er lange eng befreundet war, auf dem Stiftsfriedhof begraben[71].

Sein Interesse für Archäologie wurde in der Zeit, als er in Roggendorf Pfarrer war, geweckt. Er legte dort ein urgeschichtliches Gräberfeld frei[72], wollte dies aber von einem Fachmann begutachten lassen und bat daher den Prähistoriker Matthäus Much, seine Arbeiten zu besichtigen. Tatsächlich kam im März 1879 Much zu ihm und ließ sich die Fundstelle sowie einen in der Nähe gelegenen Grabhügel zeigen. Auf dem Rückweg dieses Ausfluges kamen sie nach Ober-Stinkenbrunn, wo sie Rast machten und zufällig auf einen Erdstall aufmerksam gemacht wurden. Dieses Ereignis sollte für Lambert Karner für sein weiteres Lebens bestimmend sein, denn von nun an widmete er sich mit größtem Eifer der Erdstallforschung, deren Ergebnisse er in dem bahnbrechenden Werk über „Künstliche Höhlen aus alter Zeit“ 24 Jahre später mustergültig vorlegte (Abb. 30) und mit folgendem, wörtlich wiedergegebenem Satz abschloss: *„Und so schließe ich denn dieses Werk, an das ich alle meine bescheidenen Kräfte gesetzt habe mit dem alten Benedictinerspruche: ‚Ut in omnibus glorificetur Deus‘, und übergebe es der Öffentlichkeit mit dem Wunsche, es möge zu weiteren Arbeiten auf diesem Gebiete ein gern benützter Rathgeber sein.“*[73].

Die wichtigste archäologische Entdeckung aber gelang ihm im Jahre 1891. Er wurde vom Straßenmeister von Mautern zu einer kleinen Schottergrube in der Flur „Unter Feld“ (auch „Bauernfeld“) nördlich der Abzweigung von der Landesstraße 100 Krems – St. Pölten nach Herzogenburg geholt, wo er von einem Straßenwärter die Überreste eines frühlatènezeitlichen Kriegergrabes erhielt, das über Winter vom Grubenrand großteils schon abgerutscht war. Er konnte eine figural verzierte Bronzesitula, einen bronzenen Schöpflöffel, eine Bronzefibel mit Kettchen, Schwertscheidenreste, eine Lanzenspitze, Pfeile, ein Hiebmesser aus Eisen und Tongefäßfragmente noch finden. Adalbert Dungel setzte schließlich die Grabungen in den Jahren 1892–1899 fort und legte noch zwölf weitere Bestattungen frei[74]. Die Bronzesitula aus Kuffern, die in der 1. Hälfte des 5. Jahrhunderts v. Chr. entstanden ist, gehört zu den bedeutendsten latènezeitlichen Kunstwerken Niederösterreichs, sie stellt das nördlichste und wohl auch eines der jüngsten Werke der so genannten Situlenkunst dar, die ihre Erzeugungszentren in Slowenien, Norditalien und in Südtirol hat (Abb. 26).

Bis zum Tode blieb eine Verbindung von Lambert Karner mit der Archäologie bestehen; so soll als eigentümliches Detail schließlich noch Erwähnung finden, dass er und der für seine archäologische Tätigkeit bedeutende Wiener Prähistoriker Matthäus Much am selben Tage, am 17. 12. 1909, verstarben. Begraben wurde er von seinem Abt Adalbert Dungel, der mit ihm und Leopold Hacker das „archäologische Dreigestirn" von Göttweig bildete[75].

Leopold (Ludwig) Hacker

Leopold Hacker wurde am 13. 4. 1843 in Göttweig als Sohn eines Schullehrers und Organisten geboren und auf den Namen Ludwig getauft. Nach dem Gymnasium in Göttweig und Krems erfolgte seine Einkleidung im Stift Göttweig am 14. 9. 1862. Die Priesterweihe erhielt er am 4. 8. 1867 durch Abt Adalbert Dungel. Noch im selben Jahr wurde er Kurat in Göttweig, im nächsten Jahr wurde er Auxiliar und wenig später Provisor in Roggendorf und ebenfalls noch 1868 Kooperator in Pfaffendorf. Ab 1874 war er Kurat in Göttweig, 1878 wurde er Pfarrvikar in St. Veit, schließlich 1881 in Purk. Zwischen 1887 und 1889 war er als Professor für Fundamentaltheologie in Göttweig tätig. Ab 1895 war er Pfarrvikar in Gansbach und ab 1910 schließlich Pfarrvikar in Haindorf. 1918 kehrte er in das Stift Göttweig zurück, wo er am 11. 3. 1926 starb[76].

Unter seinen wissenschaftlichen Tätigkeiten ist zuerst der Aufbau des mineralogischen Kabinetts des Stiftes in den Jahren von 1865 bis 1868 zu erwähnen, das er ab 1876 auch als Direktor leitete. Seine Sammlungen, neben Petrefakten auch Insekten, wurden im Zuge der Aufhebung des Stiftes 1939 großteils zerstört. 1883 entdeckte Hacker die unterhalb der Burg Hartenstein gelegene Gudenushöhle[77]. Vor allem diese Entdeckung und die dort von ihm getätigten Forschungsarbeiten machten Leopold Hacker zu einem international angesehenen Höhlenforscher; er wurde schließlich sogar korrespondierendes Mitglied der k.k. Commission für Denkmalpflege[78].

Bei der 7,5 m über dem Tal der Kleinen Krems gelegenen Gudenushöhle handelt es sich um eine Durchgangshöhle mit einer Gesamtlänge von 22 m. Es wurden im Zuge verschiedener Grabungen ab 1884 Funde aus drei verschiedenen Besiedlungshorizonten gemacht. Herausragend sind dabei zweifellos die Artefakte aus dem Moustérien (Mittelpaläolithikum), vor allem relativ viele Faustkeile, und daneben aus dem Magdalénien (Jungpaläolithikum) eine Rentierkopfritzung auf einem Röhrenknochen. Weiters fanden sich unter anderem Nadeln aus Knochen und Horn, Ahlen, Meißel, Spitzen mit Rillen oder Verzierungen, durchbohrte Zähne von Hirsch und Fuchs, ein Lochstab aus der Stange eines Rentiers oder eine Pfeife aus einem Röhrenknochen[79].

Der Weg vom reinen Sammeln archäologischer und prähistorischer Funde bis hin zum wissenschaftlich fundierten Hinterfragen der Zusammenhänge und Objekte war ein langer. Viele Persönlichkeiten, Museen und Institutionen mussten über Jahrhunderte tätig sein, bis 1899 – spät aber doch, als erste weltweit – die Lehrkanzel für prähistorische Archäologie an der Universität Wien eingerichtet wurde. Gerade in der Frühzeit der wissenschaftlichen Auseinandersetzung mit den ältesten Abschnitten unserer Geschichte waren immer wieder Vertreter der Kirche beziehungsweise Mitglieder von Stiften und Klöstern maßgeblich am Bewahren, Dokumentieren, Publizieren und musealen Sammeln von antiquarischen Gegenständen beteiligt. Von hochmittelalterlichen Kirchen, in denen Römersteine eingemauert wurden, über die Wunder- und Kuriositätenkabinette der Spätrenaissance und des Barock, über den Ankauf von Altertümern aller Art aus allen Gegenden der Welt bis hin zu frühen wissenschaftlichen Forschungen auf dem Gebiet der prähistorischen und provinzialrömischen Archäologie und letztlich bis zu den ersten systematischen Grabungen und Bergungen in der Umgebung der Stifte begegnen uns mannigfaltige Aktivitäten zur Ergründung der Menschheitsgeschichte und zur Vermehrung der Ehre Gottes.

Abb. 30:
„Combinierte Schlupfgänge der Höhle zu Watzendorfin Nied.-Österr.", im rückwärtigen Gang L. Karner.
Heliogravüre aus: L. Karner, Künstliche Höhlen aus alter Zeit, Wien 1903, Taf. 1).
Reproduktion: A. Schumacher.

---

[1] M. A. Niegl, Die archäologische Erforschung der Römerzeit in Österreich, Österr. Akad. der Wissenschaften, phil.-hist. Kl., Denkschriften 141, 1980, 25 und 56f.

[2] E. Wahle, Geschichte der prähistorischen Forschung, Anthropos 45, 1950, 497ff., 514.

[3] L. Franz, Aus der Geschichte der ur- und frühgeschichtlichen Bodenforschung in Österreich, in: L. Franz und A. Neumann, Lexikon der urgeschichtlichen Fundstätten Österreichs, Wien 1965, 209ff. – J.-W. Neugebauer, Urgeschichte in Niederösterreich, Wiss. Schriftenreihe NÖ 39/40, 1979, 7f.

[4] M. Merian, Theatrum Europaeum, V, 1647, 639.

[5] J. v. Schlosser, Die Kunst- und Wunderkammern der Spätrenaissance – Ein Beitrag zur Geschichte des Sammelwesens, Monogr. d. Kunstgewerbes N. F. XI, 1908, 90.

[6] Katalog 1200 Jahre Kremsmünster, Stiftsführer: Geschichte, Kunstsammlungen, Sternwarte, Linz 1977[4].

[7] S. Fellöcker, Geschichte der Sternwarte der Benedictiner-Abtei Kremsmünster, Programm des k.k. Gymnasiums zu Kremsmünster für das Schuljahr 1864.

[8] S. Fellöcker, wie Anm. 7, 29.

[9] F. E. Barth, Hallstätter Funde im Stift Kremsmünster, FÖ 31, 1992, 33ff.; O. H. Urban, Der Prähistorische Raum, Naturwissenschaftliche Sammlungen Kremsmünster – Berichte des Anselm Desing Vereins 26, 1992.

[10] Chr. Neugebauer-Maresch, Stratzing/Krems-Rehberg und jungpaläolithische Frauenfiguren, in: O. H. Urban, wie Anm. 9, 14ff.

[11] O. H. Urban, wie Anm. 9, 6f.

[12] R. Harreither, Das frühe Christentum im Limesgebiet. Von den Anfängen bis zum Ende der römischen Herrschaft, in: R. Harreither und R. Pillinger (Hrg.), Frühes Christentum am österreichischen Donaulimes, Katalog der Ausstellung im NÖ Landesmuseum für Frühgeschichte im Schloss Traismauer, Wien 1999, 6ff., hier 15.

[13] L. Franz, wie Anm. 3, 216. – Katalog Dorotheum: Sonder-Münzenauktion Sammlung Apostolo Zeno, 1668–1750, I Römische Kaisermünzen (Augustus bis Julianus), Wien 1955. – Zu Apostolo Zeno: R. u. M. Bamberger, E. Bruckmüller und K. Gutkas (Hrg.), Österreich Lexikon, Bd. II, Wien 1995^2, 675.

[14] E. M. Ruprechtsberger, Die Archäologische Sammlung im Stift St. Florian, Schriftenreihe des OÖ Musealverein – Ges. f. Landeskunde 12, 1986, 17ff.

[15] G. Winkler, Josef Gaisberger – Zum 100. Todestag, Jahrbuch des OÖ Musealvereins 117/II, 1972, 22ff.

[16] E. M. Ruprechtsberger, wie Anm. 14.

[17] M. Pollak, Das Archäologische Kabinett des Stiftes Seitenstetten, in: Katalog Seitenstetten – Kunst und Mönchtum an der Wiege Österreichs, NÖ Landesausstellung, Seitenstetten 1988, 497ff.

[18] M. Pollak, wie Anm. 17, 497.

[19] R. Noll, Das Inventar des Dolichenusheiligtums von Mauer an der Url (Noricum), Der Römische Limes in Österreich XXX, 1980.

[20] Österreichische Kunsttopographie III, Die Denkmale des politischen Bezirkes Melk in Niederösterreich (bearbeitet von H. Tietze), Wien 1909, 364ff.

[21] Zu Raimund Duellius: K. Gutkas (Hrg.), Landeschronik Niederösterreich, Wien 1994^2, 253. – K. Gutkas, Geschichte des Landes Niederösterreich, St. Pölten 1973^3, 313. Zum aufgehobenen Kloster St. Pölten: G. Winner, Die Klosteraufhebungen in Niederösterreich und Wien, Forsch. zur Kirchengeschichte 3, Josephinische Abteilung, 1967, 196ff.

[22] Katalog des Diöcesan-Museum in St. Pölten, St. Pölten 1893 (bearbeitet von J. Fahrngruber).

[23] J. Kronbichler und S. Kronbichler-Skacha, Diözesanmuseum St. Pölten – Katalog der ausgestellten Objekte, St. Pölten 1984.

[24] Katalog des Diöcesan-Museum in St. Pölten, wie Anm. 22, 16f.

[25] F. Röhrig, Zur Geschichte der Stiftssammlungen, in: M. Alram, R. Denk und W. Szaivert, Die Münzsammlung des Augustiner-Chorherrenstiftes Klosterneuburg, Veröff. d. Numismat. Komm. d. Österr. Akad. der Wissenschaften, phil.-hist. Kl., Denkschriften 202, 1989, 19ff.

[26] Vgl. allgemein: E. Ollinger, F. Röhrig, I. Schütz und H. Weigl, Der Traum vom Weltreich – Österreichs unvollendeter Escorial, Katalog zur gleichnamigen Ausstellung, Stiftsmuseum Klosterneuburg 1999.

[27] B. O. Černik, Die Schriftsteller der noch bestehenden Augustiner-Chorherrenstifte Österreichs, Wien 1905, 216.

[28] M. Fischer, Das Stift Klosterneuburg, erbaut auf den Ruinen des römischen Municipiums Aelium Cetium, Jahrbücher der Literatur 86, 1839, Anzeige-Blatt, 69.

[29] Stiftsarchiv Klosterneuburg, Handschrift 33 (Benedikt Prill, Antiquitatibus insignis). – Interessanterweise bildet R. Duellius in seinen Excerptorum Genealogico-Historicorum 1725 auf seiner Tafel S. 364 die bei Prill auf S. 14 wiedergegebenen Gefäße und Münzen aus Klosterneuburg ab.

[30] H. Zeibig, Das Stift Klosterneuburg in seinem inneren und äußeren Leben bis zum Ende des XIV. Jahrhunderts, Wien 1857, 3ff. Hartmann Zeibig, Augustiner-Chorherr in Klosterneuburg, 1817–1856, Dr. phil., Historiker (B. O. Černik, wie Anm. 27, 251ff.).

[31] M Alram, R. Denk und W. Szaivert, wie Anm. 25.

[32] H. Ubl, Das römische Klosterneuburg, in: Klosterneuburg, Geschichte und Kultur, Band 1 – Die Stadt, Wien-Klosterneuburg 1992, 39ff. (hier auch zahlreichreiche Primärzitate).

Maximilian Fischer, Augustiner-Chorherr in Klosterneuburg, 1782–1851, Geschichtsforscher, 1846 mittlere goldene Zivilverdienstmedaille, 1851 korrespondierendes Mitglied der Kaiserlichen Akademie der Wissenschaften;

Karl Drexler, Augustiner-Chorherr in Klosterneuburg, 1861–1922, Dr. phil., Prof. für Theologie und Kunstgeschichte, Schatzmeister, Kirchendirektor, Titular-Protonotar, inful. lateran. Ehrenabt und Konservator der K.K. Zentralkommission.

[33] H Ubl et al., Stiftsmuseum Klosterneuburg I, Das Römische Lapidarium, Klosterneuburg 1991.

[34] Österr. Biographisches Lexikon 1815–1950, Band 1, 1954, 248f.

[35] Osw. Mengin, Vorgeschichtliche Sammlungen in Niederösterreich II, Wiener Prähistorische Zeitschrift 3, 1916, 15f. Zum wissenschaftlichen Werk von P. F. Endl: R. Andraschek-Holzer, Das Lebenswerk von P. Friedrich Endl OSB (1857–1945), in: R. Andraschek-Holzer (Hrg.), Benediktinerstift Altenburg 1144–1994, Studien und Mitteilungen zur Geschichte des Benediktinerordens und seiner Zweige, 35. Ergänzungsband 1994, 381ff.

[36] M. Zehenthofer, Die La Tèneperiode in Niederösterreich, ungedr. Diss. Univ. Wien, 1916, 113ff.

[37] W. Kalchhauser, Altenburg, Funberichte aus Österreich 28, 1989, 199.

[38] F. Endl, Ein Steinbild aus Großburgstall (Bzh. Horn), Mitteilungen der k.k. Zentralkommission IV, 1905, Sp. 149ff. und Fig. 30.

[39] H. Friesinger, „Awarische Steinstelen" aus Klosterneuburg?, in: J.-W. Neugebauer et al., Die Ergebnisse der archäologischen Untersuchungen von 1977 in Klosterneuburg-St. Martin, Jahrbuch des Stiftes Klosterneuburg 11, 1979, 232ff.

[40] H. Mitsch-Märheim, Eine awarische Grenzorganisation des 8. Jahrhunderts in Nieder-Österreich?, Jahrbuch des Röm.-German. Zentralmuseums Mainz 4, 1957, 129ff.

[41] B. Naber, Folgen einer Aufhebung – Inventarverluste des Stiftes Altenburg zwischen 1940 und 1946, in: R. Andraschek-Holzer (Hrg.), wie Anm 35, 433ff.

[42] J.-W. Neugebauer, Archäologie in Niederösterreich – St. Pölten und das Traisental, St. Pölten-Wien 1993; dort mit weiterführender Literatur.

[43] J.-W. Neugebauer, Herzogenburg-Kalkofen, ein ur- und frühgeschichtlicher Fundplatz im Unteren Traisental, Funberichte aus Österreich, Materialheft A1, 1981.

[44] G. Moßler, Archäologische Untersuchungen im Bereich des Stiftes Göttweig, Niederösterreich, in: Katalog 900 Jahre Stift Göttweig, Bad Vöslau-Baden 1983, 100ff.

[45] G. Baumgartner, Prähistorische Funde nächst der Station Getzersdorf, Mitteilungen der k.k. Zentralkommission N. F. XXVI, 1900, 100ff.

[46] G. Hahnl, Die urgeschichtliche Sammlung im Stifte Herzogenburg, in: H. L. Werneck, Heimatbuch der Stadt Herzogenburg, Niederösterreich, Band I Siedlungskunde und Siedlungsgeschichte, Herzogenburg 1961, 90ff.

[47] G. Hahnl, wie Anm. 46.

[48] F. Hampl, Die ur- und frühgeschichtliche Sammlung des Chorherrenstiftes Herzogenburg, in: Katalog Herzogenburg – Das Stift und seine Kunstschätze, St. Pölten o. J., 125ff.

[49] Georg war der von ihm gewählte Name im Stift: W. H. Payrich, Das Stift Herzogenburg – Die 875-jährige Geschichte des Augustiner-Chorherrenstiftes St. Georgen – Herzogenburg von 1112 bis 1987, ungedr. Diplomarbeit der Kath.-Theol. Hochschule Linz, 1987, 229.

[50] G. Hahnl, wie Anm. 46.

[51] W. H. Payrich, wie Anm. 49.

[52] J.-W. Neugebauer, wie Anm. 42, 24ff.

[53] Da Georg Baumgartner einen Großteil der von ihm geborgenen Funde dem k.k. Naturhistorischen Museum in Wien überließ, wäre es für die Rekosnstruktion seiner archäologischen Tätigkeit wohl lohnenswert, die Sammlungseingänge der Prähistorischen Abteilung zwischen 1885 und 1927, also der archäologischen Wirkungszeit von Baumgartner, dahingehend durchzusehen.

[54] W. H. Payrich, wie Anm. 49, 231f. – J.-W. Neugebauer, wie Anm. 42, 26.

[55] Eine genaue Aufstellung aller Einzelfunde und auch zum Teil unpublizierter Fundberichte findet sich im Prälatenarchiv Georg IV. Hahnl im Stiftsarchiv Herzogenburg.

[56] J.-W. Neugebauer, wie Anm. 42, 26.

[57] G. Hahnl, wie Anm. 46.

[58] Kap. 26 der Vita Altmanni (Vita prior) nach einer kommentierten Übersetzung von J. Oswald: J. Oswald, St. Altmanns Leben und Wirken nach der Göttweiger Überlieferung: „Vita Altmanni", in: Der heilige Altmann – Bischof von Passau. Sein Leben und sein Werk, Festschrift zur 900-Jahr-Feier 1965, St. Pölten-Göttweig 1965, 142ff., die Übersetzung der Vita ab 157ff.

[59] J.-W. Neugebauer, wie Anm. 42, 14.

[60] G. Moßler, wie Anm. 44.

[61] Katalog 900 Jahre Stift Göttweig, Bad Vöslau-Baden 1983, 720.

[62] Als Quellen zum Lebenslauf von P. A. Dungel dienten folgende Arbeiten: Brief von Abt Rudolph Gusenbauer an den Bezirkskommissär von Krems, dat. 5. 11. 1885 im Stiftsarchiv Göttweig. – Nachlass A. Dungel. – L. Koller, Abt Adalbert Dungel †, Wierner Prähistorische Zeitschrift X/3–4, 1923, 138ff. – C. A. Lashofer, Profeßbuch des Benediktinerstiftes Göttweig, Studien und Mitteilungen zur Geschichte des Benediktiner-Ordens und seiner Zweige, 26. Ergänzungsband 1983, 345ff. – Katalog 900 Jahre Stift Göttweig, Bad Vöslau-Baden 1983, 720ff. und 774.

[63] A. Mayer, Miszellen aus der Vorgeschichte und den ersten Entwicklungsphasen des Vereines für Landeskunde von Niederösterreich, Jahrbbuch für Landeskunde von NÖ 13/14, 1914/15, 531 ff., hier 556.

[64] J. Szombathy und A. Dungel, Die Tumuli von Gemeinlebarn, Mitteilungen der Prähistorischen Kommission I/2, 1890, 49 ff.

[65] A. Dungel, Die Hügelgräber bei Oberbergern in NÖ, Blätter des Verens für Landeskunde 2, 1868, 100 ff.

[66] A. Dungel, Römische Funde in Tulln u. Umgebung, Mitteilungen der k.k. Central-Commission 16, 1871, CVII.

[67] A. Dungel, Die neueren archäologischen Funde in der Umgebung von Mautern, Mitteilungen der k.k. Central-Commission 19, 1874, 163 ff.

[68] A. Dungel, Ueber die Tumuli bei Kilb und Mank in Niederösterreich, Mitteilungen der Aanthropologischen Gesellschaft Woen 15, 1885, (43) ff.

[69] H. Friesinger, Studien zur Archäologie der Slawen in Niederösterreich, Mitteilungen der Pröhistorischen Kommission XV/XVI, 1971/74, 1.

[70] A. Dungel, Ausgrabungen bei Kuffern, Gemeinde Statzendorf, Jahrbuch für Altertumskunde. 1, 1907, Beibl. 86 ff. – Ders., Die Flachgräber der Hallstattzeit bei Statzendorf in Niederösterreich, Mitteilungen der Prähistorischen Kommission 2, 1937, 1 ff.

[71] Österr. Biographisches Lexikon 1815–1959, Band 3, 1961, 244. – J. Weichenberger, Pater Lambert Karner – ein Pionier der Erdstallforschung, Der Erdstall 15, 1989, 4 ff.

[72] L. Karner, Ein Grabfeld zu Roggendorf, Mitteilungen der Anthropologischen Gesellschaft Wien 13, 1883, 221 ff.

[73] L. Karner, Künstliche Höhlen aus alter Zeit, Wien 1903, 235.

[74] L. Karner, Über einen Bronzesitula-Fund bei Kuffarn in N. Ö., gedruckter Vortrag in: Mitteilungen der Anthropologischen Gesellschaft Wien 21, 1891, (68) ff. – J.-W. Neugebauer, wie Anm. 42, 20 ff.

[75] J. Weichenberger, wie Anm. 71, 4 ff. – Nachruf für Dr. Matthäus Much: Mitteilungen der Aanthropologischen Gesellschaft Wien 40, 1910, 48 ff.

[76] C. A. Lashofer, wie Anm. 62, 326 f.

[77] L. Hacker, Die Gudenushöhle, Mitteilungen der Anthropologischen Gesellschaft Wien 14, 1884, 145 ff.

[78] Katalog 900 Jahre Stift Göttweig, wie Anm. 62, 720.

[79] Chr. Neugebauer-Maresch, Altsteinzeit im Osten Österreichs, Wiss. Schriftenreihe NÖ 95/96/97, St. Pölten–Wien 1993, 72.

Zum Ausstellungsrundgang. Die Räumlichkeiten als „kostbare Vitrinen“

Albert G r o i ß OSB

Die letzten beiden Jahresausstellungen 1998 „Der Maler des Himmels. Paul Trogers apokalyptische Inszenierungen im Stift Altenburg“[1] und 1999 „Mönche – Maurer – Maler“ führten die Besucher der Benediktinerabtei Altenburg über die Kaiserstiege und ein Holzgerüst bis in die Troger-Kuppel des Kaisertraktes. Vom Niveau des Kaiserhofes aus führt einerseits die Hauptstiege, die sich im Halbstock wieder in zwei Arme teilt, auf den „noblen“ Stock der Marmorzimmer, die mit verschiedenfarbigem Kunstmarmor und feinsten Stuckdeckenverzierungen derart ausgestattet sind, dass sich in ihrer Art nichts in Österreich finden lässt[2], andererseits führen zwei Seitenarme in die unterirdisch gelegenen, grotesken Räume der Sala terrena.

Die Sonderausstellung des Jahres 2000 nützt den gleichen repräsentativen Eingang in die Schauräume des Klosters, führt jedoch die Besucher in eine ganz andere Welt – nicht in die Welt der Himmel mit ihren christlichen Tugenden und Allegorien Paul Trogers, sondern in die Unter-Welt der Groteske (Abb. 1) und die Unterbauten des Barock, bis hinein in einst verschüttete und verschlossene Räume des mittelalterlichen Benediktinerklosters.

Stiegenhaus – Felsengrotte

Ausstellungsthemen 1 und 2

Eine künstlich angelegte Wassergrotte (Abb. 2) bildet den Ausgangspunkt für die Räumlichkeiten der Sala terrena unter dem Kaisertrakt. Die Worte Grotte und Groteske haben denselben Stamm. Im 1. Viertel des 18. Jahrhunderts fanden in Altenburg Ideen aus der Profanwelt Eingang, die früher in Renaissance-Gärten Italiens und in Gartensälen barocker österreichischer Schlösser zu finden waren[3]. Ab dem 16. Jahrhundert wurden Orte, wo man Ornamente oder Ähliches fand und die man später als Grotesken bezeichnete, interessant, studiert und abgezeichnet. Es waren dunkle Gänge und verschüttete Säle von römischen Villen und Thermen im Raum Neapel und Tivoli, die aber von den Entdeckern für künstliche Grotten gehalten wurden, wie sie in der Antike für Gottheiten und Nymphen errichtet wurden. Diese wurden im 16. und 17. Jahrhundert in Untergeschossen nachgebaut und in Verbindung mit dem Reich des Wassers gebracht. So wurden im 18. Jahrhundert derartige Räume auch in Altenburg unter den mit Kunstmarmor, Stuck und Fresken ausgestatteten Oberräumen eingerichtet – unter den Kaiserzimmern, unter der Prälatur und unter der Bibliothek[4].

Genau unter der Kaiserstiege befindet sich nun in einem grottenartig verkleideten Raum die Figurengruppe Leda mit dem Schwan, die ein Drache bewacht. Eine große Steinmuschel weist auf die Anlage als Wassergrotte hin. Die Figurengruppe stammt von Jakob Schletterer und ist Sinnbild der irdischen Liebe wie der Verbindung der Gottheit mit dem Menschen[5].

Abb. 1:
Sala terrena, Stiegenhaus.
Foto: Stiftsarchiv Altenburg.

Abb. 2:
Stiegenhaus, Felsengrotte.
Foto: Bundesdenkmalamt.

Abb. 3:
Sala terrena, Wasserraum.
Foto: Bundesdenkmalamt.

Abb. 4:
Kleines Stiegenhaus der Sala terrena,
rechts Blick in den Tritonensaal.
Foto: Stiftsarchiv Altenburg.

Sala terrena – Wasserraum

Ausstellungsthemen 3 und 4

Der Weg führt durch den nach Süden anschließenden „Wasserraum" (Abb. 3). Von unbekannten Malern[6], wahrscheinlich Schülern Paul Trogers, wurde dieser durch Architekturmalerei gegliederte Raum mit einem zentralen Lebensbrunnen ausgestattet. Den Fenstern in der Ostwand mit dem Blick auf die Altane sind Vasenfelder gegenübergestellt, die darüber liegenden Stichkappen zeigen sechs Szenen aus den Metamorphosen des Ovid: Pyramus und Thisbe, Raub der Proserpina, Tod des Herkules, Eumelius, Orpheus und Narciss[7]. Außerdem finden sich die Darstellung der vier Jahreszeiten, an den Schmalseiten Allegorien der Prudentia und der Natura florescens. In den Medaillons der Decke thronen Minerva, die Göttin der Weisheit und der Kunstfertigkeit, und Ceres, die Göttin des Ackerbaues und der Fruchtbarkeit.

Tritonensaal

Ausstellungsthema 4

Auch dieser Saal (Abb. 4) ist dem Element des Wassers gewidmet. Tritonen, Silene, Nymphen und Delfine, Fluss- und Meeresgötter gliedern die Wände. Dekorativ werden sie durch Muscheln in allen Größen und grotesk-bizarren Vasen bereichert. An der Decke schweben die vier Jahreszeiten: ein mädchenhafter Frühling, ein Sommer als eine in der Blüte stehende Frau, ein kräftiger, mit Sichel und Ähren dargestellter Mann als Herbst und ein Winter als Greis in der Gestalt des Chronos mit dürrem Brennholz im Arm[8].

Schmale Treppe

Ausstellungsthema 5

Dieses originelle Stiegenhaus (Abb. 5) verbindet die grotesken Säle mit der barocken Veitskapelle. Zentrales Motiv bildet ein Harlekin, der auf einem Bein steht und ein entrolltes Blatt Papier vorweist, auf dem ein Reigen von Harlekinen dargestellt ist. Handelt es sich dabei um den Hinweis auf einen Totentanz? Ausgeführt findet sich dieses Thema im nördlichsten Raum der Sala terrena, im Chinesenzimmer als Tanz der Harlekine oder im südlichsten Raum des Stiftes als Totentanz: in der Krypta. Ein gemalter Vorhang beendet den Rundgang durch die barocke, groteske Unterwelt. Eine Türe führt in die Totenkapelle: „eine grandiose Inszenierungskunst, die an die Effekte des Theaters erinnert"[9].

Abb. 5:
Kleines Stiegenhaus.
Foto: Bundesdenkmalamt.

Abb. 6:
Barocke Veitskapelle: Hl. Grab.
Foto: Stiftsarchiv Altenburg.

Abb. 7:
Romanische Veitskapelle (Gruft).
Foto: A. Groiß OSB.

Barocke Veitskapelle

Ausstellungsthema 6

Die von Joseph Munggenast umgestaltete Veitskapelle besitzt eine sehr qualitätsvolle Stuckausstattung ganz in Weiß von Johann Michael Flor[10]. Eine Beweinung Christi mit Maria, Maria Magdalena neben einem Engel und Johannes als plastische Gruppe über der Altarmensa – als „Heiliges Grab" des Karfreitag (Abb. 6). Der Leichnam Christi liegt auf einem Sarkophag in der Mitte. Seitlich an den Wänden erscheinen zwei kniende Engel auf Voluten in trauernder Anbetung. Über dem Baldachin mit dem Auge Gottes, der von Putten gehalten wird, steht das apokalyptische Lamm auf dem Buch mit den sieben Siegeln. Im Gurtbogen sind, in der Art von Trophäen angeordnet, die Leidenswerkzeuge Christi zu sehen, und im Mittelabschnitt des tonnengewölbten Raumes erscheint ein Kelch mit Hostie als Symbol des ewigen Lebens. Über den seitlichen Eingängen ist jeweils ein Totenschädel auf gebrochenen, erloschenen Kerzen und Musikinstrumenten gesetzt, während in der Lünette der Rückwand ein schlafender Putto zwischen Attributen der geistlichen und der weltlichen Macht erscheint. Wie in den Kaiserzimmern, der Bibliothek oder der Sakristei steht hinter dem Schmuck ein theologisches Programm[11]. Das Stuckprogramm als „memento mori" bildet ein Pendant zum Programm der grotesk ausgestatteten Krypta des Klosters.

Auf das mittelalterliche Veitspatrozinium wird nicht mehr explizit eingegangen; die unter der barocken Kapelle liegenden Räume wurden (bis 1845) als Grablege für die Äbte und Mönche verwendet[12]. Nach dem Anlegen des neuen „Herrenfriedhofes" im Anschluss an den Pfarrfriedhof außerhalb des Klosters wurde der Zugang zur mittelalterlichen Veitskapelle vermauert. Erst nach Kriegsende brach man 1945 eine Öffnung in das barocke Gewölbe und devastierte die Holzsärge. Die barocke Abgangsstiege wurde bei Aufräumarbeiten 1983 abgebrochen. Die neue Wendeltreppe ins Untergeschoss wurde im Bereich einer Spindeltreppe aus der Renaissance für die Sonderausstellung des Jahres 2000 angefertigt.

Gotische Veitskapelle

Ausstellungsthema 7

Aus der Ablass-Urkunde des Altenburger Abtes Ulrich vom 15. Juli 1265 erfahren wir, dass es zu dieser Zeit bereits eine Veitskapelle gab, welche an Mauern und Dächern Verfallserscheinungen zeigte. Diese herrschaftliche Kapelle[13] scheint zum ältesten Bestand der ganzen baulichen Anlage des aus einer „alten Burg" entstandenen Mönchsklosters nach der Regula Benedicti gehört zu haben. Vielleicht kann man sie überhaupt als „Burgkapelle" des im Norden der Kirche befindlichen Festen Hauses betrachten (so Gregor Schweighofer OSB), von dem Reste des Rundturmes[14] und des romanischen Mauerwerks sogar noch in der barocken Neuanlage zu finden sind. Eine kleine romanische Veitskapelle ohne Apsis findet man auf dem Ursprungsbild des Rotelbuches A[15] neben der Klosterkirche in den Händen der Gründerin Hildburg von Poigen und ihres Sohnes Hermann. Der hl. Vitus (Kat. Nr. 7.4) wird in Altenburg als zweiter Klosterpatron verehrt. Im Rotelbuch A findet man weiters eine Darstellung des klösterlichen Baukomplexes „ab oriente", in welchem die Veitskapelle als kleines Sakralgebäude mit einem eindrucksvollen gotischen Chor und einem schlanken, aus dem Dach herauswachsenden Turm eine gewisse eigenständige Bedeutung gehabt zu haben scheint. Vor der Errichtung des gotischen Chorpolygons Anfang des 14. Jahrhunderts dürfte schon eine Gruft bestanden haben, die Wahl als Begräbnisstätte im Stift und eine Lichtstiftung im Jahr 1281 weisen auf den Bestand einer Gruftkapelle (Abb. 7) hin[16]. Ein leicht querrechteckiger, von einem Kreuzgratgewölbe überspannter Raum wurde erst nachträglich durch das gotische Polygon ($^5/_8$-Schluss) ummantelt[17] und als „Ossuarium" verwendet. Im Norden schließt ein einstöckiges Gebäude an, in dem man das zu Beginn des 14. Jahrhunderts gebaute „Spital" erkennt. Es muss angenommen werden, dass die Stiftung des Hadmar von Sunnberg (1308) den Anlass zum Neubau der Veitskapelle und deren Umwidmung zur Spitalskapelle (mit herrschaftlicher Grablege) gegeben hat. „Der überaus schlanke, hohe Baukörper der Veitskapelle gehört zu einer Generation von ‚schrein'-artigen, kostbar wirkenden Kapellen, wie sie meist als Familien- und Grabkapellen von den dem Landesfürsten nahestehenden Adelsgeschlechtern – wie hier den Sonnbergern – errichtet wurden"[18]. Im Westen der Veitskapelle wurde im 2. Jahrzehnt des

14. Jahrhunderts eine herrschaftliche Empore (Abb. 8) errichtet[19]. Das Spital musste zwar in den ersten Jahrzehnten des 15. Jahrhunderts wegen wirtschaftlicher Schwierigkeiten aufgelöst werden, die Kapelle aber und die anschließenden Trakte wurden auch nach der Zerstörung durch die Hussiten wieder aufgebaut und überstanden zum Teil auch die weitläufigen Umgestaltungen der Barock-Baumeister des 17. Jahrhunderts. Es blieb der lange Kirchenhof in seiner ursprünglichen Form erhalten.

Von dieser Sicht aus könnte man es fast bedauern, dass nach 1730 durch den Bau des Kaisertraktes mit seinen Marmorzimmern die alte Veitskapelle verschwinden musste. Sie existiert in ihren Hauptmauern, verursacht durch die gewaltigen Aufschüttungen bis zu 4 m, nur mehr im Kellergeschoss der heutigen Veitskapelle[20].

Abb. 8:
Gotische Empore (Säule).
Foto: A. Groiß OSB.

Altane

Ausstellungsthemen 8, 9, 10 und 11

Über ein Torhaus gelangt man vom Kirchhof auf die so genannte Altane, eine durch Baumeister Joseph Munggenast künstlich aufgeschüttete Aussichtsterrasse nach Osten und Süden. Von den mittelalterlichen Gebäuden – Abtshaus, Abtskapelle (Abb. 9), Klosterschule, Wirtschaftsgebäude – wurde der erste (beziehungsweise zweite) Stock abgetragen, die Gewölbe des Erdgeschosses wurden abgestützt und verschwanden bis zu 4 m unter dem barocken Plateau. An der geosteten Kirchenapsis der bis 1733 barockisierten Stiftskirche erkennt man deutlich den Chorabschluss des 14. Jahrhunderts. Epitaphe zeigen wichtige Äbte der Stiftsgeschichte von Altenburg: Abt Andreas I. († 1519) mit dem ältesten Wappen des Klosters, Abt Benedikt Leiss († 1658), der die mittelalterliche Klosteranlage zuschütten ließ und die Idee des barocken Neubaues förderte, Abt Maurus Boxler († 1681), der den barocken Konventbau schuf[21].

Abb. 9:
Gotisches Abtshaus und Abtskapelle von Osten.
Foto: A. Groiß OSB.

Abtshaus und Abtskapelle

Ausstellungsthemen 12 und 13

Seit dem späten 13. Jahrhundert gibt es freistehende Abtshäuser östlich des Klausurbereiches, so auch in Altenburg. Das Abtshaus bildete einen einheitlichen, lang gestreckten Baukörper; der längere nördliche Baukörper war zwei-, der südliche, zu dem sich auch die Abtskapelle orientierte, dreigeschossig. Für eine Datierung um 1300 sprechen die Architekturteile der Kapelle und die des 1. Obergeschosses.

Die älteste Ansicht des Stiftes nach Georg Matthäus Vischer von 1672[22] und auch das Rotelbuch von 1681[23] zeigen das Gebäude noch aufrecht, obwohl schon Abt Kaspar Hofmann (1583–1587) eine neue Abtei errichten ließ. Die Anlage der Altane unter Abt Placidus Much (1715–1756) erforderte den Teilabbruch der Gebäude östlich der Klausur; daher blieben nur das Erdgeschoss und Teile des 1. Obergeschosses erhalten. Freigelegt ist auch ein gotisches Fenster aus dem 1. Drittel des 14. Jahrhunderts vor dem Eingang ins Neue Refektorium.

Neues Refektorium (Speisesaal)

Ausstellungsthema 14

Der an das ehemalige Abtshaus (um 1300) anschließende Baukörper, der die mittelalterliche Außenanlagen nach Südosten abgrenzte, wird als „Neues Refektorium" bezeichnet und in die 2. Hälfte des 15. Jahrhunderts datiert[24]. Der Neubau ersetzte wahrscheinlich das ursprüngliche Refektorium, das südlich an den Kreuzgang anschloss. Er wurde unter Abt Maurus Boxler um 1660 neu eingewölbt [25], bevor er als Refektorium in der spätbarocken Anlage des 18. Jahrhunderts keine Bedeutung mehr fand.

Verbindungsraum

Ausstellungsthema 15

Eingang Brennkammer

Ausstellungsthema 16

1993 wurde unter der Fraterie eine Brennkammer (Abb. 10) und deren Vorräume entdeckt, die schließlich 1994–1995 vom Neuen Refektorium aus begehbar gemacht werden konnte. Das frühbarock vermauerte Tor

Abb. 10:
Brennkammer, Zustand 1995.
Foto: A. Groiß OSB.

Abb. 11:
Fraterie.
Foto: A. Sulzgruber.

mit einem aus einem Block gehauenen Steinüberlager in die eigentliche Brennkammer[26] wurde 1995 geöffnet, vor diesem Tor befindet man sich auf mittelalterlichem Hofniveau. Die unter der Fraterie liegende Heizung ermöglichte durch die Speicherkraft der heißen Luft in zwei übereinander liegenden Gewölben eine Art Fußbodenheizung für den Arbeitsraum der Mönche. So diente der Arbeitsraum gleichzeitig als „Wärmestube", also als Calefactorium.

Stiegenhaus zum Necessarium

Ausstellungsthema 17

Ein schmales Stiegenhaus führt eine weitere Etage tiefer, vorbei am „Necessarium", hinunter in die gewölbten Keller. Ein Ausgang Richtung Süden in den Wald ermöglicht den Blick auf den gewaltigen Bibliotheksbau aus dem 18. Jahrhundert, den Leopold Wißgrill nach dem Tod Joseph Munggenasts (1741) als letzten Trakt des Barockstiftes vollendete. Davor liegen die Fundamente des mittelalterlichen Abortes; Ablaufrinnen für Wasser aus Dachziegeln konnten 1993 dokumentiert werden[27].

Gewölbter Keller

Ausstellungsthema 18

Die aufgehenden Mauern, die nun direkt auf dem Felsen aufsitzen, müssen wie das Abtshaus um 1300 datiert werden. Das Gewölbe wurde allerdings wie im Stockwerk darüber um 1660 erneuert und besteht aus frühbarocken Ziegeln. Bei der archäologischen Untersuchung 1993 an der nördlichen Außenmauer konnte ein gotisches Fenster aus Sandstein dokumentiert werden.

Fraterie

Ausstellungsthemen 19 und 20

Als Tag-, Wärme- und Arbeitsraum diente die Fraterie (officina, camera), also der Mönchssaal (Abb. 11). Durch eine Mittelstütze wurde der lang-rechteckige Raum im 3. Drittel des 13. Jahrhunderts in vier gleich große Raumteile mit jeweils rechteckigem Grundriss gegliedert. Die einzelnen Joche wirkten daher voneinander isoliert und in sich zentriert, trotz Mittelsäule und uniformer Rippenprofile; die Fraterie ist daher als eine zweischiffige Halle mit einer mittleren Stütze anzusprechen (Abb. 12). Vgl. den Unterschied im fast gleichzeitig gewölbten Kapitelsaal[28].

Leider ging durch spätere Umbauten im 17. Jahrhundert die ursprüngliche Raumwirkung verloren. Die für den Raum so wichtige Mittelstütze wurde ummantelt, die nördlichen Joche sind durch die neuzeitliche Mauer abgetrennt[29]. Auch von den gotischen Fensterrahmungen (nach Osten und Süden) blieb nichts in ursprünglicher Form bestehen, erhalten sind allerdings zwei rundbogige und eine spitzbogige Nische an der Westseite des Raumes, die einst durch je ein Fachbrett unterteilt und versperrbar waren; der Türfalz ist deutlich zu erkennen. Wahrscheinlich dienten diese Nischen als Aufbewahrungsort für Bücher, Pergament und Schreibutensilien.

An den Rippen (gekehlte Ziegelrippen, die auf Gewölbefüßen aus Sandstein sitzen) und an den Gewölben erkennt man Reste von Bemalung[30]: Um 1600 entstanden im ersten Gewölbe Wandmalereien der vier lateinischen Kirchenväter (hl. Papst Gregor der Große, 1996 freigelegt), im zweiten Gewölbe die der vier Evangelisten (hl. Johannes der Evangelist, 1994 restauriert) (Abb. 13). An der Südwand sind Spuren einer Kreuzigung erkennbar (1980 aufgedeckt). Spätmittelalterlich zu datieren ist auf der Westwand über den Buchnischen eine Darstellung des Jüngsten Gerichtes: im Bogenscheitel zwei weißgewandete Engel mit Posaunen, dazwischen Christus als Weltenrichter auf dem Regenbogen sitzend, im unteren rechten Teil die Darstellung der Hölle mit einem alles verschlingenden Kopf. Links unterhalb des Weltenrichters befindet sich eine noch nicht entzifferte gotische Inschrift. Die spätmittelalterlichen Farbfassungen der Schildbögen und Gurte sind einheitlich rot mit weißen Fugenteilungen, die Diagonalrippen abwechselnd in graue, gelbe und rote Rippenstücke mit schwarzen Fugenstrichen gefasst, schlanke,

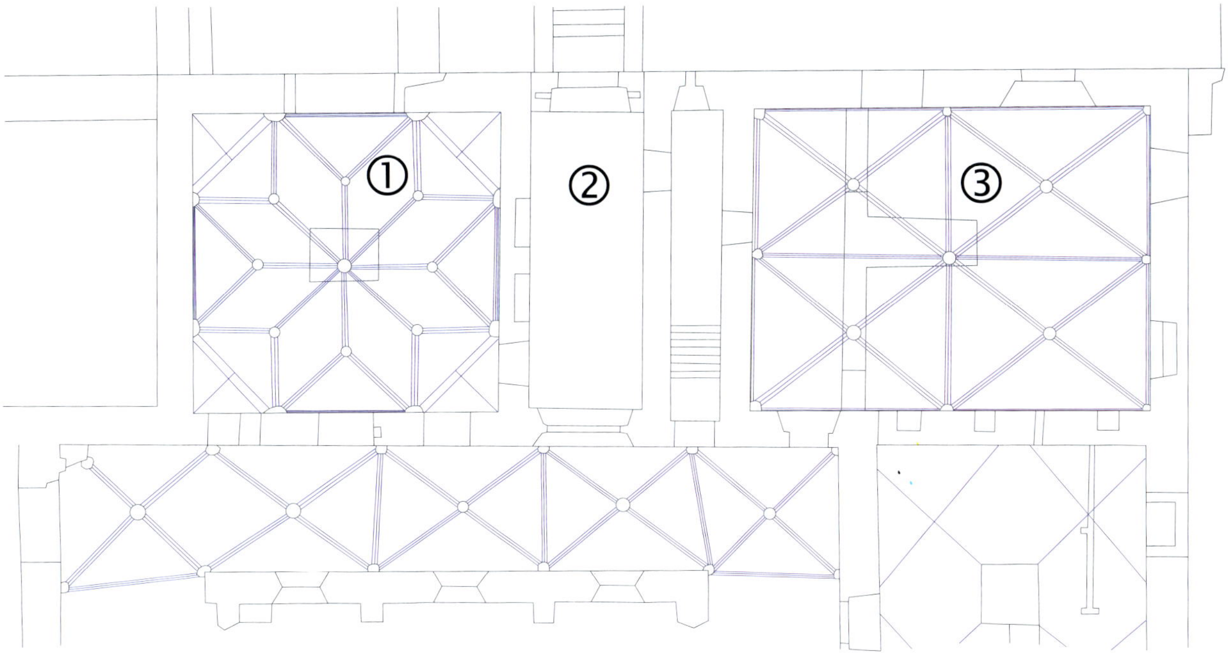

Abb. 12:
Aus G. Seebach, Diss. Wien 1986, Fig. 46a.
1 – Kapitelsaal. 2 – Parlatorium. 3 – Fraterie.
Umzeichnung: ASINOE.

flammenartige Ornamentbänder breiten sich von den Fugen über die Rippenstücke aus[31]. Die Kappen der Gewölbe waren farblich nicht gefasst.

Küchen- und Speisesaalbereich

Ausstellungsthemen 21 und 22

Von der gotischen Wölbung (spätes 13. Jahrhundert) des parallel zum Kreuzgang liegenden Refektoriums blieb nach dem frühbarocken Umbau durch die Äbte Benedikt Leiss und Maurus Boxler nichts mehr erhalten. Der Raum wurde neu gewölbt und eine Stützenreihe als Substruktion für das barocke Konventgebäude gebildet. Massige, tief angesetzte Strebepfeiler an der südlichen Außenmauer unter der „Loggia" des Maurus Boxler entsprechen jenen des Abthauses Seifrieds (Anfang des 14. Jahrhunderts). Archäologisch wurde dieser Raum 1993 untersucht (Ziegelfußboden des 17. Jahrhunderts, Keramik um 1400, Mauerwerk ab dem 12. Jahrhundert). Im westlichen Teil des Raumes wurde eine Heizanlage freigelegt, wie sie auch unter der Fraterie dokumentiert wurde[32].

Nische und Pforte zum Westtrakt

Ausstellungsthema 23

Kreuzgang

Ausstellungsthemen 24, 25 und 27

Der Kreuzgang (Abb. 14) bildet das Herzstück der mittelalterlichen Klosteranlage. Der heute zu sehende Kreuzgang wurde unter Abt Seifried I. gebaut und stammt aus dem 1. Drittel des 14. Jahrhunderts, schließt jedoch an Bauteile des 12. Jahrhunderts an (Langhaus der Klosterkirche II, Kapitelsaalfassade, Refektoriumsfassade)[33]. Die Gebäudegrenzen nach Norden orientieren sich nicht an der Klosterkirche III (1265), sondern an der älteren Kirche (II) aus der 2. Hälfte des 12. Jahrhunderts. Im Gegensatz zum Vorgängerbau von Portikus-Wänden mit offenen Fensterarkaden (von denen einige Architekturspolien aus Zogelsdorfer Sandstein erhalten sind[34]) wurde der Kreuzgang durchwegs gewölbt und bildet eine raumhaft in sich geschlossene Gangarchitektur. Dadurch musste das bestehende Raum- und Kommunikationssystem vor allem im Ostflügel modifiziert werden, die Dormitoriumsstiege (Stiege zum Schlafsaal der Mönche) wurde aufgegeben, das nördliche Kapitelsaalfenster und das Auditoriumsportal verändert und im Südflügel die

Abb. 13:
Johannes der Evangelist (Fraterie).
Foto: A. Sulzgruber.

Abb. 14:
Kreuzgang.
Foto: A. Groiß OSB.

Refektoriumsfenster vermauert (Abb. 15). Jeder Kreuzgangflügel besteht aus fünf Jochen, welche jedoch nicht gleich groß und uniform gewölbt sein konnten. Deshalb erhielt jeweils das Mitteljoch eine leicht trapezförmige Grundgestalt (Abb. 16)[35].

Über die Formenvielfalt und die unterschiedlichen stilistischen Bezüge für die Konsolen und die Kapitelle im Altenburger Kreuzgang sind verschiedene Vorbilder als auch die zeitliche Abfolge des Baues zu erklären: Die Konsolen des Ostflügels gehören zu den ältesten; sie sind um 1300–1310 entstanden. Die Hofwände und die Verwandtschaft der Fenstermaßwerke (Abb. 17) im Ost und Südflügel zeigen eine aufeinanderfolgende Bauabfolge[36].

Portale beziehungsweise Türen vom Kreuzgang aus führen in den Pfortenbereich, ins (nicht freigelegte) Cellarium, in die Stiftskirche II (erhalten das Fragment eines spätromanischen Figurenkapitells (Abb. 18)[37] – die Fundamente der Apsis dieser Kirche wurden 1994 archäologisch untersucht[38]), in den Kapitelsaal, das Auditorium, die Fraterie und ins Refektorium. Im Südflügel befindet sich auch eine Nischenöffnung (für liturgische Gebrauchsbücher?). Der Fußboden (im Südflügel großteils original) stammt aus dem beginnenden 17. Jahrhundert, spätmittelalterliche Fresken an den Innenwänden wurden zur selben Zeit weiß übertüncht. Freigelegt ist seit 1983 im Südflügel (S/3) eine Verkündigungsszene. Unter den Gängen des Kreuzganges wurden normalerweise Mönche und Wohltäter des Klosters bestattet, unter dem Ziegelfußboden des Nordflügels wurden 1994 auch mehrere Bestattungen dokumentiert[39].

Die Mauern des Kreuzganghofes aus dem Anfang des 14. Jahrhunderts bergen einzelne romanische Spolien, Kämpfer wurden als Fundamente der Stützpfeiler verwendet, zwei Würfelkapitelle finden sich nebst den gotischen Fensteröffnungen im Osttrakt. Ein etwa 6 m tiefer Brunnen liegt etwas außerhalb des Zentrums des Kreuzganghofes, zwei Öffnungen für Zisternen befinden sich nördlich und östlich des Brunnenschachtes.

Der Altenburger Kreuzgang ist auf keiner alten Abbildung zu sehen, zur Zeit der Entstehung des Rotelbuches A (1681)[40] war er bereits aufgegeben. Die letzten Renovierungen wurden unter Abt Thomas Zienner nach 1600 vorgenommen. Nach Zerstörungen während des Dreißigjährigen Krieges durch die Schweden wurde unter Abt Benedikt Leiß ab 1650 der Nordtrakt des Kreuzganges abgetragen, während der Südtrakt als Kellerraum weiterhin Verwendung fand. Gänzlich unter der

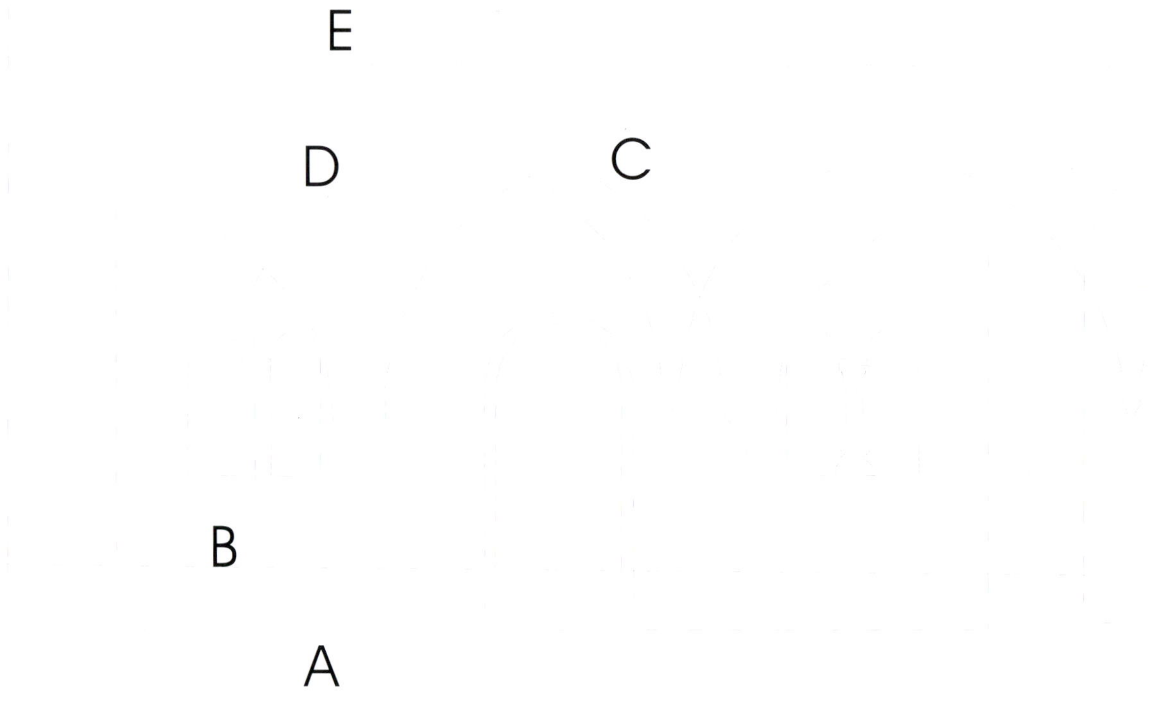

Abb. 15:
Aus G. Seebach, Diss. Wien 1986, Fig. 16
A – Bodenniveau im Kapitelsaal (1984). B – Bodenniveau im Kreuzgang – Ostflügel (1984).
C – Schildbogenverlauf der Kapitelsaalwölbung (3. Drittel 13. Jh.). D – Schildbogenverlauf der Kreuzgangwölbung (1. Drittel 14. Jh.). E – Erhaltene Höhe der mittelalterlichen Osttrakt-Westwand.
Umzeichnung: ASINOE.

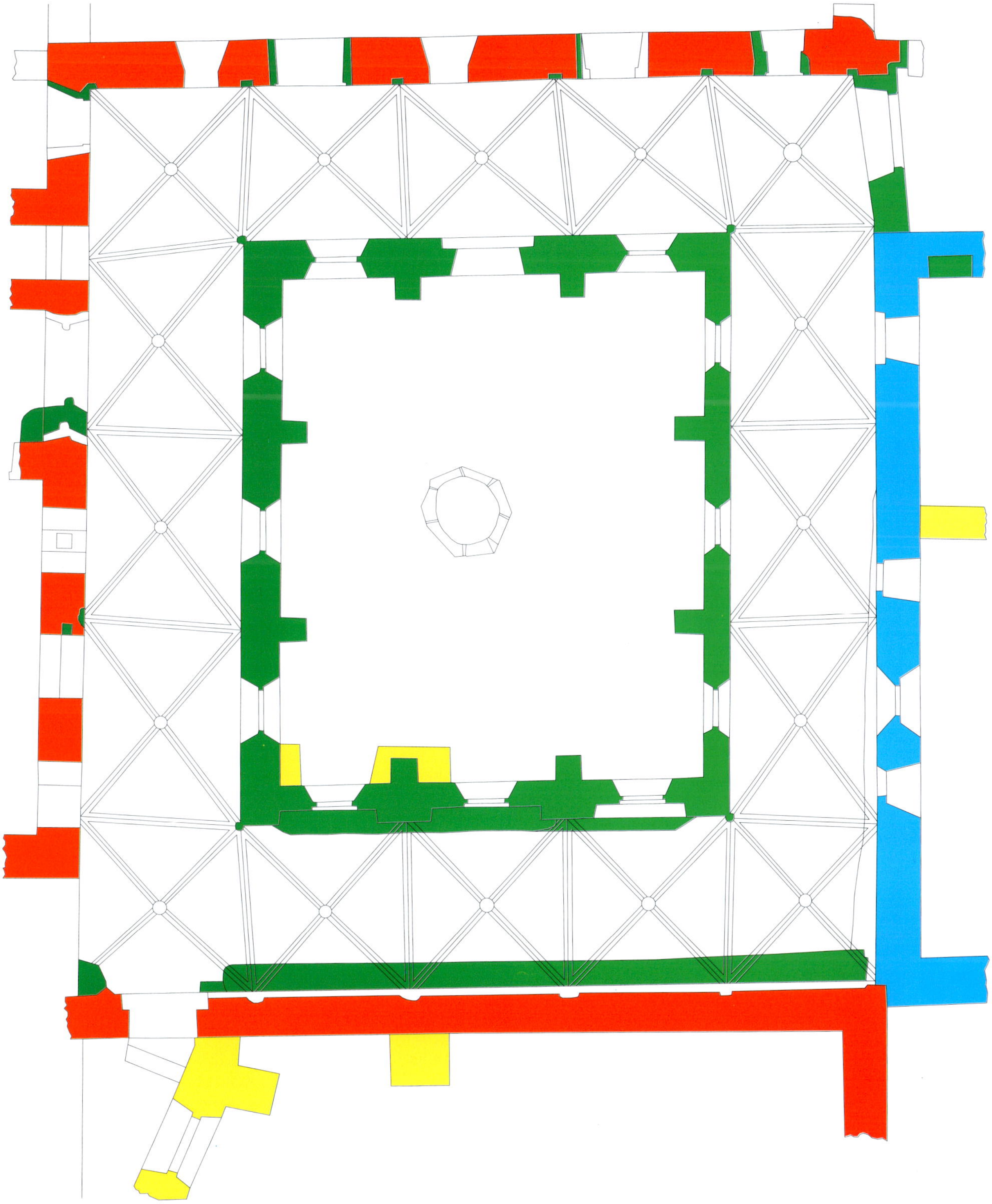

Abb. 16:
Aus G. Seebach, Diss. Wien 1986, Fig. 49.
Rot – Bauteile 12. Jh. Blau – Cellarium Westtrakt 2. Hälfte 13. Jh. Grün – Kreuzgang 1. Drittel 14. Jh.
Gelb – Spätmittelalterliche Bauteile.
Umzeichnung: ASINOE.

Abb. 17:
Fenstermaßwerk des Kreuzganges:
Foto: A. Groiß OSB.

Abb. 18:
Romanisches Figurenkapitell:
Foto: A. Schumacher.

Erde verschwand der Kreuzgang unter dem barocken Bauabt Placidus Much (1715–1756): Die Brunnenanlage inmitten des Kreuzganghofes wurde bis zum neu entstehenden Hofniveau erhöht, alle Gewölbe wurden eingeschlagen und der gesamte Hof mit Schuttmaterial aufgefüllt. Der südlich der Kirche entstandene Hof bekam den Namen „Brunngartl" und diente bis zum Zweiten Weltkrieg in der Sommerzeit für die Rekreation der Patres.

Kapitelsaal

Ausstellungsthema 26

Als zweitwichtigster Raum im Kloster – neben der Klosterkirche – wurde der frühgotische Altenburger Kapitelsaal unter Abt Ulrich (1260–1283) umgebaut. Der romanische Raum war annähernd ein Quadrat und durch eine (hölzerne) Mittelsäule zentriert[41]. Der im Grundriss genau quadratische frühgotische Kapitelsaal bildet über einen Mittelpfeiler ein Schirmgewölbe aus

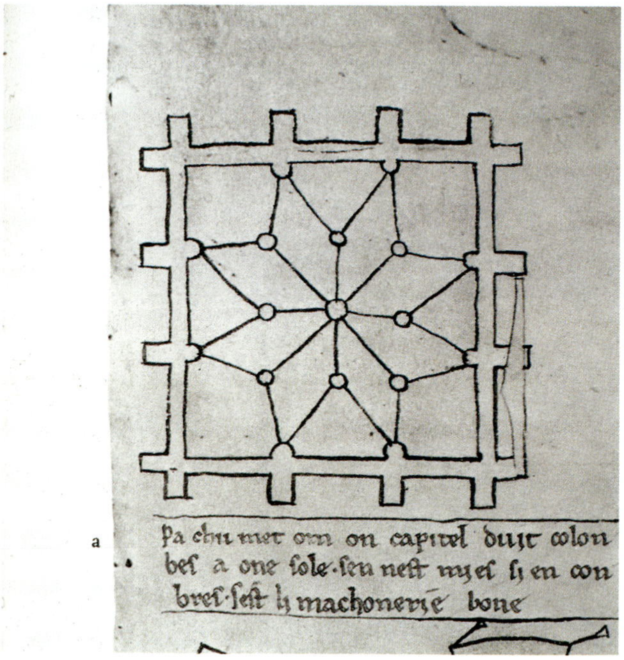

Abb. 19:
Plan des Kapitelsaales von Hohenfurth.
Foto: A. Schumacher.

acht Rippendreistrahlen, der quadratische Raum wird daher in der Wölbezone zu einem Achtdeck umgedeutet. Um 1270–1280 entstand eines der ältesten Schirmgewölbe in der Kouřímer Chorhauptkrypta in Böhmen, annähernd zeitgleich ein weiteres im Zisterzienserkloster Hohenfurth. Der Hohenfurther Kapitelsaal gilt als Umsetzung eines Entwurfes von Villard d'Honnecourt (1230/40) (Abb. 19). Eng an diese beiden Vorbilder schließt das im Grundriss oktogonale Ossuarium des Zwettler Karners und der Altenburger Kapitelsaal an[42].

Die Rippen in Altenburg sind wie im Mönchssaal aus schmalen Ziegelformstücken gemauert, nur die Rippenkonsolen sind aus Sandstein. Die Ziegelrippen zählen zu den ältest erhaltenen in Österreich; sie finden ebenso bei den Zisterziensern ihr Vorbild[43].

Die Gestaltung der Ostwand des romanischen Kapitelsaales ist unbekannt, durch den Anbau einer romanischen[44], dann gotischen Kapitelkapelle (Hl. Geist-Kapelle[45]) wurde die Wand in einem Triumphbogen geöffnet[46]. Die Westwand zeigt das für romanische Kapitelsäle typische „Sich-Öffnen" zum Kreuzgang hin, durch die Fenster konnten die Konversen gewissen Kapitelversammlungen der Mönche und den Predigten des Abtes folgen: Zwei Biforen flankieren das in der Raumachse liegende rundbogige Kapitelportal[47].

Die ursprüngliche Raumwirkung leidet (wie in der Fraterie) unter der Ummantelung des Mittelpfeilers (unter Abt Benedikt Leiss), welche wegen der Aufstockung des Barockgebäudes notwendig wurde. Um 1890 erkannte P. Friedrich Endl noch Reste der Bemalung[48].

Dormitoriumsstiege

Ausstellungsthema 28

Der Schlafsaal der Mönche im Obergeschoss des Fraterie-Traktes fiel den barocken Baumeistern gänzlich zum Opfer. Von den Dormitoriumsfenstern konnte 1974 bei der Außenrenovierung des Stiftes an der östlichen Außenwand das Gewände eines schmalen, spitzbogigen, einteiligen Fensters freigelegt werden. Die

Dormitoriumsstiege in den Kreuzgang war allerdings nur bis zur Einwölbung des Kreuzgang-Ostflügels im 1. Drittel des 14. Jahrhunderts in Funktion[49].

Auditorium

Ausstellungsthema 29

Für die Funktion des tonnengewölbten Raumes als Hör- beziehungsweise Zuhörraum sprechen die beiden ungerahmten Sitznischen in der nördlichen Längswand. Erst nach 1500 wurde der Raum durch das Ausbrechen einer Türe an der östlichen Schmalwand zum Ostdurchgang; der obere Teil eines gotischen Fensters blieb erhalten[50].

Diese geheimnisvollen, in den letzten Jahren behutsam konservierten und restaurierten Räumlichkeiten aus der spätmittelalterlichen „Klausur" der Altenburger Mönche lassen den Ursprung des mönchischen Lebens erahnen. Sie sind außerordentliche Zeugen der ununterbrochenen Geschichte des Benediktinerklosters, das seit 1144 immer noch seine Aufgabe im Gotteslob und im Dienst an den Menschen sieht. Die mittelalterlichen Regularräume bilden den Rahmen für die Sonderausstellung „Fundort Kloster – Archäologie im Klösterreich" des Jahres 2000. Sie sind „kostbare Vitrinen" für die meist erstmals präsentierten Fundgegenstände aus österreichischen Klöstern. Sie sind, wie Benedikt von Nursia es seinen Mönchen nahe legt, wie alle Geräte und alle Habe des Klosters wie „heiliges Altargerät" zu betrachten („si altaris vasa sacrata conspiciat"[51]), in denen Göttliches und Menschliches verwandelt wird.

---

1 A. Groiß, „Quam bene conveniunt". Ein barockes Lebensprogramm (nicht nur) für Altenburg, in: A. Groiß und M. Lux, Der Maler des Himmels. Paul Trogers apokalyptische Inszenierungen im Stift Altenburg (Ausstellungskatalog), Thaur 1998, 65.

2 E. Munggenast, Joseph Munggenast. Der Stiftsbaumeister (1680–1741), Wien 1963, 60. – Österr. Kunsttopographie V, 1911, 302–306 (mit einem Schnitt durch das Stiegenhaus).

3 R. Feuchtmüller, Grotten, Grotesken und Groteskes. Einige Gedanken zur Ausstellung und zu den Räumen des Stiftes Altenburg, in: Groteskes Barock, Katalog des Niederösterreichischen Landesmuseums N. F. 62, Wien 1975, 21–28, hier 21.

4 Sala terrena und Krypta wurden anlässlich der NÖ. Landesausstellung „Groteskes Barock" 1975 renoviert, die kleinere Sala terrena unter der Prälatur wurde erst 1994 entdeckt und 1995–1996 in Teilen restauriert. Auch unter der Prälatur bildet eine künstliche Grotte den Mittelpunkt (Caritas-Grotte).

5 H. Egger, Die Bilderwelt des Stiftes Altenburg, in: Stift Altenburg und seine Kunstschätze, St. Pölten – Wien 1981, 64–88, hier 66.

6 G. Egger, Die Groteske, in: Groteskes Barock, wie Anm. 3, 29–31, hier 30: Die Themen und Ornamente der Malereien gehen auf Jean Berains, den Hofdekorator Ludwigs XIV. zurück, dessen Kupferstiche in Deutschland oft kopiert wurden.

7 Ebenda, 66.

8 Ebenda, 65.

9 R. Feuchtmüller, wie Anm. 3, 28.

10 J. Werner, Barocker Stuckdekor und seine Meister in Altenburg, in: R. Andraschek-Holzer (Hrg.), Benediktinerstift Altenburg 1144–1994 (= 35. Ergänzungsband der Studien und Mitteilungen des Benediktinerordens und seiner Zweige, St. Ottilien 1994), 293–328, hier 315.

11 Ebenda, 315.

12 G. Schweighofer, Die Veitskapelle, in: Katalog Groteskes Barock, Katelog des NÖ. Landesmuseums N. F. 62, Wien 1975, 62.

13 G. Seebach, Zur Baugeschichte des Stiftes Altenburg, in: Stift Altenburg und seine Kunstschätze, St. Pölten – Wien 1981, 36–63, hier 49.

14 Im Bereich des neuen Sängerknabenkonviktes – Untergeschoss.

15 Stiftsarchiv AB 7 D 30. Vgl. G. und H. Egger, Schatzkammer in der Prälatur des Stiftes Altenburg, Schriften der Bibliothek des Österreichischen Museums für angewandte Kunst 19, Wien 1979, 38–39, Nr. 87.

16 G. Seebach, Stift Altenburg. Studien zur Baukunst der Benediktiner im Mittelalter, ungedr. Dissertation, Univ. Wien, Bd. 1, Wien 1986, 42–46.

17 G. Seebach, wie Anm. 13, 49. – G. Seebach, wie Anm. 16, 42: „Das Kreuzgratgewölbe der Gruft, aus 2 Spitztonnen gebildet, . . . bestimmen den Raum und bilden eine Art ‚schwebendes Kreuz' (im Sinne der Auferstehungssymbolik) aus. . . (es) ist stilistisch durchaus den unter Abt Ulrich im 3. V. des 13. Jh. errichteten Klostergebäuden zuzuordnen." – Bestückungsöffnung an Südseite des Karners entdeckt 1999.

18 G. Seebach, wie Anm. 13, 50.

19 G. Seebach, wie Anm. 16, 184.

20 G. Schweighofer, Die Veitskapelle, in: Groteskes Barock, wie Anm. 3, 62.

21 Die Epitaphe Andreas I. (aus Salzburger Marmor) und des Maurus Boxler (aus Zogelsdorfer Kalksandstein) wurden 1998–1999 restauriert: E. Pummer, Bericht über die Steinkonservierung der Altenburger Epitaphe an der Ostseite der Stiftskirche, 14. 7. 1999 (Stiftsbibliothek, o. Nr.).

22 Georg Matthaeus Vischer, Topographia Archiducatus Austriae inferioris modernae. Das Viertel ob Mannhartsberg, Kupferstich, 16 x 22 cm, 1672, Nr. 185.

23 G. und H. Egger, wie Anm. 15, 38, Nr. 87.

24 G. Seebach, wie Anm. 13, Fig. 1.

25 Ebenda, Fig. 2.

26 J. Tuzar und M. Krenn, Untersuchungen im Benediktinerstift Altenburg, NÖ, Fundberichte aus Österreich 31, 1992, 157–175, hier 162–163. – J. Tuzar, Untersuchungen im Bereich der sogenannten Altane im Stift Altenburg, Niederösterreich, Fundberichte aus Österreich 33, 1994), 245–253, hier 247–248.

27 Ebenda, 247.

28 G. Seebach, wie Anm. 16, 219.

29 G. Seebach, wie Anm. 13, 45.

30 Putzrestauratoren konnten acht verschiedene Schichtenfolgen dokumentieren, unter der Seccomalerei des 17. Jahrhunderts ist wohl eine Ausstattung aus dem späten 15. Jahrhundert am interessantesten: Arbeitsbericht von I. Schmidl vom 25. 4. 1997 (Stiftsbibliothek, o. Nr.).

31 Ebenda, 46.

32 J. Tuzar, wie Anm. 23, 162–163.

33 G. Seebach, wie Anm. 25, 225.

34 H. Haslinger und A. Groiß, Das Alte Kloster. Baukunst und Mönchsleben im mittelalterlichen Altenburg, Altenburg 1994, 24, Nr. 28 a-e. – G. Seebach, wie Anm. 16, 120–123.

35 G. Seebach, wie Anm. 16, 224–226.

36 G. Seebach, wie Anm. 16, 228–229.

37 H. Haslinger und A. Groiß, wie Anm. 31, 21, Nr. 14.

38 J. Tuzar, wie Anm. 23, 249.

39 A. Müllner, Zwischenbericht über die anthropologische Bearbeitung der Skelette im Stift Altenburg, Fundberichte aus Österreich 33, 1994, 251–253. – J. Tuzar, wie Anm. 23, 249–250, Abb. 98.

40 G. und H. Egger, wie Anm. 15.

41 G. Seebach, wie Anm. 13, 38.

42 G. Seebach, wie Anm. 13, 41. – G. Seebach, wie Anm. 23, 214–219.

43 G. Seebach, wie Anm. 13, 42.

44 Dokumentiert 1994 (Schnitt 7): J. Tuzar, wie Anm. 16, 248–249, Abb. 92 und 93.

45 Altarweihe durch den Suffraganbischof Andreas von Passau im Jahr 1484; vgl. FRA 2/21, Nr. 443.

46 G. Seebach, wie Anm. 16, 229–230.

47 G. Seebach, wie Anm. 13, 38–39.

48 F. Endl, Kurze Uebersicht über die Baugeschichte des Benedictinerstiftes Altenburg, Berichte und Mitteilungen des Altertums-Vereins zu Wien 26, Wien 1890 173–200, hier 196.

49 G. Seebach, wie Anm. 13, 43–44.

50 G. Seebach, wie Anm. 13, 43.

51 Regula Benedicti cap. 31,10: Die Benediktusregel lateinisch/deutsch, hrg. im Auftrag der Salzburger Äbtekonferenz, Beuron 1992, 152.

KATALOGTEIL

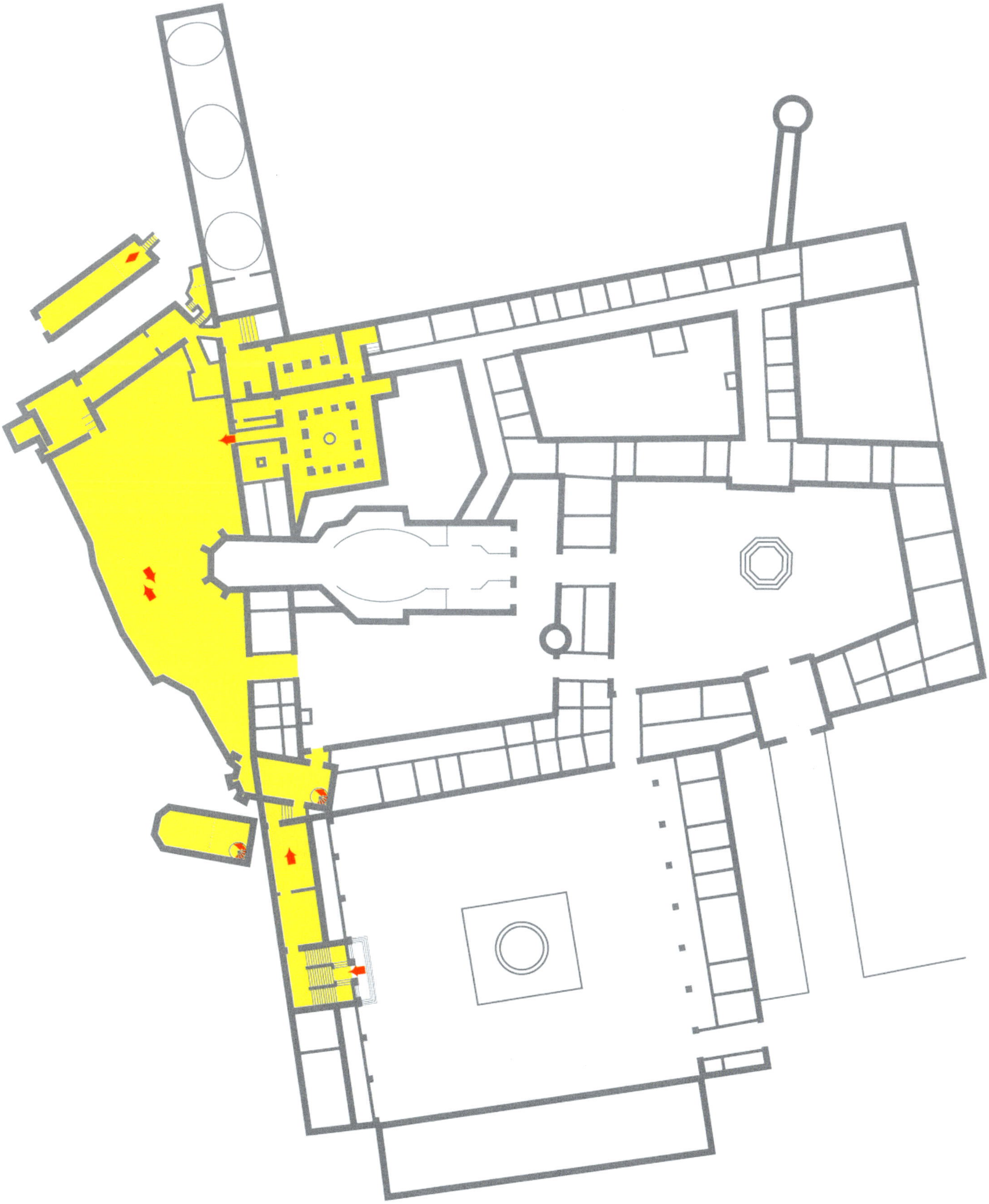

Bereich A

Kaisertrakt und Veitskapelle

1 – Fundort Kloster. Klosterarchäologie der Abteilung für Bodendenkmale des Bundesdenkmalamtes
2 – Das Kloster auf historischem Boden
3 – Klosterbau und Funktion
4 – Archäologie im Klösterreich
5 – Die Klöster als Sammler
6 – Die barocke Veitskapelle
7 – Die mittelalterliche Veitskapelle

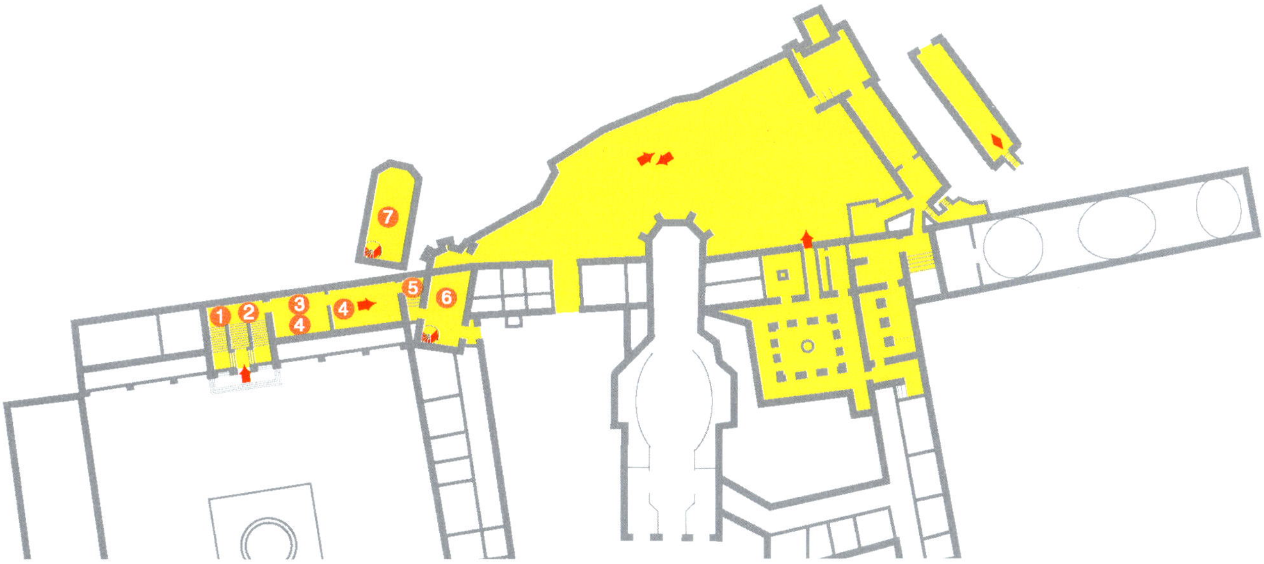

1. Fundort Kloster. Klosterarchäologie der Abteilung für Bodendenkmale des Bundesdenkmalamtes

Die Abteilung für Bodendenkmale

Die Abteilung für Bodendenkmale des Bundesdenkmalamtes nimmt für das gesamte österreichische Bundesgebiet den Schutz des archäologischen Erbes wahr.

Als Nachfolgeinstitution der 1850 gegründeten k.k. Central-Commission zur Erforschung und Erhaltung der Kunst- und historischen Denkmale ist das Bundesdenkmalamt mit seiner nunmehr 150-jährigen Tradition eine der ältesten Fachinstitutionen dieser Art auf der Welt.

Archäologische Denkmale (Bodendenkmale) sind alle Spuren des Lebens und Wirkens des Menschen von seinem ersten Auftreten bis in jüngste Zeit. Sie sind Quellen für die Geschichte und Kultur des Menschen, gleichsam historische Dokumente, die im „Archiv im Boden" verwahrt sind und die die Archäologie mit ihren speziellen Methoden zum Sprechen bringt.

Gemäß dem gesetzlichen Auftrag (Bundesgesetz aus dem Jahre 1923, in der Fassung der Novelle vom 19. 8. 1999, Bundesgesetzblatt Nr. 170, Denkmalschutzgesetz) erfüllt die Abteilung folgende Aufgaben:

Erfassung des archäologischen Denkmalbestandes

Die Inventarisierung der zum überwiegenden Teil im Boden verborgenen Quellen aus 30.000 Jahren österreichischer Geschichte im gesamten Bundesgebiet ist Grundlage für deren Bewahrung. Die Abteilung für Bodendenkmale des Bundesdenkmalamtes ist die einzige Institution in Österreich, die seit langem den Gesamtbestand des österreichischen archäologischen Erbes systematisch durch Erfassung der schriftlichen Quellen, durch Prospektion mittels Geländebegehung (Aufsammeln von Oberflächenfunden), durch Auswertung von Luftbildaufnahmen und durch geophysikalische Messungen erhebt. Die Fundstellen werden auf Katasterbasis ermittelt, sichtbare Bodendenkmale geodätisch vermessen und schließlich in ihrer Gesamtheit auf archäologischen Karten auch grafisch dargestellt. Von den derzeit rund 50.000 erhobenen archäologischen Denkmalen des gesamten Bundesgebietes wurden seit 1995 insgesamt 18.000 in einer elektronischen Datenbank erfasst.

Bewahrung der Denkmale für künftige Generationen

Die archäologischen Denkmale sind für einen langen Zeitraum unserer Landesgeschichte (Prähistorie/Urgeschichte) die einzigen Geschichtsquellen, aber auch für Zeitepochen, in denen es bereits Schriftquellen gibt, wichtige und unersetzliche Quellen. Ihre Zerstörung bedeutet für die Geschichte des Menschen einen unwiederbringlichen Verlust.

Es muss daher die vorrangige Aufgabe der archäologischen Denkmalpflege sein, für den dauerhaften Schutz und die Erhaltung des archäologischen Erbes unseres Landes zu sorgen.

Die archäologische Landesaufnahme ist einerseits Grundlage für den rechtlichen Akt der Unterschutzstellung, andererseits auch Planungshilfe sowohl für die Raumordnung (Flächenwidmungs- und Bebauungspläne, Rohstoffabbau) als auch für die Erstellung von Gutachten zu Großbauvorhaben.

Die Restaurierung des Fundmaterials, vor allem der Metallfunde, ist aus konservatorischen Gründen unabdingbar, aber auch Voraussetzung für die wissenschaftliche Auswertung und museale Präsentation. Die Restaurierwerkstätte der Abteilung für Bodendenkmale des Bundesdenkmalamtes ist daher unverzichtbare Einrichtung einer gut funktionierenden archäologischen Denkmalpflege.

Erforschung (Rettungsgrabungen)

Gerade in der heutigen Zeit sind die archäologischen Denkmale von stetig zunehmender Gefährdung bedroht. Die Umwidmung großer Areale in Gewerbe- und Industriegebiete, der Ausbau von Straßen, Bahnlinien und Infrastrukturleitungen, die Revitalisierung mittelalterlicher Ortskerne oder Baukomplexe, Industrialisierung von Land- und Forstwirtschaft, industrieller Abbau von Rohstoffen (Schotter/Sand) haben in manchen Gebieten bereits zum Totalverlust der archäologischen Quellen geführt.

Durch rechtzeitig vor dem Baugeschehen einsetzende Rettungsgrabungen ist die Abteilung für Bodendenkmale bemüht, das Denkmal zumindest in Form einer wissenschaftlichen Dokumentation (Zeichnungen, Fotos, Beschreibung) der Nachwelt zu erhalten. Jede Ausgrabung bedeutet aber Zerstörung des archäologischen Denkmals. Die Dokumentation ist immer nur eine Abschrift der Originalurkunde, deren Qualität vom heutigen Wissen und den technischen Möglichkeiten abhängt; eine spätere nochmalige Überprüfung des unwiederbringlich verlorenen Originals ist, anders als bei Schriftquellen, ausgeschlossen.

Im Bewusstsein dieser hohen Verantwortung kann daher die Grabung nur die „ultima ratio" der archäologischen Denkmalpflege sein.

Veröffentlichung

Ziel jeder archäologischen Ausgrabung ist die Veröffentlichung ihrer Ergebnisse als Publikation oder Präsentation in Ausstellungen oder Museen. Erst damit werden die gewonnenen Erkenntnisse für die Landesgeschichte, die nationale und internationale Forschung, aber auch für eine breite Öffentlichkeit zugänglich. In der von der Abteilung für Bodendenkmale des Bundesdenkmalamtes herausgegebenen Zeitschrift „Fundberichte aus Österreich" werden in Vorberichten und wissenschaftlichen Artikeln die alljährlich gewonnenen Neuerkenntnisse vermittelt. Die wissenschaftlichen Forschungsergebnisse umfangreicherer Grabungen werden in der Publikationsreihe „Fundberichte aus Österreich, Materialhefte" vorgelegt.

Mit Vorträgen, Führungen und Ausstellungen über neue Ergebnisse der Grabungen ist die Abteilung für Bodendenkmale des Bundesdenkmalamtes bemüht, einer breiten Öffentlichkeit Information und besseres Verständnis der Belange der archäologischen Denkmalpflege zu vermitteln.

Die archäologische Denkmalpflege ist auf die Mithilfe, das Interesse und das Verständnis jedes Einzelnen angewiesen. Das tausende Jahre umspannende archäologische Kulturgut ist nicht nur das Erbe einer Nation, sondern das gemeinsame Erbe Europas, dessen Erhaltung und Pflege nicht nur eine gesetzliche, sondern auch eine moralische Verpflichtung gegenüber späteren Generationen ist.

Klosterarchäologie

Für die Geschichte mittelalterlicher Klöster und Stifte sind die archäologischen Quellen von unverzichtbarer Bedeutung.

Besonders für die an schriftlichen und bildlichen Quellen arme Gründungszeit der Klosteranlagen vermag oftmals nur die Archäologie in Verbindung mit verschiedenen naturwissenschaftlichen Disziplinen neue Erkenntnisse zu liefern. Für die Frühzeit der Klöster sind in den Archivalien kaum mehr als Gründungsdaten überliefert. Zum äußeren Erscheinungsbild der einzelnen Gebäude und ihrer baulichen Entwicklung im Laufe der Jahrhunderte ist die historische Überlieferung nur bedingt aussagekräftig.

Durch archäologische Untersuchungen können wesentliche Erkenntnisse zur Vorbesiedlung des Gründungsplatzes, zu den ersten Anfängen des Klosters sowie zu den späteren Um- und Ausbauphasen gewonnen werden. Über die Klärung baugeschichtlicher Fragen der Bauobjekte hinaus vermitteln die durch die Archäologie gewonnenen Sachquellen ein ergänzendes Bild zu Kultur und Alltagsleben monastischer Gemeinschaften.

Die Vielfalt der vergangenen Wirklichkeit wird erst im Spiegel unterschiedlicher Quellen erkennbar. Die Ergebnisse archäologischer Forschungen in Klöstern sind ein wesentlicher Beitrag zur mittelalterlichen Architekturgeschichte und zur frühen Kirchengeschichte unseres Landes.

1.1 Österreichkarte mit Verzeichnis der Klöster

Grafik: P. Seeberg

Verzeichnet sind alle Klöster, in denen Ausgrabungen der Abteilung für Bodendenkmale des Bundesdenkmalamtes stattgefunden haben.

1.2 Neolithische Kreisgrabenanlage in Velm, Gem. Himberg, NÖ.

Foto: Bundesdenkmalamt

1.3 Hausberg in Eitzersthal

Foto: Bundesdenkmalamt

1.4 Ausgrabungsarbeiten im Kloster Pernegg

Foto: ASINOE

1.5 Luftbild Altenburg

Foto: Stiftsarchiv Altenburg

1.6 Mondsee, Kellerräume unter dem Kreuzgang

Foto: Bundesdenkmalamt, J. Offenberger

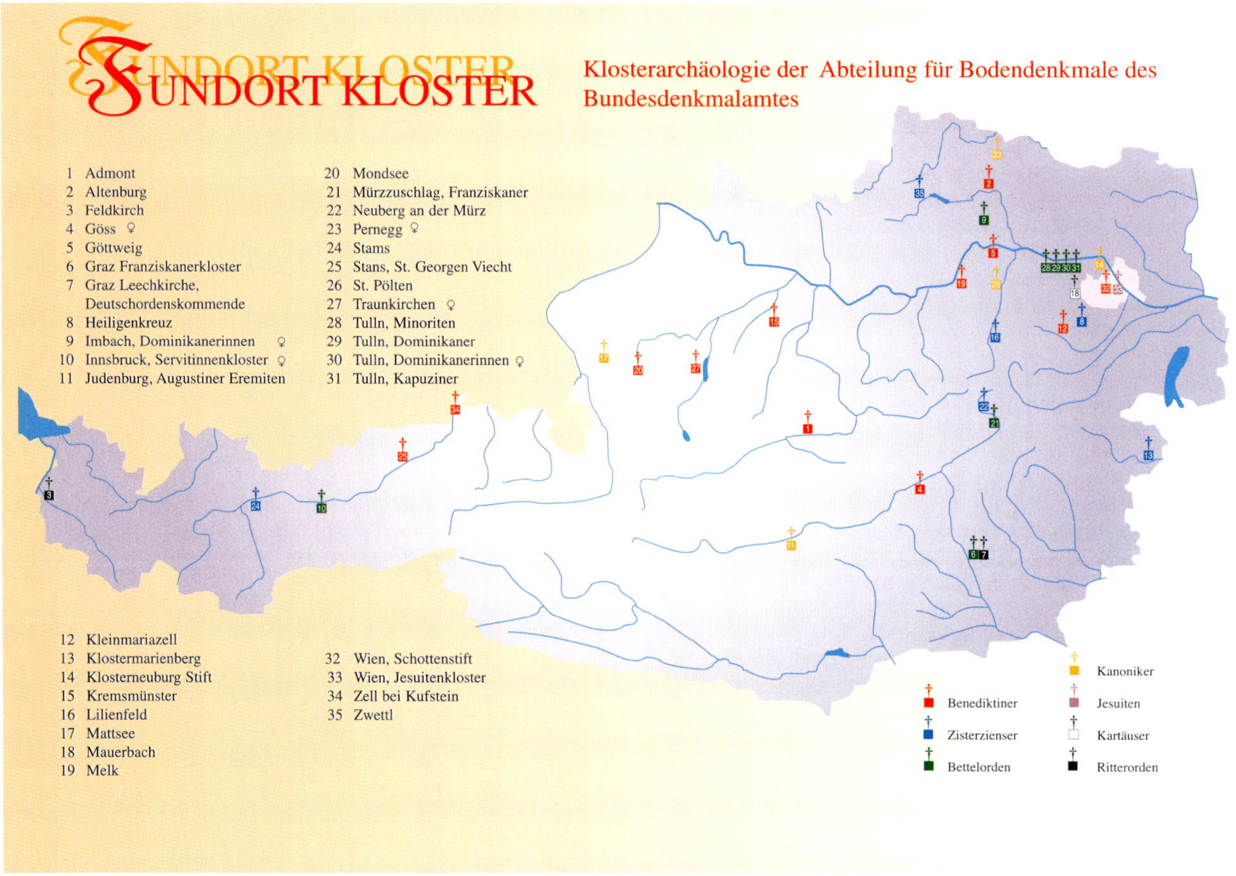

Kat. Nr. 1.1

2. Das Kloster auf historischem Boden

In den Gründungsüberlieferungen früh- und hochmittelalterlicher Klöster findet sich oft der Hinweis, sie seien *in eremo* oder *in solitudine* errichtet worden, in der Einsamkeit und an abgelegenen Orten, sogar in der Wildnis. Die historische Forschung hat bereits seit langem festgestellt, dass dies ein literarischer Topos ist, ein Gemeinplatz, der die Weltabgeschiedenheit der Mönche verdeutlichen soll, die diese im Namen tragen: Mönch, vom griechischen monachós herkommend, bedeutet den einzelnen, abgesondert lebenden Menschen.

Klostergründung im Mittelalter ist nicht nur ein religiöser, sondern auch politischer Akt und ist immer auch in Zusammenhang mit Herrschaftsausübung und -sicherung zu sehen. Erfordernisse der Herrschaft wurden durchaus in die Klostergründungen eingebracht.

Frühe Klöster wurden häufig in der Nähe von zentralen Orten des spätantiken Romanentums gegründet, wie etwa St. Peter in Salzburg oder Mondsee, auch römische Straßenstützpunkte wurden bevorzugt. Typisch ist die Straßennähe oder Lage unweit von Pässen, Flussübergängen oder in Grenzgebieten. Schließlich kam den frühmittelalterlichen Klöstern eine entscheidende Rolle im Kommunikationswesen, bei Botendiensten und im Transportverkehr zu.

Die archäologische Forschung konnte zusätzliche Beweise beibringen, dass die Theorie von den abgeschiedenen Klosterbauplätzen in unbesiedelten Gebieten in vielen Fällen nicht zutrifft, dass häufig Plätze mit einer langen „Vorgeschichte" von Besiedlung und Bestattung für die Gründung eines Klosters aufgesucht wurden. Diese Plätze zeichnen sich meist durch ihre besondere Lage im Gelände und/oder besonders günstige klimatische und wirtschaftliche Bedingungen aus und waren dadurch seit alters her als hervorragende Siedlungspunkte aufgefallen. In der archäologischen Fachsprache werden sie als „Siedlungsreizpunkte" bezeichnet.

In diesem Zusammenhang ist etwa der Klosterberg von Göttweig zu nennen, der seit der Steinzeit (4000 v. Chr.) ein bevorzugter Siedlungsplatz gewesen ist. Bereits in der *Vita Altmanni,* der Lebensgeschichte des Klostergründers Bischof Altmann von Passau, wird dies erwähnt, und die archäologischen Ausgrabungen haben es erneut nachgewiesen. Oberflächen-Auflesungen am Stiftsgelände belegen die Besiedlung in Urnenfelder-, Hallstatt-, und Latènezeit. Auch Reste von Bauten aus der Römerzeit konnten innerhalb und westlich an die Sebastianikapelle anschließend aufgedeckt werden, die Keramik stammt aus dem 2. und 3. nachchristlichen Jahrhundert.

Das Benediktinerinnenkloster Traunkirchen entstand um 1020 in beherrschender Lage auf einer in den Traunsee ragenden Halbinsel, die zu unterschiedlichen Epochen als Siedlungs- und Bestattungsplatz genutzt worden war. Bei den Ausgrabungen im Kreuzganghof fanden sich neben spätbronzezeitlichen (1000 v. Chr.) und hallstattzeitlichen Urnen- und Körpergräbern (600 v. Chr.) auch eine einzelne Bestattung aus der Spätantike (400 n. Chr.).

Besonders häufig ist die Anlage von Klöstern in und auf römischen Ruinen. Die Römer erkannten Gunstlagen für die Besiedlung in besonderem Maße, gerade römische Gutshöfe liegen sehr oft in landschaftlich besonders reizvollen Gebieten, zum Beispiel an Seen, meist in etwas erhöhter Lage mit schöner Aussicht.

Die *villa rustica,* auf deren Standort das Kloster Mondsee erbaut worden ist, liegt an den sanften Ausläufern eines steilen Berghanges am Übergang zur flachen Talebene, die zum Ufer des Sees überleitet. Bis zum Beginn der archäologischen Ausgrabungen des Bundesdenkmalamtes 1972 waren sowohl genaue Lage als auch Art der römischen Ansiedlung (*vicus,* Straßenstation oder *villa rustica*) unbekannt, lediglich die vier in der Vorhalle der Kirche eingemauerten Grabsteine ließen an einen nahe gelegenen Siedlungsplatz denken. Es konnten fragmentarisch mehrere frühe Holz- und Steinbauphasen der Gutshofanlage festgestellt werden, im 2./3. nachchristlichen Jahrhundert entstanden dann zwei größere Baukomplexe: Das Hauptgebäude, möglicherweise eine Porticus-Villa mit Eckrisaliten, lag mit der Rückfront an einem Bach. Das westliche Gebäude war mit einer Fußbodenheizung ausgestattet und vermutlich als Bad genutzt. Verstreute Fundamentreste kleinerer Bauten dürften von Nebengebäuden stammen.

Auch für die Benediktinerklöster Kremsmünster und Göttweig ist römische Vorbesiedlung archäologisch nachgewiesen.

Das Augustiner-Chorherrenstift Klosterneuburg entstand ebenfalls auf altem Kulturboden. Schon die Kelten siedelten hier, und die Römer errichteten ein Kastell, in dessen Ruinen ein weltliches Kollegiatstift entstand, neben dem der Babenberger Markgraf Leopold III. seine Burg erbaute. Bei den Ausgrabungen wurden Teile der Lagerbefestigung, Reste von Kasernen und das Lagerbad untersucht. Die Ruinen des im 5. Jahrhundert aufgegebenen Lagers wurden im Mittelalter für die profanen und sakralen Neubauten zum Teil noch mitverwendet, zum Teil als Steinlieferanten abgebrochen.

Vor allem die Klöster der Benediktiner und Chorherren sind häufig in beherrschender Höhenlage, auf Bergrücken oder kleineren Erhebungen zu finden. Daher verwundert es nicht, dass manche von ihnen in der Nachfolge von Burgen gegründet worden sind, wenn ein Landesherr oder Adeliger seine Burg für die Gründung eines Klosters zur Verfügung stellte. Altenburg selbst ist dafür ein Beispiel, aber auch Melk, wo aus der einstigen Babenbergerburg und -residenz ein Kloster entstand. Für beide Klöster gibt es allerdings (noch) keine archäologischen Nachweise dieser frühen Bauten. In Pernegg entstand das Kloster in unmittelbarer Nähe eines Wirtschaftshofes der Burg Pernegg, die heute noch als Ruine in der Landschaft erkennbar ist.

Für die Klöster der Zisterziensermönche hingegen ist die Lage in Talniederungen, die gute wassertechnische Möglichkeiten boten, typisch; hier trifft der „solitudine-Topos" noch am ehesten zu. In den Baubestimmungen des Generalkapitels der Zisterzienser von 1134 heißt es im ersten Kapitel: „Keines unserer Klöster ist in Städten, Kastellen oder Dörfern zu errichten, sondern an entlegenen Orten, fern vom Verkehr der Menschen". Bestanden bereits Ansiedlungen auf oder in der Nähe des ausgewählten Baugrundes, wurden diese verlegt. Bislang ist keine urgeschichtliche Vorbesiedlung in den untersuchten Klöstern nachgewiesen worden; urgeschichtliche Siedlungsplätze in unmittelbarer Nähe sind aber bekannt. Meist liegen diese nicht direkt am Talboden, sondern auf nahen Anhöhen wie etwa in Heiligenkreuz am Hradschin. Im ehemaligen Benediktinerkloster Kleinmariazell, ebenfalls in Tallage errichtet, konnten im Zuge der Ausgrabungen sogar die Wurzelstöcke des ursprünglichen Auwaldes freigelegt werden, der für die Anlage der ersten Kirche vor Errichtung des Klosters durch Brand gerodet worden war.

Die Fratres der Prediger- oder Bettelorden wählten sich die dicht besiedelten Städte als Standorte für ihre Klöster, um dort seelsorgerisch tätig zu sein. In jeder Stadt gab es bald sowohl ein Dominikaner- als auch ein Franziskanerkloster. Sie lagen in der Regel am Rande der Siedlung und nahe der Stadtmauer. In Tulln liegt das ehemalige Dominikanerinnen-Kloster im Bereich des ehemaligen römischen Kastells.

Zum Abschluss noch ein Beispiel für die Nutzung eines einstigen Bestattungsplatzes. Die Grazer Leechkirche des Deutschen Ritterordens wurde auf einem hallstattzeitlichen Grabhügel aus dem 6. vorchristlichen Jahrhundert errichtet, der bereits einen urnenfelderzeitlichen Friedhof überlagert hatte. Die Kirche, deren Name sich von dem Hügel herleitet, war auf dieser markanten Geländeerhebung innerhalb der Grazer Beckenlandschaft im Mittelalter weithin sichtbar.

Literatur:
M. Lehner, Forschungen zur Leechkirche in Graz, Fundberichte aus Österreich, Materialheft A4, Wien 1996.
G. Moßler, Archäologische Untersuchungen im Bereich des Stiftes Göttweig, Niederösterreich, in: 900 Jahre Stift Göttweig 1083–1983, Katalog zur Jubiläumsausstellung 1983, 100 ff.
J. Offenberger, Mondsee – Drei Jahrzehnte archäologische Untersuchungen im ehemaligen Benediktinerkloster, Beiträge zur Mittelalterarchäologie in Österreich 12, 1996, 79 ff.
J. Offenberger, Fundberichte aus Österreich 37, 1998, Jahresbericht, Traunkirchen, 46 f.
H. Ubl, Klosterneuburg – Vom römischen Lager zur babenbergischen Residenz und Klosterstiftung, in: Der heilige Leopold, Katalog des Niederösterreichischen Landesmuseums, N. F. 155, Wien 1985, 130 ff.
H. Ubl, Das Römerlager von Klosterneuburg, in: Tore, Türme, Festungsmauern, Katalog zur Ausstellung, Klosterneuburg 1998, 1 ff.
B. Wewerka, Tullner Stadtarchäologie II, Mitteilungen XI des Heimatkundlichen Arbeitskreises für die Stadt und den Bezirk Tulln, Tulln 1997.

M. Ka.

2.1 Graz, Leechkirche, Phasenplan

Plan: Bundesdenkmalamt, M. Lehner; vereinfachte Grafik: P. Seeberg

Auf dem Plan ist der hallstattzeitliche Grabhügel, auf dem erst ein (vor-)romanischer Rundbau, die spätromanische Kunigundenkapelle und zuletzt die gotische Leechkirche erbaut wurden, farblich hervorgehoben.

2.2 Traunkirchen, Grabungsübersicht

Foto: Bundesdenkmalamt, J. Offenberger

2.3 Traunkirchen, Urnengrab

Foto: Bundesdenkmalamt, J. Offenberger

2.4 Mondsee, Plan der römischen Bauphasen

Plan: Bundesdenkmalamt, J. Offenberger

Fundamente und Fundamentgräben römischer Stein- und Holzbauten.

Kat. Nr. 2.3

Literatur:
J. Offenberger, Mondsee – Drei Jahrzehnte archäologische Untersuchungen im ehemaligen Benediktinerkloster, Beiträge zur Mittelalterarchäologie in Österreich 12, 1996, 79–86, Plan 81.

2.5 Tulln, Dominikanerinnenkloster

Foto und Grafik: ASINOE

Blick in einen Grabungsschnitt mit römischen und mittelalterlichen Bauphasen.

2.6 Göttweig, Luftbild

Foto: Bundesdenkmalamt, Ch. Farka

2.7 Kegelhalsgefäß

Urnenfelderzeit
Keramik, Höhe 24,8 cm
Graz, Leechkirche, Grabfund, Inv. Nr. 1993/377

2.8 Schale

Urnenfelderzeit
Keramik, Höhe 9,7 cm
Graz, Leechkirche, Grabfund, Inv. Nr. 1993/377

Zur Zeit der Urnenfelderkultur wurden die Toten auf einem Scheiterhaufen verbrannt. Das Kegelhalsgefäß diente als Behältnis für den Leichenbrand. In der Schale wurden dem Verstorbenen Speisen für die Reise oder den Aufenthalt im Jenseits mitgegeben.

Kat. Nr. 2.7

2.9 Kleines Flachbeil

Späte Jungsteinzeit
Grünstein, Länge 6,7 cm
Kloster Traunkirchen, Inv. Nr. 664

Steinbeile dienten als Werkzeuge zur Holzbearbeitung.

2.10 Fragment einer Streitaxt

Späte Jungsteinzeit
Grünstein (verbrannt), erhaltene Länge 7,5 cm
Kloster Traunkirchen, Inv. Nr. 551

Diese Waffen waren mit einem Holzstiel geschäftet. Sie wurden für kriegerische Zwecke, wahrscheinlich aber auch als Statussymbol verwendet.

2.11 Zwei Klopfsteine

Jungsteinzeit
Grünstein, Durchmesser 8 und 7,5 cm
Kloster Traunkirchen, ohne Inv. Nr.

Durch die Abnützungsspuren ist erkennbar, dass diese Werkzeuge als häusliches Allzweckgerät zum Klopfen, Schlagen, Schleifen, Reiben und Ähnlichem verwendet wurde.

2.12 Kleines Kegelhalsgefäß

Urnenfelderzeit
Keramik, Höhe 12,7 cm
Kloster Traunkirchen, ohne Inv. Nr.

Diese enghalsigen Gefäße kommen neben den Urnen in den Gräbern vor und dienten vermutlich als Behältnisse für Trankbeigaben.

2.13 Pfeilspitze

Hallstattzeit
Bronze, Länge 6,6 cm
Kloster Traunkirchen, ohne Inv. Nr.

Die Spitze wurde auf den Pfeilschaft aufgesetzt und durch die Öse mit einer Schnur befestigt.

2.14 Sichel

Hallstattzeit
Bronze, Länge 20 cm
Kloster Traunkirchen, ohne Inv. Nr.

Wie auch heute diente dieses Gerät zum Einbringen der Ernte.

2.15 Angelhaken

Hallstattzeit
Bronze, Länge 9,6 cm
Kloster Traunkirchen, ohne Inv. Nr.

Die Form des Angelhakens hat sich seit der Eisenzeit aus funktionalen Gründen kaum verändert.

Kat. Nr. 2.14

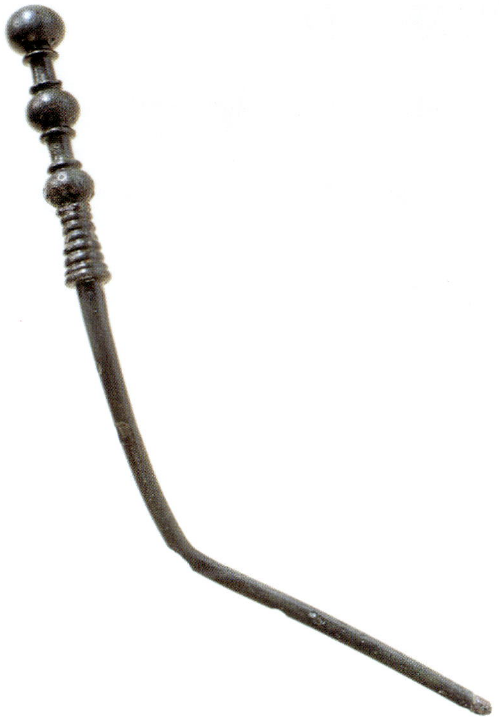

Kat. Nr. 2.16

2.16 Gewandnadel

Hallstattzeit
Bronze, erhaltene Länge 12,6 cm
Kloster Traunkirchen, ohne Inv. Nr.

In Zeiten vor Knopf und Reißverschluss wurde die Kleidung mit derartigen Nadeln zusammengehalten.

2.17 Bemaltes Kragenrandgefäß

Hallstattzeit
Keramik, Höhe 10 cm
Kloster Traunkirchen, ohne Inv. Nr.

Behälter dieser Art finden sich oft als Beigabengefäße in hallstattzeitlichen Gräbern.

2.18 Stufenteller

Hallstattzeit
Keramik, Durchmesser 31,5 cm
Kloster Traunkirchen, Klosterhof, Inv. Nr. Fl. III Süd

Während der Hallstattzeit waren diese oft reich verzierten Teller als Prunkgeschirr in Verwendung.

2.19 Stufenteller

Hallstattzeit
Keramik, Durchmesser 25,5 cm
Kloster Traunkirchen, Inv. Nr. 98/Qu III, N-W Mauer

Teller dieser Art waren beliebtes Tafelgeschirr, oft reich verziert, mit Stempel, Ritzlinien und/oder Bemalung versehen.

2.20 Großes Kegelhalsgefäß

Hallstattzeit
Keramik, Höhe 32,5 cm
Kloster Traunkirchen, Inv. Nr. Klosterhof, Fl. III Süd

Derartige Gefäße wurden unter anderem auch als Urnen in Gräbern verwendet.

Kat. Nr. 2.19

Kat. Nr. 2.23

2.21 Henkeltöpfchen

Spätantike
Keramik, Höhe 10 cm
Kloster Traunkirchen, ohne Inv. Nr.

Diese zum Teil auch glättverzierten Gefäße sind typische Beigaben in spätantiken Gräberfeldern.

2.22 Fibel

Spätantike
Bronze, Länge 7,4 cm
Kloster Traunkirchen, ohne Inv. Nr.

Fibeln dienten als Gewandschließen. Sie finden sich in den Gräbern als Überreste der Kleidung.

Kat. Nr. 2.21

Kat. Nr. 2.22

2.23 Kamm

Spätantike
Knochen, erhaltene Länge 9,2 cm.
Kloster Traunkirchen, ohne Inv. Nr.

Diese Kämme wurden aus drei Knochenplatten gefertigt, die mit Bronzestiften vernietet wurden. Sie finden sich meist in Frauengräbern und dienten der Körperpflege.

2.24 Topf

Römisch
Keramik, Höhe 33 cm
Dominikanerinnenkloster Tulln, Inv. Nr. 313

Dieser Topf stammt aus den Schichten des römischen Lagerbereiches unterhalb des mittelalterlichen Klosters.

2.25 Schwertknauf

Römisch, 2./3. Jahrhundert
Bronze, Länge 5,1 cm
Dominikanerinnenkloster Tulln, Inv. Nr. 277

2.26 Waagebalken mit Punktverzierung

Römisch, 2./3. Jahrhundert
Bronze, Länge 11,8 cm
Dominikanerinnenkloster Tulln, Inv. Nr. 238

2.27 Grabsteine

Römisch, 2. Jahrhundert
Flyschsandstein
Stift Klosterneuburg, Kuchlhof

Diese römischen Grabsteine des 2. Jahrhunderts waren im späten 4. oder frühen 5. Jahrhundert vom Friedhof entfernt und als Bausteine für einen Zisternenschacht in das Lager gebracht worden. Bei Grabungen der Abteilung für Bodendenkmale des Bundesdenkmalamtes wurden sie durch H. Ubl im Areal des Stiftes, im Kuchlhof, gefunden.

Literatur:
Der heilige Leopold, Katalog des Niederösterreichischen Landesmuseums, N. F. 155, Wien 1985, 134 f.

2.28 Antefix

Römisch, 2./3. Jahrhundert
Keramik/Ziegelton, Länge 13,6 cm
Stift Klosterneuburg, Inv. Nr. KL 3/96

Das Dachziegelfragment ist mit einem bärtigen Männerkopf geschmückt. Derartige, mit Palmetten, Masken oder Köpfen verzierte Stirnziegel dienten als Schmuckelement und Abdeckung der Stoßfugen der untersten Ziegelreihe am Dachrand über der Traufkante. (C. Fa.)

2.29 Scheibenfibel mit Adlerdarstellung

10./11. Jahrhundert
Bronze mit farbiger Glasfluss-Einlage, Durchmesser 3,7 cm
Dominikanerinnenkloster Tulln, Inv. Nr. 89
Foto: ASINOE

Bei der Adlerfibel aus Tulln handelt es sich um eine Bronzefibel vom Typ mit kleinem Mittelfeld und doppeltem Perlrand. Das Mittelfeld wird durch ein Medaillon gebildet, das einen auffliegenden, heraldisch nach rechts blickenden Adler darstellt. Der erhaben ausgebildete Adlerkörper weist eine nur noch schwach erkennbare Punktzier auf und wird selbst durch blaues Grubenemail ringförmig umrahmt. Adlerfibeln dieses Typs werden allgemein in ihrer Verbreitung den südlichen Reichsgebieten zugeordnet.

M. Kr. und N. Ho.
2.8 bis 2.25 B. We. und K. Gr.

Kat. Nr. 2.29

3. Klosterbau und Funktion

Das Wort Kloster und seine lateinischen Entsprechungen (*monasterium*) werden sowohl im Mittelalter als auch in der Gegenwart sehr unscharf angewandt. Gemeint sein kann ein klösterlicher Gebäudekomplex, ein Kirchenbau, aber auch eine klösterliche Gemeinschaft (Konvent).

In frühchristlicher Zeit, ab dem 3. Jahrhundert, zogen sich einzelne Asketen in die Einsamkeit zurück, um als Eremiten zu leben. Bald entstanden auch Vereinigungen von Asketen, die in einem umfriedeten Bereich lebten und dort eine Kirche für den sonntäglichen Gottesdienst besaßen. Diese gemeinsame Lebensführung der frühen ägyptischen und syrischen Mönche gab den Anstoß zur Entstehung von Klöstern.

Die abendländischen Mönche lebten seit dem Frühmittelalter unter der jeweiligen Ordensregel in Klöstern zusammen. Die Regeln des hl. Augustinus (354–430) gelten als die ältesten Mönchsregeln des Abendlandes; in ihnen wurden die Lebensgewohnheiten der jungen Klostergemeinschaft niedergeschrieben. Die Verpflichtungen der Mönche sind hier theologisch und moralisch begründet, aber auch der zeitliche Tagesablauf im Leben einer Klostergemeinschaft wurde erstmals reguliert. Die Grundzüge der Regeln des hl. Augustinus leben in unterschiedlichen Orden – Augustiner-Chorherren, Prämonstratenser, Dominikaner, Augustiner-Eremiten und verschiedenen Ritterorden – bis heute fort.

Neben unterschiedlichen Regeln aus dem fränkischen und irischen Raum entstand im 6. Jahrhundert die Regel des hl. Benedikt von Nursia, die sich sich im Laufe der Zeit als Grundlage vieler Orden etablierte. Mit ihr entstand ein lebbares Regelwerk, das einfach und praktisch, in seinen asketischen Forderungen gemäßigt und anpassungsfähig war. Wie bei Augustinus wurden die Tagesabläufe und die Organisation der mönchischen Gemeinschaft geordnet. Dazu kam als einer der wichtigsten Grundsätze der Benediktsregel die *„stabilitas loci"*, die Gebundenheit an einen Ort, an das eigene Kloster. Die Form und Anordnung der Klosterbauten wurde vom hl. Benedikt nicht geregelt.

Den frühen Klosterbauten gemein war, dass sie keine übergeordnete und einheitliche Bauregel befolgten. Die Vielfalt, die das Erscheinungsbild der monastischen Lebensformen prägte und etwa in den verschiedenen Regeln und Regelkombinationen ihren Ausdruck findet, spiegelt sich auch in den Bauten wider. Es gab noch keine klare Vorstellung, wie ein Kloster auszusehen hatte.

Die frühen Klöster im österreichischen Raum – zum Beispiel Mondsee oder Mattsee – befolgten eine Mischregel aus der Regel des hl. Benedikt und des hl. Columban. Die einzelnen Klostergebäude und die Kirche waren als separierte Baukörper angeordnet. Nach derzeitigem Forschungsstand war diese Bauform der Klosteranlage, bei der sich Kirche und Einzelgebäude um einen Hof gruppierten, im Frühmittelalter in unserem Raum der vorherrschende Bautyp.

Um 820 tritt uns mit dem St. Gallener Klosterplan erstmals das voll entwickelte Klosterschema der Benediktiner entgegen. Das Prinzip der geschlossenen Mönchsgemeinschaft wurde in der nach außen hin abgeschlossenen Bauform, dem Klaustrum, verwirklicht. Die wichtigsten Konventgebäude umschlossen gemeinsam mit der Kirche einen streng abgegrenzten Raum, den Kreuzhof. Rund um diesen zentralen Bereich ordneten sich sämtliche, für das Klosterleben wichtige Teile, wie die Infirmerie, die Wirtschaftsgebäude, Gästehäuser und Schulen, an.

Die vier Hauptbereiche des Klosters wurden auf dem St. Gallener Klosterplan deutlich voneinander abgegrenzt. Der erste Bereich umfasste die Mönchsgebäude, die um den Kreuzgang angeordnet waren. An die Kirche, die den nördlichen Abschluss bildete, schlossen im Osten das Dormitorium, der Schlafsaal der Mönche, im Süden das Refektorium, der Speisesaal, und im Westen das Vorratshaus an. Zu diesem zentralen Baukörper gehörten weiters die Wärmestube, der Tagesraum der Mönche, ein Sprechraum (Parlatorium), eine Kleiderkammer, Küche und Latrinen. Zur Lektüre der Regel versammelten sich die Mönche in dem längs der Kirche angeordneten Kreuzgangflügel.

Der zweite Bereich umfasste Gebäude für vornehme Gäste, die Schule für Laien und Fremde, den Palast des Abtes und Küchengebäude mit Bäckerei und Brauerei. Als dritter eigenständiger Teil kann der Wirtschaftshof angesehen werden, in dem alle für die Versorgung der Mönche notwendigen Betriebe vertreten waren. Hier fanden sich neben diversen Werkstätten, Scheunen und Stallungen, Mühlen und Darren auch die Unterkünfte der Bediensteten. Besondere Sorgfalt wurde auf die Ausgestaltung des vierten Bereichs, den der Novizen und Kranken, gelegt. Sowohl für die Klosterschüler als auch für die Alten und Kranken war ein eigenes kleines Kloster im Kloster vorgesehen, jedes mit eigenem Kreuzgang und eigener Kapelle, mit eigenem Badehaus und Küche. Neben dem Haus der Ärzte und der Stube für Aderlässe lag auch ein Garten für Heilkräuter.

Nach den Vorgaben des St. Gallener Klosterplanes entwickeln sich bis heute die Klosterbauten der Benediktiner, der Zisterzienser, aber auch der Orden, die den Regeln des hl. Augustinus folgen. Einzelne zentrale Raumbereiche wie der Kapitelsaal, der Beratungsraum der Mönche, entwickelten sich erst im Lauf des Mittelalters.

Bezüglich der Auswahl des Bauplatzes eines Klosters unterschieden sich allerdings die verschiedenen Orden.

Benediktiner errichteten ihre Klöster oft in beherrschender Lage auf Hügelkuppen oder Berghängen und folgten damit dem Beispiel ihres Mutterklosters in Monte Cassino. In der Wahl des Bauplatzes wurde ein abgeschiedener Ort bevorzugt. Hier kommt das Grundprinzip benediktinischen Bauens, die vollständige Abgeschlossenheit des Klosters, zum Tragen. Dieses Prinzip kann für alle Mönchsorden – Benediktiner, Zisterzienser – als bindend angesehen werden. Die Mönche widmeten sich im Sinne der Benediktsregel *„ora et labora"* dem Gebet und der Arbeit, nicht aber der Seelsorge. Diese blieb vorerst den Kanonikerorden (Chorherren, Bettelorden) vorbehalten, deren Mitglieder grundsätzlich die Priesterweihe oder zumindest niedere Weihen besaßen. Daher bauten sie ihre Klöster in der Nähe von Siedlungen, um religiöse Zentren für die Gegend zu bilden. Als Seelsorger waren die Kanoniker auch viel enger an den Bischof gebunden als die Mönche. Mit der Zeit verwischte sich der Unterschied, da auch die Mönche im Zuge ihrer missionarischen Tätigkeit zu Priestern und Klerikern wurden.

Als hervorragende Beispiele benediktinischen Bauens können in Österreich die Klöster Göttweig, Melk und Altenburg genannt werden, eines der bekanntesten Kanonikerstifte ist das Augustiner-Chorherrenstift Klosterneuburg.

Der 1098 von Robert von Molesme in seinem Kloster Citeaux ins Leben gerufene Reformorden der Zisterzienser bemühte sich, zur ursprünglichen benediktinischen Strenge zurückzukehren. In allen Klöstern der Zisterzienser war große Strenge und Einfachheit vorgeschrieben, beim Gottesdienst und Kirchenbau sollte jeder überflüssige Prunk vermieden werden. Ihre Klosterbauten folgten den benediktinischen Grundzügen und vervollkommneten diese. Die Zisterzienser modifizierten allerdings den benediktinischen Grundplan in mehreren Punkten. Sie gaben den Kirchen einen anderen Chorabschluss, sie bauten die Refektorien vorwiegend im rechten Winkel, statt parallel zum Kreuzgang und sahen einen eigenen Gebäudetrakt für die Laienbrüder vor. All dies entwickelte sich aus praktischen Erwägungen heraus.

Neben diesen Merkmalen unterschieden sich die Klosterbauten der Zisterzienser von denen der Benediktiner hauptsächlich auch durch die Wahl des Bauplatzes. Zisterzen wurden vorwiegend in Talniederungen in der Nähe fließender Gewässer angelegt, wie das Beispiel der Stifte Heiligenkreuz, Lilienfeld und Zwettl zeigt.

Von diesen oben beschriebenen Bauten der Mönchsorden lassen sich die der Bettelorden klar abgrenzen. Weder der hl. Franziskus noch der hl. Dominikus haben für die Bauordnung ihrer Klöster Vorgaben geliefert, und auch keiner ihrer Nachfolger widmete ihr große Aufmerksamkeit. Sie übernahmen das Schema der Benediktiner für ihre Niederlassungen. Das Klaustrum mit Kirche, Kapitelsaal und Refektorium wurde beibehalten, der gemeinsame Schlafsaal jedoch durch Einzelzellen ersetzt, was ab dem 14. Jahrhundert auch in den Klöstern der alten Orden geschah. Da es keinen Abt gab, sondern ein Prior die Leitung der Gemeinschaft besorgte, fiel in der Regel auch ein repräsentativer Abts- oder Prälatentrakt fort. Da sich die Bettelorden vorwiegend der Seelsorge widmeten und in ihrer Wirtschaftsweise auf Almosen des Patriziats, Stiftungen und Spenden angewiesen waren, wurden Wirtschaftshöfe und Vorratsgebäude nicht oder nur in geringem Umfang benötigt. Die größere Anzahl an Ordensbrüdern machte die Anlage mehrerer Kreuzgänge und die Schaffung eines doppelgeschossigen Kreuzganges zur Aufnahme von Einzelzellen notwendig. Am deutlichsten lässt sich die Orientierung der Bettelorden allerdings in der Verlagerung der Bauplätze erkennen. Sie wurden innerhalb der entstehenden Städte oder direkt vor den Stadtmauern errichtet. Bei Städteneugründungen bekamen die Klöster der Bettelorden zumeist strategisch wichtige Positionen direkt an der Stadtmauer zugewiesen. Diese Situierung lässt sich am Beispiel von Tulln mit dem Minoritenkloster, dem Dominikaner- und Dominikanerinnenkloster sehr gut belegen.

Sowohl in Bezug auf die Regeln als auch die Bauformen stellt der 1084 von Bruno von Köln in La Grande Chartreuse gegründete Orden der Kartäuser eine Ausnahme dar. Die Kartäuser waren ein rein kontemplativer (beschaulicher), eremitisch ausgerichteter Orden, wobei eine Kartause zwölf Mönche und einen Prior umfasste. Jeder Mönche lebte und arbeitete nach der Benediktsregel in seiner Zelle und in seinem Garten. Dort nahm er auch, getrennt von allen anderen Mitbrüdern, seine Mahlzeiten ein, die ihm durch eine eigene Durchreiche in die Zelle geschoben wurden. Nur zu bestimmten täglichen Messen und Stundengebeten und zum gemeinsamen Mahl an Sonn- und Feiertagen kamen die Mönche zusammen. Zur Versorgung des Klosters und der Betreuung des Hospitals stand ihnen eine eigene Organisation von Laienbrüdern zur Verfügung. Die Regeln dieses Ordens spiegeln sich auch in den Bauformen der einzelnen Kartausen wieder. Grundsätzlich bestand ein Kartäuserkloster aus einer Kirche, die durch einen Lettner in Mönchs- und Laienkirche getrennt war, einem anschließenden kleinen Kreuzgang mit den Gemeinschaftsräumen (Kapitelsaal, Refektorium, Bibliothek) sowie einem separierten großen Kreuzgang, an dem die Einzelzellen in Form kleiner Mönchshäuser anlagen. Diese umfassten jeweils den Wohn- und Schlafraum, Kapelle, Küche, Arbeitsraum, den ummauerten Garten und die Latrine für einen einzelnen Mönch. Für die Anlage von Kartausen gab es keine klare Vorschrift, sie wurden auf Bergen, in Tälern, in Dörfern, vor großen Städten und im städtischen Mauerverband gegründet. In der Spätzeit zeigen die Kirchen der Kartausen als Besonderheit den Kreuzganglettner. Hierbei wird der Große Kreuzgang nicht an der Kirche vorbei, sondern über den Lettner durch die Kirche hindurchgeführt. Dies kann heute noch in der Kartause Mauerbach, der einzigen archäologisch untersuchten Kartause Österreichs, besichtigt werden.

Die Baustrukturen hier nicht erwähnter Orden wie der Prämonstratenser richtet sich in groben Zügen nach den oben beschriebenen Leitlinien, von denen nur die Kommenden und Ordenshäuser der Ritterorden deutlich abweichen.

Literatur:

G. Binding und M. Untermann, Kleine Kunstgeschichte der mittelalterlichen Ordensbaukunst in Deutschland, Darmstadt 1993.

W. Braunfels, Abendländische Klosterbaukunst, Köln 1969.

M. Kaltenegger, Die Frühgeschichte des Klosters Mondsee, Dissertationen der Universität Graz 101, 1995.

T. Kinder, Die Welt der Zisterzienser, Würzburg 1997.

G. Schweiger (Hrg.), Mönchtum, Orden, Klöster, München 1993.

Beiträge zur Mittelalterarchäologie in Österreich 12, Wien 1996: Beiträge der Tagung „Klosterarchäologie in Österreich und seinen Nachbarländern" 1995 in Stift Heiligenkreuz.

3.1 Klosterplan von St. Gallen (um 820)

Plangrundlage aus: G. Binding, Architektonische Formenlehre, Darmstadt, 1995

Umzeichnung des Klosterplanes mit farbiger Hinterlegung der vier Hauptbereiche des Klosters: Mönchsgebäude um den Kreuzgang; Abtspalast, Gästehäuser, Schule und Küchengebäude; Wirtschaftshof; Novizen- und Krankengebäude.

3.2 Idealplan eines Zisterzienserklosters

Plangrundlage aus: J. F. Leroux-Dhuys, Die Zisterzienser, Paris 1998, 52

In allen Klöstern des Zisterzienserordens galt das gleiche funktionale Programm für die Klausurgebäude und ihre räumliche Organisation, auf die jeweiligen Bedürfnisse und naturräumlichen Vorgaben abgestimmt.

3.3 Grundrissplan der Kartause Chartreuse nach Viollet-le-Duc

Plangrundlage aus: W. Braunfels, Abendländische Klosterbaukunst, Köln 1969, 156, Abb. 65

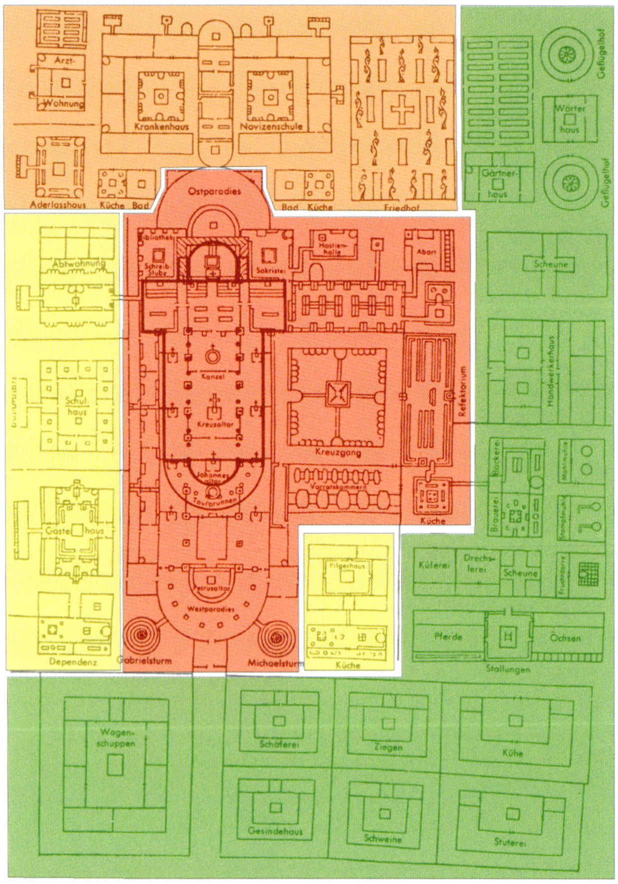

Kat. Nr. 3.1
Rot = Kirche und Mönchsgebäude um den Kreuzgang
Gelb = Abtspalast, Gästehäuser, Schule und Küchengebäude – Grün = Wirtschaftshof
Braun = Novizen- und Krankengebäude

Farblich hervorgehoben sind zum Vergleich jene Gemeinschaftsräume, die sich auch auf dem Idealplan eines Zisterzienserklosters wieder finden lassen: Mönchskirche mit Lettner und Konversen-, beziehungsweise Laienchor, Kreuzgang, Kapitelsaal, Refektorium.

3.4 Hl. Benedikt von Nursia

13. Jahrhundert
Initiale F aus Passionale Sanctorium I
Stiftsbibliothek Zwettl, Cod. 13, fol. 188r
Foto: Institut für Realienkunde des Mittelalters, Krems

Benedikt von Nursia wurde mit der von ihm verfassten *regula benedicti* zu einem der maßgeblichen Väter des abendländischen Mönchtums.

3.5 Hl. Bernhard, Abt von Clairvaux

Um 1220
Initiale B aus einem Heiligenkreuzer Antiphonar
Stiftsbibliothek Heiligenkreuz, Cod. 20, fol. 1r
Foto: Institut für Realienkunde des Mittelalters, Krems

Die Persönlichkeit Bernhards war maßgeblich für den Aufschwung des jungen Ordens der Zisterzienser im 12. Jahrhundert.

3.6 Betender Mönch

Stiftungsbuch der Barfüßer, 1424
Franziskanerkloster St. Anna, München
Foto: Institut für Realienkunde des Mittelalter, Krems

3.7 Heiligenkreuz, Kreuzgang

Foto: Bundesdenkmalamt, Fotoarchiv

Blick in den Südflügel des Kreuzganges.

3.8 Kartause Gaming

Foto: Bundesdenkmalamt, Fotoarchiv

Blick auf die Gesamtanlage.

M. Ka.

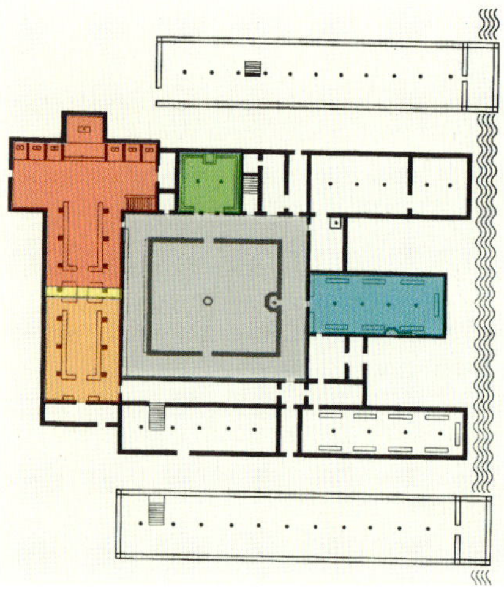

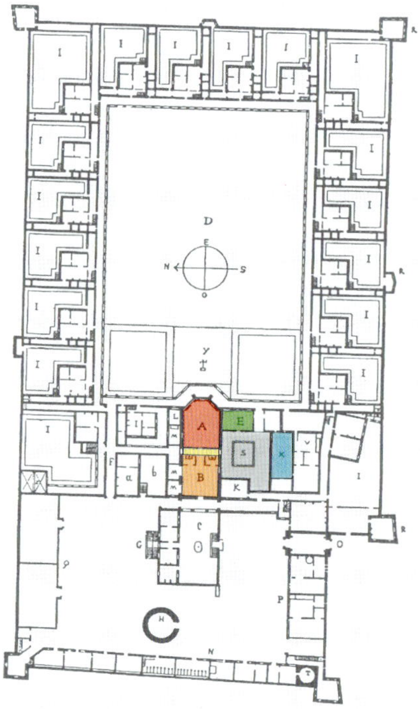

Kat. Nr. 3.2 und 3.3
Rot = Mönchschor. – Gelb = Lettner. – Braun = Laienchor. – Grau = Kreuzgang und Kreuzhof. Grün = Kapitelsaal. – Blau = Refektorium.

4. Archäologie im Klösterreich

4.1 Altenburg

Das Benediktinerkloster Altenburg wurde 1144 durch Hildburg von Poigen und ihrem Sohn Hermann gegründet und mit Mönchen aus St. Lambrecht in der Steiermark besetzt.

P. Friedrich Endl OSB war der erste, der 1891 die mittelalterlichen Regularräume unter den barocken Bauten „entdeckte" und ihre ursprüngliche Bestimmung zu deuten versuchte. Vor allem die zwei Räume in der Fortsetzung des barocken Bibliothekstraktes, „welche zwar einen traurigen Anblick bieten, jedoch umso interessanter für den Forscher sind, weil sie Einblick gestatten in die älteste Bauperiode des Stiftes", zogen Endls Interesse in den Bann. Er beschrieb die Architektur und erkannte die bauliche Zuordnung des Kapitelsaales.

1931/1932 wurden unter P. Friedrich Endls Leitung dreieinhalb Joche des Ostflügels des Kreuzganges freigelegt. 1954 kam es unter dem Stiftshistoriker P. Gregor Schweighofer OSB zu einer zweiten Grabung in der Verlängerung des Ostflügels bis zur Stiftskirche, wodurch die Gestalt des Kreuzganges ziemlich offenkundig wurde.

Um vor allem die in den dreißiger Jahre im Kreuzgang-Ostflügel freigelegten Teile vor dem endgültigen Verfall zu schützen, regte Abt Bernhard Naber OSB eine archäologische Untersuchung des gesamten Kreuzgangbereiches an, um diesen mit heutigen Mitteln zu konservieren und zu erhalten. Die Arbeiten wurden ab 1983 unter der Leitung von Dr. Helmut Windl durchgeführt. Dr. Gerhard Seebach wurde mit der Erarbeitung eines Restaurierungskonzeptes für das Bundesdenkmalamt beauftragt. Bis 1985 wurde der komplette Kreuzgang bis auf das Fußbodenniveau freigelegt.

Seit 1993 werden kontinuierlich von der Abteilung für Bodendenkmale des Bundesdenkmalamtes bauarchäologische Untersuchungen im Bereich der Regularräume und im Umfeld des mittelalterlichen Klosters durchgeführt.

So gelang es auf der Altane, die romanische Apsis einer Seitenkapelle oder des südlichen Seitenschiffes der romanischen Stiftskirche, die romanische und gotische Apsis der Kapitelsaalkapelle und den Zugang zur komplett erhaltenen Heizanlage des Calefactoriums freizulegen, wobei der „Goldene Ofen", ein Kachelofen aus der Zeit um 1480, zutage trat.

Die Grabungen im Refektorium erbrachten das nahezu vollständig erhaltene Inventar der mittelalterlichen Vorratskammer. Neben der Untersuchung eines südlichen Torturmes zur Pforte lag das Schwergewicht auf den Arbeiten in der mittelalterlichen Veitskapelle. Von besonderer Bedeutung war die Auffindung von in situ liegenden Resten des figural verzierten Fliesenbodens der Kapelle aus der Zeit um 1308.

4.1.1 Rotelbuch – Stiftsansicht „ab oriente"

Altenburg 1681
Stiftsarchiv Altenburg AB 7 D 30
Foto: Stift Altenburg
Siehe einleitenden Beitrag Ch. Farka, Abb. 1.

Das Rotelbuch hat seinen Namen von den Totenroteln, das sind Mitteilungen über das Ableben von Mitbrüdern. Diese wurden in das Rotelbuch eingelegt und mit dem Rotelboten an die in Gebetsverbrüderung stehenden Klöster gesandt.

4.1.2 Grundrissplan der Klosteranlage

Plan: ASINOE

Die Grabungsflächen sind farbig unterlegt.

4.1.3 Dreidimensionale Rekonstruktion des mittelalterlichen Klosters

Grafik: ASINOE
Siehe einleitenden Beitrag Ch. Farka, Abb. 2.

4.1.4 Die Freilegung des Kreuzganges 1984/85

Foto: NÖ. Landesregierung, E. Nechuta.

4.1.5 Kreuzgang-Ostflügel mit rekonstruiertem Gewölbe

Foto: Bundesdenkmalamt, Fotoarchiv

4.1.6 Grabungsplan Kapitelsaalapsis und Heizungen Refektorium

Plan: ASINOE

Siehe Kat. Nr. 11.1

4.1.7 Grabungsübersicht Schnitt 7 von Westen

Foto: ASINOE

Links Fundamentreste der Seitenschiffapsis der romanischen Kirche oder einer Seitenkapelle, rechts eine gemauerte Gruft.

Kat. Nr. 4.1.5

4.1.8 Grabungsübersicht Schnitt 7 von Süden

Foto: Bundesdenkmalamt, Fotoarchiv
Siehe einleitenden Beitrag Ch. Farka, Abb. 3.

Im Vordergrund die Apsis der Kapitelsaal-Kapelle.

4.1.9 Heizanlage im Bereich des ehemaligen Refektoriums

Foto: ASINOE

Die Heizanlage war bei der Auffindung mit Keramikbruch verfüllt.

4.1.10 Bestattungen im Kreuzgang

Foto: ASINOE

M. Kr.

4.1.11 Krümme eines Abtsstabes

Krümme: Süditalien, Anfang 12. Jahrhundert. Griff: Oberitalien, 15. Jahrhundert
Elfenbein, Bleikristallglas, niellierte Silberbeschläge, 43 × 16 cm
Foto: Stiftsarchiv Altenburg

Die Elfenbeinkrümme endigt in einen Drachenkopf. Das Innere der Windung beherrscht ein Falke, der ein Kreuz im Schnabel und eine Ente in seinen Fängen hält. Unter dem Flügel des Falken steht ein kleines Bäumchen. Der Kopf der Ente und ein Fang des Falken fehlen. An das untere Ende des Elfenbeinschaftes schließt ein mit bemaltem Elfenbein unterlegter vierseitiger Glasgriff mit abgeschrägten Kanten zwischen einem sechseckigen und einem runden Nodus an. Dieser Griff ist an den beiden Enden von niellierten Silberbändern mit laufenden Tierfiguren umschlossen. Die Bemalung des Elfenbeines unter dem Glas zeigt blaugrün-goldene Ranken.

Der Glasgriff des 15. Jahrhunderts ist wohl anlässlich einer Restaurierung des Stabes angesetzt worden, denn die Bemalung darunter (wie die Niellobänder) stammen aus dem 12. Jahrhundert. Nach dem Inventar von 1576 besaß die Krümme einen Ebenholzstab, der heute nicht mehr existiert.

Kat. Nr. 4.1.11

Die Krümme gehört zu jenen süditalienischen Arbeiten, deren Tierornamentik im Wesentlichen auf islamische Tradition sassanidischer Symbole zurückgeht, die durch die Araber nach Sizilien gebracht und in Süditalien mit christlicher Symbolik verbunden worden sind.

Der Falke ist im Mittelalter ursprünglich das Symbol der Jagdfreude, von da aus aber das Symbol für das höfisch-weltliche Leben im Gegensatz zum mönchischen Leben, das durch das Kreuz gekennzeichnet wird.

Gegen die Bestimmung als „siculo-arabische“ Arbeit spricht die glatte Form der Krümme im Ganzen und auch die Bemalung am Schaft unter dem Glas und die Ornamentik der Nielli. Nicht alle Ornamente, die auf sassanidisch-arabische Vorbilder zurückgehen, müssen von Arabern in Sizilien gearbeitet worden sein. Es geht hier um einen Typus, nicht eine Ortsbestimmung, ein Typus, der ganz Süditalien beherrscht und eine Tiersymbolik, die in der ganzen romanischen Kunst zu finden ist. Die Glasarbeit des Griffes ist ohne Zweifel oberitalienisch.

Die Frage, wann und wieso dieser Stab nach Altenburg kam, ist nicht sicher zu beantworten. Die Vermutung, dass der erste Abt, der nach mündlicher Tradition ein Mönch aus St. Lambrecht war, den Stab mitgebracht hätte, ist unwahrscheinlich, da es kaum zu denken ist, dass die Krümme drei Jahrhunderte später nach Oberitalien zur Neumontierung gesandt worden wäre. 1576 taucht der Stab zum ersten Mal in einem Inventar auf, was aber nicht besagt, dass er nicht schon früher im Besitz des Klosters war. Im Jahre 1517 wurden dem Abt vom Papst die Pontifikalien verliehen. Es wäre denkbar, dass der italienische Abtstab zu dieser Gelegenheit ins Kloster gekommen ist.

Literatur:
H. Tietze, Die Denkmale des politischen Bezirkes Horn, Österreichische Kunsttopographie 5, Wien 1911, 294. – Weitere Literatur in: G. Egger und H. Egger, Schatzkammer in der Prälatur des Stiftes Altenburg, Schriften der Bibliothek des Österr. Museums für angewandte Kunst 19, Wien 1979, 17, Nr. 17.

H. Eg.

4.2 Mondsee

Das Benediktinerkloster Mondsee wurde vor 748 vom Agilolfingerherzog Odilo gegründet und war damit eines der frühesten Klöster in unserem Raum. 1791 erfolgte die Aufhebung durch Kaiser Leopold II.

Nach ersten kleinflächigen Untersuchungen des Oberösterreichischen Landesmuseums zwischen 1958 und 1972 wurden von der Abteilung für Bodendenkmale des Bundesdenkmalamtes 1972 und 1976 Petruskapelle und Kapitelsaal archäologisch ergraben. 1986 bis 1994 fanden begleitend zur Umgestaltung des gesamten Baukomplexes großflächige Ausgrabungen in nahezu allen Gebäuden des ehemaligen Klosters, im Kreuzhof und Wirtschaftshof statt.

In der Petruskapelle gelang es, den Ostabschluss der romanischen Stiftskirche zu ergraben. Aufgedeckt wurde die nördliche Seitenapsis mit Altarfundament und Stiegenabgang in die Krypta, die unter der Hauptapsis situiert war. Die Rekonstruktion ergibt eine dreischiffige, querschifflose Basilika mit Staffelchor und einer Hallenkrypta sowie einer eventuell erst später entstandenen Doppelturmfassade im Westen.

Unter den romanischen Fundamenten wurde eine Mauerecke aufgefunden, die als Teil der Kirche des frühen Klosters interpretiert wird.

Im Kapitelsaal konnte über römischen Fundamenten ein nördlich dieses frühen Kirchenbaues gelegener Raum der ersten Klosteranlage mit einer Herdplatte in der Nordostecke (Wärmeraum?) freigelegt werden. Der romanische Kapitelsaal entstand durch Einzug von Zwischenwänden in einen größeren Saal, der in der Mitte des 15. Jahrhunderts seine heute noch bestehende gotische Fassung erhielt.

Die freigelegten Teile des frühmittelalterlichen Klosters lassen darauf schließen, dass es sich um eine Anlage handelte, bei der sich Kirche und Einzelgebäude um einen Hof gruppierten, ein östliches und ein nördliches Gebäude wurden erfasst. Diese Klostergebäude waren etwa zu Beginn des 10. Jahrhunderts aufgegeben und durch einen Friedhof ersetzt worden, der sich nördlich der weiter bestehenden Kirche ausbreitete.

Der Bau der romanischen Kirche und eines geschlossenen Klaustrums markiert den Neubeginn um die Wende zum 11. Jahrhundert. Vom romanischen Konventgebäude wurde die ursprüngliche Raumteilung rekonstruiert, an die NW-Ecke war das drei Räume umfassende Klosterspital angebaut. Das „Abtshaus" im Südwesten des Konvents war möglicherweise ursprünglich freistehend.

Im Wirtschaftsbereich konnten verschiedenste Vorgängerbauten der Ställe und Wirtschaftsbauten sowie Relikte handwerklicher Tätigkeiten aufgefunden werden, etwa eine eingetiefte (Kupfer-)Schmelzanlage und drei kleine Gussöfen, ein gewölbter Brennofen und andere Öfen noch unbestimmter Funktion. In den Boden eingetiefte Fässer unterschiedlicher Machart weisen auf Vorratshaltung und Konservierung hin.

In der Gotik entstand die heute noch bestehende Stiftskirche, das Spital wurde erweitert und der Wirtschaftshof bis in das 16./17. Jahrhundert in mehreren Bauetappen umgestaltet. Das stark abfallende Gelände wurde terrassiert und auf einer der Terrassen ein Fischteich angelegt, der nach kurzem Bestehen für eine barocken Gartenanlage mit Zierteich, Blumenbeeten und Freitreppen auf das höher gelegene Terrain eingeebnet wurde.

4.2.1 Kloster Mondsee, Ansicht von Osten

Kupferstich aus: Carolus Stengelius, Monasteriologia, Band 1, 1619, fol. 11
Österr. Nationalbibliothek Wien
Siehe einleitenden Beitrag Ch. Farka, Abb. 31.

Kat. Nr. 4.2.3

4.2.2 Blick vom Mondseeberg auf das Kloster

Foto: Bundesdenkmalamt, J. Offenberger

4.2.3 Plan der Gesamtanlage des Klosters Mondsee

Entwurf: M. K. Farka auf Grundlage des Parzellenplans, Grafik: P. Seeberg

4.2.4 Plan der Ausgrabungen

Ausführung: Bundesdenkmalamt, J. Offenberger

Die Ausgrabungen der Abteilung für Bodendenkmale des Bundesdenkmalamtes, nach Bauphasen gegliedert, veröffentlicht im Jahrbuch des Oberösterreichischen Musealvereins 138/I, 1993, Beilage.

4.2.5 Rekonstruktion der romanischen Basilika

Ausführung: Bundesdenkmalamt, J. Offenberger

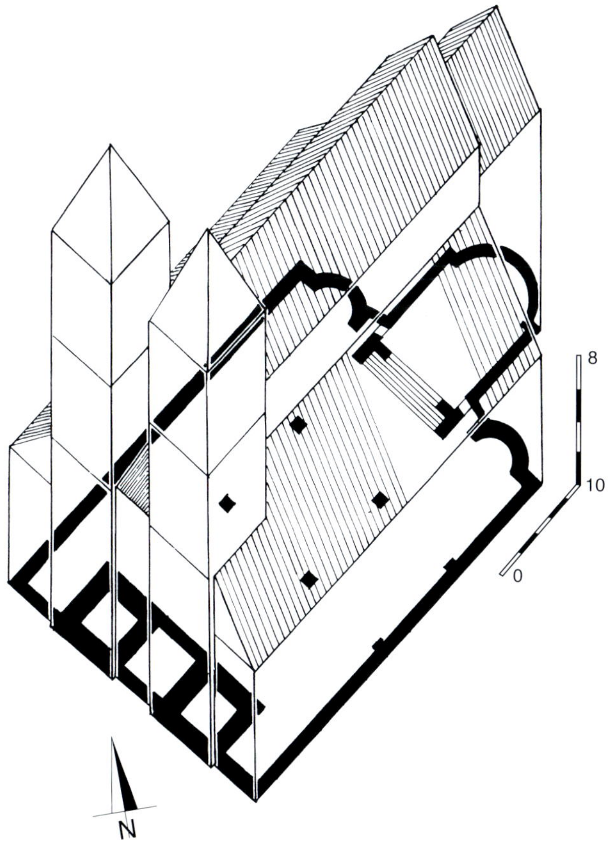

Kat. Nr. 4.2.5

4.2.6 Grabung Petruskapelle

Foto: H. Riesner
Siehe einleitenden Beitrag Ch. Farka, Abb. 32.

Nördliche Seitenapsis der romanischen Basilika und Abgang in die Krypta.

4.2.7 Grabung Kapitelsaal

Foto: H. Riesner

Im Vordergrund die Herdstelle des Wärmeraumes im frühmittelalterlichen Klosterbau.

4.2.8 Kapitelsaal-Ostwand

Ausführung: Bundesdenkmalamt, J.Offenberger

In der Kapitelsaal-Ostwand sind die vermauerten romanischen und gotischen Fensteröffnungen sichtbar.

Kat. Nr. 4.2.7

Kat. Nr. 4.2.10

4.2.9 Grabungsfläche nördlich der Kirche

Foto: Bundesdenkmalamt, J. Offenberger
Siehe einleitenden Beitrag Ch. Farka, Abb. 33.

Die Grabungsfläche liegt zwischen der Kirchennordwand und dem Ostflügel des Konventes. Im Hintergrund ist die romanische Marienkapelle sichtbar. Die schräg laufenden Mauerzüge im Vordergrund gehören zu römischen Bauten.

4.2.10 Die Ausgrabungen im ehemaligen Kuhstall

Foto: Bundesdenkmalamt, J. Offenberger

4.2.11 Der Backofen

Foto: Bundesdenkmalamt, J. Offenberger

In der ehemaligen Klostermühle und Bäckerei (Pfisterey) konnte der Backofen aufgedeckt werden.

4.2.12 Eichenfässer während der Ausgrabung

Foto: Bundesdenkmalamt, J. Offenberger

Beschreibung der Fässer siehe Kat. Nr. 9.9.

4.2.13 Der Barockgarten

Foto: Bundesdenkmalamt, J. Offenberger

Stützmauer im Barockgarten mit Kanal für die Wasserversorgung des Springbrunnens.

4.2.14 Gotischer Wandpfeiler

Marmor
Kloster Mondsee, Inv. Nr. 398

M. Ka.

Kat. Nr. 4.2.13

4.3 Kleinmariazell

Das Benediktinerkloster wurde 1136 von Markgraf Leopold III. als Stiftung der Brüder Heinrich und Rapoto von Schwarzenburg gegründet und mit Mönchen aus Niederaltaich besiedelt. Unter Kaiser Josef II. erfolgte 1782 die Aufhebung des Klosters. Die ehemaligen Klostergebäude wurden in den sechziger Jahren des 20. Jahrhunderts abgetragen, lediglich der Kreuzgang blieb erhalten.

Im Zuge einer umfassenden Kirchensanierung 1995–1998 wurden in und um die Kirche archäologische Ausgrabungen durchgeführt.

Der Bauplatz der Klosteranlage lag an den Ausläufern eines Hanges in einem lichten Auwald, der von einem kleinen befestigten Bach durchflossen wurde. Die Wurzelstöcke der Augehölze wurden am gesamten Grabungsgelände aufgefunden, eine Holzkohle-Aschenschicht zeigt die Brandrodung des Platzes an.

An diesem gerodeten Platz war bereits vor der Klostergründung eine erste Steinkirche erbaut worden: eine einschiffige, schmale Saalkirche mit Chorquadrat. Ein kleiner Rechteckbau im Nordwesten gehört derselben Zeitstufe an.

Die kleine Chorquadratkirche wurde als Klosterkirche adaptiert, eine Schranke trennte nun den Chor der Mönche von dem der Laien. Die Umfassungsmauer der 1. Kirche wurde in ein nördliches Seitenschiff einbezogen und eine Halbkreisapsis angefügt, es erfolgte auch eine Erweiterung nach Westen hin, bevor man sich endgültig zu einem großzügigen Neubau entschloss.

Die Grundkonzeption des romanischen Kirchenbaues ist noch in der heutigen, barockisierten Kirche erhalten. Der Form nach ist es eine dreischiffige Pfeilerbasilika mit Staffelchor, Querhaus und Seitenapsiden, im gebundenen System ausgeführt und in drei großen Bau-Etappen errichtet. Die Südmauer der Chorquadratkirche blieb bestehen.

Die Apsiden der Seitenschiffe wurden abgetragen und ein turmartiger gotischer Bau südlich an das Presbyterium angebaut, der bald darauf in eine Sakristei umgewandelt wurde, daran anschließend ein Waschraum mit gut erhaltenem Mosaikfliesenboden und eine gotische Kapelle. Ein spätgotischer Turm war auch an das nördliche Seitenschiff anstelle der Apsis angebaut worden.

Im Presbyterium der Basilika konnte das Grab der Klostergründer Heinrich und Rapoto aufgefunden werden.

Bei den Grabungen wurden über 300 Bestattungen freigelegt. Der feuchte Untergrund begünstigte die Erhaltung von Holz und Textilien. Holzsärge unterschiedlicher Machart konnten geborgen werden. Als spektakulärster Holzgegenstand wurde in einem Grab im Mittelschiff der Kirche ein Abtsstab, eine so genannte Krümme aufgefunden.

4.3.1 Gesamtansicht der Klosteranlage

Kupferstich von Schlegel / Univ. Typographie 1699
Foto: Bundesdenkmalamt, Bildsammlung
Siehe einleitenden Beitrag Ch. Farka, Abb. 11.

Rechts im Bild die Klosteranlage, links die Pfarrkirche und der Wirtschaftshof.

4.3.2 Kirche und Kreuzgang von Südwesten

Foto: Bundesdenkmalamt, J. Offenberger

4.3.3 Grundrissplan der Klosteranlage

Grafik: ASINOE nach Planvorlage von A. Klaar, Bundesdenkmalamt

Der Grundriss der Klosteranlage wurde noch vor dem Abbruch in den sechziger Jahren des 20. Jahrhunderts von A. Klaar aufgenommen. Der heutige Bestand (blau) und die Grabungsflächen (grün) sind farblich hervorgehoben.

4.3.4 Der Abbruch der Klosteranlage

Foto: Bundesdenkmalamt, Fotoarchiv

4.3.5 Phasenplan 1

Plan: Bundesdenkmalamt, J. Offenberger, Grafik: ASINOE

Vorklösterlicher Kirchenbau, um 1100.

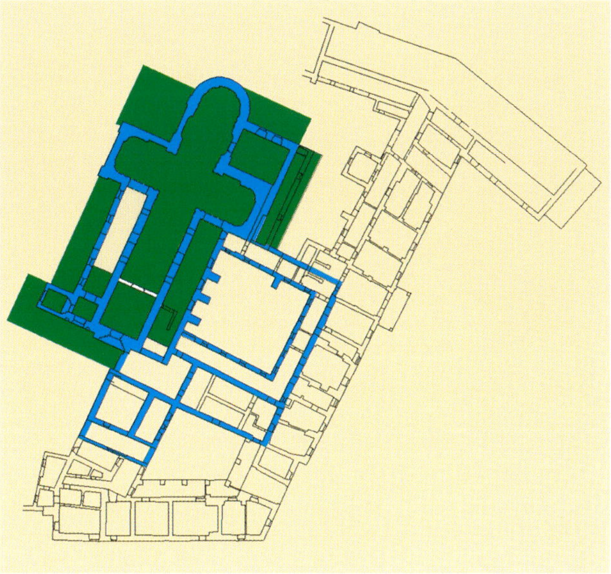

Kat. Nr. 4.3.3

4.3.6 Phasenplan 2

Plan: Bundesdenkmalamt, J. Offenberger, Grafik: ASINOE

Umbau der Kirche zur Klosterkirche, nach 1136.

4.3.7 Das Chorquadrat der 1. Kirche

Foto: Bundesdenkmalamt, J. Offenberger
Siehe einleitenden Beitrag Ch. Farka, Abb. 12.

An die erste Kirche war ein Erweiterungsbau mit Seitenschiffapsis im Süden angefügt worden.

4.3.8 Blick ins Mittelschiff der Kirche

Foto: Bundesdenkmalamt, J. Offenberger

Sichtbar ist das nördliche Langhausfundament der 1. Kirche und zugehörige Bestattungen.

4.3.9 Phasenplan 3

Plan: Bundesdenkmalamt, J. Offenberger
Grafik: ASINOE

Romanische Bauphasen, 13. Jahrhundert.

4.3.10 Phasenplan 4

Plan: Bundesdenkmalamt, J. Offenberger, Grafik: ASINOE

Die Um- und Ausbauten der Romanik und Gotik.

4.3.11 Mosaikfußboden im Waschraum

Foto: Bundesdenkmalamt, J. Offenberger

Der Waschraum zwischen gotischer Sakristei und Kapelle war mit einem qualitätvollen Mosaikfliesenboden belegt (siehe auch Kat. Nr. 23.1. und 23.2).

4.3.12 Vermauerte Fensteröffnung

Foto: Bundesdenkmalamt, J. Offenberger

Freilegung einer vermauerten Fensteröffnung im Ostflügel des Kreuzganges.

M. Ka.

4.3.13 Holzkreuz mit Corpus Christi

17./18. Jahrhundert
Kreuz aus Holz, Länge etwa 20 cm, Corpus aus Bronze, gegossen, Rückseite hohl, Länge 7,8 cm
Kleinmariazell, Grab 237/1

Kat. Nr. 4.3.13

Kat. Nr. 4.3.16

Das Holzkreuz ist fast vollständig erhalten, die Balkenenden sind mit Bronzeblechhülsen eingefasst. In der Öse der Blechhülse am oberen Balkenende sind noch Reste eines Seidenbandes erhalten. Der bärtige Kopf Christi mit schulterlangem Haar und Dornenkrone ist nach hinten zur rechten Schulter gesunken. Die Arme sind seitlich gestreckt. Das um die Hüften geschlungene Lendentuch ist auf der rechten Seite geknotet, mit einem abstehenden Zipfel. Über dem Kopf Christi ist eine Bronzekartusche mit der Inschrift INRI angebracht, unterhalb der Füße haftet ein bronzener Totenkopf mit gekreuzten Langknochen als Symbol der Kreuzigungsstätte auf Golgatha.

4.3.14 Kruzifix

17./18. Jahrhundert
Bronze, gegossen, Rückseite hohl, Länge 8,1 cm
Kleinmariazell, Grab 3/1

Das Kruzifix entspricht in Haltung und Detailausführung dem Stück 4.3.13. Der Kopf ist mit einem Glorienschein, einer randgezackten, in der Mitte gelochten Bronzescheibe hinterlegt. Erhalten ist auch die Bronzekartusche mit der Inschrift INRI in Majuskelbuchstaben.

4.3.15 Kruzifix

Mitte 17./18. Jahrhundert
Bronze, gegossen, Rückseite hohl, Länge 5,2 cm
Kleinmariazell Grab 34/1

Das Kruzifix entspricht in Haltung und Ausführung etwa dem Stück 4.3.13. Lediglich das Lendentuch ist auf der linken Seite geknotet, die Füße stehen nebeneinander. Erhalten sind noch Reste vom Holzkreuz und zwei Bronzeblechhülsen.

4.3.16 Kruzifix

17./18. Jahrhundert
Bronze, gegossen, vollplastisch, Länge 15,3 cm
Kleinmariazell, Grab 20/1

Die Arme des Corpus sind steil nach oben gestreckt, der bärtige Kopf mit schulterlangem Haar ist leicht nach rechts zurückgesunken. Das Lendentuch ist auf der rechten Seite geknotet und bildet an der linken Seite einen halbrunden Bausch. Die Beine sind durchgestreckt, die Füße nebeneinander gesetzt. Zur Befestigung auf dem Holzkreuz dienten mehr als 2 cm lange Bronzestifte mit Schraubwindungen am Ende. Die Füße waren mit einem Nagel durch den durchbohrten linken Fuß befestigt, der zweite Nagel am rechten Fuß ist mitgegossen. Dieser Typ des Kruzifixes mit steil nach oben gestreckten Armen und zurückgesunkenem Kopf geht auf Darstellungen von P. P. Rubens und G. Petel im 17. Jahrhundert zurück.

4.3.17 Kruzifix

17./18. Jahrhundert
Bronze, gegossen, Rückseite hohl, Länge 7,8 cm
Kleinmariazell, Grab 18/1

Corpus mit steil nach oben gestreckten Armen und leicht nach links zurückgelegtem Haupt mit in der Mitte gescheiteltem schulterlangen Haar. Das Lendentuch ist auf der rechten Seite geknotet und bildet einen halbrunden Bausch. Die leicht angezogenen Beine berühren sich mit den Knien, der rechte Fuß ist über den linken genagelt.

C. Fa.

4.4 Göttweig

Das Kloster Göttweig wurde 1083 durch Bischof Altmann von Passau als reguliertes Chorherrenstift nach der Augustinerregel gegründet und 1094 in ein Benediktinerkloster umgewandelt.

Im Jahre 1964 fanden Ausgrabungen im Stiftshof vor dessen Umgestaltung statt.

Zahlreiche Funde am Stiftsgelände belegen die Besiedlung des Klosterberges ab der Jungsteinzeit, besonders häufig sind Funde der Urnenfelder-, Hallstatt- und Latène-Kultur. In der Gründungsgeschichte gibt es Hinweise auf mächtige Wall- und Grabenanlagen, die eine befestigte Höhensiedlung andeuten. Römerzeitliches Mauerwerk konnte innerhalb und westlich an die Sebastianikapelle anschließend aufgedeckt werden.

Im Westen der Sebastianikapelle wurden die Grundmauern einer einfachen romanischen Saalkirche mit Chorquadrat festgestellt, deren Westabschluss durch spätere Wirtschaftsbauten gestört ist. Der Bau wird ins 11. Jahrhundert datiert; vermutlich handelt es sich um die 1072 geweihte Erentrudis-Kirche oder die zwischen 1094 und 1130 erbaute Kirche des hl. Benedikt.

Noch in romanischer Zeit wurde die Kirche bei einem Umbau nach Osten erweitert und ein neues Chorquadrat mit annähernd halbkreisförmiger Apsis angefügt. Um 1200 ist der Kirchenbau Mittelpunkt des Göttweiger Nonnenklosters; in diese Zeit ist der Erweiterungsbau zu setzen. Im Bauschutt der Kapelle wurde der Torso eines romanischen Löwen aus Sandstein aufgefunden. Im Osten der Kapelle lagen beigabenlose Bestattungen in gestreckter Rückenlage.

Das Kirchenschiff wurde später abgetragen, Chorquadrat und Apsis blieben als den hll. Nikolaus und Maria Magdalena geweihte Kapelle bestehen. Der zwischenzeitlich auch als Schmiedewerkstätte genutzte Bau ist heute dem hl. Sebastian geweiht.

Östlich und nordöstlich der Sebastianikapelle befanden sich Bruchsteinmauern von Bauten, die nach alten Planaufnahmen als gotische Pferdeställe und Kornspeicher erkannt wurden.

4.4.1 Vogelschau von Norden

Kupferstich aus: Carolus Stengelius, Monasteriologia Band 2, 1638
Österreich. Nationalbibliothek Wien
Siehe einleitenden Beitrag Ch. Farka, Abb. 4.

Die Grabungsfläche um die Sebastianikapelle ist farblich hervorgehoben.

4.4.2 Flugaufnahme Göttweig

Foto: Bundesdenkmalamt

4.4.3 Grabungsplan

Umzeichnung nach G. Melzer, Bundesdenkmalamt
Siehe einleitenden Beitrag Ch. Farka, Abb. 5.

4.4.4 Die Sebastianikapelle vor der Umgestaltung des Stiftshofes

Foto: Bundesdenkmalamt, Fotoarchiv

4.4.5 Romanischer Löwe

Etwa 1180–1200
Sandstein
Foto: Stift Göttweig

Der Torso eines romanischen Löwen wurde im Bauschutt in der Sebastianikapelle aufgefunden.

M. Ka.

4.5 Melk

Das Benediktinerkloster Melk wurde 1089 durch Markgraf Leopold I. anstelle der Burg und des etwa seit 980 bestehenden Kollegiatstiftes gegründet und mit Mönchen aus Lambach besiedelt.

Kat. Nr. 4.4.4

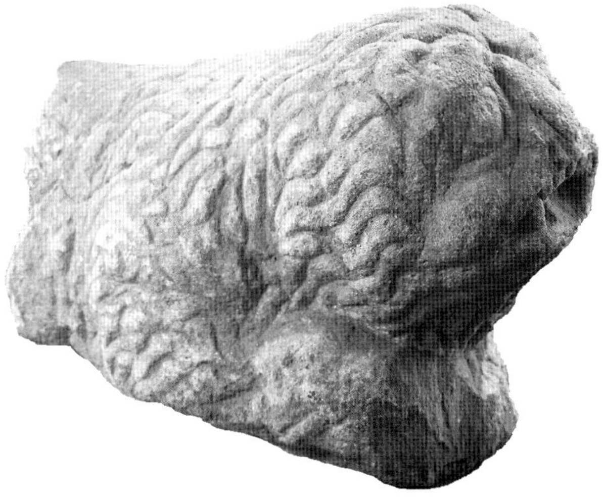

Kat. Nr. 4.4.5

Im Jahre 1991 wurden östlich des Stiftes anlässlich der Errichtung einer Tiefgarage zwei Baggersondagen zur Untersuchung der Grabenanlagen gezogen.

Im so genannten Spielhof konnte einer der beiden auf historischen Abbildungen sichtbaren Abschnittsgräben nachgewiesen werden.

Das Stift liegt auf einem lang gezogenen Felsrücken über der Donau in ausgezeichneter Schutzlage, der Zugang ist nur von Osten her möglich und wurde daher entsprechend befestigt.

Die Grabenanlagen sind auf einem Stich von Carolus Stengelius (1638), der sich nachweislich in Melk aufgehalten hat, dokumentiert. Auch auf späteren Darstellungen wie von Matthäus Merian 1649 sind sie deutlich erkennbar. Der innere der beiden Abschnittsgräben wurde bei den archäologischen Untersuchungen aufgedeckt.

Kat. Nr. 4.5.2

Im Zuge des Barockausbaues wurden die Befestigungsgräben aufgelassen und zugeschüttet.

Die Ansicht des Klosters von Franz Rosenstingl, die nach Abschluss der barocken Umbauten angefertigt wurde, zeigt an der Stelle der Grabenanlagen eine bereits ebene Fläche, auf der gerade die barocke Gartenanlage mit dem 1748 fertig gestellten Gartenpavillon angelegt worden war.

4.5.1 Vogelschau von Süden

Kupferstich aus: Stengelius, Monasteriologia, Band 2, 1638, fol.47
Österr. Nationalbibliothek Wien
Siehe einleitenden Beitrag Ch. Farka, Abb. 30.

Der Befestigungsgraben ist farbig hervorgehoben.

4.5.2 Vogelschau von Süden

Franz Thomas Rosenstingl und Franz Leopold Schmitner, 1750
Federtempera auf Papier
Archiv Stift Melk

Anstelle des Befestigungsgrabens ist bereits die barocke Gartenanlage zu sehen.

4.5.3 Flugaufnahme Melk

Foto: Bundesdenkmalamt, Ch. Farka

4.5.4 Plan des Grabenprofils

Grafik: P. Seeberg

M. Ka.

4.6 Heiligenkreuz

Das Zisterzienserstift wurde 1134 von Markgraf Leopold III. auf Veranlassung seines Sohnes Otto (von Freising) gegründet und mit Mönchen aus Morimond in Burgund besiedelt. Es ist die älteste ohne Unterbrechung bestehende Zisterze Österreichs.

Nach ersten archäologischen Untersuchungen im Konventgarten durch R. Pittioni wurde 1990–1992 der Südflügel und ein Teil des Klaustrum-Ostflügels sowie einige Räume im Hornturmtrakt ergraben. Seit dieser Zeit werden Umbauten im Stift laufend archäologisch und bauhistorisch begleitet.

Im Südtrakt des Klosters, der fast vollständig vom (barocken) Refektorium eingenommen wird, konnte der Südflügel des Gründungsklosters zur Gänze ergraben werden. In der SO-Ecke wurde der Heizkeller des Calefactoriums (Wärmeraum) aufgefunden. Der ursprünglich tonnengewölbte Heizkeller war über einen südlich vorgelagerten Stiegenabgang durch eine aufwendig gebaute Türöffnung zu erreichen, die eigentliche Brennkammer befand sich im rückwärtigen Teil des Kellers. Der Heizkeller des Calefactoriums wurde noch im 12. Jahrhundert bei der grundlegenden Neugestaltung des Südflügels mit riesigen Steinblöcken abgemauert und zugeschüttet, darüber ein Süddurchgang geschaffen und im Osten ein Mönchssaal, die Fraterie, angebaut.

Westlich schloss an das Calefactorium das Flächenfundament eines Stiegenaufganges an, daneben befand sich ein schmaler Kanal, vom Kreuzganghof her kommend, dessen Auslass durch die Südfront des Gebäudes führte.

Das Refektorium war in der Gründungsphase parallel zum Kreuzgang angelegt, wurde in einer weiteren Bauphase noch im 12. Jahrhundert nach Süden zu erweitert und damit rechtwinkelig vom Kreuzgang ablaufend angelegt. In der Barockzeit erhielt es die heutige Form, wiederum parallel zum Kreuzgang.

Im Westen befand sich die Küche, die in der Romanik mit Tischherd und Backofen ausgestattet war. In gotischer Zeit wurde der Boden erhöht und mit Steinplatten ausgelegt, im Südteil wurde die Aschengrube des Herdes aufgefunden.

Der Osttrakt des Klosters war ursprünglich zweischiffig und wurde beim großen Umbau um die Mitte des 13. Jahrhunderts dreischiffig ausgebaut, der Kreuzgang neu angelegt. Aus der Zeit vor dem Umbau konnte in der Ostwand neben dem Eingang in den Kapitelsaal eine romanische Bifore (Zwillingsfenster) im Mauerwerk freigelegt werden.

Bei Ausgrabungen im Kreuzganghof, südlich der Fraterie und an mehreren weiteren Grabungsplätzen wurde eine Vielzahl verschiedenster Kanäle und Leitungen angetroffen, die Einblick in das ausgezeichnete Wasserversorgungssystem der Zisterze geben.

4.6.1 Ansicht des Stiftes Heiligenkreuz

Um 1710
Kupferstich von Friedrich Bernhard Werner und Johann Georg Merz
Stiftsarchiv Heiligenkreuz
Siehe einleitenden Beitrag Ch. Farka, Abb. 8.

4.6.2 Grundrissplan der Klosteranlage mit gerasterten Grabungsflächen

Ausführung: Bundesdenkmalamt, K. Tarcsay
Siehe einleitenden Beitrag Ch. Farka, Abb. 9.

4.6.3 Plan der Ausgrabungen im Süd- und Ostflügel

Grabungsplan nach J. Offenberger, Archäologische Untersuchungen im Zisterzienserstift Heiligenkreuz bei Wien, Fundberichte aus Österreich 31, 1992, 193, Abb. 11
Ausführung: Bundesdenkmalamt, K. Tarcsay

Die Ergebnisse der Ausgrabungen im Süd- und Ostflügel des Konventes sind stark vereinfacht nach Bauphasen gegliedert.

4.6.4 Blick von Westen in das Refektorium

Foto: Bundesdenkmalamt, J. Offenberger

4.6.5 Refektorium Ostteil

Foto: Bundesdenkmalamt, J. Offenberger

Rechts der Heizraum des Calefactoriums, links ein vom Brunnenhaus kommender Kanal.

4.6.6 Der Eingang in den Heizraum des Calefactoriums

Foto: Bundesdenkmalamt, J. Offenberger
Siehe einleitenden Beitrag Ch. Farka, Abb. 10.

Kat. Nr. 4.6.4

4.6.7 Der Heizraum des Calefactoriums

Foto: Bundesdenkmalamt, J. Offenberger

Blick von Osten in den Heizraum des Calefactoriums, links der Vorraum.

4.6.8 Romanische Küche mit Tischherd und Backofen

Foto: Bundesdenkmalamt, J. Offenberger

Die romanische Kirche befindet sich im Westteil des Südflügels.

4.6.9 Kreuzgang Ostflügel

Zeichnung: Bundesdenkmalamt, A. Geischläger

Freigelegte romanische Bifore (Doppelfenster) in den Kapitelsaal.

4.6.10 Begehbarer Kanal südlich der Fraterie mit Resten der Steinverfüllung

Foto: Bundesdenkmalamt, M. Kaltenegger

4.6.11 Mosaikfußboden aus dem Presbyterium der Stiftskirche

13. Jahrhundert
Keramik/Ziegelton
Stift Heiligenkreuz, ohne Inv. Nr.

Im 19. Jahrhundert wurden Fragmente eines Schmuckfußbodens aus Mosaikfliesen (Ziegelton) bei

Kat. Nr. 4.6.11

Restaurierungsarbeiten in der Heiligenkreuzer Stiftskirche geborgen. Siehe dazu Kat. Nr. 23.6 und 23.58.

M. Ka.

4.7 Klostermarienberg

Das Zisterzienserstift wurde 1195 von Banus Dominicus aus der Familie Miskolc zur Lösung von einem nicht eingehaltenen Kreuzzugsgelübde gegründet und mit Mönchen aus Heiligenkreuz besiedelt.

Ständige wirtschaftliche Schwierigkeiten und kriegerische Bedrängnisse kennzeichneten das Wirken der Zisterze, das durch die Türkeneinfälle der Jahre 1529/32 jäh beendet wurde und 1568 mit der Auflösung des Klosters endete. 1680 Wiederaufnahme des monastischen Lebens durch das Stift Lilienfeld und barocker Neubau von Kirche und Kloster.

Auf die mittelalterliche Bausubstanz geht lediglich der Refektoriumstrakt mit dem zugehörigen Kreuzgangflügel zurück. Die 1741 erbaute Kirche steht an der Stelle des ehemaligen Kapitelsaales.

Vor der Errichtung eines Feuerwehrhauses fanden 1992–1995 umfangreiche Grabungen auf dem Gelände des ehemaligen Klosterfriedhofes statt. Dabei konnte die romanische Klosterkirche freigelegt werden, deren genaue Lage bis dahin unbekannt war.

Die Kirche entspricht dem „Kolonialtyp“: eine dreischiffige Basilika mit vierjochigem Langhaus, gerade geschlossenem Presbyterium mit je einer seitlichen Kapelle an den Querschiffarmen. Die Bauaufnahme der bestehenden Klostergebäude ermöglichte die Rekonstruktion der Gründungsanlage.

Um die Mitte des 13. Jahrhunderts wurde an das gerade geschlossene Presbyterium eine halbkreisförmige Apsis angefügt, möglicherweise im Rahmen einer Wiederaufbauphase nach dem Mongolensturm 1241/42.

Nach der Auflösung des Klosters wurde südlich der alten Klosterkirche eine kleine, dem hl. Georg geweihte Dorfkirche errichtet und am Gelände des ehemaligen Mönchsfriedhofes der Dorffriedhof angelegt.

Auf dem Gelände des ehemaligen Friedhofes wurden 1006 Bestattungen freigelegt, wovon 37 mit großer Sicherheit dem mittelalterlichen Konvent zugeordnet werden konnten.

4.7.1 Stuckdarstellung von Klostermarienberg

Um 1723
Stift Lilienfeld, Zelle 13
Siehe einleitenden Beitrag Ch. Farka, Abb. 14.

Die Darstellung zeigt das barocke Kloster und die Filialkirche zum hl. Georg mit dem Dorffriedhof.

Kat. Nr. 4.7.3

4.7.2 Grundrissplan der Gründungsanlage

Ausführung: Bundesdenkmalamt, F. Sauer und F. Siegmeth
Siehe einleitenden Beitrag Ch. Farka, Abb. 15.

Die Gründungsanlage ist auf dem Plan des bestehenden Klosters rot hinterlegt.

4.7.3 Dreidimensionale Rekonstruktion der Gründungsanlage von SW

Ausführung: Bundesdenkmalamt, F. Sauer und F. Siegmeth

4.7.4 Blick in den südlichen Querschiffarm mit Vierungspfeiler

Foto: Bundesdenkmalamt

Die aufgedeckten Gräber gehören zum Dorffriedhof des 17./18. Jahrhunderts.

4.7.5 Grabungsplan der Klosterkirche mit Anbauten

Ausführung: Bundesdenkmalamt, F. Sauer und F. Siegmeth
Siehe einleitenden Beitrag Ch. Farka, Abb. 16.

4.7.6 Die Apsis der romanischen Klosterkirche

Foto: Bundesdenkmalamt

4.7.7 Die Grabkapelle

Foto: Bundesdenkmalamt

Der Gruftraum der Grabkapelle war ursprünglich überwölbt.

4.7.8 Die Bestattungen des Dorffriedhofes

Foto: Bundesdenkmalamt

Auf dem Areal der einstigen Klosterkirche wurde im 17. Jahrhundert der Dorffriedhof angelegt.

4.7.9 Salamander (?)

Foto: Bundesdenkmalamt

Darstellung eines Salamanders (?) an der Basis der Pfeilervorlage Ecke Querschiff – südliches Seitenschiff.

4.7.10 Fliesenbruchstück mit Darstellung einer Lilie

Foto: Bundesdenkmalamt

4.7.11 Fliesenbruchstück mit Darstellung eines Hirschen

Foto: Bundesdenkmalamt

M. Ka.

4.8 Lilienfeld

Das Zisterzienserstift wurde 1202 durch Herzog Leopold VI., den Glorreichen, gegründet und 1206 mit Mönchen aus Heiligenkreuz besiedelt.

Kleinflächige Untersuchungen fanden 1971 bei Rohrverlegungen im Stiftsbereich statt, 1974 eine Plangrabung im Presbyterium der Kirche.

Im Presbyterium konnten mehrere Fußbodenniveaus dokumentiert werden. Die beiden ältesten von 1217 und 1230 waren einfache Lehmstampfestriche. Der nächste Fußboden bestand aus quadratischen, teilweise ornamental oder figural verzierten Bodenfliesen. Bei der Anlage dieses stark erhöhten Bodens verschwanden – bereits wenige Jahrzehnte nach der Hochaltarweihe – die Basen und Sockel der Binnenchorpfeiler im Boden. Vor der Neugestaltung des Altarraumes 1746 war ein Marmorboden aus schwarzen und roten Steinplatten verlegt.

Im Altarraum wurden die Gräber von Herzog Leopold VI., seiner Tochter Margarete, Königin von Böhmen, und von Cimburga von Masovien, der Mutter Kaiser Friedrichs III., aufgefunden.

Im Osten des nördlichen Querschiffes wurden Fundamente einer gotischen Kapelle mit polygonalem 5/8–Chorabschluss aufgedeckt; sie wird als Mauritiuskapelle der Herren von Topel angesehen. Die Kapelle überbaut einen älteren Friedhof.

Vor der Ostwand des Kapitelsaales wurde eine zweijochige gotische Kapelle mit 5/8–Chorabschluss ergraben, die durch einen 3,5 m breiten Durchgang vom Kapitelsaal zugänglich war. Es handelt sich um die nach 1333 erbaute Wolfgangskapelle, die nach dem Brand von 1810 abgetragen worden war. Freigelegt wurden drei Fußbodenniveaus – das älteste ein Ziegelpflaster mit Tier- und Pflanzenmotiven –, das Altarfundament und zwei Gräber.

4.8.1 Lilienfeld, Ansicht von Norden

Kupferstich von Georg Matthäus Vischer, vor 1672
Foto: Bundesdenkmalamt, Fotoarchiv
Siehe einleitenden Beitrag Ch. Farka, Abb. 22.

4.8.2 Plan des Klosters mit Eintragung der Grabungsflächen

Nach Adalbert Klaar, Grafik ASINOE
Siehe einleitenden Beitrag Ch. Farka, Abb. 23.

4.8.3 Grabungsplan Presbyterium

Nach G. Melzer, Bundesdenkmalamt, Grafik ASINOE

4.8.4 Das Presbyterium während der Ausgrabung

Foto: Bundesdenkmalamt, Fotoarchiv
Siehe einleitenden Beitrag Ch. Farka, Abb. 24.

Blick in das Presbyterium vor der Öffnung der Grüfte unterhalb der barocken Balustrade, rechts der Kenotaph Cimburgas von Masovien.

4.8.5 Blick in die Gruft Margaretes von Böhmen

Foto: Bundesdenkmalamt, Fotoarchiv

4.8.6 Basis eines Vierungspfeilers

Foto: Bundesdenkmalamt, Fotoarchiv

4.8.7 Pfeilerbasis aus dem Presbyterium

Kopie: S. Daxner, Wien
Maße 143 × 60 × 34 cm und 132 × 60 × 55 cm

Im Zuge der Ausgrabungen wurden von vier romanischen Pfeilern die dem Presbyterium zugekehrten Seiten freigelegt. Sie verschwanden schon 1263 bei der Verlegung des einheitlichen Fußbodens anlässlich der

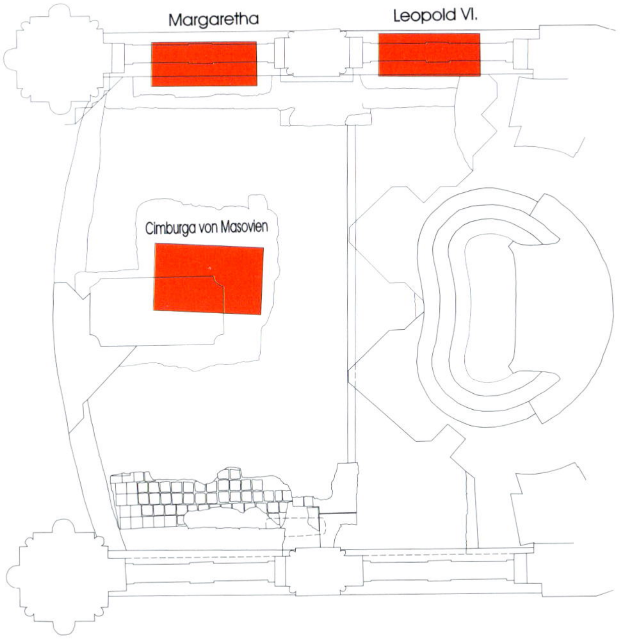

Kat. Nr. 4.8.3

Kat. Nr. 4.8.6

Vollendung des Kirchenbaues. Bevor die Ausgrabung zugeschüttet wurde und die Pfeilerbasen neuerlich dem Beschauer entzogen wurden, fertigte man von zwei Basen Kopien an.

M. Ka.

4.9 Zwettl

Das Zisterzienserstift wurde 1138 von Hadmar I. von Kuenring gegründet und mit Mönchen aus Heiligenkreuz besiedelt.

1994 wurde an der Südseite des Chores der Stiftskirche, im so genannten Bernhardihof, die 1294 geweihte Allerheiligenkapelle mit der Gruft Heinrichs IV. von Kuenring-Feldsberg († 1287) aufgedeckt. Darin fanden sich die mehrfach umgelagerten Gebeine von Heinrich IV. und drei weiteren, nicht identifizierten Individuen. Die von Heinrich gestiftete Allerheiligenkapelle war nach der Anlage der Gruft um diese herum gebaut worden; teilweise überbaut sie die Gruft.

Beim Neubau des Chores der Stiftskirche musste die Kapellennordwand abgebrochen werden: Sie wurde von der Südwand des Kapellenkranzes der Stiftskirche überbaut, die Kapelle selbst blieb aber erhalten. Erst 1643 erfolgte der Abriss für den Neubau einer Sakristei, die bis 1884 bestand.

1996 wurde im Nordosten des Chores der Stiftskirche das bestehende Bodenniveau abgesenkt. Dabei wurden mehrere Mauerzüge aufgedeckt, die allesamt jünger als der Chorumgang waren, darunter die Mauer des spätbarocken Verbindungstraktes zwischen alter und neuer Sakristei und eine Stütz- oder Terrassenmauer gegen den höher gelegenen südlichen Bereich.

4.9.1 Zwettl, Vogelperspektive von Südwesten

Ölgemälde auf Leinwand, 1669
Stiftsbibliothek Zwettl
Foto: Stift Zwettl
Siehe einleitenden Beitrag Ch. Farka, Abb. 44.

4.9.2 Grundriss des Klosters

Grafik: P. Seeberg

Die Grabungsflächen sind farbig hervorgehoben.

4.9.3 Gesamtplan der Grabung Allerheiligenkapelle

Ausführung: Bundesdenkmalamt, J. Offenberger

4.9.4 Rekonstruktionsplan

Ausführung: Bundesdenkmalamt, J. Offenberger, Rekonstruktion der romanischen Basilika von 1158 durch F. Daim
Siehe einleitenden Beitrag Ch. Farka, Abb. 45.

Der Rekonstruktionsplan zeigt die Allerheiligenkapelle beim Bau des Chorumganges (Baubeginn 1343).

4.9.5 Fundamente der Allerheiligenkapelle mit Gruft

Foto: Bundesdenkmalamt, J. Offenberger

M. Ka.

4.10 Mattsee

Der Agilolfingerherzog Tassilo III. gründete 777 in Mattsee ein Mönchskloster. Im 11. Jahrhundert erfolgte die Umwandlung in ein Kollegiatstift im Besitz des Bistums Passau, heute ist es das einzige bestehende Kollegiatstift Österreichs.

Anlass für die Ausgrabungen in der Stiftskirche im Jahre 1978 war der Einbau einer Fußbodenheizung.

Im Ostteil der Kirche wurden 16 Pfostengruben aufgedeckt, die zum Grundriss einer dreischiffigen Holzkirche mit unbekanntem Ostabschluss rekonstruiert werden konnten. Es ist dies ein seltener und bemerkenswerter Befund, da in historischen Quellen oft von hölzernen Gründungsbauten berichtet wird, diese aber nur in wenigen Fällen archäologisch nachgewiesen werden konnten.

Im Westen der Kirche befanden sich 19 Pfostengruben, die als Gebäudeteile eines Holzklosterbaues gedeutet werden und von einem zweiräumigen Steinbau abgelöst worden sind.

Die erste Steinkirche war ein 20 × 6,75 m großer, vorromanischer Rechtecksaal mit gleich breitem Langhaus und Presbyterium. Vermutlich im 12. Jahrhundert

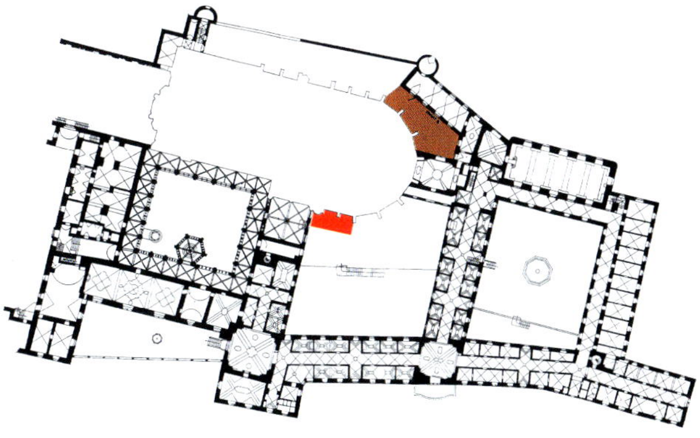

Kat. Nr. 4.9.2

wurde unter Einbeziehung des Rechtecksaales eine dreischiffige Querhausbasilika mit quadratischem Presbyterium und Halbkreisapsis errichtet und nach einem Brand im 15. Jahrhundert zu einer dreischiffigen, kreuzförmigen Säulenbasilika umgebaut.

Aufgedeckt wurden außerdem 43 Gräber mit 50 Bestattungen verschiedener Zeitstellung, der überwiegende Teil aus dem 17. und 18. Jahrhundert.

In der Kreuzgangkapelle konnte die Südwestecke des romanischen Kreuzganges freigelegt werden, der um etwa einen Meter schmäler war als der heutige.

4.10.1 Ansicht der Stiftskirche St. Michael von Südosten

Foto: Bundesdenkmalamt, Fotoarchiv

4.10.2 Bauphase 1

Nach G. Melzer, Bundesdenkmalamt, Grafik ASINOE
Siehe einleitenden Beitrag Ch. Farka, Abb. 25.

Holzkirche und Klosterbauten, erste Teilphase als Holzbau, zweite Teilphase als Steinbau, 8. – 9. Jahrhundert.

4.10.3 Bauphase 2

Nach G. Melzer, Bundesdenkmalamt, Grafik ASINOE

Die Rechtecksaalkirche des 10. Jahrhunderts.

4.10.4 Romanischer Kirchenbau

Nach G. Melzer, Bundesdenkmalamt, Grafik ASINOE

Dreischiffige Säulenbasilika des 12. Jahrhunderts.

4.10.5 Grabungsüberblick von Westen

Foto: Bundesdenkmalamt, Fotoarchiv
Siehe einleitenden Beitrag Ch. Farka, Abb. 26.

Fundamente der 1. Steinkirche mit gotischen Säulen und deren Fundamenten.

4.10.6 Pfostengruben des Holzklosters und Fundamente des 1. Steinbaues

Foto: Bundesdenkmalamt, Fotoarchiv

M. Ka.

4.11 Klosterneuburg

Das etwa um 1100 entstandene Kollegiatstift wurde 1113/14 von Markgraf Leopold III. neu ausgestattet und 1133 von Augustiner-Chorherren besiedelt. Die Weihe der Kirche erfolgte im Jahr 1136. Der barocke Ausbau unter Kaiser Karl VI. zum Residenzschloss durch D. F. d'Allio blieb unvollendet.

Die Freilegung der *capella speciosa* im Bereich der babenbergischen Pfalz 1953/54 durch A. Schmeller und K. Oettinger rückte Klosterneuburg in den Blickpunkt archäologischer Forschung. Im Rahmen einer Generalsanierung fanden seit 1976 Grabungen der Abteilung für Bodendenkmale des Bundesdenkmalamtes im Nahbereich der spätbabenbergischen Palastkapelle, südlich der Sebastianikapelle und im engeren Klosterareal statt.

Kat. Nr. 4.10.6

Die ältesten mittelalterlichen Bauten entstanden unter Verwendung römischer Mauerzüge und orientierten sich – ohne dass ein geschlossenes Siedlungskontinuum nachzuweisen ist – an den römischen Bauten beziehungsweise den Achsen der römischen Lagervermessung.

Unter der *capella speciosa* wurde ein älterer einschiffiger Sakralbau mit Rundapsis ergraben, dessen Orientierung der Nikolauskapelle entspricht. Weiters konnte eine Seitenkapelle zur *capella speciosa,* ein kleiner einjochiger Sakralbau mit 3/8-Schluss nachgewiesen werden.

Im Kreuzgarten wurde ein zur abgetragenen Nikolauskapelle gehöriger Friedhof nachgewiesen, dessen Bestattungen vom östlichen Kreuzgangfundament bereits überbaut sind.

Von den ältesten Klosterbauten blieben infolge späterer Terrassierungen nur geringe Spuren erhalten. Das Areal nördlich der Kirche war in der Frühzeit der Anlage unverbaut. Die Kirche hielt in ihrer Nordwest-Ausdehnung von der ehemaligen römischen Lagermauer im Osten und Westen den gleichen Abstand und dürfte daher innerhalb des Lagerberinges allseitig freigestanden sein. Ein Hof oder Garten war im Norden, Westen und Osten von drei Gebäudekomplexen umschlossen. Für die früheste Klosterperiode ist kein Kreuzgang nachweisbar, der bestehende Kreuzgang war der erste und ursprüngliche, er wurde in zwei Bauetappen aufgeführt.

Die archäologischen Untersuchungen und bauhistorischen Aufnahmen konnten ein sehr detailreiches Bild zur weiteren Entwicklung des Klosterneuburger Stiftes zeigen.

4.11.1 Vogelschaubild des Stifts Klosterneuburg

Kupferstich von Johann Martin Lerch, 17. Jahrhundert (nach 1683)
Stiftsarchiv Klosterneuburg
Foto: I. Kitlitschka, Klosterneuburg
Siehe einleitenden Beitrag Ch. Farka, Abb. 18.

4.11.2 Plan des Stiftsareals mit eingetragenen Grabungsflächen

Plan: Bundesdenkmalamt, H.Ubl

4.11.3 Grabungsplan Kreuzganghof

Plan: Bundesdenkmalamt, H.Ubl

4.11.4 Fresko im ehemaligen Dormitorium

12. Jahrhundert
Foto: E. Lux

4.11.5 Grabung im Kreuzgarten 1977

Foto: Bundesdenkmalamt, H. Ubl

M. Ka. und M. Kr.

4.11.6 Modell der Stiftskirche

Aus Balsaholz im Maßstab 1 : 100
Entwurf: H. Ubl unter Berücksichtigung von Grabungsergebnissen und Bauuntersuchungen des Bundesdenkmalamtes
Ausführung: Architekt Johann Rezac
Foto: I. Kitlitschka, Klosterneuburg
Siehe einleitenden Beitrag Ch. Farka, Abb. 19.

Das Modell zeigt die Kirche in Form einer dreischiffigen, basilikalen Anlage mit Querhaus, Chorquadrat und

Kat. Nr. 4.11.5

drei Rundapsiden. Der Vierungsturm ist in seiner vermutlich ursprünglichen Form über quadratischem Grundriss mit Zeltdach ausgebildet. Der Westbau mit Doppelturmanlage entspricht im Grundriss den heute bestehenden Westtürmen und wird im Norden und Süden durch zwei Treppentürme über polygonalem Grundriss bereichert.

In seiner hier gebotenen Form soll das Kirchenmodell dem Beschauer jenen Eindruck vermitteln, den der Bauherr und Stifter Leopold III. bekam, als ihm sein Baumeister das Planungsmodell vorstellte. Ob allerdings der Kirchenbau noch zu Lebzeiten seines Stifters oder je gänzlich fertig gestellt worden ist, bleibt fraglich.

Literatur:
Der heilige Leopold, Katalog des Niederösterreichischen Landesmuseums N.F. 155, Wien 1985, 141f.

H. Ub.

4.11.7 Zinnfigurendiorama

Modell: H. Ubl
Stiftsmuseum Klosterneuburg

Das Zinnfigurendiorama zeigt die Errichtung von Marienkirche und Pfalz in Klosterneuburg. Zur Zeit des Markgrafen Leopold III. herrschte auf dem Gelände des alten Römerlagers auf einem Felsen über der Donau rege Bautätigkeit. Zur Zeit, als der deutsche König Heinrich V. an der Spitze eines Reichsheeres gegen die Ungarn zog (1108), waren allem Anschein nach auf diesem Platz keine Repräsentativbauten („Pfalz“) und sicher keine geistliche Gemeinschaft vorhanden. Allerdings war die Stätte bewohnt, auch eine Pfarrkirche befand sich hier an der Stelle der späteren Nikolauskapelle. Gründung des Kanonikatstiftes und Grundsteinlegung der Marienkirche erfolgten 1113/14, die Kirchweihe am 29. September 1136. Parallel zu diesem Sakralbau wurde an einem repräsentativen Wohnbau für die markgräfliche Familie an strategisch günstiger Stelle über der heute so genannten Hundskehle gearbeitet.

Literatur:
Der heilige Leopold, Katalog des Niederösterreichischen Landesmuseums N.F. 155, Wien 1985, 187f.

H. Ub.

4.12 Mauerbach

Das Kartäuserkloster Mauerbach wurde von König Friedrich I. im Jahr 1313 gemeinsam mit seinen Brüdern Leopold I., Albrecht II., Heinrich und Otto gegründet, am 17. Mai 1316 eingeweiht und bezogen. Friedrich I. wurde nach seinem Tod 1330 in Mauerbach bestattet. 1781 erfolgte die Aufhebung der Kartause durch Josef II.

Seit 1996 wird die Kartause baubegleitend zu den Sanierungsarbeiten untersucht. Die archäologischen Arbeiten konzentrierten sich zuerst auf den Bereich der Unterkirche unterhalb des barocken Kirchenschiffes. Im Zuge der Freilegung des gesamten mittelalterlichen Kirchengrundrisses gelang es, viele Fragen bezüglich Innengestaltung, Umbauphasen und Umfeld der vorbarocken Klosterkirche zu beantworten. Erwähnenswert ist die in Überresten fassbare Lettnergestaltung zur mittelalterlichen Kirche, die den Baukörper in einen lang gestreckten Chorbereich mit erhöhtem Chorabschluss und Altarfundament und einen eher kleinen Laienkirchenbereich mit einstiger Empore (und zwölf Sargbestattungen) teilt. Weiters sind die Spuren der Bauhorizonte, die Reste mehrerer Fußbodenniveaus, ein frühneuzeitliches Drainagesystem sowie zwei bislang unbekannte Portalsituationen in der mittelalterlichen Westmauer der Kirche dokumentiert worden.

Als weiterer Schwerpunkt sind die Untersuchungen im Bereich des Kleinen Kreuzganges zu werten. Hier konnte die genaue Baustruktur des „Claustrum minor“ mit Brunnenhaus, sechsjochigen Kreuzgangflügeln und Konversengang erfasst werden. Eine Rekonstruktion des mittelalterlichen Zustandes dieses Klosterbereiches war daher möglich. Im Großen Kreuzganghof, dem „Claustrum maior“ wurde der nördliche Abschluss des mittelalterlichen Kreuzganges mit unterschiedlichsten Einbauten, unter anderem einer vorbarocken Kapelle, dokumentiert.

Besonders hervorzuheben ist der oberhalb der Böschungskante aufgedeckte Befund einer renaissancezeitlichen Gartenanlage, von der gut erhaltene Beetstrukturen mit Einfassungen aus vertikal gestellten Dachziegeln erhalten geblieben sind. Der Garten ist im Freigelände dieser Ausstellung nachgebaut.

Westlich der Kirche wurden die Fundamente des Hospitals mit Ofenanlage und Wasserversorgung ergraben. Dort fanden sich Teile der Sachausstattung des Hospitals wie Schröpfköpfe und Pinzetten, aber auch zahlreiche tierische und pflanzliche Überreste, die Hinweise auf den Speiseplan der Mönche geben.

4.12.1 Ansicht der Kartause Mauerbach

Joannes Lisetius, lavierte Federzeichnung
Haus-, Hof- und Staatsarchiv Wien
Reproduktion: Fotostudio Otto, Wien
Siehe einleitenden Beitrag Ch. Farka, Abb. 27.

4.12.2 Blick auf die Gesamtanlage von Norden

Foto: Bundesdenkmalamt, Fotoarchiv

4.12.3 Grundriss der Klosteranlage

Plan: ASINOE
Siehe einleitenden Beitrag Ch. Farka, Abb. 28.

Die Grabungsflächen sind farbig hinterlegt.

4.12.4 Grundriss des Kleinen Kreuzganges

Plan: ASINOE
Siehe einleitenden Beitrag Ch. Farka, Abb. 29.

Rekonstruktion nach dem Grabungsbefund.

4.12.5 Mittelalterliche Nischen mit barockem Gewölbeansatz

Foto: ASINOE

4.12.6 Profilierte Wandvorlage des Lettners

Foto: ASINOE

4.12.7 Mittelalterliche Wendeltreppe

Foto: ASINOE

In der Westmauer der Kirche wurden die Überreste einer mittelalterlichen Wendeltreppe aufgefunden.

4.12.8 Freilegung im Kleinen Kreuzgang

Foto: ASINOE

4.12.9 Kreuzgarten

Foto: ASINOE

Blick von Süden auf die Geländeböschung mit Treppenkonstruktion.

4.12.10 Medaillon mit figuraler Darstellung

14./15. Jahrhundert
Keramik/Irdenware, erhaltener Durchmesser 7,3 cm
Kartause Mauerbach, Inv. Nr. 161
Foto: N. Sautner

Das von einer größeren, nicht mehr erhaltenen Platte stammende runde Medaillon zeigt in stark hervorgehobenem Relief die Darstellung eines nach links blickenden Basilisken, einem geläufigen Typus der mittelalterlichen Ikonographie. Dieser zeigt eine gehobene, hintere Pranke, und aus dem Maul entspringt ein Wasser- oder Feuerstrahl. Ursprünglich war die Oberfläche des Medaillons mit einem schwarzen Firnis überzogen. Die Funktionsbestimmung dieses Exponates (Kachel oder Fliese) ist schwierig, doch sprechen das stark ausgeprägte Relief und die geringe Stärke der Platte für eine Deutung als Bestandteil eines Wandschmuckes.

4.12.11 Trinkkrug

Um 1620
Keramik/Creussener Steinzeug, Höhe 16,2 cm
Kartause Mauerbach, Inv. Nr. 842

Der Trinkkrug aus Creussen (Deutschland), dessen Zinndeckel und Henkel fehlen, ist an der Außenseite mit aufwendig gestalteten Porträtmedaillons und floralem und figuralem Dekor verziert. Dieses Importstück ist zweifellos der gehobenen Tischkultur zuzuordnen.

M. Kr.

Kat. Nr. 4.12.11

4.13 Pernegg

Das Prämonstratenserinnenkloster Pernegg wurde nach der Geraser Klostertradition im Jahr 1153 vom Pernegger Grafen Ulrich II. und seiner Gattin Euphemia von Peilenstein als Doppelkloster gegründet. Ein geplanter gemeinsamer Baukörper für beide Klöster in Pernegg wurde durch das Generalkapitel verboten, der Männerkonvent entstand daher in Geras. Am 23. 12. 1585 hörte das Frauenkloster auf zu existieren, zwischen 1644 und 1787 bestand ein selbständiges Chorherrenstift.

In den Jahren 1994–1996 fanden, ausgelöst durch massive Adaptierungs- und Neubautätigkeit, bauarchäologische Untersuchungen im Kloster Pernegg statt.

Dabei konnte die Baugeschichte des Klosters detailliert erschlossen werden. Einer ersten vorklösterlichen Bauphase waren die Überreste eines Wirtschaftshofes der Burg von Pernegg, die heute noch als Ruine in der Landschaft erkennbar ist, zuzuordnen.

Das Kloster des 12. Jahrhunderts konnte in seiner gesamten Ausdehnung erschlossen werden, es war als dreiflügelige Anlage konzipiert. Der Nordabschluss wurde durch eine in den Hang gesetzte Mauer gebildet, die sowohl mit dem Ost- als auch mit dem Westtrakt verbunden war. In der Nordostecke des Klosters stand ein Sakralbau mit rechteckigem Langhaus (11 × 4,5 m) und Apsis, der aus der Fassade des Osttraktes herausragte, möglicherweise der erste Vorgängerbau der später nördlich des Klosters liegenden Kirche. Der Ost- und Südtrakt waren L-förmig miteinander verbunden, die Verbindung zwischen Süd- und Westtrakt war nur über die hofseitige Mauer gegeben. Dadurch entstand in der Südwestecke des Klosters ein kleiner Freiplatz, in den ein Zisternenzulauf und später auch eine Latrine eingebaut wurden.

Im Spätmittelalter wurde das Kloster erweitert und mit einer Wehrmauer umgeben. Weitere Um- und Ausbauphasen sind der Zeit zwischen 1630 und 1700 zuzurechnen, in der das Kloster seine heutige Gestalt erhielt.

4.13.1 Stift Pernegg vor der Aufhebung

Aquarellierte Zeichnung des Prämonstratenser Chorherrenstiftes vor der Aufhebung 1783
Pfarrchronik Eibenstein
Siehe einleitenden Beitrag Ch. Farka, Abb. 34.

4.13.2 Plan der Klosteranlage

Plan: ASINOE

Die Grabungsflächen sind farbig hinterlegt.

4.13.3 Dreidimensionale Rekonstruktion der Klosteranlage des 12. Jahrhunderts

Plan: ASINOE
Siehe einleitenden Beitrag Ch. Farka, Abb. 35.

4.13.4 Südöstlicher Wehrturm

Foto: ASINOE

4.13.5 Blick in den westlichen Kreuzgang

Foto: ASINOE
Siehe einleitenden Beitrag Ch. Farka, Abb. 36.

4.13.6 Freilegung der Zisterne im Kreuzganghof

Foto: ASINOE

M. Kr.

4.14 Tulln

Die Stadt Tulln an der Donau wird seit Jahren von der Abteilung für Bodendenkmale des Bundesdenkmal-

Kat. Nr. 4.13.2

amtes als Musterbeispiel für stadtarchäologische Untersuchungen intensiv betreut. So gelang es, neben unterschiedlichsten Arbeiten zum römischen Tulln (Comagena) und zur mittelalterlichen Stadtentwicklung in allen vier Klöstern innerhalb der spätmittelalterlichen Stadtmauer archäologische Untersuchungen durchzuführen: Das Minoritenkloster liegt in der NW-Ecke der Stadt, das Kapuzinerkloster in der SW-Ecke und das Dominikanerinnen- und Dominikanerkloster im Nordostteil der Stadt (siehe den Beitrag Ch. Farka, Abb. 40).

Tulln, Minoritenkloster

In der Ordenschronik der Minoriten wird das Gründungsdatum mit dem Jahr 1225 angegeben, die erste überlieferte Urkunde stammt allerdings erst aus dem Jahr 1328. Das Kloster wurde formell 1807 geschlossen, die Gebäude wurden danach als Pionierkorpsschule verwendet.

Im Hochmittelalter lag das Grundstück innerhalb des nordwestlichen Stadtgebietes.

Aus der Gründungszeit des Klosters ließen sich das romanische Chorquadrat der Kirche und ein Teil des Osttraktes ergraben. Historisch und archäologisch ist ein massiver Umbau des Klosters unter Einbeziehung älterer Baukörper in der Mitte des 15. Jahrhunderts nachweisbar. Aus dieser Bauphase stammt ein polygonaler Chor, der heute im Gebäude der Tullner Museen zu besichtigen ist. In der Mitte des Chorquadrates konnte eine aus Steinplatten gesetzte Gruft freigelegt werden, aus der das Bleisiegel einer Bulle von Papst Bonifaz IX. (1389–1404) geborgen wurde, einer der bedeutendsten Funde der Grabungen in diesem Kloster.

Für die Wirtschaftsgeschichte interessant war die Auffindung eines mittelalterlichen Ziegelofens nordöstlich des Klosters. Weiters konnten eine Reihe von Umbauphasen aus barocker und nachbarocker Zeit dokumentiert werden.

Tulln, Dominikanerinnen- und Dominikanerkloster

König Rudolf I. gründete das Kloster 1280 zum Dank für den Sieg über seinen Gegner Ottokar von Böhmen 1278 und besiedelte es mit Nonnen aus Laa an der Thaya. 1280 erfolgte in Anwesenheit des Königs die Grundsteinlegung für die dreischiffige, saalartige Hallenkirche mit geradem Chorabschluss, die für die weitere Bautätigkeit in den habsburgischen Ländern vorbildlich werden sollte.

Neben dem Frauenstift wurde ein eigenes, nördlich liegendes Dominikanerkloster gegründet, das für die Seelsorge der Nonnen zuständig war.

Bedingt durch die königliche Gründung stand das Frauenkloster in sehr hohem Ansehen.

Nach 1562 fand das Dominikanerkloster sein Ende, 1785 erlitt der Frauenkonvent das gleiche Schicksal. 1825 wurden der größte Teil des Klosters und die Kirche abgebrochen.

Seit 1997 werden in beiden Klöstern großflächige archäologische Grabungen durchgeführt, da das ehemalige Parkareal durch Wohnhausanlagen verbaut wird.

Neben der Freilegung diverser Baureste des römischen Lagers Comagena gelang es, die Unterkirche des Frauenkonventes, die Grundrissgestalt der Klosterkirche, Teile des Kreuzganges und die westlich anschließenden Baukörper zu untersuchen.

Die Auffindung einer großen Anzahl sekundär verlegter Bodenfliesen mit figuraler Verzierung, die sich als Teil der Erstausstattung der Klosterkirche identifizieren lassen, gehört mit zu den bedeutendsten Ergebnissen der Untersuchungen.

Vom Männerkonvent, dem Dominikanerkloster, konnten Reste des Chores der Klosterkirche, der Kreuzgang und anliegende Baukörper freigelegt werden. Eine nahezu vollständig erhaltene Unterbodenheizung, die in der 2. Hälfte des 15. Jahrhunderts aufgegeben wurde, war mit Gerätschaften des täglichen Gebrauches und Resten von Kachelöfen verfüllt und damit eine Fundgrube für die Archäologie.

4.14.1 Ansicht der Stadt Tulln von Norden

„Atlas du Cours du Danube. . ." von Francois Nicolas de Sparr, 1751
Kriegsarchiv Wien
Reproduktion: F. Leuthner, Wien
Siehe einleitenden Beitrag Ch. Farka, Abb. 39.

4.14.2 Luftbild von Tulln

Z280291, Freigabe BMfLV, 33.152/169–5.11/91
Grafik: ASINOE
Siehe einleitenden Beitrag Ch. Farka, Abb. 40.

Auf dem Luftbild sind das römische Lager (gelb), die mittelalterliche Stadtmauer (blau) und die Klosteranlagen (rot) eingetragen.

4.14.3 Das Tullner Minoritenkloster während der Grabung

Grafik: ASINOE

Auf dem Luftbild ist die aufgedeckte Grabungsfläche im Hof des ehemaligen Minoritenklosters zu sehen. Farbig hinterlegt ist die Gesamtausdehnung der archäologischen Grabungen.

4.14.4 Grabungsplan Minoritenkloster

Plan: ASINOE

4.14.5 Überblick zur Grabungsfläche Tulln Minoritenkloster

Foto: ASINOE

4.14.6 Polygonaler Chor mit Steingruft

Foto: ASINOE

4.14.7 Dokumentationsarbeiten am polygonalen Chor

Foto: ASINOE

In der Grabungsfläche sind Reste von römischen Holzbauten erkennbar, die sich als dunkle Verfärbungen abzeichnen.

4.14.8 Reste eines Ziegelofen

Foto: ASINOE

Nordöstlich des Klosters konnte ein mittelalterlicher Ziegelofen aufgedeckt werden.

4.14.9 Das Dominikanerinnen- und Dominikanerkloster als schematische Rekonstruktion

Dominikanerkloster nach Grabungsbefund (blau), Dominikanerinnen nach Bauaufnahme der k. k. Pionierschule, Mitte 19. Jahrhundert (rot)
Grafik: ASINOE
Siehe einleitenden Beitrag Ch. Farka, Abb. 41.

4.14.10 Grabungsplan Dominikanerinnen- und Dominikanerkloster

Plan: ASINOE

4.14.11 Vogelschauplan des Klosters

Nach 1760
Ausschnitt aus einem anonymen Ölbild im Pfarrhof Tulln, nach 1760
Reproduktion: Foto Schwarzenegger, Tulln
Siehe einleitenden Beitrag Ch. Farka, Abb. 42.

4.14.12 Blick in die Unterkirche des Dominikanerinnenklosters

Foto: ASINOE

4.14.13 Noch bestehende Reste des Dominikanerinnenklosters

Foto: ASINOE

Die Aufnahme zeigt das Areal während der Bauarbeiten.

Kat. Nr. 4.14.7

4.14.14 Kopf eines Bischofs mit Resten der Farbfassung

Um 1290
Sandstein, Höhe 32 cm
Stadt- und Bezirksmuseum Tulln, Inv. Nr. 3412

Der Bischofskopf mit Resten der farbigen Fassung ist der letzte Überrest von vermutlich sechs Statuen, die an den Pfeilern in der Dominikanerinnenkirche angebracht waren. Das Aussehen von den vier Skulpturen der Stifterfamilie ist durch Kupferstiche aus dem 18. Jahrhundert überliefert.

4.14.15 Habsburgerskulpturen aus der ehemaligen Dominikanerinnenkirche Tulln

Kupferstiche aus: Marquard Herrgott, Monumenta Augustae Domus Austriacae, tom. III/1: Pinacotheca Principum Austriae, Freiburg im Breisgau 1760, Tab. XIV, 1; Tab. XVI, 1; Tab. XVII, 1 und 4.
Österr. Nationalbibliothek Wien

In Marquard Herrgotts Werk „*Monumenta Augustae Domus Austriacae*“ sind die Skulpturen von König Rudolf I. und seiner Gemahlin Gertrud-Anna sowie deren Sohn Herzog Albrecht I. und Gattin Elisabeth abgebildet. Die lebensgroßen, auf kleinen Konsolen stehenden Skulpturen der Stifterfamilie waren vermutlich an den östlichsten Pfeilern im Presbyterium angebracht.

4.14.16 Bleisiegel einer Bulle von Papst Bonifaz IX. (1389–1404)

Foto: G. Gattinger

Das Siegel zeigt auf der Vorderseite die Portraitdarstellungen der hll. Petrus und Paulus und deren Namen in Abkürzung (SPA. SPE). Auf der Rückseite die Namensinschrift des Papstes Bonifaz IX. (BONIFATIUS PP VIIII)

Literatur:
Tullner Museen im Minoritenkloster, Katalog zur Schausammlung, 29 mit Abb. 10 a und b

M. Ka. und M. Kr.

4.15 Graz – Leechkirche, Deutschordenskommende

Die Grazer Leechkirche wurde dem Deutschen Ritterorden im Jahre 1233 von Herzog Friedrich II., dem Streitbaren, geschenkt und war der Mittelpunkt der Grazer Deutschordenskommende.

Die Generalrestaurierung der Leechkirche bot den Rahmen für archäologische Ausgrabungen in den Jahren 1991 und 1992.

Auf einem urnenfelderzeitlichen Bestattungsplatz wurde im 7. Jahrhundert v. Chr. ein hallstattzeitlicher Grabhügel errichtet. Über der zentralen Hauptbestattung, die spätestens im Hochmittelalter beraubt worden war, wurde ein dachartiger Rollsteinhaufen errichtet

Kat. Nr. 4.14.16

und anschließend ein Sandhügel mit 8–9 m Durchmesser aufgeschüttet.

Über einem ersten Rundbau möglicherweise des 11. Jahrhunderts, der nur fragmentarisch in den Fundamenten erhalten blieb, ließ Herzog Leopold VI. frühestens ab 1202 die spätromanische Kunigundenkapelle erbauen. An den Rundbau ist im Osten eine fast 3/4-kreisförmige Apsis und im Westen ein rechteckiger Vorbau für das Stufenportal angefügt. Diese Kirche schenkte Herzog Friedrich II. 1233 dem Deutschen Ritterorden.

Nach der Zerstörung der Kunigundenkapelle etwa in der Mitte des 13. Jahrhunderts entschloss sich der Orden zu einem Neubau in gotischen Formen, der 1293 vollendet war.

M. Ka.

4.15.1 Ansicht der Leechkirche

Kupferstich von Georg Matthäus Vischer, Topographia Ducatus Stiriae, 1681
Siehe einleitenden Beitrag Ch. Farka, Abb. 6.

4.15.2 Schematisierter Phasenplan der Ausgrabungen

Ausführung: Bundesdenkmalamt, M. Lehner; vereinfachte Grafik: P. Seeberg
Siehe einleitenden Beitrag Ch. Farka, Abb. 7.

4.15.3 Axonometrische Darstellung der romanischen Rundkirche St. Kunigunde

Anfang 13. Jahrhundert
Entwurf: J. Fiedler-Tornquist, Grafik P. Seeberg

Die bald nach 1200 errichtete Kirche wurde auf gegebenem Grundriss nach erhaltenen Vergleichsbeispielen rekonstruiert (Petronell, Almenno San Bartolomeo). Gesichert erscheinen der Rundbogenfries und die Ausformung des Portals. Den Baukörper gliedernde Halbsäulen und eine profilierte Sockelzone sind wohl anzunehmen; Größe und Lage der Fensteröffnungen sind ungewiss. Im Zuge der romanischen Bautätigkeit wurde der Leechhügel auf seinen heutigen Umfang vergrößert und mit einer Umfassungsmauer umgeben.

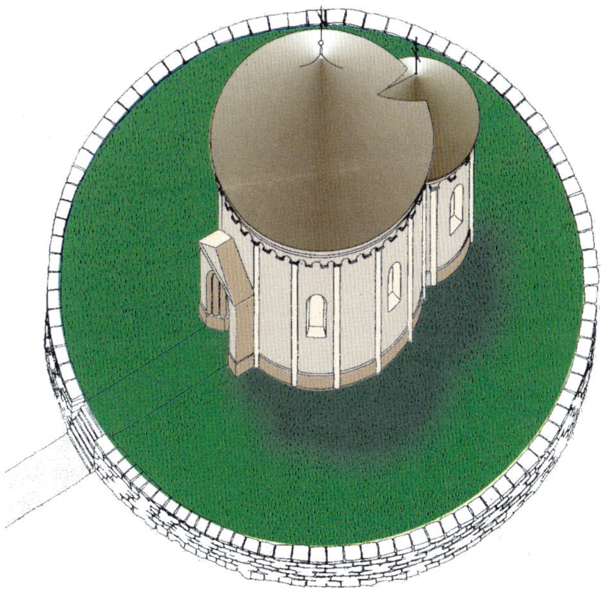

Kat. Nr. 4.15.3

4.15.4 Axonometrische Darstellung der gotischen Kirche

Entwurf: J. Fiedler-Tornquis ; Grafik: F. Siegmeth

Die Zeichnung zeigt den heutigen Bauzustand. Ungewiss ist, ob am ursprünglichen Bau des späten 13. Jahrhunderts schon mit einer Doppelturmfassade zu rechnen ist. Die Nutzung der Hügelfläche als Friedhof setzt nach den bisherigen Erkenntnissen erst im 16. Jahrhundert ein.

4.15.5 Die Apsis der romanischen Kunigundenkirche

Foto: Bundesdenkmalamt Graz

4.15.6 Rundbogenfries

13. Jahrhundert
Höhe 40 cm, Breite 49 cm, Tiefe 22 cm
Graz, Bundesdenkmalamt, FNr. GLK381

Die Spolie wurde im Fundament des gotischen 5/8–Schlusses angetroffen. Der Block saß ursprünglich unter der Dachtraufe der romanischen Apsis. Über der stark profilierten Archivolte sitzt das typische, hier jedoch ungewöhnlich flach und kleingliedrig ausgeführte Deutsche Band, das eine weitere, an einem eigenen Block gearbeitete Ornamentzone darüber vermuten lässt, von der jedoch nichts erhalten ist. An der Unterseite des Steines ist die leicht gekurvte Hilfslinie des Steinmetzen zur Versetzung des Stückes am Bau gut zu erkennen. Die Profilierung des Bogens zeigt große Ähnlichkeit mit den Rundbogenfriesen der romanischen Apsiden von Gurk und St. Paul in Kärnten, beide sind zwischen 1200 und 1220 zu datieren.

M. Le.

Kat. Nr. 4.15.6

5. Die Klöster als Sammler

Ausgesuchte Fundobjekte aus der urgeschichtlichen Sammlung des Stiftes Herzogenburg

Stellvertretend für die Aktivitäten von Mitgliedern von Klöstern auf dem Gebiete der archäologischen Forschung sollen im Rahmen der Ausstellung einige Funde beziehungsweise Fundkomplexe aus der vom späteren Propst Georg III. Baumgartner begründeten und vor allem durch Josef Bayer und Propst Georg IV. Hahnl bereicherten urgeschichtlichen Sammlung des Stiftes Herzogenburg gezeigt werden. Ausgewählt wurden dabei Gegenstände mit Bezug zum historischen Werden der Sammlung, so ein amphorenartiges Gefäß der jungneolithischen Badener Kultur vom Hohen Kölbling (Herzogenburg), das auf dem etwa lebensgroßen Porträtbildnis von Georg IV. Hahnl in der Prälatur des Stiftes Herzogenburg abgebildet ist, oder auch der frühbronzezeitliche Keramikdepotfund von Unterwinden aus dem Jahr 1937, der sich auf demselben Gemälde wieder findet. Zuletzt wurden noch charakteristische Gefäße aus dem hallstattzeitlichen Gräberfeld von Statzendorf, das teilweise parallel von Abt Adalbert Dungel von Stift Göttweig und von Josef Bayer, Prähistoriker der Prähistorischen Abteilung des nunmehrigen Naturhistorischen Museums Wien, ausgegraben wurde, herangezogen. Die hier gezeigten Objekte dieser bedeutenden Nekropole der Hallstattkultur stammen aus den Untersuchungen J. Bayers aus den Jahren 1903–1906, die testamentarisch dem Stifte zur Verwahrung überlassen wurden.

Vergleiche dazu den einleitenden Beitrag von J.-W. Neugebauer und F. Preinfalk.

Literatur:

G. Hahnl, Die urgeschichtliche Sammlung im Stifte Herzogenburg, in: H. L. Werneck, Heimatbuch der Stadt Herzogenburg, Niederösterreich, Band I: Siedlungskunde und Siedlungsgeschichte, Herzogenburg 1961, 93.

A. Lippert, Eine frühbronzezeitliche Töpfergrube in Unterwinden bei St. Andrä an der Traisen, p. B. St. Pölten, NÖ, Archaeologia Austriaca 36, 1964, 11 ff.

J.-W. Neugebauer, Archäologie in Niederösterreich – St. Pölten und das Traisental, St. Pölten–Wien 1993, 26.

5.1 Propst Georg IV. Hahnl

Gemälde in der Prälatur des Stiftes Herzogenburg von F. Trimmel
Foto: A. Schumacher
Siehe den Beitrag J.-W. Neugebauer und F. Preinfalk, Abb. 23

5.2 Georg Baumgartner

Kämmerer bei den Grabungen in der „Eisenbahnschottergrube" nächst der Station Getzersdorf 1899/1900
Foto: Historisches Museum der Stadt St. Pölten, Reproduktion A. Schumacher
Siehe den Beitrag J.-W. Neugebauer und F. Preinfalk, Abb. 21

5.3 Alte Aufstellung der Prähistorischen Sammlung des Stiftes Herzogenburg

Foto: Stiftsarchiv Herzogenburg, Reproduktion A. Schumacher
Siehe den Beitrag J.-W. Neugebauer und F. Preinfalk, Abb. 19

Im Vordergrund Funde des hallstattzeitlichen Gräberfeldes aus Statzendorf.

5.4 Lambert Karner

„Combinierte Schlupfgänge der Höhle zu Watzendorf in Nied.-Österr." Im rückwärtigen Gang Lambert Karner
Heliogravüre aus: L. Karner, Künstliche Höhlen aus Alter Zeit, Wien 1903, Tafel 1
Reproduktion A. Schumacher
Siehe den Beitrag J.-W. Neugebauer und F. Preinfalk, Abb. 30

5.5 Figural verzierte Bronzesitula

Foto: Prähistorische Abteilung des Naturhistorischen Museums Wien
Siehe den Beitrag J.-W. Neugebauer und F. Preinfalk, Abb. 27

Die Bronzesitula der Frühlatènekultur aus Grab 1 von Kuffern im alten Restaurationszustand.

5.6 Abt Adalbert Dungel, Stift Göttweig

Foto: Stiftsarchiv Göttweig, Reproduktion A. Schumacher
Siehe den Beitrag J.-W. Neugebauer und F. Preinfalk, Abb. 28

5.7 Amphorenartiges Gefäß

Jungneolithikum, Badener Kultur, 3900–2800 v. Chr.
Hellbrauner Ton, Höhe 46,5 cm.
Herzogenburg, Hoher Kölbling, Inv. Nr. 40

Gerader, leicht abgesetzter, leicht geschwungenkonisch steil aufsteigender Gefäßkörper, sanfter Bauch-Schulter-Übergang, Schulter-Hals-Umbruch leicht kehlig, Hals zylinderartig auslaufend, gerader Rand, von Schulter zu Bauch umlaufend drei breite Bandhenkel.

5.8 Unterwinden, Gefäßdepotfund

Frühbronzezeit, 2200–1600 v. Chr.

5.8.1 Topf

Rötlich brauner Ton, rekonstruierte Höhe 32 cm

Gerader, leicht abgesetzter Boden, leicht geschwungen-konisch aufsteigender Unterteil, flacher Bauch, Schulter kaum ausgeprägt, markanter Schulter-Hals-Umbruch, leicht ausladender Mundsaum, gerader Rand.

5.8.2 Henkeltopf

Graubrauner Ton, Höhe 25 cm

Gerader, deutlich abgesetzter Boden, konisch aufsteigender Unterteil, flacher Bauch, Schulter kaum ausgeprägt, markanter Schulter-Hals-Umbruch, ausladender Mundsaum, gerader, leicht unregelmäßiger Rand;

unterhalb des Mundsaumes kleine umlaufende Leiste, von Hals zu Schulter-Hals-Umbruch leicht eingesattelter Henkel, zu diesem kreuzständig am Umbruch drei Knubben.

5.8.3 Große Henkeltasse

Hellbrauner bis graubrauner Ton, Höhe 17,2 cm

Form wie Kat. Nr. 5.8.2.

5.8.4 Große Henkeltasse

Hellbrauner bis graubrauner Ton, Höhe 17,5 cm

Gerader Boden, geschwungener Gefäßunterteil, gerundeter Bauch, Schulter kaum ausgeprägt, markanter Schulter-Hals-Umbruch, eingezogener Hals, ausladender Mundsaum, gerader Rand; unter Mundsaum umlaufende Leiste, von Halsmitte zu Schulter-Hals-Umbruch leicht eingesattelter Henkel, zu diesem gegenständig eine Knubbe.

5.8.5 Kleine Henkeltasse

Rötlich brauner bis graubrauner Ton, Höhe 10,5 cm

Form wie Kat. Nr. 5.5.2.

5.8.6 Kleine Henkeltasse

Rötlich brauner Ton mit Schmauchflecken, Höhe 10,5 cm

Form wie Kat. Nr. 5.5.4.

5.8.7 Kleine Henkeltasse

Graubrauner bis rötlich brauner Ton, Höhe 9,0 cm

Form wie Kat. Nr. 5.5.4.

5.8.8 Kleine Henkeltasse

Graubrauner Ton, Höhe 8,5 cm

Form wie Kat. Nr. 5.5.4.

5.8.9 Kleine Henkeltasse

Graubrauner bis brauner Ton, Höhe 7,9 cm

Form wie Kat. Nr. 5.5.4.

5.8.10 Kleine Henkeltasse

Dunkelgraubrauner Ton, Höhe 8 cm

Form wie Kat. Nr. 5.5.4, nur anstelle der Knubbe eine kleine Einkerbung an leicht verdickter Stelle des Umbruches.

5.8.11 Kleine Henkeltasse

Dunkelgraubrauner Ton, Höhe 9 cm

Form wie Kat. Nr. 5.5.4, Gefäß leicht verzogen, unregelmäßig.

5.8.12 Kleine Henkeltasse

Graubrauner bis dunkelgraubrauner Ton, Höhe 7,6 cm

Form wie Kat. Nr. 5.5.4, nur sehr gedrungen-niedriger Gefäßkörper.

5.8.13 Kleine Henkeltasse

Brauner Ton, Höhe 8 cm

Form wie Kat. Nr. 5.8.4, nur sehr gedrungen-niedriger Gefäßkörper.

5.8.14 Kleine Henkeltasse

Hellbrauner bis graubrauner Ton, Höhe 7,9 cm

Form wie Kat. Nr. 5.5.2, eine Knubbe leicht versetzt, vom Henkel nur Ansatz erhalten.

5.8.15 Kleine Henkeltasse

Brauner bis graubrauner Ton, Höhe 8,8 cm

Gerader Boden, konischer Gefäßunterteil ohne Schulterausprägung mit sanftem Knick in leicht kehligen Hals übergehend, leicht ausladender Mundsaum, unregelmäßiger, leicht verzogener Rand; unterhalb des Mundsaumes stellenweise leichte Verdickungen, aber keine umlaufende Leiste, von Mitte des Halses bis zum Umbruch leicht eingezogener Henkel, zu diesem gegenständig kleine Knubbe mit Einkerbung.

5.8.16 Amphorenartiger Topf

Brauner bis graubrauner Ton (Schmauchflecken), Höhe 10,5 cm

Breiter, gerader Boden, konisch aufsteigender Gefäßkörper, kleine, flache Schulter, markanter Schulter-Hals-Umbruch, kehliger Hals, ausladender Mundsaum, unregelmäßiger Rand; auf Schulter gegenständig zwei kleine Ösenhenkel.

5.8.17 Napf

Brauner bis graubrauner Ton, Höhe 6,1–6,4 cm

Gerader Boden, leicht konischer Gefäßkörper, unregelmäßiger Rand.

5.9 Statzendorf, Gräberfeld

Hallstattkultur, 750–450 v. Chr.

5.9.1 Kegelhalsgefäß

Grab B 73 a
Graubrauner Ton, Höhe 36,2 cm

Gerader, abgesetzter Boden, geschwungener, breit konisch aufsteigender Gefäßunterteil, gewölbter Bauch, kaum ausgeprägte, flache Schulter, markanter Schulter-Hals-Umbruch, konisch, leicht geschwungener Hals, flach ausladender Mundsaum, gerader Rand; auf Bauch und Schulter alternierend je zwei Z beziehungsweise S schräg laufende Bänder aus fünf bis sechs Ritzlinien, am Hals stehende Winkel aus Bändern mit fünf bis acht Ritzlinien, alle Ritzlinienbänder unregelmäßig ausgeführt.

5.9.2 Kragenrandgefäß

Grab B 73 b
Höhe 12,5–13,5 cm

Gerader Boden, eiförmig gedrungener Gefäßkörper, kurze, stark gewölbte Schulter, leicht unregelmäßiger Kragenrand; im unteren Bereich des Gefäßkörpers umlaufendes Grafitband, Kragenrand innen und außen grafitiert.

5.9.3 Kalenderberg-Henkeltasse

Grab B 73 c
Dunkelgraubrauner Ton, Höhe 9,5 cm

Gerader, leicht abgesetzter Boden, konisch aufsteigender Gefäßkörper, flacher Bauch-Schulter-Übergang, kaum ausgeprägte Schulter, deutlicher Schulter-Hals-Umbruch, leicht kehliger Hals, schwach ausladender, fast kragenartiger Mundsaum, leicht unregelmäßiger Rand; von Rand auf Schulter überrandständiger Henkel; Schulter und Bauch mit drei umlaufenden Girlanden-Bändern aus je vier und fünf gekerbten Rillen verziert, Flächen dazwischen mit runden Knubben ausgefüllt.

5.9.4 Kegelhalsgefäß mit Kragenrand

Grab B 73 d
Ton, rot-schwarz bemalt, Höhe 19,8–21,5 cm

Gerader, leicht eingezogener, abgesetzter Boden, eiförmig gedrungener Gefäßkörper, markanter Schulter-Hals-Umbruch, kurzer, konischer Hals, unregelmäßiger Kragenrand; im unteren Bereich des Gefäßkörpers umlaufendes grau-schwarzes Grafitband, Hals und Kragenrand innen und außen grafitiert, Gefäßkörper rot bemalt mit Grafitmuster auf Bauch-Schulter: regelmäßiges Zick-Zack-Band mit vier Grafitlinien, teilweise Vorritzungen erkennbar.

5.9.5 Kalenderberg-Henkeltasse

Grab B 73 e
Dunkelgraubrauner Ton, Höhe: 6,9–8 cm

Form wie Kat. Nr. 5.9.3. Verzierung: Umlaufend drei Girlanden-Bänder aus je sechs bis sieben gekerbten Rillen, der Bereich unterhalb des Henkels ist mit sieben waagrechten gekerbten Rillen verziert.

5.9.6 Rippenziste mit Abdeckung

Grab 122 a
Graubrauner Ton, Höhe mit Fortsätzen etwa 10 cm, Durchmesser der Abdeckung 15,5–15,7 cm

Gerader, leicht eingezogener Boden, zylindrischer Gefäßkörper mit drei umlaufenden Leisten (Rippen), am unregelmäßigen Rand gegenständig zwei rechteckige hochgezogene Fortsätze zum Einrasten für die Abdeckung. Als Abdeckung eine kreisrunde Scheibe mit zwei gegenständigen schmal-rechteckigen Aussparungen für die hochgezogenen Fortsätze der Ziste. Am Gefäß unterhalb des Randes innerhalb von zwei parallelen, umlaufenden schnurabdruckartigen Linien doppeltes Zick-Zack-Band mit gleicher Schnurverzierung, dazwischen hängende Dreiecke aus Schnurabdrücken; auf dem Deckel oben umlaufend ein Band aus zwei Linien, dazwischen doppelte Zick-Zack-Bänder aus Schnurabdrücken.

5.9.7 Drillingsgefäß

Grab 102 b
Dunkel-graubrauner Ton, Höhe 6,4–7 cm

Sehr hoher glockenförmiger Hohlfuß, auf diesen aufgesetzt drei verbundene, nicht kommunizierende, eiförmige Miniaturgefäße mit Kragenrand.

5.9.8 Pokalartiges Fußgefäß

Grab 87
Grauer Ton, Höhe 14–15,2 cm

Kleiner, kehlig abgesetzter Fuß mit eingezogenem Boden, steil konische Gefäßwand, flacher Bauch, kaum ausgeprägte Schulter, kurzer, leicht kehliger Hals (fast kragenartig), gerader Mundsaum, schräger Rand; vom Rand auf Schulter überrandständiger Henkel, auf Schulter und Bauch zusammenhängende, umlaufende Rauten aus Ritzlinien, gefüllt mit dreieckigen Einstichen, in den Dreiecken über den Rauten ebenfalls Einstiche; in den Ritzlinien und Einstichen noch Reste einer weißen Inkrustierung erhalten.

5.9.9 Sauggefäß

Grab 12 a
Ton, rot-schwarz bemalt, Höhe 7,9–8,5 cm

Grundform eines Miniatur-Kegelhalsgefäßes, gerader Boden, eiförmiger Gefäßkörper, markanter Schulter-Hals-Umbruch, kurzer, konischer Hals, leicht ausladender Mundsaum, schräger Rand, auf einer Gefäßseite nach oben geschwungener, sich verjüngender, tüllenförmiger Ausguss (Saugstutzen); Unterteil des Gefäßes mit umlaufendem Grafitband und darauf gesetzten, stehenden, Grafitdreiecken verziert, Kragenrand innen und außen grafitiert, Bereich dazwischen rote bemalt, darauf umlaufendes Band aus je zwei ineinandergestellten Rauten aus Grafitlinien, dazwischen oben jeweils hängende Winkel aus Grafitlinien.

J. Ne. und F. Pr.

6. Die barocke Veitskapelle

Die von Joseph Munggenast umgestaltete Veitskapelle wurde um 1740 von Johann Michael Flor, einem Ravelsbacher Stukkateur, der schließlich in der Altenburger Stiftsbibliothek sein Hauptwerk schuf, durch ornamentalen und figuralen Stuck ausgestattet. Eine Beweinung Christi mit Maria, Maria Magdalena neben einem Engel und dem Lieblingsjünger Johannes steht als plastische Gruppe über der Altarmensa. Der Leichnam Christi liegt auf einem Sarkophag in der Mitte. Seitlich an den Wänden erscheinen zwei kniende Engel auf Voluten in trauernder Anbetung. Über dem Baldachin mit dem Auge Gottes, der von Putten gehalten wird, steht das apokalyptische Lamm auf dem Buch mit den sieben Siegeln. Im Gurtbogen sind, in der Art von Trophäen angeordnet, die Leidenswerkzeuge Christi zu sehen, und im Mittelabschnitt des tonnengewölbten Raumes erscheint ein Kelch mit Hostie als Symbol des ewigen Lebens. Über den seitlichen Eingängen ist jeweils ein Totenschädel auf gebrochenen, erloschenen Kerzen und Musikinstrumenten gesetzt, während in der Lünette der Rückwand ein schlafender Putto zwischen Attributen der geistlichen und der weltlichen Macht erscheint. Das Stuckprogramm als „memento mori" bildet ein Pendant zum Programm der grotesk ausgestatteten Krypta des Klosters.

6.1 Kreuzreliquiar

Österreich, um 1780
Zinn, versilbert und vergoldet, mit Reliquienmedaillons besetzt, auf Eisengerüst montiert, Höhe 80 cm, Breite 85 cm

Kat. Nr. 6.1

Trapezförmiger Sockel mit eingezogenen Ecken und fünf Reliquienmedaillons, darauf ein Untersatz aus drei Voluten mit einem Medaillon für das Kreuz mit stark bewegtem Corpus und zehn Reliquienmedaillons. Zu Seiten des Kreuzes je ein geschwungenes Akanthusblatt, an dem je ein vasenartiges Ornament aus Blech mit je sieben Reliquienmedaillons angeschnitten ist. Louisseize-Ornamentik.

Literatur:
H. Tietze, Die Denkmale des politischen Bezirkes Horn, Österr. Kunsttopographie 5, Wien 1911, 287, Fig. 309.
G. Egger und H. Egger, Schatzkammer in der Prälatur des Stiftes Altenburg, Schriften der Bibliothek des Österr. Museums für angewandte Kunst 19, Wien 1979, 21, Nr. 29.

6.2 Kastenreliquiar

Italien, um 1770
Holz, vergoldet und Applikationsstickerei, Höhe 185 cm, Breite 124 cm

Rechteckiger, vergoldeter Holzrahmen mit Rocaillen und Blumenranken; die Reliquien in vergoldeten, gestickten Tafeln von künstlichen Blumen umgeben, mit Flussperlen und Halbedelsteinen besetzt.

Durch die Vermittlung des Benediktiners Bonifaz Braunsmandel in den Jahren 1770 – 1773 nach Altenburg gebracht. Ausstellung der Reliquienurkunden in Rom, 1769. In Altenburg ab 1776 nachweisbar. Die heutige Anordnung entspricht nicht in allen Punkten dem Plan des Pater Bonifaz Braunsmandel.

Literatur:
Österr. Kunsttopographie 5, 1911, 287.
G. und H. Egger, Schatzkammer 1979, 22, Nr. 30.

6.3 Skizze für das Kastenreliquiar

Wohl Altenburg, 1776
Federzeichnung, 35 × 23 cm, teilweise Bleistiftvorzeichnung sichtbar

Topografische Aufzeichnung über die Anordnung der Reliquien im Kastenreliquiar.

Literatur:
G. und H. Egger, Schatzkammer 1979, 22, Nr. 31.

Elenchus SS. Reliquiarum quae in imagine magna reservantur
Schreiben des P. Bonifacius vom 30. Jänner 1776
Transkription der auf der Zeichnung angegebenen Nummern:

1. S. Crucis D. N. J. Chr.
2. S. Petri
3. S. Pauli
4. S. Andreae
5. S. Jacobi Majoris
6. S. Joanis (de veste)
7. S. Thomae
8. S. Jacobi Minoris
9. S. Philippi
10. S. Bartholomaei
11. S. Matthaei
12. S. Mathiae
13. S. Barnabae

Ex ossibus SS. Evangelistarum:
14. S. Marci
15. S. Lucae

Ex ossibus variorum Sanctorum:
16. S. Augustini Eccl. Doct.
17. S. Viti Mart.
18. S. P. N. Benedicti Abbatis
19. S. Scholasticae Virg. Sor. S.P.N.B.
20. S. Floriani Marti
21. S. Monicae, Matris S. August.
22. S. Barbarae, Virg. et Mart.
23. S. Josephi Cupertini
24. S. Julii, Pueri Mart.
25. S. Catharinae Virg. et Mai
26. S. Hilarionis, Abbatis
Es ossibus majoribus Sanctorum mart.:
SS. Lucii, Humiliati, Patientis, Venerandi
SS. Generosi, Urbani, Irenei et Amandi

Literatur:
G. und H. Egger, Schatzkammer 1979, 22, Nr. 32.

6.4 Kastenreliquiar

Österreich, um 1760
Holz, Golddraht, Flussperlen, Seide, 39 × 59 × 21 cm

Im Kasten ein mit Golddrahtornamenten besticktes Seidenkissen für die Oberschenkelknochen des hl. Desiderius und Papst Pius. Inschrift: „Crus S. Desiderij Mart. – Crus S. Pij Papae et Mar.“ Da in den Katakomben in Rom viele Gräber, vor allem von bedeutenden Märtyrern und frühen Päpsten, beschriftet waren, besteht die hohe Wahrscheinlichkeit, dass die Mehrzahl der heutigen Beschriftungen stimmt. Um den verglasten Kasten ein reich geschnitzter vergoldeter Rokokorahmen.

Literatur:
Wallfahrten in Niederösterreich, Katalog der Ausstellung in Stift Altenburg vom 4. 5. – 7. 10. 1985 (bearb. von H. Egger), 95, Nr. 75.
A. Groiß OSB und M. Lux (Hrg.), Der Maler des Himmels. Paul Trogers apokalyptische Inszenierungen im Stift Altenburg, Katalog zur Sonderausstellung, Thaur 1998, 81, Nr. 85.

6.5 Zwei Altar-Reliquiare

18. Jahrhundert, restauriert 1996
„Annahand“ und „Hl. Nagel“
Ursprünglicher Aufstellungsort unbekannt, jetzt Stiftsarchiv Altenburg

6.6 Drei barocke Reliquiare in Pyramidenform

18. Jahrhundert, restauriert 1999
Pyramide jeweils 21 × 11 × 71 cm
Quaderförmiger Unterbau jeweils 23 × 12 × 12 cm
Reliquien von verschiedenen Katakombenheiligen (Märtyrer) und Wachsmedaillons in Klosterarbeiten
Ursprünglicher Aufstellungsort unbekannt, jetzt Stiftsarchiv Altenburg

6.7 Reliquiar in Pyramidenform

17. Jahrhundert, restauriert 1995
Pyramide 26 × 22 × 43 cm, Unterbau 27 × 23 × 15 cm
Hl. Candidus
Klosterarbeiten
Ursprünglicher Aufstellungsort unbekannt, jetzt Stiftsarchiv Altenburg

H. Eg. und A. Gr.

7. Die mittelalterliche Veitskapelle

Die ersten urkundlichen Erwähnungen der Veitskapelle im Stift Altenburg fallen in die Zeit um 1265. Aus der Ablassurkunde des Altenburger Abtes Ulrich erfahren wir, dass es zu dieser Zeit bereits eine Veitskapelle gab, welche an Mauern und Dächern Verfallserscheinungen zeigte. In der Urkunde wird die Kapelle als adelige Grablege ausgewiesen.

Die in der Tradition des Stiftes überlieferte Vorstellung, dass die Veitskapelle bereits von den Stiftern des Klosters, Hildburg von Poigen und ihrem Sohn Hermann, errichtet worden war, konnte bis jetzt nicht bestätigt werden. Mit einer frühen Errichtung der Kapelle wird der quadratische Gruftraum unter dem mittelalterlichen Hauptaltar, möglicherweise als Chorquadrat oder Ossarium einer älteren Kapelle, in Verbindung gebracht.

1308 erfolgte eine tief greifende Umgestaltung der Kapelle. Sie wurde unter Hademar III. von Sunnberg zu einer Spitalskapelle für das neu errichtete Hospital umgebaut. Schon 1303 wurde die zweite Frau Hademars in der noch heute sichtbaren Gruft vor dem Hauptaltar beigesetzt.

Das Spital musste zwar in den ersten Jahrzehnten des 15. Jahrhunderts wegen wirtschaftlicher Schwierigkeiten aufgelöst werden, die Kapelle aber und die anschließenden Trakte wurden auch nach der Zerstörung durch die Hussiten wieder aufgebaut und überstanden auch die weitläufige Umgestaltung der Barock-Baumeister des 17. Jahrhunderts. Unter Abt Placidus Much erfuhr die Veitskapelle durch Josef Munggenast ihren letzten Umbau. Das Polygon des Chores wurde in den oberen Bereichen abgetragen und in den barocken Neubau miteinbezogen. Die mittelalterliche Veitskapelle existiert seit damals – verursacht durch die gewaltigen Aufschüttungen – nur mehr als Kellergeschoss der heutigen Veitskapelle. Der quadratische Gruftraum und die Kapelle wurden ab dieser Zeit als Bestattungsraum für die Konventualen genutzt.

Seit 1993/94 steht die Veitskapelle im Blickpunkt des archäologischen Interesses. Der nur mehr teilweise erhaltene spätmittelalterliche/frühneuzeitliche Fliesenboden wurde gesäubert und dokumentiert. Dabei gelang es, eine größere Anzahl figural verzierter Bodenfliesen in sekundärer Verwendung, teilweise auch in den Mauern einer Wendeltreppe verbaut, aufzufinden. Nach Abhub des jüngeren Fliesenbodens zeigten sich Reste des originalen Belages östlich des Emporenpfeilers. Sechs verzierte und eine Reihe unverzierter Fliesen konnten in situ beobachtet werden. Dieser Befund datiert den originalen, teilweise mit figuralen Mustern geschmückten Boden in die Zeit des Umbaues zur Spitalskapelle um 1308. Bei weiteren Freilegungsarbeiten konnten barocke Gräber und Grabschmuck (Grabkreuze, Rosenkränze, Totenbildchen) beobachtet werden.

Literatur:

G. Schweighofer, Die Veitskapelle, in: Katalog Groteskes Barock, Kataloge des NÖ Landesmuseums, N. F. 62, Wien 1975, 62.

G. Seebach, Zur Baugeschichte des Stiftes Altenburg, in: H. Egger u. a., Stift Altenburg und seine Kunstschätze, St. Pölten und Wien 1981, 49–52.

G. Blaschitz und M. Krenn, Bodenfliesen als Ornament und Symbol, Fundberichte aus Österreich 33, 1994, 81–108.

7.1 Grundriss und Schnitt durch die mittelalterliche Veitskapelle

Nach G. Seebach
Umzeichnung: ASINOE

7.2 Grabungsplan der Veitskapelle, jüngerer Fliesenboden

Nach G. Seebach
Umzeichnung: ASINOE

7.3 Stifterdarstellung

Altenburg 1681
Rotelbuch B
Tempera auf Pergament, Goldrahmen, 20 × 16,5 cm
Stiftsarchiv AB 7 D 30
Foto: Stiftsarchiv Altenburg

Hildburg von Poigen und ihr Sohn Hermann mit den Modellen der Kirche und der Veitskapelle.

7.4 „St. Stephanus Martyr, St. Vitus Martyr"

Altenburg 1681
Rotelbuch B
Tempera auf Pergament, Goldrahmen, 20 × 16,5 cm
Stiftsarchiv AB 7 D 30
Foto: Stiftsarchiv Altenburg

Hinter dem 2. und 3. Klosterpatron von Altenburg eine Stiftsansicht von Norden her.

Literatur:

G. Egger und H. Egger, Schatzkammer in der Prälatur des Stiftes Altenburg, Schriften der Bibliothek des

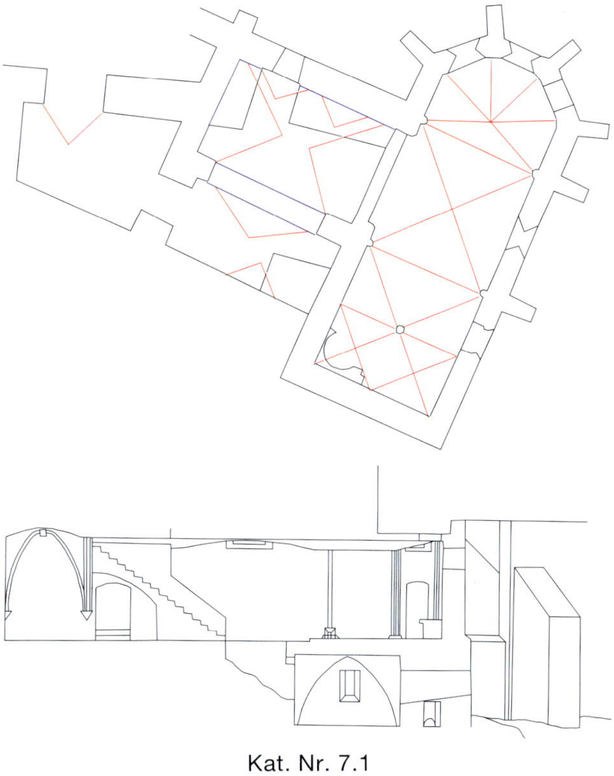

Kat. Nr. 7.1

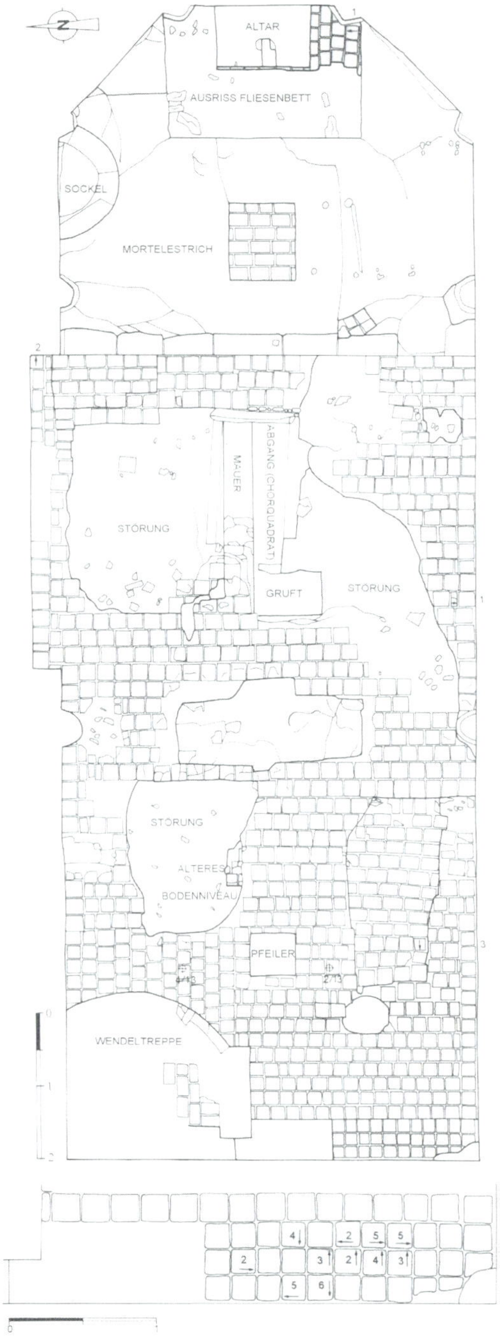

Kat. Nr. 7.2

Kat. Nr. 7.3

Kat. Nr. 7.4

Österr. Museums für angewandte Kunst 19, Wien 1979, 39, Nr. 87/4.

7.5 „St. Lambertus Episcopus et Martyr Patronus Monasterii"

Altenburg 1681
Rotelbuch B
Tempera auf Pergament, Goldrahmen, 20 × 16,5 cm
Stiftsarchiv AB 7 D 30

Hinter dem stehenden ersten Klosterpatron von Altenburg eine Stiftsansicht von Süden. Siehe dazu den einleitenden Beitrag von H. Egger, Abb. 3.

Literatur:
G. Egger und H. Egger, Schatzkammer in der Prälatur des Stiftes Altenburg, Schriften der Bibliothek des Österr. Museums für angewandte Kunst 19, Wien 1979, 39, Nr. 87/4.

7.6 Hl. Stephanus

Österreich um 1500
Aus der Stephanskirche Horn
Lindenholz, polychrom gefasst und vergoldet, Höhe 90 cm

Fallendes Gewand, glattes Gesicht mit stark gelocktem Jünglingshaar. In der linken Hand Buch und Steine, die Rechte fehlt. Restauriert in den Werkstätten des Bundesdenkmalamtes 1959.

Literatur:
G. Schweighofer, Poigreichführer, Horn 1955, 15.
Die Gotik in Niederösterreich. Kunst, Kultur und Geschichte eines Landes im Spätmittelalter, bearb. von F. Dworschak und H. Kühnel, Wien 1963, 73, Nr. 198.
G. Egger und H. Egger, Schatzkammer in der Prälatur des Stiftes Altenburg, Schriften der Bibliothek des Österr. Museums für angewandte Kunst 19, Wien 1979, 16, Nr. 16.

Kat. Nr. 7.6

Seitenstetten. Kunst und Mönchtum an der Wiege Österreichs, Katalog der Niederösterreichischen Landesausstellung 1988, 86, Nr. 8.16.

7.7 Hl. Vitus und hl. Stephanus

Ikonen 1999
Lindenholz, 100 × 130 cm
Vasili Baranov und Joury Vyborow
Stift Altenburg

7.8 Figural verzierte Bodenfliesen des älteren Fliesenbodens der mittelalterlichen Veitskapelle

Um 1308
Keramik, Länge 17 cm
Stift Altenburg, Inv. Nr. AB BF 4 und 7

Eine Fliese zeigt einen nach links gewandten, sich aufbäumenden Löwen, der sehr naturalistisch dargestellt ist. Deutlich sind die Pranken an den Vorderläufen mit je vier Krallen zu erkennen. Der Schwanz ist S-förmig aufgerichtet und endet in einer herz- oder blattförmigen Quaste. Siehe dazu Kat. Nr. 23.40.

Bei der Darstellung auf der zweiten Fliese handelt es sich um einen nach rechts springenden Hirsch, der zentral auf der Fliese positioniert ist. Die Vorderläufe sind erhoben, die Hufe naturalistisch gearbeitet. Das nach hinten ausladende Geweih zeigt zwei nach innen gebogene Stangen mit je vier Enden. Das Maul ist leicht geöffnet. Siehe dazu Kat. Nr. 23.43.

7.9 Beigaben aus barocken Gräbern in der Veitskapelle

Kat. Nr. 7.9

7.10 Fragment eines Hochgrabes

Gotisch, 1. Drittel des 14. Jahrhunderts
Zogelsdorfer Kalksandstein
Stift Altenburg

Fragment einer Tumbenwand mit Resten gotischer Maßwerkfelder. An der linken Seite setzte sich die Platte in Form eines steilen Giebels fort. Rechts unten ein auf den Kopf gestelltes Steinmetzzeichen (H in hochgotischer Majuskel). Das Hochgrab befand sich vermutlich im Langhaus der Klosterkirche. Die auffallend monogrammartige Form des Steinmetzzeichens wird mit dem urkundlich überlieferten Erbbegräbnis der Burggrafen von Gars (Heidenreich, gestorben um 1319) in Verbindung gebracht.

Literatur:
A. Groiß und H. Haslinger (Hrg.), Das Alte Kloster. Baukunst und Mönchsleben im mittelalterlichen Altenburg. Benediktinerabtei Altenburg 1144–1994, Altenburg 1994, 26, Nr. 30.

Kat. Nr. 7.10

7.11 Zwei Fragmente eines Sunnberger Grabsteines

Anfang 14. Jahrhundert
Siehe dazu den einleitenden Beitrag von A. Zajic, Grabdenkmäler, Nr. 1

7.12 Wappengrabplatte der Barbara Elisabeth Vogt

1648
Ehemals Verschluss des romanischen Turmes beziehungsweise der Krypta
Siehe dazu den einleitenden Beitrag von A. Zajic, Grabdenkmäler, Nr. 6

7.13 Grabplatte des Zacharias Georg Frei

1636
Siehe dazu den einleitenden Beitrag von A. Zajic, Grabdenkmäler, Nr. 4

A. Gr. und M. Kr.

Bereich B

Altane

8 – Der Klostergarten
9 – Das Kloster als Wirtschaftsbetrieb
10 – Grabdenkmäler
11 – Die Grabungen auf der Altane
12 – Die Abtskapelle und das Abtshaus
13 – Archäologie im Felde – Wie arbeitet der Archäologe im Gelände?
14 – Die Werkstatt des Archäologen
15 – Die Gründung des Klosters Altenburg
16 – Calefactorium – Heizanlage in Klöstern
17 – Versorgung und Entsorgung
18 – Der Bau eines Klosters

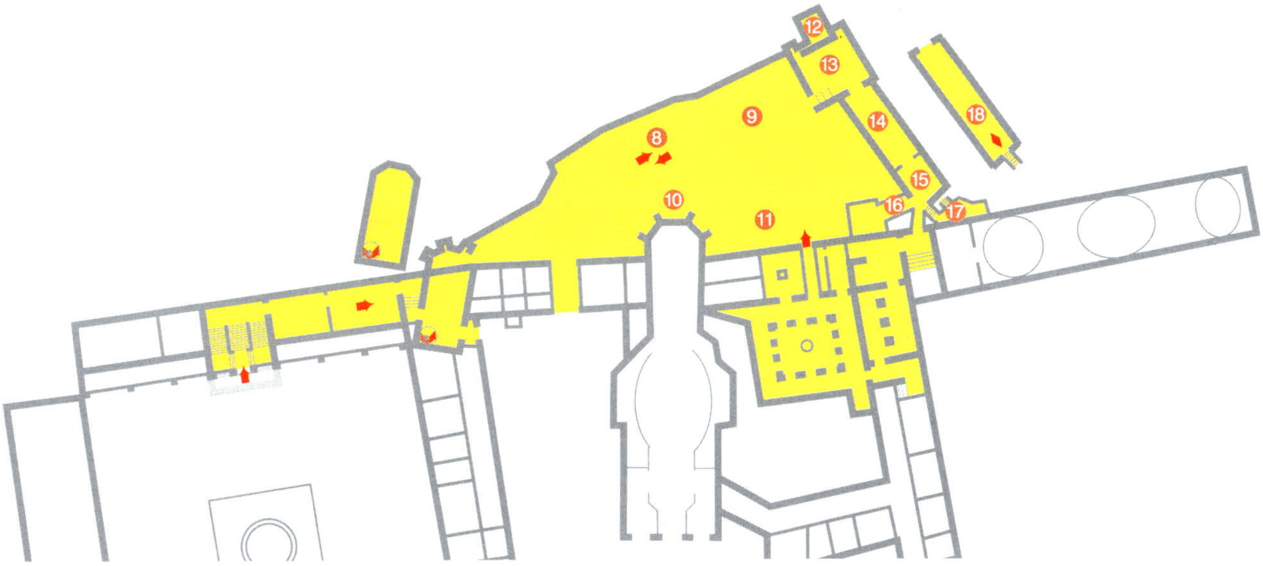

8. Der Klostergarten

„Kein Stück Land liegt brach: hier trägt die Erde Obstbäume, dort ziehen sich Reben über den Boden oder ranken sich zu hohen Weinlauben empor. An diesem Ort wetteifert die Kultur mit der Natur: was letztere vergessen hat, läßt erstere erstehen. Diese erlesene Einsamkeit ist den Mönchen geschenkt, damit sie den himmlischen Dingen umso stärker anhangen, je mehr sie von den Dingen des sterblichen Lebens befreit sind. Wahrlich diese Insel ist eine Schule für alle, die die göttliche Weisheit lieben. Hier ist ein Bild des Paradieses: Sie gibt bereits eine Vorahnung des Himmels".
Wilhelm von Malmesbury (etwa 1080–1142)

Ein Kloster ohne Garten ist nicht denkbar – Klostergärten sind so alt wie die Klöster selber. Im Klostergarten, der innerhalb der Klostermauern liegt, ist die *vita activa* mit ihrem unverzichtbaren komplementären Element, der *vita contemplativa,* vereint. Er war ein Werk des arbeitenden Menschen ebenso wie er ein Ort des Gebetes sein sollte und entsprach somit auch dem Prinzip des *ora et labora* – bete und arbeite – der Benediktsregel.

Dem gläubigen Menschen des Mittelalters war der Begriff „Garten" vor allem mit den Gärten der Bibel verbunden: der Garten Eden, aus dem Adam und Eva nach dem Sündenfall vertrieben wurden, der Garten Gethsemane mit den schlafenden Jüngern oder der Garten der Auferstehung Christi.

Am St. Gallener Klosterplan (um 820) sind drei verschiedene Gartenstrukturen zu erkennen: der Gemüsegarten – *hortus,* der medizinische Kräutergarten – *herbularius* und ein Baumgarten – *pomarius,* der zugleich als Friedhof diente. Diese Gärten lagen innerhalb der Klostermauern und waren unverzichtbarer Bestandteil eines jeden mittelalterlichen Klosters.

Für das Kloster Reichenau am Bodensee ist schon im Frühmittelalter ein Gärtchen innerhalb der Klostermauern belegt: Abt Walahfrid Strabo überliefert uns um 830 ein Lehrgedicht über den Gartenbau *Liber de cultura hortorum* (kurz: *hortulus,* das Gärtchen), in dem er aus der Tradition und aus seiner eigenen Erfahrung der Gartenkultur berichtet. Bodenbearbeitung, Düngung, das Graben, Hacken, Jäten, das Vernichten von Maulwurfshügeln und das Befestigen der Beete durch Bretter, das Säen, Gießen und die Pflege der Setzlinge gehören dazu. In 24 Beeten kultivierte der reich gebildete Abt sein Gärtchen.

Diese frühesten Zeugnisse aus Klostergärten sind die Anfänge für alle Formen von Gärten, die sich über das Mittelalter hinaus (besonders hervorragende Vertreter sind Hildegard von Bingen um 1150, Albertus Magnus um 1260 oder Petrus de Crescentiis um 1305) in die Barockgärten und Nutzgärten des 19. Jahrhunderts hinein entwickeln und Vorbild für die Bauerngärten überhaupt werden.

Die Mönche legten ihre Gärten nicht willkürlich an, sondern verwendeten in der Anordnung der Beete und der Bepflanzung eine eindeutig nachweisbare Symbolsprache. So spielte die Zahl Vier im Sinne der vier Evangelien, der vier Himmelsrichtungen, der vier Jahreszeiten und der vier Elemente eine bedeutende Rolle. Daneben ist die Zahl Neun als Symbol der Heiligkeit, die die Ordnungen der Engel bezeichnet, oder die Zahl Sieben immer wieder anzutreffen. Einzelnen Pflanzen wurde eine religiöse Bedeutung zugemessen. Die Rose stand für das Blut Christi, die Lilie für die Jungfrau Maria. Diese Pflanzen besaßen neben ihrem Symbolcharakter aber immer auch eine entsprechende Nutzung, auch wenn sie heute nicht mehr in dieser Verwendung stehen. Aus Rosen wurde zu Heilzwecken das Rosenöl gewonnen, die Schwertlilie wurde vor allem wegen ihrer purpurfarbenen Blütenpracht und der Heilkraft ihrer Wurzeln, die in Wein aufgelöst als harntreibendes Mittel dienten, geschätzt. Die weiße Lilie wurde im Kampf gegen Schlangengift eingesetzt, wobei nicht nur auf eine pharmakologische, sondern auch auf eine spirituelle Heilkraft vertraut wurde.

Die Lage der Gärten innerhalb der Klosteranlage richtete sich nach der jeweiligen Nutzung. Der medizinische Kräutergarten war in der Nähe der Infirmerie – des Spitals – situiert, der Obst- und Gemüsegarten sollte von der Küche aus leicht erreichbar sein. Über die Bepflanzung der Gärten sind wir aus dem St. Gallener Klosterplan und anderen Quellen informiert. Im *herbularius,* dem Kräutergarten, wurden neben den schon erwähnten Rosen und Lilien Salbei, Raute, verschiedene Minzen, Kreuzkümmel, Liebstöckel, Fenchel, Rosmarin, Bockshornklee, Stangenbohnen und vieles mehr angebaut. Obwohl die meisten dieser Gewächse uns heute als Gewürz- oder Speisepflanzen vertraut sind, standen sie im Mittelalter vorwiegend als Heilpflanzen in Verwendung.

Im mittelalterlichen Gemüsegarten fanden sich Melonen, Flaschenkürbisse, Gurken, Erbsen, Pferdebohnen, Kichererbsen, Salate, Kohlgewächse, Karotten, Artischocken, Zwiebeln und Schalotten, Spargel und Rüben. Der Speiseplan der Mönche wurde neben den erwähnten Pflanzen durch einen reichen Bestand an Obst aus dem *pomarius* bereichert. Dort fand sich neben Apfel und Birne die Quitte, der Speierling, die Mispel, verschiedene Kirschen- und Pflaumenbäume, Feigen, Edelkastanie und vieles mehr.

Aus archäologischer Sicht sind Klostergärten bis jetzt nur selten nachgewiesen. Im Kloster Mondsee war in der Barockzeit im Bereich des nördlichen Wirtschaftshofes eine Gartenanlage mit Zierteich, Blumenbeeten und Freitreppen angelegt worden (siehe Kat. Nr. 4.2.13).

Einer der bis jetzt am besten erhaltensten Befunde fand sich im Kreuzhof der Kartause Mauerbach. Dort konnte ein Teil eines renaissancezeitlichen Gartens mit gut erhaltenen Beetstrukturen ergraben werden. Ein vermutlich quadratisches Feld war in mehrere, durch schmale Stege oder Wege voneinander getrennte Beete unterteilt. Um das quadratische Mittelfeld waren längliche, sechseckige Seitenfelder und dreieckige Eckflächen angeordnet. Die seitliche Begrenzung der Beete bestand aus vertikal gestellten Dachziegeln. Der südliche Abschluss des Gartens wurde durch eine Terrassenmauer und einen aus Ziegeln gepflasterten Weg gebildet. Eine Festigung (Schotter, Kies oder Lehm) der zwischen den Beeten liegenden Wege konnte nicht befundet werden.

Die Funktion dieses Gartens, sei es ein Kräuter-, Gemüse- oder Ziergarten, ist anhand des Befundes nicht zu entscheiden.

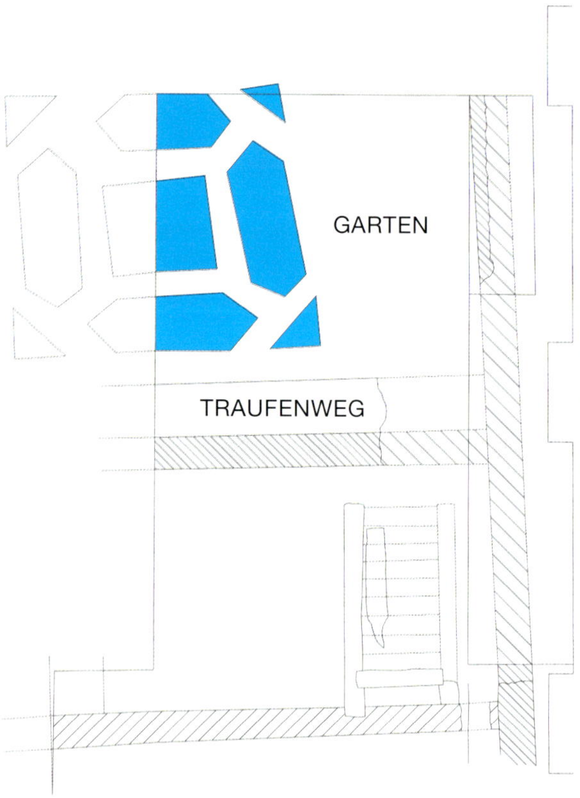

Kat. Nr. 8.1

Kat. Nr. 8.2

Kat. Nr. 8.3

Im Rahmen der Sonderausstellung wurde dieser Befund aus der Kartause Mauerbach auf der Altane des Stiftes Altenburg rekonstruiert. In und um diese Rekonstruktion wurden historische Heil-, Gewürz-, Zier- und Nutzpflanzen gesetzt, wobei größtmögliche Authentizität und Vollständigkeit bei der Auswahl der verwendeten Pflanzenarten angestrebt wurde. Das Augenmerk lag darauf, dem Besucher nicht einen „scheinbaren" mittelalterlichen Garten zu suggerieren, sondern die Vielzahl der mittelalterlichen Nutzpflanzen vor Augen zu führen.

Literatur:
W. Janssen, Mittelalterliche Gartenkultur. Nahrung und Recreation, in: B. Herrmann (Hrg.), Mensch und Umwelt im Mittelalter, Stuttgart 1987, 224–243.
Th. Kreitner, Ein Vorbericht über die archäologischen Untersuchungen der Jahre 1996 bis 1998 in der Kartause Mauerbach, NÖ., Fundberichte aus Österreich 37, 1998, 342–396, hier 386 ff.
W. Meyer, „Die Schönheit des Feldes ist in mir". Zisterziensischer Garten und Feldbau, in: 800 Jahre Zisterzienser im pannonischen Raum, Ausstellungskatalog Klostermarienberg 1996, 147–154.
W. Richner und H. J. Roth, Schöne Alte Klostergärten. Geheimnis, Symbolik, Heilwissen, Stürtz o. J.
U. Willerding, Gärten und Pflanzen des Mittelalters, in: M. Carroll-Spillecke, Der Garten von der Antike bis zum Mittelalter (Kulturgeschichte der antiken Welt 57), Mainz am Rhein 1992, 249–284.

8.1 Mauerbach, Grabungsplan Garten

Plan und Rekonstruktion: ASINOE

Der Grabungsplan zeigt die Situierung des Gartens im östlichen Teil des Großen Kreuzganges, eine Stiegenkonstruktion führt auf das höhere Niveau im nördlichen Kreuzgartenbereich. Ein ziegelgepflasterter Traufenweg begrenzt den Gartenbereich im Süden.

8.2 Mauerbach, die Beete des Barockgartens

Foto: ASINOE

Der Blick von Osten zeigt die Beete des Barockgartens im Kreuzgarten der Kartause während der Ausgrabung, im Hintergrund der ziegelbelegte Traufenweg.

8.3 Kartäusermönche im Garten

Mitte 18. Jahrhundert
Ausschnitt aus dem Ölgemälde: Die Kartause Mauerbach
Klosterneuburg, Stiftsmuseum
Foto: Bundesdenkmalamt, I. Kitlitschka

Die Kartäusermönche lebten einzeln in kleinen Mönchshäusern, die um den Großen Kreuzgang angelegt waren und jeweils einen eigenen Garten besaßen. Auf dem Bildausschnitt sind zwei Mönche bei der Arbeit in ihren Gärten zu sehen.

8.4 Hortulus des Walahfried Strabo

Um 830

Das Gärtchen des Abtes Walahfried auf der Reichenau am Bodensee lag unmittelbar an das Abtshaus angrenzend. Es zählt 24 Beete, von denen einige überdacht waren. In seinem Lehrgedicht *De cultura hortorum* schreibt er über Bearbeitung und Kultur des Bodens und Pflege der Setzlinge. Den Gartenpflanzen widmet er je ein eigenes Kapitel, das die Art beschreibt und ihren Sinnbildcharakter erklärt.

M. Ka. und M. Kr.

8.5 Bepflanzungsplan der Gartenrekonstruktion

Entwurf: L. Eder

Im Kräutergarten, der in der Rekonstruktion des Mauerbacher Gartens eingerichtet wurde, finden sich im zentralen, quadratischen Bereich großteils Zierstauden-Arten. Die an den Ecken der Anlage befindlichen Dreiecke sind mit stark ausläufertreibenden Heilpflanzen, die vier sechseckigen Beete im mittleren Bereich mit Heilpflanzen und einjährigen Gewürzpflanzen besetzt.

Pflanzenarten im Kräutergarten:

1. Apotheker-Rose (rosa gallica)
2. Pfingstrose (paeonia officinalis)
3. Marienlilie (lilium candidum)
4. Schwertlilie (iris germanica)
5. Märzenbecher (leucosum vernum)
6. Eisenhut (aconitum napellus)
7. Nachtviole (hesperis matronalis)
8. Goldlack (cheiranthus cherii)
9. Margarite (chrysanthemum leucanthemum)
10. Vergissmeinnicht (myosotis sylvatica)
11. Goldlack (cheiranthus cherii)
12. Löwenmaul (antirrhinum majus)
13. Gänseblümchen (bellis perennis)
14. Duftveilchen (viola odorata)
15. Dachwurz (sempervivum tectorum)
16. Christrose (helleborus niger)
17. Schlüsselblume (primula veris)
18. Akelei (aquilegia vulgaris)
19. Andorn (marrubium vulgare)
20. Ysop (hyssopus officinalis)
21. Betonie (betonica officinalis)
22. Eberraute (artemisia abrothanum)
23. Eibisch (althea officinalis)
24. Zitronen-Melisse (melissa officinalis)
25. Odermenning (agrimonia eupatoria)
26. Salbei (salvia officinalis)
27. Weinraute (ruta graveolens)
28. Beinwell (symphytum officinale)
29. Dost (origanum vulgare)
30. Johanniskraut (hypericum perforatum)
31. Wegwarte (cichorium intybus)
32. Sauerampfer (rumex acetosa)
33. Osterluzei (aristolochia clematitis)
34. Eisenkraut (verbena officinalis)
35. Thymian (thymus vulgaris)
36. Polei-Minze (mentha pulegium)
37. Seifenkraut (saponaria officinalis)
38. Pfeffer-Minze (mentha piperita)
39. Majoran (masorana hortensis)
40. Ringelblume (calendula officinalis)
41. Knoblauch (allium sativum)
42. Bohnenkraut (satureja hortensis)
43. Koriander (corriandrum sativum)
44. Schnittlauch (allium schoenoprasum)
45. Basilikum (ocimum basilicum)
46. Muskateller-Salbei (salvia sclarea)
47. Kerbel (anthriscus cerefolium)
48. Fenchel (foeniculum vulgare)
49. Borretsch (borago officinalis)
50. Safran (crocus sativus)
51. Portulak (Portulaca oleracea)
52. Bockshornklee (trigonella foenum-graecum)
53. Zwiebel (allium cepa)
54. Schwarzkümmel (nigella sativa)
55. Dill (anethum graveolens)
56. Feldsalat (valerianella locusta)
57. Kümmel (carum carvi)
58. Schalotte (allium ascalonicum)
59. Gartenkresse (lepidium sativum)
60. Petersil (petroselinum hortense)
61. Anis (pimpinella anisum)
62. Levkoje (matthiola incana)

Für die acht Standorte entlang der alten Mauer wurden im Hintergrund höherwüchsige Gewürz- und Heil-

Kat. Nr. 8.5

pfanzenarten verwendet, die für den Kräutergarten zu dominant gewesen wären, im Vordergrund wurden einjährige Gewürzpflanzen gesät/angebaut, im Schattenbereich der Großstauden noch einige schattenliebende Heil- und Zierpflanzenarten.

Um die wirtschaftlich genutzten Gärten der Klöster zu veranschaulichen, wurde ein exemplarischer Weingarten in Stockkultur angelegt, darunter zwei Beete auch mit Mohn und Lein besämt.

Pflanzung entlang der Mauer:

1. Baldrian (valeriana officinalis)
2. Stockrose (alcea rosea)
3. Beifuß (artemisia vulgaris)
4. Liebstöckl (levisticum officinale)
5. Estragon (artemisia dracunculus)
6. Wermuth (artemisia absinthum)
7. Hopfen (humulus lupulus)
8. Alant (inula helenium)
9. Maiglöckchen (convallaria maialis)
10. Haselwurz (asarum europaeum)
11. Schwarzer Senf (brassica nigra)
12. Katzenminze (nepeta cataria)
13. Gartenmelde (atriplex hortensis)
14. Immergrün (vinca minor)
15. Amaranth (amaranthus lividus)
16. Kren (amoracia rusticana)
17. Weinrebe in diversen Sorten (vitis vinifera)
18. Schlafmohn (papaver somniferum)
19. Saatlein, Flachs (linum usitatissimum)

A. Gr. und L. Ed.

9. Das Kloster als Wirtschaftsbetrieb

„Das Kloster soll womöglich so angelegt sein, daß sich alles Notwendige innerhalb der Klostermauern befindet, nämlich Wasser, Mühle, Garten und die verschiedenen Werkstätten, in denen gearbeitet wird. So brauchen die Mönche nicht draussen herumlaufen, was ihren Seelen durchaus nicht zuträglich wäre."
(Benediktsregel, cap. 66)

Klöster haben primär geistliche Aufgaben zu erfüllen, stellen aber bis heute auch Wirtschaftsbetriebe von bedeutender Größe dar. Ein mittelalterliches Kloster funktionierte in ökonomischer Hinsicht im Wesentlichen wie ein mittelalterlicher Gutsbetrieb. Es kam auf die Art der Erwerbstätigkeiten des betreffenden Klosters an, welche dazu erforderlichen Nutzbauten es erstellte. Neben der Versorgung des eigenen Klosters wurden Erzeugnisse der Betriebe auch an Dritte verkauft und dadurch der Wohlstand des Klosters gemehrt. Ein Kloster verfügte über Wirtschaftsbetriebe innerhalb der Klostermauern, zusätzlich gab es eine größere Anzahl außerhalb gelegener (Land-)wirtschaftsbetriebe, die der Grundherrschaft des Klosters unterstanden und abgabenpflichtig waren. Die Zisterzienser ließen ihre Grangien genannten Wirtschaftsbetriebe von Laienbrüdern führen. Der Begriff stand für jeglichen Wirtschaftsbetrieb, sei es ein Gutshof, eine Weinkellerei oder eine Eisenhütte. Ackerbau und Viehzucht standen schon bei den frühen Klöstern im Vordergrund und stellten die Basis der Autarkie dar. Die Mönche führten verbesserte Methoden des Ackerbaues ein und pflegten Sonderkulturen wie den Anbau von Kräutern, Obst und Wein. Die Urbarmachung von Brachland durch Ent- oder Bewässerung war eine große Leistung des Zisterzienserordens ab Mitte des 12. Jahrhunderts. Fischzucht war für die Versorgung mit Fastenspeisen unabdingbar notwendig, weshalb jedes Kloster über einen oder mehrere Fischteiche verfügte; ebenso wichtig war der Obstbau. Die meisten Klöster besaßen auch ein Taubenhaus, denn Tauben lieferten billiges und nahrhaftes Fleisch, insbesondere in den kargen Wintermonaten, und fielen als Geflügel nicht unter das Fleischverbot wie die vierfüßigen Tiere.

Neben diesen Grundsäulen der Versorgung besaßen die Klöster eine Reihe von teilweise hoch spezialisierten Produktionsstätten. Kein landwirtschaftliches Unternehmen konnte ohne Schmiede, Hufschmiede, Böttcher, Tuch- und Schuhmacher und die dazugehörigen Mühlen, Schmiedewerkstätten, Webereien und Gerbereien auskommen. Für die Errichtung und Wartung der Klosterbauten waren die Werkstätten für Steinmetze, Maurer und Bildhauer, Zimmerleute, Tischler und Schlosser wichtig. Besonders hervorzuheben ist die von den Zisterziensern eingeführte Erzeugung verschiedenster Ziegelprodukte, die als Baumaterial, für die Dachdeckung und als Bodenfliesen Verwendung fanden. Auch die Kleidung und Gegenstände des täglichen Gebrauches stammten aus eigener Erzeugung. Die Produktionspalette reichte bis zur Herstellung von Glas, Pergament und Bucheinbänden – Produkte, die einerseits von einem gewissen Luxus zeugen, andererseits für das geistige und kulturelle Leben des Klosters von Bedeutung waren.

Im Lauf der letzten Jahre konnten einige dieser Produktionsstätten direkt oder indirekt nachgewiesen werden. In Heiligenkreuz wurde schon in den sechziger Jahren des 20. Jahrhunderts eine Ofenanlage zur Metallproduktion von R. Pittioni ergraben, in der Kartause Mauerbach gelang der Nachweis für die Bearbeitung von Buntmetall (Bronze) zur Herstellung von Buchbeschlägen. Besonders herausragend sind in diesem Zusammenhang die Untersuchungen im Kloster Mondsee. Hier konnte nahezu der gesamte Wirtschaftshof archäologisch untersucht und dokumentiert werden. Neben Ställen und Lagereinrichtungen wurden die Mühle, die Bäckerei und der Fischteich freigelegt. Die Weiterverarbeitung der landwirtschaftlichen Produkte ließ sich anhand einer Darre und unterschiedlichster Behältnisse zur Konservierung und Aufbewahrung von Lebensmitteln nachweisen. Eine Schmelzanlage und Öfen für den Metallguss runden das Bild eines mittelalterlichen Wirtschaftsbetriebes ab.

9.1 Der Wirtschaftshof des Klosters Mondsee

Planausschnitt: Bundesdenkmalamt, J. Offenberger

9.2 Holzfässer bei der Freilegung

Foto: Bundesdenkmalamt, J. Offenberger
Vgl. Kat. Nr. 9.9

Kat. Nr. 9.2

9.3 Gemauertes quadratisches Becken

Foto: Bundesdenkmalamt, J. Offenberger

Kat. Nr. 9.3

In dem quadratischen, aus Ziegeln gemauerten Becken war eine Holzschalung errichtet worden, die ein Fass umschloss. Der Raum zwischen Holzeinfassung, Fass und Ziegelwand war mit Lehm abgedämmt worden. Der Verwendungszweck ist nicht gesichert, am ehesten handelt es sich um einen Behälter zur Konservierung von Naturalien. (J. Of.)

9.4 Zwei Öfen zur Metallbearbeitung

Foto: Bundesdenkmalamt, J. Offenberger

Kat. Nr. 9.4

9.5 Schmelzanlage bei der Freilegung

Foto: Bundesdenkmalamt, J. Offenberger

9.6 Der Fischteich des Klosters Mondsee

Foto: Bundesdenkmalamt, J. Offenberger

9.7 Initiale D: Fischende Mönche

1. Viertel 13. Jahrhundert
Stiftsbibliothek Heiligenkreuz, Cod. 66, fol. 25v
Foto: Institut für Realienkunde des Mittelalters, Krems

Fischzucht und Fischfang waren für die Versorgung mit Fastenspeisen von großer Bedeutung. Die Initiale D aus einem Psalterium zeigt zwei Mönche beim Fischfang.

Kat. Nr. 9.7

9.8 Tonne mit gesalzenen Fischen

Hortus Sanitatis, Strassburg, Joh. Prüss d. Ä., um 1499
Stadtarchiv Krems
Aus: H. Kühnel (Hrg.), Alltag im Spätmittelalter, Graz 1984, 203, Abb. 257.

Im *Tractatus de piscibus, cap. III,* wird beschrieben, dass der Hering von allen Fischarten die beste Haltbarkeit in eingesalzenem Zustand hat.

9.9 Holzfässer

Hochmittelalter
Eichenstämme
Kloster Mondsee, ohne Inv. Nr.

Bei den Ausgrabungen im Kloster Mondsee wurden sieben aus einem Eichenstamm gehauene, annähernd in zwei Reihen eingetiefte Fässer freigelegt. Die Böden der Fässer bestanden aus nicht vernuteten, lose eingelegten Brettern, die sowohl Ansätze von Bohrungen als auch durchgehende Bohrungen aufwiesen. Die Fässer standen in einer dichten Packung aus grauem tonigen Lehm, mit dem die „Baugrube" rund um die Fässer aufgefüllt worden war und die offensichtlich zur Abdämmung des auftretenden Grundwassers diente. Pfostengruben im Nahbereich der Fässer lassen vermuten, dass sie mit einer Überdachung versehen waren. Es ist wahrscheinlich, dass die Fässer zur Konservierung von Nahrungsmitteln dienten. (J. Of.)

9.10 Schlacken und Ziegelfragmente

Spätmittelalter
Stein und Keramik/Ziegelton
Heiligenkreuz, Inv. Nr. 1–39/69

Die Schlacken und Ziegelfragmente stammen aus einer spätmittelalterlichen Eisenschmelze im Bereich des Klosters Heiligenkreuz.

9.11 Topffragmente

Ende 15./Anfang 16. Jahrhundert
Keramik/Irdenware
Heiligenkreuz, Inv. Nr. 1–39/69

Die Gefäßfragmente stammen – wie auch die Ziegel- und Schlackenreste – aus einer spätmittelalterlichen Eisenschmelze im Bereich des Klosters Heiligenkreuz.

9.12 Rebmesser

16./17. Jahrhundert
Eisen
Wien, Alte Universität, Inv. Nr. 14

Kat. Nr. 9.12

Das Rebmesser stammt aus Schutt- und Müllschichten, mit denen beim Neubau der Aula 1623/30 die Kelleranlagen der Vorgängeranlage zugeschüttet wurden. Es könnte als Werkzeug im botanischen Garten der Universität, der sich im Hof des Kollegiumstraktes auf der gegenüberliegenden Straßenseite befunden hatte, Verwendung gefunden haben. (T. Kü.)

9.13 Holztrog

Spätmittelalter/frühe Neuzeit
Länge 1,48 m
Kloster Mondsee, ohne Inv. Nr.

9.14 Metzen

Spätmittelalter/frühe Neuzeit
Marmor, Höhe 45,2 cm
Kloster Mondsee, Inv. Nr. 375

Das achteckige Becken mit Ausgussöffnung ist am äußeren Rand mit einem Flechtbandmuster verziert. Der Metzen ist ein ab dem Hochmittelalter gebräuchliches Getreidemaß. Für 1 Joch Acker (0,575 ha) rechnete man als Ertrag etwa 20 Metzen Korn oder 15 Metzen Weizen oder 24 Metzen Hafer. (C. Fa.)

M. Ka. und M. Kr.

10. Grabdenkmäler

Da den Grabdenkmälern der Abtei ein eigener Beitrag in diesem Band gewidmet ist, kann für eine Beschreibung derselben darauf verwiesen werden. Im Folgenden soll in aller Kürze der Versuch unternommen werden, einen allgemeinen Überblick über Bedeutung und Aussage von Grabmälern im österreichischen Raum vom späten Mittelalter bis etwa 1700 zu geben.

Grabdenkmäler des späten Mittelalters und der frühen Neuzeit sind vielfach unterschätzte Quellen der historischen Forschung und ihrer Spezialdisziplinen ebenso wie Gegenstand kunsthistorischer, philologischer, theologischer, volkskundlicher und weiterer fachspezifischer Untersuchungen. Stellen sie als Kunst- und Sprachdenkmäler, als Inschriftenträger und im weitesten Sinn erzählende Quelle Objekte der jeweils zuständigen Fachgebiete dar, so müssen Grabmäler in der Summe ihrer Gestaltungselemente als äußerst wichtige kultur- und geistesgeschichtliche Zeugnisse angesehen werden. Schließlich handelt es sich bei Grabdenkmälern um Medien, die – zumindest dem Anspruch nach – dem Andenken des Toten Dauerhaftigkeit verleihen sollen.

Da sich in der frühen Neuzeit, der ein Großteil der Altenburger Grabmäler entstammt, das Schwergewicht des Totengedenkens – zumindest was die Gestaltung der Denkmäler betrifft – eindeutig vom Gebetsgedenken durch Fürbitte für den Toten hin zum persönlichen Gedenken verschoben hatte, spiegelt sich in Inschrift und Form des Totengedächtnismales das Selbstverständnis des Verstorbenen besonders gut wider. Schließlich wird der Nachwelt ein selbstbestimmtes (wenn zu Lebzeiten des Bestatteten von diesem selbst in Auftrag gegeben) beziehungsweise im Sinne der Nachkommen formuliertes Bild des Toten vermittelt, so dass Selbstbewusstsein und Selbstdarstellung im Rahmen adeliger, aber auch bürgerlicher Grabdenkmäler der frühen Neuzeit explizit wie selten zum Ausdruck kommen. Welche Bedeutung dieser „endgültigen" Selbstreflexion zukommt, wird auch deutlich, wenn in Testamenten des 16. bis 18. Jahrhunderts an prominenter Stelle oft recht detaillierte Verfügungen hinsichtlich der posthum anzufertigenden Grabmäler getroffen werden.

Wird auf neuzeitlichen Grabdenkmälern die ältere Tradition der Aufforderung des Betrachters zum Gebet für den Toten in Anbetracht der Vergänglichkeit aller zeitlichen Dinge beibehalten, steht dies im Verständnis der Zeitgenossen nicht in Widerspruch zur sehr jenseitsbezogenen Aufzählung der Leistungen und Verdienste des Verschiedenen. Die für das Barock des öfteren erwähnte Diskrepanz zwischen irdischer Sinnenfreude und ständiger Erinnerung an die Hinfälligkeit des menschlichen Lebens findet ihren Niederschlag verständlicherweise auch und gerade bei den Grabmälern der Zeit.

Wurde festgestellt, dass Grabmäler der Repräsentation des Verstorbenen dienen, so ist eine Fülle von gestalterischen Einzelmerkmalen beziehungsweise deren Summe aussagekräftig, was die Akzentuierung des eigenen, vornehmlich in sozialer Hinsicht zu definierenden Standpunktes betrifft. Schon die Frage des Standortes innerhalb eines Denkmalkomplexes, also in der Regel einer Kirche, entspricht einer entwickelten Hierarchie mehr oder weniger prestigeträchtiger Stellen für die Anbringung eines Grabdenkmales. War im Hoch- und Spätmittelalter die Nähe der Sepultur zum Altar, also die Bestattung „ad sanctos" (also nahe den Reliquiengräbern in den Altarmensen) ein erstrebtes Ziel, so trat diesem Standort in der frühen Neuzeit die Bemühung um eine Grabstätte an einem auffälligen Platz in der Kirche an die Seite, also etwa einer Stelle, an der möglichst viele Kirchenbesucher möglichst oft vorbeigehen mussten und daher der Aufmerksamkeit der Nachwelt sicher sein konnte.

Auch dem verwendeten Material wurde in Hinblick auf die finanzielle Situierung des Auftraggebers Bedeutung beigemessen: Während des gesamten Spätmittelalters und bis weit in die Neuzeit wurde in Österreich als edelste Steinart bei Grabdenkmälern Rotmarmor angesehen. Nicht selten wurde billigeres Material (also meist lokal gebrochener Stein wie Sandstein oder Granit) mit einer Rotmarmor vortäuschenden Fassung versehen.

Offensichtlich wird der finanzielle Aufwand bei der Anfertigung eines Grabdenkmales auch bei der Dimensionierung und dem Niveau der künstlerischen Ausführung, der zwischen schlichten, nur mit einer Inschrift versehenen Platten und riesigen, mit üppigem Dekor und mehreren Reliefeldern überladenen Epitaphien und figürlichen Grabdenkmälern im jeweils modernsten Geschmack als zwei Extreme breite Gestaltungsmöglichkeiten je nach Aufwand des Auftraggebers offen standen. Vielfach finden sich in ein und demselben Sakralbau einfachste Grabmäler handwerklicher, oft schablonenhafter Prägung neben äußerst qualitätvollen Produkten bekannter Bildhauerwerkstätten.

Für jedermann verständliches und auch für Analphabeten „lesbares" Mittel der Selbstdarstellung war die bildliche Verewigung des Verstorbenen in mehr oder weniger großer Porträtähnlichkeit in Tafelmalerei auf hölzernen Epitaphien oder als Relief in Stein. Überwiegt bei der Darstellung bürgerlicher Epitaphien das Motiv der im Gebet knienden Familie des Toten, das aus dem spätmittelalterlichen Stifter- und Andachtsbild hervorging und das soziale Programm der bürgerlichen Familie zum Bildprogramm machte, so lebte neben dieser Variante im Bereich des adeligen figürlichen Grabdenkmales die spätmittelalterliche Bildtradition der stehenden Figur in voller Rüstung weiter – freilich mit allen Konzessionen an aktuelle Moden überformt und mit anderer Bildaussage. Letztere Darstellung blieb schließlich nach ihrer Adaption für militärische Befehlshaber im 17. Jahrhundert immer weniger ein Reservat des Adels, sondern wurde als Teil eines sich konsolidierenden Standesbewusstseins der Berufsoffiziere auch allmählich selbstbewussten Bürgern zugänglich.

Einfacher und unmittelbarer als Selbstaussage zu interpretieren sind freilich die Texte der Inschriften, die ebenfalls einen großen Spielraum zwischen starrer Formelhaftigkeit und lebendiger „Gesprächigkeit" aufweisen. Gerade hier bedeutet schon die Entscheidung zugunsten oder gegen konventionelles Formular ein oft programmatisches Signal an den Leser. Frühe beschriftete Grabplatten des 13. Jahrhunderts nennen meist nur den Namen des Begrabenen und den Tag seines Todes, nicht aber das Sterbejahr, da für die Feier des

Jahrtages und der alljährlichen Seelenmessen nur der genaue Tag wesentlich war. Im 14. Jahrhundert werden häufig Segenswünsche für den Verstorbenen in das Formular der Inschriften aufgenommen, generell werden die Grabinschriften ab dem 15. Jahrhundert ausführlicher und stellen im weitesten Sinne biographische Daten des Verstorbenen stärker in den Vordergrund. Im 17. Jahrhundert erfolgt nicht selten die vollständige Angabe von Geburts- und Todesdatum, letzteres sogar mit der Stunde des Ablebens. Gegen Ende des 17. Jahrhunderts werden gereimte deutsche Inschriften sehr beliebt, die den Verstorbenen den Betrachter des Grabmals direkt ansprechen lassen und für die auch Wortspiele mit dem Namen des Toten recht charakteristisch sind.

Zur persönlichen Aussage konnten besonders im 16. Jahrhundert aber auch die ausgewählten Bibelzitate der Inschriften werden, die – wenn auch kaum als Dokument des eigenen Standpunktes im Streit der Konfessionen zu werten – doch als demonstratives Element religiöser Überzeugung und Glaubenslebens eingesetzt wurden.

10.1 Zwei Fragmente einer Grabplatte

Anfang 14. Jahrhundert
Siehe dazu Abb. 1 im einleitenden Beitrag von A. Zajic

10.2 Figurale Grabplatte des Abtes Andreas Altenburger

Zwischen 1517 und 1519
Siehe dazu Abb. 2 im einleitenden Beitrag von A. Zajic

10.3 Wappengrabplatte des Ersamus von Liechtenstein

1608
Siehe dazu Abb. 3 im einleitenden Beitrag von A. Zajic

10.4 Grabplatte des Zacharias Georg Frei

1636
Siehe dazu Abb. 4 im einleitenden Beitrag von A. Zajic

10.5 Figurale Grabplatte des Johann Wilhelm Amman

1644
Siehe dazu Abb. 5 im einleitenden Beitrag von A. Zajic

10.6 Wappengrabplatte der Barbara Elisabeth Vogt

1648
Siehe dazu Abb. 6 im einleitenden Beitrag von A. Zajic

10.7 Figurales Grabdenkmal des Abtes Benedikt Leiss

Vor 1658
Siehe dazu Abb. 7 im einleitenden Beitrag von A. Zajic

10.8 Figurales Grabdenkmal des Abtes Maurus Boxler

Zwischen 1660 und 1681
Siehe dazu Abb. 8 im einleitenden Beitrag von A. Zajic

A. Za.

11. Die Grabungen auf der Altane

Im Jahr 1994 wurde der westliche Bereich der Altane im Anschluss an die barocke Baustruktur archäologisch untersucht. Auslösendes Moment für die Grabungen waren geplante Baumaßnahmen in diesem Areal. Die Vermutung lag nahe, hier eine Ergänzung und Abrundung der Ergebnisse der Grabungen im inneren Klosterbereich zu erlangen.

In der Frühphase des Klosters war an dieser Stelle ein Friedhof situiert, von dem einige Gräber freigelegt wurden. Südlich der Kirche konnte die Apsis einer bisher nur aus urkundlichen Quellen bekannten romanischen Seitenkapelle beziehungsweise der Abschluss des südlichen Seitenschiffes der Klosterkirche ergraben werden. Vor dem Triumphbogen des Kapitelsaales, der heute als großes Spitzbogenfenster in der barocken Fassade kenntlich ist, schloss in der Romanik eine halbkreisförmige Apsis an, die Kapelle des Kapitelsaales. Diese wurde in der Gotik deutlich vergrößert und dürfte bis in den Zentralbereich der Altane reichen. Aus dieser Zeit stammt auch eine steingemauerte Gruft vor dem Altar der Kapelle. In ihr muss eine hoch gestellte Persönlichkeit bestattet gewesen sein.

Südlich des Einganges zum Parlatorium wurde der Zugang zur Heizanlage unter der Fraterie freigelegt. Dieser Bereich wurde durch einen modernen Schutzbau konserviert und im Zuge dieser Ausstellung der Öffentlichkeit erstmals zugänglich gemacht.

Kat. Nr. 11.2

11.1 Grabungsplan

Ausführung: ASINOE

11.2 Überblick von Norden

Foto: ASINOE

Im Vordergrund die romanische Apsis der Seitenkapelle oder des südlichen Seitenschiffes der Klosterkirche, im Hintergrund die romanische Kapitelsaalkapelle.

11.3 Die romanische Kapitelsaalkapelle

Foto: ASINOE

In der Kapelle ältere Bestattungen und die gotische Gruft.

11.4 Erdprofil

Foto: ASINOE

Schnitt durch die mittelalterlichen und barockzeitlichen Schichten auf der Altane.

11.5 Heizanlage

Foto: ASINOE

Freilegung des Einganges zur Heizanlage.

M. Kr.

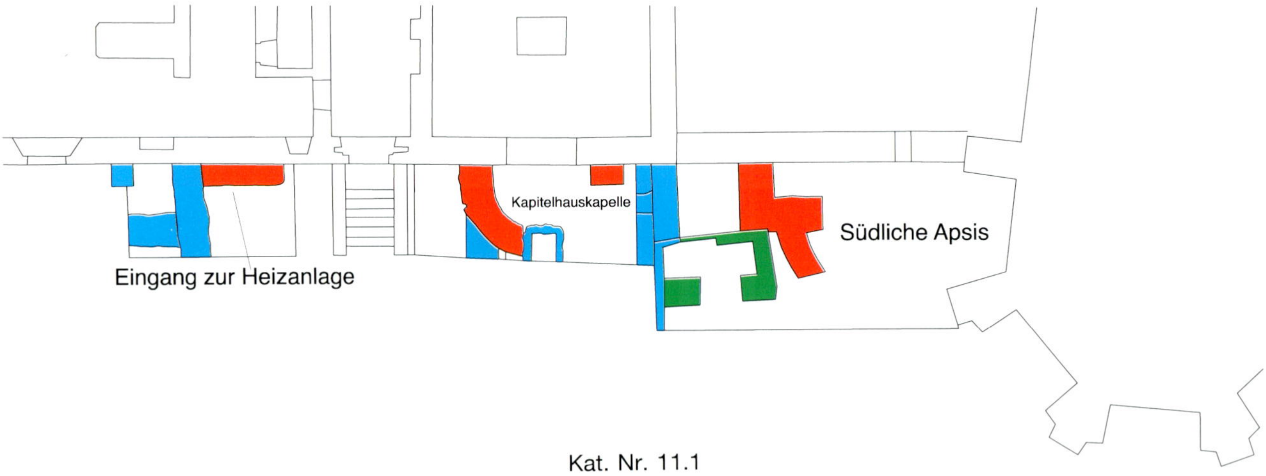

Kat. Nr. 11.1

12. Die Abtskapelle und das Abtshaus

An der Spitze einer Mönchsgemeinschaft steht der von allen gewählte Abt, der die volle Verantwortung für das Kloster trägt. Seiner an die Regel gebundenen Autorität müssen alle Mönche gehorchen, aber er soll auch bei wichtigen Angelegenheiten die Meinung der Mönche hören.

In der Benediktsregel wird gefordert, dass die Küche für den Abt und die Gäste für sich sei, so dass das Leben der Mönche durch das Kommen und Gehen klosterfremder Personen nicht gestört wird. Auch im St. Gallener Klosterplan ist ein eigener Bereich für den Abt ausgewiesen. In Cluny, dem Kloster Odilos, und

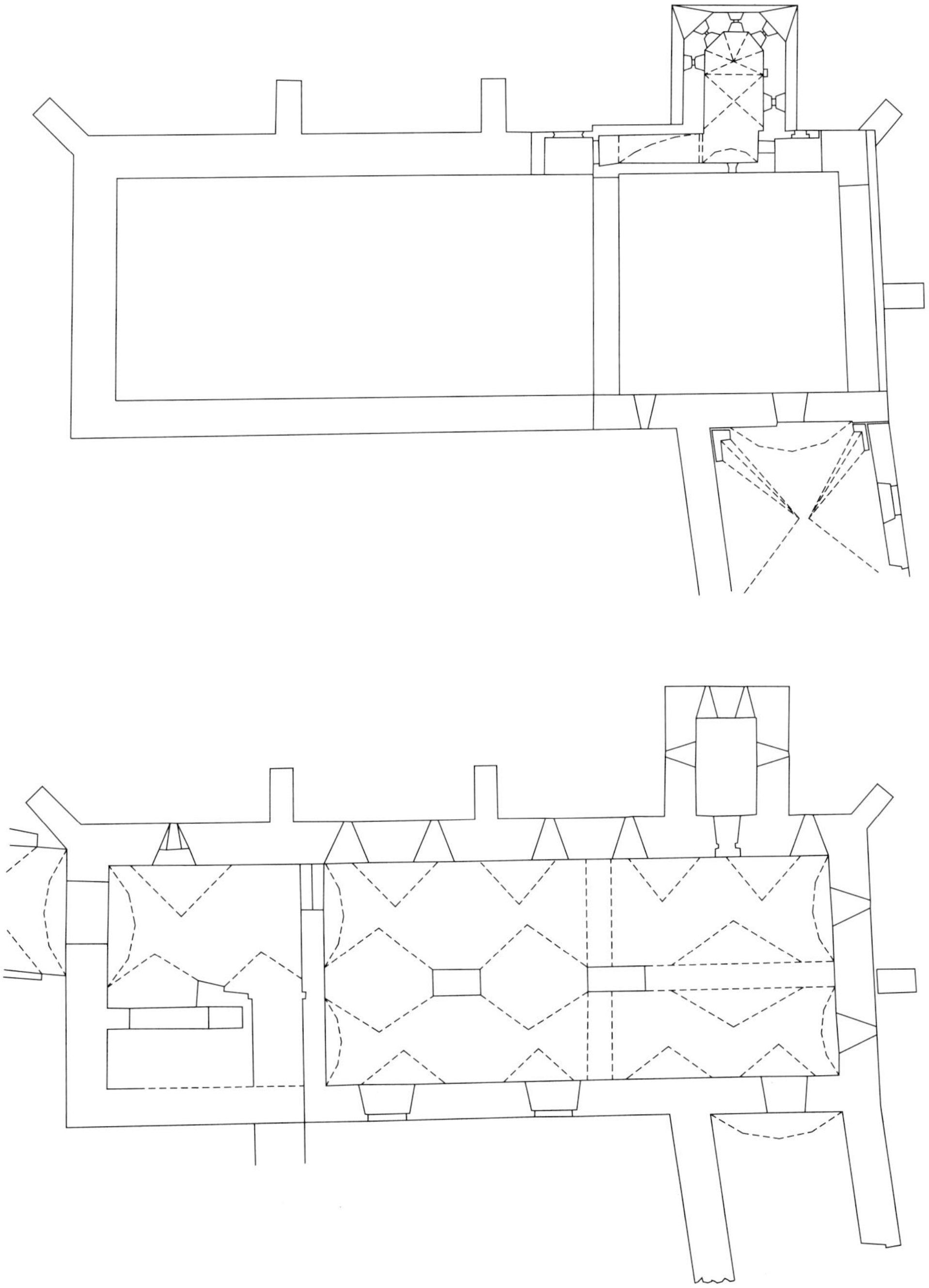

Kat. Nr. 12.1
Grundriss des Abtshauses und der Abtskapelle, Ober- und Untergeschoss.

bei den frühen Zisterzienserklöstern fehlt ein eigenes Abtshaus, da außerhalb der Klosterpforte keine Wohnbauten bestehen sollten, jedoch waren bereits ab dem 13. Jahrhundert Gästehäuser und teilweise palastartige Abtshäuser allgemein gebräuchlich und wurden meist östlich des Klosters freistehend errichtet.

Das Altenburger Abtshaus wird erstmals 1354 in den Urkunden genannt. Dem Grundriss nach bildete es einen einheitlichen Baukörper, eine zweischiffige, 7,6 × 25,4 m große Halle. Der nördliche Gebäudeabschnitt war zweigeschossig, der südliche hingegen, zu dem sich auch die Abtskapelle orientiert, umfasste drei Geschosse. Wie alle mittelalterlichen Bauten fielen auch Abtskapelle und Abtshaus den barocken Bauplänen Josef Munggenasts zum Opfer. Doch auch deren Reste sind heute noch beeindruckend. Erhalten geblieben sind vollständig das ehemalige Erdgeschoss sowie Teile des Obergeschosses im Bereich der Kapelle.

Die Räume des Erdgeschosses waren ursprünglich mit Holzdecken versehen, in den Räumen des Obergeschosses lagen die Wohn- und Repräsentationsräume des Abtes – außerhalb der Klausur der Mönche.

Die zweigeschossige Abtskapelle mit nicht eingezogenem Polygon über einem rechteckigen Unterbau setzt mittig am südlichen Gebäudeteil an. Der Raum im Erdgeschoss wird manchmal als „carcer“ (Gefängnis) gedeutet, könnte von der Lage her aber auch der „Archivraum“ des Klosters gewesen sein.

Für eine Datierung von Abtshaus und Abtskapelle um 1300 sprechen die Architekturteile der Kapelle und des 1. Obergeschosses; übereinstimmende Rippenprofile finden sich im Kreuzgang und in der Abtskapelle. Die Fenster der Kapelle (an der Ostseite vermauert erhalten) wurden im späten 15. Jahrhundert erneuert. Von außen blieben die Mauern des gesamten Gebäudes festungsartig geschlossen, zur Belichtung im Erdgeschoss dienten schartenartige Schlitzfenster im Osten und Süden. Der Außenbau ist nur durch tief angesetzte Strebepfeiler gegliedert. Ein Lichtgehäuse (1303 oder 1308) befindet sich an der äußeren Westwand, ein Abguss des Schluss-Steines mit Rosette des polygonalen Chorabschlusses im Inneren der Kapelle.

Drei vorbarocke Ansichten zeigen das Gebäude mit der Kapelle noch aufrecht: die älteste Ansicht des Stiftes nach Georg Matthäus Vischer von 1672, eine Kopie dieses Stiches in einem Heiligenkreuzer Codex und das Rotelbuch von 1681.

Literatur:

G. Seebach, Zur Baugeschichte des Stiftes Altenburg, in: H. Egger u. a., Stift Altenburg und seine Kunstschätze, St. Pölten und Wien 1981, 48f.

12.1 Grundriss des Abtshauses und der Abtskapelle

Nach G. Seebach

12.2 Die Abtskapelle von Osten

Foto: Stift Altenburg

12.3 Lichtgehäuse

1303 oder 1308
Foto: NÖ. Landesregierung, Bildstelle, E. Nechuta

Das nachträglich in die spätgotische Westwand der Abthauskapelle versetzte Lichtgehäuse ist eines der ältesten erhaltenen in Österreich. Es stammt vermutlich aus der Veitskapelle von einer der beiden Ewig-Licht-Stiftungen des Hadmar von Sunnberg vor dem Altar.

A. Gr. und M. Ka.

Kat. Nr. 12.2

Kat. Nr. 12.3

13. Archäologie im Felde – Wie arbeitet der Archäologe im Gelände?

Durch eine archäologische Ausgrabung wird es dem Forscher möglich, Funde und Fundumstände, so genannte *Befunde* (zum Beispiel Siedlungsgruben, Gräber, Mauern) komplett zu erfassen und in eine chronologische (zeitliche) Reihenfolge zu bringen. Dabei gilt es, systematisch und sorgfältig zu arbeiten. Eine einmal zerstörte Fundsituation ist ohne entsprechende Dokumentation unwiederbringlich verloren. Selbst die kleinsten und unscheinbarsten *Funde,* ihre Lage zueinander oder die geringste Farbabweichung des Bodens können wichtige Aufschlüsse bringen.

Ausgrabung

Durch kleinere Testsondagen erhält man einen ersten Überblick über eine Fundstelle. Detailliertere Aussagen kann meist erst eine Flächengrabung bringen. Sie erlaubt es, die einzelnen Befunde in einem sinnvollen Zusammenhang zu sehen. Jede Besiedlung hinterlässt im Boden zahlreiche Spuren, die sich untereinander durch Farbe, Zusammensetzung oder Festigkeit im Erdreich unterscheiden. Ohne eine spätere Störung bleiben sie selbst noch nach Jahrtausenden erkennbar. Bei einer Ausgrabung muss nun jeder Befund sowohl hinsichtlich seiner horizontalen als auch vertikalen Ausdehnung untersucht und dokumentiert werden. Da die Grabung eine zwar geregelte, jedoch trotzdem eine Zerstörung des Befundes bedeutet, können durch die archäologische Dokumentation die jeweiligen Befund- und Fundumstände rekonstruiert werden. Im Fundprotokoll, einem numerischen Aufzeichnungssystem, werden die Informationen über alle während der Grabung zutage tretenden Fundstücke hinsichtlich ihrer Lage und Zuordnung zu bestimmten Befunden festgehalten. Ein den Funden beigelegter Fundzettel gewährleistet die eindeutige Herkunftsbestimmung.

Zwei Methoden veranschaulichen, wie eine Flächengrabung durchgeführt werden kann:

Planumsgrabung

Bei dieser Grabungsweise werden in einem abgegrenzten Bereich, einem Schnitt oder Quadrant, in regelmäßigen Abständen waagrechte ebene Flächen, so genannte Plana eingezogen, in denen die verschiedenen Erdverfärbungen als Spuren der vom Menschen durchgeführten Bodeneingriffe zu erkennen sind.

Schichtgrabung

Hier werden in einem abgegrenzten Areal sorgfältig die einzelnen Erdschichten – wie bei einer Zwiebel – abgeschält, indem man ihrem tatsächlichen Verlauf folgt.

Durch Erfassen aller archäologischen Schichten bis zum ungestörten Boden kann man eine *„relative Chronologie“* erstellen. Diese sagt aus, welche Befunde – verglichen miteinander – älter beziehungsweise jünger sind. Prinzipiell sind bei einer regelhaften Schichtabfolge die oberen Fundschichten jünger als die unteren. Anhand von Profilen (Querschnitten) kann die Fundschichtenabfolge abgelesen werden. Alle Befunde werden eingemessen, fotografiert, gezeichnet und alle zusätzlichen Informationen schriftlich festgehalten.

Eine *„absolute chronologische“* Einordnung (also wie alt ist ein Befund?) kann erst erfolgen, wenn die den einzelnen Schichten zuordenbaren Funde geborgen und untersucht sind. Dabei muss beachtet werden, dass einzelne Objekte (zum Beispiel Münzen) länger verwendet wurden, ehe sie in den Boden gelangt sind. Der jüngste Fund datiert einen *„geschlossenen Fund“,* also eine Anzahl verschiedener Gegenstände, die nachweislich gleichzeitig in geschlossener Form in den Boden gelangt sind.

B. We.

Zur Methodik der Grabungen im Stift Altenburg

Klosterarchäologie ist ein sehr spezieller Bereich innerhalb der archäologischen Forschung und bedarf umfangreicher Vorbereitungen. Da oft innerhalb von Räumen gegraben wird, muss auf die Statik der Gebäude Rücksicht genommen werden. Eine fotografische Aufnahme und Beschreibung der Raumbeschaffenheit, Mauern und Verputze vor der Grabung ist unerlässlich, um die schon vorhandenen Schäden wie etwa Setzungsrisse beobachten zu können. In vielen Bereichen darf aus statischen Bedenken nicht gegraben werden, auch wenn die Fragestellung noch so interessant wäre.

Im Folgenden soll der Ablauf von Ausgrabungen, wie sie in Stift Altenburg stattgefunden haben, kurz beschrieben werden.

Sämtliche Grabungsflächen (in Altenburg als „Schnitte“ bezeichnet) werden vermessen und in einem Gesamtplan eingetragen. Über die Schnitte selbst wird ein Raster (x- und y-Koordinaten) gelegt. Damit ist jeder Punkt in der Grabungsfläche durch seine Koordinaten bestimmbar. Funde und Fundumstände wie Mauern, Gräber und Verfärbungen im Boden lassen sich dadurch exakt einordnen.

Nach diesen Maßnahmen kann die eigentliche Ausgrabung mit dem Aushub des Verfüllungsmaterials beginnen. Es wird nach Schichten abgetieft und auch der Aushub nach Funden durchsucht. In Altenburg bestanden die obersten Schichten meist aus Bauschutt, wobei hier schon Funde wie Scherben, Ofenkacheln, Glasbruchstücke, Metallgegenstände, Bauteile aus Sandstein, Stuckreste, Ziegel und Tierknochen zum Vorschein kamen. Organische Gegenstände haben sich in diesen Schichten nicht erhalten. Nur stellenweise ließen sich Holz- und Lederreste nachweisen.

Die Funde werden nach Materialbeschaffenheit getrennt, verpackt und beschriftet. Parallel dazu wird ein Fundprotokoll geführt. Die genaue Zuordnung der Funde ist wichtig, da dadurch die einzelnen Schichten datiert werden können.

Nach jedem Abtiefen wird die Fläche geputzt, um Befunde wie Einbauten, Mauern, Fußböden, Gräber, Pfostenlöcher, Gruben oder andere Bodenverfärbungen zu erkennen. Bei diesem Arbeitsschritt ist es wichtig, die Funde an ihrem Auffindungsplatz (in situ) zu belassen, denn sie geben Auskunft über das Alter der Befunde. Dann erfolgt die Dokumentation, die in der Regel durch eine fotografische Aufnahme mit mehreren Kameras und einer anschließenden maßstabgetreuen

Zeichnung und Beschreibung der freigelegten Situation erfolgt. Anschließend müssen noch die Höhenwerte mit Hilfe eines Nivelliergerätes in die Zeichnung eingetragen werden. Nun werden die eingetragenen Funde geborgen und katalogisiert. Bei Bedarf müssen die Funde gleich an Ort und Stelle vor dem Herausnehmen präpariert werden. Manchmal werden auch Proben entnommen, die später im Labor analysiert werden. In Altenburg wurden hauptsächlich Gesteins-, Erd- und Mörtelproben untersucht.

Besonderes Augenmerk wird den seitlichen Wänden der Schnitte, Profile genannt, zugewendet, da hier die Schichtenabfolgen deutlich zu erkennen sind. Durch die darin enthaltenen Funde lässt sich ihr Alter angeben. In der Regel ist die oberste die jüngste und die unterste die älteste. Nach dem sorgfältigen Überputzen der Profile werden sie ebenfalls fotografisch und zeichnerisch dokumentiert.

Eine Ausgrabung ist erst dann abgeschlossen, wenn der „gewachsene Boden", das bedeutet eine Schicht erreicht ist, in der sich keine anthropogenen Eingriffe mehr nachweisen lassen. In einigen Fällen, so beispielsweise in Altenburg, ist der gewachsene Boden der anstehende Fels.

Die Arbeit der Archäologen ist keineswegs auf die Feldforschung vor Ort beschränkt. Die Präparation und Restaurierung, die Vorlage der Funde und Befunde, die Auswertung der Analysen von den Proben sowie eine Gesamtinterpretation sind nur einige weitere aufwendige Arbeitsschritte bis zur Publikation.

J. Tu.

14. Werkstatt des Archäologen

Wie findet der Archäologe ehemalige Siedlungsstätten oder Gräber?

Bevor der Archäologe den Spaten ansetzen kann, muss mit Hilfe der archäologischen Prospektion die Lage früherer Siedlungen, Befestigungen oder Gräberfelder festgestellt werden.

Oberflächenbeobachtung

Mauern, künstliche Bodenerhebungen oder nur zum Teil wiederverfüllte Gräben können von geübten Augen bei Begehungen im Gelände entdeckt werden. Die auf unbestellten Feldern aufgelesenen Funde weisen ebenfalls auf einen archäologischen Fundplatz hin.

Luftbildprospektion

Schattenmerkmale

Manchmal sind Bodenerhebungen oder -eintiefungen zu gering, um sie mit freiem Auge entdecken zu können. Hier helfen Fotografien aus der Luft, so dass beispielsweise bei schräg einfallendem Sonnenlicht auch minimalste Höhenunterschiede, etwa von Befestigungswällen und -gräben oder von verschliffenen Hügelgräbern, zu erkennen sind.

Bodenmerkmale

Aufgrund der höheren Bodenfeuchtigkeit von umgelagertem Erdreich, zum Beispiel in Gräben oder Siedlungsgruben, treten meist dunklere Verfärbungen auf, die etwa auf einem Acker ohne Bewuchs relativ leicht zu erkennen sind.

Bewuchsmerkmale

Vom Menschen verursachte Bodeneingriffe können sich auf den darüber befindlichen Pflanzenbewuchs auswirken. Oberhalb von Mauern verfügen die Pflanzen über ein geringes Nährstoffangebot, sie gedeihen daher nicht so gut – niedriger Wuchs und vorzeitige Reife sind die Folge. Bei eingetieften Befunden (Gräber, Vorratsgruben) finden die Pflanzen hingegen einen feuchteren, nährstoffreicheren Boden vor und weisen dadurch höheren Wuchs und eine spätere Reife auf. Beide Bewuchsmerkmale werden durch Schräglichtaufnahmen anschaulich gemacht und damit auch dokumentiert.

Geophysikalische Prospektion

Störungen im Boden, wie wieder aufgefüllte Befestigungsgräben, Steinmauern, Holzpfosten oder durch Feuer gebrannter Lehm, verursachen messbare physikalische und chemische Veränderungen. Die durch derartige Messungen gewonnenen Daten können grafisch veranschaulicht werden.

Bodenwiderstandsmessung

Diese beruht auf der Erkenntnis, dass die elektrische Leitfähigkeit des Bodens durch verschiedenartige Einschlüsse oder künstliche Störungen verändert wird. Zum Beispiel weisen verschüttete Mauerreste bei einer Messung im Boden einen stärkeren elektrischen Widerstand auf als das umgebende Erdreich.

Geomagnetisches Messverfahren

Grundlage dieser Methode ist der Umstand, dass der Magnetismus des Bodens zum Erdmittelpunkt hin schwächer wird. Fremdelemente oder chemische Veränderungen in der Erde zeigen Auswirkungen auf die Intensität des magnetischen Erdfeldes. Schwankungen lassen Schlüsse auf Bodenveränderungen oder Störungen zu.

Was passiert mit den Funden?

Die Arbeit des Archäologen endet nicht mit dem Abschluss der Ausgrabung. Es müssen die Funde gereinigt und mit der jeweils gültigen Fundnummer beschriftet werden, um sie eindeutig einem Fundort und einem Fundzusammenhang, einem Grubenkomplex oder einem Grab zuweisen zu können. Zerbrochene Gegenstände werden wieder zusammengesetzt und gegebenenfalls ergänzt, fragile oder stark angegriffene Gegenstände gefestigt. Alle Fundstücke werden aufbewahrt und in Magazinen gelagert.

Keramik, Knochen und Glas

Der Großteil des Fundmaterials aus archäologischen Ausgrabungen besteht aus zerbrochenen Tongefäßen. Die einzelnen Scherben werden – wenn möglich – zu vollständigen Gefäßen zusammengefügt, fehlende Teile mit Gips ergänzt. Auch zerbrochene Knochen und Glasgefäße werden zusammengeklebt.

Holz, Leder und Textilien

Diese erhalten sich meist nur unter speziellen Voraussetzungen wie unter Luftabschluss im Eis, in Mooren und Seen. Diese organischen Materialien müssen nach ihrer Bergung chemisch konserviert werden, um einen Zerfallsprozess zu verhindern. Das zum Beispiel im Holz der Ständerbauten von Pfahlbausiedlungen enthaltene Wasser wird durch Glukose ersetzt (Einlegen des Gegenstandes in eine Zuckerlösung). Gewebe können in wässrigen Lösungen von Zellulose-Derivaten oder Acrylharzen konserviert und nach einer Vakuumgefriertrocknung zur Stabilisierung auf einem zweiten Trägergewebe fixiert werden.

Metall

Gut erhaltene Metallgegenstände werden auf mechanischem oder chemischem Wege gereinigt. Die durch die Korrosion „entstellten" und dadurch nicht mehr in ihrer Form und Funktion erkennbaren Fundgegenstände müssen mittels Röntgenaufnahme näher untersucht werden. Dadurch werden die unter dem Rost vorhandenen Überreste des Gegenstandes sichtbar. Mittels Entsalzung und chemischer Präparation werden Metallobjekte dauerhaft konserviert.

Wie kann man das Alter von Funden bestimmen?

Chronologisch empfindliche Funde

Aussagekräftig ist ein Fund erst dann, wenn seine ursprüngliche Lage und der so genannte Fundzusammenhang bekannt und dokumentiert ist. Die Funde werden mit Hilfe von Protokoll und Fundzettel verwaltet.

Keramik ist in fast allen Zeitperioden die am meisten verbreitete Fundgattung. Die zahlreichen Gefäßformen sind einer raschen Veränderung beziehungsweise Modeströmungen unterworfen und ermöglichen sowohl eine zeitliche als auch eine räumliche Zuordnung. Am Beispiel der heutigen Bierflaschen kann man dieses Prinzip gut nachvollziehen: Jede Brauerei verwendete früher auch Glasflaschen verschiedenartiger Form und mit unterschiedlichem Verschluss-System. Im Zuge der EU-Reform wurde die Flaschenform (mit Kronenkorken) vereinheitlicht und unterscheidet sich nun nur durch eine individuelle Etikettierung. Einige Unternehmen versuchen jetzt allerdings wieder, sich durch Sonderformen (etwa mit Porzellanverschluss) von den übrigen zu unterscheiden, wodurch auch ohne Aufklebeschild diese Flaschen eindeutig einer Biermarke zuzuweisen sind.

Die Prägestempel von Münzen geben Auskunft über den Münzherren, wodurch auch die Prägezeit bekannt ist.

Radiokarbon-Methode (^{14}C-Methode)

Das ^{12}C-Atom wird in den oberen Luftschichten unter Einwirkung von Sonnen- und kosmischer Strahlung in ein ^{12}C-Atom und in ein radioaktives ^{14}C-Atom aufgespalten. Beide werden gleichermaßen von lebenden Organismen aufgenommen. Stirbt ein Lebewesen, so hört die Aufnahme von ^{14}C-Atomen auf und es beginnt der Zerfall des radioaktiven Kohlenstoffes. Dieser erfolgt in einer Halbwertszeit von 5736 Jahren, das heißt, dass nach diesem Zeitraum nur noch die Hälfte des ursprünglich aufgenommenen ^{14}C-Gehalts vorhanden ist. Durch das sich dadurch ändernde Verhältnis von ^{14}C- und ^{12}C-Atomen ist die seit dem Tod verstrichene Zeitspanne messbar.

Dendrochronologie (Baumringzählung)

Jeder Baumstamm lässt in seinem Querschnitt unterschiedliche Wachstumszonen, so genannte Jahresringe erkennen, deren Breite durch das Wetter bestimmt wird und die bei allen Bäumen der gleichen Art in einer Region von mehreren hundert Quadratkilometern ähnlich sind. Jeder Jahresring unterscheidet sich in seinem Aussehen von denjenigen der vorhergehenden oder nachfolgenden Jahre. Durch möglichst viele Proben werden so genannte Standardkurven erarbeitet, die mit Hilfe von Überlappungen solcher Jahresringmuster verlängert werden können.

Thermolumineszenz

Die in Tonscherben und Ziegeln enthaltenen Mineralien wie Quarz oder Feldspat weisen geringe Mengen radioaktiver Substanzen auf. Beim Brennen des Tones entweicht nun die gespeicherte Energie in Form von einer kleinen Menge sichtbaren Lichtes. Diese radioaktive Energie baut sich nach dem Brand langsam wieder auf. Bei einer neuerlichen Erhitzung kann man durch die neuerlich entweichende Lichtmenge das Alter bestimmen.

Die wissenschaftliche Bearbeitung

Den Abschluss einer Ausgrabung bildet die wissenschaftliche Aufarbeitung des Befund- und Fundmaterials, die in Fachbüchern ihren Niederschlag findet. Unterschiedliche Wissenschaftszweige sind mit diesen Untersuchungen befasst.

Archäologie

Sowohl Tongefäße beziehungsweise deren Bruchstücke als auch Schmuck- und Trachtbestandteile werden grafisch dokumentiert. Zunächst werden Bleistiftzeichnungen angefertigt, die dann in unterschiedlicher Art und Weise in qualitätvolle druckfertige Vorlagen umgesetzt werden. Die während der Ausgrabung durch Pläne dokumentierten Befundzeichnungen werden entweder gleichfalls in Tusche umgesetzt oder mittels Computer digital aufbereitet.

Die Funde werden nach formenkundlichen, zeitlichen und regionalen Aspekten bearbeitet. Durch die Analyse der dokumentierten Befunde erhalten wir Auskunft über das tägliche Leben unserer Vorfahren, deren wirtschaftliche und soziale Verhältnisse.

Anthropologie

Das Skelett und der Leichenbrand (die Überreste des auf dem Scheiterhaufen verbrannten Verstorbenen) bedarf einer anthropologischen Bearbeitung. Diese sollte Aussagen über Altersstruktur, Krankheitsbild, geschlechtsspezifische Merkmale u. a. m. der einzelnen Zeitepochen beinhalten.

Archäozoologie

Sowohl im Siedlungsmaterial als auch innerhalb der Gräberfelder finden sich zahlreiche Tierknochen, in Gräbern als Überreste von Speisebeigaben, bei den in den Siedlungsgruben gefundenen Tierknochen handelt es sich zumeist um Speiseabfall, der auch Auskunft über Unterschiede im Speiseplan der einzelnen Zeitepochen liefert. Weiters erhalten wir Hinweise über Tierhaltung und Viehzucht, die dadurch bereits ab der Zeit der jungsteinzeitlichen Bauern nachgewiesen ist.

Archäobotanik

Pflanzenreste wie Getreide, Hülsenfrüchte, Obstkerne oder Holzbalken erhalten sich unter speziellen Voraussetzungen im feuchten Boden oder sind durch Feuereinwirkung verkohlt erhalten. Auch als Abdrücke auf Tongefäßen oder zum Beispiel auf dem Lehmbewurf ehemaliger Holzwände sind sie Grundlage für die botanische Bearbeitung. Die identifizierten Pflanzenarten geben Hinweis sowohl auf die klimatischen Verhältnisse als auch auf die Verwendung von Wildpflanzen und deren Kultivierung in früheren Zeiten. Dadurch wird deutlich, in welcher Umgebung der Mensch lebte, welche pflanzlichen Rohstoffe er für sein tägliches Leben nutzte beziehungsweise welche ihm als Nutzpflanzen dienten.

Geologie

Die seinerzeitige Landschaft ist heute zumeist stark verändert. Hügel können eingeebnet oder durch Terrassen umgestaltet und Flüsse verlandet beziehungsweise einen anderen Verlauf genommen haben. Die Erstellung eines „geologischen Profils" ist wesentlich für Untersuchungen im Hinblick auf die Siedlungsgeschichte einer Region.

Archäometallurgie

Diese Wissenschaft beschäftigt sich mit den Funden aus Metall wie beispielsweise Kupfer, Bronze oder Eisen. Dadurch können deren Rohstoffe und Bestandteile analysiert und die Art der Herstellung (zum Beispiel Schmieden, Guss) bestimmt werden.

Chemie

Die anorganische Chemie beschäftigt sich mit den mineralischen Rohstoffen der Funde und hier vor allem mit der Ermittlung der Grundsubstanzen beziehungsweise Beimengungen in der Keramik. Diese Analysen vermitteln uns beispielsweise die Lagerstätten der zur Erzeugung von Gefäßen verwendeten Tonmaterialien.

Ausgangsmaterial für organisch-chemische Untersuchungen sind Tier- und Pflanzenreste, wie sie zum Beispiel im Inneren von Gefäßen als Überreste von Nahrungsmitteln erhalten sind.

Warum ist Denkmalschutz wichtig?

Der Denkmalschutz in Österreich ist Bundessache. Die Belange der archäologischen Denkmalpflege obliegen der Abteilung für Bodendenkmale des Bundesdenkmalamtes, das dem Bundesministerium für Unterricht und kulturelle Angelegenheiten unterstellt ist. Die Bestimmungen des Denkmalschutzgesetzes, die die Bodendenkmale betreffen, beinhalten Regelungen zur Meldepflicht für Zufallsfunde, die Erfassung der Denkmale und die Erstellung einer zentralen Dokumentation sowie die Veröffentlichung. Ein wesentlicher Bestandteil der archäologischen Denkmalpflege ist der Schutz der durch rege Bautätigkeit besonders bedrohten Altstadtkerne.

Auszug aus dem Denkmalschutzgesetz (DMSG) in der Fassung vom 19. August 1999:

§ 1. (1) Die in diesem Bundesgesetz enthaltenen Bestimmungen finden auf von Menschen geschaffene unbewegliche und bewegliche Gegenstände (einschließlich Überresten und Spuren gestaltender menschlicher Bearbeitungen sowie künstlich errichteter oder gestalteter Bodenformationen) von geschichtlicher, künstlerischer oder sonstiger kultureller Bedeutung („Denkmale") Anwendung, wenn ihre Erhaltung dieser Bedeutung wegen im öffentlichen Interesse gelegen ist. Diese Bedeutung kann den Gegenständen für sich allein zukommen, aber auch aus der Beziehung oder Lage zu anderen Gegenständen entstehen. „Erhaltung" bedeutet Bewahrung vor Zerstörung, Veränderung oder Verbringung ins Ausland.

(2) Die Erhaltung liegt dann im öffentlichen Interesse, wenn es sich bei dem Denkmal aus überregionaler oder vorerst auch nur regionaler (lokaler) Sicht um Kulturgut handelt, dessen Verlust eine Beeinträchtigung des österreichischen Kulturgutbestandes in seiner Gesamtsicht hinsichtlich Qualität sowie ausreichender Vielzahl, Vielfalt und Verteilung bedeuten würde. Wesentlich ist auch, ob und in welchem Umfang durch die Erhaltung des Denkmals eine geschichtliche Dokumentation erreicht werden kann.

(5) Ob ein öffentliches Interesse an der Erhaltung eines Einzeldenkmals, eines Ensembles oder einer Sammlung besteht sowie ob oder wie weit es sich (auch) um eine Einheit handelt, die als einheitliches Ganzes zu erhalten ist, ist vom Bundesdenkmalamt unter Bedachtnahme auf diesbezügliche wissenschaftliche Forschungsergebnisse zu entscheiden. Bei der Auswahl der Objekte, die unter Denkmalschutz gestellt werden, ist die Bewertung in den vom Bundesdenkmalamt geführten bzw. verfassten Denkmalverzeichnissen zu berücksichtigen. Allgemein anerkannte internationale Bewertungskriterien können in die Beurteilungen mit einbezogen werden. Wenn eine ausreichende Erforschung von Denkmalen – wie insbesondere bei nicht ausgegrabenen Bodendenkmalen – noch nicht abgeschlossen ist, ist die Feststellung des öffentlichen Interesses an der Erhaltung der Denkmale nur dann zulässig, wenn die für die Unterschutzstellung erforderlichen Fakten auf Grund des wissenschaftlichen Erkenntnisstandes wenigstens wahrscheinlich sind und die unversehrte Erhaltung der Denkmale andernfalls gefährdet wäre; eine solche Unterschutzstellung kann auch zeitmäßig begrenzt erfolgen.

Die Aufgabe des Denkmalschutzes beziehungsweise der Denkmalpflege ist es, die Zeugen der Vergangenheit als Quellen der Geschichte zu erhalten, zu dokumentieren und aufzuarbeiten. Wesentlich ist auch die Präsentation in der Öffentlichkeit, um somit über den unwiederbringlichen Wert der Denkmäler zu informieren und Verständnis für das kulturelle Erbe zu wecken.

Ein wichtiger Bereich in der archäologischen Denkmalpflege ist die Aufbereitung der erhaltenen Überreste mit Hilfe von Zeichnungen und Modellen für die Öffentlichkeit.

Die Restaurierung und Sanierung der Gebäudereste dient nicht nur der Erhaltung und Bewahrung der Denkmale, sondern soll auch durch Veranschaulichen der Vergangenheit ein Geschichts- und Bildungserlebnis der Öffentlichkeit vermitteln.

Die Bodendenkmale stellen meist keinen materiellen Wert dar und lassen sich nur selten einer gebrauchsfähigen Zweckbestimmung zuführen. Alte Bausubstanz kann zum Beispiel in moderne Baukörper als Zeuge der Vergangenheit architektonisch eingeplant und integriert werden.

Jedes Bodendenkmal gibt uns Auskunft über die Lebensumstände unserer Vorfahren und konserviert gleichsam als „Zeitkapsel" unser historisches Erbe.

Literatur:

J. Biel und D. Klonk (Hrg.), Handbuch der Grabungstechnik, Stuttgart 1998.

E. Gersbach, Ausgrabung heute. Methoden und Techniken der Feldgrabung, Stuttgart 1998.

C. Renfrew und P. Bahn, Archaeology. Theories, Methods and Practice, London 1998.

B. We. und K. Gr.

14.1 Keramik

1. Hälfte 15. Jahrhundert

Keramik aus der Vorratskammer des Stiftes Altenburg während der Restaurierung. Siehe dazu Kat. Nr. 21.6.

14.2 Glas

16./17. Jahrhundert

Ein mit Blattgold verziertes Glas aus dem Prämonstratenserinnenkloster Pernegg während der Restaurierung.

14.3 Beil

Datierung: fraglich
Eisen, Länge 12,4 cm
Kloster Mondsee, ohne Inv. Nr.

Auf diesem Stück werden die unterschiedlichen Stadien der Metallkonservierung verdeutlicht. Beschreibung beginnend ab der Schneide: 1. Originalbefund nach Auffindung, 2. mit Bürste gereinigt, 3. mit Gummirädchen die Rostspitzen glatt gezogen, 4. mit Korundschleifrad poliert, 5. mit Diamant poliert.

14.4 Teil eines zusammengesetzten Fensters

Datierung: fraglich
Glas, Länge: 8,9 cm
Kleinmariazell, Inv. Nr. 5

Kat. Nr. 14.3

Die rechteckige Scheibe aus blauem und gelbem Glas mit schwarzer Bemalung stammt vermutlich von einem Kirchenfenster oder einer Türscheibe. Die Färbung des Glases und die gerade beschnittenen Ränder sprechen eher für eine Datierung in das späte 19. bis frühe 20. Jahrhundert.

14.5 Fragmente eines Butzenscheibenfensters

Spätmittelalter/frühe Neuzeit
Glas
Heiligenkreuz, ohne Inv. Nr.

Die teilweise verschmolzenen Glasfragmente stammen von einem aus runden Butzenscheiben zusammengesetzten Fenster, das offenbar durch Feuereinwirkung zerstört wurde. Neben den Butzenscheibenfragmenten sind auch die dreieckigen Zwickelstücke mit abgekröseltem Rand vorhanden.

14.6 Teil eines Butzenscheibenfensters

17./18. Jahrhundert
Eisen, Blei und Glas, Höhe 51 cm
Kloster Mondsee, ohne Inv. Nr.

Die sechseckigen Butzenscheiben dieses Fensterteiles sind in den originalen Bleiruten fixiert. An dem erhaltenen Seitenabschluss des Fensters ist zudem die Aufhängevorrichtung aus Eisen noch vorhanden. Die sechseckigen Scheiben sind charakteristisch für die Barockzeit.

14.7 Runde Butzenscheibe

Spätmittelalter/frühe Neuzeit
Glas, Durchmesser 8,2 cm
Kartause Mauerbach, Inv. Nr. 441

14.8 Fragment einer Reiterstatuette

Um 1600
Reduzierend gebrannte Keramik
Wien, Alte Universität, Inv. Nr. 78

Die Statuette ist in drei Bruchstücken überliefert, von denen zwei zusammenpassen und zu Kopf und Rumpf eines Pferdes gehören. Auf den Reiter lassen der vorhandene Sattel und Bruchstellen im Bereich desselben schließen. Die Haltung der Beinstümpfe verrät, dass das Pferd die Haltung einer Levade einnimmt,

Kat. Nr. 14.6

also auf der Hinterhand ruht und die Vorderhand erhoben hat. Der Kopf ist ausdrucksstark geformt und neigt sich leicht; die Mähne wurde durch zahlreiche Hinterschneidungen lebhaft ausgestaltet. Abplatzungen im Bereich der Hinterhand und des Bauches weisen darauf hin, dass die Figur ein Fehlprodukt ist; der sehr weiche Erhaltungszustand weist unter Umständen darauf hin, dass die Statuette nicht fertig gebrannt wurde.

Erste zeichnerische Entwürfe für Reiterstatuen mit Levade stammen von Leonardo da Vinci. Nicht zuletzt dank seines berühmten Entwurfes einer Kolossalreiterfigur in Mailand fanden seine Pferdedarstellungen zahlreiche Nachahmer in den humanistischen Werkstätten in ganz Europa des 16. Jahrhunderts. Für unsere Figur von Bedeutung ist in diesem Zusammenhang, dass zum einen Gussvorlagen, zum anderen Studienmodelle aus Wachs, aber auch Keramik in den Kunstwerkstätten hergestellt wurden, wobei letztere zum Teil auch in Sammlungen und Kabinetten – auch im universitären Milieu wie zum Beispiel in Padua – aufbewahrt wurden. Das Fragment aus der Alten Aula dürfte eher als Studienmodell (Pozzetto) angesprochen werden können,

Kat. Nr. 14.8

da die komplexe Ausformung selbst für einen Mehrschalenguss zu schwierig gewesen sein dürfte. Auf die Herkunft aus einer Gießerwerkstatt (im Rahmen der Fakultät der Artes Liberales?) dürfte die Vergesellschaftung mit Gusstiegeln, Schlacken, Schleifsteinen und weiteren Abfallprodukten hindeuten. (T. Kü.)

14.9 Sechs Spiel- oder Schleuderkugeln

Spätmittelalter/frühe Neuzeit
Keramik/Irdenware, Durchmesser 1,6–2,3 cm
Stift Altenburg, Inv. Nr. AB217, 447, 460, 462, 513, 543

Vergleichbare Keramikkugeln treten in mittelalterlichen und neuzeitlichen Fundkomplexen häufig auf und werden meist als Spielkugeln (Murmeln) interpretiert. Die größeren Exemplare wurden auch als Geschosse für Armbrüste oder Schleudern verwendet.

14.10 Tabakpfeife

19./frühes 20. Jahrhundert
Keramik/Irdenware, erhaltene Höhe 6,8 cm
Kartause Mauerbach, Inv. Nr. 133

Der Pfeifenkopf aus weißem Pfeifenton gehört zum Typus „Wiener Kaffeehauspfeife", die im 19. und frühen 20. Jahrhundert in Wiener Kaffeehäusern zum Kaffee serviert wurde. Der Kopf ist mit den Darstellungen eines Mannes und einer Frau verziert; auf der Manschette findet sich der Stempel „Cafe Cöln".

Kat. Nr. 14.10

14.11 Henkeltopf mit gelochtem Boden

16. Jahrhundert
Keramik/Irdenware, Höhe 25,4 cm
Kloster Mondsee, Inv. Nr. 313

Der an der Außenseite rot gefärbte Topf besitzt fünf vor dem Brand angebrachte Bohrungen am Boden. Der an der Schulter ansetzende Henkel weist eine Applike in Form einer Gesichtsmaske auf. Die aufwendige Ausgestaltung und die am Boden angebrachten Bohrungen lassen auf einen renaissancezeitlichen Blumentopf schließen.

Kat. Nr. 14.11

14.12 Verschlussbeschlag

2. Hälfte 16. Jahrhundert
Bronze, gegossen
Wien, Alte Universität, Inv. Nr. 32

Die Schauseite zeigt ein flach gearbeitetes, manieristisches Groteskenmotiv mit einem zentralen Mascherone. (T. Kü.)

Kat. Nr. 14.12

14.13 Petschaft

16./17. Jahrhundert
Buntmetall
Wien, Alte Universität, Inv. Nr. 47

Die Prägeseite zeigt ein Wappen mit den Initialen „H K" und einer Saufeder (?) in einem schrägen Balken. Die Initialen konnten bislang nicht zugeordnet werden, der Auffindungskontext erlaubt keine nähere soziale Eingrenzung des ehemaligen Trägers (Kleriker?, Universitätsangehöriger?, Bürger?). (T. Kü.)

Kat. Nr. 14.13

14.14 Deckel eines Gewichtsatzes für eine Waage

15./16. Jahrhundert
Bronze, Durchmesser 5,9 cm
Stift Altenburg, Inv. Nr. AB162

Gewichtsätze in Form ineinander geschachtelter Schälchen, die mit einem Deckel verschlossen waren, treten im Mittelalter häufig zur Verwendung für Handwaagen oder kleinere Standwaagen auf. Die Gewichte und der Deckel waren gegossen. Der Deckel weist auf der Oberseite eine Verzierung aus kreisförmigen Rillen sowie zwei Punzen auf (Schild mit horizontalen Balken und sechsstrahliger Stern).

Kat. Nr. 14.14

14.15 Waag-Gewicht

Spätmittelalter
Bronze, Durchmesser 2,7 cm
Kartause Mauerbach, Inv. Nr. 453

Das kleine, gelochte Waaggewicht ist Bestandteil eines Gewichtsatzes einer Handwaage. Auf der Unterseite sind mehrere Schlagmarken zu erkennen, die unter Umständen von der Überprüfung des Gewichtes stammen.

Kat. Nr. 14.15

14.16 Riegel eines Kästchenschlosses

Spätmittelalter
Bronze, Länge 11,5 cm
Stift Altenburg, Inv. Nr. AB201

14.17 Gelochtes Metallobjekt in Form eines Bügels

Spätmittelalter
Bronze, erhaltene Länge 5,5 cm
Stift Altenburg, Inv. Nr. AB452

14.18 Weihemedaillon

18. Jahrhundert
Bronze, Höhe 2,6 cm
Stift Altenburg, Inv. Nr. AB272

Kat. Nr. 14.16

Die Vorderseite zeigt eine Christusbüste mit Umschrift „SALvator MUNDI“, die Rückseite eine Marienbüste mit unvollständig lesbarer Umschrift (VIRgo..?..).

14.19 Schnalle

Barock
Bronze, Länge 7,1 cm
Stift Altenburg, Inv. Nr. AB422

Der rechteckige Schnallenrahmen, der Dorn fehlt, war Bestandteil einer Schuhschnalle und weist an der Schauseite ein punziertes, florales Muster auf.

Kat. Nr. 14.19

14.20 Profilierte Gürtelschnalle

13./14. Jahrhundert
Bronze, Länge 3,8 cm
Kartause Mauerbach, Inv. Nr. 199

14.21 Fingerring

Neuzeit?
Silber, Durchmesser 2,1 cm
Stift Altenburg, Inv. Nr. AB151

14.22 Büste Kaiser Franz Josephs I.

Nach 1900
Zinn, Höhe mit Sockel 18,3 cm
Kartause Mauerbach, Inv. Nr. 1567

14.23 Möbelbeschlag

15./16. Jahrhundert
Eisen, Länge/Diagonale 10,5 cm
Stift Altenburg, ohne Inv. Nr.

Kat. Nr. 14.23

Kat. Nr. 14.25

14.24 Schlüssel

17. Jahrhundert
Eisen, Länge 14,1 cm
Kloster Mondsee, ohne Inv. Nr.

Kat. Nr. 14.26

Kat. Nr. 14.24

14.25 Schlüssel

Neuzeit
Eisen, Länge 6,1 cm
Kleinmariazell, Inv. Nr. 223

14.26 Schlüssel

Spätmittelalter/frühe Neuzeit
Eisen, Länge 14,7 cm
Kartause Mauerbach, Inv. Nr. 990

14.27 Zwei Hufeisen

Neuzeit
Eisen
Kloster Mondsee, ohne Inv. Nr.

Kat. Nr. 14.27

14.28 Rädchensporn mit Lederriemen und Schnalle

Neuzeit
Länge 12 cm
Kloster Mondsee, ohne Inv. Nr.

14.29 Fundmünzen aus der Grabung Kloster Mondsee

Bayern-Landshut, Heinrich IV. (1393–1450) (6 Stück)
Bayern-Ingolstadt, Stefan III. und Ludwig VII. (1402–1413) (1 Stück)
Bayern-München, Ernst I. und Wilhelm III. (1397–1435) (2 Stück)
Bayern-München, Ernst I. und Adolf (1435–1438) (1 Stück)
Österreich, Kreuzerfälschung (16. Jahrhundert) (1 Stück)

Kat. Nr. 14.29

Ebtm. Salzburg, Paris Graf Lodron (1622) (1 Stück)
Österreich, Karl VI., Kreuzer (1711–1740) (1 Stück)
Österreich, Franz Joseph I. (1901) (1 Stück)
Benediktuspfennig (17./18. Jahrhundert) (1 Stück)

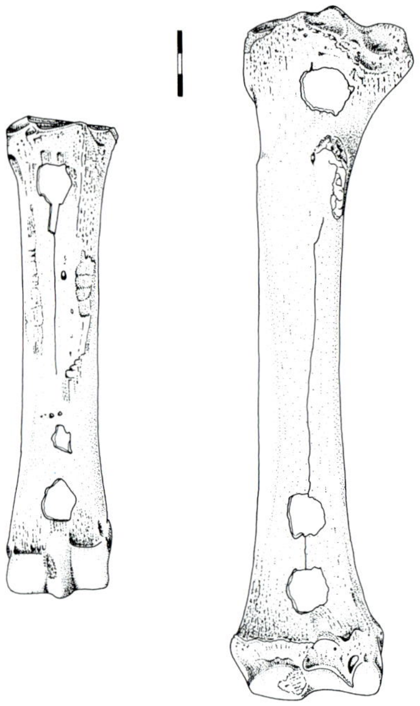

Kat. Nr. 14.30

14.30 Zwei Schlittknochen

1. Hälfte 15. Jahrhundert
Länge 31,8 und 22 cm
Dominikanerinnenkloster Tulln, Inv. Nr. 515

Die beiden Langknochen eines Rindes wurden an einer Seite abgeflacht, während auf der anderen Seite jeweils drei grobe Bohrungen angebracht wurden. Die Bohrungen dienten zur Fixierung der Knochen an Schuhwerk oder einem fahrbaren Untersatz, die abgeflachten Unterseiten ermöglichten das Gleiten auf Eis und Schnee.

14.31 Fragment eines Griffes

15./16. Jahrhundert
Knochen, Länge 6,3 cm
Wien, Alte Universität, Inv. Nr. FLII, Raum G

Dieser Griff gehörte ursprünglich zu einer Gabel oder einem Tischmesser. Die Griffe derartiger Geräte wurden häufig mit aufwendigen Schnitzereien versehen. (T. Kü.)

14.32 Beingriff

Frühe Neuzeit
Länge 7,8 cm
Kartause Mauerbach, Inv. Nr. 1645

Kat. Nr. 14.32

14.33 Flöte

Spätmittelalter
Knochen, Länge 5,5 cm
Stift Altenburg, Inv. Nr. AB460

Diese einfachste Form einer Knochenflöte ist im gesamten Mittelalter ein weit verbreiteter Fundtyp. Das Altenburger Stück weist als Besonderheit zwei gegenständige Bohrungen auf.

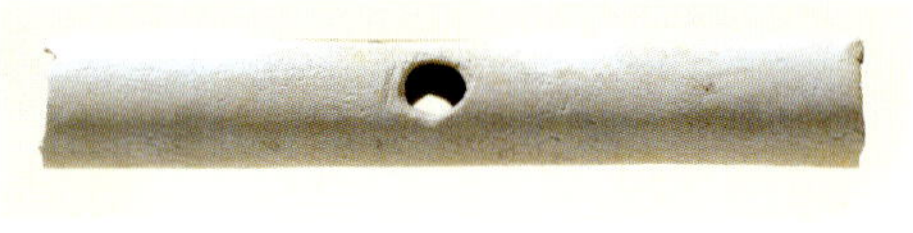

Kat. Nr. 14.33

14.34 Einfache Flöte

Spätmittelalter/frühe Neuzeit
Knochen, Länge 4,6 cm
Wien, Alte Universität, Inv. Nr. 9

Kat. Nr. 14.34

14.35 Fragmente einer Büchse

16. Jahrhundert
Knochen, Höhe 2,2 cm
Wien, Alte Universität, Inv. Nr. FLII-West

Die Fragmente einer Knochenbüchse sind mit einem umlaufenden Zierstreifen versehen, der zwischen einfachen Voluten einen laufenden Hasen zeigt.

14.36 Zahnbürste

19./20. Jahrhundert
Knochen, Länge 15,8 cm
Kartause Mauerbach, Inv. Nr. 502

Auf dem Stiel der beinernen Zahnbürste findet sich die Gravur „Dr. Pfeffermann's Wwe, Wien“.

Kat. Nr. 14.35

Kat. Nr. 14.37

Kat. Nr. 14.38 und 14.39

Kat. Nr. 14.41

14.37 Ziernadel

Frühe Neuzeit
Knochen, Länge 8 cm
Kartause Mauerbach, Inv. Nr. 733

14.38 Kegelförmiges Objekt, möglicherweise Abschluss eines Gabel- oder Messergriffes

Datierung: fraglich
Knochen, Höhe 3,0 cm
Stift Altenburg, Inv. Nr. AB678

14.39 Knopf

Barock?
Knochen, Durchmesser 1,6 cm
Stift Altenburg, Inv. Nr. AB348

14.40 Brosche

18./19. Jahrhundert
Perlmutt und Bronze, Länge 4,6 cm
Kartause Mauerbach, Inv. Nr. 1578

Die durchbrochen gearbeitete Brosche mit einem zentralen Medaillon, das von floralen Elementen eingefasst ist, wurde als Gewandschmuck getragen.

14.41 Knopf in Form einer Pilger(Jakobs-)muschel

17. Jahrhundert
Perlmutt
Wien, Alte Universität, Inv. Nr. 60

Religiöse Accessoires wie Bruderschafts- und Pilgermedaillons sowie -anhänger gehören zu den typischen Fundstücken im gegenreformatorisch geprägten Milieu, zu dem auch die Universität unter jesuitischer Führung im 17. Jahrhundert zählte. Daher nimmt es nicht Wunder, dass neben der Nachbildung der Jakobsmuschel auch weitere Devotionalien gefunden wurden. (T. Kü.)

14.42 Beschlag

15./16. Jahrhundert
Perlmutt, Länge 1,8 cm.
Stift Altenburg, Inv. Nr. AB297

Der äußerst fein mit Gravuren verzierte Beschlag eines Kästchens stellt einen schlafenden Mann mit Haube dar.

Kat. Nr. 14.42

14.43 Jakobsmuschel

Mittelalter
Durchmesser 9,9 cm
Dominikanerinnenkloster Tulln, Inv. Nr. 22

Die Schale einer Jakobsmuschel war das Kennzeichen der Pilgerfahrt zum Heiligtum des hl. Jakob in Santiago de Compostela (Nordwest-Spanien), einem der wichtigsten mittelalterlichen Wallfahrtsorte Europas. Die beiden Löcher dienten zum Fixieren der Muschelschale am Pilgerkleid.

Kat. Nr. 14.43

14.44 Petschaft

17./18. Jahrhundert
Eisen – Buntmetall, Höhe 4,7 cm
Kleinmariazell, Inv. Nr. Grab 33/1

Die Prägeseite der in Grab 33 gefundenen Petschaft zeigt ein Wappen in Form eines Medaillons mit eingeschriebener, bekrönter Figur. Darüber ist eine aus sechs Buchstaben bestehende Inschrift zu erkennen: P P G P C M. Eine Zuordnung ist derzeit nicht möglich.

N. Ho. und M. Kr.

Kat. Nr. 14.44

15. Die Gründung des Klosters Altenburg

Mit der Gründung eines Mönchsklosters nach der Regel des hl. Benedikt *(„cellam quandam in monastica conuersatione sub beati Benedicti regula")* durch Hildburg, die Witwe Gebhards von Puigen (Poigen), bekam die frühere Burg des Geschlechtes eine wichtige Bedeutung: Man darf aber nicht annehmen, dass die ersten Mönche, die – laut Tradition – aus dem steirischen St. Lambrecht gekommen sind, einfach in das alte, wahrscheinlich schon baufällige Burggebäude der Poigen eingezogen sind. In der Stiftungsurkunde vom 26. Juli 1144 heißt es: *„cellam . . . fundavit".* Wörtlich verstanden meint dies, die Stifterin habe ein kleines Kloster von Grund auf gebaut; verstärkt wird dies dadurch, dass es später heißt, sie habe die Stiftungsgüter dem von ihr gebauten Kloster *(„cenobio a se constructo")* geschenkt[2]. Beide Begriffe *cella* und *coenobium* stehen allgemein für Kloster und kommen auch in der Benediktsregel vor. Der Terminus *„ad titulum beati protomartyris Stephani"* aus der Stiftungsurkunde führte des öfteren zur Annahme, dass das Benediktinerkloster bei einer schon bestehenden Stephanuskirche gebaut worden war, erst die St. Lambrechter Mönche hätten (spätestens 1210)[3] das Lamberti-Patrozinium durchgesetzt. Bisher konnte keine Stephanus-Kirche urkundlich oder archäologisch nachgewiesen werden; P. Benedikt Wagner meint, dass mit dem Ausdruck aus der Stiftungsurkunde die Passauer Domkirche gemeint ist[4].

Der Passauer Bischof Reginbert ist der Aussteller der Stiftungsurkunde, die Altenburger Tradition versteht unter *„VII. Kal. Augusti"* den 25. Juli, die heutige Zählung jedoch den 26. Juli 1144 als Ausstellungsdatum der Urkunde. Archäologisch konnten die Fundamente einer Kirchenapsis südlich der gotischen Stiftskirche dokumentiert werden, ebenso eine beträchtliche Zahl von Grablegen aus der Zeit vor der Klostergründung. Die Stiftungsurkunde billigt dem jungen Kloster von Anfang an das Begräbnis- und Taufrecht zu.

Hildburg scheint noch im selben Jahr verstorben zu sein, als Todesdatum ist der 4. Dezember im ältesten Nekrolog des Stiftes (aus dem Jahr 1411)[5] eingetragen: *„Obiit pie me(m)orie Hildpurgis comitissa fundatrix huius monasterii de Rebegaw".* Unbekannt ist ihre Grablege; die Klostertradition erinnert an ein Stiftergrab beim heutigen „Nepomuk-Altar" der Stiftskirche.

Neben der edlen Hildburg von Puigen gilt die Herzogin Gertrud von Gars am Kamp als die zweite Stifterin des Klosters Altenburg, mit der Schenkungsurkunde von 1251 wird das Kloster erst, wirtschaftlich gesehen, lebensfähig.

[1] Textedition, Übersetzung und Kommentar in: B. Wagner, Die Stiftungsurkunde des Klosters Altenburg, in: R. Andraschek-Holzer (Hrg.), Benediktinerstift Altenburg 1144–1994, 35. Ergänzungsband der Studien und Mitteilungen des Benediktinerordens und seiner Zweige, St. Ottilien 1994, 9–50.

[2] B. Wagner, wie Anm. 1, 34–35.

[3] FRA 2/21, 5, Nr. IV.

[4] B. Wagner, wie Anm. 1, 33.

[5] AB 6 D 5: Sammelhandschrift mit Benediktusregel und Nekrolog; liturgisches Buch zur Prim, Altenburg 1411; in: G. Egger und H. Egger, Schatzkammer in der Prälatur des Stiftes Altenburg, Schriften der Bibliothek des Österr. Museums für angewandte Kunst 19, Wien 1979, Nr. 26/20.

15.1 Skizze des kleinen Umlaufberges mit dem Öden Schloss

P. Friedrich Endl, ohne Jahresangabe
Stiftsarchiv, Mappe Umlaufberg, ohne Signatur
Ungedruckter Artikel von P. Friedrich Endl OSB, Historiker und Archivar des Stiftes, mit dem Titel „Praehistorische Funde in der Nähe des Stiftes Altenburg" (Manuskript, Blatt 2)

15.2 Ödes Schloss

Foto: Stift Altenburg 1999

Es war im 12. Jahrhundert nichts Besonderes, eine Burg möglichst sicher und unzugänglich anzulegen. So entschloss sich Graf Gebhard von Puigen um 1130, seine Residenz zu verlegen: Ein Felsen (*„Stein"*) über dem Kampbogen, dem heutigen kleinen Umlaufberg, bot ohne Zweifel mehr Sicherheit als das Felsplateau seiner bisherigen Burg. Günstig war außerdem, dass dieser neue strategische Ort am Kamp nur wenige Kilometer vom alten entfernt lag und alle wirtschaftlichen

Kat. Nr. 15.1

Kat. Nr. 15.2

Besitzungen für die Versorgung der neuen Burg zur Verfügung blieben.

Die neu errichtete Burg wurde nach der Felswand am Kamp „Stein am Kamp" (ab dem 14. Jahrhundert „Tursenstein") genannt. Die Burg ging nicht nach dem Tod von Hildburg oder ihres Sohnes Hermann in den Besitz des Klosters über, sondern samt allen Besitzungen an die Linie der Stein-Rebegau, später an die Hohenburger Linie über. Nach dem Aussterben der Hohenburger zog 1210 Herzog Leopold VI. als Landesfürst die verwaisten Güter in Österreich ein, und erst am 15. 11. 1396 kam der Besitz durch eine Schenkung Herzog Albrechts IV. an das Stift Altenburg. Mauerreste am „kleinen Umlaufberg" zeugen von der seit dem Ende des 14. Jahrhunderts verfallenen Burganlage, die nun „Ödes Schloss" genannt wird.

Literatur:

B. Wagner, Die Stiftungsurkunde des Klosters Altenburg, in: R. Andraschek-Holzer (Hrg.), Benediktinerstift Altenburg 1144–1994, 35. Ergänzungsband der Studien und Mitteilungen des Benediktinerordens und seiner Zweige, St. Ottilien 1994, 33–38.

15.3 „Stifterin Hildburg und ihr Sohn"

Rotelbuch B, Altenburg 1681
Tempera auf Pergament, Goldrahmen, 30,5 × 21,5 cm
Stiftsarchiv AB 7 D 30
Foto: Stiftsarchiv Altenburg

Hildburg von Puigen (Poigen) steht mit ihrem Sohn Hermann in der Landschaft, beide halten das Modell der Kirche und der Veitskapelle in ihren Händen.

Kat. Nr. 15.3

Literatur:

G. Egger und H. Egger, Schatzkammer in der Prälatur des Stiftes Altenburg, Schriften der Bibliothek des Österr. Museums für angewandte Kunst 19, Wien 1979, 39, Nr. 88/1.

15.4 Stiftungsurkunde des Bischofs Reginbert von Passau für das Benediktinerkloster Altenburg

Krems, 1144, 26. Juli
Pergament, 38 × 12,5 cm; beschädigtes Wachssiegel des Bischof Reginbert
Signatur: AB 1, Nr. 507
Foto: Stiftsarchiv Altenburg

Es handelt sich bei dieser Urkunde um die Übernahme eines bereits erbauten Klosters in den kirchlichen Rechtsstatus eines bischöflichen Eigenklosters. Der Bischof von Passau bestätigt diese Klostergründung, nimmt das Kloster in seinen Schutz, garantiert der Gründerfamilie das Vogteirecht und den Mönchen das Recht der freien Abtwahl.

Literatur:

H. Burger, Urkunden der Benedictiner-Abtei zum Heiligen Lambert in Altenburg, Nieder-Österreich K.O.M.B. vom Jahre 1144 bis 1522, Fontes Rerum Austriacarum, Österreichische Geschichtsquellen, hrg. von der historischen Commission der kaiserlichen Akademie der Wissenschaften in Wien 2/21, Wien 1865, Nr. IV, 5.

Neueste Edition bei B. Wagner, Die Stiftungsurkunde des Klosters Altenburg, in: R. Andraschek-Holzer (Hrg.), Benediktinerstift Altenburg 1144–1994, 35. Ergänzungsband der Studien und Mitteilungen des Benediktinerordens und seiner Zweige, St. Ottilien 1994, 9–50, hier 21–23.

1000 Jahre Babenberger in Österreich, NÖ. Jubiläumsausstellung im Stift Lilienfeld, hrg. vom Amt der NÖ. Landesregierung, Abt. III/2, bearb. von E. Zöllner u. a. (= Kat. des NÖ. Landesmuseums, N. F. 66), Wien 1976, 284, Nr. 338.

G. Egger und H. Egger, Schatzkammer in der Prälatur des Stiftes Altenburg, Schriften der Bibliothek des Österr. Museums für angewandte Kunst 19, Wien 1979, 18, Nr. 18, Abb. 1.

15.5 Stiftungsbild

Todor Radunov 2000
„Anno millesimo centesimo quatragesimo quarto. . ."
Öl auf Leinen, 130 × 100 cm
Jubiläumsjahr-Kopie des im Zweiten Weltkrieg verschollenen Stiftungsbildes der Abtei Altenburg

Literatur:

A. Grenser, Die Wappen der Äbte von Altenburg, Jahrbuch „Adler", N. F. 1, 1891, 1–20, Tafel I (Abbildung des Stiftsbildes aus dem 17. Jahrhundert).

15.6 Schenkungsurkunde der Gertrude, Herzogin von Österreich, an das Stift Altenburg

Wien, 1251, 6. Februar
Pergament, 13 × 13 cm, Siegel beschädigt
Signatur: A 1, Nr. 8

Die Herzogin Gertrude gab dem Stift Altenburg die Pfarre Röhrenbach zur Vergütung der vielfältigen Schäden, welche dem Stift durch die Kriege ihres verstorbenen Gemahls Hermann von Baden erwachsen waren *(ad recompensanda dampna et dispendia multimoda).* Die Art der Schäden wird nicht erwähnt, doch scheint es sich um eine weitgehende Zerstörung der Klostergebäude gehandelt zu haben, welche in den nächsten Jahren notdürftig instandgesetzt und rekonziliiert wurden, doch im Jahre 1265 als baufällig bezeichnet wurden.

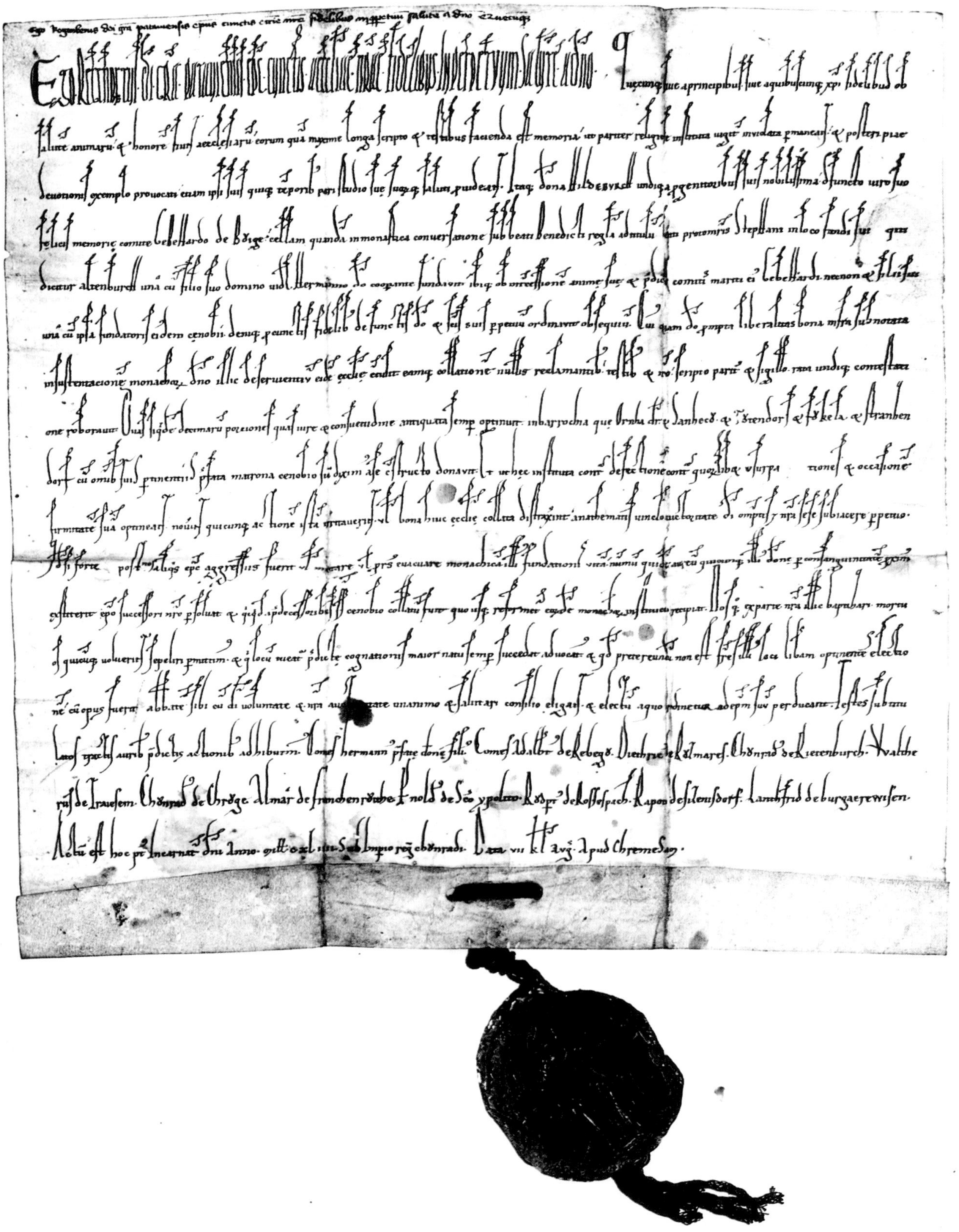

Kat. Nr. 15.4

Literatur:
H. Burger, Urkunden der Benedictiner-Abtei zum Heiligen Lambert in Altenburg, Nieder-Österreich K.O.M.B. vom Jahre 1144 bis 1522, Fontes Rerum Austriacarum, Österreichische Geschichtsquellen, hrg. von der historischen Commission der kaiserlichen Akademie der Wissenschaften in Wien 2/21, Wien 1865, Nr. IX, 10.

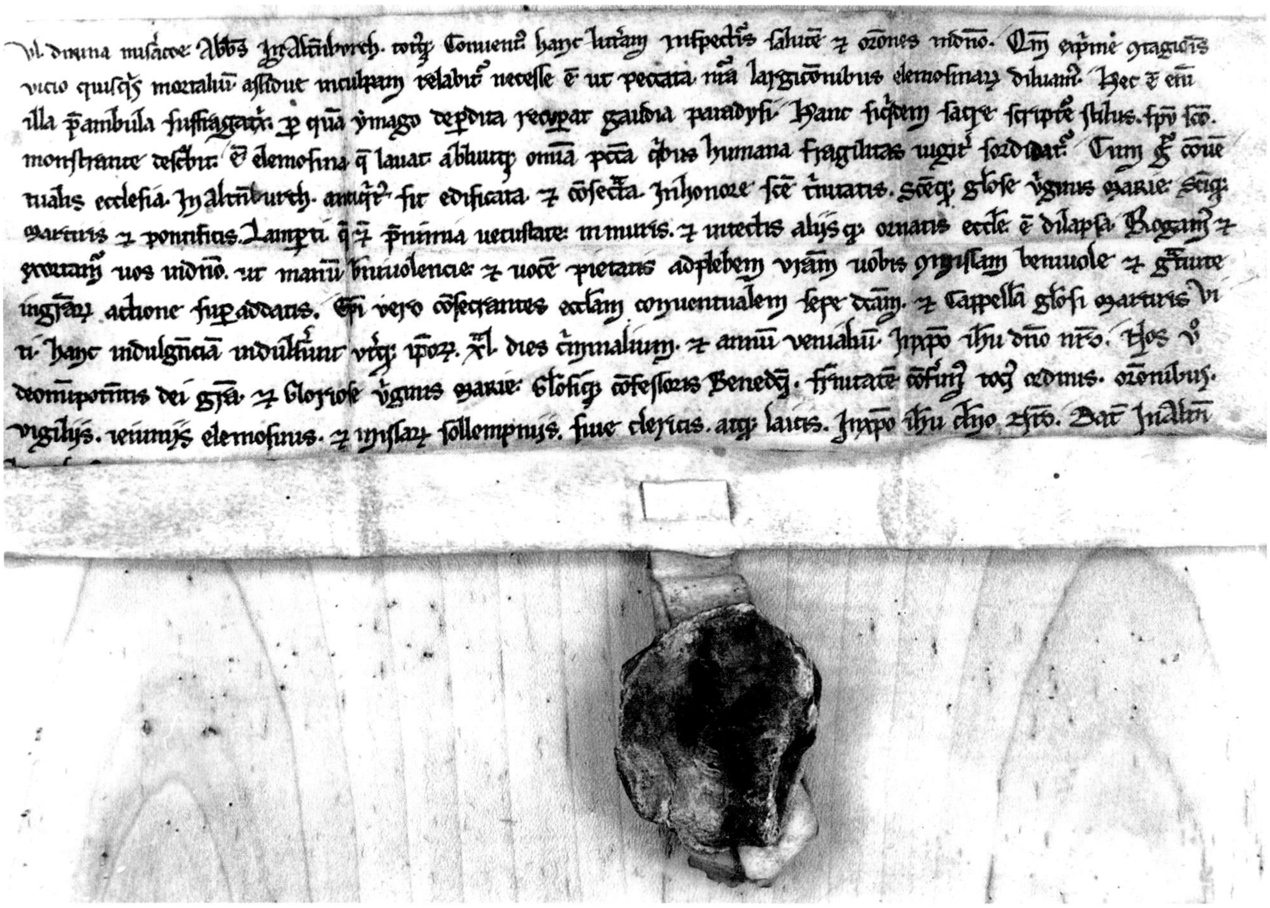

Kat. Nr. 15.8

Urkundenbuch zur Geschichte der Babenberger in Österreich 11, 319, Nr. 453.
1000 Jahre Babenberger in Österreich, NÖ. Jubiläumsausstellung im Stift Lilienfeld, hrg. vom Amt der NÖ. Landesregierung, Abt. III/2, bearb. von E. Zöllner u. a. (= Kat. des NÖ. Landesmuseums N. F. 66), Wien 1976, 284., 284, Nr. 339.
G. Egger und H. Egger, Schatzkammer in der Prälatur des Stiftes Altenburg, Schriften der Bibliothek des Österr. Museums für angewandte Kunst 19, Wien 1979, 18, Nr. 19.

15.7 „St. Benedictus legislator"

Rotelbuch A, Altenburg 1681
Tempera auf Pergament, Goldrahmen, 20 × 16, 5 cm
Stiftsarchiv AB 7 D 30
Siehe den einleitenden Beitrag von H. Egger, Abb. 1

Rechts vorne sitzt auf einem Lehnstuhl unter Baldachin der hl. Benedikt mit einem Kreuzstabe in der Linken. Kniend überreicht er dem ersten Abt von Altenburg, Gottfried, der den Abtstab in der Linken aufstützt, ein Buch – die *regula Benedicti* –, neun andere Mönche knien dahinter. Im Hintergrund graue, gequaderte Mauer, die durch ein Rundbogentor Einblick in eine Kapelle gewährt: Kreuzgewölbe, Knochen in Rundbogennischen aufgetürmt, am Ende ein Altar (schwarz und goldfarben). Rechts über dem Baldachin erscheint Madonna mit dem Christuskinde in Wolken.

Literatur:
G. Egger und H. Egger, Schatzkammer in der Prälatur des Stiftes Altenburg, Schriften der Bibliothek des Österr. Museums für angewandte Kunst 19, Wien 1979, 40, Nr. 88/5.

15.8 Ablassbrief des Abtes Ulrich

Altenburg, 1265, 15. Juli
Pergament, 9 × 22,5 cm, Siegel stark abgerieben
Foto: Stiftsarchiv Altenburg

Abt Ulrich und der Konvent von Altenburg fordern zu Beiträgen zum Bau der verfallenen Klosterkirche auf und verkünden den derselben verliehenen Ablass. Seine Vollmacht, einen Ablass zu verkünden, führt Abt Ulrich auf die *episcopi consecrantes* zurück. Das heißt, dass erst vor kurzem eine Neuweihung der Kirche und der Veitskapelle stattgefunden hat. Wahrscheinlich war diese Neueinweihung durch die Schäden notwendig geworden, die Herzog Hermann von Baden dem Stift Altenburg zugefügt hat und derentwegen seine Witwe, die Herzogin Gertrud, dem Stift Altenburg die Pfarre Röhrenbach als Schadensersatz gegeben hat. Das Siegel ist das älteste Konventsiegel von Altenburg und zeigte ursprünglich im Bildfeld den hl. Lambert, den Klosterpatron, auf einem Faltstuhl sitzend, das Haupt mit der Mitra bedeckt, in der Rechten den Bischofsstab, in der Linken einen Palmzweig.

Literatur:
H. Burger, Urkunden der Benedictiner-Abtei zum Heiligen Lambert in Altenburg, Nieder-Österreich K.O.M.B. vom Jahre 1144 bis 1522, Fontes Rerum Austriacarum, Österreichische Geschichtsquellen, hrg. von der historischen Commission der kaiserlichen Akademie der Wissenschaften in Wien 2/21, Wien 1865, Nr. XVI, 15.
A. Genser, Die Wappen der Äbte von Altenburg, Jahrbuch „Adler", N. F. 1, 1891, 4–5, Taf. II.
G. Egger und H. Egger, Schatzkammer in der Prälatur des Stiftes Altenburg, Schriften der Bibliothek des

Österr. Museums für angewandte Kunst 19, Wien 1979, 18–19, Nr. 20.

15.9 Hussitenchronik

Damna Monasterii Altenburgensis, um 1430
Papier, doppelseitig beschrieben, 29,7 × 22 cm

Als schwierigste Zeit im Spätmittelalter müssen die Einfälle der Hussiten in Altenburg angesehen werden. Die „Hussitenchronik" – bald nach 1430 verfasst – listet die Zerstörungen auf:

„Item, nachdem die Hussiten das Kloster Zwettl geplündert hatten, machten sie sich zu Fuß zu uns auf, und verheerten mit Feuer und Schwert unser ganzes Kloster und ließen es wie ein Taubenhaus zurück. . . .

Item warfen sie das mit großen Kosten angefertigte musikalische Instrument, das wir in der Muttersprache Orgel nennen, vom höchsten Ort im Innern der Kirche auf den mit Steinen gepflasterten Boden hinunter, sodaß es durch einen so heftigen Fall in mehr als tausend kleinste Trümmer zersprang. . .

Item nahmen sie die mechanische Uhr, die einen sehr großen Wert hatte, mit sich.

Item nahmen sie, was am frevelhaftesten und gegen jede Vernunft steht, zwei Ziborien für den allerheiligsten Leib des Herrn weg, nachdem sie das göttliche und mystische Sakrament auf die Erde geworfen hatten. . ."

Literatur:

Edition bei P. Linck, Annales Austrio-Clara-Vallenses seu fundationis Monasterii Clarae-Vallis Austriae, vulgo Zwettl, vol. 2, Wien 1723–1725, 95–96.

H. Burger, Geschichtliche Darstellung der Gründung und Schicksale des Benediktinerstiftes S. Lambert zu Altenburg in Nieder-Oesterreich, dessen Pfarren und Besitzungen, und mehrerer hiesige Gegend betreffender Ereignisse, Wien 1862, 32–34. – Schatzkammer 1979, 20, Nr. 24.

S. Petrin, Der österreichische Hussitenkrieg 1420–1434, Militärhistorische Schriftenreihe 44, Wien 1982.

A. Groiß, Altenburg im Jahrhundert der Katastrophen – hussitische Plünderungen und Melker Reformideen, in: R. Andraschek-Holzer (Hrg.), Benediktinerstift Altenburg 1144–1994, 35. Ergänzungsband der Studien und Mitteilungen des Benediktinerordens und seiner Zweige, St. Ottilien 1994, 157–180, hier 158–160.

15.10 Urkunde CCCXXI

Stiftsarchiv

Herzog Albrecht IV. gibt dem Stift Altenburg den Besitz der Feste Tursenstein am Kamp, die abgebrochen werden muss.

„. . . dem egenanten abbt und dem gotzhaus zu Altenburg dieselben lehen geaygnet haben, und aigenn auch wissentlich mit kraft ditz brieves, also daz die obgenante vest für sich abgebrochen, und hinfür nicht mer hinwider gepawet werde an uns und unserr erben und nachkomen . . ."

Literatur:

H. Burger, Urkunden der Benedictiner-Abtei zum Heiligen Lambert in Altenburg, Nieder-Österreich K.O.M.B. vom Jahre 1144 bis 1522, Fontes Rerum Austriacarum, Österreichische Geschichtsquellen, hrg. von der historischen Commission der kaiserlichen Akademie der Wissenschaften in Wien 2/21, Wien 1865, Nr. 331, 281.

A. Gr.

16. Calefactorium – Heizung in Klöstern

In mittelalterlichen Klöstern gab es ursprünglich nur drei Orte, an denen Feuerstellen erlaubt waren: die Küche, das Krankenrevier und das Calefactorium, der Wärmeraum. Zumeist lagen die Calefactorien zusammen mit anderen Räumlichkeiten, die dem menschlichen Wohl dienten, wie Küche und Refektorium an dem der Kirche gegenüberliegenden Kreuzgangflügel.

Die Wärmestuben dienten mehreren, allerdings genau definierten Zwecken: dem zeitlich limitierten Aufwärmen vor allem im Winter, dem Aderlass und für bestimmte Arbeiten, die nur in gewärmten Räumen möglich waren. So wurden dort die in den Scriptorien benötigten Tinten angerührt, den Mönchen war es erlaubt, dort die Schuhe zu putzen, da diese nur mit weichen Wachsen oder Fetten eingelassen werden konnten.

Uns sind mehrere Typen von Wärmeräumen überliefert. Sie entwickeln sich in demselben Maß, wie die Technik des Kaminbaues voranschritt. Neben einer offenen Feuerstelle mitten im Raum sind Feuerstellen mit Kaminen und Unterbodenheizungen bekannt.

Bei der letztgenannten Art der Heizanlage, der so genannten Unterboden- oder Warmluftheizung, liegt unter der eigentlichen Wärmestube ein zumeist mehrkammeriger Heizkeller. Er bestand in den meisten Fällen aus einer doppelt gewölbten Feuerkammer und einer oder mehreren Vorkammern, in denen Holz zum Trocknen lagerte. Auf dem oberen Gewölbescheitel der Feuerkammer ruhte eine massive Packung aus großen Flusskieseln, die als Wärmespeicher dienten. Heizkeller und Wärmeraum waren durch ein System von Heizröhren oder verschließbaren Öffnungen miteinander verbunden.

Beim Heizvorgang wurde das Feuer in der Brennkammer entfacht, der Rauch entwich über Abluftsysteme nach außen. Die Warmluftöffnungen im Fußboden blieben währenddessen verschlossen, um einen Rauchabzug in den Raum zu verhindern. Nach der Brennphase, sobald in den Steinen genügend Hitze gespeichert war, wurde das Feuer mit einer Ofenkrücke in die Vorkammer herausgezogen und die Rauchentwicklung damit beendet. Die Verbindung zum Rauchauslass wurde geschlossen, um keine Warmluft mehr entweichen zu lassen, und frische Luft zugeführt, die sich erwärmte und durch ein Röhrensystem beziehungsweise durch die während des Heizens verschlossenen Öffnungen im Fußboden in die darüber liegende Wärmestube gelangte. Diese verschließbaren Öffnungen waren meist in regelmäßigen Abständen im Fußboden angelegt, durch das Abheben der Deckplatten konnte die Hitze aus dem Heizkeller in die Wärmestube steigen und die Warmluftzufuhr reguliert werden.

Bei dieser Form der Heizung waren das Heizen des Ofens und das Erwärmen des Raumes zwei aufeinander folgende, zeitlich getrennte Vorgänge.

Mittelalterliche Unterboden- oder Warmluftheizungen stehen in der Tradition der römischen Hypokaustheizungen, die technisch gesehen als Fußbodenheizungen anzusprechen sind, da nicht die Raumluft, sondern der Fußboden und teilweise auch die Wände des Raumes erwärmt wurden. Zwischen dem 9./10. Jahrhundert bis in die frühe Neuzeit waren derartige Heizanlagen in Klöstern und repräsentativen Profanbauten wie Pfalzen und bedeutenden Burgen in Verwendung. Auch in Hospitälern, Rathäusern und Bauten des Deutschen Ordens ist das Vorkommen belegt, jedoch nur äußerst selten beim niederen Adel und im bürgerlichen Umfeld. Mit dem Aufkommen der Kachelöfen verschwanden die Warmluftheizungen nach und nach. In den letzten Jahren gelang es in Österreich, vier Unterbodenheizungen in Klöstern zu ergraben.

Die wohl am besten erhaltene Unterbodenheizung mit komplett erhaltenem Heizraum befindet sich im Stift Altenburg. Dort sind die Feuerkammer mit doppelter Wölbung, die Kieselpackung zur Wärmespeicherung und zwei Vorkammern aus dem 12./13. Jahrhundert freigelegt worden. Eine weitere Vorkammer wurde im Spätmittelalter vor den in der östlichen Außenmauer liegenden Zugang angebaut. Eine zweite, nach dem gleichen System gebaute Heizanlage, allerdings nur mit zwei Kammern, befindet sich im Bereich des Refektoriums. Über die Funktion dieser Anlage können derzeit nur Vermutungen angestellt werden (Küche, Refektoriumsheizung?). In Altenburg wurden die Unterbodenheizungen spätestens im frühen 15. Jahrhundert aufgegeben, wie durch Befunde belegt ist.

In Heiligenkreuz konnte bei den Ausgrabungen im Refektorium der Heizkeller des Calefactoriums in der Südostecke des ältesten Klosterbaues freigelegt werden. Im Süden gelangte man über einen Stiegenabgang durch eine aufwendig gebaute Türöffnung in den tonnengewölbten Heizkeller, der in einen Heizraum und die eigentliche Brennkammer unterteilt war. Die Heizung war nur kurze Zeit in Betrieb, sie wurde bei der Umgestaltung des Südflügels vermutlich noch im 12. Jahrhundert aufgegeben und mit riesigen Steinblöcken abgemauert. Wo sich danach das Calefactorium befand und wie es beheizt wurde, ist derzeit noch unbekannt. Nach Beendigung der Ausgrabungen ist der Heizraum von der Fraterie her zugänglich gemacht worden.

Die Heizanlage des Tullner Dominikanerklosters, eine zweikammerige Anlage (Feuer- und Vorkammer), war im Gegensatz zu Altenburg und Heiligenkreuz durch eine Klappe im Fußboden der Wärmestube zugänglich. Diese Heizung wurde spätestens in der Mitte des 15. Jahrhunderts aufgegeben, wie eine große Menge an Fundmaterial aus der Verfüllung belegt.

Die Aufgabe der Unterbodenbodenheizungen spätestens im Laufe des 15. Jahrhunderts korrespondiert mit dem Aufkommen und der verstärkten Verwendung von Kachelöfen. Dadurch wurden die Wärmeräume überflüssig, sie wurden zu Gemeinschaftsräumen für informelle Zusammenkünfte umfunktioniert.

Literatur:

G. Fusch, Über Hypokausten-Heizungen und mittelalterliche Heizungsanlagen, Dissertation Hannover 1910.

D. Meyer, Warmluftheizungen des Mittelalters. Befunde aus Lübeck im europäischen Vergleich, Lübecker Schriften zur Archäologie und Kulturgeschichte 16, 1989, 209–232.

B. Scholkmann, Eine Unterbodenheizung im ehemaligen Kloster Bebenhausen, Stadt Tübingen, Archäologische Ausgrabungen in Baden-Württemberg 1987, 200ff.

J. Tuzar und M. Krenn, Untersuchungen im Benediktinerstift Altenburg, NÖ, Fundberichte aus Österreich 31, 1992, 157ff.

J. Offenberger, Archäologische Untersuchungen im Zisterzienserstift Heiligenkreuz bei Wien, Fundberichte aus Österreich 31, 1992, 185–195.

16.1 Altenburg, abgemauerter Zugang zur Heizanlage

Foto: ASINOE

Die Heizanlage befindet sich unterhalb der ehemaligen Fraterie.

16.2 Altenburg, Öffnung des Zuganges zur Heizanlage

Foto: ASINOE

16.3 Altenburg, Eingangsbereich der Heizanlage

Foto: ASINOE

Deponie von Kacheln des „Goldenen Ofens" im Eingangsbereich der Heizanlage.

16.4 Altenburg, die Heizanlage nach der Öffnung

Foto: ASINOE

16.5 Heiligenkreuz, Eingang in den Heizraum

Foto: Bundesdenkmalamt

16.6 Heiligenkreuz, Heizraum

Foto: Bundesdenkmalamt

Blick vom Heizraum auf die Türöffnung in den Vorraum.

Kat. Nr. 16.1

Kat. Nr. 16.3

16.7 Rekonstruktionszeichnung einer Unterbodenheizung

Grafik: ASINOE

Nach Ausgehen des Feuers in der Brennkammer wurde der Rauchabzug geschlossen. Die erhitzte Luft stömte durch Öffnungen im Fußboden oder durch Warmluftkanäle in den Mauern in die zu beheizenden Räume. Steinpackungen auf dem inneren Gewölbe der Brennkammer dienten als Wärmespeicher.

M. Ka. und M. Kr.

Kat. Nr. 16.6

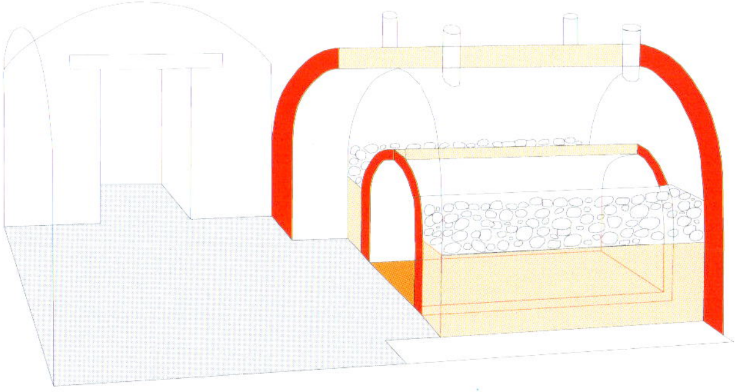

Kat. Nr. 16.7

17. Versorgung – Entsorgung

„Ein Flußarm, der die zahlreichen Werkstätten der Abtei durchfließt, macht sich durch die Dienste, die er überall leistet, segensreich verdient . . . Zunächst stürzt sich der Fluß ungestüm in die Mühle, wo er emsig beschäftigt ist, den Weizen unter dem Gewicht der Mühlsteine zu mahlen . . . Nun ist er bereits im benachbarten Gebäude; das Wasser füllt den Kessel und gibt sich dem Feuer hin, daß es kocht um das Bier der Mönche zu brauen, wenn die Weinlese schlecht war . . . Von dort geht es in die Lohgerberei, wo er das Leder bearbeitet, das für die Schuhe der Brüder gebraucht wird . . . Dann teilt er sich in eine Fülle kleinerer Arme, um die verschiedenen Arbeitsstätten aufzusuchen und emsig vor allem jene zu suchen, die seiner Dienste bedürfen, sei es zum Kochen, Sieben, Zerkleinern, Bewässern, Waschen oder Mahlen, nie verweigert er seine Hilfe. Und schließlich vollendet er sein Werk, nimmt den Unrat mit und hinterläßt alles sauber.“
(Descriptio monasterii claravallensis, Patrologia latina, Band 185, 570a-b)

Im Gegensatz zu den Städten oder Burgen erreichte die Technik der kollektiven Wasserversorgung in Klöstern im Mittelalter relativ früh einen hohen Standard. Schon bei der Standortwahl beim Bau eines Klosters stellte die Wasserversorgung eine zentrale Frage dar. Frischwasser wurde durch die Umleitung von Flüssen oder Bachläufen direkt in die Klosteranlagen geleitet. Wo dies nicht möglich war, baute man Druckrohrleitungen, um Wasser von höher liegenden Quellen zu den verschiedenen Entnahmestellen im Kloster zu leiten. So wurden die Mühle, die Brauerei, Gerberei, die Fischteiche, die Badehäuser, die Küche, die Wäscherei und viele andere Punkte im Kloster mittels Wasserleitungen versorgt. Von besonderer Bedeutung war die Versorgung des Brunnenhauses in der Klausur.

Überreste dieser Wasserleitungen treten bei Ausgrabungen in Klöstern häufig zutage, wobei verschiedenste Formen und Techniken beobachtet werden können. Neben gemauerten, teilweise begehbaren oder schliefbaren Kanälen wurden Bleileitungen oder Röhren aus Ton oder Holz verwendet.

Nachdem das Frischwasser seinen unterschiedlichen Bestimmungen und Nutzungen zugeführt worden war, wurde es kanalisiert und für die Entsorgung der Fäkalien verwendet. Die Necessarien (Latrinen) waren teilweise, wie das Beispiel des Klosters Zwettl mit der vorzüglich erhaltenen romanischen Latrinenanlage zeigt, über permanent durchflossene Bäche oder Kanäle angelegt. Hölzerne Abortbretter mit runden oder schlüssellochförmigen Ausnehmungen boten den Benutzern einen gewissen Komfort. Einzelne Latrinen konnten laut St. Gallener Klosterplan von 2 bis zu 18 Sitzplätze umfassen. In den streng eremitisch ausgerichteten Kartäuserklöstern fehlen Gemeinschaftslatrinen, die einzelnen Zellen waren mit separierten Abtritten ausgestattet.

Literatur:
Frontinus-Gesellschaft (Hrg.), Die Wasserversorgung im Mittelalter (= Geschichte der Wasserversorgung Band 4), Mainz 1991.
C. Kosch, Wasserbaueinrichtungen in hochmittelalterlichen Konventanlagen. Eine Nachlese, in: Wohn- und Wirtschaftsbauten frühmittelalterlicher Klöster, Veröffentlichungen des Instituts für Denkmalpflege an der ETH Zürich 17, Zürich 1996, 69–84.
K. Simon-Muscheid, Abfälle, Abwässer und Kloaken – Das Problem der Entsorgung, in: U. Lindgren (Hrg.), Europäische Technik im Mittelalter 800–1400, Berlin 1996, 117–120.

17.1 Das Wassersystem der Londoner Kartause

Nach einem Plan aus dem 15. Jahrhundert
Aus: C. J. Bond, Mittelalterliche Wasserversorgung in England und Wales, Abb. 10, in: Die Wasserversorgung im Mittelalter, Mainz 1991, 162.

17.2 Holzwasserleitung

Kloster Mondsee
Foto: Bundesdenkmalamt, J. Offenberger

17.3 Entsorgungskanal aus Dachziegeln

Stift Altenburg
Foto: ASINOE

Kat. Nr. 17.3

17.4 Gemauerter Kanal

Stift Heiligenkreuz, südlich der Fraterie
Foto: Bundesdenkmalamt, M. Kaltenegger

Kat. Nr. 17.4

17.5 Wasserleitungsrohre

15. Jahrhundert
Keramik/Irdenware, Länge 58,3 cm
Stift Altenburg, Inv. Nr. AB433

Eine beliebte Form der mittelalterlichen Wasserleitung waren neben Blei- und Holzrohren ineinander gesteckte und abgedichtete Keramikröhren. Diese haben zumeist einen runden bis rundovalen Querschnitt und sind konisch geformt. In Einzelfällen, wie etwa in Heiligenkreuz, finden sich auch Rohre mit quadratischem oder polygonalem Querschnitt.

Kat. Nr. 17.5

17.6 Wasserleitungsrohre

Frühe Neuzeit
Keramik/Irdenware
Heiligenkreuz, ohne Inv. Nr.

Im Gegensatz zu den Altenburger Rohren besitzen die Heiligenkreuzer Exemplare deutlich abgesetzte Stutzen für die Rohrverbindung. Sie wurden im Nordflügel des Kreuzganges gefunden. Ähnliche Rohre sind auch aus der Zisterzienserabtei Fontenay für die Frischwasser-Zuleitung bekannt.

Kat. Nr. 17.6

17.7 Manschette einer Wasserleitung

16./17. Jahrhundert
Eisen, Durchmesser 12 cm
Kartause Mauerbach, Inv. Nr. 1108

Die Manschette mit kreisförmigem Querschnitt diente zur Verbindung zweier hölzerner Rohre einer Wasserleitung. An der Innen- und Aussenseite sind Holzreste ankorrodiert.

M. Ka. und M. Kr.

18. Der Bau eines Klosters

„. . .Nach also beendeter Dankandacht warfen sie die Meßschnur aus und schlugen Pflöcke in die Erde und begannen zu messen, zuerst die Kirche, dann die Wohngebäude der Mönche. . .“
(Translatio S. Viti Corbeiam, Mitte 9. Jahrhundert)

Die Errichtung der Klöster auf der „grünen Wiese“ ist ein beliebter Topos in den Gründungsgeschichten. Archäologische Befunde wie im Kloster Pernegg oder historische Überlieferungen zeigen aber, dass Klöster sehr wohl auf vorhandene Baukörper zurückgriffen, so auch in Altenburg auf die den Mönchen übergebene Burg der Poigen.

Wir wissen wenig über die ersten Bauten für eine Mönchsgemeinschaft, die vor, während oder kurz nach der Gründung eines Klosters entstanden sind. Oft handelte es sich wohl nur um eine kleine Kapelle und vorübergehende Notunterkünfte, einfache Holz- und Lehmbauten, die nach und nach durch größere und solidere Bauten ersetzt wurden. Die Kirche als Ort für das Chorgebet war von vorrangiger Bedeutung, die Wohn- und Nutzbauten wurden so rasch und funktionell als möglich um sie herum gebaut. Ob sich die Mönche diese Gebäude selbst erstellten, ob sie dabei mithalfen oder bereits vorhandene Einrichtungen übernahmen, ist sicher von Kloster zu Kloster verschieden und lässt sich nur in Ausnahmefällen heute noch feststellen.

Bei den Zisterziensern ist festgelegt, dass bei einer Klosterstiftung eine bestimmte Anzahl an Gebäuden vorhanden sein sollte, bevor der Abt mit seinen Mönchen am Ort der Neugründung eintraf. Es sind dies: Oratorium (der Gebetsraum oder eine Kapelle als erster provisorischer Kirchenraum), Refektorium (Speisesaal), Dormitorium (Schlafsaal), die Cella Hospitum (Gästehaus) und ein Pförtner- oder Torhaus.

Das Areal der Klosteranlage wurde nach den Bedürfnissen der Mönche und eventuell vorhandenen Richtlinien der einzelnen Orden nach umgestaltet und bebaut. Hierzu waren sowohl von der Planung als auch von der Ausführung her eine große Zahl an Fachleuten nötig. Gerade für die Frühzeit der Klöster ist die Frage nach vorhandenen Plangrundlagen nicht beantwortbar. Erst mit dem St. Gallener Klosterplan (um 820) und den sich homogen entwickelnden Zisterzienserklöstern, die großteils auf ein gemeinsames, aber mannigfach variiertes Grundschema zurückgreifen, kann man auf vorhandene Plangrundlagen schließen.

Nach der Festlegung des Bauplatzes wurde die Fläche bereinigt, falls nötig gerodet und eingeebnet. Danach wurden mittels Mess-Schnüren, Zirkeln und Latten die Grundrisse der einzelnen Gebäude abgesteckt.

Die innere Organisation einer Klosterbaustelle nötigt uns heute noch Bewunderung ab. Der wichtigste Mann auf einer mittelalterlichen Baustelle war der Bau- oder Werkmeister, der nach einer Ausbildung als Architekt und Bauingenieur für alle Planungsarbeiten und die Umsetzung verantwortlich war. Auf mittelalterlichen Darstellungen wird er wiederholt mit Zirkel, Winkelmaß und Reißbrett abgebildet. Gemeinsam mit Abt und Cellerar war er für die Umsetzung des Klosterbauplanes verantwortlich. Häufig brachte der Bau- oder Werkmeister eine Gruppe bereits eingeschulter Facharbeiter wie Maurer und Steinmetze, eine so genannte Bauhütte mit, die als Bautrupp auf der Klosterbaustelle arbeitete. Die Wanderbewegungnen dieser Bauhütten lassen sich anhand von Steinmetzzeichen – das sind Kennzeichnungen von Werkstücken – nachverfolgen. An unterschiedlichen Kloster- oder Kirchenbauten treffen zeitgleich dieselben Zeichen auf, ein Beleg dafür, dass dieselbe Bauhütte auf unterschiedlichen Baustellen beschäftigt war. Neben dieser Gruppe von Facharbeitern wurde eine große Zahl von Hilfsarbeitern für unterschiedlichste Tätigkeiten eingesetzt. Bei diesen Hilfsarbeitern handelte es sich zumeist um Unfreie oder Hörige, die vom Stifter des Klosters zur Verfügung gestellt wurden oder zur Grundherrschaft des Klosters gehörten, oder um Konversen (Laienbrüder), über die das Kapitel selbst verfügte. Ihre Aufgaben waren mannigfaltig und umfassten die Bereitstellung des benötigten Holzes für Gerüste oder Bauholz, den Abbau und Transport des Steinmaterials und niedere Dienste auf der Baustelle selbst.

Ein Großteil der benötigten Baumaterialien wurde aus der näheren Umgebung der Klosterbaustelle herbeigeschafft, wobei sowohl der Wald als auch die Steinbrüche häufig im Stiftungsgut des Klosters vorhanden waren. Großer Beliebtheit erfreuten sich die Überreste römischer Bauten, die man gerne als „Steinbrüche“ nutzte. Besondere Materialien wurden oft über lange Transportwege an den Bauort gebracht.

Im Umfeld einer Klosterbaustelle entstand eine Anzahl von Werkstätten und Produktionsbetrieben, die für die Versorgung der Klosterbaustelle unabdingbar waren. So wurde der benötigte Kalkmörtel in Kalkbrennereien hergestellt, für die Bearbeitung des Holzes existierte eine eigene Zimmereiwerkstatt und für die Bearbeitung des Steinmaterials, besonders für die Verarbeitung von qualitativ hochwertigen Werkstücken für Gewölbe, Fenster und bauplastischen Schmuck, muss man vom Vorhandensein einer umfangreichen Steinmetzwerkstatt ausgehen. All diese Werkstätten richteten sich nach den natürlichen Gegebenheiten und dem Vorhandensein von Ressourcen. Mit hoher Wahrscheinlichkeit besaßen ab der Romanik eine Reihe von Klöstern auch Ziegeleien, in denen Formziegel, Dachziegel, Gewölbesteine und Fliesen (Boden- und Wandfliesen) gefertigt wurden. Waren keine Ziegeleien vorhanden, konnten die Produkte von anderen Werkstätten zugekauft werden. Der Transport erfolgte teilweise über große Distanzen.

Aus historischen Abbildungen kennen wir eine große Anzahl mittelalterlicher Baustellen. Anhand dieser ist der laufende Baubetrieb detailliert nachvollziehbar. Nach dem Ausstecken der Gebäude-Umrisse und dem Aushub der Fundamentgruben – bei felsigem Baugrund wurde zumeist direkt auf den Felsen gebaut –, begann man mit dem Hochziehen der Wände. Hierfür wurden Baugerüste in Form von stehenden Gerüsten errichtet oder bei „hängenden Gerüsten“ die Tragsysteme mitgemauert. Die Versorgung der einzelnen Gerüstebenen erfolgte über Leitern oder Laufschrägen, das benötigte Baumaterial bewegten einfache Seilzüge oder Kräne, die zumeist durch übermannsgroße Treträder betrieben wurden. Diese Treträder, die schon der römische Autor Vitruv zum Heben schwerer Lasten empfohlen hatte, wurden durch das Körpergewicht eines oder mehrerer, im Inneren der Trettrommel laufender Männer angetrieben, während die verlängerte Trommelachse als Windenkörper diente. Leichtere Lasten wie Mörtel, Steinmaterial oder Bauholz wurden in einfachen Tragen oder Bahren an ihren Bestimmungsort gebracht. Im direkten Umfeld der Baustelle wurde eine Mörtelgrube angelegt und darin der für den Bau benötigte Kalkmörtel aufbereitet. Auf mittelalterlichen Abbildungen ist ersichtlich, dass hierfür unterschiedlichste Methoden gebräuchlich waren. Die Bandbreite erstreckte sich von einfachen, nur aus Holz gezimmerten rechteckigen Gruben zum Anrühren des Mörtels mit einer Mörtelhacke bis hin zu komplizierten, von Menschen- oder Tierkraft angetriebenen mechanischen Mörtelmischern, von denen wir durch archäologische Ausgrabungen Kenntnis haben. Eine eigene Gruppe von Arbeitern war für die Bereitstellung des Mörtels verantwortlich.

Für das Versetzen der Steine waren die fachlich spezialisierten Mitarbeiter der Bauhütte zuständig. Die Werkstücke hierfür wurden von der Steinmetzwerkstatt bereitgestellt, für die Fertigung einzelner Formsteine verwendete man Schablonen. Noch heute kann man an manchen Werkstücken die unterschiedlichen Arbeitsschritte der Steinmetze vom groben Heraushauen aus dem Stein mit der Spitzhaue, die Detailausarbeitung mittels Scharier- oder Flächeisen bis hin zu Versetzungsmarkierungen erkennen. Bei schweren Steinmaterial arbeiteten die Steinmetze auch Vertiefungen in die Steine ein, die zur Fixierung von Hebezangen oder dem so genannten Wolf dienten. Mittels dieser Vorrichtungen konnten die anzuhebenden Steinblöcke am Kranseil befestigt werden.

Parallel zur Errichtung der Außenmauern arbeitete die Gruppe der Zimmerleute, die schon für die Erstellung der Gerüste zuständig war, an der Vorbereitung der unterschiedlichsten hölzernen Einbauten wie Zwischendecken und des Dachstuhles. Sobald dieser an Ort und Stelle montiert war, konnten die Dachdecker die Dachhaut des Gebäudes schließen. In waldreichen Gebieten waren lange Zeit Holzschindeln am häufigsten in Verwendung, bei repräsentativen Bauten kamen zumeist Dachziegel in unterschiedlichen Formaten und Formen zum Einsatz. Kleinere Wirtschaftsbauten deckte man zumeist mit organischen Materialien wie Holzschindeln oder Stroh.

In einer letzten Bauphase wurden die Gebäude verputzt und deren Inneres ausgestaltet.

Zur Pflege und Instandhaltung der Gebäude, aber auch zum weiteren Ausbau, beschäftigten die Klöster auch weiterhin einen Bautrupp. Über die Jahrhunderte hinweg blieben die Klöster „ewige Baustellen".

Literatur:

G. Binding, Baubetrieb im Mittelalter, Darmstadt 1993.

G. Binding und N. Nussbaum, Der mittelalterliche Baubetrieb nördlich der Alpen in zeitgenössischen Darstellungen, Darmstadt 1978.

D. Conrad, Kirchenbau im Mittelalter, Bauplanung und Bauausführung, Leipzig 1990.

T. Hänseroth und K. Mauersberger, Spekulative Betrachtungen über die Entwicklung des technischen Wissens im Mittelalter, mit besonderer Berücksichtigung von Heben und Versetzen von Lasten, in: U. Lindgren (Hrg.), Europäische Technik im Mittelalter 800–1400, Berlin 1996, 87–93.

M. Ka. und M. Kr.

18.1 Bau des Zisterzienserklosters Schönau bei Heidelberg

Zeichnung aus dem 16. Jahrhundert nach älterer Vorlage
Foto: Germanisches Nationalmuseum, Nürnberg

Das Bild zeigt Laienbrüder auf einer Baustelle des Ordens. Dargestellt sind sämtliche Arbeitsphasen: der Abbau des Steinmaterials im Steinbruch, der Transport der Steine auf Ochsenwagen, das Behauen der Steine durch einen Steinmetz, das Mischen von Mörtel, das Aufziehen der Quader mittels Kran und Steinzange. (C. Fa.)

Kat. Nr. 18.1

18.2 Abstecken des Kirchengrundrisses von Cluny

Buchminiatur, Ende 12. Jahrhundert
Paris, Bibliothèque Nationale, Ms. lat. 17716, fol. 43
Aus: D. Conrad, Kirchenbau im Mittelalter, Bauplanung und Bauausführung, Leipzig 1990.

Die Patrone der Klosterkirche zu Cluny, die hll. Petrus, Paulus und Stephanus, erschienen dem Mönch Gunzo im Traum und steckten vor seinen Augen die Umrisse der Kirche mit Seilen ab, um ihm den Grundriss der Kirche zu zeigen.

18.3 Der Steinmetz

Hausbuch der Mendelschen Zwölfbrüderstiftung in Nürnberg, um 1425/36
Nürnberg, Stadtbibliothek, Amb. 317, fol. 4r
Nach W. Treue u. a (Hrg.), Das Hausbuch der Mendelschen Zwölfbrüderstiftung zu Nürnberg, Bildband, München 1965

Der Steinmetz bearbeitet mit der Spitzfläche (Steinhacke) einen Quaderblock, auf dem Boden liegen Winkel, Lotwaage und Profilschablone.

18.4 Errichtung der Stiftskirche in Neuberg an der Mürz

16. Jahrhundert
Neuberg an der Mürz, Stiftskirche
Foto: Institut für Realienkunde des Mittelalters, Krems

Auf einer Tafel des Flügelaltars in der Stiftskirche von Neubergan der Mürz ist die Errichtung des Klosterbaues durch den hl. Bernhard dargestellt.

Kat. Nr. 18.4

18.5 Initiale Zimmerleute

1. Viertel 13. Jahrhundert
Stiftsbibliothek Heiligenkreuz, Cod. Sancr. 66, fol. 4r
Foto: Institut für Realienkunde des Mittelalters, Krems

Die E-Initiale aus einem Psalterium dokumentiert den Baubetrieb der Klöster.

18.6 Spitzmeißel und Nagelreisser

Neuzeit
Eisen, Länge 33,3 und 35 cm
Schottenkloster, Wien, ohne Inv. Nr.

18.7 Spitzhaue

Neuzeit
Eisen, Länge 19,1 cm
Kartause Mauerbach, Inv. Nr. 1470

Die sehr massiv gearbeitete, keilartig geformte Spitzhaue diente zur Steinbearbeitung. An der Oberseite finden sich drei halbrunde und zwei längliche Marken.

Kat. Nr. 18.5

18.8 Axt

Mittelalter/Neuzeit
Eisen, Länge 17,5 cm
Kartause Mauerbach, Inv. Nr. 923

18.9 Handgeschmiedete Baunägel

Spätmittelalter/Neuzeit
Eisen
Heiligenkreuz, ohne Inv. Nr.

18.10 Meißel und Spitzhaue

Spätmittelalter/Neuzeit
Eisen, Keil Länge 18,6 cm, Haue Länge 26,8 cm
Stift Klosterneuburg, Inv. Nr. A 120, A 135

18.11 Fragment einer Chorschranke oder eines Lettners

2. Hälfte 8. Jahrhundert
Kalkstein
Mondsee, Inv. Nr. 393

Das Fragment einer Chorschranke ist mit dem Motiv des himmlischen Jerusalem verziert. Neben- und übereinander angeordnet finden sich mehrere stilisierte Torbögen, welche die Pforten von Jerusalem symbolisieren.

Kat. Nr. 18.7

Kat. Nr. 18.8

Kat. Nr. 18.11

Kat. Nr. 18.12

18.12 Tuffsteinquader mit Bemalung

Romanisch
Tuffsteinquader mit Putzresten und polychromer Bemalung, Höhe 25 cm
Mondsee, Inv. Nr. 341

18.13 Teil einer Brunnenfassung mit Auslass

Renaissance, 16. Jahrhundert
Sandstein, Höhe 36,5 cm
Stift Altenburg, Inv. Nr. 497

18.14 Maßwerk eines Kreuzgangfensters

1. Viertel des 14. Jahrhunderts
Sandstein, Breite 60 cm
Stift Altenburg, Inv. Nr. M22

18.15 Rippen aus dem Kreuzgang

1. Hälfte 14. Jahrhundert
Sandstein, Länge 92 cm
Stift Altenburg, Inv. Nr. R 56

18.16 Sechs Formziegel

14. Jahrhundert
Keramik/Ziegelton, Länge 25–34 cm
Mondsee, Inv. Nr. IX/N-Wand, III EG IH 15, 246

Diese Formziegel wurden in der Gotik als Gewölberippen verwendet.

18.17 Formziegel

Gotisch, 2. Hälfte 13. Jahrhundert
Gebrannter Ton, Länge 21 cm
Stift Altenburg

Bei der Wölbung des Kapitelhauses und der Fraterie bestehen nur die Gewölbeanfänge und Konsolen aus Stein; die Rippen wurden mit einfach gekehlten Formziegeln gemauert und farblich gefasst. Durch die Verwendung von vorfabrizierten „Formziegel-Normteilen“ anstelle von individuell anzufertigenden Steinrippen wurde der Gewölbebau technisch „rationalisiert“. Die Formziegelrippen in Altenburg gehören zu den frühesten in Österreich; erst in der Spätgotik gewinnt diese Bautechnik allgemein an Bedeutung (Zierrippen).

Literatur:
Das Alte Kloster, Ausstellungskatalog Altenburg, 27.

18.18 Mauerziegel und Dachziegel

15. und 17./18. Jahrhundert
Keramik/Ziegelton, Länge 22 cm
Dominikanerkloster Tulln, Inv. Nr. 566

18.19 Bauhölzer

Mittelalter, frühe Neuzeit
Mondsee, ohne Inv. Nr.

Reste von unterschiedlichen Bauhölzern, die bei der Grabung in Stift Mondsee gefunden wurden.

M. Kr.

Bereich C

Das Alte Kloster

19 – Der „Goldene Ofen“ – Heizen
20 – Scriptorium – Schreibstube
21 – Refektorium – Essen und Trinken
22 – Küche und Kochen
23 – Mittelalterliche Klösterböden
24 – Der Kreuzgang
25 – Der Kreuzhof
26 – Der Kapitelsaal
27 – Infirmerie
28 – Totenbrauchtum
29 – Das Kloster und seine Besitzungen

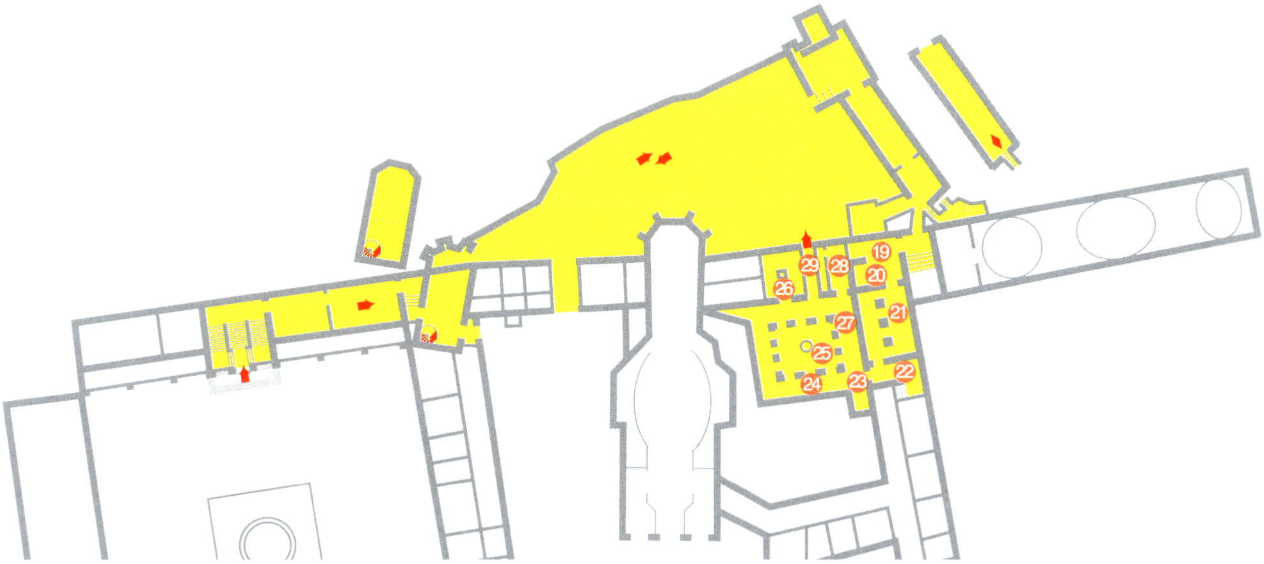

19. „Der Goldene Ofen" - Heizen

Die Heizanlagen in Klöstern, die in der Romanik unter den Wärmestuben, den Calefactorien, angelegt waren, wurden im Laufe des Spätmittelalters immer mehr durch individuelle Heizanlagen, durch Kachelöfen in den Wohn- und Gemeinschaftsräumen verdrängt. Diese Öfen, deren Entwicklung schon vor 1100 begann, bestanden in ihrer Frühform aus einem viereckigen Feuerraum aus Stein und Lehm, über dem sich ein kuppelförmiger Oberbau erhob. Im Lehm des Ober- und Unterbaues wurden becherartig geformte Keramikkacheln eingesetzt, die dazu dienten, die Oberfläche des Ofens zu vergrößern und die Wärmeabstrahlung in den Raum zu intensivieren. Im Fall der Becherkacheln war die geöffnete Seite nach außen gerichtet, bei Pilzkacheln hingegen wurde die Vergrößerung der Oberfläche durch eine kuppelförmige Ausformung erreicht. Die Kacheln strahlten die Wärme rascher in den Raum ab als der Lehmmantel des Ofens, der die gespeicherte Wärme langsamer abgab. Die Formen der Kacheln veränderten sich im Lauf der Zeit rasch und liefern dem Archäologen somit bei der Datierung von mittelalterlichen Ofenbauten wertvolle Hinweise. So nimmt in der Zeit ab 1300 der Formenschatz der Ofenkeramik deutlich zu, die Formenvielfalt umfasst konisch und zylindrisch zulaufende Pilz-, Becher- und Schüsselkacheln mit runder, vier- oder dreieckiger Öffnung, Teller- oder Röhrenkacheln. Im 14. und 15. Jahrhundert begannen sich die viereckigen „Blattkacheln" zu entwickeln, die mit reicher Reliefverzierung versehen sein konnten und noch heute beim Ofenbau Verwendung finden. Die Bildmotive dieser Kachelform wurden mittels Model aufgebracht, einer Technik, die eine hohe Anzahl immer wiederkehrender, model-identer Kacheln zulässt. Diese Blattkacheln waren im Spätmittelalter fast immer mit einer Glasur versehen.

Die Gestalt der Öfen richtete sich nach den jeweiligen, durch die Kachelform vorgegebenen Möglichkeiten. In groben Zügen wurde jedoch die Grundstruktur – viereckiger Feuerraum, kuppelförmiger oder zylindrischer Aufbau – beibehalten. Mit der Erfindung des geschlossenen Ofens, der auch nicht im selben Raum befeuert werden musste, war eine wirksame Heizmöglichkeit entwickelt worden, die ein rauchfreies Erwärmen der Räume ermöglichte.

Im archäologischen Fundmaterial sind daher Kacheln ein weit verbreiteter Typ. Die ältesten in der Ausstellung gezeigten Kacheln stammen aus der Verfüllung einer Heizanlage des Tullner Dominikanerklosters und datieren in das 14. Jahrhundert. Es handelt sich dabei um Pilzkacheln mit gelblicher Glasur, die zum kuppelartigen Oberbau eines Ofens gehören. Im selben Fundkomplex konnten auch einfache rechteckige Schüsselkacheln beobachtet werden, die eine grünliche Glasur und vorgeblendetes Maßwerk aufweisen und vom selben Ofen stammen. Somit lässt sich ein Ofen mit grünen Schüsselkacheln im Unterbau und gelblich glasierten Pilzkacheln im Oberbau rekonstruieren. Diese relativ frühen Kachelformen konnten im Fundmaterial von Grabungen in Klöstern bisher nur selten beobachtet werden.

Die Masse der anfallenden Kacheln datiert in die Zeit ab dem 16. Jahrhundert, wie die Beispiele aus der Kartause Mauerbach zeigen. Mit der Renaissance treten in verstärktem Maße grün oder polychrom glasierte Kacheln auf, die einen teilweise sehr prächtig ausgeführten floralen, figuralen oder ornamentalen Dekor aufweisen.

Literatur:

V. Brych u. a., Pražské Kachle doby gotické a Renesančnί, Praha 1990.

R. Franz, Der Kachelofen, Graz 1981.

J. Richterová, Středověké Kachle, Praha 1982.

E. Roth Kaufmann u. a., Spätmittelalterliche reliefierte Ofenkeramik in Bern, Schriftenreihe der Erziehungsdirektion des Kantons Bern, Bern 1994.

C. Svoboda, Alt-Salzburger Hafnerkunst, Ausstellungskatalog, Salzburg 1981.

J. Tauber, Herd und Ofen im Mittelalter, Schweizer Beiträge zur Kulturgeschichte und Archäologie des Mittelalters 7, Olten 1980.

19.1 Fresko mit Darstellung eines Kachelofens

1. Hälfte 14. Jahrhundert

Konstanz, Haus zur Kunkel, Weberfresken Bild 19

Die Umzeichnung eines Freskos zeigt einen Kachelofen aus quaderförmigen Unterbauten und Kuppel mit Napfkacheln verschiedener Größe.

19.2 Kachelofen mit polygonalem Aufsatz

Holzschnitt „Die Freiheit und der Priester", gedruckt 1482 bei Hans Folz in Nürnberg

19.3 Darstellung eines Töpfers

Um 1480, „Goldener Ofen" Stift Altenburg

In die linke Randleiste der Kacheln des polygonalen Ofenaufsatzes ist ein Stempel mit Darstellung eines

Kat. Nr. 19.3

Kat. Nr. 19.4

Kat. Nr. 19.5

Kat. Nr. 19.6

Kat. Nr. 19.7

Töpfers, der in seiner Hütte an der Drehscheibe sitzt, eingedrückt.

19.4 Pilz- und Schüsselkacheln

14. Jahrhundert
Keramik/Irdenware
Dominikanerkloster Tulln, Inv. Nr. 510

Die an der Oberseite gelb glasierten, pilzförmigen Kacheln waren Bestandteil des kuppelförmigen Oberbaues eines spätmittelalterlichen Kachelofens aus dem ehemaligen Dominikanerkloster in Tulln, dessen Unterbau aus gleichfalls glasierten Schüsselkacheln mit vorgeblendetem Maßwerk zusammengesetzt war. Die Form dieses Kachelofens ist in zeitgenössischen Darstellungen überliefert. Die zerscherbten Reste des Ofens fanden sich in der Verfüllung einer mittelalterlichen Unterbodenheizung im Südtrakt des Klosters. Die Heizung und auch der Kachelofen wurden nach der Mitte des 15. Jahrhunderts aufgegeben, was durch das reiche Fundspektrum aus der Verfüllung der Heizung belegt ist.

19.5 Zwei Aufsätze eines Kachelofens

Spätes 16. Jahrhundert
Keramik/Irdenware, Höhe 17,7 und 15,8 cm
Kartause Mauerbach, Inv. Nr. 843

Die beiden polychrom bemalten, pilzförmigen Stücke dienten als Eckaufsatz eines repräsentativen Kachelofens in der Kartause Mauerbach.

19.6 Blattkachel

17. Jahrhundert
Keramik/Irdenware, Höhe 25 cm
Kartause Mauerbach, Inv. Nr. 369

Grün glasierte Blattkacheln mit floralem Dekor stellen den häufigsten Typ der verzierten Ofenkacheln im 17. Jahrhundert dar.

19.7 Kachelmodel

16. Jahrhundert
Keramik/Irdenware, erhaltene Höhe 14,3 cm
Kartause Mauerbach, Inv. Nr. 735

Das Fragment eines Models für eine Blattkachel zeigt einen Christuskopf mit Strahlenkrone, der von Wolken umrahmt ist. Der Rand wird von einer gerippten Leiste abgeschlossen.

19.8 Kachelaufsatz

15. Jahrhundert
Keramik/Irdenware, Höhe 14 cm
Traunkirchen, ohne Inv. Nr.

Der unglasierte Kachelaufsatz zeigt einen bärtigen, männlichen Kopf in einem durchbrochen gearbeiteten Rahmen. An der Rahmenunterseite ist eine gleichmäßige Reihe von Bohrungen angebracht, die vermutlich zur Fixierung auf dem Ofenkörper dienten.

19.9 Fragmente des so genannten Zilpolz-Ofens

Um 1580
Polychrom glasierte Kacheln, Keramik/Irdenware
Stift Altenburg, ohne Inv. Nr.

Im Keller des Sommerrefektoriums des Stiftes Altenburg wurden vor mehreren Jahren Reste eines aus der Literatur und von Fotos bekannten Kachelofens gefunden. Dabei handelte es sich um die polychrom bemalten Fragmente des so genannten Zilpolz-Ofens, eines der bedeutendsten österreichischen Renaissanceöfen. Dieser Ofen war bis vor dem Zweiten Weltkrieg im Prälatensaal des Niederösterreichischen Landhauses auf-

Kat. Nr. 19.8

gestellt und galt seit dem Krieg als verschollen. Er ist ein Meisterwerk aus der Werkstatt des Hafnermeisters Paul Zilpolz, der von 1573–1593 in Linz arbeitete. Seine Hausmarke ist auf einer dreieckigen Bekrönungskachel des Ofens zu erkennen.

Paul Zilpolz dürfte das Hafner-Handwerk in Salzburg erlernt haben und brachte von dort die Kenntnis des Salzburger Ofentypus und sicher auch einige Model nach Linz mit. Seine Öfen, die eine weite Verbreitung fanden, bestechen durch ihre Farbenpracht und durch ihre kunstvolle Ausfertigung, wie ein Ofen aus dem Schloss Eferding und ein Ofen, der sich im Museum für Angewandte Kunst in Wien befindet, belegen.

Der Ofen aus dem Niederösterreichischen Landhaus war etwa 4 m hoch und folgte in seinem Aufbau den Prinzipien der Renaissanceöfen. Er wurde in der Zeit um 1580 gefertigt. Im Unterteil, der einseitig an eine Wand angestellt war, durch die er von außen beheizt wurde, saßen auf einer reich strukturierten und verzierten Basiszone fünf großformatige Kacheln, die muschelbekrönte Nischen zeigen. Die Grundform des freistehenden Oberbaues war quadratisch und wurde aus vier mit Vasen verzierten Blattkacheln gebildet. Die Ecken des Oberbaues waren durch die Darstellungen von bärtigen Männern hervorgehoben. Ungemein einfallsreich war die Bekrönung des Ofens ausgeformt. Sie zeigte eine Phantasiearchitektur, die aus einem Zentralbau mit vier Spitzgiebeln und einem Kugelknauf im Zentrum bestand. Leider ist der Ofen so fragmentiert, dass eine Wiederaufstellung nicht möglich ist.

Literatur:
R. Franz, Der Kachelofen, Graz 1981, 186 und Abb. 361.

Im Folgenden soll einer der bedeutendsten Kachelofenfunde der letzten Jahre – der so genannte Goldene Ofen aus Stift Altenburg – vorgestellt werden.

Der „Goldene Ofen“

Im Jahr 1994 wurden bei den Ausgrabungen auf der Altane des Stiftes Altenburg die Heizanlage des Calefactoriums und deren Zugang in der Ostfassade des mittelalterlichen Klosterbaues aufgedeckt. Nachdem dieser Bereich mit einem heute begehbaren Schutzraum (Ausstellungsthema 16 – Calefactorium) versehen worden war, begann im Winter 1995 der Abbau der spätmittelalterlichen Vermauerungen des Einganges. Dabei zeigte sich, dass der Eingang durch zwei getrennte Mauern und eine dazwischenliegende massive Verfüllung verschlossen war. Nachdem die ersten Steinlagen der östlichen Mauer abgehoben worden waren, kam in der Verfüllung eine mächtige Holzkohlenschicht zum Vorschein. Diese kann als Überrest eines in der Fraterie situierten Ofens oder einer Herdanlage interpretiert werden. Unter der Holzkohlenschicht zeigte sich bei weiteren Freilegungsarbeiten eine Schicht aus gebranntem Lehm und Kachelfragmenten, in die einzelne Steine eingemischt waren. Offenbar wurde nach der kompletten Aufgabe der Heizanlage, spätestens mit Beginn der barocken Umbauarbeiten, ein repräsentativer Kachelofen an einem nicht näher zu bezeichnenden Platz im Stift Altenburg abgebaut. Das Abbruchmaterial wurde daraufhin im Bereich des Einganges zur ehemaligen Heizung entsorgt. Neben einer großen Menge zerschlagener Kacheln waren auch einige unversehrte Stücke vorhanden. Nachdem die Kacheln zusammengefügt worden waren, zeigte sich, dass ein kompletter mittelalterlicher Ofen vorhanden war – ein Fund, der bisher in Österreich noch selten in dieser Qualität zutage getreten war.

Die Rekonstruktion ergab einen Ofen mit quadratischem Unterbau (Heizraum) und polygonalem Aufsatz. Nach oben war er durch eine schlüsselförmige Kachel und einen polygonalen Kranz aus floral verzierten und mit Zinnen bekrönten Kacheln abgeschlossen. Der Ofen datiert in die Zeit um 1480. Sein ursprünglicher Aufstellungsort im Stift ist unbekannt, es muss sich aber um einen Raum mit repräsentativer Funktion – Abtzimmer, Empfangsraum – gehandelt haben. Seinen besonderen Wert erlangt der Altenburger Ofen durch die Vielzahl verschiedenster Bildmotive, die teilweise von besonderer Kunstfertigkeit des Hafners zeugen.

Der Unterbau war aus dunkelgrauen Blattkacheln gebildet, die noch Reste einer silbrigen Auflage tragen. Die Bildmotive zeigen alttestamentarische Themen (Jonas und der Walfisch, Adam und Eva), Wappendarstellungen (Adler, Löwe mit Schild, diverse Wappenschilder, Stadttor mit Monogramm), zwei Engel mit Spruchbändern, florale und geometrische Motive, aber auch profane Darstellungen von Rittern, Jagdszenen und einem Gelehrten mit Spruchband.

Die Motive der Kacheln lassen sich weitgehend im böhmischen Raum wieder finden. Dafür sprechen auch Darstellungen mit dem böhmischen Landeswappen, dem zweischwänzigen Löwen. Hussitische Einflüsse lassen sich anhand einzelner profaner Motive nachweisen. Neben den beschriebenen Blattkacheln treten im Bereich des Unterbaues vereinzelt auch Schüsselkacheln auf. Diese sind mit hoher Wahrscheinlichkeit an der Rückseite, also der dem Betrachter abgewandten Seite montiert gewesen.

Das Fundspektrum der Kacheln aus dem Unterbau des Ofens entspricht in weiten Zügen, sowohl in Bezug auf die Motivik als auch in Hinsicht auf die technologischen Merkmale, dem aus Österreich, Böhmen und Mähren bekannten Kachelmaterial.

Die Blattkacheln weisen ein nahezu quadratisches Format mit einer Schwankungsbreite von 20,5–23,8 cm auf. Die Tiefe der Kacheln kann mit 11,9–12,7 cm angegeben werden.

Die zweite Gruppe der Altenburger Kacheln, die dem polygonalen Ofenaufsatz zugerechnet werden können, entsprechen nicht den gängigen Kacheltypen. Es handelt sich dabei um Nischenkacheln mit eingeprägten Bildmotiven, die oxidierend – rötlich – gebrannt worden sind. Der Ton zeigt eine Beimischung aus Goldglimmer. Die Motive sind mit unterschiedlichen Stempeln als erhabene Reliefs in die Wölbung der Kacheln eingeprägt worden, Deckel und Boden sind sekundär eingesetzt. Nach dem Brand wurden die Bildseiten der Kacheln mit einem flächigen Überzug aus Goldglimmer versehen, der nur noch partiell erhalten ist. Dieser Überzug, der dem Ofenaufsatz einen goldenen Glanz verleiht, ist für die derzeitige Bezeichnung „Goldener Ofen" verantwortlich. Die Maße der Altenburger Nischenkacheln können mit 28–30 cm für die Höhe, 20–21,5 cm für die Breite und ungefähr 8,5 cm für die Tiefe angegeben werden.

Die dargestellten Bildmotive des polygonalen Ofenaufsatzes lassen sich in zwei Motivgruppen einteilen. Die erste Gruppe umfasst Darstellungen aus dem Neuen Testament wie Josef am Herde und Maria mit dem Kinde, die in Ergänzung mit der Darstellung eines der Hl. Drei Könige, eines Engels mit Spruchband und Fahnenträgern dem Anbetungszyklus – Geburt Christi – zugerechnet werden können. Unter Umständen können auch Kacheln mit Darstellungen weiblicher Heiliger – hl. Barbara, hl. Katharina und hl. Dorothea – in diesem Umkreis zu suchen sein.

Den Kacheln der ersten Motivgruppe gemeinsam ist eine hervorragende Ausführung der bildlichen Darstellung, wobei das Bildmotiv zumeist über einem Maßwerkbogen appliziert ist. Die Gesamtgestaltung der Kacheln erinnert an zeitgleiche Holzschnitte.

Die zweite Motivgruppe ist durch die Verwendung von Motiven gekennzeichnet, die der schon bekannten Bildwelt des Unterbaues des Ofens entsprechen. Hierbei sind die Paradiesszene von Adam und Eva mit der Schlange, symbolhafte Fabelwesen wie Sphinx und Phönix mit Jungen sowie profane Darstellungen eines Ritters mit einem Narren oder eine Turnierszene zu nennen. Die Ausführung dieser Bildmotive ist einfacher gestaltet, und der Maßwerkbogen fehlt. Der Hafner verwendete hier offensichtlich für Blattkacheln vorgesehene Stempel.

Das Bildmotiv Maria mit dem Kinde, hl. Barbara und hl. Katharina über einer Darstellung von sechs Fürsten kann als Bindeglied angesehen werden, muss aber von der Ausführung her der zweiten Motivgruppe zugerechnet werden.

Nahezu allen Kacheln des Ofenaufsatzes sind die Randmotive gemein. Auf der vom Betrachter gesehen linken Seite ist ein Töpfer, der in einer Hütte an seiner Drehscheibe sitzt, abgebildet, auf der rechten Seite ein stehender Fahnenträger.

Die Kachel mit dem Bildmotiv eines auf das Pferd steigenden Fahnenträgers zeigt auf beiden Seiten bekrönte männliche Figuren, die je ein erhobenes Schwert in ihren Händen tragen. Diese Darstellung ist allerdings nur schwer kenntlich.

Besonders hervorzuheben ist eine Kachel mit der Darstellung Marias mit dem Kinde, die auf einem Mehrpassbogen mit floralem Bildhintergrund steht. Hier wurde auch für die Ränder ein florales Motiv verwendet. Diese Kachel weist als einzige ein hängendes, vorgeblendetes Maßwerk in Form eines Baldachins auf (Maße: Höhe 35 cm, Breite 23,1 cm, Tiefe 9,2 cm).

Der Abschluss des Ofenaufsatzes wird aus Bekrönungskacheln mit einem einheitlichen, floralen Bildmotiv gebildet, die an ihrer Oberseite einen umlaufenden Zinnenkranz zeigen. Diese sind in gleicher Weise wie die Kacheln des Ofenaufsatzes gefertigt, aber deutlich niedriger (Höhe 20,2–20,5 cm, Breite 17,2–17,5 cm, Tiefe etwa 8,5 cm).

Da die Bearbeitung des Altenburger Kachelofens erst am Beginn steht, ist eine eindeutige Rekonstruktion und Einordnung schwierig. Es scheint aber klar zu sein, dass er aus der Zeit um 1480 stammt und in einem repräsentativen Raum aufgestellt war. Die große Anzahl von 40 verschiedenen Bildmotiven ist für Kachelöfen dieser Zeit ungewöhnlich und wirft ebenso wie die völlig unterschiedlichen Qualitätsmerkmale eine Reihe von Fragen auf. Dass es sich um einen einheitlichen Ofen und nicht um Teile von mehreren Öfen gehandelt hat, kann durch die Verwendung von identen Modeln im Unterbau und im polygonalen Ofenaufsatz beziehungsweise in den Bekrönungskacheln positiv beantwortet werden. So sind im Unterbau vier verschiedene Adam-und-Eva-Model auf Blattkacheln zum Einsatz gekommen, von denen einer auch im Bereich des Ofenaufsatzes Verwendung fand. Das florale Motiv der Bekrönungskacheln ist auf einer einzelnen Kachel des Unterbaues zu beobachten. Daher kann mit hoher Wahrscheinlichkeit ausgeschlossen werden, dass hier Kacheln zweier oder mehrerer Öfen bei der Deponierung vermischt wurden.

Ein öfters aufgeworfenes Argument, das auch auf die hohe Anzahl unterschiedlicher Bildmotive Bezug nimmt, es handle sich bei den Kacheln um Abfall einer Hafnerwerkstatt, kann entkräftet werden, da auf allen Kacheln Spuren der Lehmbindung vom Setzen des Ofens und sekundäre Brandspuren vorhanden sind, die nur vom Betrieb des Ofens stammen können.

Beim derzeitigen Stand der wissenschaftlichen Aufarbeitung des „Goldenen Ofens" müssen viele Fragen noch unbeantwortet bleiben. Im Rahmen der Ausstellung „Fundort Kloster" kann nur ein erster Eindruck zur Formenvielfalt und Gestalt des Ofens geliefert werden. So handelt es sich bei der gewählten Inszenierung nicht um eine fachgerechte Wiederherstellung, sondern nur um eine sehr freie Annäherung an die ehemalige Gestalt des Ofens. Weiters ist anzumerken, dass eine beträchtliche Anzahl an Kacheln und Kachelfragmenten nicht präsentiert werden. Zumeist handelt es sich um einfache Schüssel- und Nischenkacheln, deren lagemäßige Situierung noch nicht eindeutig geklärt ist. Die unten folgende katalogmäßige Beschreibung kann nur einen ersten Eindruck der Vielzahl an Kachelmotiven liefern. Erst durch die Analyse der technologischen Merkmale jeder einzelnen Kachel und die detaillierte Aufnahme und Erforschung der Bildmotive wird es in den nächsten Jahren möglich sein, einen fundierteren Vorschlag zur Gestalt des Ofens zu erarbeiten.

19.10 „Goldener Ofen", Motiv 1: Ritter A

Um 1480
Unterbau, schwarztonige Blattkachel
Stift Altenburg, Inv. Nr. GO 1

Die Kachel zeigt in vereinfachter Darstellung einen nach rechts blickenden Ritter zu Pferd mit erhobener Lanze. Am Helm ist ein stangenförmiges Zimier erkennbar. Das Pferd hält den Kopf gesenkt, der Hintergrund ist durch drei Blumen und direkt hinter dem Ritter mit einer Punktzier aufgefüllt. Die Randleiste ist einfach schräg ausgeführt.

19.11 Motiv 2: Engel A

Unterbau, schwarztonige Blattkachel
Stift Altenburg, Inv. Nr. GO 2

Das Bildmotiv zeigt einen knienden Engel mit geschwungenem Spruchband, auf dem eine nicht lesbare Inschrift angedeutet ist. Der gelockte Engelskopf blickt leicht nach unten und ist in eine Gloriole eingeschrieben. Die Flügel sind durch je drei längsverlaufende Striche betont. Die Randleiste ist einfach schräg ausgeführt.

Kat. Nr. 19.10

Kat. Nr. 19.11

19.12 Motiv 3: Engel B

Unterbau, schwarztonige Blattkachel
Stift Altenburg, Inv. Nr. GO 3

Die Kachel zeigt einen knieenden Engel mit geschwungenem Spruchband, auf dem eine nicht lesbare Inschrift angedeutet ist. Im Gegensatz zu Typ 2 ist der Kopf des Engels in der Gloriole erhoben, auf den Flügeln ist das Gefieder durch ein Punktmuster hervorgehoben. Zu Füßen des Engels sind zwei dreistrahlige Motive zu erkennen; Darstellung einer Wiese? Die Randleiste ist einfach gekantet, das Bildmotiv ist in eine zweite umlaufende, doppelt gezahnte Randleiste eingeschrieben.

Kat. Nr. 19.12

19.13 Motiv 4: Jonas

Unterbau, schwarztonige Blattkachel
Stift Altenburg, Inv. Nr. GO 4

Das Motiv des Jonas im Walfisch, der die Trompete bläst, ist vor einem mit Blumen verzierten Hintergrund wiedergegeben. Ein zweiter Fisch ist in kleinerer Ausführung in der rechten unteren Bildhälfte erkennbar. An der Trompete hängt ein Wimpel mit dem Motiv einer fünfblättrigen Blume in Form von erhobenen Kreisen, die um einen sechsten mittleren Kreis gruppiert sind. Die gezahnte Randleiste ist doppelt gestuft.

Kat. Nr. 19.13

19.14 Motiv 5: Scholar

Unterbau, schwarztonige Blattkachel
Stift Altenburg, Inv. Nr. GO 5

Das Bildmotiv zeigt einen auf ein Buch oder Wappen weisenden Scholaren. Auf dem Haupt trägt die Figur eine runde Kappe, das Gewand und die figürliche Darstellung ist sehr detailreich ausgeformt. Der Hintergrund ist flächig floral gestaltet, die Randleiste ist einfach gekantet.

19.15 Motiv 6: Ritter B

Unterbau, schwarztonige Blattkachel
Stift Altenburg, Inv. Nr. GO 6

Ein nach links galoppierender Ritter mit eingelegter Lanze ist vor einem unverzierten Hintergrund dargestellt. Auffällig ist ein fächerförmig ausgebildeter, sich horizontal verbreiternder Umhang. Die Randleiste ist einfach gekantet.

Kat. Nr. 19.14

19.16 Motiv 7: Maßwerk

Unterbau, schwarztonige Blattkachel
Stift Altenburg, Inv. Nr. GO 7

Das vierstrahlige Maßwerkmotiv mit eingeschriebenen Dreipassen zeigt an den inneren Enden je ein Lilienmotiv. Die Randleiste ist mehrfach gekehlt.

19.17 Motiv 8: Adler

Unterbau, schwarztonige Blattkachel
Stift Altenburg, Inv. Nr. GO 8

Die Kachel zeigt einen nach rechts blickenden Adler. Die Flügel sind gespreizt erhoben, die oberen Flügelränder durch ein Punktmuster betont, die Federn als Leisten ausgeformt. Auf dem Kopf des Adlers ist eine Krone erkennbar, die Beine sind stark gespreizt. Die Randleiste ist einfach gekantet.

19.18 Motiv 9: Jagdszene

Unterbau, schwarztonige Blattkachel
Stift Altenburg, Inv. Nr. GO 9

Das Bildmotiv zeigt am rechten Bildrand einen hornblasenden Jäger mit Jagdspieß, der einen nach links

Kat. Nr. 19.15

Kat. Nr. 19.17

Kat. Nr. 19.16

Kat. Nr. 19.18

blickenden Hund an der Leine führt. Der linke Bildabschluss wird durch einen stilisierten Baum gebildet, in dessen Geäst eine vereinfachte Vogeldarstellung zu erkennen ist. Der Raum zwischen der Abbildung von Jäger und Hund ist durch eine dreiblättrige Blumendarstellung gefüllt. Die Randleiste ist einfach schräg ausgeführt.

19.19 Motiv 10: Florales Ornament

Unterbau, schwarztonige Blattkachel
Stift Altenburg, Inv. Nr. GO 10

Zwischen zwei palmenartigen mehrblättrigen Elementen ist auf einer Basislinie ein stehendes Dreieck eingeschrieben. Innerhalb des Dreieckes ist eine lilienförmige Darstellung kenntlich. Der Hintergrund wird durch florale Elemente im unteren Bereich und durch Punkte zwischen den Palmblättern aufgefüllt. Die Randleiste ist einfach schräg ausgeführt.

19.20 Motiv 11: Adam und Eva A

Unterbau, schwarztonige Blattkachel
Stift Altenburg, Inv. Nr. GO 11

Variante A ist die einfachste Darstellung des mehrfach vertretenen Bildmotivs Adam und Eva. Vor einem schmucklosen Hintergrund sind links Adam, rechts Eva und zentral der Baum mit einer dreifach gewundenen Schlange zu erkennen. Die Blattzier und die Äpfel des Baumes sind auf dieser Kachel nahezu unkenntlich. Die Randleiste ist einfach gekantet.

19.21 Motiv 12: Adam und Eva B

Unterbau, schwarztonige Blattkachel
Stift Altenburg, Inv. Nr. GO 12

Viel facettenreicher als die Variante A ist die zweite Ausformung des Adam-und-Eva-Motivs. Hier sind die Gesichter der abgebildeten Personen deutlicher ausgeprägt, der Hintergrund zeigt eine florale Verzierung, die mehrfach gewundene Schlange ist mit einem Menschenkopf abgebildet. Im Baum ist zentral ein nach rechts blickender Vogel eingeschrieben. Die Randleiste ist einfach schräg ausgeführt.

19.22 Motiv 13: Adam und Eva C

Unterbau, schwarztonige Blattkachel
Stift Altenburg, Inv. Nr. GO 13

Kat. Nr. 19.20

Kat. Nr. 19.21

Kat. Nr. 19.19

Kat. Nr. 19.22

Kat. Nr. 19.23

Kat. Nr. 19.24

Die Variante C lehnt sich deutlich an die Variante B an, zeigt aber doch eindeutige Modelunterschiede. So ist die Basiszone des Baumes nicht so stark betont, und der in den Ästen sitzende Vogel ist durch ein dreistrahliges Blattmotiv ersetzt. Die Randleiste ist einfach schräg ausgeführt.

19.23 Motiv 14: Jäger (?)

Unterbau, schwarztonige Blattkachel
Stift Altenburg, Inv. Nr. GO 14

Dieses Bildmotiv ist nur in einem einzigen Stück fragmentarisch erhalten, kenntlich ist in der linken Bildhälfte die Figur eines Jägers (?), von dem die Beine, die rechte Hand und ein Jagdspieß identifizierbar sind. Die Randleiste ist abgerundet.

19.24 Motiv 15: ohne Darstellung

Unterbau, schwarztonige Blattkachel
Stift Altenburg, Inv. Nr. GO 15

Die Kachel zeigt eine unverzierte, glatte Oberfläche, die Randleisten sind einfach schräg ausgeführt.

19.25 Motiv 16: Lebensrad

Unterbau, schwarztonige Blattkachel
Stift Altenburg, Inv. Nr. GO 16

Das zentrale Bildmotiv wird aus sieben ineinander verflochtenen Kreisen gebildet. Der zentrale Kreis zeigt eine sechsstrahlige Rosette mit punktförmigem Mittelpunkt, die Zwischenräume sind mit einer Punktzier versehen. In den äußeren Kreissegmenten sind sechs bärtige Männerköpfe und erhobene Hände zu erkennen. Die Blickrichtung der Köpfe orientiert sich an einer Basislinie. Die vier Ecken der Kachel weisen je ein sechsblättriges Blumenmotiv mit zentralem inneren Kreis auf. Der Hintergrund ist aufwendig floral und ornamental (Rautenketten) gestaltet. Die Randleiste ist einfach gekantet und zeigt in Spuren ein gezahntes, eingesetztes Band.

19.26 Motiv 17: Stadtwappen

Unterbau, schwarztonige Blattkachel
Stift Altenburg, Inv. Nr. GO 17

Das Bildmotiv zeigt ein Stadtwappen mit drei Türmen und Tor mit Fallgatter. Zwischen den Türmen sind die Initialen S und U zu erkennen. Die zwei äußeren

Kat. Nr. 19.25

Kat. Nr. 19.26

Türme verfügen über je ein rundbogiges Fenster, einen Zinnenkranz und ein aufgesetztes Kegeldach mit Kugelknauf. Der mittlere Turm besitzt ein quadratisches Fenster mit Fensterkreuz, einen Zinnenkranz und ein aufgesetztes Kegeldach mit Fahne. Die Mittelzone der Darstellung wird durch einen Zinnenkranz der Stadtmauer betont. Das Fallgatter ist zu drei Viertel heruntergelassen, direkt darunter ist eine dreiblättrige Blume zu erkennen. Die Randleiste ist gerade gekantet.

19.27 Motiv 18: Wappen A

Unterbau, schwarztonige Blattkachel
Stift Altenburg, Inv. Nr. GO 18

Die Kachel zeigt als zentrales Bildmotiv ein stark hervorgehobenes Wappenschild mit drei diagonal angeordneten Punkten. Der Hintergrund wird aus gezahnten Leisten und floralen Motiven gebildet. Die Randleisten sind zweifach gestuft; zwischen erster und zweiter Stufe ist eine leichte Kehlung mit einer schrägen Strichzier, an der oberen Stufe ein gezahntes Band zu erkennen.

Kat. Nr. 19.28

19.28 Motiv 19: Wappen B

Unterbau, schwarztonige Blattkachel
Stift Altenburg, Inv. Nr. GO 19

Die Kachel zeigt als zentrales Bildmotiv einen stark hervorgehobenen Wappenschild mit einem Kreuz und vier um das Kreuz angeordneten Punkten. Der Hintergrund wird aus gezahnten Leisten und floralen Motiven gebildet. Die Randleisten sind zweifach gestuft; zwischen erster und zweiter Stufe ist eine leichte Kehlung mit einer schrägen Strichzier, an der oberen Stufe ein gezahntes Band zu erkennen.

Kat. Nr. 19.29

19.29 Motiv 20: Wappen C

Unterbau, schwarztonige Blattkachel
Stift Altenburg, Inv. Nr. GO 20

Die Kachel zeigt als zentrales Bildmotiv einen stark hervorgehobenen Wappenschild mit zwei gezahnten, hornartigen Darstellungen. Der Hintergrund wird aus gezahnten Leisten und floralen Motiven gebildet. Die Randleisten sind zweifach gestuft; zwischen erster und zweiter Stufe ist eine leichte Kehlung mit einer schrägen Strichzier, an der oberen Stufe ein gezahntes Band zu erkennen.

19.30 Motiv 21: Zweischwänziger Löwe

Unterbau, rottonige Blattkachel
Stift Altenburg, Inv. Nr. GO 21

In einem großen, zentralen Wappenschild mit gezahnten Rändern ist ein aufgerichteter und bekrönter Löwe mit zwei Schwänzen dargestellt (Wappen Böh-

Kat. Nr. 19.27

Kat. Nr. 19.30

mens). Die Vorderpranken sind gespreizt, besonders auffällig ist die lange, aus dem geöffneten Maul herausragende Zunge. Der Hintergrund des Bildmotivs ist mit gezahnten Leisten, Punkt- und Dreieckszier sowie zwei Lilien aufgefüllt. Die Randleisten sind einfach gekantet.

19.31 Motive 13 und 22: Eckkachel A

Unterbau, schwarztonige Eckkachel
Stift Altenburg, Inv. Nr. GO 22

Die Eckkachel Variante A zeigt eine einfache tordierte Zopfleiste, auf der rechten Seite eine Adam-und-Eva-Darstellung der Variante C. Die linke, als Halbformat ausgeführte Kachel besitzt ein bis jetzt noch nicht aufgetretenes Bildmotiv (Motiv 22). Dabei handelt es sich um ein aufgerichtetes, bekröntes Fabelwesen, das einen Wappenschild mit zwei Hörnern hält. Das Fabelwesen besitzt einen bärtigen Männerkopf, den Körper eines Löwen, einen aufgerichteten gezahnten Schwanz und Vogelklauen. Es kann davon ausgegangen werden, dass nur die linke Hälfte eines vollformatigen Models abgebildet ist, auf dem zwei gegenständige Fabelwesen den zentralen Wappenschild hielten. Die Darstellung des Wappenschildes tritt auf der linken Kachel der Eckkachel B wieder auf.

Kat. Nr. 19.31a

Kat. Nr. 19.31b

19.32 Motive 23 und 24: Eckkachel B

Unterbau, schwarztonige Eckkachel
Stift Altenburg, Inv. Nr. GO 23

Die Eckkachel B zeigt eine stark profilierte Zopfleiste, die beiden vollformatig ausgeführten Kacheln leiten sich in ihrer Darstellung und Ausführung von den Motiven Wappen A bis C ab. Auf dem linken Wappenschild sind zwei glatte, gebogene Hörner (Motiv 23), auf dem rechten ein diagonal angeordneter, tordierter Zopf mit fünf Punkten (Motiv 24) zu erkennen.

19.33 Motiv 21: Eckkachel C

Unterbau, schwarztonige Eckkachel
Stift Altenburg, Inv. Nr. GO 24

Kat. Nr. 19.32a

Kat. Nr. 19.32b

Bei der Eckkachel Variante C handelt es sich um die obere Abschlusskachel des Unterbaues des „Goldenen Ofens". Die beiden oberen horizontalen Abschlüsse werden durch Zopfleisten gebildet, die vertikale Ecke zeigt Fragmente einer menschlichen Figur, die einen Wappenschild mit einem Radspeichenmotiv hält. Von der Figur sind der Oberkörper und die Hände an den oberen Rändern des Wappenschildes erhalten. Die zwei vollformatigen Bildmotive der Eckkachel zeigen als Darstellungen das modelidente Motiv des zweischwänzigen Löwen (Motiv 21).

Kat. Nr. 19.33a

Kat. Nr. 19.33b

19.34 Motiv 12: Adam und Eva B

Randleistenmotive: rechts Fahnenträger, links Töpfer
Oberbau, rottonige Nischenkachel mit Goldglimmerauflage
Stift Altenburg, Inv. Nr. GO 25

Die großformatigen Nischenkacheln des polygonen Oberbaues des „Goldenen Ofens" von Altenburg zeigen durchgehend eine flächige Goldglimmerauflage. Die Untersuchung des Bindemittels steht noch aus. Der Herstellungsprozess der Nischenkacheln kann wie folgt beschrieben werden: Eine flache Tonplatte wurde in Form geschnitten und auf dieser das Bildmotiv aus zumindest drei Modeln (zentrales Hauptmotiv, linke und rechte Randleiste) appliziert. Danach wurde die gestempelte Tonplatte aufgebogen, der obere und untere Deckel eingesetzt und die Kanten beschnitten. In einem letzten Arbeitsschritt wurde die Goldglimmerauflage aufgebracht.

Das zentrale Bildmotiv dieser Nischenkachel ist modelident mit einer Darstellung auf den schwarztonigen Blattkacheln des Unterbaues. Es zeigt Adam und Eva mit einer menschenköpfigen Schlange und dem Vogel im Geäst des Baumes (Motiv 12). Das Motiv ist in einen rechteckigen Rand eingeschrieben, über und unter dem Bildmotiv sind ornamentale Verzierungen zu erkennen. Die rechte Randleiste stellt einen Fahnenträger dar, der über einer blumenförmigen Rosette steht. Die Fahne zeigt ein Punktmuster. Auf der linken Randleiste sind in diesem Fall nur die Reste der Darstellung einer Hütte zu erkennen, in der ein Töpfer an seiner Drehscheibe sitzt. Unter dem Töpfer ist ein dreieckig geschwungenes Füllmotiv und die gleiche Blumenrosette wie auf der rechten Randleiste angebracht.

Kat. Nr. 19.34

19.35 Motiv 25: Vogel mit Jungen

Randleistenmotive: rechts Fahnenträger, links Töpfer
Oberbau, rottonige Nischenkachel mit Goldglimmerauflage
Stift Altenburg, Inv. Nr. GO 26

Das zentrale Bildmotiv stellt in einem quadratischen Rahmen, in den eine betonte kreisförmige Randleiste eingeschrieben ist, einen Vogel mit seinen Jungen im Nest dar (Phönix?). Das Gefieder des Vogels ist detailreich gearbeitet, die Darstellung der Jungen nur schwer kenntlich. In den ausgesparten Ecken des quadratischen Rahmens finden sich florale Motive.

19.36 Motiv 26: Sphinx

Randleistenmotive: rechts Fahnenträger, links Töpfer
Oberbau, rottonige Nischenkachel mit Goldglimmerauflage
Stift Altenburg, Inv. Nr. GO 27

Das zentrale Bildmotiv ist von einer wulstförmigen quadratischen Randleiste umgeben, in die ein zweites Quadrat eingeschrieben ist. Zwischen dieser Umrahmung sind Blattmotive und an den Ecken des inneren Rahmens nach außen stehende Lilien zu erkennen. Im inneren Feld ist eine nach links blickende, bekrönte

Kat. Nr. 19.35

Sphinx abgebildet. Das geflügelte Mischwesen mit Menschenkopf hat den rechten Vorderlauf erhoben, der Schwanz ist zwischen die Hinterläufe nach unten gezogen.

19.37 Motiv 27: Turnierszene

Randleistenmotive: rechts Fahnenträger, links Töpfer
Oberbau, rottonige Nischenkachel mit Goldglimmerauflage
Stift Altenburg, Inv. Nr. GO 28

Die Turnierszene, die zwei im Kampf befindliche Ritter mit gekreuzten Lanzen zeigt, ist in einen quadratischen Rahmen eingeschrieben. Die Pferde stehen auf einem halbkreisförmigen Bogen mit nach innen weisenden Zickzack-Muster und floralem Dekor. Die Darstellung der Pferde ist äußerst abstrahiert. Über dem Hauptmotiv ist ein umlaufendes ornamentales Band zu erkennen, auf dem Feld unter dem zentralen Motiv sind vier becherartige Objekte abgebildet, die von einem Pfeilmuster rautenförmig umrahmt werden.

19.38 Motiv 28: Ritter und Narr

Oberbau, rottonige Nischenkachel mit Goldglimmerauflage
Stift Altenburg, Inv. Nr. GO 29

In einem quadratischen Rahmen ist ein detailreich ausgeführter, nach links blickender Ritter mit erhobener Lanze auf seinem Pferd zu erkennen. Vor dem Pferd steht ein Narr mit Narrenkappe und einer Klapper in der erhobenen rechten Hand. Eine dritte männliche Figur greift von rechts hinten zur Lanze des Ritters. Unter

Kat. Nr. 19.36

Kat. Nr. 19.37

Kat. Nr. 19.38

Kat. Nr. 19.39

dem Hauptmotiv sind mehrere horizontal verlaufende, ornamental gestaltete Bänder zu erkennen. Die beiden Randleisten sind bei dieser Kachel nicht identifizierbar.

19.39 Motiv 29: Maßwerk

Randleistenmotive: rechts Fahnenträger, links Töpfer
Oberbau, rottonige Nischenkachel mit Goldglimmerauflage
Stift Altenburg, Inv. Nr. GO 30

Das zentrale Bildmotiv, ein aufwendig ineinander verschlungenes Maßwerk, nimmt die gesamte Höhe der Kachel ein. Über drei vollständige und drei halbe bogenartige Segmente, die einander überlagern, ist ein Motiv aus drei Kreisen mit Maßwerkfüllung angebracht. Die beiden oberen Ecken zeigen je ein Blütenmotiv.

19.40 Motiv 30: Maria mit Kind, hl. Barbara und hl. Katharina, Motiv 31: Fürsten

Randleistenmotive: rechts Fahnenträger, links Töpfer
Oberbau, rottonige Nischenkachel mit Goldglimmerauflage
Stift Altenburg, Inv. Nr. GO 31

Diese Kachel zeigt neben den zwei bekannten Randleistenmotiven Töpfer und Fahnenträger zwei getrennte Bildmotive, die übereinander angeordnet sind. Auf dem oberen Bildfeld ist in der Mitte Maria mit dem Kinde, umrahmt von zwei Säulen, zu sehen. Links davon ist die hl. Barbara mit dem Turm, rechts die Hl. Katharina mit dem Rad abgebildet (Motiv 30). Das untere Bildmotiv zeigt sechs männliche Figuren, die einzeln von Säulen eingerahmt werden (Motiv 31). Die Figuren stehen jeweils auf einzelnen Wappenschildern mit den Wappendarstellungen, die bereits vom Unterbau des Ofens bekannt sind.

Kat. Nr. 19.40

19.41 Motiv 32: Fahnenträger

Randleistenmotive: rechts Fahnenträger, links Töpfer
Oberbau, rottonige Nischenkachel mit Goldglimmerauflage
Stift Altenburg, Inv. Nr. GO 32

Das zentrale Bildmotiv zeigt in einem doppelten rechteckigen Rahmen zwei männliche Figuren, die als Landsknechte angesehen werden. Die mittlere Figur, die das Motiv dominiert, hält eine diagonal ausgerichtete Lanze oder Fahnenstange mit Wimpel in Händen. Die Rüstung und die einzelnen Details sind kunstreich ausgefertigt. Die zweite Figur, die ein erhobenes Schwert in der rechten Hand hält, ist an den linken Bildrand geschoben. Beide stehen auf einem halbkreisförmigen Maßwerkbogen.

19.42 Motiv 33: Fahnenträger mit Pferd

Oberbau, rottonige Nischenkachel mit Goldglimmerauflage
Stift Altenburg, Inv. Nr. GO 33

Das in einen rechteckigen doppelten Rahmen eingeschriebene Bildmotiv zeigt einen auf sein Pferd steigenden Fahnenträger. Das linke Bein des Mannes ist noch unter dem Bauch des Pferdes zu erkennen. Die Figur blickt ebenso wie das Pferd in die Richtung des Betrachters und trägt eine runde Kappe oder Helm auf dem Kopf. Das Pferd steht auf einem halbkreisförmigen Maßwerkbogen, die rechte Vorderhand ist erhoben, Sattel und Zaumzeug sind detailliert ausgeführt. Die Randleisten werden von zwei männlichen Figuren gebildet, die Schwerter in ihren erhobenen Händen tragen. Auf der rechten Randleiste ist zu erkennen, dass es sich hierbei um eine bekrönte Person handelt.

Kat. Nr. 19.41

19.43 Motiv 34: Reitender König

Randleistenmotive: rechts Fahnenträger, links Töpfer
Oberbau, rottonige Nischenkachel mit Goldglimmerauflage
Stift Altenburg, Inv. Nr. GO 34

Kat. Nr. 19.42

Kat. Nr. 19.43

In einem doppelten quadratischen Rahmen, in dem auch schon die vorhergehenden Bildmotive eingeschrieben waren, ist ein reitender König dargestellt. In seiner linken Hand hält er auf Brusthöhe erhoben ein gestieltes Trinkhorn. Das nach links blickende Pferd zeigt einen aufwendigen Federschmuck am Kopf. Das Pferd steht auf einem halbkreisförmigen Maßwerkbogen.

19.44 Motiv 35: Engel C

Randleistenmotive: rechts Fahnenträger, links Töpfer
Oberbau, rottonige Nischenkachel mit Goldglimmerauflage
Stift Altenburg, Inv. Nr. GO 35

Das zentrale Bildmotiv zeigt einen knienden, nach links blickenden Engel mit erhobenem Spruchband, dessen Inschrift nur angedeutet ist. Die Flügel sind auf der rechten Seite zusammengelegt. Der Hintergrund ist mit floralem Dekor versehen. Der Engel kniet auf einem halbkreisförmigen Maßwerkbogen.

19.45 Motiv 36: Hl. Dorothea

Randleistenmotive: rechts Fahnenträger, links Töpfer
Oberbau, rottonige Nischenkachel mit Goldglimmerauflage
Stift Altenburg, Inv. Nr. GO 36

In einem doppelten, mit Lilien und blatt- oder ährenförmigen Motiven geschmückten Rahmen ist die kniende Figur einer nach rechts unten blickenden Heiligen dargestellt. Ihr bekröntes Haupt ist von einer Gloriole umgeben, über die Schulter fällt ein langer Zopf. Mit der rechten Hand zeigt die Figur auf einen Kübel, aus dem Pflanzen herauswachsen. Unter dem Kübel ist ein Kind in einem gezahntem Rahmen abgebildet. Es könnte sich um eine Darstellung der hl. Dorothea im Garten handeln, eine genaue Interpretation kann erst nach weiteren Studien gegeben werden. Die Figuren ruhen auf einem halbkreisförmigen Maßwerkbogen.

19.46 Motiv 37: Hl. Barbara

Randleistenmotive: rechts Fahnenträger, links Töpfer
Oberbau, rottonige Nischenkachel mit Goldglimmerauflage
Stift Altenburg, Inv. Nr. GO 37

Das zentrale Bildmotiv zeigt vor einem Hintergrund mit floralem Dekor die bekrönte hl. Barbara. In der linken Hand trägt sie ihr Attribut, den Turm, mit der rechten Hand weist sie auf denselben. Die Figur der hl. Barbara steht auf einem halbkreisförmigen Maßwerkbogen, der im Gegensatz zu den bisher beschriebenen kugelförmige Abschlüsse des Maßwerkes zeigt.

19.47 Motiv 38: Hl. Josef

Randleistenmotive: rechts Fahnenträger, links Töpfer
Oberbau, rottonige Nischenkachel mit Goldglimmerauflage
Stift Altenburg, Inv. Nr. GO 38

Das Bildmotiv des hl. Josefs vor dem Herd ist ein beliebtes Thema mittelalterlicher Darstellungen. Das Haupt des in eine Kutte gewandeten Josefs zeigt einen langen Vollbart. Rechts von ihm ist ein offener Tischherd mit einer bogenförmigen Öffnung zur Holzlagerung zu erkennen. Auf dem Herd stehen drei Gefäße: ein Topf, ein Krug und eine Stielpfanne, die der hl. Josef in der linken Hand hält. Mit einem Kochlöffel rührt er in der Pfanne um. Im Hintergrund ist die Flechtwerkwand des Stalles mit einem Fenster zu erkennen. Die Darstellung des Josef ruht auf einem halbkreisförmigen Maßwerkbogen.

Kat. Nr. 19.44

Kat. Nr. 19.45

Kat. Nr. 19.46

19.48 Motiv 39: Maria mit Kind in der Krippe

Randleistenmotive: rechts Fahnenträger, links Töpfer
Oberbau, rottonige Nischenkachel mit Goldglimmerauflage
Stift Altenburg, Inv. Nr. GO 39

Eine der prächtigsten Kacheln aus dem Formenspektrum des „Goldenen Ofens“ ist unzweifelhaft die Darstellung der knienden Muttergottes vor der Krippe mit dem Jesuskind. Ihr Haupt umgibt eine Gloriole, die Hände sind zum Gebet gefaltet. Das Jesuskind ruht in einer Krippe aus Stroh und hat die rechte Hand segnend erhoben. In der linken oberen Ecke sind drei jubilierende Engel dargestellt, die ein geöffnetes Buch in Händen tragen. Im Hintergrund ist eine Wand des Stalles mit einem Doppelbogenfenster zu erkennen. Die Darstellung der Maria ruht auf einem halbkreisförmigen Maßwerkbogen.

19.49 Motiv 40: Maria mit dem Kinde

Oberbau, rottonige Nischenkachel mit Goldglimmerauflage
Stift Altenburg, Inv. Nr. GO 40

Die Kachel mit der Darstellung Maria mit dem Kinde nimmt aus unterschiedlichen Gründen eine Sonderstellung ein. Sie zeigt ein wesentlich größeres Gesamtformat als der Rest der Kacheln des Oberbaues und besitzt als einzige einen vorgeblendeten Baldachin mit Maßwerkdarstellungen und Zinnenkranzabschluss. Das Bildmotiv zeigt die auf einem halbkreisförmigen Maßwerkbogen stehende Maria mit dem Jesuskind auf ihrem linken Arm. Ihr Haupt ist bekrönt, zeigt aber keine Gloriole. Im Hintergrund sind Blumenranken zu erkennen, die sich auch in den Randleisten wieder finden. Der Hintergrund des Maßwerkbogens ist mit einem Eichenrankenornament geschmückt.

Kat. Nr. 19.47

Kat. Nr. 19.48

Kat. Nr. 19.49

19.50 Bekrönungskacheln, Motiv 10: Florales Ornament

Rottonige Nischenkachel mit Goldglimmerauflage
Stift Altenburg, Inv. Nr. GO 41

Das aus dem Unterbau her bekannte Motiv 10 (florales Ornament) findet sich bei allen vorhandenen Bekrönungskacheln annähernd modelident wieder. Bedingt durch die Reduktion der Größe bei den Bekrönungskacheln nimmt das Bildmotiv nahezu den gesamten Raum ein. Der obere Abschluss der Bekrönungskacheln wird aus einem Zinnenkranz gebildet. Als Verbindungselement zwischen den Bekrönungskacheln und dem darunter liegenden polygonalen Ofenaufbau fanden sich Fragmente einer schüsselförmigen, beidseitig offenen Kachel, die sowohl den Durchmesser des Ringes der Bekrönungkacheln als auch den des Ofenaufbaues wiedergibt.

Fotos 19.10–19.50: Institut für Realienkunde des Mittelalters, Krems

M. Kr.

Kat. Nr. 19.50

20. Scriptorium

„Ein Kloster ohne Bücher ist wie ein Staatswesen ohne Macht, eine Burg ohne Mauer, eine Küche ohne Hausgerät, ein Tisch ohne Speisen, ein Garten ohne Kräuter, eine Wiese ohne Blumen, ein Baum ohne Blätter."
(Aus dem *Informatorium Bibliothecarii* der Kartause Basel)

Wer im Mittelalter Bücher besitzen wollte, musste sie abschreiben; daher verfügte jedes Kloster über eine Schreibstube, ein Scriptorium.

Mönche und Geistliche stellten beinahe ausschließlich den kleinen Personenkreis, der im Mittelalter Lesen und Schreiben beherrschte. In den Bibliotheken der Klöster und Stifte versammelte sich das Wissen der gesamten Epoche.

Die Buchkunst war Klosterarbeit. In den Scriptorien vervielfältigten die Mönche vorhandene oder geborgte Manuskripte entweder durch Abschriften direkt vom Ursprungstext, oder es war ein Vorleser für mehrere Schreiber tätig.

Das Kopieren der Schriften fand normalerweise im Mönchssaal, dem Tagesraum der Mönche, und zum Teil auch im angrenzenden Wärmeraum, dem Calefactorium statt. In Letzterem wurden vor allem Pergament und Tinte gebrauchsfertig gemacht.

Für die Herstellung der Pergamente wurden große Mengen an Tierhäuten benötigt. Die Zisterzienser förderten auch aus diesem Grund die Schafzucht, wobei auch die Wollproduktion ein nicht zu unterschätzender Nebeneffekt war. Tuschen wurden auf der Basis von verschiedenfarbigen Erden, Mineralien, Blütennarben wie etwa Safran oder aus diversen pflanzlichen Extrakten gewonnen.

Zur Ausstattung eines Scriptoriums gehörten Schreibpulte, verschiedene Tintenfässer und Pigmente, Schreibfedern, Federmesser, Bimssteine zum Glätten des Pergaments, Ahlen zum Lochen, Metallgriffel oder Bleilote zum Ziehen der Linien.

Die Tagesleistung eines Schreibers umfasste etwa fünf bis sechs Blätter in Quartformat, das Kopieren einer Bibel dauerte oft mehrere Jahre. Das Bedürfnis zur Dekoration äußerte sich erst in der Vergrößerung und farbigen Gestaltung der Anfangsbuchstaben (Initialen) eines Abschnittes oder Kapitels, die mit der Zeit immer komplizierter und aufwendiger gestaltet wurden, und führte schließlich zur Illumination, der Beifügung von eigenständigen, erklärenden Bildern. Mit der Zeit bildete sich eine gewisse Spezialisierung und Arbeitsteilung heraus. Eigene Illustratoren malten die Miniaturen und farbigen Initialen auf die vom Kopisten fertig beschriebenen Blätter, die vom Buchbinder gefaltet, ineinander gelegt und mit einem Faden geheftet zu Codices zusammengefügt wurden.

Als Einband dienten zwei Holztafeln, die bei besonders wertvollen Büchern mit Elfenbeinreliefs, Email und Edelsteinen geschmückt sein konnten, im Normalfall aber mit Leder überzogen waren. In das Einbandleder wurde entweder mit einem Stempel ein Muster von Hand eingeprägt (Blinddruckeinbände) oder mit einem speziellen Messer ornamentaler oder figuraler Schmuck eingeschnitten. Metallbeschläge auf den Buchdeckeln sollten die Abnutzung des Leders verhindern.

Ab dem 14. Jahrhundert ging man immer mehr dazu über, die benötigten Bücher von gewerbsmäßigen Buchhändlern zu kaufen.

Die Kenntnis über die einzelnen Arbeitsschritte bei der Herstellung eines mittelalterlichen Codex beruht unter anderem auf zeitgenössischen Darstellungen.

20.1 Der Pergamenter

Hausbuch der Mendelschen Zwölfbrüderstiftung in Nürnberg, um 1425, Nürnberg
Stadtbibliothek, Amb. 317, fol. 34v
Aus: W. Treue u. a. (Hrg.), Das Hausbuch der Mendelschen Zwölfbrüderstiftung zu Nürnberg, Bildband, München 1965

Durch Bearbeiten mit dem Rundeisen wird aus einer aufgespannten Tierhaut Pergament hergestellt.

20.2 Erzeugung eines Buches

Um 1150–1175
Bamberg Staatsbibliothek, Msc. Patr. 5, fol. 1v
Aus: R. Schneider, Vor 1000 Jahren, Augsburg 1999, Abb. 203

Das Titelblatt einer Handschrift des 12. Jahrhunderts zeigt die verschiedenen Arbeitsstufen bei der Herstellung eines mittelalterlichen Codex: die Bearbeitung der in einen Holzrahmen eingespannten Tierhaut mit dem Schabeisen, das Zerschneiden der Pergamentblätter, das Linieren der Blätter, das Zuspitzen der Gänsefeder durch den Schreiber, den Maler mit Farbschale und Pinsel, das Falzen der ineinander gelegten Pergamentblätter, das Heften in der Buchbinderlade, die Anfertigung des hölzernen Buchdeckels und der Beschläge und Schließen.

20.3 Hl. Augustinus

Initiale O, um 1140
Stift Heiligenkreuz, Codex 186, fol. 1r
Foto: Stift Heiligenkreuz

Der Kirchenlehrer Augustinus ist mit einer Schreibfeder und einem Messer zum Radieren dargestellt.

20.4 Selbstportrait des Illuminators Hugo

„Kommentar zu Jesaja" des hl. Hieronymus, anglo-normannisch, um 1100
Oxford, Ms Bodleian Library, 717, fol. 287v
Aus: Blüte des Mittelalters. Die Welt der Ritter und der Mönche, 1981, 198.

In einer winzigen Randzeichnung hat sich der Illuminator des Werkes selbst verewigt: *Hugo pictor. Imago pictoris et illuminatoris huius operis.*

20.5 Der Schreiber

Hausbuch der Mendelschen Zwölfbrüderstiftung in Nürnberg, um 1425
Nürnberg Stadtbibliothek, Amb. 317, fol. 34v
Aus: W. Treue u. a. (Hrg.), Das Hausbuch der Mendelschen Zwölfbrüderstiftung zu Nürnberg, Bildband, München 1965

Kat. Nr. 20.3

20.6 Ein Maler und ein schreibender Mönch an seinem Pult

Reiner Musterbuch, um 1220
Österreichische Nationalbibliothek Wien, cod. 507, fol. 2v
Foto: Institut für Realienkunde des Mittelalters, Krems

20.7 Scriptoriumsszene

Um 1140
Prag, Kapitelbibliothek Ms. AXXI/1, fol. 133r
Aus: C. de Hamel, Scribes and Illuminators, London 1999, Abb. 53

Kat. Nr. 20.6

Der Schreibermönch Hildebert wirft einen Schwamm (Bimsstein?) nach einer Maus, die auf seinem Tisch am Käse knabbert und eine Schüssel mit einem Hähnchen umgestoßen hat. Hildeberts Zorn ist im aufgeschlagenen Buch festgehalten: *Pessime mus, sepius me provocans ad iram: ut te deus perdeat* (Elende Maus, wie oft hast du meinen Zorn herausgefordert: Gott soll dich vernichten!).

In der Linken hält der Schreiber ein Federmesser zum Zuschneiden der Gänsefedern. Im Schreibpult stecken zwei Rinderhörner mit Tinte. Zu Hildeberts Füßen sitzt auf einem Schemel der Gehilfe Everwinus und übt sich im Rankenmalen.

20.8 Der Schreiber Jean Miélot

3. Viertel 15. Jahrhundert
Paris, Bibliothèque Nationale, Ms. fr. 9198, fol. 19
Aus: C. de Hamel, Scribes and Illuminators, London1999, Abb. 28

Jean Miélot († 1472) war der Schreiber zweier burgundischer Herzöge: von Philipp dem Guten und Karl dem Kühnen. In seiner Schreibstube ist er beim Kopieren eines Manuskriptes dargestellt, umgeben von Codices und verschiedenen Objekten seiner Tätigkeit. Die Metallbeschläge und Schließen der Codices sind gut sichtbar.

20.9 Zugespitzter Vogelknochen

Spätmittelalter?
Länge 10 cm
Stift Altenburg, Inv. Nr. AB527

Der Vogelknochen mit einer zugeschnittenen Spitze diente möglicherweise als Schreibgriffel.

Im archäologischen Fundmaterial gelingt es nur selten, Bücher nachzuweisen, hierfür müssen besonders extreme Bedingungen, sei es besonders trockene oder feuchte Lagerung, gegeben sein. Allerdings kann die Archäologie indirekt das Vorhandensein von Scriptorien oder Bibliotheken belegen. Eine immer wieder beobachtete Fundgattung stellen die Schreibgriffel und Schreibfedern dar. Schreibgriffel aus Metall oder Knochen wurden für kurze Notizen verwendet, die nicht auf teures Pergament, sondern auf Wachstäfelchen geschrieben wurden. Schreibfedern können dann aufgefunden werden, wenn sie nicht aus organischem Material gefertigt worden sind, was der Regel entsprochen haben dürfte, sondern in Metall ausgeführt waren. Im archäologischen Fundgut können immer wieder bronzene Nadeln beobachtet werden, die einerseits zum Fixieren von Pergament, andererseits zum Markieren von Linien und Spaltenrändern in Verwendung waren.

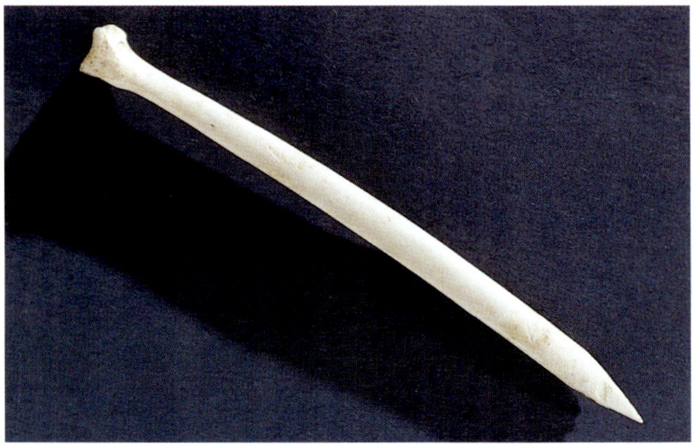

Kat. Nr. 20.9

Im Stift Klosterneuburg kam auch ein Prägestempel zutage, mit dem Bucheinbände in Blinddrucktechnik verziert wurden.

Eine weitere, besonders häufig auftretende Fundgattung stellen Buchschließen und Buchbeschläge aus Metall dar. Diese dienten zum Schutz des Buches vor äußeren Beschädigungen und für den Zusammenhalt der Folianten. In der Kartause Mauerbach konnte indirekt anhand von Rohprodukten und einzelnen sekundär beschnittenen Buchbeschlägen die Herstellung von Bucheinbänden beziehungsweise Buchbeschlägen archäologisch nachgewiesen werden.

C. Fa. und M. Ka.

Mittelalterliche und frühneuzeitliche Buchbeschläge und Buchspangen aus Metall

Aus den archäologischen Untersuchungen im Bereich von mittelalterlichen Klosteranlagen Österreichs liegt unter anderem auch ein reiches Fundmaterial zu spätmittelalterlichen und frühneuzeitlichen Bucheinbänden vor. Es handelt sich dabei um Beschläge und Teile von Buchschließen beziehungsweise -spangen aus Buntmetall, an denen sich unterschiedliche Herstellungs- und Dekortechniken ablesen lassen.

Einesteils wurden diese Objekte mittels Gussverfahren produziert, wobei gelegentlich bestimmte Verzierungselemente schon mitgegossen sind. Zum anderen Teil wurden sie aus gewalztem Buntmetallblech in ihre Form geschnitten, anschließend getrieben sowie auch durchbrochen gearbeitet. An der Schauseite der Fundstücke findet sich oftmals eine Verzierung, die nachträglich durch weitere Bearbeitungstechniken wie beispielsweise Gravur, Ziselierung oder Punzierung entstanden ist.

Der vollflächig beziehungsweise zonal angeordnete Dekor der Beschläge und Buchspangen zeigt unterschiedlich ausgeformte florale Ornamentik (Blätter, Rosetten und Ähnliches), Verzierungsleisten, Rauten- und Schuppenmuster, schraffierte Felder oder auch Buchstabenkombinationen in Form gotischer (Schein-)minuskeln, die mitunter um durch Treibarbeit entstandene Buckel angeordnet sind oder selbst durch Treibarbeit leicht hervorgehoben sind.

Beschläge und Schließen der Frühneuzeit behalten teilweise den aus dem späten Mittelalter stammenden Formenschatz bei, entwickeln und erweitern ihn jedoch um zusätzliche Musterformen, auch im Sinne der Renaissancemotivik (abgeänderte Blattformen oder Anordnung derselben, Strichbündel, Kreisaugenverzierung).

Den historischen Quellen zufolge wird ihre Herstellung den Gürtlern zugeschrieben oder auch in Verbindung mit den Buchdruckern selbst und den ihnen nahestehenden Einbandwerkstätten gebracht.

Es ist aber durchaus denkbar, dass in den Klöstern selbst bisweilen eine Werkstatt existierte, die sich dieser Arbeiten angenommen oder zumindest auf die Reparatur oder Neueinbindung schadhafter Bücher spezialisiert hat. Die archäologischen Untersuchungen in der Kartause Mauerbach haben mehrfach Hinweise auf diese Möglichkeit erbracht, wie Drahtfragmente, Blechstreifen, sekundär umgearbeitete Buchbeschläge und mögliche Halbfabrikate zeigen.

Der Umstand, dass religiöse Bücher unterschiedlicher Provenienz als Stiftungsgut weltlicher und geistlicher Personen ihren Weg in die Klöster gefunden haben, erschwert von archäologischer Seite oft eine genaue Zuordnung der Fundstücke im Hinblick auf ihre ursprüngliche Produktionsstätte.

Abgesehen von der aufgrund des Einbandschmuckes erzielten Wirkung, durch eine kunstvolle Ausstattung den Büchern und deren Inhalt besondere Bedeutung zu verleihen, dient das Beschlagwerk zusätzlich auch der Befestigung des Einbandleders und dem Schutz des Bucheinbandes.

Längliche, manchmal durchbrochen gearbeitete Beschläge gewährleisteten den Schutz der Einbandkanten. Weitere Beschläge in Form einer Raute, meist mit umgebördelten Seitenkanten, bewirkten den Schutz und eine Verstärkung der Ecken des Bucheinbandes.

Runde, gegossene Beschläge mit zentrierter Buckelzier waren ursprünglich an der Vorderseite der Einbände montiert und dienten der Befestigung des Buchleders an den Holzdeckeln des Einbandes. Quadratische Buchbeschläge, die meist durchbrochen gearbeitet sind, waren vor allem mittig am Einband angebracht.

Die Buchschließen beziehungsweise -spangen hatten einerseits die Aufgabe, über einen längeren Zeitraum der Verwendung ein Aufwölben der Buchdeckel zu verhindern, andererseits erfüllten sie den Zweck, die Pergament- oder Papierseiten zu schützen. Sie waren sowohl paarweise an der offenen Längsseite des Buches als auch gelegentlich an den Schmalseiten angeordnet.

Unter den Buchschließen hebt sich eine Fundgruppe ab, die aus mehrteilig gearbeiteten Riemenzungen besteht. Die gegossene Schauseite besitzt als Abschluss einen Drachen- beziehungsweise Tierkopf, der teilweise sehr stilisiert, teilweise gut erkennbar ausgeformt ist. Als zusätzliche Verzierung auf der Beschlagoberseite findet sich mehrfach ein graviertes Wolfszahn- oder Dreiecksmuster oder ein Punktdekor, wie ihn ein besonders gut gearbeitete Stück aus Heiligenkreuz zeigt. Die Unterseite bestand aus einem dünnen Beschlagblech, das, mit der gegossenen Oberseite vernietet, die Aufnahme für den Verschlußriemen gewährleistete.

Andere Spangenteile waren am Ende des Verschlussriemens befestigt und wurden beim Schließen des Buches an dem am Einband befindlichen Gegenstück eingehakt. Diese Stücke sind meist rechteckig oder weisen eine längliche Form mit geschwungenem Abschluss auf.

Aufgrund der Fundlage und Befundsituation ist es bisweilen möglich, die Ursache für das gehäufte Vorkommen von Buchschließen und Buchbeschlägen als Bodenfunde zu klären, wie sich beispielsweise anhand der archäologischen Untersuchungen in der bereits erwähnten Klosteranlage Mauerbach zeigt. Ein großer Teil der dort geborgenen Fundstücke stammt aus Kultur- und Planierungshorizonten, die mit den Unruhen zur Zeit Matthias Corvinus oder mit der überlieferten Plünderung der Kartause anlässlich der ersten Türkenbelagerung Wiens 1529 in Verbindung stehen. Es besteht daher die Vermutung, dass die von den mutwilligen Zerstörungen und Brandschäden betroffenen Bestände jener Klosterbibliothek – vor allem die unrettbaren Einbände – gemeinsam mit unbrauchbarem Haushaltsgut und Bauschutt entsorgt und einplaniert wurden.

Literatur:

E. Eisenlohr, Die Kunst, Pergament zu machen, in: U. Lindgren (Hrg.), Europäische Technik im Mittelalter 800–1400, Berlin 1996, 429–434.

C. de Hamel, Medieval Craftsmen. Scribes and Illuminators, London 1999.

O. Mazal, Europäische Einbandkunst aus Mittelalter und Neuzeit, Graz 1990.

20.10 Zierbeschlag eine Bucheinbandes

Spätmittelalter
Bronze, Länge 5,1 cm
Stift Altenburg, Inv. Nr. AB526

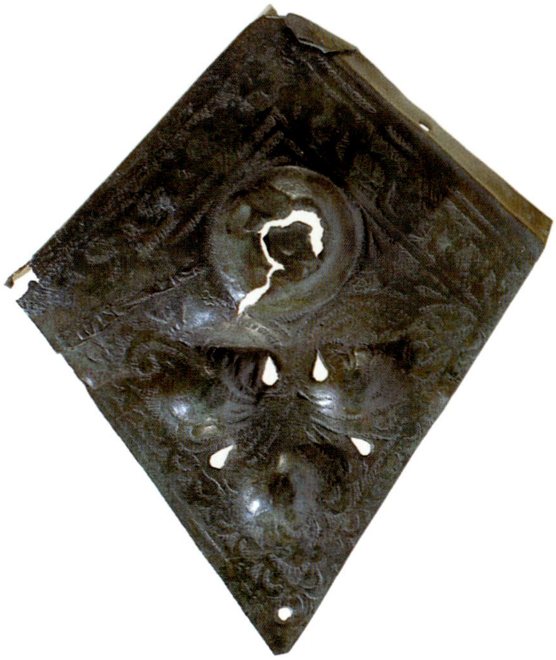

Kat. Nr. 20.11

20.11 Eckbeschlag eines Bucheinbandes

15. Jahrhundert
Bronze, Länge/Diagonale 8,3 cm
Stift Altenburg, Inv. Nr. AB155

Der aus Blech getriebene, durchbrochen gearbeitete Eckbeschlag ist mit einem floralen Muster in Rankenform verziert und weist einen gerundeten, erhabenen Buckel auf.

20.12 Eckbeschlag

15. Jahrhundert
Bronze, Länge/Diagonale 6,7 cm
Stift Altenburg, Inv. Nr. AB463

Kat. Nr. 20.12

Kat. Nr. 20.13

Der aus Blech getriebene, durchbrochen gearbeitete Eckbeschlag ist mit einem floralen Muster (zum Teil Rosettendekor) verziert und weist einen gemusterten Buckel auf.

20.13 Eckbeschlag

15. Jahrhundert
Bronze, erhaltene Länge/Diagonale 3,5 cm
Stift Altenburg, Inv. Nr. AB211

Der fragmentierte Eckbeschlag zeigt innerhalb eines vierblättrigen Blütendekors einen schwach erhabenen Buckel.

20.14 Zwei Spangen

Datierung: 15. Jahrhundert
Bronze, Länge 4,2 und 3,7 cm
Stift Altenburg, Inv. Nr. AB426, AB173

Die beiden, möglicherweise von demselben Einband stammenden Spangenteile sind mit einem vierpassartigen Blütenmuster in einem quadratischen Feld geschmückt.

20.15 Spange

15. Jahrhundert
Bronze, Länge 3,0 cm
Stift Altenburg, Inv. Nr. AB424

Der rechteckige Spangenteil zeigt innerhalb einer zweifach umrahmten, kreuzschraffierten Fläche ein einfaches Rankenmuster.

20.16 Zierbeschlag

15./16. Jahrhundert
Bronze, Länge 4,1 cm
Stift Altenburg, Inv. Nr. AB461

Dieser durchbrochen gearbeitete Beschlag war ursprünglich mittig auf der Vorderseite eines Bucheinbandes befestigt. Um einen gerieften Buckel sind palmettenartige Blattmuster angeordnet.

20.17 Eckbeschlag

15./16. Jahrhundert
Bronze, Länge/Diagonale 9,7 cm
Kartause Mauerbach, Inv. Nr. 793

Der unverzierte Eckbeschlag dürfte aufgrund der Umbördelung auf einem massiven, möglicherweise hölzernen Bucheinband montiert gewesen sein.

Kat. Nr. 20.14

Kat. Nr. 20.14

Kat. Nr. 20.15

Kat. Nr. 20.16

20.18 Drei vollständige und ein fragmentierter Spangenteil

14. bis frühes 15. Jahrhundert
Bronze, Länge 4,8, 5,7 und 6,6 cm
Kartause Mauerbach, Inv. Nr. 1476, 615, 611, 425

Die Spangenteile waren auf Bucheinbänden montiert und bestehen aus einer massiv gegossenen Oberseite, die in der Form eines stilisierten Drachens ausgebildet ist, und einem dünnen Blechbeschlag an der Unterseite. Beide Teile sind mit zwei Stiften verbunden und dienten der Aufnahme des Verschlussriemens.

20.19 Drei Zierbeschläge

15. Jahrhundert
Bronze, Durchmesser 2,1, 2,6 und 2,9 cm
Kartause Mauerbach, Inv. Nr. 331, 594, 1347

Die beiden runden Beschläge mit zylindrischem Buckel waren auf der Oberseite der Bucheinbände montiert. Sie dienten sowohl als Zierde als auch zum Schutz des Buches.

20.20 Zierbeschlag

15. Jahrhundert
Bronze, Durchmesser 2,9 cm
Kartause Mauerbach, Inv. Nr. 1896

Der Zierbeschlag mit rundem Buckel war mittels dreier Bronzestifte an der Vorderseite des Bucheinbandes befestigt.

20.21 Eckbeschlag

15. Jahrhundert
Bronze, Länge/Diagonale 5,6 cm
Kartause Mauerbach, Inv. Nr. 593

Der gegossene Eckbeschlag ist mit einem floralen Muster in Rankenform verziert und weist einen gerundeten, erhabenen Buckel auf.

Kat. Nr. 20.18

Kat. Nr. 20.18

Kat. Nr. 20.18

Kat. Nr. 20.18

Kat. Nr. 20.19

Kat. Nr. 20.22

Kat. Nr. 20.21

20.22 Eckbeschlag

15. Jahrhundert
Bronze, Länge/Diagonale 4,8 cm
Kartause Mauerbach, Inv. Nr. 612

Der gegossene Eckbeschlag ist mit einem floralen Muster in Rankenform verziert und weist auf der Rückseite eine Kreisritzung auf. Möglicherweise handelt es sich um ein sekundär zugeschnittenes oder unfertiges Produkt.

20.23 Zierbeschlag

15. Jahrhundert
Bronze, Länge 3,1 cm
Kartause Mauerbach, Inv. Nr. 565

Der durchbrochen gearbeitete Zierbeschlag mit grober Blattornamentik weist einen zentralen, zylindrischen Buckel und vier kleine Erhebungen an den Ecken auf. An zwei Ecken sind die Nietlöcher zur Befestigung erkennbar.

Kat. Nr. 20.23

20.24 Zierbeschlag

Spätmittelalter/frühe Neuzeit
Eisen, Länge 2 cm
Kartause Mauerbach, Inv. Nr. 510

20.25 Zwei Spangenteile

15. Jahrhundert
Bronze, Länge 4,5 und 4,3 cm
Kartause Mauerbach, Inv. Nr. 796, 1648

Die beiden formal ähnlichen Spangenteile unterscheiden sich im Dekor: Während der eine mit einem einfachen Kreisaugen- und Schraffurmuster verziert ist, weist der zweite ein detailliert gestaltetes Zierband und darunter die Initialen „P B“ auf.

20.26 Spangenteil

15. Jahrhundert
Bronze, Länge 3,3 cm
Kartause Mauerbach, Inv. Nr. 1674

Der einfache Spangenteil ist mit einer Gravur in Form von fünf Blättern verziert.

20.27 Spangenteil

15. Jahrhundert
Bronze, Länge 2,8 cm
Kartause Mauerbach, Inv.Nr. 9

Der Spangenteil ist mit einer getriebenen Verzierung in der Art der gotischen Minuskel „M“ versehen.

20.28 Spangenteil

15. Jahrhundert
Bronze, Länge 3,1 cm
Kartause Mauerbach, Inv. Nr. 1381

Der gegossene Spangenteil weist einen einfachen gravierten Schuppendekor auf und besitzt noch die drei Bronzestifte zur Befestigung.

Kat. Nr. 20.24

Kat. Nr. 20.26

Kat. Nr. 20.27

20.29 Spangenteil

15. Jahrhundert
Bronze, Länge 4,8 cm
Kartause Mauerbach, Inv. Nr. 619

20.30 Fragmentierter Spangenteil

15./16. Jahrhundert
Bronze, erhaltene Länge 6,5 cm
Kartause Mauerbach, Inv. Nr. 1769

Der Spangenteil ist mit einem durchbrochen gearbeiteten, floralen Motiv verziert und weist auf dem nicht durchbrochenen Teil ein graviertes Schild mit dem Schriftzug „ANNO“ auf. Aufgrund seiner Dimensionen stammt dieser Beschlag sicher von einem größerformatigen Buch.

20.31 Fragmentierter Beschlag

15./16. Jahrhundert
Bronze, erhaltene Länge 7,9 cm
Kartause Mauerbach, Inv. Nr. 18

Kat. Nr. 20.28

Kat. Nr. 20.30

Der aus Blech getriebene Beschlag ist am Rand mit einer durch schräge Gravuren angedeuteten Bordüre eingefasst. Auf der abgebrochenen Platte befindet sich ein mit einem Strahlenkranz eingefasstes Loch.

20.32 Blechfragment

Spätmittelalter
Bronze, Länge 4,1 cm
Kartause Mauerbach, Inv. Nr. 946

Kat. Nr. 20.31

Kat. Nr. 20.32

Auf der Vorderseite des Blechstückes, das eventuell einen Bucheinband schmückte, befindet sich ein graviertes Muster aus Bögen und Minuskelimitationen.

20.33 Lanzettförmiger Riemenbeschlag

15. Jahrhundert
Bronze, Länge 9,6 cm
Kartause Mauerbach, Inv. Nr. 240

20.34 Abfallstück

Spätmittelalter
Bronze, Länge 9,9 cm
Kartause Mauerbach, Inv. Nr. 9

In der Kartause Mauerbach konnte im Bereich des großen Kreuzhofes eine große Anzahl von Abfall- und Halbprodukten der Erzeugung von Buchbeschlägen und Schnallen aus gegossener Bronze, Bronzedraht oder Bronzeblech geborgen werden. Damit ist ein deutlicher Hinweis gegeben, dass in der Kartause, wahrscheinlich von einem spezialisierten Ordensbruder, Buchbeschläge hergestellt worden sind.

Kat. Nr. 20.33

Kat. Nr. 20.34

Kat. Nr. 20.37

20.35 Spange

16. Jahrhundert
Bronze, Länge 5,4 cm
Kloster Mondsee, ohne Inv. Nr.

Die Buchspange weist eine einfache, gestempelte und punzierte Verzierung auf.

20.36 Spange

16. Jahrhundert
Bronze, Länge 5,7 cm
Kloster Mondsee, ohne Inv. Nr.

Die Buchspange ist an der Vorderseite aufwendig mit einem durchbrochen gearbeiteten Vierpass, einem federartigen Muster und einem Kreisaugendekor verziert.

20.37 Eckbeschlag

Um 1600
Buntmetall (Bronze?), Länge 10,5 cm
Wien, Alte Universität, ohne Inv. Nr.

Ein weiterer Beleg von Schriftlichkeit ist dieser wunderschön gearbeitete Beschlag mit Doppeladler, tordiertem Ziernagel und durchbrochen gearbeiteter Randleiste. Das um 1600 verfasste Wappenbuch der niederösterreichischen Regimentsräte und Kammerräte von Wilhelm Bernhard von Friedesheim, heute im Niederösterreichischen Landesarchiv, trägt idente Eckbeschläge und ist ein Hinweis darauf, dass das Fundstück der Alten Aula vermutlich auch auf einem repräsentativen Schriftkompendium mit rechtlich-politischem Inhalt appliziert war. Der Doppeladler als Zeichen der kaiserlichen Würde lässt sich in Österreich erst ab Kaiser Friedrich III. nachweisen, ist danach aber im kaiserlich-habsburgischen Milieu vor allem im 16. Jahrhundert vielfach nachweisbar. (T. Kü.)

20.38 Eckbeschlag

15. Jahrhundert
Bronze, Länge/Diagonale 4,8 cm
Kleinmariazell, Inv. Nr. 153

Der kleine, aus dünnem Blech gefertigte Buchbeschlag ist mit einem floralen Muster verziert.

20.39 Spangenteil

Datierung unsicher, 13. bis frühes 15. Jahrhundert
Bronze, Länge 6,4 cm
Stift Heiligenkreuz, Inv. Nr. 23

Der Spangenteil war auf einem Bucheinband montiert. Er besteht aus einer massiv gegossenen Oberseite, die in der Form eines stilisierten Drachens ausge-

Kat. Nr. 20.38

Kat. Nr. 20.39

bildet ist, und einem dünnen Blechbeschlag an der Unterseite. Beide Teile sind mit zwei Stiften verbunden und dienten der Aufnahme des Verschlussriemens.

20.40 Prägestempel

15./16. Jahrhundert
Buntmetall, Länge 9,7 cm, Stempelfläche 2,1 × 1 cm
Stift Klosterneuburg, Inv. Nr. KF 2

Auf der rechteckigen Stempelfäche ein florales Muster für einen Blinddruckeinband.

T. Kr.

21. Refektorium – Essen und Trinken

Klösterliche Tischkultur im Mittelalter und der frühen Neuzeit

Essen und Trinken zählen zu jenen Lebensbedürfnissen, die sich am ausführlichsten im archäologischen Fundmaterial dokumentieren lassen; das klösterliche Millieu bildet hier keine Ausnahme. Eine Fülle von Fundobjekten, insbesondere an Essgeschirr, ermöglicht die Rekonstruktion mönchischer Tischkultur im Mittelalter und der frühen Neuzeit.

Für das Hochmittelalter ist die Quellenlage allgemein um einiges spärlicher als für die darauf folgenden Perioden. Das vorhandene Fundmaterial lässt aber im Klosterbereich nur wenige Ansätze einer verfeinerten Tischkultur erkennen, was auch der Situation im adeligen und städtischen Bereich entspricht. Als Essgeschirr dienten wohl vor allem Holzgefäße, nur in besonderen Fällen auch Gefäße aus Edelmetall. Vielfach wurden die Speisen nur auf Brotscheiben serviert, und als Besteck fanden in erster Linie Messer Verwendung.

Erst mit dem beginnenden Spätmittelalter schlug sich das Aufblühen des städtischen Handwerkes und der höfischen Kultur auch im Klosteralltag nieder. Das rapide Ansteigen der Fundmenge aus dieser Zeit spiegelt den zunehmenden Wohlstand auch und gerade in den Klöstern wider. Neben Holz- und Metallgefäßen fanden nun vermehrt auch hochwertige Keramikerzeugnisse, die bereits eindeutig als Tischgeschirr bezeichnet werden können, Verwendung an der Tafel. Dazu zählen die ab dem 13. Jahrhundert auftretenden glasierten Sonderformen wie Bügelkannen, Krüge und insbesondere die Aquamanilien, figürlich gestaltete Gießgefäße, die auch aus Bronze gefertigt wurden. Auch Importware findet sich häufiger in heimischen Klöstern.

Im 14. und 15. Jahrhundert wurden verschiedene Becher- und Kannenformen gebräuchlich, die oftmals Parallelen zu Erzeugnissen aus Glas aufweisen, das in dieser Zeit zunehmend Bedeutung für die Lagerung und den Konsum von Flüssigkeiten erlangte. Besonders mit Nuppen verzierte Becher und doppelkonische Flaschen waren charakteristische Gefäßformen des Spätmittelalters. Eine Verfeinerung der Tischsitten lässt sich auch aus dem vermehrten archäologischen Nachweis von bronzenen Handwaschbecken (Lavabos) und Kerzenleuchtern erschließen. Da sich die Ordensangehörigen zumeist aus den höheren sozialen Schichten rekrutierten, fanden die neuartigen Formen auch Eingang in den klösterlichen Bereich.

Mit der beginnenden Neuzeit ging erneut eine Verfeinerung der Tischkultur einher. Zunehmend entwickelte sich die heute noch gebräuchliche Tischordnung unter Verwendung von Messern, Löffeln und Gabeln, der wesentlichen Neuerung im Bereich des Bestecks, die den unfeinen Gebrauch der Finger beim Essen auf ein Minimum reduzierte.

Neben den immer aufwendiger gestalteten Keramikgefäßen, die unterschiedlichste Oberflächengestaltungen aufwiesen, traten Glasbehältnisse und Zinnobjekte in den Vordergrund. Die bislang gebräuchlichen Holzteller und -gefäße wurden zunehmend in den bäuerlichen Bereich verdrängt. Besonders die prunkvoll gestalteten Trinkgläser zeugen von einem neuen sozialen Wert des gemeinschaftlichen Trinkens, das offenbar auch im klösterlichen Bereich gepflogen wurde. Die Speisen und ihre Zubereitung fanden zunehmend Erwähnung in den schriftlichen Quellen, und der festlich gedeckte Tisch wurde ein beliebtes Sujet der darstellenden Kunst. Viele der dargestellten Objekte lassen sich auch im archäologischen Fundmaterial nachweisen.

Ein Charakteristikum der klösterlichen Tischkultur, die in den diversen Ordensregeln vorgeschriebenen Fastenbestimmungen, lässt sich archäologisch sehr gut durch die aufgefundenen Tierknochen erschließen. Insbesondere die Funde aus der Kartause Mauerbach und aus dem Dominikanerinnenkloster in Tulln belegen den Verzehr von typischen Fastenspeisen wie Fisch, Biber, Muscheln, Schnecken und Schildkröten (siehe dazu den Beitrag von G. K. Kunst beim Thema 22). Auch hier ist es möglich, mit archäologischem Fundmaterial schriftliche Überlieferung mit Leben zu erfüllen.

Literatur:

I. Bitsch, T. Ehlert und X. von Ertzdorff, Essen und Trinken in Mittelalter und Neuzeit, Sigmaringen 1987.

R. Brandl, Essen und Trinken im spätmittelalterlichen Nürnberg, in: Aus dem Wirtshaus zum Wilden Mann, Nürnberg 1984, 11–31.

S. Felgenhauer-Schmiedt, Die Sachkultur des Mittelalters im Lichte der archäologischen Funde, Europäische Hochschulschriften Reihe XXXVIII, Band 42, Frankfurt 1993.

B. Laurioux, Tafelfreuden im Mittelalter – Kulturgeschichte des Essens und Trinkens in Bildern und Dokumenten, Stuttgart und Zürich 1992.

J. Tauber und F. Hartmann, Fundort Schweiz, Band 5, Solothurn 1988.

Stadtluft, Hirsebrei und Bettelmönch – Die Stadt um 1300, Ausstellungskatalog, Stuttgart 1992.

N. Ho.

21.1 Refektorium in einem Nonnenkloster

Tafel vom Polyptychon der seligen Umiltá von Pietro Lorenzetti, 1341
Uffizien, Florenz
Aus: M. Black, Küchengeheimnisse des Mittelalters, Würzburg 1998

Klarissen bei Tisch. Während der Mahlzeit wird aus den heiligen Schriften vorgelesen. Vorleserin ist die selig gesprochene Beata Umiltà, die zum Zeichen ihrer besonderen Würde mit einem scheibenförmigen goldenen Heiligenschein dargestellt ist.

21.2 Ein Mönch als Kellermeister

Initiale aus Gesundheitshandbuch des Aldebrandius v. Siena, 13. Jahrhundert
British Library, MS Sloane 2435, fol. 44v
Aus: M. Black, Küchengeheimnisse des Mittelalters, Würzburg 1998

21.3 Kellergewölbe mit darin lagernden Fässer

P. Georg Strobl, Mitropolis memorabiliter monumentans regulariter infulata, 1694
Stiftsbibliothek Heiligenkreuz
Foto: Bundesdenkmalamt, Fotoarchiv

Die Fässer sind zur Unterscheidung mit verschiedenen Tierabbildungen versehen.

Kat. Nr. 21.3

21.4 Gefäßbruch aus der Altenburger Vorratskammer während der Ausgrabung

Foto: ASINOE
Beschreibung siehe Kat. Nr. 21.6

21.5 Gefäße in Fundlage

Foto: ASINOE
Siehe Beitrag J. Tuzar, Abb. 16, Beschreibung siehe Kat. Nr. 21.6

21.6 Gefäße aus der Altenburger Vorratskammer

1. Hälfte 15. Jahrhundert
Keramik
Stift Altenburg

Bei den Freilegungsarbeiten im so genannten Refektoriumsbereich konnten mehrere große Scherbenkonzentrationen dokumentiert werden, die einem einheitlichen Fundkomplex aus der Zeit des frühen 15. Jahrhunderts zugeordnet werden können. Der Keramikbestand ist in seiner zeitlichen und funktionellen Zuordnung (Küche und Vorratshaltung) klar umrissen und stellt, nicht zuletzt durch die Masse der Keramik, einen der wichtigsten Fundkomplexe der letzten Jahre aus Niederösterreich dar. Ein Teil des Keramikmaterials kam in einer Versturzlage zum Vorschein, die als eingestürzte Regale, in denen sich Töpfe und andere Gefäße befanden, interpretiert werden kann. Durch einen Brand im inneren Klosterbereich wurde die Vorratskammer zerstört. Bei den Aufräumungsarbeiten wurde der Brandschutt und damit die Gefäße nicht entfernt, sondern teilweise in sich belassen oder nur geringfügig umgelagert. Danach erfolgte eine Beschüttung und Niveauanhebung dieses Bereiches. Anhand dieses Befundes und der typologischen Einordnung der Keramik scheint ein Zusammenhang mit den Hussitenstürmen in der 1. Hälfte des 15. Jahrhunderts gegeben zu sein.

Am häufigsten vertreten sind Töpfe mit unterschiedlichen Größen, Vorratsgefäße und Deckel. Öllämpchen, Halbtöpfe mit Henkel, Kannen, Kännchen, große Schüsseln oder Kessel, Becher mit tonnenförmigem Körper und Kragenrand sowie Pfannen kommen eher seltener vor. Einzelstücke sind Fragmente einer Röhrenkanne, eine Sparbüchse und ein weitmündiger Fußbecher. Einzelne Stücke, zum Beispiel das Fragment eines Doppelgefäßes, scheinen wegen ihrer Tonqualität nicht in das übliche Spektrum der Keramik zu passen, sondern dürften aus einer anderen Töpferei stammen.

An Töpfermarken konnten drei unterschiedliche Zeichen beobachtet werden: T-förmige Marken im Kreis, Kreuzmarken mit Doppelbalken in einem abgerundeten, dreieckigen Schild und fünfarmige Kreuze im Kreis, wobei sich die beiden letzten gemeinsam auf einem Topf befinden. Die T-förmige Marke wurde nur auf einem der Vorratsgefäße und einem Topf beobachtet. Beide Gefäße entsprechen jedoch in Tonqualität und Verzierung dem normalen Keramikspektrum dieses Fundkomplexes. Neben den beschriebenen Marken treten eine große Anzahl von Ritzmarkierungen, zumeist mehrere nebeneinander liegende Formholzeindrücke oder Fingerkuppeneindrücke auf. Seltener wurden komplizierte Ritzverzierungen beobachtet.

Die Oberflächenverzierung der Keramik ist relativ spärlich. Zumeist ist die Schulter der Töpfe durch Drehriefen oder Drehrillen zonal betont. In manchen Fällen wurden diese durch Drehriefen gebildeten Bänder durch Wellenlinien aufgefüllt und dadurch verstärkt hervorgehoben. Bei einzelnen Stücken konnten auch Glättverzierung in ovalen Kreisen am Körper der Gefäße nachgewiesen werden. Weder Rollrädchenverzierung noch Bodenmarken wurden beobachtet. Sowohl Flachdeckel mit Knauf als auch Henkeldeckel zeigen konzentrische Rillen, der innere Ansatz der Handhaben bei Henkeldeckel ist mit zwei auch funktionell erklärbaren Fingereindrücken versehen.

Literatur:
J. Tuzar und M. Krenn, Untersuchungen im Benediktinerstift Altenburg, NÖ, in: R. Andraschek-Holzer (Hrg.), Benediktinerstift Altenburg 1144–1994 (= 35. Ergänzungsband der Studien und Mitteilungen des Benediktinerordens und seiner Zweige, St. Ottilien 1994), 85–113, hier ab 100.

21.7 Fragment eines Topfes mit Wellenlinien- und Rillenverzierung

11. Jahrhundert
Keramik/Grafitton, erhaltene Höhe 8,7 cm
Stift Altenburg, Inv. Nr. AB65

Töpfe dieser Art wurden als Vorratsbehältnisse und Kochgeschirr verwendet. Die Beimengung von Grafit dient dazu, die Keramik undurchlässig für Flüssigkeiten und hitzebeständiger zu machen. Die Verzierung mit Wellenlinien oder Wellenbändern ist auf dieser Keramik typisch für das frühe Hochmittelalter.

21.8 Becher

1. Hälfte 15. Jahrhundert
Keramik/Irdenware, Höhe 9,1 cm
Stift Altenburg, Inv. Nr. AB142

Die einfache konische Form dieses Bechers steht außerhalb des gängigen Formenspektrums im Spätmittelalter. Unter Umständen wurde hier ein hölzernes Vorbild in Keramik nachgeahmt.

Kat. Nr. 21.7

Kat. Nr. 21.8

21.9 Topf

1. Hälfte 15. Jahrhundert
Keramik/Irdenware, Höhe 18,3 cm
Stift Altenburg, Inv. Nr. AB33

Dieses Gefäß repräsentiert die typische Form der spätmittelalterlichen Küchentöpfe. Am Rand befindet sich ein Töpferzeichen in Form von drei einfachen Kerben.

21.10 Deckel

15. Jahrhundert
Keramik/Irdenware, Durchmesser 13,5 cm
Stift Altenburg, Inv. Nr. AB161

Derartige Knaufdeckel finden im Spätmittelalter weite Verbreitung.

21.11 Becher

15. Jahrhundert
Keramik/Irdenware, erhaltene Höhe 10,7 cm
Stift Altenburg, Inv. Nr. AB174

Dieser Becher mit einer Verzierung aus aufgesetzten Nuppen, Wellenbändern und horizontalen Rillen stellt eine Besonderheit innerhalb des spätmittelalterlichen Formenspektrums aus Altenburg dar; es handelt sich zweifellos um die Nachahmung eines gläsernen Nuppenbechers.

Kat. Nr. 21.11

21.12 Henkeltopf

16. Jahrhundert
Keramik/Irdenware, Höhe 11,4 cm
Stift Altenburg, Inv. Nr. AB212

Der mit einer gelborangen Innenglasur versehene Henkeltopf gehört zu den typischen Gefäßformen der frühneuzeitlichen Küchenkeramik.

21.13 Schüssel eines Destillationsapparates

1. Hälfte 15. Jahrhundert
Keramik/Irdenware, Randdurchmesser 24,6 cm
Dominikanerkloster Tulln, Inv. Nr. 509

Die innen glasierte Schüssel mit eingezogener Leiste und einer seitlichen Öffnung am Mundsaum diente vermutlich als Untersatz eines Destillationshelmes. Sie fand sich in der Verfüllung einer mittelalterlichen Unterbodenheizung im Südtrakt des Klosters, die nach der Mitte des 15. Jahrhunderts aufgegeben wurde.

21.14 Trinkkrug

16./17. Jahrhundert
Keramik/Steinzeug, Höhe 8,6 cm
Kartause Mauerbach, Inv. Nr. 132

Auf dem fragmentierten Mittelteil eines Kruges sind in zwei horizontal übereinander liegenden Bändern laufende Jagdhunde in einem Wald abgebildet. Diese lassen sich anhand von Vergleichsstücken zu einer Jagdszene ergänzen.

21.15 Zwei Krüge

15. Jahrhundert
Keramik/Irdenware, Höhe 19 cm
Wien, Alte Universität, Inv. Nr. 128 und 143

21.16 Henkeltopf

16./frühes 17. Jahrhundert
Keramik/Irdenware, Höhe 12 cm
Wien, Alte Universität, Inv. Nr. 135

Der beidseitig glasierte Henkeltopf zeigt an der Außenseite eine einfache Bemalung aus senkrechten, braunen Streifen und grünen Punktreihen auf weißem Grund.

21.17 Henkeltopf

16./frühes 17. Jahrhundert
Keramik/Irdenware, Höhe 17,2 cm
Wien, Alte Universität, Inv. Nr. 124

Kat. Nr. 21.14

Kat. Nr. 21.15

Kat. Nr. 21.16

Kat. Nr. 21.18

21.18 Scheibenhalskrug

16./frühes 17. Jahrhundert
Keramik/Irdenware, Höhe 18,9 cm
Wien, Alte Universität, Inv. Nr. 132

21.19 Krug

16./frühes 17. Jahrhundert
Keramik/Irdenware, Höhe 18,9 cm
Wien, Alte Universität, Inv. Nr. 138

21.20 Fragment eines gesandelten Miniaturgefäßes

16. Jahrhundert
Keramik/Irdenware, Höhe 6,1 cm
Wien, Alte Universität, ohne Inv. Nr.

Der kleine Topf weist einen für das 16. Jahrhundert typischen Dekor auf: Durch das Aufschmelzen von grobem Sand beziehungsweise kleinen Steinchen erhält die Oberfläche einen rauen, „gesandelten" Charakter.

21.21 Fragmentierte Doppelhenkelvase

16./frühes 17. Jahrhundert
Keramik/Irdenware, erhaltene Höhe 15,3 cm
Wien, Alte Universität, ohne Inv. Nr.

Die kleine, in antikisierendem Stil gefertigte Doppelhenkelvase mit polychromer Glasur und blütenförmigen Appliken diente wohl als Zierobjekt.

21.22 Fragmentierter Krug

16./frühes 17. Jahrhundert
Keramik/Irdenware, erhaltene Höhe 30,2 cm
Wien, Alte Universität, Inv. Nr. 160

Der beidseitig glasierte Krug ist an der Außenseite mit Applikationen in Form von drei Posaune spielenden Engeln und Löwenköpfen versehen.

21.23 Fragmentierter Teller mit Malhorndekor

16./frühes 17. Jahrhundert
Keramik/Irdenware, Durchmesser 23,7 cm
Wien, Alte Universität, Inv. Nr. 30

21.24 Fragmentierter Teller mit Malhorndekor

16./frühes 17. Jahrhundert
Keramik/Irdenware, Durchmesser 24,6 cm
Wien, Alte Universität, ohne Inv. Nr.

Kat. Nr. 21.21

Kat. Nr. 21.22

Kat. Nr. 21.25

Kat. Nr. 21.23

21.25 Henkelschüssel, Teller und Schüsseln

16./frühes 17. Jahrhundert
Keramik/Irdenware, Durchmesser 25,6 bis 35,7 cm
Wien, Alte Universität, ohne Inv. Nr.

Die sechs Gefäße zeigen einen einheitlichen Dekor aus grünen und braunen Linien, Punktreihen und Schraffuren auf gelb-weißem Grund.

21.26 Henkeltopf

16./frühes 17. Jahrhundert
Keramik/Irdenware, Höhe 13,5 cm
Wien, Alte Universität, Inv. Nr. 139

21.27 Henkeltopf

16./frühes 17. Jahrhundert
Keramik/Irdenware, Höhe 16,6 cm
Wien, Alte Universität, Inv. Nr. 159

Der innen und außen am Rand und Henkel gelb glasierte Henkeltopf ist am Rand mit einer doppelt zusammengezwickten Leiste versehen.

21.28 Henkelschüssel

Spätes 15./frühes 16. Jahrhundert
Keramik/Irdenware, Durchmesser 22,5 cm
Kartause Mauerbach, Inv. Nr. 118

21.29 Fragmente von Tellern

17. Jahrhundert
Zinn, Durchmesser 16,5 bis 17,5 cm
Mondsee, ohne Inv. Nr.

Kat. Nr. 21.24

Kat. Nr. 21.27

Kat. Nr. 21.29

Auf den als „Kardinalshüte“ bezeichneten Zinntellern finden sich zwei wappenförmige Marken, wobei die eine Marke über einer Krugdarstellung das Monogramm „G L“ trägt, während die andere ein Stadtwappen - Tor mit drei Türmen - zeigt. Die Teller wurden im klösterlichen Bereich als Essgeschirr verwendet.

21.30 Fragment eines Kerzenleuchters

15. Jahrhundert
Bronze, erhaltene Höhe 6 cm
Stift Altenburg, Inv. Nr. AB396

Halterung für eine Wachskerze, die Bestandteil eines größeren Bronzeleuchters oder eines so genannten Leuchtermännchens (Leuchter in Form einer männlichen Figur) war.

21.31 Zapfhahn

15./16. Jahrhundert
Bronze, Länge 8 cm
Stift Altenburg, Inv. Nr. AB166

Zapfhahn von einem Lavabo (Wasserbehälter zur Handwaschung) oder einem kleinen Fässchen. Bei diesem Stück sind sowohl das mit einem Tierkopf verzierte Auslassröhrchen als auch der Schlüssel in Form eines Hahnes erhalten. Der Zapfhahn wurde gegossen und nachträglich mit einer groben Feile überarbeitet. Am Schlüssel findet sich eine Punze in Schildform.

Kat. Nr. 21.31

21.32 Bestandteil eines Leuchterschaftes

Spätes 16./17. Jahrhundert
Bronze, erhaltene Länge 10,5 cm
Stift Altenburg, Inv. Nr. AB50

21.33 Zapfhahn

Frühe Neuzeit
Bronze, Höhe 9,4 cm
Kartause Mauerbach, Inv. Nr. 16

Der massive Schlüssel besitzt eine zweiteilig-durchbrochen gearbeitete Handhabe, der Körper ist mit Mörtel als Dichtungsmasse gefüllt. Das Stück gehörte zum Zapfhahn eines größeren Holzfasses oder einer Wasserleitung.

Kat. Nr. 21.33

21.34 Zapfhahn

16. Jahrhundert
Bronze, Höhe 5,4 cm
Kloster Mondsee, ohne Inv. Nr.

Bei diesem Schlüssel in Form eines Hahnes sind auf beiden Seiten die Augen in Form von Würfelaugen wiedergegeben. Eine Punze in Tierform ist kaum interpretierbar.

21.35 Fragment einer Gabel

16. Jahrhundert
Eisen und Knochen, Länge 10,7 cm
Kartause Mauerbach, Inv. Nr. 194

Die zweizinkige Gabel, deren Beingriff abgebrochen ist, repräsentiert die Verfeinerung der Tischsitten mit Beginn der Renaissancezeit. Auffallend ist bei diesem Objekt, dass ein Zinken mit einer Schneide zum Gebrauch als kleines Messer versehen ist.

21.36 Fragment eines Kerzenleuchters

15. Jahrhundert
Bronze, erhaltene Höhe 5,5 cm
Wien, Alte Universität, Inv. Nr. FLI, Raum A

M. Kr. und N. Ho.

Renaissancezeitliche Glasfunde aus Altenburg, Pernegg und Wien

Die Renaissance ist durch die Entwicklung einer neuen, aufgeschlosseneren Lebenseinstellung geprägt, die sich in breiteren Bevölkerungsschichten durchsetzte. Neben Raritäten und Kuriositäten dienten auch Gebrauchsgegenstände als Mittel der Selbstdarstellung, indem sie aus edlem Material gefertigt oder prachtvoll verziert wurden. Im Gegensatz zum Mittelalter war diese Lebensweise nun jedoch nicht mehr nur dem Adel vorbehalten, sondern auch den städtischen Bürgern und in geringem Maß sogar dem Bauernstand. Dies bewirkte einen Anstieg der Produktion verschiedenster Güter und die Übernahme fremder Einflüsse, was auch für die Glaserzeugung große Neuerungen sowohl in technologischer als auch formaler Hinsicht bedeutete. Seit dem Mittelalter waren Gläser aus Venedig begehrt; hier erzeugte man kristallklares, elegantes Luxusglas und entwickelte neue Formen und Verzierungen. Diese wurden nach ganz Europa exportiert, aber auch zunehmend von den lokalen Hütten übernommen und eigenständig variiert.

Kat. Nr. 21.36

Bei der Entwicklung der Glasformen kommt auch den wechselnden Tisch- und Trinksitten große Bedeutung zu. Gesellschaftliche Unterhaltungen und Feste mit zahlreichen Tischgenossen sowie Trinkbruderschaften wurden immer beliebter; das Trinken trug als Spiel und Wettkampf wesentlich zur Unterhaltung bei, wie etwa beim Zutrinken, bei dem jeder Teilnehmer mehr trinken musste als sein Vorgänger. Unter dem Druck der Obrigkeit und der Kirche, die versuchten, die vor allem im 16. Jahrhundert zunehmend exzessiven Trinksitten zu unterbinden, milderten sich die Trinkgewohnheiten. So ist es nicht verwunderlich, dass für die Gläser der Renaissancezeit große Trinkbecher, vor allem Bierhumpen, charakteristisch waren. In der Oberschicht wurden allerdings die Tischmanieren zunehmend verfeinert, und man präsentierte seinen Reichtum und Besitz durch reich gedeckte Tafeln, für die nun auch elegante Gläser begehrt waren.

Das wesentliche Weinglas für den festlichen Gebrauch wurde nun das Kelchglas, welches alle anderen Trinkgefäße verdrängte. Das Produktionszentrum der frühneuzeitlichen Kelchgläser war zunächst Venedig; in der 2. Hälfte und vor allem im letzten Viertel des 16. Jahrhunderts wurden diese Gläser dann in ganz Europa so beliebt, dass sie bald in vielen Regionen „à la façon de Venise“ nachgeahmt wurden. Das charakteristische Element der Kelchgläser ist die Dreiteilung des Gefäßes in Fuß, Schaft und Kuppa. Bei Prunkkelchgläsern wurde ein auf das Glas passender, gläserner Deckel gebräuchlich, der vom 17. Jahrhundert an als oberer Abschluss des Gefäßes und – aus künstlerischer Sicht – als Vollendung der Form angesehen wurde.

In der Glasproduktion übernahmen böhmische Hütten immer mehr die führende Rolle Venedigs. Voraussetzung dafür war die Erzeugung von kristallklarem Glas nach venezianischem Vorbild. In Venedig verwendete man für dessen Erzeugung wertvolle Soda-Asche. Da der Import nach Mitteleuropa zu kostspielig war und oft unterbunden wurde, entwickelte man ein eigenes Verfahren, um klares, entfärbtes Glas zu erzeugen, das aber aufgrund der Zusammensetzung dickwandiger geblasen werden musste. Etwa ab der Mitte des 16. Jahrhunderts wurden in Böhmen auch verschiedene Verzierungstechniken – etwa Emailmalerei und Diamantrissverzierung – aus Venedig übernommen.

Die Emailmalerei ging aus italienischen, insbesonders venezianischen Renaissancetraditionen hervor. Direkte Nachfolger dieser Gläser finden sich vor allem in Süddeutschland. Es handelt sich um Glasgefäße mit Familienwappen süddeutscher Adeliger, ihre Herstellung wird unter anderem in Hall in Tirol vermutet. Sie bilden ein Verbindungsglied zu den typischen, emailbemalten Renaissancegläsern Mitteleuropas, die ihre Blütezeit (vorwiegend in Böhmen und in Deutschland) in der 2. Hälfte des 16. und im 17. Jahrhundert erlebten und durch ihre Farbigkeit und Lebendigkeit bestechen. Die in der Renaissancezeit typischen großen Trinkgefäße, wie Humpen, Krüge oder seltener auch Gläser venezianischer Art, boten mit ihrer großen Fläche genügend Raum für diese Verzierungsart. Die Themenskala umfasste in erster Linie Darstellungen des Reichsadlers sowie der Kurfürsten und biblische Motive; später kamen mythologische Themen, Handwerks- und Innungsmotive dazu. Der Emaildekor wurde sowohl als gebrannte als auch ungebrannte Malerei zur meistgenutzten Verzierungstechnik von Tafelglas. An der Wende vom 17. zum 18. Jahrhundert wurde sie von Glasschnitt und -schliff verdrängt, in volkstümlicher Form blieb sie bis in die 1. Hälfte des 19. Jahrhunderts erhalten.

Auch die Diamantrissverzierung wurde in der 2. Hälfte des 16. Jahrhunderts aus Venedig, wo sie etwas früher üblich war, übernommen. Bei dieser Verzierungstechnik wurden mit Hilfe einer Diamantspitze, die in einer Metallhülse befestigt war, verschiedene Dekore in die Glasoberfläche eingeritzt. Diese beinhalteten zum Teil die oben aufgezählten Motive, dazu etwa auch Blumensträuße, meist aber wurden Borten aus sich wiederholenden, geometrischen Elementen angebracht.

Eine eigenständige Entwicklung im nordböhmischen Bereich war die Herstellung von blauen Gläsern, deren Glasmasse mittels Kobalt gefärbt wurde. Kobaltglas wurde schon im Spätmittelalter erzeugt, jedoch nur als Verzierungselement auf zunächst entfärbten Glasgefäßen angebracht.

Die Kombination dieser verschiedenen Verzierungsarten erlangte große Beliebtheit in Europa. An die böhmische Glasmacherkunst knüpften auch die Erzeugnisse in den benachbarten Gebieten an, wie etwa im Wald- und Mühlviertel, dem Bayerischen Wald, Franken, Hessen, Thüringen, Sachsen oder Schlesien. Durch ihre dominierende Rolle seit dem Ende des 16. beziehungsweise dem Anfang des 17. Jahrhunderts gelang es den böhmischen Hütten sogar allmählich, die Glaserzeugnisse aus Venedig vom Markt zu verdrängen.

Die in der Ausstellung präsentierten Gläser stammen aus Ausgrabungen in den Klöstern Altenburg und Pernegg in Niederösterreich sowie aus der Alten Universität, dem späteren Jesuitenkonvent, in Wien. Sie sind Bestandteil größerer Glaskomplexe, die ein breites Spektrum von Formen und Verzierungen, von feinstem Tafelglas bis zu einfachen Gebrauchsformen der Renaissancezeit, abdecken.

Zum höherwertigen Tafelglas zählen die verschiedenen Kelchgläser mit Knauf- und Nodusschäften sowie Beeren- oder Löwenkopfbaluster. Herausragend sind die großen, emailbemalten, vergoldeten und diamantrissverzierten Trinkgläser. Auf dem Oberteil eines großen, emailbemalten Glases, das in Altenburg gefunden wurde, sind ein kirchlicher Würdenträger sowie ein Mönch dargestellt. Die Inschrift zwischen diesen bezieht sich auf einen Abt von Altenburg, dessen Name auf den Gefäßfragmenten leider nicht mehr erhalten ist. Daraus ist aber ersichtlich, dass es sich bei diesem Becher oder Kelch um ein speziell für das Kloster Altenburg angefertigtes Erzeugnis handelt, wobei die Form und der Duktus der Inschrift das Glas in die Mitte des 16. Jahrhunderts datieren.

Auf einem emailbemalten, großen Kelchglas aus Pernegg sind drei der sieben Freien Künste als allegorische Frauengestalten abgebildet. Zu erkennen sind die Musik mit einer kleinen Orgel, einem so genannten Portativ beziehungsweise Positiv, die Geometrie mit einem Zirkel und die Astronomie mit der Sternensphaira; bei der vierten Darstellung handelt es sich vermutlich um Fortuna mit dem Glücksrad. Auf dem Oberteil eines weiteren großen, emailbemalten und diamantrissverzierten Glases mit Vergoldung vom gleichen Fundort ist Iustitia zu identifizieren. Die zu diesen beiden Trinkgläsern passenden Deckel sind ebenfalls vorhanden. Kleinere Kelchgläser sind mit floralem Diamantrissdekor oder Vergoldung versehen. Da sich ein bestimmtes Dekorelement mit einer Ausnahme auf allen diamantrissverzierten Gläsern findet, dürfte es sich bei diesen Gläsern um Produkte derselben Hütte handeln.

Relativ häufig treten im Fundmaterial auch Trinkkrüge, Krüge und Flaschen aus blauer Glasmasse auf. Durchgehend blau gefärbte Gläser wurden, wie oben erwähnt, erstmals um die Mitte des 16. Jahrhunderts in Böhmen erzeugt.

Auf westliche Einflüsse hingegen weist der einzelne Berkemeyer hin. Dabei handelt es sich um eine kleine Becherform mit zylindrischem Gefäßunterteil, der mit ein oder zwei Nuppenreihen verziert und durch einen horizontalen Faden auf halber Höhe des Bechers begrenzt ist, sowie einem konisch ausladenden Oberteil. Der Berkemeyer wurde im 16. bis frühen 17. Jahrhundert vor allem in Deutschland hergestellt.

Einfachere Trinkgläser sind entfärbte bis grünstichige Becher mit hohem Fuß, zum Teil mit sechseitiger Wandung, die ebenfalls gehäuft auftreten. Zum Tafelglas zählen weiters entfärbte Schalen, unter anderem mit verschiedenfarbigen Fadenauflagen am Rand, sowie ein einzelner Teller aus opak-weißem Glas.

Zu den Gebrauchsformen gehören etwa Tiegel sowie verschiedene kleine und große Flaschen. Diese wurden aus einfachem, grünem Glas gefertigt. Weiters finden sich Fensterglasfragmente, wie Butzenscheiben, die dazugehörenden Dreieckszwickel und Sechseckscheiben; letztere wurden in vornehmen Häusern vom Beginn des 17. bis zum Beginn des 18. Jahrhunderts verwendet.

Die vorgestellten Glasfundkomplexe zeigen einen repräsentativen Querschnitt der in Wien und Niederösterreich in der Renaissancezeit benutzten Glasformen, in denen sich die lokalen Trinkgewohnheiten auch des Klerus widerspiegeln. So fällt – im Gegensatz zu deutschen Glaskomplexen – der geringe Anteil an typischen Biergläsern wie Humpen oder Stangengläser auf, während Kelchgläser, als eigentliche Weingläser, sehr gehäuft vorkommen.

Bei den emailbemalten und diamantrissverzierten Gläsern handelt es sich um Qualitätsprodukte, die auch aus weiter entfernten Hütten bezogen wurden. Hier müssen noch detaillierte stilistische Untersuchungen durchgeführt werden, um eventuell Herstellungsort und -zeit näher bestimmen zu können. Das übrige Tafelglas zeigt böhmische Einflüsse sowie Erzeugnisse „à la façon de Venise“. Vergleichbare Gläser wurden, wie archäologische Grabungen in der Glashütte Reichenau im Freiwald, Niederösterreich, gezeigt haben, auch im Waldviertel erzeugt. Die einfachen Gebrauchsgläser und Fensterscheiben schließlich wurden, da es sich um Formen ohne ästhetischen Wert handelte, gewöhnlich von regional nahe liegenden Glashütten bezogen.

Zusammenfassend zeigen die Glasfunde, vor allem die hochwertigen Produkte aus Pernegg, die starke Durchdringung des klösterlichen Alltags mit höfischem Lebensstil in der Renaissance und dem Frühbarock.

Literatur:

O. Drahotová, Europäisches Glas, Prag 1982.

S. Felgenhauer-Schmiedt, Die Glashütte Reichenau am Freiwalde, Niederösterreich, in: Glas aus dem Böhmerwald, Katalog des OÖ. Landesmuseums, Neue Folge Nr. 74, 1994, 134–147.

K. Hetteš, Venetian Trends in Bohemian Glassmaking in the Sixteenth and Seventeenth Centuries, Journal of Glass Studies 5, 1963, 39–53.

D. Hejdová und O. Drahotová, České sklo I – sklo období středověku a renesance, 13. století – 1. polovina 17. století, Prag 1989.
J. Offenberger und A. Geischläger, Wien 1, Bäckerstraße, Alte Universität, Fundberichte aus Österreich 36, 1997, 44–45.
A. von Saldern, German Enameled Glass, Corning 1965.
H. Sedláčková, Renesanční Olomouc v archeologickych nálezech. Sklo, slavnostní keramika a kachle, Archeologické vyzkumy Památkového ústavu v Olomouci 1973–1996 – Renaissance Olomouc in archaeological finds. Glass, Festive Ceramics and Tiles, Archaeological Research of the Institute of Landmark Conservation in Olomouc 1973–1996, Olomouc 1998.
J. Tuzar, Untersuchungen im Bereich der sogenannten Altane im Stift Altenburg, Niederösterreich, Fundberichte aus Österreich 33, 1994, 245–251.
J. Tuzar, Ergänzender Bericht zu den bauarchäologischen Arbeiten im Prämonstratenserinnenkloster Pernegg, Niederösterreich, Fundberichte aus Österreich 35, 1996, 262–270.

Kat. Nr. 21.37

21.37 Altenburger Abtsbecher

Nach Inschrift (siehe unten) Mitte 16. Jahrhundert
Ursprünglich vermutlich entfärbtes Glas, Randdurchmesser etwa 9,0 cm
Altenburg

Oberteil eines zylindrischen Gefäßkörpers (Kelch oder Humpen?).

Unter dem Rand verläuft eine von zwei weißen Punktreihen eingefasste Goldleiste. Die Aufschrift ist von einer Punktreihe umrahmt, die erste Zeile durch eine weitere Punktreihe als Unterstreichung hervorgehoben. Jede einzelne Zeile wird durch eine goldene Linie, die einzelnen Wörter durch blaue Kreuze getrennt. Zu beiden Seiten der Aufschrift befinden sich kleine Bäumchen. Links der Aufschrift ein kniender kirchlicher Würdenträger. Der Kopf ist nicht erhalten. In den Händen hält er einen kästchenförmigen Gegenstand oder ein Buch. Rechts der Oberkörper eines Mönches mit Tonsur. Beide sind einer ursprünglich gegenüber der Aufschrift befindlichen Szene zugewandt.

Inschrift (siebenzeilig, Buchstabengröße etwa 6 bis 8 mm, Buchstaben weiß, Worttrennzeichen blau emailliert):

. . .]LTER[a]) . APPT . ZV . A[LTENBVR]K[b]) . / IR[c]) . HEI[LGEN][d]) . BRVDE[R][e]) . DIE . IR . MIT . BER[. . .]/:VFFEN[f]) . SE[IT[g]) .] DEN . HI[MLI]-SCHEN[h]) . [BEN[i])...] / NEMET . WAR . DES . [..M]STE[N[j])...] / HOHEN . PRIESTERS . [DEN . W]IR[k]) [.] BEKEN[E]N[l]) . [. . .] / CHRISTI . IESV . DER . DA[m]) [. . .] / DER . I(N) . GEMACHT[n]) . [. . .]

a) Zu Beginn der Inschrift Fehlstelle von einem (?) Buchstaben, dann die Reste eines links offenen Bogens an der Basislinie, danach die untere Hälfte eines E sichtbar, nach einer weiteren Fehlstelle von zwei oder drei Buchstaben ein Worttrennpunkt, danach ein rechts offener Bogen in der unteren Hälfte des Schriftbandes (der untere Teil eines Epsilon-förmigen E?), gefolgt von den Resten eines leicht rechtsschrägen und eines linksschrägen Schaftes an der Basislinie, vermutlich einen Buchstaben (R?) bildend; nach Fehlstelle von einem Buchstaben Rest eines V an der Basislinie (rechte Hälfte eines W?), dann Fehlstelle von einem Buchstaben. Die gesamte Beschädigung betrifft vielleicht zuerst den Namen eines Abtes mit vier oder fünf Buchstaben, das Wort nach dem Trennpunkt ist möglicherweise zu *ERWELTER* (für „erwählter") zu ergänzen. Gegen die Interpretation des rechts offenen Bogens als untere Hälfte eines Epsilon-förmigen E spricht allerdings das völlige Fehlen dieser Form in der übrigen Inschrift. b) Nach *A* Fehlstelle von vier Buchstaben, dann Reste von Schaft und Bogen des *B* an der Basislinie, danach unterster Teil der Schrägschäfte von *V* sichtbar, schließlich die untere Hälfte von *R* erhalten. c) *I* blau statt weiß emailliert, wohl um den folgenden Text von dem der ersten Zeile abzusetzen. d) Nach Fehlstelle eines schmalen Buchstabens (L) oberster Teil des Bogens von *G* sichtbar, Reste des oberen Schaftendes und des daran ansetzenden oberen Balkens von *E* sowie obere Hälfte von *N*. e) Linker Schaft von *R* erhalten. f) *BER* durch rechtsschrägen Sprung beschädigt; danach Fehlstelle, möglicherweise aber nicht die Inschrift, sondern die figürliche Szene betreffend, so dass *BER/VFFEN* zu lesen ist, wobei die doppelten Punkte am Zeilenbeginn vielleicht als Wortabtrennung zu interpretieren sind. g) Untere Hälfte von *I* erhalten, Reste des Schaftes von *T* auf der Basislinie. h) Rechter Schaft des *M* beschädigt, von *L* und *I* Schaftreste an der Oberlinie des Schriftbandes. i) *BEN* durch rechtsschrägen Sprung beschädigt, *N* sehr blass sichtbar. j) Linke Hälfte von *M* und rechter Schaft von *N* beschädigt. k) Linke Schräghälfte von *D* erhalten, *W* durch Sprung beschädigt. l) Balken von *E* kaum mehr sichtbar. m) Nach *DA* Fehlstelle von sechs oder sieben Buchstaben (teilweise Reste von Schaftenden an der Oberlinie des Schriftbandes sichtbar), danach die obere Hälfte von *T* erhalten, dann weitere Fehlstelle unbekannten Ausmaßes. n) Nach dem Trennpunkt Fehlstelle von einem Buchstaben, danach Reste von Deckbalken zweier Buchstaben sichtbar.

Die Inschrift des vorliegenden Objektes entspricht sowohl in fast allen Einzelbuchstaben als auch in Duktus und Formgefühl der Ausführung einer zwischen etwa 1515 und 1540 im niederösterreichischen Waldviertel als epigraphische Schrift auf steinernen Denkmälern verwendeten Kapitalis[1]. Charakteristika dieser regional fassbaren Schrift sind einzelne, dem Formenrepertoire der frühhumanistischen Kapitalis und anderer frühhumanistischer Majuskelschriften entlehnte Leitbuchstaben (A mit links überstehendem Deckbalken, offenes D, konisches M mit sehr hoch angesetztem Mittelteil, schmales bis mandelförmiges O, oben spitzes, zweistöckiges Z) und Zierformen (Nodi, also Knoten, an Schäften und Bögen beziehungsweise Ausbuchtungen an Schäften und Balken, besonders bei H, I und N) sowie der recht schmale, zum Teil fast gelängte Gesamteindruck der Inschriften. Offenbar hatte dieser Schrifttyp, der in der bewussten und konsequenten Verwendung von Formen, die zur Zeit seiner Entstehung bereits nicht mehr aktuell waren, und so altertümlichen

[1] Siehe etwa die Grabdenkmäler der Hager von Allentsteig in der Pfarrkirche Allentsteig (1513 und 1521), das Epitaph des Jörg und Jakob Rauber von Plankenstein in der Pfarrkirche Eggenburg (1541) und andere mehr. – Vgl. dazu auch W. Koch, Zur sogenannten frühhumanistischen Kapitalis (Diskussionsbeitrag), in: W. Koch (Hrg.), Epigraphik 1988. Fachtagung für mittelalterliche und neuzeitliche Epigraphik, Graz, 10.–14. Mai 1988, Referate und Round-Table-Gespräche (= Veröffentlichungen der Kommission für die Herausgabe der Inschriften des deutschen Mittelalters 2 = Österr. Akademie der Wissenschaften, phil.-hist. Klasse, Denkschriften 213, Wien 1990), 337–346, hier 344.

wie – bei manchmal fast hypertroph wirkender Betonung der Zierelemente – hochdekorativen Eindruck machen konnte, auch Eingang in kunsthandwerkliche Anwendungsbereiche gefunden. Da vergleichbare datierte Beispiele für diese regionale Spielart kapitalen Schreibens auf anderen Schriftträgern als Stein fehlen, kann kein exakt einzugrenzender Zeitraum für die Entstehung des Altenburger Bechers nach inschriftenpaläographischen Kriterien angegeben werden. Es darf aber angenommen werden, dass den Beispielen in Stein in Hinblick auf die Schriftentwicklung zeitlicher Vorrang zu geben ist, eine Beschriftung des Bechers gegen Mitte des 16. Jahrhunderts mithin als wahrscheinlich gelten kann. (A. Za.)

21.38 Kelch

1. Viertel 17. Jahrhundert
Grünstichig entfärbtes Glas, Höhe 11,1 cm, Bodendurchmesser 5,4 cm, Randdurchmesser 6,2 cm
Pernegg, Inv. Nr. 124

Flacher Standteller mit abgerundetem, leicht nach unten gebogenem Rand; Schaft mit einem flachen Knauf, darüber eine Scheibe; unten abgerundete, konische Kuppa.

Auf der Kuppa befindet sich ein Dekor in Diamantrisstechnik: Unterhalb des Randes verläuft eine Borte aus zwei parallelen Ritzlinien, dazwischen ein Wellenband; darunter auf der Wandung Blumenmotive.

21.39 Oberteil eines Kelches oder Humpens?

Um 1600 – 1. Viertel 17. Jahrhundert
Entfärbtes Glas, Randdurchmesser 8,7 cm
Pernegg, Inv. Nr. 125

Oberteil eines zylindrischen Gefäßkörpers.

Unterhalb des Randes verläuft eine Borte aus sich umlaufend wiederholenden Dekorelementen in Diamantrisstechnik. Darunter wurde auf der Gefäßinnenseite eine unregelmäßig breite Leiste in grüner Emailfarbe angebracht. Auf dieser ist auf der Gefäßaußenseite ein schlecht erhaltener, floraler Golddekor zu sehen. Darunter befinden sich Reste von diamantgerissenen, figuralen Darstellungen. Erhalten sind ein einzelner Arm sowie ein weiblicher Kopf, neben dem die Aufschrift „IVS[TITIA]“ eingraviert ist. Es dürfte sich daher um eine allegorische Darstellung der Iustitia handeln.

Kat. Nr. 21.39

Kat. Nr. 21.38

21.40 Kelch

1. Viertel 17. Jahrhundert
Entfärbtes Glas, Höhe 21,9 cm, Bodendurchmesser 9,0 cm, Randdurchmesser 10,0 cm
Pernegg, Inv. Nr. 126

Hoher Standfuß mit aufgestochener Fußplatte und nach unten umgeschlagenem Rand; Schaft mit optisch geripptem Nodus; unten abgerundete, hohe zylindrische Kuppa.

Das Kelchglas ist mit Emailmalerei verziert. Unterhalb des Randes verläuft eine Goldleiste, oben eingefasst von einer Borte aus Maiglöckchen, unten von einer Punkt-Reihe. Auf der Kuppa sind drei der sieben Freien Künste als allegorische Frauengestalten dargestellt. Zu erkennen sind die Musik mit einer kleinen Orgel, einem so genannten Portativ beziehungsweise Positiv, die Geometrie mit einem Zirkel und die Astronomie mit der Sternensphaira. Bei der vierten Darstellung handelt es sich vermutlich um Fortuna mit dem Glücksrad, eventuell aber auch um die Personifizierung der Fortificatio. Über diesen Darstellungen sind Reste der Aufschriften erhalten: Musica; Geomet[ria]; [Astro]no[mi]a; Fort[una?]. Darunter verläuft eine florale Borte zwischen blauen und gelben Linien. Auf dem Nodus sowie auf dem umgeschlagenen Rand des Fußes ist eine weiße Punkt-Zier aufgemalt.

21.41 Trinkkrug

Ende 16./Anfang 17. Jahrhundert
Kobaltblaues Glas, erhaltene Höhe 11,6 cm, erhaltener Bodendurchmesser 9,2 cm, Randdurchmesser 6,8 cm
Pernegg, Inv. Nr. 127

Nach oben hin schmälerer, konischer Trinkkrug mit leicht hoch gezogenem Henkel mit rechteckigem Querschnitt. Boden vermutlich abgesprengt, da die Bruch-

Kat. Nr. 21.40

kante geradlinig verläuft. Eventuell ursprünglich mit einem Standfuß aus Zinn versehen.

Der Krug ist mit Emailmalerei verziert. Unterhalb des Randes eine Borte aus einer Goldleiste, eingefasst von zwei weißen Punkt-Reihen. In der Höhe des Henkels wurde ein blauer Glasfaden rundum aufgelegt und an der Oberfläche abwechselnd gelb und rot bemalt. Die untere Gefäßhälfte wird durch Borten, welche der unterhalb des Randes angebrachten Borte gleichen, in drei Felder geteilt. In der Mitte eines jeden befindet sich ein Dekor aus sechs goldenen, sternförmig angeordneten

Kat. Nr. 21.41

Kat. Nr. 21.42

Rhomben mit einem Punkt in der Mitte, je einem Punkt und Doppelbogen zwischen den einzelnen Winkeln sowie je drei Punkten an den Spitzen.

21.42 Kelch?

1. Viertel 17. Jahrhundert
Grünstichig entfärbtes Glas, Randdurchmesser 6,3 cm
Pernegg, Inv. Nr. 129

Oberteil eines zylindrischen Gefäßkörpers.

Auf der Kuppa befindet sich ein Dekor in Diamantrisstechnik: Unterhalb des Randes verläuft eine Borte aus sich wiederholenden Dekorelementen, darunter auf der Wandung Blumenmotive.

21.43 Deckel

1. Viertel 17. Jahrhundert
Grünstichig entfärbtes Glas, Höhe 10,2 cm
Pernegg, Inv. Nr. 130

Kat. Nr. 21.43

Vertikaler Rand mit nach außen gerichtetem Stauchungsring; gewölbte Wandung; Deckelknauf aus einem optisch schräg gerippten Nodus mit einer Scheibe, auf dieser ein schmaler Stiel mit einer Kugel als Abschluss.

Die Wandung ist mit Borten aus sich wiederholenden, geometrischen Elementen und Leisten verziert.

21.44 Becher

Ende 16./Anfang 17. Jahrhundert
Grünstichig entfärbtes – grünweißes Glas, Höhe 13,2 cm, Bodendurchmesser 6,2 cm, Randdurchmesser etwa 7,4 beziehungsweise 6,4 cm
Pernegg, Inv. Nr. 135

Unterteil mit aufgesetztem, hohem Standfuß mit nach unten umgeschlagenem Rand; Boden leicht gewölbt; konischer, nach oben breiterer Gefäßkörper mit sechsseitiger, von unten nach oben stärker profilierter Wandung.

21.45 Kelch

2. Hälfte 16. Jahrhundert, nach den Befunden zwischen 1530/40 und 1623/30 in die Erde gelangt
Graustichig entfärbtes Glas, Höhe 17,9 cm, Bodendurchmesser etwa 7,0 cm, Randdurchmesser 8,0 cm
Wien, Alte Universität, Inv. Nr. II-J KE

Niedriger Standfuß mit aufgestochener Fußplatte und nach unten umgeschlagenem Rand; Schaft mit einem Beerenbaluster zwischen zwei Scheiben; hohe, trichterförmige, unten abgerundete Kuppa.

Auf dem Baluster zwischen zwei Blattornamenten ein Beerenmotiv.

21.46 Berkemeyer

16./Anfang 17. Jahrhundert, nach den Befunden zwischen 1530/40 und 1623/30 in die Erde gelangt
Lebhaft blaugrünes Glas, Bodendurchmesser 5,0 cm
Wien, Alte Universität, Inv. Nr. II-J KE

Kat. Nr. 21.44

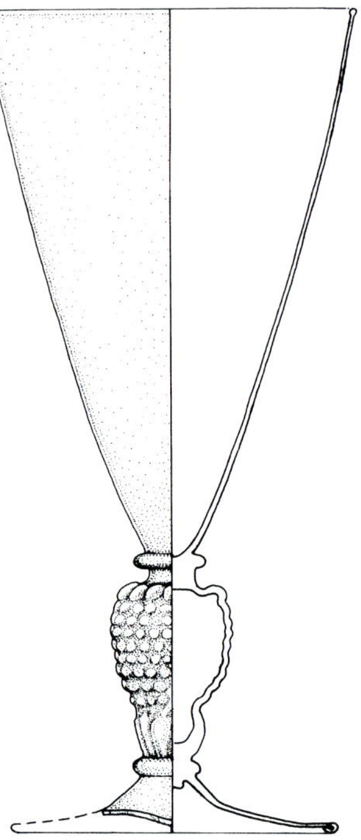

Kat. Nr. 21.45

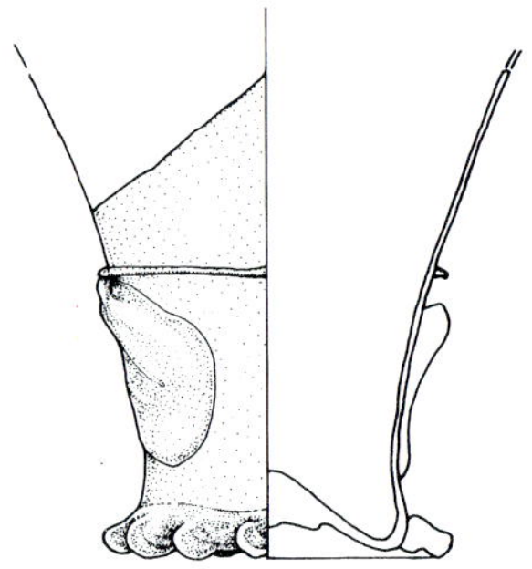

Kat. Nr. 21.46

Zylindrischer Unterteil mit tropfenförmig ausgezogenem Fußring und stumpfwinkelig hochgestochenem Boden; ausladender Oberteil.

Auf dem Gefäßunterteil befindet sich eine horizontale Reihe von vier großen, flachen Nuppen mit hoch gezogenen Spitzen; darüber wurde ein dünner, horizontaler Faden aufgelegt.

21.47 Kelch

2. Hälfte 16. Jahrhundert, nach den Befunden zwischen 1530/40 und 1623/30 in die Erde gelangt
Gelbstichig entfärbtes Glas, rekonstruierte Höhe etwa 17,8 cm, Bodendurchmesser 6,2 cm, Randdurchmesser 7,2 cm
Wien, Alte Universität, Inv. Nr. II-J KE

Niedriger Standfuß mit nach unten umgeschlagenem Rand; Schaft mit einem Löwenbaluster zwischen zwei Scheiben; konische Kuppa.

Auf dem Baluster befinden sich, einander gegenüber, zwei Löwenköpfe; dazwischen Perlschnurgehänge, über diesen jeweils eine Kreuzblüte. Am oberen und am unteren Ende des Balusters bildet je ein Blattornament den Abschluss. Die Kuppa ist im unteren Bereich senkrecht optisch gerippt, im oberen optisch netzförmig gemustert.

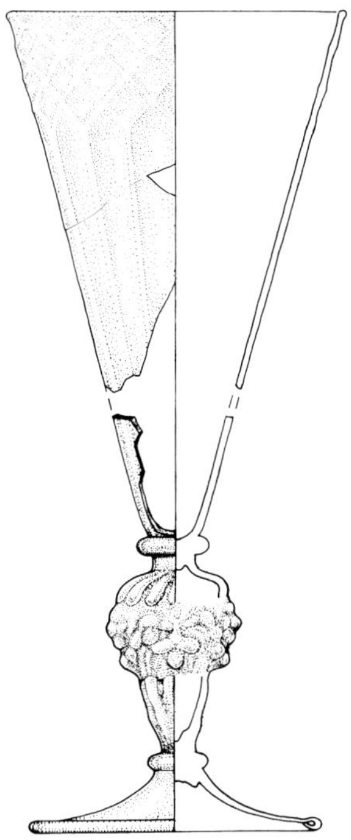

Kat. Nr. 21.47

21.48 Kelch

2. Hälfte 16. Jahrhundert, nach den Befunden zwischen 1530/40 und 1623/30 in die Erde gelangt
Hellgrüngraues Glas, rekonstruierte Höhe etwa 11,0 cm, Randdurchmesser 9,4 cm
Wien, Alte Universität, Inv. Nr. II-J KE

Erhöhter Standfuß; Schaft mit einem Beerenbaluster zwischen zwei Scheiben; ausladende, schalenförmige Kuppa.

Auf dem Baluster zwischen zwei Blattornamenten ein Beerenmotiv.

21.49 Kelch

16. Jahrhundert, nach den Befunden zwischen 1530/40 und 1623/30 in die Erde gelangt
Grau-blau-grünstichig entfärbtes Glas, Bodendurchmesser 6,1–6,3 cm
Wien, Alte Universität, Inv. Nr. II-J KE, 130/5

Erhöhter Standteller mit aufgestochener Fußplatte und nach unten umgeschlagenem Rand; Schaft mit

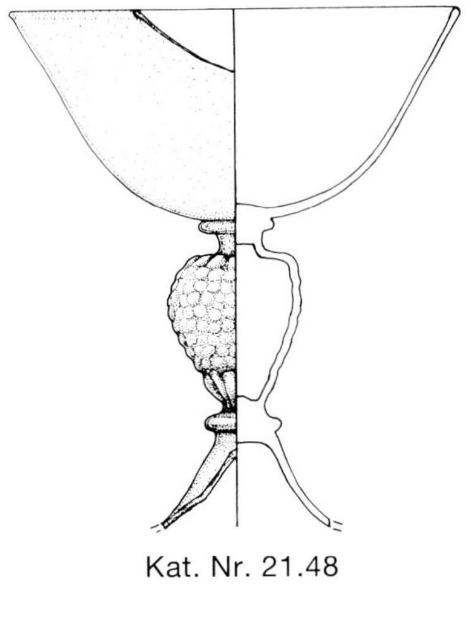

Kat. Nr. 21.48

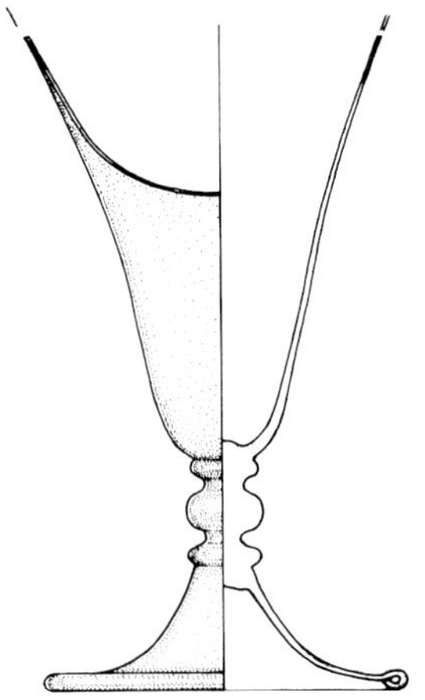

Kat. Nr. 21.49

einem Knauf zwischen zwei Scheiben; Unterteil der nach innen schwingenden, trichterförmigen Kuppa mit gewölbtem Boden.

21.50 Flasche

2. Hälfte 16. Jahrhundert, nach den Befunden zwischen 1530/40 und 1623/30 in die Erde gelangt
Vermutlich entfärbtes – hellgrüngraues Glas, Höhe 9,2 cm, Bodendurchmesser 6,0 cm, Randdurchmesser 2,55–2,75 cm
Wien, Alte Universität, Inv. Nr. II-J KE

Gewölbt hochgestochener Boden; leicht gebauchter Körper; kurzer, eingezogener Hals; ausladender, unregelmäßiger Rand.

21.51 Flasche

2. Hälfte 16. Jahrhundert, nach den Befunden zwischen 1530/40 und 1623/30 in die Erde gelangt
(Sehr) hellbläulichgrünes Glas, Höhe 4,2–4,4 cm, Bodendurchmesser 2,0 cm, Randdurchmesser 1,8–1,9 cm
Wien, Alte Universität, Inv. Nr. II-J KE, 162/3

Spitz hochgestochener Boden; kurzer, im Querschnitt abgerundet viereckiger Körper; kurzer, eingezogener Hals; ausladender, unregelmäßiger Rand.

21.52 Nuppenbecher

14. Jahrhundert
Ursprünglich farbloses Glas, Höhe 12,5 cm, Randdurchmesser 3,6 cm
Tulln, Wiener Straße, Inv. Nr. 257

Der Tullner Nuppenbecher, der im direkten Umfeld des Tullner Dominikanerinnenklosters gefunden wurde,

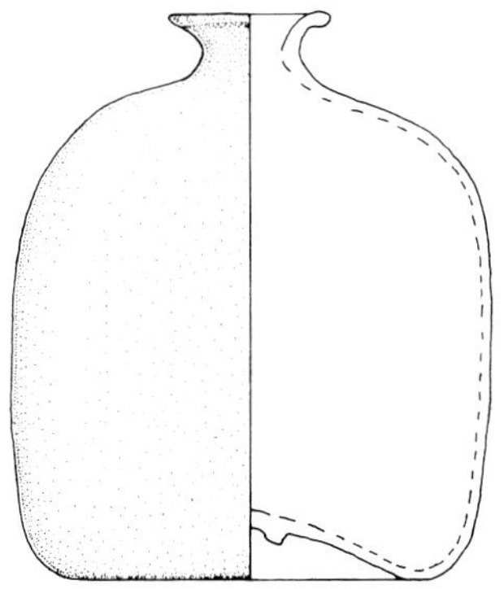

Kat. Nr. 21.50

Kat. Nr. 21.52

besitzt einen geschweiften Fußring mit einem annähernd fassförmigen Körper. Auf diesem sind sechs versetzt angeordnete Reihen von kleinen, rund abgedrehten Nuppen appliziert. Unter dem weit ausladenden Rand findet sich eine dünne, horizontale Fadenauflage.

21.53 Kuttrolf

16. Jahrhundert
Grünlich blasiges Glas, Höhe 25 cm
Klosterneuburg, Passauer Lesehof, Inv. Nr. 16
Foto: A. Schumacher

Der Kuttrolf, eine gängige Flaschenform des 16. Jahrhunderts, besitzt einen hohen Körper mit acht länglichen Dellen, an dem ein aus vier Röhren gewundener Hals ansetzt. (J. Ne.)

Kat. Nr. 21.53

K. Ta.
Zeichnungen: H. Walcher

22. Küche und Kochen

„Für die tägliche Hauptmahlzeit . . . genügen nach unserer Meinung für jeden Tisch zwei gekochte Speisen entsprechend den verschiedenen Bedürfnissen. Wer vielleicht von der einen nicht essen kann, sättigt sich von der anderen Speise. Zwei gekochte Speisen also sollen allen Brüdern genügen. Ist aber Obst oder frisches Gemüse vorhanden, so reiche man ein drittes Gericht. Ein gut gewogenes Pfund Brot genügen im Tag, ob nur eine Mahlzeit stattfindet oder ein Mittag- und Abendessen . . .

War die Arbeit sehr anstrengend, so steht es im freien Ermessen des Abtes, etwas mehr zu gewähren, wenn es angebracht erscheint . . .

Alle sollen ferner vollständig darauf verzichten, vom Fleisch vierfüssiger Tiere zu essen . . .

Wir glauben mit Rücksicht auf die Unzulänglichkeit der Schwachen, daß eine Hemina Wein für jeden Tag reichen sollte. Wem Gott aber die Kraft gibt, sich davon zu enthalten, der wisse, daß er einen besonderen Lohn empfangen wird . . .“

(Benediktsregel, cap. 39 und 40)

Klöster fungierten nicht nur in den Bereichen Wissenschaft und Forschung als Bewahrer und Überlieferer antiker Traditionen, auch die römische Kochkunst wurde von ihnen neu belebt. Sowohl was die technische Ausstattung der Kücheneinrichtungen betrifft – erstmals wird am St. Gallener Klosterplan ein Schornstein belegt – als auch bei der Zubereitung der Speisen waren die Klöster führend im mittelalterlichen Europa. Weiters kontrollierte die christliche Kirche durch genaue Regelungen die Ernährungsformen und -muster der mittelalterlichen Bevölkerung.

Benedikt von Nursia ermahnte in seiner Regel die Mönche, den Leib in Zucht zu halten, nicht zu suchen, was den Sinnen schmeichelt, nicht zu trinken und zu faulenzen, kein großer Esser zu sein und auf den Genuss des Fleisches vierfüßiger Tiere vollständig zu verzichten. Diese mönchischen Regelungen wirkten sich auch auf den mittelalterlichen Menschen aus, durch zahlreiche Fasttage wurde die ohnehin schon karge Kost nochmals eingeschränkt.

Ab dem 12. Jahrhundert sind wir über die Ausstattungen von Klosterküchen relativ gut informiert. Auf mehreren gemauerten Herden brannten offene Feuer, der Rauch wurde über Kaminhauben und teilweise sehr aufwendige Abzugsvorrichtungen abgeleitet. Auf den offenen Kaminfeuern wurde Nahrung auf unterschiedliche Art zubereitet: Geflügel und andere Fleischarten wurden auf Bratspießen mit teilweise mechanischen Antrieben (Windflügel oder Federwerke) gebraten. In großen Kesseln, deren Ketten über den Kaminfeuern hingen, wurden Breie, Suppen und Eintopfgerichte zubereitet. Darüber hinaus wurden bestimmte Gerichte in einfachen Pfannen, Töpfen oder dreifüßigen Gefäßen gekocht. Mörser, Mühlen, Messer, Beile, Schüsseln, Töpfe und andere Gerätschaften vervollständigten die Einrichtung einer mittelalterlichen Klosterküche. Viele dieser Gerätschaften sind im archäologischen Fundgut bei Grabungen in Klöstern vertreten.

Seltener konnten bislang Küchenbereiche direkt nachgewiesen werden, wie dies in Heiligenkreuz gelang. Dort konnte im Bereich des heutigen Refektoriums die romanische Küche mit Tischherd und Backofen aufgefunden werden.

In der Kartause Mauerbach konnte aus der Zeit der Nachnutzung eine Herdanlage mit drei Feuerungsöffnungen aufgedeckt werden.

Literatur:

I. Bitsch, T. Ehlert und X. von Ertzdorff, Essen und Trinken in Mittelalter und Neuzeit, Sigmaringen 1987.

M. Black, Küchengeheimnisse des Mittelalters, Würzburg 1998.

T. Ehlert, Das Kochbuch des Mittelalters, Zürich und München 1990.

A. Kaltenberger, Speisen und Tischkultur im Kloster von Mondsee vom 16. bis ins frühe 18. Jahrhundert, in: 1250 Jahre Mondsee – Ausstrahlung eines Klosters, Mondsee 1998, 20–46.

J. M. van Winter, Kochen und Essen im Mittelalter, in: B. Herrmann, Mensch und Umwelt im Mittelalter, Stuttgart 1987, 88–100.

22.1 Romanischer Tischherd

Stift Heiligenkreuz, Refektorium
Foto: Bundesdenkmalamt, J. Offenberger

Die Küche des mittelalterlichen Klosters im Zisterzienserstift Heiligenkreuz lag in der Südwestecke des Südflügels. Neben einem romanischen Tischherd konnte auch ein Backofen aufgefunden werden.

22.2 Herdanlage mit drei Feuerungsöffnungen

18./19. Jahrhundert
Kartause Mauerbach
Foto: ASINOE

Die Herdanlage mit mehreren Feuerungsöffnungen stammt aus einer profanen Nachnutzungsphase der Kartause.

22.3 Der hl. Josef als Koch

Um 1480
Stift Altenburg, Inv. Nr. GO 38
Foto: Institut für Realienkunde des Mittelalters, Krems

Dieses Detail einer Kachel des „Goldenen Ofens“ aus dem Stift Altenburg zeigt den hl. Josef am Herd, in einer Pfanne umrührend. Vgl. Kat. Nr. 19.47.

Kat. Nr. 22.1

Kat. Nr. 22.2

Kat. Nr. 22.3

22.4 Darstellung eines Kochs

Hausbuch der Mendelschen Zwölfbrüderstiftung in Nürnberg, um 1475
Nürnberg Stadtbibliothek, Amb. 317, fol. 95r

Aus: W. Treue u. a. (Hrg.), Das Hausbuch der Mendelschen Zwölfbrüderstiftung zu Nürnberg, Bildband, München 1965

22.5 Fragmentierte Dreifußpfanne

16. Jahrhundert
Keramik/Irdenware, Durchmesser 16 cm
Wien, Alte Universität, ohne Inv. Nr.

Kat. Nr. 22.5

22.6 Dreifußpfanne

16. Jahrhundert
Keramik/Irdenware, innen gelb glasiert, Durchmesser 29,8 cm
Stift Klosterneuburg, Inv. Nr. MA/NZ 20

22.7 Topf

15. Jahrhundert
Keramik/Irdenware, Höhe 13,8 cm
Kloster Mondsee, ohne Inv .Nr.

22.8 Messergriff

Neuzeit
Hirschgeweih, Länge 10,9 cm
Neuberg an der Mürz, Inv. Nr. 10

22.9 Messer mit Beingriff

Neuzeit
Eisen und Knochen, Länge 18,5 cm
Neuberg an der Mürz, Inv. Nr. 1

22.10 Bratspieß

Neuzeit
Eisen, Länge 69,1 cm
Neuberg an der Mürz, Inv. Nr. 31

22.11 Fragmentiertes Messer

16./frühes 17. Jahrhundert
Eisen und Horn, Länge 15,4 cm
Wien, Alte Universität, Inv. Nr. 148

M. Ka. und M. Kr.

Kat. Nr. 22.7

Kat. Nr. 22.11

Essen und Fasten in mittelalterlichen Klöstern aus archäozoologischer Sicht

Speiseabfälle aus der Klosterküche: Die Tierreste

Günther Karl K u n s t
Fischreste: Alfred G a l i k

Tierknochenfunde aus archäologischen Grabungen sind vielfach als unmittelbare Sachzeugen zu früheren Ernährungsgewohnheiten zu werten. Vergleichbar mit schriftlichen Quellen wie Einkaufslisten und Speiseplänen geben sie etwa in einer Klostersituation darüber Auskunft, welche Tierarten beziehungsweise Fleischsorten in welchem Ausmaß von den Bewohnern verzehrt wurden. Aber auch bestimmte gewerbliche Tätigkeiten, zum Beispiel die Beinschnitzerei, können erhebliche Mengen von Knochenrückständen hinterlassen, ferner wurden manche Haustierarten, wie Hunde und Pferde, in historischer Zeit oft nicht mehr zu Nahrungszwecken herangezogen und deren Kadaver dann häufig unverwertet entsorgt. Die Mehrzahl der in Siedlungsgrabungen geborgenen Tierreste wird aber gewöhnlich doch als Speiseabfall im weiteren Sinn anzusprechen sein, gleichgültig, ob dieser nun beim Schlacht- und Zerlegungsvorgang, in der Küche oder erst bei Tisch entstanden ist. Innerhalb von Gebäuden oder in deren Nähe entstanden umfangreiche „Abfallvergesellschaftungen“ meist erst nach einer Nutzungsaufgabe: Besonders dann, wenn nicht mehr benötigte Räumlichkeiten, Keller, Zisternen oder Latrinen mit Bauschutt und verschiedenartigem Hausmüll wie Keramikresten und eben Speiseabfällen verfüllt oder zumindest die Bodenniveaus angehoben wurden. Für das Zustandekommen von auswertbaren Knochenansammlungen in Baubefunden sind daher zwei menschliche Verhaltensweisen bestimmend: die Produktion durch Fleischkonsum oder Gewerbe und die anschließende Konzentration durch eine beabsichtigte Entsorgung.

Die Deponierung von Nahrungsrückständen im unmittelbaren Wohnbereich erscheint uns heute aus hygienischer Sicht bedenklich, es sei jedoch daran erinnert, dass auch gegenwärtig künstliche Strukturen wie aufgelassene Sandgruben oder Steinbrüche in offizieller oder inoffizieller Form zur Entsorgung von Bauschutt, Gerümpel oder dergleichen dienen. Müllbeseitigung stellt stets auch ein Transportproblem dar, das sich besonders dort stellt, wo eine größere Anzahl von Menschen auf engem Raum zusammenlebt. Für frühere Zeiten kann daher angenommen werden, dass geeignete Hohlräume innerhalb oder in nächster Nähe von Gebäuden stets verhältnismäßig rasch verfüllt wurden.

Eine Untersuchung der hierbei entstandenen Tierknochenkonzentrationen erscheint darum besonders lohnend: Durch die Erkenntnisse der Archäologie und der Bauforschung kann der Entstehungszeitraum oft ziemlich genau eingegrenzt werden, historische Quellen liefern manchmal Hinweise auf die Verursacher. Viel häufiger als in ländlich-bäuerlichen Kontexten, denen zum Beispiel die meisten prähistorischen Situationen entsprechen, liegen geschlossene, kurzfristig angehäufte Fundkomplexe vor, die einzelne Entsorgungsakte nachvollziehen lassen und einen direkten Einblick in die einstige Ernährungssituation erlauben. Beim Vorbereiten, Kochen und Verspeisen des Fleisches entstehen nach ihrer Zusammensetzung definierbare „Knochengemeinschaften“, die manchmal unterschiedliche Entsorgungswege gehen und das Gesamtbild einer Probe sehr stark beeinflussen können. Beispielsweise enthielten manche Knochenproben aus der „Alten Aula“ in der Wiener Innenstadt (siehe unten) vorwiegend Zerlegungsabfall in Form von Schafsfüßen, in anderen dominierten dagegen Fleisch- und Suppenknochen: Verschiedene Arbeitsschritte wurden durch eine Art „Mülltrennung“ konserviert.

In einem selbstversorgenden landwirtschaftlichen Betrieb stellt sich das Abfallproblem in einer anderen Form dar: Viele Knochenreste werden durch Hunde vernichtet, geraten mit sonstigen Substanzen auf die Felder oder werden aus anderen Gründen nicht konzentriert. Auf den Misthaufen gelangten oft nur größere, als störend empfundene Knochen. Natürlich ist auch in urbanen Zentren oder in Klöstern davon auszugehen, dass ein Großteil der einst angefallenen Speisereste von vornherein gar nicht erhalten blieb und zum Beispiel in Gewässer gekippt wurde.

Die beschriebenen Befunde von Knochenansammlungen in Gebäuden stellen also Sondersituationen dar. So stammen einige besonders aussagekräftige Knochenkomplexe aus der Kartause Mauerbach aus dem frühen 17. Jahrhundert. In diesen Zeitraum fiel die frühbarocke Umbauphase des Klosters, während der es in verschiedenen Teilen der Anlage zu umfangreichen Erdbewegungen kam, die auch Gelegenheit zur Müllentsorgung boten. Eindeutig ist auch der Zusammenhang zwischen der Gründung des Jesuitenkollegs und der Verfüllung eines mehrgeschossigen Kellers in der Bäckerstraße im Bereich der „Alten Aula“ im Alten Wiener Universitätsviertel[1]. Hier kann die Entstehung weitgehend auf das 3. Jahrzehnt des 17. Jahrhunderts eingegrenzt werden. Die Einplanierung der Untergeschosse erfolgte so rasch und ungeordnet, dass bei der Grabung sogar noch bestehende Hohlräume vorgefunden wurden.

Die geschützte Einbettung und der fehlende Einfluss von zerstörerischen Prozessen wie Hundeverbiss und Witterungseinflüsse bewirken, dass die Tierreste aus Innenräumen häufig einen ausgezeichneten Erhaltungszustand aufweisen. Neben Hartteilen wie Knochen, Zähnen und Molluskenschalen können hier auch organische Substanzen (Horn, Leder) überdauern. Derartige Knochenvergesellschaftungen erlauben natürlich wesentlich weit reichendere Aussagen als Materialien, die aus mehrfach verlagerten Gehniveaus oder Straßenschotterungen stammen.

In urbanen Bereichen, besonders aber auch in Klosterfundstellen, kann die für den Speiseabfall verantwortliche Personengruppe manchmal näher definiert werden. Eine Analyse der Nahrungsreste erlaubt dann Rückschlüsse auf den Status oder die Ethnizität der einstigen Bewohner.

[1] J. Offenberger und A. Geischläger, Fundberichte aus Österreich 36, 1997, 44–45.

Fallbeispiel: Dominikanerinnenkloster Tulln

Im Herbst 1999 wurde im Auftrag der Abteilung für Bodendenkmale des Bundesdenkmalamtes vom Verein ASINOE (Grabungsleiter N. Hofer) im Areal des Alten Krankenhauses in Tulln (Niederösterreich) eine gemauerte, eingetiefte Struktur freigelegt, die als ehemalige Heizanlage eines dem Dominikanerinnenkloster zugeordneten Männerkonventes interpretiert wird. Aus diesem Objekt konnten unter anderem über 20 kg Tierknochen geborgen werden, von denen nach einer ersten Einschätzung etwa 2000 Reste nach Tierart und Skelettelement bestimmbar sind. Die im gleichen Befund vorhandene Keramik lässt den Verfüllungsvorgang auf die 2. Hälfte des 15. Jahrhunderts eingrenzen (mündliche Mitteilung N. Hofer). Die Probe ist in keiner Weise größensortiert, sie beinhaltet kleine und filigrane Reste, aber auch ziemlich große Knochenstücke (Kat. Nr. 22.12). Eine im Rahmen einer Lehrveranstaltung untersuchte Teilprobe lieferte ungefähr 250 bestimmbare Tierknochen, die sich auf die einzelnen Wirtschaftstierarten wie folgt verteilen (Fundzahlen in Klammer): Rind (63), kleiner Hauswiederkäuer (Schaf und Ziege; 73), Schwein (40), Huhn (57), Gans (9). Daneben fanden sich noch Einzelreste vom Feldhasen und von einem Schnepfenvogel. Ein direkter Rückschluss auf die relative Bedeutung der einzelnen Arten ist problematisch. Es ist zu bedenken, dass beispielsweise ein einzelner Schweinsknochen mehr „Fleischwert“ vermittelt als ein Hühnerknochen. Von kleineren Tieren gelangen grundsätzlich mehr Skelettelemente in die Küche oder auf den Tisch. Im Abfall eines modernen mitteleuropäischen Haushaltes werden vornehmlich Geflügelreste zu finden sein, weil die Knochen größerer Tiere im Verlauf des gewerblichen Verarbeitungsprozesses heute vielfach ausgesondert und einbehalten werden. Andererseits stehen die einzelnen Reste auch für kochtechnisch unterschiedliche Aspekte: Erwachsene Rinder sind großteils durch grob zugerichtete Langknochenfragmente vertreten, deren Konfiguration annehmen lässt, dass es sich eher um Mark- oder Blutknochen zur Bereitung von Brühe als um eigentlich fleischtragende Elemente gehandelt hat. Anders ausgedrückt, die Häufigkeit der verschiedenen Körperpartien zeigt bei den einzelnen Arten durchaus abweichende Verteilungsmuster. So fallen bei den Schafen besonders längs gespaltene Wirbelfragmente auf, die vorwiegend aus dem Bereich der Lendenwirbelsäule stammen (Kat. Nr. 22.13). Die Ausbildung der Spaltflächen lässt erkennen, dass hier Schlachtkörper von Schafen von der Bauchseite her in zwei Hälften gehackt wurden. Derartige systematische, wiederkehrende Fragmentationstypen sind für Situationen typisch, in denen größere Personengruppen in organisierter Form versorgt werden. Wahrscheinlich wurden bereits gewerblich zugerichtete Rückenhälften (Lungenbraten) erworben.

Eine grobe Sichtung des Gesamtmaterials lässt den Schluss zu, dass sich die in der Teilprobe beobachteten Merkmale in sehr homogener Weise fortsetzen. Das Knochenkonvolut dürfte fast vollständig als Nahrungsabfall interpretierbar sein. Zusammensetzbare, gespaltene Knochenteile deuten an, dass hier die Reste einzelner Mahlzeiten beziehungsweise Entsorgungsakte noch in ihrer ursprünglichen räumlichen Lage zueinander erhalten waren.

Obwohl Vergleichsdaten aus der Region fehlen, lassen der hohe Geflügelanteil, die vorhandenen Skelettregionen sowie der Umstand, dass Rind, Schaf und Schwein vielfach durch die Überreste von ganz jungen Tieren vertreten sind, den Schluss zu, dass wir im Knochenabfall aus dem Frauenkloster die Speisereste einer wohlhabenden Bevölkerungsgruppe vor uns haben. Der Speiseabfall eines zeitgenössischen, gehobenen bürgerlichen Haushaltes hat vermutlich nicht viel anders ausgesehen. Aus heutiger Sicht fällt besonders die große Bedeutung des Schaffleisches auf, vielleicht äußert sich hier auch die vergleichsweise „ländliche“ Lage des Standortes Tulln. In den städtischen Zentren des österreichischen und süddeutschen Raumes erlangte der Schlachtrinderimport aus Ungarn bereits im Spätmittelalter eine erhebliche Bedeutung. Die heutige Dominanz des Schweinefleisches ist dagegen erst auf die in den vergangenen Jahrhunderten erfolgte Intensivierung von Futterbau und Stallhaltung zurückzuführen.

Fallbeispiel: Jesuitenkolleg Wien 1, Bäckerstraße

In der knapp 200 Jahre jüngeren Knochenvergesellschaftung aus der „Alten Aula“ in der Bäckerstraße, die aus dem weiteren Umfeld des Jesuitenkollegs stammen dürfte, sind zwar dieselben Grundelemente wie in Tulln enthalten, allerdings in anderer Gewichtung. Die Rinder- und Kalbsreste überwiegen deutlich, erstere sind wieder vorwiegend in Form von groben Knochenfragmenten vertreten. Verglichen mit Tulln ist eine Größenzunahme bei den Haushühnern nachweisbar, die als Ergebnis züchterischer Verbesserungen interpretiert werden kann. Unter den Geflügelresten ist auch bereits der aus Amerika importierte Truthahn nachweisbar. Außerdem sind hier nicht nur Speiseabfälle selbst, sondern auch Knochenreste aus anderen Handlungsketten (erste Schlachtkörperzerlegung, Handwerksabfall) sowie die Skelette eingegangener Hunde und Katzen überliefert[2]. Weiters fanden sich in größerer Menge auch Überreste von Fischen und anderen Fastentieren.

Tierknochen als Zeugnisse religiöser Speisevorschriften

Die Fastengebote der katholischen Kirche bedeuten in erster Linie eine zeitlich begrenzte Einschränkung des Fleischkonsums. An den so genannten Fasttagen war der Genuss des Fleisches warmblütiger Tiere, teilweise auch von tierischen Produkten wie Schmalz, verboten, derjenige von Fischen und anderen Tieren mit rotem, „kaltem“ Blut aber erlaubt. Dazu wurden Frösche und Schildkröten sowie wirbellose Tiergruppen wie Schnecken, Muscheln und Krebse gerechnet. Die Unterscheidung von „Fleisch“ und „Fisch“ hat sich jedoch gewohnheitsrechtlich herausgebildet, weshalb auch manche Säuger und Vögel, sofern sie im Wasser lebten oder sich nach damaliger Einschätzung von Fischen ernährten, als erlaubt galten[3]. Das Fleisch von Bibern, Fischottern und manchen wasserbewohnenden Vogelarten durfte daher ebenfalls an Fasttagen verzehrt werden. Kurioserweise waren auch ungeborene oder ganz junge Kaninchen vom Fleischverbot ausgenommen.

Die große Bedeutung der Fastentiere im Mittelalter und in der frühen Neuzeit lässt sich an der Tatsache verdeutlichen, dass für den katholischen Laienstand an etwa 130 bis 150 Tagen im Jahr der Fleischkonsum untersagt war: neben allen Freitagen und Samstagen auch während der vierzigtägigen Fasten vor Ostern, der gesamten Adventszeit sowie an einigen weiteren Tagen. Diese Regelung behielt bis in das 19. Jahrhundert hinein mit gewissen Lockerungen und regionalen Unterschieden ihre Gültigkeit. In älteren Kochbüchern finden sich daher umfangreiche Angaben für die Zubereitung von Fastensuppen.

[2] A. Adam und G. K. Kunst , Aspekte der Tierknochenauswertung in einem urbanen Milieu am Beispiel der Grabung Wien / Alte Aula, Beiträge zur Mittelalterarchäologie in Österreich 15, 1999, 157–175.

[3] E. Mayerhofer und C. Pirquet, Lexikon der Ernährungskunde, Wien, Leipzig und München 1923.

Ernährungsgeschichtlich interessant ist der Umstand, dass es besonders für ökomomisch besser gestellte Bevölkerungsgruppen möglich war, diese Restriktionen durch das Ausweichen auf die genannten Ersatzstoffe tierischer, aber auch pflanzlicher (zum Beispiel Olivenöl, Gewürze, Reis, Mandeln, Zucker) Herkunft zu umgehen. Einige dieser Produkte waren in Mitteleuropa schwer zu beschaffen, dementsprechend teuer und besaßen daher sicherlich einen gewissen Prestigewert[4]. Es ist daher nicht verwunderlich, dass manche der genannten Fastenspeisen, unabhängig von ihrer ernährungsmäßigen Bedeutung, in einer Eigendynamik besonders symbolhaft besetzt wurden, was sich unter anderem in künstlerischen Darstellungen und in der Schaffung einer besonderen Transport- und Aufbewahrungslogistik geäußert hat.

In Wien wurde der Bedarf an Fastenspeisen durch den Fischmarkt gedeckt, der sich seit dem Mittelalter am Hohen Markt befand; daneben bestand auch ein eigener Krebsenmarkt[5]. Mehrere Wien-Beschreibungen aus dem 18. Jahrhundert erwähnen die große Menge der hier umgesetzten Fastentiere (Kat. Nr. 22.14)[6]. Dies setzte sich auch nach der Verlegung des Fischmarktes auf das Schanzl vor dem Rotenturmtor fort. Ignaz de Luca berichtet 1787 in der landeskundlich-statistischen Darstellung „Wiens gegenwärtiger Zustand unter Josephs Regierung“ zum Fischmarkt: „am Ende der rothen Turmstraße links gegen das Fischerthor. Er wird wöchentlich am Freytag und Sonnabend gehalten, und so oft in der Woche ein Fasttag fällt. Man bekommt hier von allen Arten Fische, auch Krebsen, Schildkroeten, Rohrhühner u.s.w.“

Erwartungsgemäß spielten die Fastentiere in der Lebensmittelversorgung der Klöster eine besondere Rolle. Neben organisierten, großzügigen Einkäufen, die durch Ausgabenbücher belegt sind, war man hier auch darauf bedacht, durch Eigenproduktion (Fischteiche) oder wenigstens durch Hälterungsanlagen eine gewisse Unabhängigkeit von der Marktsituation zu erreichen. Die Küchenrechnungen des ehemaligen Zisterzienserstiftes Neuberg an der Mürz in der Steiermark wurden kürzlich in einer volkskundlichen Dissertation bearbeitet[7]. Hier finden sich auch detaillierte Speisepläne, zum Beispiel vom Gründonnerstag, dem 25. März des Jahres 1728, der auch der Festtag des Abtes war. Der Mittagstisch für den Abt und elf Gäste setzte sich wie folgt zusammen[8]:

Regulierte Krebsensuppe, gebackener Stockfisch, Hechte, Kraut, Mehlspeise, Siedfisch, Saiblinge, Forellen und Hechte, Grundeln, Kohlhechte, Schildkröten, süßer Salat, Aal, geselchter Lachs, grüner regulierter Salat, Pistazien, Milch-Herzl, Krebse, Lemoni-Mus.

Eine zentrale Bedeutung hatten die verschiedenen Fastentiere namentlich für besonders asketische Orden wie die Kartäuser, die sich ganzjährig des Fleischgenusses enthielten.

Fallbeispiel: Kartause Mauerbach

Überreste von Fastenspeisen liegen in untergeordneter Form aus den bereits erwähnten Lokalitäten Tulln und Wien 1, Bäckerstraße, aber auch aus dem aufgelassenen Stift Neuberg an der Mürz[9] vor. Die auf dem Areal der Kartause Mauerbach laufenden Sanierungsmaßnahmen werden seit 1996 im Auftrag der Abteilung für Bodendenkmale des Bundesdenkmalamtes durch den Verein ASINOE (Grabungsleitung: Th. Kreitner) archäologisch betreut[10]. Im Fundmaterial gelangen bisher mit Ausnahme der Krebse Nachweise von Resten aller oben angeführter Fastentiergruppen[11]. Darüber hinaus konnten auch sehr umfangreiche Proben geborgen werden, die praktisch zur Gänze aus den Skelettresten von Fischen und Schildkröten aufgebaut sind.

Die Probe mit der Fundnummer 848 (Kat. Nr. 22.15) stammt aus einer Kanalverfüllung aus „Raum 18“, einem Stiegenhaus im so genannten Zisternenhof[12], und datiert in die Zeit um 1600. Von den fast 500 bestimmbaren Resten entfielen etwa 77% auf Fischknochen, weiters waren 71 Schildkrötenreste, 32 Fußknochen vom Blässhuhn sowie Schalen von Meeresmuscheln nachweisbar.

Auch die Fundnummer 801 stammt aus Raum 18; hier handelt es sich um eine in situ befindliche Abbauschicht (Planierschicht) aus der Zeit um 1600 oder etwas später. Auf jeden Fall besteht eine Nahbeziehung zu Fundnummer 848. Der Aufbau dieser Probe ist jedoch insofern anders, als 535 der 550 bestimmbaren Knochen auf Schildkröten entfallen, daneben waren einige Fischknochen zu verzeichnen (Kat. Nr. 22.16).

Aus keiner anderen mittelalterlichen oder neuzeitlichen Lokalität Österreichs konnten bisher vergleichbare Tierknochenproben nachgewiesen werden. Der Einfluss der Speisevorschriften des Kartäuserordens auf die Materialzusammensetzung ist hier evident. Die Unterschiede in der Repräsentanz der Arten (Fische, Schildkröten) könnten saisonal bedingt sein oder Einzelereignisse, wie den Verzehr einer größeren Fischbeziehungsweise Schildkrötenlieferung, widerspiegeln.

In anderen Befunden aus der Kartause sind die Fastentierreste vielfach mit Knochen der herkömmlichen Wirtschaftstiere vergesellschaftet, was nicht in allen Fällen mit Vermischungen aus nachklosterzeitlichen Niveaus erklärt werden kann. Wahrscheinlich liegen hier die Nahrungsreste von Personengruppen vor, die nicht an die Ordensvorschriften gebunden waren (Laienbrüder, Gäste?). Die Kartause betrieb jedenfalls im angeschlossenen Meierhof eine erwerbsorientierte Vieh- und Geflügelzucht. Nach den im Staatsarchiv aufbewahrten Klosterakten (Staatsarchiv, Klosterrat, Kartause Mauerbach, Fasc. 19, 1782) wurden 1782, im Jahr der Klosterauflösung, auch Fleischvorräte und Schmalz inventarisiert. Hervorzuheben wären unter anderem die folgenden Lebensmittelbestände:

Mostwein, Ordinari Kuchelzucker, Mandelkerne, Zibeben, Weinbeeren, Erbsen, Kastanien, Pfeffer, Imber (Ingwer?), Safran, Gewürznelken, Zimt, Sardellen, Kapern, Eier, dürrer Stockfisch, Haupen (Hausen?), ge-

[4] G. Jaritz, Zur Sachkultur niederösterreichischer Kartausen im späten Mittelalter, in: J. Hoog (Hrg.), Analecta cartusiana 83, Die Kartäuser in Österreich 3, 1981, Inst. für Anglistik und Amerikanistik der Univ. Salzburg.

[5] W. T. Bauer, Die Wiener Märkte, Wien 1996.

[6] J. V. Neiner, Vienna curiosa et gratiosa oder das an jetzo lebende Wien, Wien 1721. – J. B. Küchelbecker, Allerneueste Nachricht vom Römisch-Kayserlichen Hofe nebst einer ausführlichen Beschreibung der Kayserlichen Residentz-Stadt Wien und der umliegenden Oerter, Hannover 1732.

[7] J. Zeiringer, Nahrung und Speisen im Cistercienserstift Neuberg / Mürz. Eine volkskundliche Untersuchung anhand der Küchenrechnungen des 17. und 18. Jahrhunderts, ungedr. Dissertation der Universität Graz., 1991.

[8] J. Zeiringer, Anm. 7, 128.

[9] A. Galik, Tierknochen aus der Klosterküche von Neuberg/Mürz, in Vorbereitung. – M. Lehner, Die Klosterküche von Neuberg. Archäologische Forschungen im ehemaligen Zisterzienserstift, Archäologie Österreich 10/1, 29–30.

[10] Th. Kreitner, Ein Vorbericht über die archäologischen Untersuchungen der Jahre 1996 bis 1998 in der Kartause Mauerbach, NÖ., Fundberichte aus Österreich 37, 1998, 342–397.

[11] G. K. Kunst, Reste von Fastentieren und andere bemerkenswerte Tierreste aus der Kartause Mauerbach. Mit Beiträgen von A. Galik und A. Kroh, Fundberichte aus Österreich 37, 1998, 397–402.

[12] Siehe Th. Kreitner, Anm. 10.

selchter Speck, Dörrzwetschken in einem großen Kasten auf dem Boden.

Rindfleisch, Schweinefleisch und Speck, Schinken, Schweineschmalz.

7 Bottiche mit eingelegtem Sauerkraut, 3 Bottiche mit eingelegten Rüben, Obst.

Fischbehälter: 1 Hecht, 33 Schleien, 73 Karpfen.

Die Vielfalt der in der Kartause Mauerbach nachgewiesenen Fastentiere bietet eine Gelegenheit, etwas näher auf die Biologie und die kulturhistorische Relevanz der verschiedenen Gruppen einzugehen. Etliche Arten sind heute von unserem Speisezettel verschwunden, einerseits aus Naturschutzgründen (wie Schildkröten, Biber), andererseits auch deshalb, weil es sich um keine besonders schmackhaften Fleischsorten handelt, die nur aufgrund der Fastengebote eine Bedeutung erhielten wie Rohrhühner.

Fische

Die Fische waren wahrscheinlich seit jeher die wichtigste Fastentiergruppe, was auch aus der ältesten Wiener Fischordnung, dem „Vischruffen" vom Anfang des 15. Jahrhunderts, enthalten im Ordnungsbuch der Stadt Wien (fol. 100, Archiv der Stadt Wien), hervorgeht. Durch eine Vielzahl von Verordnungen wird hier der Fischhandel und -verkauf im Detail geregelt. „Die Bestimmungen der Ordnung des „Vischruffen" (. . .) waren dementsprechend streng und pedantisch detailliert[13]. Hausen – die vornehmste Ware – haben in einem eigenen Wagen auf dem Hohen Markt feilgeboten zu werden, „niderhalb des Angerfelder haus", wohingegen schubvisch (Schuppenfische) oder „ander gesaltzen visch oberhalb des Peter Angerfelder haus" verkauft zu werden haben, gesalzene und gewässerte Heringe aber nur an den niederen Fleischbänken am Lichtensteg, „durr visch" (getrocknete Fische) wieder nur bei den Gewandkrämern usw." Die En-gros-Verkaufsstelle der ausländischen Fischhändler befand sich dagegen im Heiligenkreuzerhof. Der Schulmeister Wolfgang Schmeltzl gibt in seinem 1548 erschienenen „Lobspruch der Stadt Wien in Österreich" in den Versen 860 bis 906 eine sehr ausführliche Schilderung des Fischmarktes auf dem Hohen Markt, wobei etwa 50, teilweise nicht mehr identifizierbare Fischarten aufgezählt werden[14]:

„. . .Dergleich sechs wägen gwisslich wol
Mit pratfisch, hecht und karpffen vol.
Seekarpffen, seepunckel, garauss
Zwantzig wegn, und von Behaim (Böhmen) auss
Mit karpffen zwen und dreyssig wägn."

Die große Bedeutung der Fische für die Volksernährung ging schon zu Beginn des 19. Jahrhunderts, bedingt durch die Lockerung der Fastenvorschriften, spürbar zurück. „Weil jetzt Alles Ketzer ist, und fast kein Mensch mehr Fasten frisst", heißt es in den „Komischen Gedichten über die Vorstädte Wiens"[15]. Erst mit der modernen Gefriertechnik erlangte vor allem der Konsum von Seefisch wieder eine gewisse Bedeutung, wenn man von den traditionellen Fischgerichten an den verbliebenen Fasttagen, vor allem in der Weihnachtszeit, absieht.

[13] K. Stolz, Die Wiener Nahrungs- und Genußmittelpolitik im Mittelalter, Mitteilungen des Vereines für Geschichte der Stadt Wien 8, 1928, 5–20, hier 16.

[14] Originalfassung nach: F. Reischl, Der Hausen. Der kolossale Fisch und die Ernährung in früherer Zeit. Ende des Hausenhandels in Wien, in: Ernährungskunde, Österreichischer Almanach für Ernährung 1921–1922.

[15] Wien 1812, nach F. Reischl, Anm. 14.

Der aus heutiger Sicht spektakulärste der auf den Märkten gehandelte Fische war sicherlich der zur Gruppe der Störartigen (*Acipenseriden*) zählende Hausen (*Huso huso*), der größte Donaufisch, der ausgewachsen eine Länge von 5 m und mehr erreichen kann und heute vor allem als Kaviarlieferant bekannt ist (Kat. Nr. 22.17). Bei W. Schmeltztl heißt es unter anderem[16]:

„Frisch hausen, hie am marckt gelegen,
Haben bey neunhundert centen gwegen," und weiter:
„Sechs thunnen mit gsaltzen hausen,
Ein wust stockfisch, eim mocht drob grausen!"

Der von J. A. Delsenbach nach einer Zeichnung von J. E. Fischer von Erlach angefertigte Kupferstich „Der Hohe Markt gegen den Lichtensteg, um 1715" zeigt in sehr lebendiger Weise das Geschehen am Fischmarkt, auch das Abladen zweier gewaltiger Hausen, wofür jeweils vier Männer erforderlich sind (Kat. Nr. 22.18). Diese Art steigt aus ihren Heimatmeeren (Schwarzes Meer, Kaspisee) zum Laichen in die Zuflüsse und wurde noch im 12. Jahrhundert im österreichischen Donauabschnitt, zum Beispiel bei Tulln, gefangen. Die im Spätmittelalter und in der frühen Neuzeit auf den Wiener Märkten gehandelten Fische stammten jedoch zumeist aus dem Gebiet des damaligen Ungarn, wo bei Komorn eigene Fangeinrichtungen bestanden (Kat. Nr. 22.19), und wurden von Wien aus weiterverhandelt, so bis nach München und Paris. Durch Überfischung gingen die Bestände aber schon im 16. Jahrhundert deutlich zurück[17], das Hausenfleisch wurde vom billigen Volksnahrungsmittel schließlich zur Delikatesse[18]. Heute kommen der Hausen sowie andere, einst weit verbreitete Störarten in der Donau nur mehr im Bereich des Deltas vor; wegen der Kraftwerksbauten könnten diese Wanderfische auch gar nicht mehr in die oberen Abschnitte der Flüsse gelangen.

Auch Klöster waren Großabnehmer dieser kolossalen Fische, wie aus den zusammenfassenden Arbeiten von F. Reischl[19], G. Wacha[20] und E. K. Balon[21] hervorgeht. Nach einer Urkunde aus dem Jahre 1230 hat der ungarische König Béla IV. den Zisterziensern in Heiligenkreuz jährlich 200 Hausen geschenkt, die wahrscheinlich aus dem Bereich der Schüttinsel stammten. In Heiligenkreuz klagte man sehr, als die Lieferungen schließlich eingestellt wurden, angeblich, weil die Mönche das strenge Verbot des Fleischgenusses nicht mehr einhielten. Aus dem Jahre 1340 ist ein Streit zwischen der Abtei Melk und den zugeordneten Weltpriestern überliefert, welche die Abgabe eines „Chlobhausen" (Gelobhausen) verweigerten. In der Festlegung der Rechte und Pflichten der Klosterneuburger Fischer aus dem Jahre 1399 heißt es, dass ein gefangener Tück (= Dick, Waxdick, Russischer Stör) oder Hausen vor dem Freiverkauf zuerst dem Propst oder seinen Anwälten zum Kauf angeboten werden müsse[22]. Die erhaltenen Kammereirechnungen des Stiftes Kremsmünster verzeichnen für das 16. und 17. Jahrhundert verschie-

[16] W. Schmeltzl, Ein Lobspruch der Stadt Wien in Österreich, 1548, sprachlich erneuert und bearbeitet von A. Silberstein, Wien, Pest und Leipzig 1892.

[17] E. K. Balon, Einfluß des Fischfangs auf die Fischgemeinschaften der Donau, Archiv für Hydrobiologie, Supplement 34, 228ff., Stuttgart 1968.

[18] F. Reischl, Anm. 14.

[19] F. Reischl, Anm. 14.

[20] G. Wacha, Fische und Fischhandel im Alten Linz, Naturkundliches Jahrbuch der Stadt Linz 1956, 61–117.

[21] E. K. Balon, Anm. 17.

[22] G. Wacha, Die Tierwelt im mittelalterlichen Österreich in Sage und Legende, Quelle und Bildwerk, in: G. Fischer (Hrg.), Die Stadt und die Wildnis. Wien 1000–1500. Eine Ausstellung von daedalus, Wien 1992, 61–83.

dentlich den Erwerb von Hausen auf dem Wiener Markt, die vermutlich auf dem Wasserweg über Donau und Traun befördert wurden. In Stift Reichersberg am Inn wird noch das Stopfpräparat eines Hausen aufbewahrt[23].

In Bezug auf Mauerbach sind folgende Angaben bemerkenswert[24]: „Herzog Albrecht IV. (. . .) schenkte am 23. Februar 1403 den Karthäusern einen Erich (Fischteich) in der Donau bei Tuln. Wäre aber der Erich an seinem jetzigen Platze nicht zum Benützen geeignet, hätten die Mönche das Recht in drei Meilen oberhalb oder unterhalb der Stadt Tuln einen andern Erich zu slahen, nur dürfte der Erich die Schifffahrt aufwärts der Donau nicht beirren. Fußnote: Erich – Arichstati, Archstat, vischwayd – ist nicht so sehr ein Fischteich zur Bewahrung von Fischen als vielmehr eine Fischereianlage, ein Platz zum Züchten der Donaufische."

Neben dem Fischfang in natürlichen Gewässern und dem Import von konservierten Meeresfischen gewann spätestens seit der Mitte des 14. Jahrhunderts die kontrollierte Fischzucht in künstlich angelegten Teichen an Bedeutung. Vielleicht geschah dies auch als Reaktion auf eine Übernutzung der natürlichen Bestände[25]. Im Rahmen der Teichwirtschaft wurde zum Beispiel der ursprünglich im Fluss-System der Donau beheimatete Karpfen über weite Gebiete Mittel- und Westeuropas verbreitet. Auch in der näheren Umgebung der Kartause Mauerbach bestanden ausgedehnte Fischteiche, die heute als Geländemerkmale erkennbar sind und in einem Fall sogar noch existieren. Die erhaltenen Ausgabenbücher der Kartause Aggsbach belegen, dass zum Beispiel im Jahre 1440 die Kosten für Fisch rund ein Drittel aller Nahrungsmittelausgaben ausmachten[26].

Im Fundmaterial selbst sind nun Fischreste gegenüber anderen Wirbeltierresten wie Säugetierknochen aus mehreren Gründen benachteiligt: Die Skelettelemente sind einerseits oft sehr filigran gebaut und daher nicht besonders erhaltungsfähig, andererseits sind sie vielfach klein und unauffällig, so dass sie nur beim Waschen oder Nass-Sieben des Grabungssedimentes gewonnen werden können.

Im Fundmaterial konnten bisher die heimischen Süßwasserfische Karpfen, Karausche, Schleie, Orfe, Flussbarsch, Wels und Hecht nachgewiesen werden. Darunter finden sich einzelne Arten, die vermutlich aus den an das Kloster angschlossenen Teichwirtschaften stammen (zum Beispiel Karpfen, Schleie) sowie andere, für die eine Herkunft aus natürlichen Gewässern wahrscheinlicher ist. Mit Sicherheit im Flussgebiet der Donau gefangen wurden die mehrfach belegten störartigen Fische. Aufgrund der Größe der Reste ist davon auszugehen, dass vorwiegend oder ausschließlich Knochen vom bereits besprochenen Hausen vorliegen. Diese in mancher Hinsicht urtümlich wirkende Fischgruppe besitzt ein großteils knorpelig angelegtes Skelett, das nur verhältnismäßig wenige erhaltungsfähige Hartteile aufweist. Neben den verknöcherten Strahlen der Brustflosse sind besonders die charakteristisch skulptierten Knochenschilder zu nennen, die Teile des Kopfes bedecken und entlang des Rückens und der Flanken in Längsreihen ausgebildet sind (Kat. Nr. 22.20). Durch einen sehr massiv ausgebildeten Brustflossenstachel ist in Mauerbach ein etwa 2 m langer Fisch belegt.

Vor kurzem gelangen für die Kartause auch Nachweise von Meeresfischen und zwar von einer Brasse und von einem Plattfisch (hierher gehört zum Beispiel die Scholle). Auch unter den Mollusken kommen marine Arten vor (Austern, Teppichmuscheln).

Schildkröten

Im Gegensatz zu den Fischen können Schildkrötenreste im Speiseabfall verhältnismäßig einfach nachgewiesen werden. Schon der Bauch- und Rückenpanzer eines einzelnen Tieres ist aus einer größeren Zahl von sehr widerstandsfähigen Knochenplatten aufgebaut, die nach dem Tod zerfallen und gut zu erkennen sind. In Mauerbach liegen Schildkrötenfunde aus praktisch allen bisher archäologisch untersuchten Teilen des Klosters einschließlich der Hof- und Gartenbereiche vor. Die häufigste Art ist die amphibisch lebende Europäische Sumpfschildkröte (*Emys orbicularis;* Kat. Nr. 22.21 und 22.22), die zumindest in prähistorischer Zeit in den wärmeren Gebieten Österreichs vorkam, nach den wenigen Knochenfunden zu schließen aber damals keine besondere Rolle in der menschlichen Ernährung gespielt haben dürfte. Eine ausführliche kulturgeschichtliche Wertung dieser Art in Österreich ist in Druck[27], wo auch die gegenwärtig bekannten Fundpunkte aufgelistet sind. Spätestens ab dem Zeitalter der Gegenreformation scheint die Bedeutung der Art als Fastenspeise aber erheblich gewesen zu sein, wie aus den Einkaufslisten der Klöster, den Marktbeschreibungen sowie aus den Knochenfunden hervorgeht. Für die Kartause Mauerbach ist eine Rechnung über 472 Schildkröten vom 1. Mai 1686 erhalten (Rechnungsbuch des Gabriel Horn, Staatsarchiv). In die Zisterzienserabtei Neuberg an der Mürz gelangten im Jahre 1665 hundert Stück „Schült Krotten" mit einem Gesamtwert von 12 Gulden 4 Kreuzer[28]. Allenfalls vorhandene heimische Vorkommen konnten diese intensive Besammlung wahrscheinlich nicht lange verkraften: Der gegenwärtige, vermutlich vorwiegend durch Aussetzungen begründete Gesamtbestand der österreichischen Donauauen bewegt sich in der Größenordnung der genannten Lieferungen. Es verwundert daher nicht, dass bereits früh Schildkrötenimporte notwendig wurden, um den Bedarf zu decken. In einer späteren Bearbeitung des „Allgemeinen Thierbuches" des Schweizer Naturforschers Conrad Gesner aus dem Jahre 1669[29] wird berichtet, dass die Tiere „. . . mit großer Mänge in Ungarn, vornehmlich in dem Neusidler-See, gefunden und häuffig nacher Wienn in Österreich gebracht und alldar niedlich zugerichtet. . ." werden. Im übrigen erfahren wir von deutschen naturwissenschaftlichen Autoren des 18. und 19. Jahrhunderts[30], dass Sumpf-

[23] T. Kerschner, Der Linzer Markt für Süßwasserfische, insbesondere in seiner letzten Blüte vor dem ersten Weltkriege, Naturkundliches Jahrbuch der Stadt Linz 1956, 119 ff.

[24] T. Wiedemann, Geschichte der Karthause Mauerbach, Berichte und Mittheilungen des Alterthums-Vereines zu Wien 13, 1873, 69–130, hier 95 f.

[25] R. C. Hoffmann, Fish and man: changing relations in Medieval Central Europe, Beiträge zur Mittelalterarchäologie in Österreich 15, 1999, 187–195.

[26] G. Jaritz, Anm. 4.

[27] G. K. Kunst und R. Gemel, Zur Kulturgeschichte der Schildkröten unter besonderer Berücksichtigung der Bedeutung der Europäischen Sumpfschildkröte (*Emys orbicularis* Linnaeus, 1758) in Österreich, in Druck.

[28] J. Zeiringer, Anm. 7.

[29] C. Ges(s)ner, Allgemeines Thier-buch: d. ist: eigentl. u. lebendige Abb. aller vierfüssigen . . . Thieren . . ., sampt einer ausführl. Beschreibung . . . / vormahls durch Conradum Gesnerum in lat. Sprache beschrieben u. nachmahls durch Conradum Forerum ins Teutsche übers. in d. heutige teutsch Sprache gebracht u. erw. durch Georgium Horstium, 1555, 3. Aufl., Nachdr. d. Ausg. Frankfurt am Main, 1669, Hannover 1983.

[30] J. G. Schneider , Allgemeine Naturgeschichte der Schildkröten, nebst einem systematischen Verzeichnisse der einzelnen Arten und zwey Kupfern, Leipzig 1783. – J. Sturm, Deutschlands Fauna in Abbildungen nach der Natur mit Beschreibungen, Nürnberg 1828.

schildkröten massenhaft aus den Landstrichen östlich der Elbe und aus Polen (wo sich bis heute Restvorkommen halten konnten) in die katholischen Gebiete Süddeutschlands, nach Böhmen und Österreich geliefert wurden. Der Schildkrötenkonsum wird ausdrücklich als regionale Eigenheit dieser Länder betrachtet. Die gefangenen Schildkröten wurden zunächst in mit Holz ausgekleideten Teichen gehältert und in mit feuchten Tüchern abgedeckten Wägen oder in Fässern transportiert, wobei manchmal ganze Ladungen zugrunde gingen. In Österreich hielt man die Tiere dann bis zum Verkauf in Kellerräumen und versuchte sie mit gekeimtem Getreide zu füttern[31]. Noch im 19. Jahrhundert gelangten Schildkröten auf Wiener Märkte, im Jahre 1889 zum Beispiel 908 Stück[32], dementsprechend sind in alten Kochbüchern auch ausführliche Zubereitungsanleitungen zu finden. Im Jahre 1911 heißt es zum Beispiel bei den „Vorkenntnissen"[33]:

„Um eine Schildkröte zu töten, hält man ihr ein glühend gemachtes Eisen auf den Rückenschild, damit sie den Kopf und die Pfoten herausstreckt, worauf man Kopf, Pfoten und Schweif schnell abhackt. Das Blut fängt man meistens auf und verwendet es bei der Bereitung. Das getötete Tier wird gewaschen und so lange gekocht, bis man die Schale ablösen kann, was geschehen muß, sobald man es aus dem Wasser genommen hat. Haut, Galle und Gedärme werden weggeworfen, kleine, gelbe Eier, wenn welche da sind, ausgelöst und, wenn das Fleisch zubereitet ist, in die Suppe oder Sauce gegeben, aber erst vor dem Anrichten, weil sie sonst hart werden. Kleine Schildkröten kann man wie Krebse in siedendes Wasser werfen, um sie zu töten."

Die barbarisch anmutenden Tötungsmethoden sind bereits aus der Barockzeit überliefert.

Neben der Sumpfschildkröte liegen aus der Kartause Mauerbach auch Skelettreste von Landschildkröten, wahrscheinlich von der in unserer Zeit als Heimtier beliebten Griechischen Landschildkröte (*Testudo hermanni*) vor, die seit jeher nur im Mittelmeerraum vorkam. Damit ist der Import südeuropäischer Schildkröten bereits für die Zeit um 1600 belegt. Landschildkröten werden auch heute noch in abgelegenen Gegenden Südeuropas gegessen. Der bedeutende Beschaffungsaufwand und auch das Preisniveau (am Linzer Fischmarkt entsprach 1750 der Wert einer Schildkröte einem Schock Krebse bzw. einem Schock kleiner Karpfen[34]) belegen den in Anbetracht der geringen Fleischausbeute hohen Symbolwert, der für die Kartäuser in Mauerbach vermutlich auch einen Teil ihrer kulturellen Identität ausmachte. Eine Steinskulptur vom so genannten Adlertor der Kartause (entstanden zu Beginn des 18. Jahrhunderts) zeigt einen Putto mit Krebs und Schildkröte (Kat. Nr. 22.23). Vor allem aber bestand im Bereich der Kartause ein Schildkrötengarten, der sich außerhalb der Nordostecke des Klosters, oberhalb des Kaisergartens, befand. Ein anonymer Stich aus dem Jahre 1675 im Staatsarchiv zeigt eine perspektivische Ansicht der ganzen Klosteranlage und auch eine detaillierte Darstellung des Schildkrötengartens (Kat. Nr. 22.24). Im allseits ummauerten, locker mit Bäumen bestandenen Areal befinden sich die später abgetragene Kapelle der hll. Christoph und Sebastian sowie zwei Teiche, von denen der größere mit einem zentralen Brunnen versehen und in vier Bereiche unterteilt ist. Teiche und Garten werden von zahreichen Schildkröten bevölkert. Die Abgenzung des Areals ist zwar noch heute zu erkennen, es wurde aber teilweise modern überbaut.

Nach Einschätzung von Fachleuten ist eine nachhaltige Vermehrungszucht der Sumpfschildkröte in der Barockzeit auszuschließen, der Schildkrötengarten wäre daher als Aufzucht- oder Hälterungsanlage für erworbene Tiere zu betrachten. Das soll nicht heißen, dass die Zucht der Tiere nicht angestrebt wurde, man versuchte sich damals in verschiedenen, heute in unserem Klima unrentabel erscheinenden Erwerbszweigen (zum Beispiel Seidenraupenzucht). In Mauerbach bestanden etwa Kulturen von Orangenbäumchen, wie aus den Inventarisierungslisten nach der Klosteraufhebung hervorgeht.

Eine Art „Augenzeugenbericht" zur Schildkrötenhaltung auf einem Landadelssitz im niederösterreichischen Mostviertel hat uns der Barockdichter und Agrarwissenschaftler Wolf Helmhard von Hohberg (1612–1688) hinterlassen[35]. Hohberg lebte in den sechziger Jahren des 17. Jahrhunderts auf dem Gut Rohrbach bei Stadt Haag (VB Amstetten) und schildert ausführlich die Haltung der Sumpfschildkröte in Gartenteichen, wie er sie auf der benachbarten Herrschaft Salaberg beobachten konnte. Auf Salaberg nimmt wahrscheinlich auch eine bildliche Darstellung aus der „Georgica curiosa" Bezug (Kat. Nr. 22.25). Beschrieben werden die Zahmheit der Tiere, die Voraussetzungen einer einigermaßen artgerechten Haltung und die Zuchterleichterungen in Form von Sandschüttungen zur Eiablage, die aber ausdrücklich als nur selten zum Erfolg führend angesehen werden. In diesem Fall erfüllten die Schildkröten anscheinend auch eine dekorative Funktion als Belebung von Gartengewässern.

Aufgrund ihres langsamen Wachstums und der geringen Vermehrungsrate sind Schildkröten durch eine gezielte Nachstellung überaus verwundbar. Die Knochenfunde und die schriftlichen Quellen belegen wahrscheinlich einen regionalen Ausrottungsprozess, wie er gegenwärtig in der Volksrepublik China zu beobachten ist: Hier hat das Enstehen einer kaufkräftigen Mittelschicht, die sich auch über prestigeträchtige Nahrungsmittel definiert, dazu geführt, dass weite Gebiete Südost- und Südasiens von Schildkröten leer geplündert werden (Kat. Nr. 22.26).

„Rohrhühner"

Wie bereits erwähnt, wurden auch bestimmte wasserlebende beziehungsweise nach den damaligen Ansichten fischfressende Vogelarten vom Fleischverbot ausgenommen. In Mauerbach sind in der an Fischresten reichen Probe aus dem Zisternenhof auch einige Knochen vom Blässhuhn enthalten. Diese wasserlebende Rallenart ist wegen ihrer nickenden Kopfbewegungen beim Schwimmen bei uns auch unter der Bezeichnung „Duckanterl" bekannt und bewohnt besonders größere Stillgewässer. In den Kochbüchern und Marktberichten scheint dieser Vogel zumeist unter der Bezeichnung „Rohrhuhn" auf. Unter den nachgewiesenen Elementen befinden sich ausnahmslos Laufknochen und andere Elemente der Beckengliedmaße; es handelt sich wohl um Zerlegungsabfall, der beim Zurichten mehrerer Blässhühner in der Küche entstanden ist. Das „Appetitlexikon"[36] vermerkt den unangenehmen Tran- oder Schlammgeschmack dieses Wildbrets, der nur durch sofortiges Abhäuten oder scharfe Gewürze vermieden werden kann.

[31] J. G. Schneider, Anm. 30.

[32] R. Habs und L. Rosner, Appetitlexikon, Frankfurt am Main und Leipzig 1894/1998.

[33] K. Prato, Süddeutsche Küche, 50. Aufl., Graz und Wien 1911.

[34] G. Wacha, Anm. 20.

[35] W. H. Hohberg, Georgica curiosa. Adeliges Land- und Feldleben, Nürnberg 1682.

[36] Anm. 32.

Wasserlebende Säugetiere: Biber und Fischotter (Kat. Nr. 22.27)

Hohberg[37] schreibt über den Fischotter: „Ihr Fleisch ist zäh und ungesund / wird als wie der Bieber den Carthäusern erlaubt zu essen“. Auch Gesner weist im erstmals 1555 erschienen „Allgemeinen Thierbuch“ darauf hin[38], dass der Biber ausdrücklich vom Fleischverbot der Kartäuser ausgenommen ist. Ebenso finden sich in den Ausgabenbüchern der Kartause Buxheim (Oberschwaben) Angaben über den Erwerb von Fischottern, Bibern und verschiedenen anderen Fastentieren[39]. Bei uns hielt der Biberkonsum bis zur Ausrottung der Art in Österreich in der Mitte des 19. Jahrhunderts an. Noch 1828 wurden in Wien insgesamt 27 Biber gehandelt. Aus Biberfleisch wurden auch Würste hergestellt. Die Fleischqualität wird von zeitgenössischen Autoren durchaus unterschiedlich beurteilt. Aus einer Reisebeschreibung aus dem Jahre 1809 heißt es über die Wiener Märkte: „Auch Biber sieht man da; oft dreißig, vierzig Pfund schwer; das Pfund wird nach dem jetzigen Kurse zu sechs, acht Gulden bisweilen verkauft. Sie können von unglaublicher Fettigkeit und Zartheit sein, und ein Ausländer muß sich deshalb oft erst daran gewöhnen. . .“[40].

Die letzten Rückzugsgebiete bestanden bei uns in den niederöstereichischen Donauauen und an der Salzach bei Salzburg. Die in den siebziger Jahren des 20. Jahrhunderts an mehreren Stellen in Österreich ausgesetzten Tiere vermehren sich gut und haben inzwischen wieder weite Teile des ursprünglichen Verbreitungsareals besiedelt.

Biberreste liegen in Mauerbach aus verschiedenen Raumverfüllungen und Hofbereichen, besonders aber aus einem im Kreuzgarten der Kartause angelegten Schnitt, in größerer Anzahl vor. Die Funde stammen aus unterschiedlichen Skelettbereichen, besonders gut vertreten sind aber die größeren Langknochen, die vielfach Hack- und Schnittspuren aufweisen und auf ähnliche Weise zugerichtet wurden wie die Reste der üblichen Wirtschaftstiere in anderen Fundstellen (Kat. Nr. 22.28 und 22. 29). Die Knochenfunde belegen den Konsum von jungen und ausgewachsenen Bibern. Die Tiere gelangten jedenfalls als Ganzes in die Klosterküche, da unter anderem auch Schädelreste vorhanden sind. Auch die wenigen bisher nachgewiesenen Knochen des Fischotters zeigen Zerlegungsspuren.

Nach E. Mayerhofer[41] versuchte man auch an verschiedenen Orten, zum Beispiel in Hellbrunn bei Salzburg oder an der Moldau bei Krumau, die Art durch „künstliche Biberzuchten“ (wohl eher durch kontrollierte Hegemaßnahmen) zu erhalten, vielleicht ein Analogon zu den Zuchtbemühungen bei den Schildkröten, die vermutlich ebenso durch die immer schwieriger werdende Verfügbarkeit der Tiere motiviert waren.

Ausblick

Gerade der Kontext „Kloster“ bietet eine gute Gelegenheit, den Informationsgehalt, der Tierknochenfunden innewohnt, in Zusammenhang mit den Ergebnissen von Archäobotanik, Geschichtswissenschaft, Archäologie und Bauforschung auszuwerten. Es sei gleichzeitig darauf hingewiesen, dass Bearbeitungen von Knochenmaterialien aus hoch- und spätmittelalterlichen sowie frühneuzeitlichen Fundzusammenhängen aus Gebäudebereichen in Österreich bislang nur in sehr geringem Ausmaß durchgeführt wurden[42]. Gerade das massierte Auftreten von Tierresten in diesen Fundsituationen führt offenbar häufig zu einer Minderschätzung der verhältnismäßig „jungen“ Speiseabfälle, die natürlich eine andere Herangehensweise beziehungsweise mehr Schwerpunktsetzung erfordern als es etwa bei der Untersuchung eines überschaubares Materials aus einer prähistorischen Grubenfüllung angebracht wäre.

22.12 Knochenvergesellschaftung aus einer verfüllten Heizanlage

Speiseabfall aus der 2. Hälfte des 15.Jahrhunderts
Dominikanerkloster Tulln

Die Probe aus einer verfüllten Heizanlage gibt einen Hinweis auf organisierte Fleischversorgung in Tulln.

22.13 Einheitlich längs gespaltene Schafswirbel

2. Hälfte 15. Jahrhundert
Dominikanerkloster Tulln

22.14 Textstelle zum Wiener Fischmarkt

Aus: Johann Basilius Küchelbecker, Allerneueste Nachricht vom Römisch-Kayserlichen Hofe nebst einer ausführlichen Beschreibung der Kayserlichen Residentz-Stadt Wien und der umliegenden Oerter, 1732
Universitätsbibliothek Wien
Foto: G. K. Kunst

22.15 Kanalverfüllung aus der Zeit um 1600

Kartause Mauerbach, Raum 18
Foto: G. K. Kunst

Zu erkennen sind verschiedene Fischwirbel, Hautknochenelemente von einem störartigen Fisch, Schildkrötenknochen und Meeresmuscheln. Diese Probe erlaubt einen unmittelbaren Einblick in die Klosterküche.

22.16 Schicht aus der Zeit um 1600

Kartause Mauerbach, Raum 18
Foto: G. K. Kunst

Keine Keramikfragmente, sondern eine Massenanreicherung von Panzerplatten von Sumpf- und Landschildkröten!

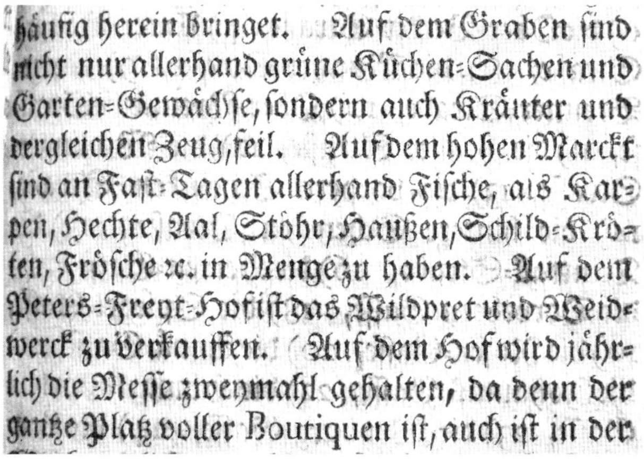
häufig herein bringet. Auf dem Graben sind nicht nur allerhand grüne Küchen-Sachen und Garten-Gewächse, sondern auch Kräuter und dergleichen Zeug, feil. Auf dem hohen Marckt sind an Fast-Tagen allerhand Fische, als Karpen, Hechte, Aal, Stöhr, Haußen, Schild-Kröten, Frösche ꝛc. in Menge zu haben. Auf dem Peters-Freyt-Hof ist das Wildpret und Weidwerck zu verkauffen. Auf dem Hof wird jährlich die Messe zweymahl gehalten, da denn der gantze Platz voller Boutiquen ist, auch ist in der

Kat. Nr. 22.14

[37] Anm. 35.

[38] Anm. 29.

[39] M. Budde, Kartierung der Europäischen Sumpfschildkröte (*Emys orbicularis* Linnaeus, 1758) in Naturschutzgebieten Oberschwabens und des angrenzenden Bodenseegebietes unter dem Aspekt der Autochthonie, Diplomarbeit, Universität Ulm, 1996.

[40] E. Mayerhofer, Der Allesfresser Mensch, in: Ernährungskunde, Österreichischer Almanach für Ernährung 1921–1922.

[41] Anm. 40.

[42] Als Beispiel für eine fundreiche Lokalität aus Salzburg vgl. E. Pucher, Der frühneuzeitliche Knochenabfall eines Wirtshauses neben der Salzburger Residenz, Salzburger Museum Carolino Augusteum, Jahresschrift 35/36, 1989/90, 71–135.

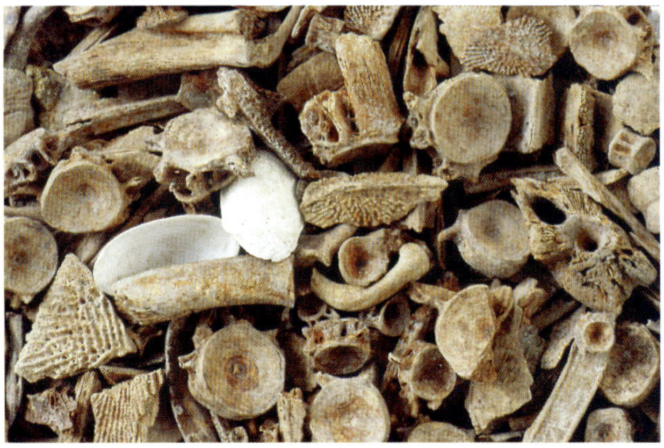

Kat. Nr. 22.15

Kat. Nr. 22.16

Kat. Nr. 22.17

22.17 Hausen (*Huso huso*) und Dick (Waxdick, russischer Stör, *Acipenser güldenstädtii*)

Aus: W. H. Hohberg, Georgica curiosa, 1682
Österr. Nationalbibliothek Wien

22.18 Hausenverkauf auf dem Hohen Markt in Wien

Detail aus: Der Hohe Markt gegen den Lichtensteg, um 1715
Kupferstich von J. A. Delsenbach nach einer Zeichnung von Joseph Emmanuel Fischer v. Erlach
Historisches Museum der Stadt Wien
Foto: G. K. Kunst

Kat. Nr. 22.18

Kat. Nr. 22.19

22.19 Hausen- und Störfang in der Donau bei Komorn, Slowakei

Aus: W. H. Hohberg, Georgica curiosa, 1682
Österr. Nationalbibliothek Wien

22.20 Knochenschild(er) von störartigen Fischen

Kartause Mauerbach
Foto: R. Gold, Inst. f. Paläontologie

Die Knochenschilde und der Kiemendeckel (hell gefärbter Knochen) stammen aus verschiedenen Befunden.

22.21 Europäische Sumpfschildkröte (*Emys orbicularis*)

Foto: Naturhistorisches Museum Wien, Archiv der Herpetologischen Abteilung

22.22 Anatomische Darstellung der Europäischen Sumpfschildkröte

Aus: L. H. Bojanus, Anatome Testudinis Europaeae, 1819

22.23 Adlerportal am Prälatentrakt

Kartause Mauerbach
Foto: G. K. Kunst

Am Portal ist ein Putto mit Schildkröte und Flusskrebs zu sehen.

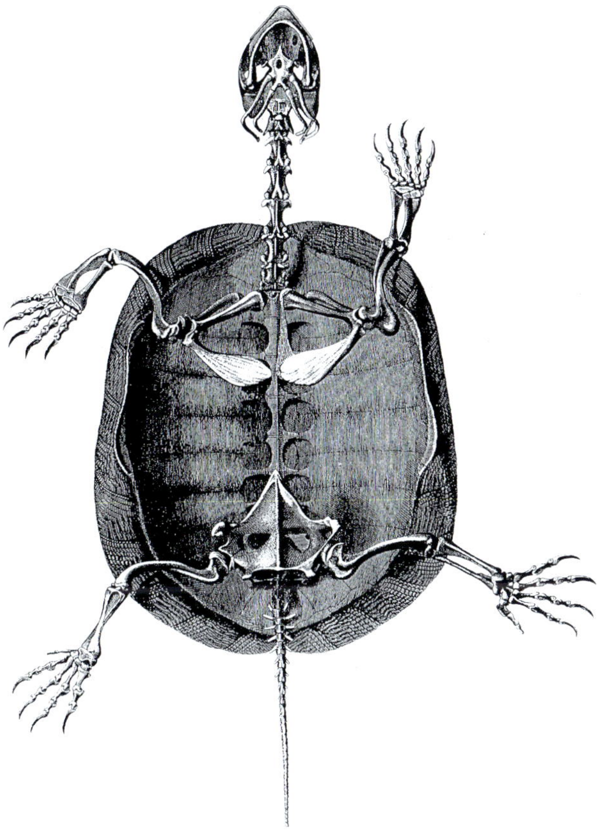

Kat. Nr. 22.22

Kat. Nr. 22.23

22.24 Der Schildkrötengarten in der Kartause Mauerbach

Detail aus Anonymus 1675, Österreichisches Staatsarchiv
Foto: Bundesdenkmalamt, Fotoarchiv

22.25 Schildkrötenteich

Aus : W. H. Hohberg, Georgica curiosa, 1682
Österr. Nationalbibliothek Wien

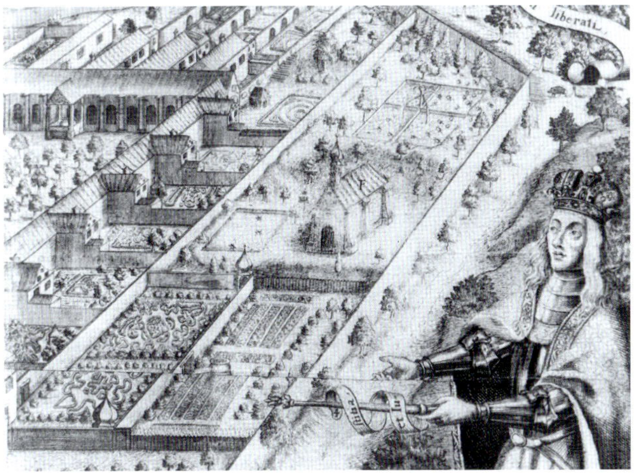

Kat. Nr. 22.24

Kat. Nr. 22.25

22.26 Schildkrötenverkauf auf einem Markt in Kanton, Volksrepublik China

Foto: P. Valentin

22.27 Fischotter und Biber

Aus: Conrad Gesner, Allgemeines Thierbuch

22.28 Skelettreste vom Biber (*Castor fiber*)

Kartause Mauerbach, aus verschiedenen Befunden im Bereich des Kreuzgartens

22.29 Skelettschema eines Bibers

Skelettsilhouette teilweise nach D. C. Crader, Anthropozoologica 25/26, 1997, 225 ff.

Auf dem Skelettschema ist die Lage der bisher in der Kartause Mauerbach festgestellten Zerlegungsspuren eingetragen.

22.30 Gehäuse von Weinbergschnecken

Stift Altenburg

Die zahlreichen Funde von Schneckengehäusen in Klostergrabungen belegen den häufigen Verzehr dieser Weichtiere, die auch als Fastenspeise gebräuchlich waren.

22.31 Organische Speiseabfälle

Kartause Mauerbach

Kat. Nr. 22.26

Kat. Nr. 22.27

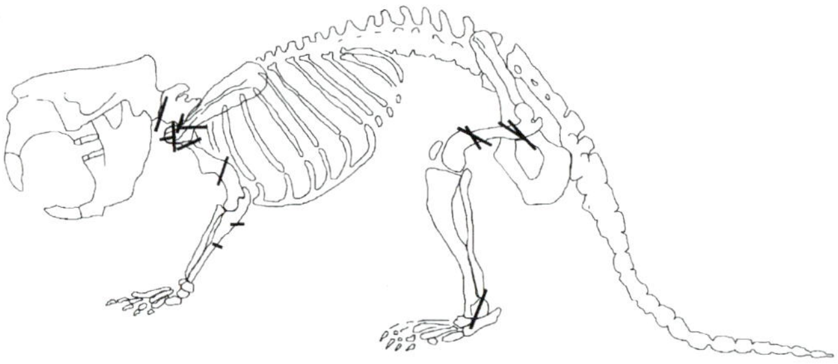

Kat. Nr. 22.29

23. Mittelalterliche Klosterböden

„Warum haben wir nicht wenigstens vor den Bildern der Heiligen Ehrfurcht? Ist doch sogar der Boden, der mit Füssen getreten wird, voll davon! Oft spuckt man auf das Antlitz eines Engels, oft werden die Züge irgendeines Heiligen von den Tritten der Vorübergehenden zerstampft. Und wenn man schon nicht die heiligen Bilder schont, warum nicht wenigstens die schönen Farben? Warum schmückst Du, was bald darauf der Entstellung nicht entgehen kann? Warum malst Du, was mit Füssen getreten werden muß? Was sollen dort die lieblichen Bilder, wo sie ständig mit Staub beschmutzt werden? Mit einem Wort, was haben diese Dinge mit den Armen zu schaffen, den Mönchen, den Männern des Geistes? Vielleicht könnte man aber auch hier auf den schon erwähnten Vers des Dichters mit jenem Wort des Propheten antworten: Herr, ich liebe die Zier deines Hauses und den Ort, wo deine Herrlichkeit wohnt. (Psalm 25,8) Ich stimme zu: Wir wollen dies in der Kirche geschehen lassen, denn wenn es auch für eitle und habgierige Gemüter schädlich ist, so doch nicht für schlichte und fromme Herzen. Aber wozu dienen in den Klöstern, vor den Augen der lesenden Brüder, jene lächerlichen Mißgeburten, eine auf wunderliche Art entstellte Schönheit und schöne Scheußlichkeit? Was bezwecken dort die unflätigen Affen, die wilden Löwen? Was die widernatürlichen Zentauren, die halbmenschlichen Wesen, die gefleckten Tiger? Was sollen die kämpfenden Krieger, die Jäger mit ihrem Horn? Hier kann man unter einem Kopf viele Leiber sehen, dort wieder auf einem Körper viele Köpfe. Auf der einen Seite bemerkt man an einem Vierfüssler den Schwanz einer Schlange, auf der anderen an einem Fisch den Kopf eines Vierfüsslers. Dort gibt es ein Tier zu sehen, vorne ein Pferd, die hintere Hälfte eine Ziege, hier wieder ein Hornvieh, das hinten als Pferd erscheint. Mit einem Wort, es zeigt sich überall eine so große und seltsame Vielfalt verschiedener Gestalten, daß einen mehr die Lust ankommt, in den Marmorbildern statt in den Codices zu lesen, daß man eher den ganzen Tag damit verbringen möchte, diese Dinge eins nach dem andern zu bewundern, statt über das Gesetz Gottes zu meditieren.

Bei Gott, wenn man sich schon nicht dieser Albernheiten schämt, warum tut es einem nicht wenigstens um die Kosten leid?“
(Bernhard von Clairvaux, Apologia)

Dieser Ausschnitt aus einem Brief Bernhards von Clairvaux an den Cluniazenserabt Wilhelm von St. Thierry aus der Zeit um 1125 belegt unter anderem, dass schon im Hochmittelalter Schmuckfußböden in unterschiedlichen Ausprägungen, sei es als Mosaikboden, als Steinschnittboden *(opus sectile)* oder auch als Fliesenboden, verbreitet waren.

Im deutschsprachigen Raum sind figural verzierte Fliesen ab dem 11. Jahrhundert bekannt. Bei diesen frühen Exemplaren handelt es sich jedoch in der Regel nicht um Bodenfliesen, sondern um Wanddekor.

Um die Mitte des 12. Jahrhunderts begann die Verbreitung ornamentierter Bodenfliesen von Spanien und Frankreich ausgehend nach Nordwest- und Mitteleuropa. Der älteste aus unserem Nahbereich bekannte Bodenbelag aus der Kirche des ehemaligen Benediktinerinnenklosters Frauenwörth ist unter Umständen, da die Datierung nicht gesichert ist, in das 2. Viertel des 12. Jahrhunderts zu stellen. Diese frühen Fliesen zeigen schon die später auftretenden floralen und figuralen (Löwe, Greif) Muster.

In der 2. Hälfte des 13. Jahrhunderts traten im Zuge von Neubauten und Umbauarbeiten in Klöstern und von diesen beeinflussten Gebäuden (Klosterhöfe, Kirchen) verstärkt verzierte Bodenfliesen auf. Eine entscheidende Rolle für die Verbreitung der Technik und der Ornamente ist dem Zisterzienserorden zuzusprechen. Dieser umfasste am Höhepunkt seiner Ausbreitung 647 selbständige Zisterzen und entwickelte eine Fülle neuer Muster, die an die Tochterklöster in ganz Europa weitergegeben wurden. Am häufigsten findet man mit Hilfe eines Models verzierte, unglasierte Tonfliesen quadratischer Form, die zwar einen ornamentierten, aber einfärbigen Fußbodenbelag ermöglichten. Dieser Schmuckfußboden entsprach dem ästhetischen Ideal der Zisterzienser von Einfachheit und geistiger Schönheit, das uns durch Bernhard von Clairvaux geschildert wird, und war außerdem noch preiswert und von den Mönchen selbst herzustellen.

In der Frühzeit dominierten geometrische und vegetabilische Motive, ab dem späten 13. und dem beginnenden 14. Jahrhundert bevölkerten immer mehr Tiere und Fabelwesen die Fußböden, wobei zu bemerken ist, dass die Mönche in der verwendeten Ikonographie eine Scheu vor eindeutig religiösen Motiven hatten. Diese wurden im Sinne der mittelalterlichen Vorstellungswelt durch Symbole ersetzt. So stand der Hirsch als Allegorie für Christus, die Apostel für die christliche Seele und die Heiligen. Im Gegensatz dazu war der Kentaur eindeutig negativ belegt, er galt als Sinnbild für Heuchler und Doppelzüngige.

In Österreich beschäftigt man sich erst in den letzten Jahren intensiver mit dem Thema Fliesenboden. Abgesehen von Richard Pittioni, der einzelne figural verzierte Bodenfliesen aus dem Stift Heiligenkreuz vorlegte, ist besonders P. Felix Vongrey OCist. aus dem Stift Lilienfeld hervorzuheben. Dieser publizierte 1972 den Fliesenbestand aus der Grabung in der ehemaligen Wolfgangskapelle und einige Stücke aus den Konventräumen. Da zur Zeit keine Grabungsdokumentationen zugänglich sind, ist eine detaillierte Einschätzung des doch sehr umfangreichen Bestandes mittelalterlicher figural verzierter Bodenfliesen aus Lilienfeld schwierig. Dennoch scheint es so, dass in dem ergrabenen Fliesenboden – ähnlich zu den Beispielen in Stift Altenburg – Fliesen in sekundärer Verwendung angetroffen wurden. Anhand stilkritischer Merkmale können im Lilienfelder Bestand drei Fliesengruppen unterschieden werden.

Dem ältesten Typus entsprechen die Fliesen mit Greifen-, Drachen- und Löwendarstellungen. Diese sind mit hoher Wahrscheinlichkeit der 2. Hälfte des 13. Jahrhunderts zuzuordnen.

Ein zweiter Typus ist durch die Verwendung von Medaillonstempeln mit ornamentalen und figuralen Mustern (Agnus Dei, Bischof) zu definieren. Da diese Fliesen im österreichischen Fundspektrum als Randerscheinung anzusehen sind, ist eine detaillierte zeitliche Einschätzung derzeit nicht möglich. Die Darstellung eines Bischofs in vollem Ponitifikalornat vor einer bekrönten Architekturnische, einem gotischen Tabernakel, wird in die Zeit des späten 14. Jahrhunderts zu stellen sein. Hier kann uns nur die Entstehungszeit der Wolfgangskapelle zwischen 1333 und 1382 einen groben Datierungsrahmen bieten.

Der dritte Typus ist durch tief geprägte Stempel charakterisiert. Die Fliesen sind zumeist Viertelronden oder ornamentale Verzierungen, die ein großflächiges Verzierungsmuster über den Schmuckfußboden spannen. Dieser letzte Typus kann eventuell mit der heutigen Gestaltung des Laiendormitoriums in Verbindung gebracht werden, in dem ein Gewölbeschluss-Stein die Datierung 1458 trägt, da zwei Fliesen bei Sanierungsarbeiten dort aufgefunden worden sind.

Bei den Grabungen 1995 bis 1998 in der ehemaligen Benediktinerklosterkirche in Kleinmariazell wurde ein großer Bestand ähnlich gearteter Fliesen, zu einem geringen Teil noch in situ, aufgefunden. Bemerkenswert ist hier die Übereinstimmung bei den Fliesen mit der Darstellung eines bekrönten, zweischwänzigen „Meerweibchens“ in einem Viertelkreissegment. Dieser Stempelmodel ist sowohl aus Lilienfeld als auch aus Kleinmariazell nahezu ident vorhanden. Auch der restliche Bestand des Kleinmariazeller Fliesenspektrums hat eine hohe Affinität zum dritten Typus Lilienfelder Fliesen. Nicht innerhalb des oben angesprochenen Bestandes zuordenbar ist eine weitere Gruppe von Bodenfliesen, die in Kleinmariazell aufgefunden wurde. Es sind dies ritzverzierte Ziegelplatten mit den Darstellungen von Topfhelmen mit Zimier, einer Wappenschilddarstellung, Fliesen mit einfach gestuftem Dekor, Zirkelschlagmotiv und gotischen Majuskeln. Dieser Fliesentyp steht außerhalb des bisher bekannten Formspektrums und ist daher typologisch derzeit nicht einordenbar. Eine Datierung anhand der Grabungsbefundung ist erst nach einer wissenschaftlichen Aufarbeitung möglich, allerdings stammen diese Fliesen aus sekundärer Verwendung.

Ebenso zeitlich nicht genau einordenbar ist einer der größten in Österreich aufgefundenen Fliesenbestände aus dem Passauer Lesehof in Klosterneuburg, der 1995/96 von J.-W. Neugebauer ergraben wurde. Von über 1.200 Fliesen konnte etwa ein Drittel mit figuralen Verzierungen beobachtet werden, die insgesamt 14 Motive (wasserspeiende Hirschkuh, wasserspeiender Hirsch, Fabelwesen Drache, Canide, Capra, Mischwesen zwischen Mensch, Pferd und Fisch, Mischwesen aus Panther, Esel, Vogel und Reptil, Mischwesen verfremdeter Adler, Fabelwesen Greif, Fabelwesen Basilisk, Schwein mit Jungen, Mischwesen zwischen Biber, Schwein und Vogel sowie Eidechsen) in erhabenem Relief aufweisen. Dreizehn dieser Motive sind uns aus einem zweiten Passauer Lesehof aus Stein an der Donau vertraut. Da es sich bei den Fliesen aus Stein um Altbestände handelt, die im Kremser Museum aufbewahrt werden, ist auch hier kein konkreter Datierungsansatz gegeben. Zum momentanen Zeitpunkt werden die Klosterneuburger und Steiner Fliesen zwischen der 2. Hälfte des 13. Jahrhunderts und der 1. Hälfte des 14. Jahrhunderts eingeordnet.

Ein formal sehr ähnlicher Typus an Bodenfliesen stammt aus der Veitskapelle des Stiftes Altenburg. Ein Großteil der aufgefundenen figural verzierten Fliesen war sekundär in einem jüngeren Fliesenboden verlegt. Bei Untersuchungen seit 1995 gelang es allerdings, rund um die Emporenstütze der Veitskapelle ein Feld von etwa 1,5 m* freizulegen, in dem noch verzierte Fliesen in situ lagen. Es konnte daher die Umbauzeit der Veitskapelle zur Spitalskapelle unter gleichzeitiger Errichtung der Empore um 1308 als Entstehungszeitpunkt für die Fliesen definiert werden. Die Altenburger Fliesen zeigen in ihrer Herstellungsweise (flächig erhabenes Relief und Glasur) und in ihrer Bildmotivik (Esel, Steinböcke, Wildsau mit Jungen, Löwen, Greif, Reiter mit Bogen, springender Hirsch, Einhorn, Jagdhunde, Hirschkuh und Kentaur) deutliche Ähnlichkeiten zum Fliesenbestand der Passauer Höfe in Klosterneuburg und Stein. Hier liegt wohl ein gemeinsames Formwollen und eine zeitgleiche Modeerscheinung vor. Mit Sicherheit ist nicht an eine Herstellung in derselben Werkstatt oder vom selben Meister zu denken. Die Verlegungsstruktur der Altenburger Fliesen zeigte kein Muster.

Im Jahr 1999 konnte ein weiterer großer Fliesenbestand im Tullner Dominikanerinnenkloster gefunden werden. Am Dachboden eines heute noch bestehenden Gebäudes lagen etwa 50 m* eines sekundär verlegten Fliesenbodens, der teilweise ornamental, floral und figural verzierte Fliesen aufwies. Dieser Boden kann mit hoher Wahrscheinlichkeit der im 19. Jahrhundert abgetragenen Klosterkirche der Dominikanerinnen zugeordnet werden. Sein Entstehungsdatum ist daher in der Bauzeit der Kirche zwischen 1280 und 1290 zu suchen.

Die sieben vorhandenen Verzierungsmuster können grob in zwei Gruppen eingeteilt werden. Die erste Gruppe umfasst nur einzeln erhaltene ritzverzierte Fliesen mit einem diagonal gestellten Schachbrettmuster mit eingeschriebenen Zirkelschlägen. Die zweite Gruppe zeigt vier figurale Darstellungen (Löwe, Sphinx und zwei unterschiedliche Fabelwesen) und ein Eichenblattmotiv. Diese Motive sind als vertieftes Relief mit breiter Strichführung hergestellt, eine Inkrustierung oder Glasur konnte bis jetzt nicht nachgewiesen werden. Den figural und ornamental verzierten Fliesen gemeinsam ist eine dreiseitige Bordüre, die das Motiv einrahmt. Bei den figural verzierten Fliesen ist die Bordüre jeweils über und unter dem Motiv und neben dem Kopf angeordnet. Das Eichenblattmotiv erstreckt sich über je zwei Fliesen. Es kann daher angenommen werden, dass der Schmuckfußboden der Tullner Dominikanerinnenkirche eine Streifenornamentik zeigte, die aus je zwei voneinander wegblickenden Figuralmotiven oder dem Eichblattmotiv gebildet wurde. Eine bemerkenswerte Randerscheinung bei den Tullner Fliesen ist die Beobachtung, dass beim Herstellungs- und Trocknungsprozess einiger Fliesen Tiere (Hunde, Ziegen) über die noch weichen Fliesen gelaufen sind und ihre Spuren hinterließen. Durch den Brand der Fliesen blieben diese Spuren bis heute erhalten.

Da es sich bei den Tullner Fliesen um einen gerade erst bekannt gewordenen Fund handelt, können noch keine weiteren Aussagen getroffen werden.

Neben den oben beschriebenen Schmuckfußböden aus verzierten Fliesen, bei denen es sich nur um eine grobe Auswahl handelt (nicht in der Ausstellung zu sehen sind Fliesen etwa aus Heiligenkreuz, Zwettl, Wilten und Stams), sind aus einigen Klöstern Böden in Form farbiger Ziegelmosaiken bekannt. Diesen wurde in den letzten Jahrzehnten noch weniger Augenmerk gewidmet als den verzierten Fliesenböden.

Der bedeutendste Bestand von Mosaikfußböden aus farbigen, geometrisch geformten Fliesen wurde bereits im 19. Jahrhundert im Presbyterium der Stiftkirche von Heiligenkreuz aufgefunden. Beispiele unterschiedlicher Motive wurden damals aufbewahrt und in Gipsplatten gefestigt. Neben den fünf ausgestellten Mosaikmotiven harren noch zumindest drei weitere ihrer restauratorischen und wissenschaftlichen Bearbeitung.

Die aus roten, ockergelben und dunkelgrauen Mosaikstücken zusammengesetzten Böden zeigten als Motive unterschiedlichste Rosettenformen oder geometrische Ornamente, die aus geschweiften, trapez-

oder rautenförmigen, herz- oder stabförmigen Teilen gebildet wurden. Gestufte Zahnbänder, längliche Stäbe oder quadratische Platten bildeten die Umrandung und den Abschluss der einzelnen Motive. Auch waren intarsienartige Stern- oder Vierpass-Einlagen aus hellem Ton oder geschliffenem Mörtel in dunkelgraue und rötliche Grundplatten eingelassen. Die genaue Lage der einzelnen Mosaikmotive im Presbyterium ist nicht nachvollziehbar, ebensowenig kann derzeit entschieden werden, ob dieser Boden zum gotischen Hallenchor von 1295 oder zum romanischen Vorgängerbau gehörte.

Ein nahezu identer Schmuckfußboden fand sich bei den Grabungen in der ehemaligen Stiftskirche von Kleinmariazell in einem Bereich, der als Waschraum der Sakristei interpretiert wird. Dieser zeigte rote, gelbe und dunkelgraue Mosaikstücke in Rosettenform mit Zahnbändern als Einrahmung. Nach einer Konservierung wurde der Boden wieder an Ort und Stelle gebracht und ist derzeit dort zu besichtigen.

Literatur:

D. Avanzo, Terracotta-Mosaikpflaster in der Stiftskirche zu Heiligenkreuz, Mittheilungen der k.k. Central-Commission N. F. 5, 1879, LXXVIf.

G. Blaschitz und M. Krenn, Bodenfliesen als Ornament und Symbol, Fundberichte aus Österreich 33, 1994, 81–108.

G. Blaschitz, Figural verzierte Bodenfliesen aus der Zeit um 1300, in: Perspektiven zum Werdegang von Krems und Stein, Archäologie Österreichs, Sonderausgabe 1995, 57–63.

E. Landgraf, Ornamentierte Bodenfliesen des Mittelalters, Stuttgart 1993 (= Forschungen und Berichte der Archäologie des Mittelalters in Baden-Württemberg, Band 14/1–3).

J.-W. Neugebauer et al., „Von der Herren Hof von Passau", Katalog des Stadtmuseums Klosterneuburg, Klosterneuburg 1998.

U. Schwitalla: Varietas pavimentorum (Beiträge zur Tübinger Geschichte 10), Stuttgart 1998.

F. Vongrey, O. Cist., Ornamentierte mittelalterliche Bodenfliesen in Stift Lilienfeld, Österreichische Zeitschrift für Kunst und Denkmalpflege 26, 1972, 9–19.

M. Ka. und M. Kr.

23.1 Kleinmariazell, Mosaikfliesenboden

Foto: Bundesdenkmalamt, J. Offenberger

Im ehemaligen Waschraum neben der Sakristei wurde ein Schmuckfußboden aus Mosaikfliesen gefunden.

23.2 Kleinmariazell, Mosaikfliesenboden restauriert

Foto: Bundesdenkmalamt, M. Marius

Kat. Nr. 23.1

Der Mosaikfliesenboden wurde in den Werkstätten des Bundesdenkmalamtes restauriert, auf eine Trägerplatte montiert und am Auffindungsort wieder verlegt.

23.3 Kleinmariazell, Fliesenboden

Foto: Bundesdenkmalamt, J. Offenberger

Detail des Fliesenbodens aus dem 15. Jahrhundert in situ.

23.4 Stift Altenburg, Fliesenböden

Foto: ASINOE

Blick auf die zwei unterschiedlichen Fliesenböden der Veitskapelle. Der ältere Boden zeigt eine Anzahl figural verzierter Fliesen.

23.5 Klosterneuburg, Passauer Lesehof

13./14. Jahrhundert
Grafik: Chr. Neugebauer-Maresch

Versuch einer teilweisen Rekonstruktion der Letztverlegung eines Fliesenkomplexes aus der untersten Fundschicht in der Nordzone des Mitteljoches von Gebäude A.

Kat. Nr. 23.3

Kat. Nr. 23.4

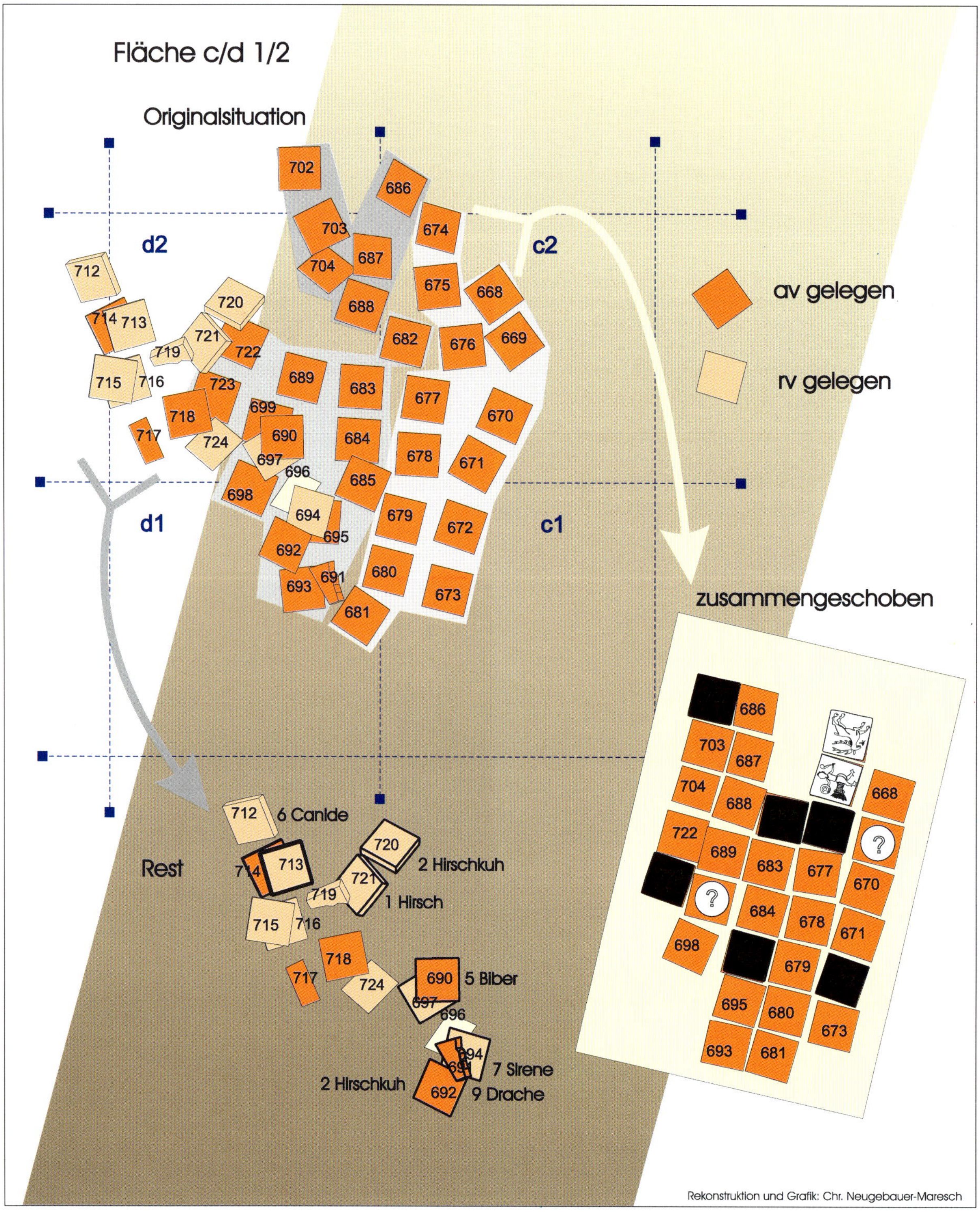

Kat. Nr. 23.5

23.6 Heiligenkreuz: Darstellung der Mosaikfußböden

Aus: D. Avanzo, Terracotta-Mosaikpflaster in der Stiftskirche zu Heiligenkreuz, Mittheilungen der k.k. Central-Commission N. F. 5, 1879, LXXVI f.

23.7 Bodenfliese „Greif"

2. Hälfte 13. Jahrhundert
Keramik, Länge 20,8 – 22,8 cm
Stift Lilienfeld, Inv. Nr. 3, 12, 52, 59, 65, 68, 70

Die Bodenfliese zeigt einen stehenden, nach rechts blickenden Greif in einem vertieften quadratischen Feld, das durch eine einzelne Randleiste betont ist. Der Greif besitzt einen Vogelkopf mit spitzen Ohren, adlerförmigen Schnabel und den Körper eines geflügelten Löwen. Die Vorderläufe zeigen im Gegensatz zu den als Löwenpranken ausgebildeten Hinterläufen Vogelkrallen. Der Schweif ist S-förmig geschwungen und das linke Vorderbein bis in die Höhe des Schnabels erhoben.

Kat. Nr. 23.6

23.8 Bodenfliese „Löwe“

2. Hälfte 13. Jahrhundert
Keramik, Länge 19,2 – 22,2 cm
Stift Lilienfeld, Inv. Nr. 7, 15, 19, 41, 45, 48, 51, 58, 62, 69

Das Bildmotiv zeigt einen stehenden, nach rechts blickenden Löwen mit erhobener Vorderpranke, der in ein vertieftes quadratisches Feld mit erhobener Randleiste eingeschrieben ist. Stark betont ist die gesträubte Mähne und das Schwanzende. Zwischen den Vorderläufen sind zwei Löwenjunge zu erkennen. Hier könnte die „dritte Eigenart des Löwen“ nach dem Physiologus gemeint sein, nach der die tot geborenen Löwen vom Löwenvater am dritten Tag zum Leben erweckt werden.

23.9 Bodenfliese „Drache“

2. Hälfte 13. Jahrhundert
Keramik, Länge 21,6 cm
Stift Lilienfeld, Inv. Nr. 42, 67

Auf der Bodenfliese ist ein nach links blickender Drache mit gespreizten Flügeln in einem quadratisch vertieften Feld zu erkennen, der Drache selbst ist in eine kreisrunde Randleiste eingeschrieben.

Kat. Nr. 23.7

Kat. Nr. 23.8

Kat. Nr. 23.10

Kat. Nr. 23.9

Kat. Nr. 23.11

23.10 Bodenfliese „Ritter"

2. Hälfte 13. Jahrhundert
Keramik, Länge 21,5 cm
Stift Lilienfeld, Inv. Nr. 13

In einem vertieften quadratischen Feld mit kreisrund eingeschriebener Randleiste ist ein nach links reitender Ritter mit erhobener Lanze zu erkennen. Hervorzuheben sind die Darstellungen des Zaum- und Sattelzeuges des Pferdes, der Topfhelm mit Zimier und die Lanzenspitze mit dreispitziger Krone.

23.11 Bodenfliese „Rosette – Agnus Dei"

14. Jahrhundert
Keramik, Länge 19,8 cm
Stift Lilienfeld, Inv. Nr. 40

In die Oberfläche der Fliese sind zwei diagonal stehende Rundstempel eingedrückt. Auf diesen sind einerseits eine Flechtwerkrosette, andererseits ein Agnus Dei zu erkennen. Das Lamm Gottes besitzt ein zurückgewandtes Haupt in einer Gloriole, hinter dem Körper ist eine dreiwimpelige Triumphfahne zu erkennen.

23.12 Bodenfliese „Bischof – Agnus Dei"

14. Jahrhundert
Keramik, Länge 19,5 – 20,6 cm
Stift Lilienfeld, Inv. Nr. 46, 50

Auf der Fliese sind zwei unterschiedliche Stempel zu erkennen: ein langrechteckiges Reliefbild mit der Darstellung eines Bischofs in Ornat, der in eine Architekturnische eingeschrieben ist, und ein Rundstempel mit dem Agnus Dei.

23.13 Bodenfliese „Drei Rosetten"

14. Jahrhundert
Keramik, Länge 21,8 cm
Stift Lilienfeld, Inv. Nr. 16, 66

Kat. Nr. 23.12

Kat. Nr. 23.14

Kat. Nr. 23.13

Kat. Nr. 23.15

Die Bodenfliese ist mit drei Rundstempeln verziert, die drei unterschiedliche Rosetten in vertiefter Prägung aufweisen.

23.14 Bodenfliese „Eichenblätter"

2. Hälfte 15. Jahrhundert
Keramik, Länge 19,4 – 20,4 cm
Stift Lilienfeld, Inv. Nr. 6, 17, 21, 22, 39, 47, 54, 63

Die Bodenfliese zeigt in einem doppelten quadratischen Rahmen vier Felder mit je einem Eichenblatt, in der Mitte befindet sich ein Kreis mit eingeschriebenem Mehrpass.

23.15 Bodenfliese „Meerweibchen"

2. Hälfte 15. Jahrhundert
Keramik, Länge 21,7 cm
Stift Lilienfeld, ohne Inv. Nr.

Die quadratische Bodenfliese zeigt ein bekröntes, zweischwänziges „Meerweibchen" mit erhobenen Armen innerhalb eines Viertelkreissegmentes. Der äußere Rand des Kreissegmentes ist floral ausgebildet.

23.16 Bodenfliese „Gekreuzte Spitzovale"

2.Hälfte 15. Jahrhundert
Keramik, Länge 21,7 cm
Stift Lilienfeld, ohne Inv.Nr.

Die Fliese zeigt zwei gekreuzte Spitzovale, die zu einem verflochtenen Kreiselement zählen. In die Ovale sind florale und sternförmige Verzierungselemente eingeschrieben.

23.17 Bodenfliese „Spitzoval mit Blatt"

2. Hälfte 15. Jahrhundert
Keramik, Länge 21,2 cm
Stift Lilienfeld, ohne Inv. Nr.

Das auf der Fliese dargestellte Spitzoval mit einem stilisierten Blatt, das von zwei Viertelblumenrosetten bekränzt wird, war Bestandteil eines Systems verfloch-

Kat. Nr. 23.16

Kat. Nr. 23.18

Kat. Nr. 23.17

Kat. Nr. 23.20

tener Kreise. Je vier Fliesen zusammen bildeten eine große Blumenrosette, wobei die Spitzovale die Überlappungsbereiche der einfassenden Kreise ergaben.

23.18 Bodenfliese „Treppe"

14. /15. Jahrhundert
Keramik/Ziegelton, Länge 23 cm
Kleinmariazell, Inv. Nr. KMZ234

Die quadratische Bodenfliese zeigt vier einfache getreppte Linien, die von den Ecken zur Mitte hin angeordnet sind. In den Vertiefungen des Ornaments sind Reste einer grau-weißen Inkrustierung erhalten.

23.19 Bodenfliese „Topfhelm 1"

14. /15. Jahrhundert
Keramik/Ziegelton, Länge 21 cm
Kleinmariazell, Inv. Nr. KMZ265

Die quadratische Bodenfliese zeigt in orthogonaler Anordnung ein Wappen in Form eines stilisierten Topfhelmes mit einem aus drei abgewinkelten Stangen bestehenden Helmzimier. An dem Helm sind die Sehschlitze, die kreuzförmigen Luftlöcher im Wangenbereich sowie die Befestigungsriemen deutlich zu erkennen.

23.20 Bodenfliese „Topfhelm 2"

14. /15. Jahrhundert
Keramik/Ziegelton, Länge 21 cm
Kleinmariazell, Inv. Nr. KMZ364

Das Fragment einer quadratischen Bodenfliese zeigt in diagonaler Anordnung ein Wappen in Form eines stilisierten Topfhelmes mit einem aus zwei Hörnern oder einer runden Scheibe bestehenden Helmzimier. An dem Helm sind die Sehschlitze und die Befestigungsriemen deutlich zu erkennen.

Kat. Nr. 23.21

23.21 Bodenfliese „Meerweibchen"

15. Jahrhundert
Keramik/Ziegelton, Länge 19,5 cm
Kleinmariazell, Inv. Nr. KMZ297

Die quadratische Bodenfliese zeigt ein bekröntes, zweischwänziges „Meerweibchen" mit erhobenen Armen innerhalb eines Viertelkreissegmentes. Durch diese Anordnung ergab sich ein aus vier Fliesen gebildetes Muster, das teilweise mit anderen Musterflächen verwoben war.

23.22 Bodenfliese „Spitzoval mit Blatt"

15. Jahrhundert
Keramik/Ziegelton, Länge 19 cm
Kleinmariazell, Inv. Nr. KMZ248

Im Zentrum der Bodenfliese befindet sich eine palmettenartig stilisierte Blatt- oder Fischdarstellung; an zwei gegenständigen Ecken ist jeweils ein Viertelsegment einer achtblättrigen Blüte erkennbar. Aus der Anordnung des Dekors lässt sich klar erkennen, dass diese Fliese Bestandteil eines floral verzierten, größerflächigen Schmuckfußbodens war. In den Vertiefungen des Ornamentes ist eine weiße Inkrustierung erhalten.

23.23 Bodenfliese, Typ 1 Hirsch

13./14. Jahrhundert
Keramik/Ziegelton, 17,7 × 17,0 cm
Klosterneuburg, Passauer Lesehof, Inv. Nr. 2004A und 809

Nach links springender, galoppierender Hirsch, der Kopf annähernd horizontal, aus dem leicht geöffneten Maul, aus dem Flüssigkeit herausströmt, die sich in drei Strahlen aufteilt. Ohren seitlich abstehend, lange Geweihstangen mit je vier Enden, kurzer gedrungener Hals, im Brustbereich Muskulatur angedeutet, lang gezogener, gerader Rücken, kurzer (für Hirsch charakteristischer) Schwanz, kurze Vorderbeine angezogen und vom Boden abgehoben, rechtes Bein vorne, lang gestreckte Hinterbeine mit ausgeprägtem Muskelansatz des Oberschenkels, rechtes Bein vorne, Paarhufe mit Afterklaue.

23.24 Bodenfliese, Typ 2 Hirschkuh

13./14. Jahrhundert
Keramik/Ziegelton, 18,4 × 18,1 cm
Klosterneuburg, Passauer Lesehof, Inv. Nr. 839

Nach rechts schreitende Hirschkuh, der langschmale, horizontal gehaltene Kopf rückwärts nach links gewandt, weit geöffnetes Maul, aus dem Flüssigkeit hervorquillt, die sich in drei Ströme aufteilt, von denen sich die beiden äußeren fächerförmig in drei beziehungsweise vier Strahlen teilen, lange, schmale Ohren nach hinten gelegt, längerer, breiter Hals, langer, gerader Rücken, kurzer Schwanz, lange Vorderbeine, rechter Oberschenkel mit weit oben beginnendem Muskelansatz durchgestreckt auf dem Boden aufsetzend, linkes Vorderbein leicht angehoben und vorne, rechtes Hinterbein durchgestreckt auf dem Boden aufsetzend, linkes Hinterbein angewinkelt und vorne, Paarhufe mit Afterklauen, rechts neben Halspartie aus einem Ast hervorgehend zwei dreiteilige Motive, unterhalb des Bauches zwischen den Beinen an einem leicht gebogenen Stengel ein dreiteiliges Blatt.

Kat. Nr. 23.22

Kat. Nr. 23.23

Kat. Nr. 23.24

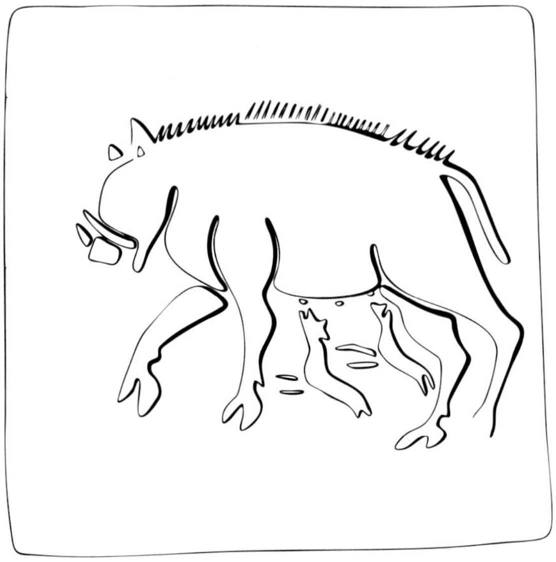

Kat. Nr. 23.26

Kat. Nr. 23.25

23.25 Bodenfliese, Typ 3 Capra

13./14. Jahrhundert
Keramik/Ziegelton, 17,3 × 17,2 cm
Klosterneuburg, Passauer Lesehof, Inv. Nr. 1106

Nach links springende Ziege mit geschlossenem Maul, Nüstern und Auge angedeutet, (Ziegen-)Bart, abstehende Ohren, leicht bogenförmige, spitz zulaufende Hörner mit deutlichen Knoten, kurzer gedrungener Hals, im Brustbereich Muskulatur angedeutet, langer gerader Körper, leicht eingedrehter kurzer, hängender Schwanz, Vorderbeine angezogen und vom Boden abgehoben, rechtes Bein vor linkem, Hinterbeine auf Boden aufsetzend, rechtes Bein vor linkem, Hufe und Afterklauen.

23.26 Bodenfliese, Typ 4 Huftier, (Wild-)Schwein mit Jungen

13./14. Jahrhundert
Keramik/Ziegelton, 17,8 × 17,3 cm
Klosterneuburg, Passauer Lesehof, Inv. Nr. 1124

Nach links gewandt (eventuell liegend), leicht geöffnetes Maul, aus dem ein großer Hauer herausragt, kleine stehende Ohren, am Nacken beginnend über den Rücken ein Borstenkamm, gedrungener Körper, am Bauch drei Zitzen, herabhängender Schwanz, linkes Vorderbein durchgestreckt auf Boden aufsetzend, rechtes Bein etwas angehoben und vorne, Hinterbeine auf Boden aufsetzend, rechtes Bein vor linkem, Hufe und Afterklauen, unter dem Bauch, zwischen den Beinen des Tieres, zwei schematisch dargestellte, sich in Richtung der Zitzen streckende Jungtiere.

23.27 Bodenfliese, Typ 5 Mischwesen zwischen Biber, Schwein und Vogel

13./14. Jahrhundert
Keramik/Ziegelton, 17,6 × 17,3 cm
Klosterneuburg, Passauer Lesehof, Inv. Nr. 873

Nach links schreitend, geöffnetes Maul, aus dem zwei Hauer herausragen, eventuell kurzer Rüssel, kleine stehende Ohren, in unmittelbarer Nähe möglicherweise Andeutung von Borsten, kurzer, dicker Hals, gedrungener Körper, langer, breiter (Biber-)Schwanz, Vorderbeine ausgestreckt, nicht auf dem Boden aufsetzend, rechtes Vorderbein vor linkem, Vogelfüße, Hinterbeine ausgestreckt auf dem Boden aufsetzend, rechtes Bein vor linkem, Hufe mit Afterklauen.

23.28 Bodenfliese, Typ 5a Bär

13./14. Jahrhundert
Keramik/Ziegelton, 17,5 × 17,3 cm
Klosterneuburg, Passauer Lesehof, Inv. Nr. 889

Nach links schreitender Bär, geöffnetes Maul mit vier erkennbaren großen spitzen Zähnen (zwei Eck- und zwei Reißzähne), Nase mit seitlicher Öffnung, gewinkelte Stirn, kleine, stehende Ohren, gedrungener

Kat. Nr. 23.27

Kat. Nr. 23.29

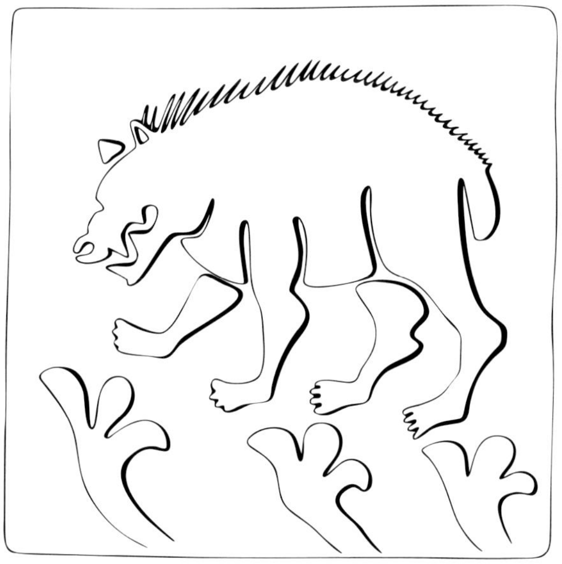

Kat. Nr. 23.28

Kat. Nr. 23.30

Körper, am Nacken und Rücken Borstenkamm (oder Andeutung von Fell) kurzer, breiter Schwanz, linke Beine mit weit oben beginnenden Schenkelansätzen, linkes Vorderbein ausgestreckt und auf Boden aufsetzend, rechtes Vorderbein ausgestreckt und etwas hoch gehoben, rechtes Bein vor linkem, Hinterbeine ausgestreckt auf Boden aufsetzend, rechtes Bein vor linkem, viergliedrige Füße, unterhalb des Tieres drei jeweils dreigegliederte fächerförmige Blattmotive.

23.29 Bodenfliese, Typ 6 Canide, Wolf oder Hund

13./14. Jahrhundert
Keramik/Ziegelton, 18,1 × 17,9 cm
Klosterneuburg, Passauer Lesehof, Inv. Nr. 855

Nach links springender Wolf oder Hund, leicht geöffnetes Maul, mit vier erkennbaren großen spitzen Zähnen (zwei Eck- und zwei Reißzähne), lange Schnauze, gewinkelte Stirn, stehende Ohren, langer, breiter Hals, langer, gerader Rücken, großer, buschiger Schwanz, linkes Vorderbein mit weit oben beginnendem Schenkelansatz ausgestreckt und auf Boden aufsetzend, linkes Vorderbein leicht angehoben, rechtes Bein vor linkem, schlanke Hinterbeine ausgestreckt und auf Boden aufsetzend, rechtes Bein vor linkem, dreigliedrig.

23.30 Bodenfliese, Typ 7 Sirene, Mischwesen zwischen Mensch, Pferd und Fisch

13./14. Jahrhundert
Keramik/Ziegelton, Typ 7, 18,0 × 17,7 cm
Klosterneuburg, Passauer Lesehof, Inv. Nr. 845 und 454

Kat. Nr. 23.31

Kat. Nr. 23.32

Sich nach rechts bewegend, jedoch rückwärts nach links blickend, im Profil schemenhaft dargestellter menschlicher Kopf mit Kopfbedeckung (vielleicht Helm mit Busch), frontal abgebildeter Rumpf, von übrigen Körperteilen deutlich abgetrennte (Andeutung eines Panzers?), schwach ausgebildete Schultern und leicht angewinkelte, seitlich ausgebreitete Arme, in der Rechten, von der Rückseite her gehalten ein scheibenförmiges Objekt (vielleicht Schild, Trommel oder Spiegel?), in der Linken ein stabförmiger Gegenstand mit kugelförmigem Ende (vielleicht Keule, Schlägel oder montierter Beutel?), nach gürtelartiger Einschnürung muskulöse tierische Körperpartie (Pferdebrust?), von der in Schrittstellung zwei Extremitäten ausgehen, linkes Bein leicht angehoben, rechtes auf Boden aufsetzend, linkes Bein vor rechtem, Füße (Wasservögel, Schwimmflossen?), Hinterteil geschuppter Fischkörper mit Schwanz-, Rücken- und Afterflosse.

23.31 Bodenfliese, Typ 8 Basilisk, Mischwesen, Hahn mit Schlangenschwanz

13./14. Jahrhundert
Keramik/Ziegelton, 17,8 × 17,4 cm
Klosterneuburg, Passauer Lesehof, Inv. Nr. 436

Nach links schreitender Basilisk, geöffneter, tiefer Schnabel mit markantem Knick am Überhang zur Stirn, stehende, nach vorne abgewinkelte Ohren, langer, geschwungener Hals, gewölbter Brustbereich, Körper in langen reptilienähnlichen, geringelten Schwanz auslaufend, mehrteilig gegliederte, ausgebreitete, nach oben emporgehobene Vogelflügel, kurze gedrungene Beine, rechtes Bein leicht angehoben und vorne, linkes auf Boden aufsetzend und hinten, dreigliedrige Vogelfüße mit Spornen.

23.32 Bodenfliese, Typ 9 Drache

13./14. Jahrhundert
Keramik/Ziegelton, 17,6 × 17,6 cm
Klosterneuburg, Passauer Lesehof, Inv. Nr. 206

Tier in halblinker Ansicht nach rechts schreitend dargestellt, schmaler Kopf nach oben gerichtet, leicht geöffnetes Maul mit vier erkennbaren spitzen Zähnen (zwei Eck- und zwei Reißzähne), Nüstern und Augen angedeutet, lange, spitze, nach hinten abstehende Ohren, langer, kräftiger Hals deutlich abgesetzt, gewölbter, geschuppter Brustbereich, geschuppter, geringelter, reptilienähnlicher Schwanz, mehrteilig gegliederte, ausgebreitete, nach oben emporgehobene Vogelflügel, kurze Beine, linkes Bein leicht angehoben und vorne, rechtes Bein auf Boden aufsetzend und hinten, dreigliedrige Vogelfüße.

Kat. Nr. 23.33

23.33 Bodenfliese, Typ 10 Mischwesen Adler

13./14. Jahrhundert
Keramik/Ziegelton, 18,4 × 18,2 cm
Klosterneuburg, Passauer Lesehof, Inv. Nr. 867

Wohl stark verzeichneter und teils verfremdeter Adler, nach rechts schreitend, breite Kopfform, geöff-

Kat. Nr. 23.34

Kat. Nr. 23.36

Kat. Nr. 23.35

neter Schnabel, am Hinterhaupt Schopf, Nackenbereich mit gezahnter Kontur, deutliche Abtrennung des Kopfes vom Körper, unter Brustansatz eine Reihe angedeuteter Schuppen (Federn?), gewölbter Bauch mit Andeutung eines Nabels, breit gefächerter Schwanz, mehrteilig gegliederte, ausgebreitete, nach oben emporgehobene Vogelflügel, linkes Bein in menschlicher Gestalt mit Knieandeutung vorangestellt, rechtes Bein mit dreigliedrigem Vogelfuß hinten, beide auf Boden aufsetzend.

23.34 Bodenfliese, Typ 11 Reptilien, Eidechsen

13./14. Jahrhundert
Keramik/Ziegelton, 18,2 × 17,9 cm
Klosterneuburg, Passauer Lesehof, Inv. Nr. 1000

Zwei gleichartige Tiere in Seitenansicht ineinander verschlungen dargestellt, linkes Tier nach links, rechtes Tier nach rechts blickend, langschmale Köpfe, geöffnete Mäuler mit weit herausragenden, gegabelten Zungen, lange, kleine abstehende Ohren, nur bei linker Echse Ausbuchtung oberhalb des Maules, lange, gewundene Hälse mit Schuppenandeutungen, bauchige, geschuppte Körper, lange, geringelte Eidechsenschwänze, vor allem beim linkem Tier Schwanzteil durch Rille etwas abgesetzt (wohl Abwurfstelle des regenerationsfähigen Schwanzes dadurch angedeutet), kurze, seitlich abstehende Beine mit dreigliedrigen Füßen.

23.35 Bodenfliese, Typ 12 Greif

13./14. Jahrhundert
Keramik/Ziegelton, 18,4 × 18,1 cm
Klosterneuburg, Passauer Lesehof, Inv. Nr. 961

Nach links schreitender Greif, großer, geschwungener Schnabel leicht geöffnet, lange, spitze Ohren nach hinten abstehend, gedrungener Hals, geschwungene Brustpartie, lang gestreckter Körper, langer, nach oben weisender eidechsenartiger Schwanz, mehrteilig gegliederte, ausgebreitete, nach oben emporgerichtete Vogelflügel, kurze Vorderbeine, rechtes auf Boden aufsetzend vorne, linkes leicht angehoben hinten, viergliedrige Füße, Hinterbeine mit deutlich ausgebildeten Schenkeln, rechtes Bein vorne, linkes hinten, dreigliedrige Füße.

23.36 Bodenfliese, Typ 13 Mischwesen aus Panther, Esel, Vogel und Reptil

13./14. Jahrhundert
Keramik/Ziegelton, 18,4 × 18,0 cm
Klosterneuburg, Passauer Lesehof, Inv. Nr. 1016

Nach links schreitend, langschmaler Kopf, leicht geöffnetes Maul, auf Stirn eventuell Andeutung eines hervorstehenden Auges, kleine abstehende Ohren, geschwungene Nacken-Hals-Partie mit Andeutung der Mähne, gewölbte Brust, gerader Körper, langer, dünner, aufwärts gerichteter Schwanz in buschige Quaste auslaufend, rechtes Vorderbein mit weit oben angesetztem Schenkel gerade auf Boden aufsetzend, linkes Vorderbein waagrecht weggestreckt, Hinterbeine mit schwächer ausgeprägten Schenkeln, rechtes Hinterbein auf Boden aufsetzend und hinten, linkes leicht angehoben und vorne, dreigliedrige Füße mit angedeuteten Krallen.

23.37 Bodenfliese, Motiv 1 Esel

Um 1308
Keramik/Ziegelton
Stift Altenburg, Inv. Nr. AB BF1

Motiv 1 stellt einen nach rechts, leicht springenden Esel dar, dessen Hinterläufe in der linken unteren Ecke stehen, der erhobene Kopf weist in die rechte obere Ecke. Die Vorderläufe sind leicht erhoben. Zu bemerken ist, dass die Hufe nicht naturalistisch ausgeführt sind (siehe Motiv 11 Kentaur), sondern als Löwenpranken (vierzehig, nach vorne gerichtet). Der Schweif ist nur schwach ausgeprägt. Die nach vorne gewölbte Brust ist überproportional betont, während der Hals relativ schmal und kurz ausgeformt ist. Eine besondere Betonung ist bei dieser Darstellung auf die Mähne gelegt worden, die als wild anzusprechen ist. Der Kopf ist vorgereckt, erhoben und parallel zum Körper angeordnet. Das Maul ist leicht geöffnet.

Die Fliesen des älteren Bodens aus der Veitskapelle im Stift Altenburg weisen alle einheitliche Größe und Gestalt auf: eine annähernd quadratische Grundform mit 17 cm Seitenlänge und einem Schwankungsbereich von maximal einem Zentimeter sowie eine Stärke von etwa 2,7 cm. Die Seitenkanten sind unterschnitten. Der Ziegelton ist mittelfein mit einigen gröberen Einschlüssen. Auf den meisten Fliesen sind noch Reste einer transparenten grüngelben Bleiglasur zu erkennen, die aber zum Großteil durch Begehung abgerieben ist. Dadurch sind auch bei einigen Fliesen die Bildmotive nur noch schwer bis überhaupt nicht mehr lesbar. Einzig die Fliesen, die noch in situ im primären Boden beobachtet werden konnten, und Teile der sekundär verlegten Fliesen aus dem Altarbereich sind weniger abgetreten.

Zur Datierung der ornamentierten Bodenfliesen aus der Veitskapelle des Stiftes Altenburg

Anhand der archäologischen Befundsituation ist der glasierte und mit figuralen Fliesen geschmückte Boden

Kat. Nr. 23.37

aus der Veitskapelle in die Zeit knapp nach den Umbau 1308 unter Abt Seifried in Verbindung mit der Stiftung Hadmars III. zu setzen. Die zeitliche Verschiebung der Errichtung der Westempore und die damit in Zusammenhang stehende Verlegung des Bodens kann, belegt durch die Profilierung der Emporenbögen und des Pfeilers, nur sehr knapp bemessen werden. Auch eine Umplanung während des Baugeschehens ist nicht auszuschließen.

Damit ist der absolute Zeitpunkt der Verlegung der Fliesen mit knapp nach 1308 bis etwa 1315/20 anzugeben. Ob die Fliesen allerdings auch für diesen Bau gefertigt oder ältere Fliesen verwendet wurden, ist nicht zu bestimmen. Belege für eine sekundäre Verwendung oder teilweise auch für eine tertiäre Verwendung – ältere Mörtelreste an der Unterseite der Fliesen, Spuren der Herauslösung aus einem älteren Boden – waren nicht vorhanden. Die noch in situ liegenden Fliesen im Bereich der Sondage und die Fliesen aus dem Altarbereich wiesen geringere Abnützungsspuren auf als die meisten sekundär verwendeten. Gegen eine sekundäre Verlegung der Fliesen spricht auch die Tatsache, dass alle in situ liegenden Fliesen – verzierte und unverzierte – die gleiche Verlegungsstruktur, Größe, Form und Glasur aufwiesen. Das heißt, es müsste ein ganzer Boden nahezu unbeschädigt entfernt worden sein, um dann sekundär in ähnlicher Form wieder verlegt zu werden. Bei dem jüngeren Boden in der Altenburger Veitskapelle sind die älteren, wieder verwendeten Fliesen nur für Randbereiche und Ausflickungen oder kleinere Flächen verwendet worden.

In der Literatur finden sich annähernd model-idente Fliesen aus dem königlichen, später erzbischöflichen Palast von Esztergom. Dort werden die zwei von Imre Holl vorgelegten Fliesen – Kentaur (vollständig) und Einhorn (Holl interpretiert das in Esztergom erhaltene Fragment als seitenverkehrtes Gegenstück zu der Fliese mit dem Kentauren) – in die Zeit der Bautätigkeit Bélas III. datiert. Dieser Zeitansatz um 1200 stützt sich, da es sich um unstratifiziertes Material aus einer Altgrabung handelt, auf Analogien und die Tatsache, dass der Palast von Esztergom zur Zeit Bélas III. massiv ausgebaut wurde. Möglicherweise wäre aber eine Diskussion der zeitlichen Einordnung der Fliesen im Zusammenhang mit den erzbischöflichen Besitzungen in Esztergom möglich.

Im österreichischen Material stehen die dunkelbraun glasierten Fliesen aus dem Passauer Hof in Stein an der Donau dem Fundspektrum von Altenburg am nächsten. Diese werden von E. Landgraf in die 2. Hälfte des 13. Jahrhunderts datiert, obwohl sie davon ausgeht, „daß in der zweiten Hälfte des 13. und im ersten Drittel des 14. Jahrhunderts die Glasur auf Fliesen fast völlig verschwunden war um danach, meist in einwandfreiem gleichmäßigen Moosgrün oder Dunkelbraun zurückzukehren“. Die Sirene im Steiner Material zeigt einen vergleichbaren Schild oder eine Trommel wie der Altenburger Kentaur. Auch die Machart und das Erscheinungsbild dieser Fliesen, abgesehen von der Glasurfarbe, scheint ähnlich zu sein.

Es spricht allerdings nichts für die Annahme, dass der Boden der Veitskapelle in Zweitverwendung steht. Daher wäre eine Datierung der Entstehungszeit der Altenburger Fliesen, trotz der über hundert Jahre früheren Datierung der Esztergomer Stücke, in die Zeit nach 1308 gerechtfertigt.

23.38 Bodenfliese, Motiv 2 Steinböcke

Um 1308
Keramik/Ziegelton
Stift Altenburg, Inv. Nr. AB BF2

Kat. Nr. 23.38

Auf den Fliesen vom Motiv 2 sind zwei aufgerichtete, zueinander blickende Steinböcke abgebildet, die einen kämpfenden Eindruck vermitteln. Beide sind naturalistisch ausgeformt. Sie stehen auf ihren Hinterläufen, erkennbar sind die Hufe. Die Vorderläufe sind erhoben und abgewinkelt. Auf den Köpfen befinden sich leicht nach hinten gekrümmte, spitze Hörner.

23.39 Bodenfliese, Motiv 3 Wildsau

Um 1308
Keramik/Ziegelton
Stift Altenburg, Inv. Nr. AB BF3

Auf den Fliesen mit dem Motiv 3 wird eine säugende Wildsau mit drei Jungen dargestellt. Die Sau ist zentral positioniert und blickt nach rechts. Sie ist naturalistisch abgebildet. Deutlich sichtbar sind auf dem Rücken die Borsten. Der Kopf zeigt eine betonte Stirnpartie und im Maul die zwei großen unteren Hauer. Zwei Junge säugen an den deutlich erkennbaren Zitzen, ein Junges springt der Muttersau von vorne an die Brust.

Kat. Nr. 23.39

Kat. Nr. 23.40

23.40 Bodenfliese, Motiv 4 Löwe

Um 1308
Keramik/Ziegelton
Stift Altenburg, Inv. Nr. AB BF4

Bei Motiv 4 handelt es sich um einen nach links gewandten, sich aufbäumenden Löwen, der sehr naturalistisch abgebildet ist. Deutlich sind die Pranken an den Vorderläufen mit je vier Krallen zu erkennen. Der Schwanz ist S-förmig aufgerichtet und endet in einer blatt- oder herzförmigen Quaste. Die Mähne ist flächig durch hängende Dreiecke betont. Das Maul ist nur geringfügig geöffnet. Die Figur ist zentral auf der Fliese angeordnet, über die Hinterläufe und den Kopf ergibt sich eine Diagonale von rechts unten nach links oben.

23.41 Bodenfliese, Motiv 5 Greif

Um 1308
Keramik/Ziegelton
Stift Altenburg, Inv. Nr. AB BF5

Kat. Nr. 23.41

Motiv 5 ist ein nach rechts schreitender Greif mit dem Unterkörper eines Löwen und einem Adler- oder anderen Vogelkopf und Adlerschwingen, zentral auf der Fliese angeordnet ist. Die vierzehigen (drei Zehen nach vorne unten, eine Zehe an der Hinterseite) Löwenklauen sind stark ausgeprägt, die Läufe selbst sind nur schwach ausgeformt. Der Schwanz ist verkehrt S-förmig erhoben und endet in einer blatt- oder herzförmigen Quaste. Von dem Flügelpaar ist nur ein Flügel sichtbar, der eine stark ausgearbeitete Befiederung zeigt. Der Flügel ist oberhalb der Schulter am Übergang vom Körper zum Hals senkrecht appliziert und besitzt eine nahezu dreieckige Form. Zwischen Körper und Hals ist keine Betonung wahrzunehmen. Der runde Kopf sitzt auf einem relativ schmalen, sich nach oben verjüngenden Hals. Er besitzt zwei spitze Ohren und einen kräftigen, nach unten gebogenen Schnabel.

23.42 Bodenfliese, Motiv 6 Reiter

Um 1308
Keramik/Ziegelton
Stift Altenburg, Inv. Nr. AB BF6

Motiv 6, ein nach rechts gewandter Reiter mit Bogen, ist sicherlich die aufwendigste Darstellung im Spektrum der Altenburger Fliesen. Da auch diese Fliese wie fast alle anderen aus diesem Fundposten relativ stark abgetreten ist, sind einige Merkmale nicht mehr zu erkennen. Trotzdem kann anhand der noch vorhandenen Details auf eine besonders sorgfältig gearbeitete Darstellung geschlossen werden. Das Pferd hat die Vorderhufe zum Sprung erhoben, der Körper ist gestreckt und der Kopf erhoben. Beide Ohren sind deutlich erkennbar. Der Körper des Pferdes scheint zum Teil durch eine Satteldecke bedeckt zu sein. Vom Zaumzeug sind noch die Zügel und Teile der Riemenführung am Pferdekopf zu erkennen. Unter dem Bauch des Pferdes ist noch ein Steigbügel in breiter Spitzbogenform mit gerader Platte sichtbar. Der Reiter sitzt in einem nur noch schwach erkennbaren Sattel mit hoher Rückseite. Er hat den Bogen erhoben und zum Schuss gespannt. Sein Kopf trägt einen Spitzhelm oder eine phrygische Mütze.

Kat. Nr. 23.42

Kat. Nr. 23.43

23.43 Bodenfliese, Motiv 7 Hirsch

Um 1308
Keramik/Ziegelton
Stift Altenburg, Inv. Nr. AB BF7

Bei der Darstellung auf der Fliese des Motivs 7 handelt es sich um einen nach rechts springenden Hirsch, der zentral auf der Fliese positioniert ist, mit den Hinterläufen in der linken unteren Ecke, dem Kopf in der linken oberen Ecke. Die Vorderläufe sind erhoben, die Hufe naturalistisch gearbeitet. Das nach hinten ausladende Geweih zeigt zwei leicht nach innen gebogene Stangen mit je vier Enden (Achtender). Das Maul ist leicht geöffnet.

23.44 Bodenfliese, Motiv 8 Einhorn

Um 1308
Keramik/Ziegelton
Stift Altenburg, Inv. Nr. AB BF8

Kat. Nr. 23.44

Motiv 8 zeigt ein nach rechts springendes Einhorn mit erhobenen Vorderläufen. Die Hinterläufe stehen im Bereich der linken unteren Ecke. Der Schwanz ist nur geringfügig ausgeprägt, ebenso scheint keine Mähne am langen, schlanken Hals sichtbar. Der Kopf zeigt ein leicht geöffnetes Maul, zwei kleine, spitze Ohren und ein relativ großes, ovales Auge. Das an der Stirn applizierte Horn ist in sich gedreht und weist in die rechte obere Ecke der Fliese. Die Figur ist zentral positioniert, zeigt aber im Bildaufbau eine deutliche Diagonale von rechts unten nach links oben.

23.45 Bodenfliese, Motiv 9 Jagdhunde

Um 1308
Keramik/Ziegelton
Stift Altenburg, Inv. Nr. AB BF9

Auf der durch einen senkrechten, erhaben ausgeformten Balken geteilten Fliese sind übereinander zwei nach rechts springende Jagdhunde angeordnet. Beide Hundekörper weisen eine ähnliche Gestalt auf. Die Tatzen sind naturalistisch gearbeitet, die Schwänze leicht nach oben gebogen. Die Ohren sind angelegt. Auffallend ist der senkrechte Balken, der das Bild in zwei nahezu gleich große Hälften teilt. Dieser verläuft über die beiden Hundekörper, und es ist nicht zu entscheiden, ob von der Bildintention her etwas über den Hunden liegen soll oder ob die Darstellung einen Zaun oder Bach meint, den die Hunde überspringen. Da dieser Balken auf beiden vorhandenen Fliesen des Motivs 9 aufscheint, dürfte ein Produktionsfehler auszuschließen sein.

23.46 Bodenfliese, Motiv 10

Um 1308
Keramik/Ziegelton
Stift Altenburg, Inv. Nr. AB BF10

Bei Motiv 10 kann derzeit nicht genau unterschieden werden, ob es sich um eine nach rechts springende Hirschkuh oder ein anderes Tier mit Jungen oder mit einem Jagdhund handelt. Beide vorhandenen Fliesen sind stark abgetreten. Zu erkennen sind noch ein nach rechts springendes Tier mit gestrecktem Körper und erhobenem Kopf, zentral auf der Fliese angeordnet. Unter dem Bauch des größeren Tieres ist ein zweites kleines

Kat. Nr. 23.46

Tier abgebildet, das in einer ähnlichen Haltung wie das große Tier ebenso nach rechts läuft. Bei dem kleineren Tier sind die großen Ohren hervorstechendstes Merkmal. Aus diesem Grund ist die Interpretation als Jagdhund auszuschließen.

23.47 Bodenfliese, Motiv 11 Kentaur

Um 1308
Keramik/Ziegelton
Stift Altenburg, Inv. Nr. AB BF11

Bei Motiv 11 handelt es sich um einen nach links schreitenden Kentaur, dessen Pferdekörper seitlich, der menschliche Oberkörper en face und der Kopf wieder seitlich dargestellt ist. Der Pferdekörper zeigt keine hervorzuhebenden Merkmale, die Hufe sind realistisch ausgeformt. Die Figur ist zentral auf der Fliese positioniert. Der Übergang von Pferde- zu menschlichem Oberkörper ist durch einen Gürtel oder einen Fellwulst

Kat. Nr. 23.45

Kat. Nr. 23.47

betont. Der Oberkörper ist nackt dargestellt. Beide Hände sind erhoben. In der rechten Hand trägt er einen Rundschild, in der Linken eine Keule oder ein Schwert, die/das bis knapp über seinen Kopf reicht. Diese Interpretation ist allerdings nicht unumstritten. So scheint es auch möglich, die von ihm gehaltenen Gegenstände als Trommel und Trommelschlägel zu interpretieren. Der Kopf zeigt das Gesicht eines bärtigen Mannes mit einer phrygischen Mütze oder einem Spitzhelm.

23.48 Bodenfliese, gekreuzte Spitzovale

15. Jahrhundert
Keramik/Ziegelton, Länge 16,5 cm
Stift Heiligenkreuz, ohne Inv. Nr.

Die quadratische Bodenfliese zeigt einen Dekor aus sich überschneidenden Kreissegmenten, die belegen, dass dieses Stück Bestandteil eines großflächigen Schmuckfußbodens war. In den Schnittflächen der Kreissegmente sind fünfblättrige, nelkenartige Blüten eingefügt.

23.49 Bodenplatte

14. Jahrhundert
Keramik/Ziegelton, Länge 28 cm
Kloster Mondsee, Inv. Nr. 89

Auf dieser außergewöhnlich massiven Bodenplatte mit einer Stärke von 8 cm aus dem Kloster Mondsee finden sich drei Stempelabdrücke. Das zentrale Motiv ist ein stilisierter Hirsch. Die zwei kleineren, am Rand angebrachten Stempel sind nicht detailliert interpretierbar; mit hoher Wahrscheinlichkeit handelt es sich um florale Motive.

23.50 Bodenfliese, Ritzverzierung 1

Um 1290
Keramik, Länge 22,5 cm
Dominikanerinnenkloster Tulln, Inv. Nr. 547

Diese Fliese zeigt ein diagonal gestelltes Schachbrettmuster mit eingeschriebenen Zirkelschlägen.

23.51 Bodenfliese, Ritzverzierung 2

Um 1290
Keramik, Länge 22 cm
Dominikanerinnenkloster Tulln, Inv. Nr. 547

Auf der Bodenfliese ist ein diagonal gestelltes Schachbrettmuster mit partiell eingeschriebenen Zirkelschlägen wiedergegeben.

Kat. Nr. 23.48

Kat. Nr. 23.49

Kat. Nr. 23.50

23.52 Bodenfliese mit Pfotenabdruck

Um 1290
Keramik, Länge 22 cm
Dominikanerinnenkloster Tulln, Inv. Nr. 547

Auf dieser unverzierten Fliese sind die Abdrücke eines Hundes zu erkennen, der während des Produktionsprozesses über die noch trocknenden Fliesen lief. Auf anderen Fliesen sind unter anderem auch die Abdrücke einer Ziege zu erkennen. 80% der auf dem Dachboden in sekundärer Verlegung aufgefundenen Fliesen sind unverziert.

23.53 Zwei Bodenfliesen, Eichenranken

Um 1290
Keramik, Länge 22,5 cm
Dominikanerinnenkloster Tulln, Inv. Nr. 547

Kat. Nr. 23.51

Kat. Nr. 23.54

Kat. Nr. 23.53

Kat. Nr. 23.55

Diese beiden Fliesen dürften im Verlegemuster direkt aneinander angeschlossen haben, da sich der Eichenrankendekor gegenseitig ergänzt.

23.54 Bodenfliese, Sphinx

Um 1290
Keramik/Ziegelton, Länge 21,5 cm
Dominikanerinnenkloster Tulln, Inv. Nr. 547

Auf der Fliese ist eine nach rechts schreitende Sphinx? dargestellt. Der Schweif endet in einer dreigliedrigen Quaste.

23.55 Bodenfliese, Löwe

Um 1290
Keramik, Länge 22,5 cm
Dominikanerinnenkloster Tulln, Inv. Nr. 547

Auf der Fliese ist ein nach rechts blickender Löwe mit erhobener Pranke dargestellt. Der Schweif ist geschwungen aufgerichtet und endet blattförmig. Über dem Schweif findet sich ein lilienförmiges Füllmuster.

23.56 Bodenfliese, Fabeltier 1

Um 1290
Keramik, Länge 22,5 cm
Dominikanerinnenkloster Tulln, Inv. Nr. 547

Auf der Fliese ist ein zweibeiniges Fabeltier mit langem Hals dargestellt, dessen zweigeteilter Schwanz jeweils in einer dreigliedrigen Quaste endet. Aus dem Maul des hundeartigen Kopfes entspringt eine dem Schwanz entsprechende Zunge, die ebenfalls in einer dreigliedrigen Quaste endet.

23.57 Bodenfliese, Fabeltier 2

Um 1290
Keramik, Länge 22,5 cm
Dominikanerinnenkloster Tulln, Inv. Nr. 547

Kat. Nr. 23.56

Kat. Nr. 23.58

Kat. Nr. 23.57

Kat. Nr. 23.58

Kat. Nr. 23.58

Auf der Fliese ist ein zweibeiniges Fabeltier mit langem Hals dargestellt, dessen Schwanz in einer dreigliedrigen Quaste endet. Aus dem Maul des drachenartigen Kopfes entspringt eine dem Schwanz entsprechende Zunge, die ebenfalls in einer dreigliedrigen Quaste endet. Der Körper ist am Rücken flammenartig ornamentiert. Zu Füßen des Tieres sind zwei dreigliedrige Füllornamente angeordnet, die den Quastenenden an Schwanz und Zunge entsprechen.

23.58 Mosaikfliesenboden

13. Jahrhundert
Keramik/Ziegelton
Heiligenkreuz, ohne Inv. Nr.

Aus dem Kloster Heiligenkreuz stammen mehrere Teile von Mosaikböden, die aus unterschiedlich ge-

Kat. Nr. 23.58

Kat. Nr. 23.58a

Kat. Nr. 23.58c

Kat. Nr. 23.58b

Kat. Nr. 23.58d

formten, schwarz und rot gebrannten Fliesenstücken zusammengesetzt waren. Sie waren bei den Restaurierungsmaßnahmen im 19. Jahrhundert im Presbyterium der Stiftskirche gefunden worden. Damals konservierte man einige Musterproben und verlegte sie in ein Gipsbett. Die Bandbreite reicht von einfachen, aneinander gereihten Rhomben und Parallelogrammen bis zu sehr komplizierten, ineinander verschlungenen Motiven. Von besonderer Qualität sind die blütenartigen Mosaiken, bei denen durch den Wechsel von dunklen und hellen Formsteinen reizvolle Effekte erzielt werden. Daneben sind auch stufenartige Elemente vorhanden, die eher streifenförmige Ornamente bildeten und auch die Umrisse der einzelnen Felder nachgebildet haben dürften. Es sind auch eine Reihe von Einzelstücken erhalten geblieben, die keinem bekannten Muster zuordenbar sind. Vgl. dazu auch die Kat. Nr. 23.6.

M. Ka. und M. Kr.
23.23 – 23.36 J. Ne.

24. Der Kreuzgang

Das Zentrum einer Klosteranlage ist der zumeist südlich, aber auch nördlich der Klosterkirche gelegene Kreuzgang, der auf vier Seiten einen quadratischen Hof umfasst. Den Namen bekam dieser Gang durch die Prozessionen während der Liturgie, bei denen ein Kreuz vorangetragen wurde. Der Kreuzgang verbindet die klösterlichen Gemeinschaftsräume („Regularräume") der Klausur. Alle vier Flügel sind auf Räumlichkeiten mit bestimmten Funktionen ausgerichtet. Auf der Nord- oder Südseite des Kreuzganges lag die Kirche, am Ostflügel die Sakristei, Kapitelsaal, Sprechraum, Arbeitsräume und *armarium,* an dem der Kirche gegenüberliegenden Flügel waren Wärmeraum, Küche, Vorratskammer, Brunnenhaus, Refektorium und Latrinen situiert, also alles, was den körperlichen Bedürfnissen diente.

Den östlichen Kreuzgangflügel benutzten die Mönche am häufigsten, da er in die Kirche führte, die sie siebenmal am Tag besuchten, aber auch in alle Räume, in denen sich ihr tägliches Leben abspielte. Zwischen Kirche und Kapitelsaal war neben einer Sakristei das *armarium,* der Aufbewahrungsort für die Bücher, erst nur eine Nische oder ein Regal, später gab es auch Schränke, bevor durch die vermehrte Bücherproduktion eigene Bibliotheksräume notwendig wurden. Unmittelbar daneben liegt der Kapitelsaal, der Versammlungs- und Beratungsraum des Konventes, nach der Kirche der bedeutendste Raum des Klosters. Er öffnet sich mit einem reich gegliederten Eingang und seitlichen Fensterarkaden zum Kreuzgang.

Der entlang der Kirche verlaufende Flügel des Kreuzganges wird als Kollationsgang bezeichnet. Er ist mit Sitzbänken ausgestattet, da er teils für feierliche liturgische Handlungen wie die Fußwaschung verwendet wurde, teils Raum war für die *lectio divina* (geistliche Schriftlesung) und für die abendliche *collatio* (Konferenz durch den Abt oder Prior) nach dem Abendessen. In Gegenden mit rauem Klima ging man dazu über, die Fenster zumindest dieses oder auch mehrerer Flügel zu verglasen.

An dem der Kirche gegenüberliegenden Kreuzgangflügel lagen Küche und Refektorium; auch das Brunnenhaus war von hier zugänglich. Dieser Flügel war für häusliche und andere nützliche Verrichtungen vorgesehen, wie Rasieren und Waschen. Der Brunnen, das *lavatorium,* lieferte mitten im Kloster sauberes Frischwasser. Er war meist freistehend und so angelegt, dass er von allen Seiten zugänglich war. Er verfügte über zahlreiche Auslaufröhren, damit sich mehrere Mönche gleichzeitig die Hände waschen konnten. Das benutzte Wasser floss über eine Rinne durch ein unterirdisches Entwässerungssystem aus dem Klosterbereich ab.

Der Westflügel schloss das Geviert und ermöglichte, dass man ganz um den Kreuzgang herumgehen konnte, sei es bei Prozessionen oder um leichter einen anderen Raum zu erreichen. Ursprünglich befand sich im Westen der Versorgungstrakt mit dem *cellarium,* dem Keller oder Vorratsraum. Bei den Zisterziensern waren im so genannten Konversentrakt die Laienbrüder untergebracht. Hier befindet sich die Pforte, durch die man die Klausur betritt und verlässt.

Literatur:
R. Legler, Der Kreuzgang – ein Bautypus des Mittelalters, Frankfurt 1989 (Diss. München 1984).

24.1 Fragment eines Figurenkapitells

Spätromanisch, 1. Drittel 13. Jahrhundert
Zogelsdorfer Kalksandstein
Stift Altenburg

Das Bruchstück befand sich vermutlich über dem linken vordersten Pfeiler eines spätromanischen Kreuzgangportals. Der männliche Kopf mit Andeutung eines Backenbartes war dem Betrachter zugewandt. Dieser konsolartig vom Kapitellkörper abgesetzte Kopf trug den äußersten Portalbogen, während am Kapitellkörper ein wolfsähnliches Tier zu erkennen ist. Unterhalb des Tierkörpers befindet sich die Ansatzspur eines Portalsäulchens. Das Kapitell war ursprünglich farblich gefasst, wie Spuren am Hals des Tieres und an den Augen des Kopfes zeigen.

Literatur:
Das Alte Kloster, Ausstellungskatalog Altenburg 1994, 22.

24.2 Schluss-Stein mit Lamm Gottes

Gotisch, 1. Viertel 14. Jahrhundert
Zogelsdorfer Kalksandstein
Stift Altenburg

Die Spolie mit der Darstellung des Lamm Gottes *(agnus Dei)* gehört mit ihrer bewusst flächig gehaltenen Reliefform stilistisch zum Ausstattungsprogramm des gotischen Kreuzganges. Das Lamm mit Stangenkreuz und Kreuzesfahne ist als Symbol für Leiden, Tod und Sieg Christi (Auferstehung) zu interpretieren.

Literatur:
Das Alte Kloster, Ausstellungskatalog Altenburg 1994, 31.

24.3 Schluss-Stein mit Rosette

Gotisch, um 1300
Zogelsdorfer Kalksandstein
Stift Altenburg

Kat. Nr. 24.2

Den tellerförmigen Schluss-Stein mit flachem Konus ziert eine Rosette mit zweifachem Blattkranz, die im Gegensatz zu den Schluss-Steinen des Kreuzganges freier und stärker plastisch durchgearbeitet ist. Die fünf angearbeiteten Birnstabrippen sind im Profil gleichartig mit jenen des Kreuzganges, jedoch schmäler proportioniert, und stimmen mit den ermittelten Rippen der Abtskapelle überein. Der Schluss-Stein dürfte zur Anbringung im polygonalen Chorschluss der Abtskapelle bestimmt gewesen sein.

Literatur:
Das Alte Kloster, Ausstellungskatalog Altenburg 1994, 21.

24.4 Schluss-Stein mit Blattmuster

Gotisch, 1. Viertel 14. Jahrhundert
Zogelsdorfer Kalksandstein
Stift Altenburg

Gotischer Schluss-Stein mit kreuzförmig angeordneten stilisierten Weinblättern und angearbeiteten Birnstabrippen, vermutlich aus dem Südostjoch des Kreuzganges. Das Motiv der Weinblätter kann als Symbol für das Messopfer (Wein – Blut Christi) aufgefasst werden. Charakteristisch für den Stil der Kreuzgangplastik ist die flächige, wie aufgeklebt wirkende Anbringung der Zierformen.

Literatur:
Das Alte Kloster, Ausstellungskatalog Altenburg 1994, 23.

24.5 Architekturspolien von den Fensterarkaden des spätromanischen Kreuzganges

Spätromanisch, 1. Drittel 13. Jahrhundert
Stift Altenburg

Vor der Errichtung des gotischen Kreuzganges im 1. Viertel des 14. Jahrhunderts bestand schon ein flach gedeckter spätromanischer Kreuzgang mit wahrscheinlich dreiteiligen Fenstergruppen. Von diesem haben sich mehrere Spolien der Basen, Würfelkapitelle und sattelsteinartigen Kämpfer im gotischen Mauerwerk erhalten. Die hier aus verschiedenen Fensterteilen zusammengestellte Rekonstruktion vermittelt die Vorstellung der Konstruktion eines Teilungssäulchens, wie es ähnlich am rechten Fenster zum Kapitelsaal in originaler Form aus dem 2. Drittel des 12. Jahrhunderts überliefert wird.

24.5.1 Kämpfer

Der sattelsteinartige Kämpfer ist – abweichend von der sonst üblichen Form wie zum Beispiel am Kapitelsaalfenster – asymmetrisch gestaltet. Während die linke Seite gerade ausladet, vermittelt die rechte, abgefaste Seite in einem Bogen vom Kapitell zur Deckplatte, woraus auf einen rhythmischen Wechsel bei der Gestaltung der Fensterbögen geschlossen werden kann.

24.5.2 Würfelkapitell

Bemerkenswert sind der angearbeitete Schaft und die abgefaste Deckplatte. Durch halbrunde Auflagen an den Schildchen und durch den kräftigen Halsring wird die Würfelform stark plastisch betont.

24.5.3 Basis

Variante einer attisch-romanischen Basis mit quadratischer Plinthe, eiförmiger Eckzier, unterem Wulst, geradem Plättchen, steiler Kehle und oberem Wulst.

24.5.4 Würfelkapitell

Wie 24.5.2.

24.5.5 Basis

Gleichzeitige Variante zu 24.5.3 in polygonaler Form. Der attisch-romanische Profiltypus ist wegen des hier vorhandenen schrägen oberen Plättchens voll ausgebildet. Die Eckzier paraphrasiert vegetabile Motive.

Literatur:
Das Alte Kloster, Ausstellungskatalog Altenburg 1994, 24f.

24.6 Grabstein des Johann Wilhelm Amman

Vgl. den Beitrag A. Zajic, Grabdenkmäler, Nr. 5.

24.7 Bemalte Werkstücke von Vierungspfeilern

Romanisch
Marmor, Höhe 31 und 60 cm
Kloster Mondsee, Inv. Nr. 1091 und 1063

M. Ka.

25. Der Kreuzgarten

Der Kreuzgarten, auch Klostergarten genannt, ist der vom Kreuzgang umschlossene quadratische oder rechteckige Bereich unter freiem Himmel und ist zumeist als Garten angelegt. Gelegentlich stand ein einfacher Brunnen mitten im Kreuzgarten wie im Alten Kloster in Altenburg oder eine Zisterne wie in Pernegg. Zumeist war jedoch an einer Seite des Kreuzganges, dem Refektorium gegenüberliegend, ein rundes oder polygonales Brunnenhaus angefügt. Das neuneckige Brunnenhaus des Zisterzienserstiftes Heiligenkreuz, Ende des 13./Anfang des 14. Jahrhunderts entstanden, stellt von seinen Dimensionen und dem ungewöhnlichen Formenreichtum her einen Höhepunkt dieser Gattung dar.

Unter der Oberfläche des Kreuzgartens verlief eine Vielzahl von Rohren, die sowohl der Zuführung wie der Ableitung von Wasser dienten und oft zu mehreren verschiedenen Wassersystemen gehörten. Bei den Ausgrabungen in Heiligenkreuz kamen einige dieser verschiedenen Kanal- und Wasserleitungssysteme zutage, unter anderem wurde der Abfluss des Brunnenhauses im Kreuzgarten aufgefunden, der unter dem Südtrakt des ältesten Klosters hindurch ins Freie führte.

M. Ka

25.1 Kreuzgarten Altenburg mit Brunnen

Foto: A. Groiß

Kat. Nr. 25.1

25.2 Brunnenhaus Heiligenkreuz

Foto: Bundesdenkmalamt, J. Offenberger

Kat. Nr. 25.2

25.3 Bepflanzungsplan Kreuzgarten

Entwurf und Ausführung: L. Eder

Im Altenburger Kreuzgarten sind in den letzten Jahren entlang der Kreuzgangwände umlaufende Pflanzenrabatte angelegt worden. Die Auswahl der Pflanzen im Kreuzgang-Geviert ermöglicht blühende Punkte innerhalb des so ruhigen Haupthofes der mittelalterlichen Klausur – vom Frühling bis in den Spätherbst. Die Blüten der im Waldviertel heimischen Pflanzen erleichtern und veranschaulichen den Rhythmus des natur- und erdverbundenen Lebens eines Mönches durch die Jahreszeiten hindurch – wie freut man sich auf die erste Schneerose nach langen, verschneiten Wintern im Waldviertel! Grundgedanken zur Bepflanzung sind weiters:

Dezente, unaufdringliche „Begleitung“ und Belebung des Bauwerkes aus Stein; primär sollte die gotische Architektur wirken.

Die Auswahl beruht auf alten, atmosphärisch stimmigen und niedrig-wüchsigen Pflanzen.

Besondere Beachtung musste den schwierigen, stark gegensätzlichen Standorten gezollt werden: Der Südteil des Kreuzhofes ist permanent schattig und das Erdreich daher stets feucht; der Nordteil liegt stets in der Sonne und ist sehr trocken.

Pflanzen im Geviert des Kreuzganghofes, im Uhrzeigersinn ab dem Eingang

1. Frauenmantel (alchemilla mollis)
2. Immergrün (vinca minor)
3. Leberblümchen (hepatica nobilis)
4. Wurmfarn (dryopteris filix-mas)
5. Beinwell (symphytum officinale)

Kat. Nr. 25.3

6. Maiglöckchen (convallaria maialis)
7. Knöterich (polygonum bistorta)
8. Trollblume (trollius europaeus)
9. Glockenblume (campanula persicifolia)
10. Weinraute (ruta graveolens)
11. Weidenröschen (epilobium angustifolium)
12. Herbstaster (aster dumosus)
13. Schneerose (helleborus niger)
14. Schlüsselblume (primula veris)
15. Apotheker-Rose (rosa gallica)
16. Schwertlilie (iris germanica)
17. Eisenhut (aconitum napellus)
18. Lerchensporn (corydalis lutea)
19. Akelei (aquilegia volgaris)
20. Waldrebe (clematis vitalba)
21. Madonnenlilie (lilium candidum)
22. Gundelrebe (glechoma hederacea)
23. Cyclamen (cyclamen purpurascens)
24. Lungenkraut (pulmonaria officinalis)
25. Haselwurz (asarum europaeum)
26. Pfingstrose (paeonia officinalis)

A. Gr. und L. Ed.

26. Der Kapitelsaal

„Kein Ort sei heiliger als der Kapitelsaal, keiner der Ehrerbietung würdiger, keiner dem Teufel entfernter, keiner Gott näher; denn hier verliert der Teufel, was er anderswo gewonnen hat, dort gibt der Gehorsam Gott zurück, was ihm andernorts Nachlässigkeit oder Nichtachtung entzogen haben."
(Heliand von Froidmont, 12. Jahrhundert)

Aus diesem Zitat geht hervor, dass der Kapitelsaal in seiner Bedeutung für die monastische Gemeinschaft von keinem anderen Konventsgebäude außer der Kirche übertroffen wird.

Im Kapitelsaal wählten die Mönche den Abt, hier fanden die Beratungen über die inneren Belange des Klosters statt, Informationen wurden weitergegeben, liturgische Feiern und Gedächtnisse abgehalten sowie Straf- und Erziehungsmaßnahmen durchgeführt. Im Kapitel erfolgte auch die formelle Aufnahme der Novizen und die Profess, die Ablegung der Gelübde.

Seinen Namen hat der Kapitelsaal von der täglichen Lesung eines Kapitels aus der Regel des hl. Benedikt.

In der Frühzeit des abendländischen Mönchtums gehört die Versammlung der monastischen Gemeinschaft „zum Kapitel" nicht zur Ordnung des Tagesablaufes, weder bei Augustinus noch bei Benedikt von Nursia. Daher fehlt jeglicher Hinweis auf einen Ort in der Klosteranlage, der einer Versammlung zum Kapitel vorbehalten wäre. „Sooft etwas Wichtiges im Kloster zu behandeln ist, soll der Abt die ganze Gemeinschaft zusammenrufen und selbst darlegen, worum es geht. Er soll den Rat der Brüder anhören und dann selbst mit sich zu Rate gehen . . ." heißt es im Kapitel 3 der Benediktsregel lediglich. Allgemein wird im kirchseitigen Kreuzgangflügel, dem mit Bänken ausgestatteten Lese- oder Kollationsgang, der Vorläufer des Kapitelsaales in Bezug auf dessen Funktionen gesehen.

Der St. Gallener Klosterplan (um 820) sieht im östlichen Kreuzgangflügel dort, wo später der Kapitelsaal seinen Platz findet, einen so genannten Wärmeraum vor, einen heizbaren Gemeinschaftsraum, der die gesamte Länge des darüber liegenden Dormitoriums ohne räumliche Unterteilung einnimmt. Praktische Erfordernisse führten wohl zu einer Aufteilung des großen Gemeinschaftsraumes in mehrere Räume mit unterschiedlicher Nutzung und Ausstattung.

Im Kloster Odilos von Cluny (994–1049) findet sich bereits die Raumabfolge von Kapitelsaal, Sprechraum (Parlatorium) und Gemeinschaftsraum (Fraterie) mit angrenzender Wärmestube, die heute vorwiegend mit dem Bauschema der Zisterzienser in Verbindung gebracht wird.

Die architektonische Gestaltung des Kapitelsaales entspricht im Allgemeinen seiner Bedeutung für das Leben der monastischen Gemeinschaft. Die übliche Form ist das Quadrat oder Rechteck mit einer Mittelsäule, zwei, vier oder sechs Säulen, die das Gewölbe tragen. Die Mitglieder der Kommunität sitzen entlang der vier Wände.

Im Kloster Mondsee ließ sich die Entwicklung des Kapitelsaales aus einem größeren rechteckigen Saal in einen quadratischen Einstützenraum mit umlaufenden Sitzbänken durch Einzug zweier Trennwände nachweisen.

Literatur:
H. Stein-Kecks, Quellen zum „capitulum", in: Wohn- und Wirtschaftsbauten frühmittelalterlicher Klöster, Veröffentlichungen des Instituts für Denkmalpflege an der ETH Zürich 17, 1996, 219–227.

M. Ka.

Der Kapitelsaal spielt auch im Zeremoniell um Tod und Bestattung eine Rolle. Außer Äbten und Äbtissinnen konnten hochrangige Laien, Stifter und ihre Angehörigen, im Kapitelsaal bestattet werden. In den Klöstern Heiligenkreuz und Klosterneuburg sind im Kapitelsaal Angehörige des Herrschergeschlechts der Babenberger bestattet. In beiden Klöstern war es möglich, die Grablegen teilweise einer archäologischen und anthropologischen Untersuchung zu unterziehen.

Der Gründer des Stiftes **Klosterneuburg**, Markgraf Leopold III. (1095–1136), ließ vor der Türschwelle des romanischen Kapitelsaales eine Grablege errichten, in der er selbst 1136, sein ältester Sohn Adalbert 1138 und seine Gemahlin Agnes 1143 beigesetzt wurden. Die schon im 14. Jahrhundert einsetzende volkstümliche Verehrung des Markgrafen, zu dessen Grab man pilgerte und Lichter stiftete, und seine Heiligsprechung im Jahre 1485 waren Anlass zu einem Umbau des Kapitelsaales zu einer Kapelle. Im Zuge der Errichtung eines Prozessionsganges und der beiden Stiegenabgänge erfolgte 1506 die Öffnung der Gruft und die *translatio* der Gebeine, die heute in einem Schrein über dem Verduner Altar ruhen.

Im Auftrag der Kaiserin Maria Theresia führte 1739 der Benediktinermönch und kaiserliche Hofhistoriograph Marquard Herrgott unter anderem auch eine Untersuchung und Dokumentation der Fürstengräber durch. In der „Taphographia Principum Austriae", dem 4. Band seines umfassenden Werkes „Monumenta Augustae Domus Austriacae", ist die Grablege Leopolds III. in Grundriss, Schnitt und Ansicht wiedergegeben (Kat. Nr. 26.1).

1979 wurde in der Krypta der Leopoldikapelle diese Grablege, ein einfaches Steinkistengrab mit drei Kammern, archäologisch untersucht. In der mittleren Grabkammer, in der bis zur *translatio* Leopold III. ruhte, konnte einer der beiden bei M. Herrgott abgebildeten Zinnkrüge sowie ein rubinroter Glaskelch (Lampe?) aufgefunden werden. In der rechten Kammer war die Markgräfin Agnes in ein Leinentuch gehüllt ohne Sarg bestattet, in der linken Kammer fanden sich die in eine Holzkiste umgebetteten Gebeine des Sohnes Adalbert. Möglicherweise war die unter Friedrich II. geplante Überführung nach Heiligenkreuz bereits vorbereitet worden.

Der Kapitelsaal des Zisterzienserstiftes **Heiligenkreuz** wurde unter dem letzten Babenberger, Herzog Friedrich II., dem Streitbaren (1230–1246), zur zentralen Grablege seines Hauses. Unter den im Boden verlegten elf zum Teil beschrifteten Grabsteinen ruhen insgesamt 13 Mitglieder der babenbergischen Familie. Der in der Schlacht an der Leitha gegen die Ungarn 1246 gefallene Friedrich II. wurde im Eingangsbereich des Kapitelsaales bestattet. Das Deckplattenrelief der später über dem Grab errichteten punkvollen Tumba zeigt den Herzog in Waffenrüstung. Sämtliche Grablegen wurden bei der Aufnahme der Fürstengräber durch M. Herrgott 1739 aufgedeckt und von Salomon Kleiner in einem Kupferstich festgehalten. Aus den Grabzeichnungen wird ersichtlich, dass manche Bestattungen in sekundärer Lage – entweder durch *translatio* oder frühere Öffnung – angetroffen wurden. Dies gilt auch für die Grablege Herzog Friedrichs II., dessen Gebeine auf der Zeichnung in einer Kiste zusammengelegt unter dem im Boden versetzten Tumbadeckel dargestellt werden. Bei den Türkeneinfällen 1683 dürfte das Hochgrab zerstört, das Grab aufgebrochen und die Gebeine danach in einer Kiste wiederbestattet worden sein.

Bei den Vorarbeiten zur Rekonstruktion der ehemaligen Tumba im Jahre 1995 wurde das Grab im Rahmen einer archäologischen Grabung wiederum geöffnet und die in einer 80 × 32 cm großen Holzkiste ruhenden Gebeine Friedrichs II. anthropologisch untersucht. Sie wurden in einen Metallsarg umgebettet und am Ort der Auffindung wiederbestattet. Das Hochgrab konnte anhand wissenschaftlicher Studien und wiederaufgefundener Fragmente der Tumba rekonstruiert werden.

Nur höchsten kirchlichen und weltlichen Würdenträgern, insbesonders Stiftern, war im Mittelalter die Bestattung im Inneren von Kirchen gestattet, wie auch anhand von archäologischen Quellen zu belegen ist.

In der Kirche des ehemaligen Benediktinerstiftes **Kleinmariazell** wurde bei archäologischen Untersuchungen im Presbyterium die Gruft der Gründer des Klosters, Heinrich und Rapoto von Schwarzenburg, aufgefunden (vgl. Kat. Nr. 28.91).

Bei Grabungen im Presbyterium des Zisterzienserstiftes **Lilienfeld** konnten 1974 die Grablegen dreier Angehöriger des Herrscherhauses, darunter die des Klostergründers, aufgedeckt werden. Auf dem 1739 entstandenen Kirchenplan von M. Herrgott sind zwei Grabstätten mit Hochgräbern verzeichnet: In der Mitte des Presbyteriums vor dem Hochaltar das Grab Leopolds VI., des Glorreichen, der 1230 in San Germano verstarb und dessen Leichnam in das von ihm gegründete Kloster Lilienfeld überführt wurde. Ein einfaches Hochgrab zwischen den beiden nördlichen Mittelpfeilern des Presbyteriums kennzeichnet die Grablege seiner Tochter Margarete, der Gemahlin des Böhmenkönigs Ottokars II. Przemysl, die 1266 in der Burg Krumau am Kamp verstarb und an der Seite ihres Vaters ihre letzte Ruhestätte fand. Beide bei M. Herrgott abgebildeten Hochgräber sind heute nicht mehr existent; anstelle des gotischen Grabmals Leopolds VI. steht heute ein barocker Marmorsarkophag.

Im Zuge der Öffnung des Bodens im Presbyterium wurden drei gemauerte Grüfte freigelegt. Die Bestattung in der Gruft unter dem barocken Stiftersarkophag in der Mitte des Presbyteriums konnte als Grablege der polnischen Fürstentochter Cimburga von Masovien, der Gemahlin Herzogs Ernst des Eisernen von Steiermark und Mutter Kaiser Friedrichs III., identifiziert werden. Sie starb 1429 während einer Wallfahrt nach Mariazell und wurde in der Stiftskirche *„in tumulo fundatoris nostri"* beigesetzt.

Der Leichnam der etwa 35-jährigen Frau war in mit Indigo bestrichene Leinenstoffe gehüllt, das Haupt lag auf einen Seidensatinpolster gebettet. Darüber waren mehrere Lagen aus Leinengeweben und verschiedenen Kräutern (Salbei, Pfefferminze, Gartenraute) gebreitet.

In der zwischen dem nördlichen Vierungspfeiler und ersten Mittelpfeiler aufgefundenen Gruft war eine etwa 60-jährige Frau auf einem Fichtenholzbrett bestattet, neben ihrem Kopf lagen zwei Zöpfe. Dabei handelt es sich um die Grablege der 1266 verstorbenen Königin Margarete.

In der dritten Gruft zwischen den nördlichen Pfeilern unmittelbar neben dem Hochaltar lag in einem braun bemalten Fichtenholzsarg die Bestattung eines etwa 55-jährigen Mannes, dem ein kreisförmiger Bronzeblechbeschlag mit Adlermotiv und ein rot bemalter Eibenholzstab beigegeben waren. Diese Gruft konnte als Grablege Leopolds VI. identifiziert werden, dessen Leichnam 1230 *„coram summo altari"* bestattet worden war.

Literatur:

G. Melzer, Fundberichte aus Österreich 13, 1974, 156ff.

G. Moßler, Stiftskirche – Kirchengrabungen, in: 1000 Jahre Babenberger in Österreich, Katalog des Niederösterreichischen Landesmuseums, N. F. 66, Wien 1976, 341ff.

P. Niemetz, Die Grablege der Babenberger in der Abtei Heiligenkreuz, 1974.

W. Richter, Herzog Friedrich II. und das Stift Heiligenkreuz, Sancta Crux 58, 1997, 17ff.

W. Richter, Das erneuerte Grabmal Herzog Friedrichs II. im Kapitelsaal – Restaurierung und Rekonstruktion, Sancta Crux 58, 1997, 36ff.

F. Dahm, Das Grabmal Friedrichs des Streitbaren im Zisterzienserstift Heiligenkreuz. Rekonstruktion – Typus – Stil – liturgische Funktionen, Wien 1996.

H. Ubl, Klosterneuburg – Vom römischen Lager zur babenbergischen Residenz und Klosterstiftung, in: Der heilige Leopold, Katalog des Niederösterreichischen Landesmuseums, N. F. 155, Wien 1985, 145ff., Kat. Nr. 22–29.

26.1 Die Grabstätte Leopolds III. in Klosterneuburg

Marquard Herrgott, Monumenta Augustae Domus Austriacae Tomus IV/2: Taphographia Principum Austriae, St. Blasien 1772, Tab. V
Österr. Nationalbibliothek Wien

Gezeigt wird der Grabschacht des Markgrafen und die Schnittansicht des Prozessionsganges mit der Lage der drei Inschrifttafeln (Agnes, Adalbert und die früh verstorbenen Kinder Leopolds).

26.2 Leopold III., der Heilige, Glasfenster

2. Hälfte 13. Jahrhundert
Stift Heiligenkreuz, Brunnenhaus
Foto: Bundesdenkmalamt, Fotoarchiv

Markgraf Leopold III. von Österreich, Gründer der Klöster Heiligenkreuz und Klosterneuburg, die ebenfalls auf je einer Glasscheibe des Brunnenhauses abgebildet sind, trägt den blauroten Markgrafenhut. Die linke Hand liegt auf dem rot-weiß-roten Bindenschild, dahinter ragt der rote Schwertknauf hervor. Die Umschrift lautet: † LEVPOLD(us) MARCHIO AVSTRIE FVNDATOR HORVM CENOBIORVM II.

Literatur:

P. Niemetz, Die Babenberger-Scheiben im Heiligenkreuzer Brunnenhaus, Heiligenkreuz 1976.

26.3 Markgräfin Agnes, Glasfenster

2. Hälfte 13. Jahrhundert
Stift Heiligenkreuz, Brunnenhaus
Foto: Bundesdenkmalamt, Fotoarchiv

Agnes, die Gemahlin des Markgrafen Leopolds III., Tochter Kaiser Heinrichs IV., trägt über dem grünen Kleid einen roten, gelb gefütterten Mantel, der unter dem Hals mit einer blauen Spange zusammengehalten wird. Die Umschrift lautet: † AGNES CONIVX LEOPOLDI MARCHIONIS FILIA HEINRICI IMPERATORIS QVARTI.

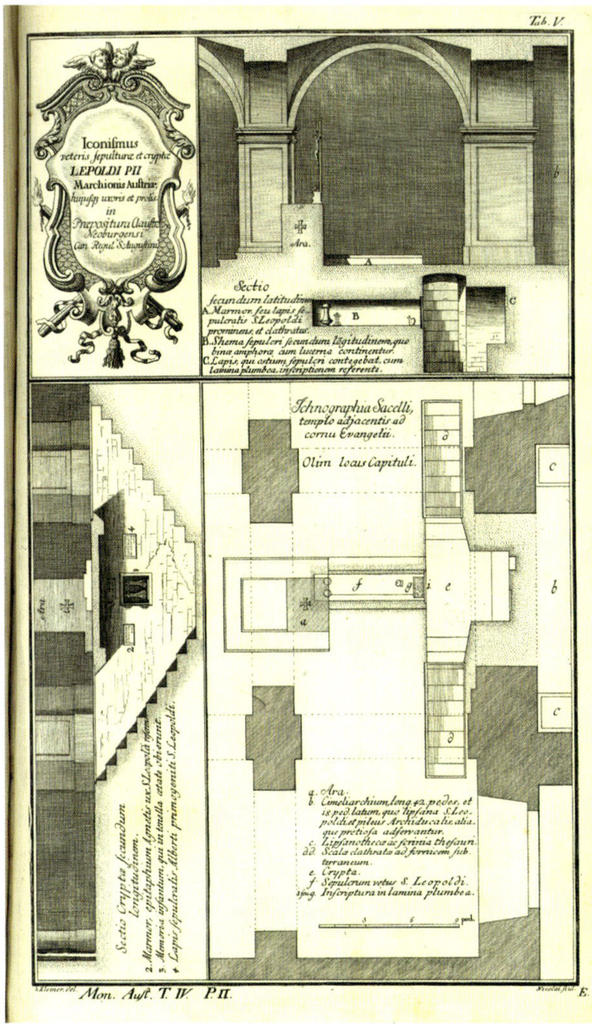

Kat. Nr. 26.1

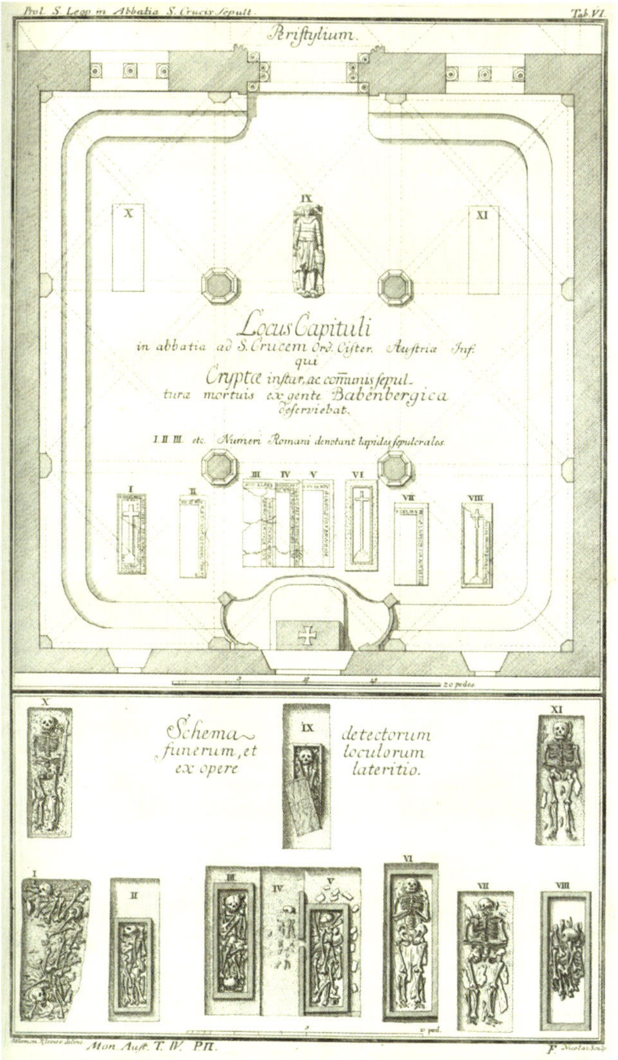

Kat. Nr. 26.5

26.4 Zwei Tonlämpchen

13./14. Jahrhundert
Grauer Ton, Länge 7 und 7,5 cm
Stiftsmuseum Klosterneuburg, Inv. Nr. L 4 a und b

In der Leopoldikapelle wurden in Grabfüllungen nicht mehr benennbarer Bestattungen nördlich der Grablege Leopolds III. zwei einfache Tiegellampen gefunden. Die Schnauzen sind vom brennenden Docht geschwärzt, als Brennstoff diente Öl oder Talg. (H. Ub.)

26.5 Der Kapitelsaal von Stift Heiligenkreuz mit den Grablegen der Babenberger

Kupferstich von Salomon Kleiner in: Marquard Herrgott, Monumenta Augustae Domus Austriacae Tomus IV/2: Taphographia Principum Austriae, St. Blasien 1772, Tab. VI
Österr. Nationalbibliothek Wien

Im Kapitelsaal von Heiligenkreuz befinden sich elf Gräber von Angehörigen der Familie der Babenberger. In der Mittelachse vor dem Eingang ist Herzog Friedrich II., der Streitbare, bestattet. Der Kupferstich zeigt die Situierung der Gräber und die einzelnen Gräber nach der Öffnung.

26.6 Die Grabplatte Friedrichs II. in Heiligenkreuz

13. Jahrhundert
Stift Heiligenkreuz, Kapitelsaal
Foto: Akademie der Wissenschaften, Wien

26.7 Historische Ansicht des Kapitelsaales

1. Hälfte 19. Jahrhundert
Stift Heiligenkreuz, Kapitelsaal
Foto: Bundesdenkmalamt, Fotoarchiv

26.8 Die gotischen Hochgräber in der Stiftskirche Lilienfeld

Kupferstich in: Marquard Herrgott, Monumenta Augustae Domus Austriacae Tomus IV/2: Taphographia Principum Austriae, St. Blasien 1772, Tab. VII
Österr. Nationalbibliothek Wien

Marquard Herrgott überliefert in einem Stich Lage und Ansicht zweier Grabbauten, die bei der barocken Umgestaltung der Chorraumes entfernt worden sind. Bei den archäologischen Ausgrabungen wurde deutlich, dass das Wissen um die Lage des Stiftergrabes schon sehr bald verloren gegangen sein muss, da es bereits im späten 15. Jahrhundert zu falschen Zuordnungen der Gräber kam.

Die sehr einfache pultförmige Steintumba, die M. Herrgott Margarete zuordnet, kennzeichnet tatsächlich das Grab Leopolds (Grab 3). Die Grabtumba mit Maßwerkblenden wurde aufgrund der hervorragenden Lage in der Mitte des Presbyteriums für das Grab Leopolds gehalten. Sie kennzeichnete jedoch die Grabgruft Cimburgas von Masovien, der Mutter Kaiser Friedrichs III., die 1429 während einer Wallfahrt nach Mariazell

Kat. Nr. 26.8

auf Stiftsgebiet verstorben war (Grab 1). Margarete ist nur wenige Meter westlich der Gruft Leopolds zwischen dem mittleren Pfeiler und dem Vierungspfeiler bestattet (Grab 2). Siehe dazu auch den Grabungsplan Presbyterium Kat. Nr. 4.8.3. (M. Ka.)

26.9 Leopold VI., Glasfenster

Um 1300
Stadtpfarrkirche Steyr
Foto: Bundesdenkmalamt, Fotoarchiv

Inschrift: DVX. LEUPOLDVS. Der Herzog ist in strenger Frontalansicht dargestellt, die Linke auf das Schwert gestützt. Zu seinen Füßen ist das Modell der Stiftskirche des von ihm gegründeten Zisterzienserklosters Lilienfeld zu erkennen.

26.10 Margarete, Königin von Böhmen

Hans Part, 1489–1492
Babenberger Stammbaum
Stift Klosterneuburg, Stiftsmuseum
Aus: F. Röhrig, Der Babenberger-Stammbaum im Stift Klosterneuburg, Wien 1975, 103

Königin Margarete, die Tochter Leopolds VI., ist auf dem linken Seitenflügel des Stammbaum-Triptychons abgebildet. Margarete war in erster Ehe mit König Heinrich VII. verheiratet, nach dessen Tod mit König Ottokar Przemysl von Böhmen, der sie jedoch 1261 verstieß. Sie starb 1266 in der Burg Krumau bei Krems und wurde nach ihrem Wunsch in Lilienfeld begraben.

26.11 Cimburga von Masovien

Kupferstich in: Marquard Herrgott, Monumenta Augustae Domus Austriacae Tom. III/1: Pinacotheca Principum Austriae, St. Blasien 1760, Tab. XXXII,6
Österr. Nationalbibliothek Wien

Herzogin Cimburga, Gemahlin von Herzog Ernst, dem Eisernen, und Mutter Kaiser Friedrichs III. verstarb am 28. September 1429 während einer Wallfahrt nach Mariazell in Türnitz und wurde im Stift Lilienfeld *in tumulo fundatoris nostri* beigesetzt. M. Herrgott überliefert dazu folgende Inschrift (IV/1, 229f.): ANNO MCCCCXXIX IN DIE S. MICHAELIS OBIIT ILLUSTRIS PRINCEPS ET DOMINA ZIMBURGA, NATA DE MAZOVIA, QUONDAM SERENISSIMI PRINCIPIS DOMINI ERNESTI, ARCHIDUCIS AUSTRIAE, RELICTA, ET HIC SEPULTA IN TUMULO FUNDATORIS NOSTRI. (M. Ka.)

26.12 Pressblechbeschlag aus dem Grab Leopolds VI.

1. Hälfte 13. Jahrhundert
Bronze, Durchmesser 1,3 cm
Stift Lilienfeld, Kirche, Grab 3

Die kleine runde Pressblechscheibe zeigt als Ziermotiv einen Adler mit ausgebreiteten Schwingen. Den äußeren Abschluss bildet ein Perlrand und ein schmaler Wulstrand. Aufgefunden wurde der Beschlag neben dem Kopf des Bestatteten. Die Funktion dieses Blechbeschlages ist unklar. Da keine Nietlöcher vorhanden

Kat. Nr. 26.11

Kat. Nr. 26.12

Kat. Nr. 26.14

sind, kann eine Befestigung auf einer Grundplatte (Fibel oder Knopf?) mittels des umgebördelten Randes angenommen werden. Das Adlermotiv ist auf Münzen (Pfennigen) dieser Zeit geläufig. Der Fundlage nach könnte der Beschlag auf einer Kopfbedeckung befestigt gewesen sein (Pilgerzeichen?)

26.13 Pilgerstab (?) Leopolds VI.

1. Hälfte 13. Jahrhundert
Eibenholz, Länge 150 cm, Durchmesser 2 cm, Länge der Eisenspitze 4 cm
Stift Lilienfeld, Kirche, Grab 3

An der rechten Körperseite des Herzogs lagen die Reste eines auf Kreidegrund rot bemalten Eibenholzstabes mit kugeligem Griffknauf und unten mit einer Eisenspitze.

26.14 Zopf der Margarete von Böhmen

13. Jahrhundert
Haarzopf, Länge 26 cm
Stift Lilienfeld, Kirche, Grab 2

Der Zopf stammt aus der Grablege der 1266 verstorbenen Tochter Leopolds VI., Margarete.

(C. Fa.)

27. Infirmerie

„Die Sorge für die Kranken ist eine erste und höchste Pflicht. Man diene ihnen wirklich wie Christus. . . Für die kranken Brüder werde ein eigener Raum bestimmt, und ein gottesfürchtiger, gewissenhafter und besorgter Pfleger soll ihnen dienen. Man biete den Kranken die Gelegenheit, ein Bad zu nehmen, sooft es ihnen zuträglich ist. . . Außerdem erlaube man den ganz schwachen Kranken, zu ihrer Kräftigung den Genuß von Fleisch." (Benediktsregel, cap. 36)

Alle Klöster richteten für die Pflege der kranken Mönche und Nonnen Spitäler, die Infirmerien, ein. Zumeist handelte es sich dabei um selbständige Gebäudekomplexe innerhalb der Klausur, die zumindest einen großen Krankensaal, der mit einer eigenen Kapelle verbunden war, umfassten. Das Spital lag immer am Rand der Klosteranlage, damit die vorherrschenden Winde die Ausdünstungen und Krankheitserreger vom Kloster forttrieben. Neben den Infirmerien wurden öfters auch Hospitale außerhalb der Klausur zur Behandlung pflegebedürftiger Laien eingerichtet.

Im Stift Altenburg befand sich die Infirmerie nördlich der Veitskapelle, die als Spitalskapelle diente. Eine große spitzbogige Öffnung in der Nordwand der Kapelle verband diese mit dem Krankensaal. So konnten auch die Bettlägerigen dem Gottesdienst beiwohnen. Archäologische Befunde aus unterschiedlichen Klöstern – Mondsee, Mauerbach – zeigen, dass diese Gebäudekomplexe analog zur Benediktsregel hervorragend mit Heiz- und Badegelegenheiten ausgestattet waren. Salbtiegel, Schröpfköpfe aus unterschiedlichsten Materialien und medizinische Gerätschaften wie zum Beispiel feine Pinzetten sind im Fundmaterial vertreten.

Ein wesentlicher Teil der medizinischen Behandlung und Vorsorge im Mittelalter waren Schröpfen und Aderlass. Beide Methoden dienten dazu, mit dem Blut des Behandelten „böse Säfte" aus dem Körper zu ziehen. Daneben war die medikamentöse oder operative Behandlung der Kranken üblich.

Literatur:
U. Craemer, Das Hospital als Bautyp des Mittelalters, Köln 1963.
R. Seiler, Zur Entwicklung der Klosterinfirmarien, in: Wohn- und Wirtschaftsbauten frühmittelalterlicher Klöster, Veröffentlichungen des Instituts für Denkmalpflege an der ETH Zürich 17, 1996, 173–186.

M. Ka. und M. Kr.

27.1 Aderlass

Initiale aus dem Gesundheitsbuch des Aldebrandius von Siena
Französisch, 13. Jahrhundert
London, The British Library, Sloane 2435, fol. 44v
Aus: M. Black, Küchengeheimnisse des Mittelalters, 1998, 136.

27.2 Versorgung einer Kopfverletzung

Darstellung in einem französischen Manuskript des 14. Jahrhunderts
London, The British Library, Stone Ms 1977, fol. 2
Aus: Stadtluft, Hirsebrei und Bettelmönch. Die Stadt um 1300, Stuttgart 1992, 468

27.3 Der große Krankensaal des Hôtel Dieu in Paris

Holzschnitt um 1500 (Ausschnitt)
Paris, Bibliothèque Nationale
Aus: Vor dem großen Brand. Archäologie zu Füßen des Heidelberger Schlosses, Stuttgart 1992, 21.

Das Hôtel Dieu war ein Hospital für Laien. Der Altar im Hintergrund war obligatorisch für die Einrichtung eines Krankensaales.

27.4 Zwei Salbtiegel

16./17. Jahrhundert
Keramik/Steinzeug, Höhe 6,3 und 10,5 cm
Kartause Mauerbach, Inv. Nr. 57

Die beiden Tiegel stammen aus der mittelalterlichen bis renaissancezeitlichen Infirmerie der Kartause Mauerbach, die anlässlich des barocken Neubaues aufgegeben wurde. Sie dienten zur Aufbewahrung von Salben und Heilmitteln.

27.5 Salbtiegel

17./18. Jahrhundert
Keramik/Irdenware, weiß glasiert, Höhe 5,8 cm
Kartause Mauerbach, Inv. Nr. 631

27.6 Salbtiegel

17./18. Jahrhundert
Keramik/Irdenware, grün glasiert, Höhe 4,6 cm
Kartause Mauerbach, Inv. Nr. 1565

27.7 Fragment eines Salbtiegels

16./frühes 17. Jahrhundert
Keramik/Steinzeug, erhaltene Höhe 5,4 cm
Wien, Alte Universität, ohne Inv. Nr.

27.8 Mehrere Salb- und Miniaturgefäße

Neuzeit
Keramik/Irdenware
Kloster Mondsee, ohne Inv. Nr.

27.9 Zwei fragmentierte Apothekergefäße

16./frühes 17. Jahrhundert
Keramik/Steinzeug, Höhe 13,1 cm
Wien, Alte Universität, ohne Inv. Nr.

Die beiden identen zylindrischen Gefäße mit farbloser und blauer Glasur besaßen keinen Henkel, weshalb

Kat. Nr. 27.4

Kat. Nr. 27.8

Kat. Nr. 27.9

eine Ansprache als Trinkkrug eher unwahrscheinlich ist. Beide Gefäße weisen eine diagonal über den Bauch verlaufende Applikation auf, die aus einer ornamental eingefassten, leeren Fläche besteht. Möglicherweise diente dieses Feld zur Aufnahme einer Beschriftung, die auf den Inhalt verwies. Mit hoher Wahrscheinlichkeit wurden diese Gefäße daher im pharmazeutischen Bereich verwendet.

27.10 Deckel

15./16. Jahrhundert
Keramik/Irdenware, Durchmesser 12,1 cm
Kartause Mauerbach, Inv. Nr. 933

Der farblos glasierte Deckel mit einfachem grünen Punkt/Strich-Dekor stammt aus der mittelalterlichen bis renaissancezeitlichen Infirmerie der Kartause Mauerbach, die anlässlich des barocken Neubaues aufgegeben wurde. Er diente vermutlich als Verschluss eines Apothekergefäßes.

Kat. Nr. 27.10

27.11 Fläschchen

Frühe Neuzeit
Keramik/Steinzeug, Höhe 8,5 cm
Wien, Alte Universität, Inv. Nr. 156

Das einfache Fläschchen diente vermutlich zur Aufnahme von pharmazeutischen oder chemischen Substanzen.

27.12 Zwei Fläschchen

Neuzeit
Glas, Höhe 6,4 und 8,4 cm
Kloster Traunkirchen, Inv. Nr. 42

Derartige Glasfläschchen dienten zur Aufbewahrung von pharmazeutischen und chemischen Flüssigkeiten.

27.13 Salbfläschchen

Spätmittelalter/frühe Neuzeit
Glas, Höhe 5,6 cm
Kartause Mauerbach, Inv. Nr. 1308

Kat. Nr. 27.12

Kat. Nr. 27.13

Kat. Nr. 27.14

Kat. Nr. 27.14

27.14 Drei Schröpfköpfe

15./16. Jahrhundert
Bronze, Glas und Holz, Höhe 3,0, 4,0 und 3,5 cm
Kartause Mauerbach, Inv. Nr. 442, 916, 546

Schröpfköpfe waren im Mittelalter und in der frühen Neuzeit mit die beliebtesten Therapie-Instrumente. Neben dem Aderlass wurden die Patienten bei den unterschiedlichsten Krankheiten gerne „geschröpft". Mittels eines scharfen Messers wurde die Haut eingeritzt und dann der über einer Flamme erwärmte Schröpfkopf mit der Öffnung aufgesetzt. Durch den entstehenden Unterdruck wurde Blut – und damit die nach mittelalterlicher Vorstellung „schlechten Säfte" – aus dem Körper gesogen. Schröpfköpfe aus unterschiedlichen Materialien treten als gängige Fundgattung in Badehäusern und Infirmerien (wie auch in Mauerbach) auf, wo sie in erster Linie zum Einsatz kamen.

27.15 Zwei Pinzetten

15./16. Jahrhundert
Bronze, Länge 9,0 und 5,3 cm
Kartause Mauerbach, Inv. Nr. 526

Die beiden Pinzetten stammen aus der mittelalterlichen bis renaissancezeitlichen Infirmerie der Kartause Mauerbach, die anlässlich des barocken Neubaues aufgegeben wurde. Sie dienten zu medizinischen Zwecken.

M. Kr. und N. Ho.

Kat. Nr. 27.15

28. Totenbrauchtum

„Mitten im Leben vom Tode umgeben“

Das Totenbrauchtum ist ein Spiegel der Veränderungen in der Einstellung der Gesellschaft zu Sterben und Tod. Die christlichen Riten rund um das Sterben und den Tod stehen in engem Zusammenhang mit Glaubens- und Jenseitsvorstellungen, die im Hochmittelalter durch die vor allem von den Bettelorden vermittelte Lehre vom Fegefeuer geprägt waren.

Dieser Wandel im Bestattungsbrauchtum ist auch aus den archäologischen Quellen ablesbar, die vor allem das aus den schriftlichen Quellen kaum fassbare materielle Erscheinungsbild des Totenbrauchtums vermitteln.

Im Mittelalter war es üblich, die Toten auf Friedhöfen bei den Kirchen zu bestatten, eine Grablege im Inneren von Kirchen war höchsten kirchlichen und geistlichen Würdenträgern vorbehalten. Aufgrund neuer Formen individueller Heilssuche wurden ab dem Spätmittelalter zunehmend auch Bestattungen in den Kirchen üblich, die dem Verstorbenen die stete Teilhabe am Gottesdienst und den Fürbitten der Mönche und Laien garantierten.

Die Toten wurden im Mittelalter meist in einem Totenhemd oder in einem Leinentuch eingehüllt in einfachen Erdgräbern bestattet, wie zahlreiche zeitgenössische Bilder zeigen. Doch lassen sich auch Holzsärge oder Totenbretter nachweisen. In der Regel wurde der Tote in Rückenlage mit Blick nach Osten beigesetzt. Während im frühen Mittelalter die gestreckte Armhaltung überwiegt, wurden ab dem Hochmittelalter die Arme angewinkelt und die Hände im Schoß oder über der Brust zum Gebetsgestus zusammengefügt. Die meisten mittelalterlichen Gräber sind beigabenlos, nur vereinzelt sind Münzen oder Paternoster nachzuweisen. Erst ab der Zeit der Gegenreformation werden den Verstorbenen Beigaben mit ins Grab gelegt; der Rosenkranz als Zeichen des christlichen Lebens gehörte zu den wichtigsten.

Rosenkränze und Kreuze

Seit dem 16. Jahrhundert lebte der Brauch wieder auf, den Verstorbenen Beigaben mit ins Grab zu geben. Die Gegenstände wie Rosenkränze, Wallfahrts- und Segensmedaillen, Kreuze und Amulettanhänger sind Ausdruck persönlicher Frömmigkeit, Andacht und Heiligenverehrung.

Der *Rosenkranz* entwickelte sich aus unterschiedlichen Typen von Gebetszählschnüren, die vor allem bei den klösterlichen Andachtsübungen von Bedeutung waren. Im Zusammenhang mit der Entwicklung des Rosenkranzgebetes veränderte sich allmählich auch die Erscheinungsform der Rosenkranzkette. Im Spätmittelalter sind noch eine Vielzahl verschiedener Rosenkranzformen, geschlossene und offene Perlenschnüre von unterschiedlicher Länge (10–150 Perlen), gebräuchlich. Ab dem 16. Jahrhundert wird die Einteilung des Rosenkranzes in 10 Ave-Maria-Perlen im Wechsel mit einer durch Größe, Material oder Form hervorgehobenen Vaterunser-Perle üblich. Zu Beginn des 17. Jahrhunderts hat der Rosenkranz seine endgültige Form aus fünf mal zehn Ave-Maria-Perlen, jeweils getrennt durch eine Vaterunser-Perle und dem Credokreuz (Zeichen für das Glaubensbekenntnis) mit vorangesetzten drei Ave-Maria-Perlen (Glaube-Liebe-Hoffnung) und zwei Paternosterperlen am herabhängenden Ende. Kleine Totenkopfperlen oder Wendeköpfe (Christus – Tod) als *memento mori* sind im 16. und 17. Jahrhundert beliebte Rosenkranzeinhänger nach dem Credokreuz. Den Abschluss des Rosenkranzes bildete im 17. Jahrhundert meist eine Medaille, erst im 18. Jahrhundert wurde das Kreuz der typische Abschluss.

Die Rosenkranzmacher sind schon im 13. Jahrhundert als Zunftgewerbe bezeugt. Die Perlen wurden aus verschiedenen Materialien wie etwa Bein, Perlmutt, Gagat und Holz hergestellt. Im Laufe des 18. Jahrhunderts wurden vor allem Glasperlen verwendet.

Im religiösen Brauchtum diente der Rosenkranz nicht nur als Bekenntniszeichen und Andachtshilfe, sondern auch als amulettwertiges Abwehr- und Schutzgerät, als Votivgabe und Totenbeigabe.

Während der im Spätmittelalter gebräuchliche, aus an einem Stoff- oder Lederring befestigten gleichgroßen Ringen bestehende Paternoster, der zum Abzählen der Gebete des Vaterunsers diente, nur selten in Gräbern vorkommt, zählen Rosenkränze zu den am häufigsten nachgewiesenen Beigaben. Sie wurden den Verstorbenen um den Hals gelegt oder um die gefalteten Hände geschlungen.

Den Abschluss bilden am häufigsten verschiedenartige kleine Kreuze, neben metallgefassten Holzkreuzen vor allem aus Buntmetall gegossene mit halb- oder vollplastischem Corpus. Gelegentlich weist auch die Rückseite eine Reliefdarstellung, wie etwa die Unbefleckte Empfängnis Mariens oder die Symboldarstellung der Wunden Christi, auf. Zu den Segenskreuzen mit Amulettcharakter gehören die Doppelkreuze mit tulpenförmigen Balkenenden, die *Caravaca-Kreuze,* Nachbildungen eines in der spanischen Stadt Caravaca seit dem 13. Jahrhundert verehrten Reliquienkreuzes. Diese Kreuze galten im 16. und 17. Jahrhundert vorwiegend als Schutzmittel gegen Unwetter und Krankheiten, besonders in Verbindung mit dem Benediktus- und Zachariassegen gegen die Pest.

Der mit den Anfangsbuchstaben abgekürzte Benediktussegen, meist in Kreuz- oder Schildform, lautet: **C**rux **S**acra **S**it **M**ihi **L**ux, **N**on **D**raco **S**it **M**ihi **D**ux (Das heilige Kreuz sei mein Licht, der Drache soll nicht mein Führer sein). Die Auflösung der Buchstaben in den Zwickeln der Kreuzbalken lautet: **C**rux **S**ancti **P**atris **B**enedicti (Das Kreuz des heiligen Vaters Benedikt).

Der Zachariassegen erhielt seinen Namen vermutlich von dem Jerusalemer Bischof Zacharias, der während einer Pestepidemie diesen Segenstext verfasst hatte. Der lange Segen ist als Buchstabenreihe abgekürzt, wobei jeder Buchstabe den Anfang einer Zeile des Textes bedeutet.

Religiöse Anhänger und Amulette

Aus den Gräbern der Klosterfriedhöfe und -kirchen stammt eine große Anzahl verschiedenster religiöser Anhänger, die ihrer Fundlage nach zumeist am Rosenkranz getragen wurden.

Während des 17. und 18. Jahrhunderts, der Zeit der Gegenreformation, erlebte das Wallfahrtswesen in Verbindung mit der Marienverehrung einen ungeheuren Aufschwung. Anstelle der mittelalterlichen Buß- und Sühnewallfahrten zu den fernen „heiligen Orten“ Jerusalem, Rom und Santiago de Compostela, werden ab dem 17. Jahrhundert Wallfahrten zu zahlreich entstehenden nahe gelegenen Wallfahrtsorten unternommen. Dabei erhoffte man sich vor allem Linderung der alltäglichen Probleme, insbesonders Heilung von Krankheiten und Überwindung von Unglücksfällen, Verschonung von Krieg und Pestepidemien. In diesem Zusammenhang entstand eine Vielfalt an Wallfahrtsdevotionalien, vor allem religiöse Medaillen und Amulette.

Besonders zahlreich sind in Gräbern *Wallfahrtsmedaillen* vertreten, die auf der Vorderseite das ortsspezifische, meist marianische Gnadenbild und auf der Rückseite eine Ansicht der Wallfahrtskirche oder dort verehrte Heilige zeigen. Die meisten der Anhänger stammen aus dem österreichischen Wallfahrtsort Mariazell in der Steiermark, aber auch Wallfahrtsorte in Italien, Bayern, Württemberg, Polen und andere kommen gelegentlich vor.

Zu den Gnaden- und Weihemedaillen zählen auch die vor allem in der Barockzeit weit verbreiteten *Benediktuspfennige,* die als Amulette mit magischen Abwehrkräften galten. Eine Medaillenseite zeigt in der Regel den hl. Benedikt mit Krummstab und Giftbecher, die Rückseite das Benediktuskreuz mit den Anfangsbuchstaben eines Schutzgebetes, häufig verbunden mit den Abkürzungen des Zachariassegens, eines Pestsegens. Der hl. Benedikt wurde als Helfer bei Pest, Fieber und Fallsucht, bei Blitz und Hagelschlag, aber auch als Patron der Sterbenden und Beschützer vor dem Teufel verehrt. Diese Pfennige, die seit der Mitte des 17. Jahrhunderts vorkommen, stammen ursprünglich vermutlich aus dem bayerischen Benediktinerkloster Metten und wurden seit dem Ende des 17. Jahrhunderts vor allem auch in der Benediktinerabtei St. Peter in Salzburg geprägt.

Relativ häufig kommen *Gnadenmedaillen* des so genannten Abbondiotypus vor, die auf der Vorderseite eine Christus-, auf der Rückseite eine Marienbüste zeigen. Die meist vorhandene Umschrift SALVATOR MVNDI verweist auf die vermittelnde Funktion des Erlösers beim Jüngsten Gericht. Dieser Medaillentyp geht auf Vorbilder der italienischen Medailleure Antonio und Alessandro Abbondio aus der 2. Hälfte des 16. und der 1. Hälfte des 17. Jahrhunderts zurück. Aber auch zeitnahe Heilige wie Ignatius von Loyola, Franz Xaver, Aloisius von Gonzaga und besonders Johannes Nepomuk wurden verehrt.

Beliebte Anhänger am Rosenkranz waren auch Nachbildungen der *Nepomukszunge,* deren Ursprung auf die Legende zurückgeht, wonach bei der Graböffnung 1719 die Zunge des Heiligen noch erhalten vorgefunden worden sei. Der hl. Nepomuk, Märtyrer des Beichtgeheimnisses, galt als Schutzheiliger der Schiffer, Reisenden und Kaufleute.

Zu den Anhängern mit Amulettcharakter zählen die gelegentlich in Gräbern vorkommenden *Breverln* der 2. Hälfte des 18. Jahrhunderts, die als Schutz gegen jegliche Gefahr für Leib und Seele galten. Verschiedene gefaltete Segens- und Gebetszettel sowie Heiligenbilder wurden in Behältnissen aus Metall, Stoff oder Leder aufbewahrt und als Anhänger getragen.

Zu den Amuletten gehören auch Anhänger aus gebranntem Ton, dem in der Regel ein als heil- oder wunderkräftig geltender Stoff beigemischt war, so genannte *Schabsteine.* Von solchen geweihten Objekten wurde bei Krankheit etwas Substanz abgeschabt und einem Getränk oder Essen beigemischt. Diese medaillonartigen, reliefverzierten Anhänger stammen überwiegend aus dem österreichischen Wallfahrtsort Sonntagberg. Auf einer Seite ist das Kultbild der Wallfahrtskirche von Sonntagberg, der Gnadenstuhl, eine beliebte Dreifaltigkeitsdarstellung, abgebildet, auf der anderen Seite das Gnadenbild von Maria Taferl.

Als Zeichen besonderer Marienverehrung galten die so genannten *Skapuliere,* flache Stoffpolster, die mit einem Marienbild bestickt oder beklebt waren und an Seidenbändern um den Hals getragen wurden. Sie waren insbesonders Bestandteil der Ordenstracht der Karmeliter und Bekenntniszeichen von Angehörigen der Skapulierbruderschaft.

Trachtbestandteile

Die aus Gräbern geborgenen Trachtbestandteile geben Hinweise auf die Totenbekleidung der Bestatteten.

Waren im Mittelalter die Toten in einfache Tücher gehüllt und ohne Beigaben beigesetzt worden, ist ab dem 16. Jahrhundert ein prunkvolles Totenbrauchtum aus den historischen und archäologischen Quellen ablesbar. Die Bestattung in festlichen Gewändern, oftmals eigens gefertigten Totenkleidern, wird üblich. Der überwiegende Teil der Verstorbenen wurde in Holzsärgen bestattet, von denen gelegentlich Holzreste, meist aber nur Eisennägel erhalten sind. Von der auf zeitgenössischen bildlichen Quellen dargestellten Kleidung lassen sich im archäologischen Fundgut vielfach nur die metallischen Bestandteile wie Knöpfe, Schuh- und Gürtelschnallen, Beschläge und Gewandhäkchen nachweisen. Gelegentlich ist auch das Schuhwerk aus Leder erhalten.

Nur vereinzelt waren den Toten Schmuck, Ringe und Halsketten, oder persönliche Gegenstände wie Gebetbücher und Waffen mitgegeben worden. Zuweilen trugen Angehörige des hohen Adels und geistliche Würdenträger eigens für das Begräbnis aus unedlen Materialien angefertigte Kopien ihrer Insignien wie Krone, Szepter, Brustkreuz, Ringe oder Bischofstab.

Von den Gewändern aus Leinen- und Seidengeweben haben sich meist nur Fragmente erhalten, vorwiegend die als Besatz dienenden, mit Gold- und Silberfäden durchwirkten Borten. Gelegentlich sind Reste von Totenkronen nachweisbar, die aus historischen Quellen und bildlichen Darstellungen seit dem 16. Jahrhundert bekannt sind. Diese kunstvollen Kronen aus an Metallreifen befestigten Blüten aus Seide, Perlen und leonischen Drähten mit getrockneten Früchten und Gewürzen wurden vorwiegend unverheirateten verstorbenen Mädchen gleichsam als Hochzeitsschmuck in das Grab gegeben.

Literatur:

500 Jahre Rosenkranz, Katalog der Ausstellung, Köln 1975.

G. Ritz, Der Rosenkranz, München 1962.

H. O. Münsterer, Das Caravacakreuz und seine deutschen Nachbildungen, Bayerisches Jahrbuch für Volkskunde 1951, 32 ff.

F. Minkus, Pestkreuz-Inschriften, Berichte und Mitteilungen des Altertumsvereines zu Wien 35, 1900, 49 ff.

M. Brauneck, Religiöse Volkskunst. Votivgaben – Andachtsbilder – Hinterglas – Rosenkranz – Amulette, Köln 1978.

I. Fingerlin, Die frühneuzeitlichen Bestattungen im Kreuzgang von St. Ulrich und Afra in Augsburg, Münchner Beiträge zur Vor- und Frühgeschichte 23, 1977, 487–517.

E. Specht, Die Leopoldspfennige, in: Der heilige Leopold. Landesfürst und Staatssymbol, Katalog des Niederösterreichischen Landesmuseums, N. F. 155, Wien 1985, 112 ff.

G. Descoeudres u. a., Sterben in Schwyz, Schweizer Beiträge zur Kulturgeschichte und Archäologie des Mittelalters 20/21, Basel 1995.
C. Rupp, Hochzeit am Grabe – Die Totenkronen von Frauenkirchhof, in: Archäologie aktuell im Freistaat Sachsen 3, 1995, 226f.

28.1 Feierlicher Trauergottesdienst

Altenburg 1681
Rotelbuch AB 7 D 30
Foto: Stiftsarchiv Altenburg

In der Stiftskirche von Altenburg wird ein feierlicher Trauergottesdienst abgehalten. *Sancta et salubris Cogitatio pro defunctis exorare ut a peccatis solvantur* (Makk. 2/12, 45). Ansicht des romanischen Presbyteriums, an der Außenseite der Kirche ist ein Schnitt durch den Karner zu sehen.

28.2 Bestattungsszene

1495/1505
Fresko in der Filialkirche zum hl. Johannes dem Evangelist in Karnol, Südtirol
Foto: Institut für Realienkunde des Mittelalters, Krems

Zu den „Werken der Barmherzigkeit" gehört es, auch den mittellosen Toten ein Erdbegräbnis zu ermöglichen.

28.3 Der Paternosterer

Hausbuch der Mendelschen Zwölfbrüderstiftung in Nürnberg, um 1425/36,
Nürnberg Stadtbibliothek, Amb. 317, fol. 13r.
Aus: W. Treue u. a. (Hrg.), Das Hausbuch der Mendelschen Zwölfbrüderstiftung zu Nürnberg, Bildband, München 1965

Das Bild zeigt die ursprüngliche Herstellung der Perlen mit dem Fidelbogen.

Kat. Nr. 28.1

Kat. Nr. 28.2

28.4 Frau mit Ringrosenkranz

Um 1462, Friedrich Herlin
Aus: G. Ritz, Der Rosenkranz, München 1963, Abb. 7.

Auf diesem Ausschnitt aus den Stifterbildnissen vom alten Hochaltar der St. Georgskirche in Nördlingen ist eine Frau mit Ringrosenkranz (Paternoster) abgebildet.

28.5 Stifterbild

15. Jahrhundert
Sammlung des regierenden Fürsten von Liechtenstein, Vaduz

Dargestellt sind der vor der Muttergottes mit Kind kniende Stifter mit seinen drei Frauen. Das Bild zeigt die verschiedenen Rosenkranzformen der Zeit, die kurze, offene Schnur mit Quastenabschluss und lange unterteilte Perlenschnüre mit Einhänger.

28.6 Jüngstes Gericht

Altenburg 1681
Rotelbuch AB 7 D 30
Foto: Stiftsarchiv Altenburg

Arme Seelen im Fegefeuer, Dreifaltigkeit und kniender Mönch.

28.7 Bestattung, Kopf mit Totenhaube

18. Jahrhundert
Klostermarienberg, Grab 282
Foto: Bundesdenkmalamt, F. Sauer

28.8 Grab mit Abtsstab

12./13. Jahrhundert
Kleinmariazell, Grab 254
Foto: Bundesdenkmalamt, J. Offenberger

Die Aufnahme zeigt im Vordergrund Grab 254 mit dem Abtsstab, im Hintergrund mehrere Bestattungen in Holzsärgen.

Kat. Nr. 28.5

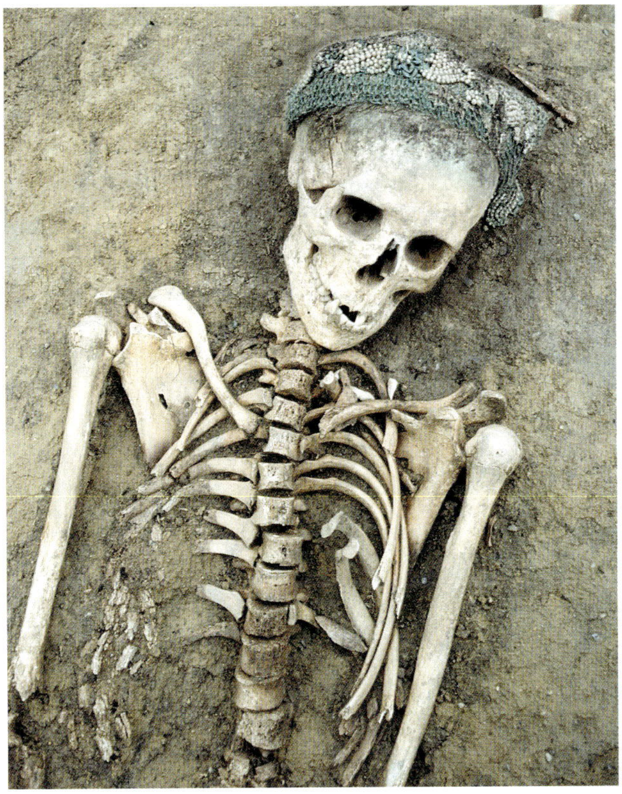

Kat. Nr. 28.7

Kat. Nr. 28.6

Kat. Nr. 28.8

Kat. Nr. 28.9

28.9 Paternoster

Spätmittelalter
Horn, gedreht, Durchmesser 2,3 cm, fast kreisförmiger Querschnitt
Tulln, Minoritenkloster, Grab 2, Inv. Nr. 237

In der aus Steinplatten gesetzten Gruft im Presbyterium der gotischen Kirche konnten verstreut die Reste eines Ringrosenkranzes (Paternoster) gefunden werden.

Der Gebetskranz besteht aus 42 gleich großen Beinringen. Bildliche Darstellungen zeigen, dass die Ringe schuppenförmig angeordnet auf einem Stoff- oder Lederring befestigt waren. Diese während des Spätmittelalters benutzten Paternoster aus Beinringen bilden eine Vorstufe der späteren Rosenkranzketten.

28.10 Brustkreuz mit plastischem Crucifixus

17./18. Jahrhundert
Bronze, gegossen, unterer senkrechter Kreuzbalken abgebrochen, erhaltene Länge 11,1 cm, Corpus 7,5 cm
Klostermarienberg, Grab 33, Inv. Nr. 60

Auf dem flachen Kreuz mit dreipass-verzierten Enden ist der plastische Corpus mit drei Stiften befestigt. Christus ist mit steil nach oben gestreckten Armen und zur linken Seite zurückgesunkenem, dornenbekröntem Haupt dargestellt. Das gefaltete Lendentuch ist an der rechten Hüfte geknotet. Am oberen Kreuzbalken befindet sich eine Rollkartusche mit der Inschrift INRI.

28.11 Rosenkranz mit Holzkreuz

17. Jahrhundert
Beinperlen 0,8 × 0,6 cm, Holzkreuz Länge 5,5 cm, Bronzeblechfassung
Klostermarienberg, Grab 239, Inv. Nr. 673

Vom Rosenkranz aus ovalen Beinperlen sind nur drei Gesätze vollständig erhalten. Zwischen den etwas größeren Paternosterperlen mit gedrechselten Querrillen waren kleine Bronzeperlen eingeschoben. Den Abschluss des Kranzes bildet ein aus Hartholz gefertigtes Kreuz, das durch Stifte mit der Fassung aus Bronzeblech verbunden ist. Auf beiden Seiten des Kreuzes ist in Intarsientechnik ein Kreuz aus dunklem Holz eingelegt, in den runden Ausnehmungen an den Enden der Kreuzarme Bein- oder Perlmuttkreuze.

Kat. Nr. 28.10

Kat. Nr. 28.11

28.12 Holzkreuz

17./18. Jahrhundert
Holz, Länge 4,8 cm, Messingfassung gegossen mit Ringöse 7 cm
Tulln, Minoritenkloster, Inv. Nr. 401

Das aus Hartholz gefertigte Kreuz ist aus drei Teilen zusammengesetzt. In den rechteckigen Feldern auf der Vorderseite war ursprünglich in Intarsientechnik dunkles Holz oder Bein eingelegt. An den Enden der Kreuzarme und zwischen den Feldern sitzen kleine runde Bronzenägel. Das Kreuz ist umrahmt von einer Messingfassung mit profiliertem rechteckigen Sockel am unteren Kreuzende und kleinen plastischen Knöpfen an den Querarmen.

28.13 Caravacakreuz

17. Jahrhundert
Messing, flacher Guss, Länge 7,6 cm, Breite 3,8 cm, scharnierartiger Ringanhänger
Kartause Mauerbach, Grab 6, Inv. Nr. 227

Das Kreuz mit tulpenförmigen Enden weist beiderseits eine Ritzzeichnung auf. Auf der Vorderseite ist die Legende der Genesius-Messe von Caravaca in Südspanien dargestellt. Zwei fliegende Engel bringen dem von Mauren gefangenen Priester das Caravacakreuz. In der

Kat. Nr. 28.12

Kat. Nr. 28.13

Mitte des Längsbalkens der Messe lesende Priester Genesius mit der Monstranz. Die zuschauenden Personen am unteren Querbalken sind der Maurenfürst, seine Gemahlin und die beiden Söhne mit fezartigen Kopfbedeckungen. Im Kreuzfuß ist der Messdiener dargestellt. Auf der Rückseite Mariendarstellung, nicht mehr erkennbar, auf den Quer- und Längsbalken die spanische Inschrift SIN PECADO.

Literatur:
H. Münsterer, Das Caravacakreuz und seine deutschen Nachbildungen, Bayerisches Jahrbuch für Volkskunde 1951, 32ff.

28.14 Caravacakreuz

17. Jahrhundert
Bronzeguss, Länge 5,5 cm
Klostermarienberg, Grab 377, Inv. Nr. 781

Auf der Vorderseite des Doppelkreuzes mit tulpenförmigen Balkenenden sind die Anfangsbuchstaben des Zachariassegens eingraviert (im ersten Querbalken + Z + DIA +, im zweiten Querbalken + SAB + Z + HG, im Längsbalken BIZ + F BFRS); auf der Rückseite der Benediktussegen: im ersten Querbalken VRSNSMV, im zweiten Querbalken S / SMQLIVB / P (*Vade Retro Satana, Nunquam Suade Mihi Vane – Sunt Mala, Quae Libas, Ipse Venera Bibas*. Weiche zurück, Satan! Nie verlocke mich zu Eitlem! Nur Böses ist es, was du bietest, trinke du selber dein Gift!), im Längsbalken C – CS – SML – NDSMD – B (*Crux Sacra Sit Mihi Lux – Non Draco Sit Mihi Dux.* Das heilige Kreuz sei mein Licht; der Drache soll nicht mein Führer sein).

28.15 Caravacakreuz mit Rosenkranz

17. Jahrhundert
Beinperlen, Durchmesser 0,9 und 1,1 cm, Kreuz aus Messingblech, Flachguss Länge 3 cm
Kleinmariazell, Grab 16/1

Rosenkranz aus runden Beinperlen mit fünf Gesätzen. Die etwas größeren Paternosterperlen sind durch

Kat. Nr. 28.15

kleine Bronzeperlen abgesetzt. Das Credo-Kreuz besteht aus drei balusterförmigen Perlen. Den Abschluss bildet ein kleines Caravacakreuz mit beidseitiger ornamentaler Ritzverzierung. Im oberen Querbalken der Vorderseite ist das Monogramm IHS eingraviert.

28.16 Kreuzanhänger

17./18. Jahrhundert
Bronzeblech, gestanzt, 3,6 × 2,6 cm, mit Öse
Kleinmariazell, Grab 33/1

Auf der Vorderseite ist der hl. Valentin als Bischof mit Stab und Palmzweig auf einer Wolke stehend dargestellt. Auf der Rückseite die Inschrift SANCTVS VALENTINVS.

28.17 Kreuzanhänger

17. Jahrhundert (Dendrodatierung des Sarges 1623)
Bronze, gegossen, Länge mit Öse 5,1 cm
Kleinmariazell, Grab 61/1

Das flache Kreuz mit erhabenem Rand weist auf beiden Seiten eine figürliche Reliefdarstellung auf. Auf der Vorderseite Christus am Kreuz. Oberhalb des von einem Strahlennimbus umgebenen Hauptes Rollkartusche mit der Inschrift INRI, unterhalb der Füße der Schädel Adams als Symbol der Kreuzigungsstätte auf Golgatha. Auf der Rückseite ist das Gnadenbild Maria Loreto mit Behang dargestellt. Auf den Kreuzarmen die Inschrift S. MAR. LAVRETANA ORA P. N. Unter den Füßen ein Engelkopf mit Flügeln.

28.18 Kreuzanhänger

18. Jahrhundert
Bronze, gegossen, Länge 4,9 cm, Öse
Klostermarienberg, Grab 400, Inv. Nr. 829

Das flache Kreuz ist von einem erhabenen Rand konturiert und weist auf beiden Seiten eine figürliche Reliefdarstellung auf. Auf der Vorderseite Christus am Kreuz. Das dornengekrönte Haupt ist von einem Strahlennimbus umgeben. Oben am Kreuzschaft Rollkartusche mit der Inschrift INRI. Unterhalb der Füße Christi der Schädel Adams. Auf der Rückseite die Unbefleckte Empfängnis Mariens. Maria mit vor der Brust zum Gebet gefalteten Händen schwebt über der Mondsichel. Eine Sternengloriole umrahmt ihr Haupt. Auf den Kreuzarmen der Rückseite die Inschrift: VIP – MMI – ABIA – MATFP – CPA – TIA.

Kat. Nr. 28.16

Kat. Nr. 28.17a

Kat. Nr. 28.17b

28.19 Kreuzanhänger

18. Jahrhundert
Bronze, gegossen, Länge 4,4 cm, Öse
Klostermarienberg, Grab 533, Inv. Nr. 1035

Kreuz mit Reliefdarstellung Christus am Kreuz und Immaculata Conceptio, gleicher Typ wie Kat. Nr. 28.18. Auf den Kreuzarmen der Rückseite die Inschrift: IMM – VITAM – ..REST – PVR-AM.

28.20 Kreuzanhänger und Weihemedaille

18. Jahrhundert
Kreuz: Bronze, gegossen, Länge 5,5 cm, Öse, Weihemedaille: Bronze, gegossen, kreisförmig, Durchmesser 1,5 cm, Öse
Klostermarienberg, Grab 846, Inv. Nr. 1656

Kat. Nr. 28.18

Kat. Nr. 28.19

Kat. Nr. 28.20

Auf der Vorderseite des Kreuzes ist der Gekreuzigte dargestellt, darunter Maria, vom Schwert durchbohrt. Auf der Rückseite die Symboldarstellungen der Wunden Christi (Hände, Füße, Herz Jesu, Schweißtuch). Auf der Vorderseite der Weihemedaille Christusbüste, auf der Rückseite Marienbüste.

28.21 Rosenkranz und Kreuzanhänger

18. Jahrhundert
Kreuz: Bronze, gegossen, Länge 3,2 cm, Öse mit Ring
Klostermarienberg, Grab 179, Inv. Nr. 376

Kreuz mit Reliefdarstellung Christus am Kreuz und der Immaculata Conceptio, gleicher Typ wie Kat. Nr. 28.18. Der Rosenkranz mit ursprünglich sechs Gesätzen aus grauen kugeligen Tonperlen mit schwarzem Überzug. Die etwas größeren Paternosterperlen sind durch Beinscheiben abgesetzt.

28.22 Rosenkranz mit Kreuzanhänger

18. Jahrhundert
Kreuz: Bronze, gegossen, Länge 4 cm, Glasperlen: Durchmesser 0,9 und 1,2 cm
Klostermarienberg, Grab 641, Inv. Nr. 1248

Der unvollständig erhaltene Rosenkranz besteht aus blauen, facettierten Ave-Perlen und weißen brombeerförmigen Paternosterperlen. Auf dem durchbrochenen flachen Kreuz mit tulpenförmigen Enden ist der gesondert gearbeitete Corpus aufgenietet.

Kat. Nr. 28.21

Kat. Nr. 28.22

Kat. Nr. 28.24

28.23 Rosenkranz mit Kreuzanhänger

17./18. Jahrhundert
Kreuz: Bronze, gegossen, Länge 4,2 cm, Beinperlen: Durchmesser 0,5–0,8 cm
Klostermarienberg, Grab 376, Inv. Nr. 778

Rosenkranz aus Beinperlen, zwischen den größeren Paternosterperlen sind kleine Bronzeperlen eingeschoben. Vollständig erhalten sind nur vier Dekaden. Das durchbrochene Abschlusskreuz mit aufgenietetem Crucifixus nach dem Credokreuz ist fast ident mit Kat. Nr. 28.22.

28.24 Rosenkranz mit Kreuzanhänger

18. Jahrhundert
Kreuz: Bronze, gegossen, Länge 4,1 cm, Öse eingestanzt, Perlen: Durchmesser 0,5–0,6 cm
Klostermarienberg, Grab 605, Inv. Nr. 1185

Der Rosenkranz aus dunkelgrauen Tonperlen mit Credokreuz ist nur unvollständig erhalten. Auf dem Kreuz mit Dreipass-Enden ist der Corpus in flachem Relief mit seitlich gestreckten Armen wiedergegeben.

28.25 Kreuzanhänger

18. Jahrhundert
Bronze, gegossen, Länge 5,2 cm, Öse mit Ring
Klostermarienberg, Grab 379, Inv. Nr. 1114

Das Kreuz mit Dreipass-Enden, der plastische Corpus und die Kartusche sind in einem gegossen. Auf der Rückseite eine unleserliche Inschrift.

28.26 Rosenkranz mit Kreuz

18. Jahrhundert
Kreuz: Bronze, gegossen, Länge 4,1 cm, Öse mit Ring, Perlen: Durchmesser 0,7 cm
Klostermarienberg, Grab 531, Inv. Nr. 1031

Rosenkranz aus hellblauen kugelförmigen Glasperlen mit sechs Gesätzen, ursprünglich mit Bronzedraht gekettelt. Die Paternosterperlen aus Bronzeblech sind durch kleine Bronzeperlen abgesetzt. Auf dem flachen Kreuz mit Dreipass-Enden ist der gesondert gegossene Corpus mit einem Stift befestigt.

28.27 Rosenkranz mit Kreuz

18. Jahrhundert
Kreuz: Bronze, gegossen, Länge 3,3 cm, Öse, Beinperlen: Durchmesser 0,5 cm
Klostermarienberg, Grab 196, Inv. Nr. 324 (Kreuz), Grab 78 (Rosenkranz)

Kreuz mit plastischem Crucifixus in Hohlform gegossen. Die Kreuzbalkenenden sind kleeblattförmig. Über dem Haupt Christi mit Strahlenkranz rechteckige Tafel mit der Inschrift INRI, zu Füßen Adams Schädel.

Unvollständiger Rosenkranz aus ovalen Beinperlen mit Credokreuz. Erhalten sind vier Dekaden, unterteilt durch mit Querrillen verzierte, gedrechselte Paternosterperlen.

28.28 Rosenkranz mit Kreuz

18. Jahrhundert
Kreuz: Bronze, gegossen, Länge 3,5 cm, Öse, Glasperlen: Durchmesser 0,6 cm und 1,0 cm

Kat. Nr. 28.25

Kat. Nr. 28.27

Klostermarienberg, Grab 58, Inv. Nr. 95 (Kreuz), Grab 355 (Perlen)

Rosenkranz mit ursprünglich sechs Gesätzen aus blauen kugeligen Ave-Perlen aus Glas. Die brombeerförmigen Paternosterperlen aus weißem Glas sind mit kleinen gelben Glasperlen abgesetzt. Auf dem flachen Kreuz mit Dreipass-Enden ist der gesondert gegossene Corpus mit einem Stift befestigt.

28.29 Kreuz und Anhänger

18. Jahrhundert
Kreuz: Bronze, gegossen, Länge 3,1 cm
Klostermarienberg, Inv. Nr. 1855

Der Anhänger (Credokreuz) besteht aus einer runden Bronzeblechhülse (Durchmesser 1,0 cm) mit gezahntem Rand, an die kreuzförmig angeordnet je eine blaue und gelbe Perle mit einer Bronzedrahtschlinge befestigt sind. In der Blechhülse Papierbild mit Christus- und Marien-Monogramm unter Glas. Kleines Bronzekreuz mit plastischem Crucifixus in Hohlform gegossen, die Kreuzbalkenenden sind kleeblattförmig. Über dem Haupt Christi mit Strahlenkranz rechteckige Tafel mit der Inschrift INRI, zu Füßen Adams Schädel.

28.30 Rosenkranz mit Kreuz und Schlüssel

2. Hälfte 17. Jahrhundert
Gagatperlen: Durchmesser 0,7–1,0 und 1,5 cm; Kreuz: Länge 3,7 cm, Schlüssel: Länge 2,4 cm, aus Buntmetall.
Graz, Leechkirche, Grab 6, Inv. Nr. 120

Rosenkranz aus runden Gagatperlen mit ursprünglich fünf Gesätzen. Die etwas größeren Paternosterperlen mit Profilierung sind durch kleine flache Perlen abgesetzt. Am Credo-Kreuz eine Schleife aus einem schmalen Textilband und zwei mit einem dünnen Faden befestigte Anhänger, ein kleines Kreuz mit Dreipass-Enden und mitgegossenem halbplastischen Corpus sowie ein kleiner Schlüssel, ein so genannter Gnadenschlüssel von Stift Rein. Auf dem Schaft sind auf einer

Kat. Nr. 28.29a

Kat. Nr. 28.29b

Kat. Nr. 28.30a

Kat. Nr. 28.30b

Kat. Nr. 28.30c

Seite die Buchstaben B A Z R, Balthasar Abt zu Rein (1643–1673), eingraviert.

Das Kloster Rein war den Laien nur am Tag der Kirchweihe frei zugänglich. Seit dem 16. Jahrhundert wurden vom Stift den Besuchern des Kirchenfestes am Gnadensonntag als Erinnerung derartige Gnadenschlüsselchen geschenkt, die zum Teil mit den Initialen des jeweils regierenden Abtes und der Angabe der Stiftsgründung ACER 1129 (*armus consecrationis Ecclesiae Runensis*) oder des Ausgabejahres beschriftet waren.

Literatur:

F. Wolf, Ein neuer Reiner-Schlüssel, Mitteilungen der Österr. Numismatischen Gesellschaft 9, 1956, Nr. 8, 57 ff.

M. Lehner, Die Archäologie des Leechhügels, in: Forschungen zur Leechkirche in Graz, Fundberichte aus Österreich, Materialheft A 4, 1996, 90.

28.31 Wendekopf

17. Jahrhundert
Bein, Höhe 2,1 cm, oval 2,1 × 1,3 cm, 1,3 × 1,2 cm.
Kleinmariazell, Grab 32/1

Aus Bein geschnitztes Doppelhaupt, eine Seite zeigt einen Totenkopf, die andere Christus mit Dornenkrone. Der Unterkiefer des Totenkopfes dürfte gesondert angehängt gewesen sein, worauf die zwei kleinen Löcher seitlich im Oberkiefer hindeuten.

Kat. Nr. 28.31a

Kat. Nr. 28.31b

Kleine, aus Bein geschnitzte Totenköpfe, Wendeköpfe mit zwei, gelegentlich drei Gesichtern (Christus – Tod – Maria), sind beliebte Einhänger an Rosenkränzen des 16. und 17. Jahrhunderts.

28.32 Rosenkranz mit Gnadenmedaille

1. Hälfte 18. Jahrhundert
Holzperlen: Durchmesser 1,1 und 1,7 cm, Stabösen aus Weißmetall, Medaille: Bronze, gegossen, hochoval 4,1 × 3,3 cm, Öse mit Ring
Kleinmariazell, Grab 10/1

Auf der Vorderseite Christusbüste mit Strahlenkranz nach rechts, mit Umschrift PRAE ELLIIS HOMINVM. Auf der Rückseite Marienbüste mit Schleier nach links, Umschrift MACVLA NON EST IN TE. Gloriole mit nicht lesbarer Umschrift.

Rosenkranz aus runden Holzperlen, jede Perle ist auf eine Staböse aufgezogen. Die fünf Dekaden sind durch etwas größere Perlen abgesetzt. Vom Credokreuz ist eine balusterförmige Perle erhalten.

28.33 Gnadenmedaille Christus - Maria

2. Hälfte 17./18. Jahrhundert
Bronze, gegossen, hochoval 2,6 × 21 cm, Öse
Herkunft Italien, Prägeort Rom?
Kleinmariazell, Grab 9/1

Auf der Vorderseite Christusbüste nach links mit Umschrift SALVATOR – MVNDI, auf der Rückseite Marienbüste mit Schleier nach rechts, Umschrift REG – CAELI.

28.34 Gnadenmedaille Christus - Maria

2. Hälfte 17./18. Jahrhundert
Bronze, gegossen, hochoval 2,7 × 2,2 cm, Öse
Kleinmariazell, Grab 31/1

Kat. Nr. 28.32a

Kat. Nr. 28.32b

Kat. Nr. 28.32c

Auf der Vorderseite Christusbüste und Marienbüste mit Schleier nach links, auf der Rückseite Kreuzigung mit vollständigem Wetterexorzismus.

28.35 Gnadenmedaille Christus – Maria

2. Hälfte 17./18. Jahrhundert
Bronze, gegossen, rund, Durchmesser 2,8 m
Klostermarienberg, Grab 584, Inv. Nr. 1147

Auf der Vorderseite Christusbüste nach rechts mit Heiligenschein und Umschrift SALVATOR – MVNDI – SALVA NOS, auf der Rückseite Marienbüste mit Heiligenschein nach links, Umschrift MATER – SALVATORIS.

28.36 Gnadenmedaille Christus – Maria

18. Jahrhundert
Bronze, gegossen, hochoval, 2,4 × 2,2 cm, Öse
Klostermarienberg, Grab 664, Inv. Nr. 1298

Auf der Vorderseite Christusbüste mit Dornenkrone nach links, Umschrift ALLEGREZ DEI(. . .)E DELLAT, auf der Rückseite Marienbüste mit Schleier nach rechts, Umschrift (. . .) – SALVATOR.

28.37 Gnadenmedaille

17./18. Jahrhundert
Bronze, gegossen, vergoldet, hochoval 4,4 × 3,5 cm, Öse
Kleinmariazell, Grab 267/2

Auf der Vorderseite Hüftbild des hl. Benedikt mit Buch und Bischofsstab nach rechts. Das aufgeschlagene Buch wird von einem Engel gehalten. Umschrift S. PATER – BENEDICTVS. Auf der Rückseite Hüftbild der hl. Scholastika, der Schwester des hl. Benedikt, mit Kreuz nach rechts, Umschrift SANCTA SCHOLASTICA.

28.38 Gnadenmedaille

17./18. Jahrhundert
Bronze, gegossen, rund, Durchmesser 3,3 cm, Öse mit Ring
Kleinmariazell, Grab 11/1

Auf der Vorderseite Hüftbild des hl. Benedikt mit Abtsstab und Buch nach rechts. Das aufgeschlagene Buch wird von einem Engel gehalten. Umschrift S. PATER. BENEDICTE. O.P.N. Schrift im Buch AV/SCV/LTA/O/E.. PR/EC/EC/TA/(M?)A. Auf der Rückseite Hüftbild des hl. Bernhard mit Kreuz und Leidenswerkzeugen in den Händen, nach links. Umschrift SANCTVS BER-NARDVS. AB.

Kat. Nr. 28.33a

Kat. Nr. 28.33b

Kat. Nr. 28.34a

Kat. Nr. 28.34b

Kat. Nr. 28.35a

Kat. Nr. 28.35b

Kat. Nr. 28.36a

Kat. Nr. 28.36b

Kat. Nr. 28.37a

Kat. Nr. 28.37b

Kat. Nr. 28.38a

Kat. Nr. 28.38b

Kat. Nr. 28.41a

Kat. Nr. 28.41b

Kat. Nr. 28.39a

Kat. Nr. 28.39b

Kat. Nr. 28.42a

Kat. Nr. 28.42b

28.39 Gnadenmedaille

18. Jahrhundert
Bronze, gegossen, kreisförmig, Durchmesser 3,4 cm, Öse.
Klostermarienberg, Grab 796, Inv. Nr. 1548

Auf der Vorderseite hl. Maria Magdalena, vor einem Tisch mit Kruzifix und Totenkopf sitzend, mit Umschrift S. MARIA MAGD. – OR(a). PR(o). NOB(is). Auf der Rückseite Hüftbild des hl. Antonius mit Buch und Lilie, vor ihm Christuskind stehend, Umschrift S. – A., links Signatur CS.

28.40 Gnadenmedaille

18. Jahrhundert
Bronze, geprägt, hochoval 2,6 × 2,3 cm, Öse.
Klostermarienberg, Grab 796, Inv. Nr. 1548

Auf der Vorderseite Doppelbrustbild der hll. Ignatius von Loyola und Franz Xaver mit Umschrift S. IGNATIVS S: FRANCISCVS XAVER. Auf der Rückseite ein Strahlenkranz, der ein Oval umrahmt. Im Oval Monogramm IHS, darüber Herz Jesu, darunter drei Pfeile.

28.41 Gnadenmedaille

18. Jahrhundert
Bronze, gegossen, hochoval 2,6 × 2,4 cm, Öse
Klostermarienberg, Grab 143, Inv. Nr. 655

Auf der Vorderseite Büste des Apostels Petrus mit Nimbus nach rechts, Umschrift SAN-PETRVS. APOSTO. Auf der Rückseite Öffnung der hl. Pforte in Rom, Umschrift IVB(ilate). DEO. OMN(is)-TERRA. Im Abschnitt VA.

Seit dem 14. Jahrhundert wird das mit einem Ablass verbundene Heilige Jahr ausgerufen, das ab 1475 auf einen 25-Jahr-Zyklus festgelegt wurde. Seit 1450 ist es durch Medaillen belegt. Dargestellt ist auf einer Seite meist die Öffnung der Pforte in St. Peter zu Rom durch den Papst mit einem Hammer. Die Umschrift IVBILATE DEO OMNIS TERRA kommt auf Medaillen des Jahres 1575, aber auch aus 1725 vor. In Verbindung mit dem Apostel Petrus gibt es mehrere Belege aus dem 18. Jahrhundert.

28.42 Gnadenmedaille

18. Jahrhundert
Bronze, gegossen, hochoval 2,6 × 2,4 cm, Öse
Klostermarienberg, Grab 91, Inv. Nr. 161

Auf der Vorderseite Brustbild des hl. Aloisius von Gonzaga mit Kruzifix in Händen nach rechts. Umschrift S ALOIS – GONZAGA S I. Auf der Rückseite Brustbild des hl. Johannes Franciscus mit Kruzifix in der Linken, Umschrift S . IO . FR. – REG. S. I .

28.43 Gnadenmedaille

18. Jahrhundert
Bronze, gegossen, hochoval 2,6 × 2,4 cm, Öse abgebrochen
Klostermarienberg, Grab 383, Inv. Nr. 795

Auf der Vorderseite der Erzengel Michael und ein Schutzengel mit Kind, im Abschnitt ROMA. Auf der Rückseite die Erzengel Gabriel und Raphael mit Tobias, im Abschnitt ROMA.

28.44 Benediktuspfennig

18. Jahrhundert
Bronze, geprägt, hochoval 2,6 × 2,4 cm, Öse mit Ring
Klostermarienberg, Grab 827, Inv. Nr. 1611

Auf der Vorderseite der hl. Benedikt mit Krummstab und Giftbecher, vor seinem rechten Knie der Benedik-

Kat. Nr. 28.44a

Kat. Nr. 28.44b

Kat. Nr. 28.45a

Kat. Nr. 28.45b

Kat. Nr. 28.46a

Kat. Nr. 28.46b

Kat. Nr. 28.47a

Kat. Nr. 28.47b

tusschild mit abgekürztem Segen, Umschrift S: BENEDICTE – ORA PRO NOBIS. Auf der Rückseite Zachariasschild in floralem Rahmen.

28.45 Benediktuspfennig

18. Jahrhundert
Bronze, geprägt, achteckig, 1,8 × 1,4 cm, Öse eingestanzt
Klostermarienberg, Grab 343, Inv. Nr. 717

Auf der Vorderseite stehender hl. Benedikt mit Kreuzstab und Giftbecher, Umschrift CRVX S(ancti). P(atris). – BENEDICT(i). Auf der Rückseite der Benediktusschild mit abgekürztem Segen.

28.46 Rosenkranz mit Benediktuspfennig

18. Jahrhundert
Benediktuspfennig: Bronze, geprägt, hochoval, 2,9 × 2,4 cm, Öse, Beinperlen: Länge 0,6 und 0,9 cm
Klostermarienberg, Grab 86, Inv. Nr. 148

Rosenkranz aus ovalen Beinperlen, ursprünglich fünf Dekaden, mit Credokreuz, die größeren Paternosterperlen mit Querrillen waren durch kleine Bronzeperlen abgesetzt.

Auf der Vorderseite des Benediktuspfennigs der hl. Benedikt mit Kreuzstab und Giftbecher, Umschrift CRVX S. P. – BENEDICTI. Auf der Rückseite der Benediktusschild, umgeben von den Buchstaben des Zachariassegens.

28.47 Klosterneuburger Leopoldspfennig

Propst Adam Scharrer, 1675–1681
Silber, gegossen, hochoval 3,5 × 2,8 cm, Öse und Ring
Klostermarienberg, Grab 426, Inv. Nr. 877

Auf der Vorderseite Hüftbild des hl. Leopold mit Fahne und Kirchenmodell, im Abschnitt in Kartusche S. L. (Sanctus Leopoldus), auf der Rückseite Hüftbild der sel. Agnes mit Kirchenmodell und Szepter, links Insignien des Propstes, Infel und Krummstab, sowie darunter die Initialen seines Vornamens A(dam) P(räpositus) C(laustroneoburgensis). Im Abschnitt die Buchstaben B. A. (Beata Agnes).

Derartige Pfennige wurden ursprünglich am Todestag des Markgrafen als Spende an die Armen verteilt. Die geprägten und gegossenen Stücke mit der Darstellung des Stiftspatrons, des hl. Leopold, und seiner Gemahlin Agnes wurden vom Stift seit 1584 als Gebetspfennige und Erinnerungsmedaillen für Pilger und Besucher ausgegeben. Auf den Stücken ist der jeweils regierende Propst genannt.

28.48 Wallfahrtsmedaille – Socorro

18. Jahrhundert
Bronze, gegossen, rund, Durchmesser 3,4 cm, Öse
Kleinmariazell, Inv. Nr. Grab 258/1

Auf der Vorderseite Gnadenbild mit Krone und Szepter, zu Füßen zwei Engel. Maria steht im Altar aus vier Säulen mit Baldachin. Umschrift: N VESTRA SEN. – DEL. SOCORRO. Auf der Rückseite Hüftbild des hl. Benedikt als Bischof mit Stab und Buch nach links, Umschrift S. PA-TER. B-ENED. Links oben Benediktusschild mit den Abbreviationen des Benediktussegens.

28.49 Wallfahrtsanhänger

18. Jahrhundert
Silber, gegossen, rautenförmig, 2,5 × 2,1 cm, Öse
Kleinmariazell, Grab 59/2

Auf der Vorderseite Gnadenkapelle (?), unten Signatur P. Auf der Rückseite Inschrift MARIA ADIVVA NOS.

Kat. Nr. 28.48a

Kat. Nr. 28.48b

Kat. Nr. 28.49

Kat. Nr. 28.50a

Kat. Nr. 28.50b

28.50 Wallfahrtsmedaille – Mariazell

18. Jahrhundert
Bronze, gegossen, hochoval 2,8 × 2,4 cm, Öse
Kleinmariazell, Grab 267/2

Auf der Vorderseite Gnadenbild mit Behang, von zwei Engeln bekrönt, Umschrift S. MARI(A) – CELLEN. Auf der Rückseite Hüftbild des hl. Nepomuk mit Kreuz und Palmzweig, Umschrift S. I. NEPO-MVC.

Kat. Nr. 28.51a

Kat. Nr. 28.51b

28.51 Wallfahrtsanhänger – Mariazell

17. Jahrhundert
Silber, hochoval mit Rahmenspange, 3,4 × 2,7 cm, Öse mit Ring
Graz, Leechkirche, Grab 8, Inv. Nr. 129

Auf der Vorderseite Gnadenbild mit Behang, Umschrift S. MARIA. – CELLENSIS. Auf der Rückseite Kirche Mariazell, Umschrift SACRA. ECCLESIA. Die Kirche ist vor dem barocken Umbau (1644–1683) abgebildet.

Literatur:
M. Lehner, Die Archäologie des Leechhügels, in: Forschungen zur Leechkirche in Graz, Fundberichte aus Österreich, Materialheft A 4, 1996, 91.

28.52 Wallfahrtsmedaille – Mariazell

18. Jahrhundert
Bronze, gegossen, hochoval, 2,8 × 2,4 cm, Öse
Klostermarienberg, Grab 69, Inv. Nr. 407

Auf der Vorderseite das Gnadenbild mit Umschrift S MARIA-CELL. Auf der Rückseite Mariazeller Schatzkammerbild und Umschrift S MARIA SCH. K.

28.53 Wallfahrtsmedaille – Mariazell

18. Jahrhundert
Zinn, gegossen, hochoval, 1,8 × 1,7 cm, Öse
Klostermarienberg,Grab 138, Inv. Nr. 269

Auf der Vorderseite das Gnadenbild mit Umschrift S:MARIA – ZELENS, auf der Rückseite Dreifaltigkeitsbild vom Sonntagberg mit Umschrift DIE H:3–FALTIGK.

28.54 Wallfahrtsmedaille – Mariazell

18. Jahrhundert
Bronzeblech, geprägt, hochoval 3,0 × 2,6 cm, Öse
Klostermarienberg, Grab 782, Inv. Nr. 1524

Kat. Nr. 28.52a

Kat. Nr. 28.52b

Auf der Vorderseite Gnadenbild, von Engeln gekrönt, und Umschrift S.MARIA – CELLENSIS; auf der Rückseite die Hl. Familie, darüber Taube und Gott Vater in den Wolken.

Kat. Nr. 28.54a

Kat. Nr. 28.54b

Kat. Nr. 28.55a

Kat. Nr. 28.55b

Kat. Nr. 28.56a

Kat. Nr. 28.56b

Kat. Nr. 28.57a

Kat. Nr. 28.57b

28.55 Wallfahrtsmedaille – Tschenstochau

18. Jahrhundert
Bronze, gegossen, hochoval 3,1 × 2,7 cm, Öse abgebrochen
Klostermarienberg, Inv. Nr. 339

Auf der Vorderseite das Gnadenbild von Tschenstochau (Polen) mit Umschrift B(eata). V(irgo). CZESTOK – OV. IN. REG(no). POL(oniae)., auf der Rückseite Christus am Kreuz zwischen Maria und Johannes, mit Umschrift PASSIO. CHRI-STI. CONFORTA. ME.

28.56 Wallfahrtsmedaille – Altötting

18. Jahrhundert
Zinn, gegossen, geprägt, hochoval 2,2 × 2,1 cm, Öse, am Rand drei Noppen angesetzt
Klostermarienberg, Grab 535, Inv. Nr. 1134

Auf der Vorderseite Gnadenbild von Altötting (Bayern) mit Umschrift S(ancta). B(eata). V(irgo). M(aria). I(n). – ETHI(ng), auf der Rückseite Gnadenbild von Dorfen (Bayern) mit Umschrift S B V M – I Do(rfen).

28.57 Wallfahrtsmedaille – Ettal-Wies

18. Jahrhundert
Zinn, gegossen, geprägt, hochoval 2,1 × 1,9 cm, Öse abgebrochen, drei Noppen an den Rändern
Klostermarienberg, Grab 382, Inv. Nr. 793

Auf der Vorderseite Gnadenbild von Ettal (Bayern), Maria mit dem Kind sitzend zwischen Strauchranken, auf der Rückseite Gnadenbild von der Wies, angeketteter Christus an der Geißelsäule zwischen Strauchranken.

28.58 Wallfahrtsmedaille – Maria Buch

18. Jahrhundert
Bronze, gegossen, hochoval 3,3 × 2,8 cm, Öse
Klostermarienberg, Grab 87

Auf der Vorderseite Gnadenbild von Maria Buch (Baden-Württemberg) im Strahlenkranz, darunter Schild mit unleserlicher Inschrift (Zachariassegen?), Umschrift S. MAR. BVCH. – ORA PRO NOBIS. Auf der Rückseite der stehende hl. Benedikt mit Krummstab und Giftbecher, vor seinem rechten Fuß der Benediktusschild.

28.59 Wallfahrtsmedaille – Loreto

18. Jahrhundert
Bronze, gegossen, kreisförmig, Durchmesser 2,2 cm, Öse mit Ring
Klostermarienberg, Grab 376, Inv. Nr. 778

Auf der Vorderseite das Gnadenbild von Loreto (Marche, Italien), eine gekrönte Madonna mit Christus-

Kat. Nr. 28.59a

Kat. Nr. 28.59b

kind auf dem linken Arm, von zwei Engeln flankiert zwischen zwei Öllampen, die an einer Arkade herabhängen. Auf der Rückseite der mit ausgebreiteten Händen knieende hl. Franziskus, der die Stigmata erhält.

28.60 Rosenkranz

18. Jahrhundert
Gagat: Durchmesser 1,1 cm, Bein: Länge 1,5 cm
Kleinmariazell Grab 282/1

Rosenkranz mit fünf Gesätzen aus runden Gagatperlen, unterteilt durch große ovale Perlen mit Längsrippen, zwei ovale Beinperlen mit Querrillen. Das Credokreuz wird aus einer zylindrischen und zwei tropfenförmigen Perlen gebildet.

Kat. Nr. 28.60

28.61 Nepomukzunge

18. Jahrhundert
Bronze, geprägt, zungenförmig 3,0 × 1,3 cm, Öse mit Ring
Klostermarienberg, Grab 474, Inv. Nr. 947

Auf der Vorder- und Rückseite Inschrift S. IOHANNIS / NEPOMVCENI.

Kat. Nr. 28.61

28.62 Breverl

18. Jahrhundert
Bronzeblechhülse, 3,6 × 2,8 cm, Papierbild
Klostermarienberg, Grab 537, Inv. Nr. 1042

In einer rechteckigen Bronzeblechhülse Papierbildchen mit dem Gnadenbild von Maria Taferl. Das Sichtfenster war mit orangefarbenem Glas abgedeckt. Die Aufhängeöse aus dünnem Bronzedraht ist abgebrochen. Umschrift: Jesus et Maria vobis cor cum anima mea.

28.63 Breverl

18. Jahrhundert
Bronzeblechhülse, 3,5 × 2,4 cm, Papierbild
Klostermarienberg, Grab 345, Inv. Nr. 722

In einer rechteckigen Blechhülle mit Aufhängeöse aus dünnem Draht befindet sich ein Papierbild mit der Darstellung Christi mit Kreuz in der Linken und Dornenkrone in der Rechten (Salvator). Das Sichtfenster ist mit grünlichem Glas abgedeckt.

28.64 Breverl mit Rosenkranz

18. Jahrhundert
Bronzeblechfassung: Länge 2,6 cm, Öse, Beinperlen: Länge 0,6 cm
Klostermarienberg, Grab 378, Inv. Nr. 784

Fragmentiert erhaltener Rosenkranz aus ovalen Ave-Perlen mit gedrechselten, rillenverzierten Paternosterperlen und Credokreuz aus Bein. Den Abschluss des Rosenkranzes bildet ein glockenförmiger Anhänger. In einer Fassung aus Bronzeblech ein Papierbildchen, beiderseits mit Glas abgedeckt. Auf der Vorderseite das Brustbild des hl. Nepomuk, auf der Rückseite nur mehr eine Schriftzeile „Beati" erkennbar.

28.65 Breverl

18. Jahrhundert
Bronzeblechhülse, 3,5 × 2,6 cm
Kleinmariazell, Grab 263 b/2

In einer rechteckigen Bronzeblechhülse mit Aufhängeöse aus dünnem Draht Papierbild mit der Darstellung einer sitzenden Madonna mit Kind. Das Sichtfenster ist mit grünlichem Glas abgedeckt.

Kat. Nr. 28.62

Kat. Nr. 28.64

Kat. Nr. 28.63

Kat. Nr. 28.65

28.66 Breverl

18. Jahrhundert
Bronzeblech, Leder, 5,2 × 6,5 cm
Klostermarienberg, Grab 340

Rechteckiges Lederkissen, rundum zugenäht, in einem ebenfalls rechteckigen Behältnis aus Bronzeblech mit um das Sichtfenster gezacktem Rand. Auf der Vorderseite des Lederkissens haben sich geringe Farbspuren einer Bemalung erhalten. Die Aufhängeschlaufe fehlt.

Derartige Breverln, die Segens- und Gebetszettel, Heiligenbilder oder amulettartige Naturstoffe beinhalteten, wurden am Gürtel oder an Bändern um den Hals getragen. Die Vorderseite war häufig mit einem Christus- oder Marien-Monogramm verziert.

28.67 Anhänger aus Ton (Schabstein)

18. Jahrhundert
Bronze, Ton, 2,0 × 1,7 cm
Klostermarienberg, Grab 575, Inv. Nr. 1105

Medaillonartiges Tonrelief in Bronzefassung, beiderseits mit einer Glasscheibe abgedeckt. Die ovale, reliefverzierte Tonscheibe ist mit brauner Glasur überzogen und farbig bemalt. Auf einer Seite ist das Dreifaltigkeitsbild von Sonntagberg wiedergegeben, auf der anderen Seite das Gnadenbild von Maria Taferl.

28.68 Halskette

18. Jahrhundert
Bernstein, Durchmesser 0,9 cm
Klostermarienberg, Grab 176

Kette aus 38 scheibenförmigen, facettierten Bernsteinperlen.

28.69 Doppelschnalle

18. Jahrhundert
Silber, 3,7 × 2,2 cm
Klostermarienberg, Grab 485

Der langovale, kerbschnittverzierte Bügel mit Mittelachse, Dorn und Beschläg ist aus Silber. An dem zungenförmigen Beschlägteil ist ein etwa 2,0 cm breiter Lederriemenrest mit einem Nietstift mit halbkugeligem Kopf befestigt.

28.70 Schnalle

18. Jahrhundert
Silber, 2,0 × 2,1 cm
Klostermarienberg, Grab 485

Silberschnalle mit D-förmigem, kerbschnittverziertem Bügel und zungenförmigem Beschläg mit Nietstift. Reste eines 1,5 cm breiten Lederriemens.

Kat. Nr. 28.67

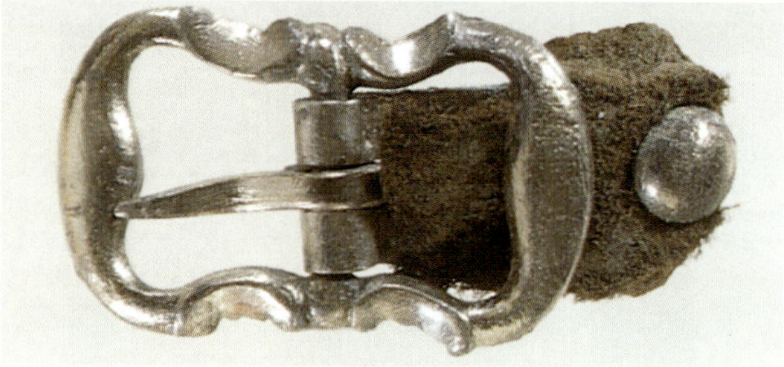

Kat. Nr. 28.69

Kat. Nr. 28.70

28.71 Doppelschnalle

18. Jahrhundert
Bronze, 4,4 × 5,2 cm
Klostermarienberg, Grab 485, Inv. Nr. 830

Der gewölbte, langovale Schnallenrahmen aus Bronze ist durch Kerblinien verziert, der Mittelsteg aus Eisen mit Dorn und Beschläg fehlen. Am Rahmen haften Reste von Leinengewebe.

28.72 Doppelschnalle

18. Jahrhundert
Bronze, 2,5 × 2,2 cm
Klostermarienberg, Grab 390, Inv. Nr. 810

Rechteckiger Rahmen mit abgerundeten Ecken aus Bronze, Mittelsteg aus Eisen, Dorn und ankerförmige Nadelrast aus Bronze.

28.73 Schnalle

17./18. Jahrhundert
Bronze, Durchmesser 4,3 cm
Kleinmariazell, Grab 289/1

Kat. Nr. 28.71

Kat. Nr. 28.72

Kat. Nr. 28.73

Kat. Nr. 28.74

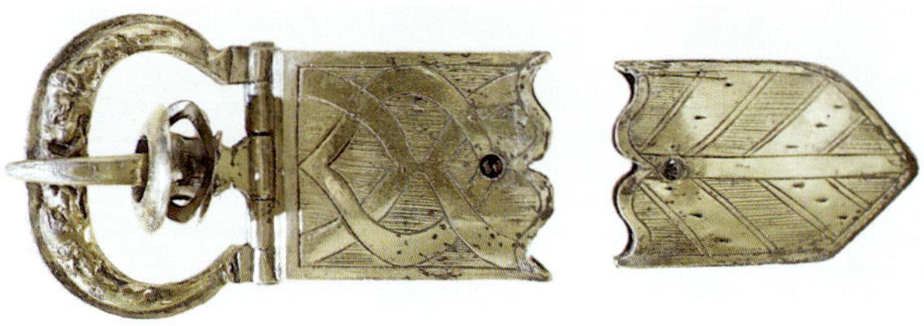

Kat. Nr. 28.75

Der Rahmen der kreisförmigen Schnalle ist im Querschnitt rund und facettiert, der Dorn hochrechteckig und an der Basis kerbverziert.

28.74 Doppelschnalle

18. Jahrhundert
Bronze, 4,7 × 3,8 cm
Kleinmariazell, Grab 61/2

Der gewölbte, langovale Schnallenrahmen ist mit Kerblinien verziert. An der Mittelachse befestigter, spitz zulaufender Dorn und ein rechteckiger Rahmenbeschläg mit Dorn.

28.75 Schnalle und Riemenzunge

16. Jahrhundert
Silber, vergoldet, Schnallenrahmen mit Beschläg: 5,5 × 2,5 cm, Riemenzunge: 3,3 × 2,3 cm
Kleinmariazell, Grab 60/2

Der D-förmige Schnallenrahmen ist mit aus gegenständigen Ranken wachsenden Tierköpfen verziert. Um den Dorn ein kreisförmiger Ösenlochschützer. Der rechteckige kastenförmige Blechbeschlag war mit Scharnier am Schnallenbügel und mit einem Eisenstift am Lederriemen befestigt. Beide Seiten des Beschlages weisen geometrische, ziselierte Muster auf, die Vorderseite verschlungene Bänder, die Rückseite ein Gittermuster. Auf dem kastenförmigen Riemenendbeschlag sind ebenfalls geometrische Muster eingeritzt.

28.76 Kette

18. Jahrhundert
Messing, vergoldet? Kettenglieder: Durchmesser 0,4 cm, erhaltene Länge der Kette 41 cm
Kleinmariazell, Grab 55/1

Die Kette besteht aus kleinen runden Gliedern aus dünnem Draht.

28.77 Beschlag

17./18. Jahrhundert
Silber, Draht: Länge 9,5 cm, Beschlag: Länge 4,3 cm
Kleinmariazell, Grab 89/3

Der Silberbeschlag stammt wohl vom Buchrücken eines Gebetbuches. An ursprünglich zwei dünnen runden Silberdrähten mit Schlaufenenden sind mit Scharnieren zwei dreiteilige, längliche Beschläge befestigt. Der um den Buchrücken gespannte Teil besitzt volutenförmige Enden und einen schildförmigen Mittelteil mit Punze (Wappenschild mit Buchstabe W darüber und

Kat. Nr. 28.76

Kat. Nr. 28.77

vier verschlungene Buchstaben S D F P). Die auf den Buchdeckeln mit zwei Nietstiften mit kugeligem Kopf befestigten Beschläge sind in Palmettenform durchbrochen gearbeitet.

28.78 Bunter Knopf

2. Hälfte 17. Jahrhundert
Buntmetall mit Emailüberzug, Durchmesser 2,7 cm, Höhe mit Öse 1,7 cm
Graz, Leechkirche, Grab 6, Inv. Nr. 17

Kugelsegmentförmiger Knopf mit weißem Emailüberzug und mehrfärbig aufgemalter Blüte. (M. Le.)

Literatur:
M. Lehner, Die Archäologie des Leechhügels, in: Forschungen zur Leechkirche in Graz, Fundberichte aus Österreich, Materialheft A 4, 1996, 90.

28.79 Gewandhäkchen mit Öse

18. Jahrhundert
Bronzedraht, Länge 1,1 cm
Klostermarienberg, Grab 746

Aus rundem Bronzedraht gebogen.

28.80 Gewandhaken und Ösen

18. Jahrhundert
Eisendraht, Länge 2,0 cm
Klostermarienberg, Grab 686

Die aus massivem Eisendraht gebogenen Haken und Ösen dienten als Gewandverschluss.

Kat. Nr. 28.78

Kat. Nr. 28.81

28.81 Verschlussblech

17. Jahrhundert
Bronze, Höhe 6,3 cm, Breite 6,7 cm, anhaftende Gewebe- und Lederreste
Kleinmariazell, Grab 94/24

Breitovale, gewölbte Bronzeblechscheibe. Auf der Platte ist ein 2,7 cm breiter Blechstreifen aufgenietet. Den Abschluss der Schmalseiten des Streifens bilden je drei Bögen mit randbegleitender Kerbverzierung, in der Mitte ein Streifen mit regelmäßig eingeschnittenen schmalen Schlitzen. Derartige Bleche sind aus Gräbern des 17. Jahrhunderts bekannt. Der Verwendungszweck ist bislang ungeklärt.

Literatur:
I. Fingerlin, Die frühneuzeitlichen Bestattungen im Kreuzgang von St. Ulrich und Afra in Augsburg, Münchner Beiträge zur Vor- und Frühgeschichte 23, 1977, Taf. 148 und 149.

28.82 Verschlussblech

17. Jahrhundert
Bronzeblechplatte: 7,2 × 7,2 cm, Blechstreifen: Breite 2,2 cm
Klostermarienberg, Grab 881, Inv. Nr. 1711

Das Verschlussblech aus Bronze und Teile von Lederriemen wurden im Bereich des rechten Oberarmes einer Bestattung gefunden. Die gewölbte, quadratische Blechplatte ist am Rand mit eingepunzten Palmetten

Kat. Nr. 28.82

Kat. Nr. 28.83

verziert. Auf der Platte sind zwei gewölbte Blechstreifen, in die elf senkrechte Schlitze eingeschnitten sind, jeweils mit einem Bronzeniet befestigt. An ihren entgegengesetzten Enden sind Lederriemen mit einem Eisenniet angebracht. An den Enden der Riemen befinden sich Bronzehaken, die in die Schlitze eingehängt werden können.

28.83 Goldborten

Um 1600
Borte aus Silber- und Goldfäden: Breite 2 cm, Mieder: Länge 26 cm, Breite 22 cm
Graz, Leechkirche, Grab 8a, Inv. Nr. 133

Aus dem Grab eines 8–9 Monate alten Kindes stammen spitzenähnliche Borten, die unter anderem als Besatz für ein Kindermieder verwendet wurden. Die Borte ist aus Silber- und doppelten Goldfäden mit Seidenseele in Flechttechnik hergestellt.

Literatur:
M. Lehner, Die Archäologie des Leechhügels, in: Forschungen zur Leechkirche in Graz, Fundberichte aus Österreich, Materialheft A 4, 1996, 91.
I. Petrascheck-Heim, Ausgewählte Textilien aus den neuzeitlichen Gräbern der Leechkirche, in: wie oben, 187f.

28.84 Textilreste

17. Jahrhundert
Borte ais Seide und vergoldeten Silberfäden: Breite 2 cm, Schleife: Länge 12 cm, Breite 5 cm
Graz, Leechkirche, Grab 20, Inv. Nr. 179

Aus einem Frauengrab stammen Seidenbänder, Borten und drei Schleifen. Die 2 cm breiten Borten mit eingewebten vergoldeten Silberfäden sind mit einem schmalen Seidenband zu einer Schleife gebunden.

Literatur:
M. Lehner, wie oben, 93.
I. Petrascheck-Heim, wie oben, 186f.

28.85 Marienbild

Nach 1737
Seide, Höhe 8,5 cm, Breite 6 cm, Seidenband: Breite 2 cm
Graz, Leechkirche, Grab 27, Inv. Nr. 283

Das Marienbild aus bedruckter, ursprünglich wohl weißer Seide war mit einer Schlingenborte eingefasst und an einem Seidenband befestigt. Es wurde als Skapulier um den Hals getragen. Dargestellt ist das Gnadenbild der Maria Luschari, Beischrift „Vera Effigies B.V.MARIAE de Monte Carni“.

Kat. Nr. 28.84a

Kat. Nr. 28.84b

Literatur:
M. Lehner, wie oben, 94.
I. Petrascheck-Heim, wie oben, 94.

28.86 Lederschuhe

17. Jahrhundert
Leder, Sohlenlänge 12 cm, Höhe 6 cm
Graz, Leechkirche, Grab 23, Inv. Nr. 175

Aus dem Grab eines Kleinkindes stammen zwei gut erhaltene Lederschuhe. Das Oberleder besteht aus drei Teilen, die Sohle ist genäht.

Literatur:
M. Lehner, wie oben, 93.

Kat. Nr. 28.85

Kat. Nr. 28.86

28.87 Kappe

17. Jahrhundert
Seide, Umfang 53 cm, Höhe 11 cm
Graz, Leechkirche, Grab 4, Inv. Nr. 73

Die mit einem Seidenfutter versehene Kappe besteht aus einem in Ripsbindung gewebten Seidenstoff mit in Dreiecksmuster durchwirkten vergoldeten Silberfäden.

Literatur:
M. Lehner, wie oben, 90.
I. Petrascheck-Heim, wie oben, 188 f.

28.88 Totenkranz

17. Jahrhundert
Messing, Umfang etwa 30 cm, Breite 0,4 cm
Graz, Leechkirche, Grab 7, Inv. Nr. 130

Das zu einem Kranz gebogene schmale Blechband ist mit Seidenfäden umwunden. Der kreuzweise darüber gewickelte vergoldete Messingdraht diente zur Befestigung von verschiedenen Pflanzen und Blumen.

Literatur:
M. Lehner, wie oben, 90.

28.89 Haubenbesatz

18. Jahrhundert
Drahtreif aus Kupfer: Umfang 39,2 cm, Borte: Breite 8 cm, Glasperlen: Durchmesser 0,2 cm
Klostermarienberg, Grab 282

Kat. Nr. 28.87

Kat. Nr. 28.88

Kat. Nr. 28.89

Auf einem gebogenen Drahtreif ist eine Zierborte aus filigranen Drähten und Perlen angenäht. Ein Geflecht aus leonischen Drähten (feine, spiralförmig um einen Basisdraht gewickelte Drähtchen), an dünnen Drähten aufgereihte Glasperlenschnüre und aus Drahtschlingen gefügte Rosetten mit vier Glasperlen in der Mitte sind auf einem textilen Träger montiert.

28.90 Dolch und Kavaliersdegen

Mitte 16. Jahrhundert
Stahl. Degen: Länge 81 cm, Dolch, Länge 39,5 cm
Graz, Leechkirche, Grab 2, Inv. Nr. 58 und 284

Derartige Dolche wurden beim Gefecht mit der linken Hand zusätzlich zum Degen geführt. Die aufwärts gebogene Parierstange diente zum Abwehren der gegnerischen Klinge. An der Klinge sind noch Reste der Lederscheide sowie deren Spitze und oberer Eisenbeschlag erhalten. Die Klinge des zierlichen Degens ist im Querschnitt linsenförmig mit einer breiten Blutrinne. Das ursprünglich reiche Griffgefäß ist fragmentiert. Im Mittelteil der Klinge sind Reste der Holzscheide ankorrodiert. (M. Le.)

Literatur:
M. Lehner, wie oben, 89 f.

28.91 Bodenfliese mit Stifterinschrift

1609
Ziegelton, Länge 22,2 cm
Kleinmariazell, Gründergrab

In einer Gruft innerhalb des Presbyteriums der Kirche des Klosters Kleinmariazell fand sich eine quadratische Bodenfliese mit in schwarzer Farbe aufgemalter Inschrift: AO: 1609 . DIE / 13 . MAI . INVEN/TA .

Kat. Nr. 28.91a

Kat. Nr. 28.91b

SVNT . OSSA/ FVNDATORVM (Im Jahre 1609 am 13. Mai, wurden die Gebeine der Gründer aufgefunden). Es handelt sich somit um eine sekundäre Grablege der Gründer des Klosters, Heinrich und Rapoto von Schwarzenburg.

28.92 Abtsstab

12./13. Jahrhundert
Pappelholz, Länge 116,7 cm
Kleinmariazell, Grab 254/1

Der hölzerne, in einem Grab der Klosterkirche von Kleinmariazell gefundene, grob geschnitzte Stab zeigt im Bereich der Krümme zahlreiche Bohrspuren, die darauf hinweisen, dass die Windungen zuerst vorgebohrt und dann geschnitzt wurden.

Diese Form des Bischofstabes, ein in einer Krümme auslaufender Stab, war die ab dem 10./11. Jahrhundert übliche Grundform. Der Hirtenstab zählt zu den liturgischen Insignien der Bischöfe, die aber auch aufgrund einer Ermächtigung des apostolischen Stuhles von Äbten getragen werden durften. Dieser einfache, aus Holz hergestellte Stab gehört zu den Grabfuneralien aus unedlem Material, die eigens für die Bestattung angefertigt worden sind und in Gräbern hoch gestellter Personen wie Kaiser, Fürsten und Bischöfen vorkommen. Die Krümme als Grabbeigabe in Bischofsgräbern ist mehrfach zu belegen, aus Abtsgräbern sind kaum Parallelen bekannt.

C. Fa.

29. Das Kloster und seine Besitzungen

Die Versorgung der einzelnen Klöster erfolgte nicht nur über die Produktionsstätten innerhalb der Klostermauern, sondern stützte sich zu einem erheblichen Teil auf außerhalb gelegene Wirtschaftsbetriebe, die der Grundherrschaft des Klosters unterstanden. Diese Klosterbesitzungen stammten zumeist einerseits aus dem Dotationsgut, mit dem der Stifter des Klosters seine Gründung ausgestattet hatte, andererseits aus Schenkungen eines Personenkreises, der für das eigene Seelenheil und das seiner Familie vorsorgen wollte. Der Grundbesitz war unentbehrlich für das Gedeihen der Klöster, die sich zumeist vom eigenen Anbau ernährten.

Eine Ausnahme stellen natürlich die Bettelordensklöster dar, die sich zur Besitzlosigkeit bekannt hatten, wiederum mit Ausnahme der Dominikanerinnen, die über Grundbesitz verfügen durften. So war etwa das Dominikanerinnenkloster in Tulln, die Stiftung König Rudolfs I. von Habsburg, einer der größten Grundbesitzer im heutigen Niederösterreich.

Durch diese Stiftungen, aus frommen Beweggründen getätigt, waren die Klöster im Mittelalter zu Grundherren geworden, und eine Anzahl von Äbten und Prioren saßen als kaiserliche Prälaten im Fürstenrang in den Landtagen, wo sie oft großen Einfluss auf die Reichs- und Landespolitik ausüben konnten.

Bei den Zisterziensern wurden alle außerhalb des Klosters liegenden Wirtschaftsbetriebe als „Grangien" bezeichnet (von frz. *grange* für eine große Scheune), ob es sich um landwirtschaftliche Gutshöfe, Weinbaubetriebe und -kellereien oder Schmelz- und Verhüttungsanlagen für die Metallherstellung handelte. Die Grangien unterstanden dem Cellerar des jeweiligen Klosters, der die Leitung an einen Konversen (Laienbruder) übertrug, den man aufgrund seiner Erfahrung und Zuverlässigkeit ausgesucht hatte. Die Arbeiten vor Ort wurden von Laienbrüdern, in späterer Zeit vorwiegend von Lohnarbeitern ausgeführt.

Jede Grangie umfasste außer den Nutzgebäuden Wohn- und Schlafräume sowie eine Kapelle.

Viele Klöster verfügten je nach Lage ihres Grundbesitzes und ihrer Handelsinteressen in einer oder mehreren Städten über Höfe unter der Leitung von erfahrenen Klosterangehörigen. Von diesen Höfen aus erfolgte die Verwaltung des Grundbesitzes und der Einkünfte aus dem Bereich der Städte, landwirtschaftliche Überschussprodukte wurden hier abgesetzt und die vom Kloster benötigten Waren eingekauft. Auch dienten sie als Quartiere für durchreisende und visitierende Klosterangehörige. Die meisten Klosterhöfe verfügten über eine eigene Kapelle.

Als Sonderform sind im Donauraum die so genannten Lesehöfe anzusehen, die auf die Weinproduktion spezialisiert waren und zumeist in innerstädtischen Bereichen angesiedelt waren. So wiesen manche Städte wie Krems oder Klosterneuburg bis zu 50 solcher Lesehöfe unterschiedlicher Klöster auf. Auch war es möglich, dass Klöster in mehreren Städten Lesehöfe besaßen. Im Fall des Hochstiftes Passau sind sowohl in Klosterneuburg als auch in Krems/Stein Lesehöfe bekannt. Als einziger Wirtschaftshof dieser Art konnte 1995/96 der Klosterneuburger „Passauer Lesehof" archäologisch untersucht werden.

M. Ka.

Der Lesehofkomplex des Dom- und Hochstiftes Passau in Klosterneuburg, ehemals Tullner Gasse, heute Kardinal-Piffl-Platz 8

Bei den am Kardinal-Piffl-Platz 8 in Klosterneuburg während der Umbauarbeiten für ein Kulturzentrum mit Museum durchgeführten Rettungsgrabungen konnten herausragende Ergebnisse erzielt werden. Unter den mittelalterlichen und neuzeitlichen Bauten und Schichten kamen die Überreste eines bislang unbekannten, weit nach Südwesten an den Fuß des Buchberges herangeschobenen Teiles des römischen Lagerdorfes der ersten drei nachchristlichen Jahrhunderte zutage. Westlich und vor allem östlich eines hangaufwärts führenden Weges, der randliche Gräbchen aufwies, zeichneten sich mannigfaltige Siedlungsobjekte im anstehenden Lehm ab, bemerkenswert vor allem ein durch Feuereinwirkung zerstörtes Kellerobjekt aus der 1. Hälfte des 2. Jahrhunderts n. Chr. und ein etwas später mit Brandrückständen verfüllter Brunnenschacht.

Die römischen Gruben und Schichten überlagernd wurden Reste von sechs mittelalterlichen Bauten freigelegt und dokumentiert, die sich durch historische Nachforschungen als Relikte eines mittelalterlichen Weinlesehofes des Dom- oder Hochstiftes Passau identifizieren ließen. Schon für das 12. Jahrhundert wird berichtet, dass sich die Weine des Landes unter der Enns eines „sehr vorteilhaften Rufes" erfreuten. 1491 schreibt Ladislaus Sunthaym: „die stat hat vil und gueten wein wachs". Im Bereich der Stadt Klosterneuburg und ihrer Katastralgemeinden hatten adelige Geschlechter, aber vor allem Stifte und Klöster reiche Weingartenbesitzungen. In ihrem Mittelpunkt standen so genannte Lesehöfe. Von ihnen wurde die Bewirtschaftung der Riede vorangetrieben, die zwingend dazugehörigen Presshäuser dienten der Produktion und entsprechende Kellerräumlichkeiten zur Lagerung der Weinfechsung. Sie waren jedoch gleichzeitig auch Verwaltungsmittelpunkt der jeweiligen Besitzungen und verfügten – wenn sie unter geistlicher Hoheit standen – häufig über eigene Kapellen. Im Mittelalter und in der folgenden Neuzeit existierten in Klosterneuburg nebeneinander etwa 40 landesfürstliche, weltlich/adelige und schwerpunktmäßig geistliche Lesehöfe.

Von einem ersten mächtigen, fast 30 m langen Steingebäude des 13. Jahrhunderts, dem urkundlich genannten „Chorhof" oder „Steinhaus" ausgehend, entwickelte sich durch Zukäufe und Zubauten ein ummauerter Wirtschaftskomplex von beträchtlicher Größe, der jedoch 1529 vor oder während der ersten Türkenbelagerung durch Feuer zerstört beziehungsweise abgerissen worden war.

Der ursprünglich dreijochige, etwa 30 m lange und 9 m breite Chorhofbau A mit der Kapelle mit einem Fliesenboden im Obergeschoss, war außen bis auf Eckverstärkungen (= Lisenen) ungegliedert. Er kann aufgrund dieser altertümlichen Züge noch in die 2. Hälfte des 13. Jahrhunderts datiert werden. Dagegen ist das nördlich benachbarte, 12 × 8 m messende Kellergebäude B mit seinem fortschrittlicheren Strebepfeilersystem am Beginn des 14. Jahrhunderts entstanden, ebenfalls ein Turm und eine ihm angeschlossene Mauer mit Laufgang.

Während die nur teilweise in das Museumsareal hineinreichenden mittelalterlichen Mauerreste des Hauptgebäudes nicht im Original erhalten werden konnten, wurde das Untergeschoss des Kellergebäudes B denkmalpflegerisch mustergültig restauriert und in den Neubau mit einbezogen.

Bemerkenswert ist weiters, dass in dem Passauer Lesehof neben der Kelterung von Wein im 14. Jahrhundert auch Devotionalien in Form beinerner Gebetsperlen von einem so genannten Paternosterer (Kat. Nr. 29.5) in großem Stil erzeugt wurde.

Unter den zahlreichen Keramik- und Metallfunden aus der Gründungsphase des Lesehofes im 13. Jahrhundert und der Bestandszeit vom 14. bis 16. Jahrhundert (1529) wäre besonders ein Siegelring aus Silber mit Vergoldung (um 1300) und ein Schlüsselhalter in Form eines Edelmannes (Kat. Nr. 29.4) zu erwähnen.

Der ursprünglich passauische Besitz umfasste lediglich den erwähnten, mächtigen, zum Buchbergabhang zurückversetzten Wirtschaftsbau. Dieser war wohl von seinen Anfängen im 13. Jahrhundert an aus Sandsteinen aufgeführt, da schon 1324 für die Lokalisierung der angrenzenden Weingärten die Angabe „retro Stainhaus" verwendet wurde (Stiftsarchiv Klosterneuburg, GB 2/1/1v). 1454 heißt es dann im Grundbuch des Kelleramtes „Hindterm Stainhaus oder Korhof". Bis Ende des 14. Jahrhunderts erweiterte das Stiftskapitel von Passau den bisherigen Chorhof durch zwei Zukäufe zu einem regelrechten Lesehofkomplex.

Nach den Eintragungen in den Grundbüchern des Stiftes Klosterneuburg von 1454/55 fehlen für über 100 Jahre jegliche weitere Nachrichten vom Schicksal des Lesehofkomplexes. Erst in einem heute im Bayerischen Hauptstaatsarchiv verwahrten vierseitigen Brief vom 9. Juli 1551 berichtet der Dompropst von Passau, Christoff von Trenbach, dem Domdechant Bernhard Schwarz anlässlich eines Lokalaugenscheines in Klosterneuburg von Streitigkeiten um den „öden Fleckh" des „Chorhöfleins", wo Jahre davor ein inzwischen abgebrochenes Haus gestanden sei. 1587 wird auch im Grundbuch des Spitalamtes des Stiftes Klosterneuburg vom öden Chorhof, einer „Prantstatt" und einer Hofstatt, wo einst ein Haus gestanden war, gesprochen.

Aus diesen Hinweisen und aus den archäologischen Beobachtungen scheint hervorzugehen, dass höchstwahrscheinlich in der 1. Hälfte des 16. Jahrhunderts – wohl im Zusammenhang mit den Ereignissen um die 1. Türkenbelagerung von 1529 – der Hofkomplex vielleicht nach einer systematischen Räumung und nach zusätzlichen Brandeinwirkungen abgebrochen worden ist, so dass er ab 1551 als „öd" bezeichnet wird. Nachdem ein Neubau nicht mehr in Frage kam, wurde das Gelände in der Folge – zum Teil auch mit Abfallmaterialien – einplaniert. Mit dem am 29. März 1719 erfolgten Verkauf der gesamten zum Obst- und Grasgarten gewordenen Chorhofliegenschaft an Georg Wilhelm von Londes endete schließlich der über Jahrhunderte währende Besitz der Domherrn von Passau an der Tullner Gasse.

Als eigentliche Sensation der Rettungsgrabung kann die Auffindung von 1238 zum Teil glasierten und figural verzierten keramischen Bodenfliesen mit annähernd quadratischer Grundform (18,4 × 18,1 × 3,6 cm bei 2 kg im Durchschnitt) im Untergeschoss des mittleren Joches des Chorhofbaues bezeichnet werden. Durch eine verfeinerte Grabungs- und Dokumentationstechnik und der daraufhin möglichen EDV-gestützten Auswertung konnte nicht nur die Tatsache des durch Feuer verursachten Absturzes aus dem ehemaligen Hauptraum der Kapelle im Obergeschoss, sondern aufgrund des Verbruchmusters auch das Brandgeschehen detailliert rekonstruiert werden (Kat. Nr. 23.5).

Die geborgenen 1238 Einzelteile des einstigen Bodenbelages des Hauptraumes der Kapelle – etwa 80% der ursprünglichen Stückzahl – bestanden aus glasierten und unglasierten glatten Keramikplatten sowie aus Reliefliesen mit ockerfarbenen, braunen und grünen Überzügen (Kat. Nr. 23.23–23.36).

Literatur:

J.-W. Neugebauer et al., Von der Herren Hof von Passau. Vom römischen Lagerdorf zum mittelalterlichen Lesehof, Katalog des Stadtmuseums Klosterneuburg, Klosterneuburg 1998.

29.1 Überblick über das Grabungsgelände

Foto: Bundesdenkmalamt, A. Schumacher

Die Übersicht zeigt die freigelegten Grundmauern des mittelalterlichen Lesehofkomplexes. Links das Gebäude A – „Chorhof" mit Rest der Bodenfliesenlage, rechts Kellergebäude mit Brandspuren von Fässern, im Innenhofbereich neuzeitlicher Keller.

29.2 Rekonstruktionsversuch des Lesehofkomplexes

Entwurf: R. Koch, Grafik: K. Audetat

Rekonstruktionsversuch des Lesehofkomplexes am Areal Kardinal-Piffl-Platz 8 im ausgehenden Mittelalter nach archäologischen Befunden und bauhistorischen Überlegungen: von links nach rechts „Chorhof", Turm, Begrenzungsmauer mit Laufgang, Kellergebäude und jüngerer Arkadenbau.

29.3 Baualterplan

Entwurf: R. Koch, Ausführung: M. Imam und Chr. Neugebauer-Maresch

29.4 Schlüsselhalter

15. Jahrhundert
Bronze, grün patiniert, erhaltene Höhe 7,5 cm
Stadtmuseum Klosterneuburg, Grabungen Kardinal-Piffl-Platz 8, Inv. Nr. 3.
Foto: Bundesdenkmalamt, A. Schumacher

Kat. Nr. 29.1

Lesehofkomplex des Dom- oder Hochstiftes Passau

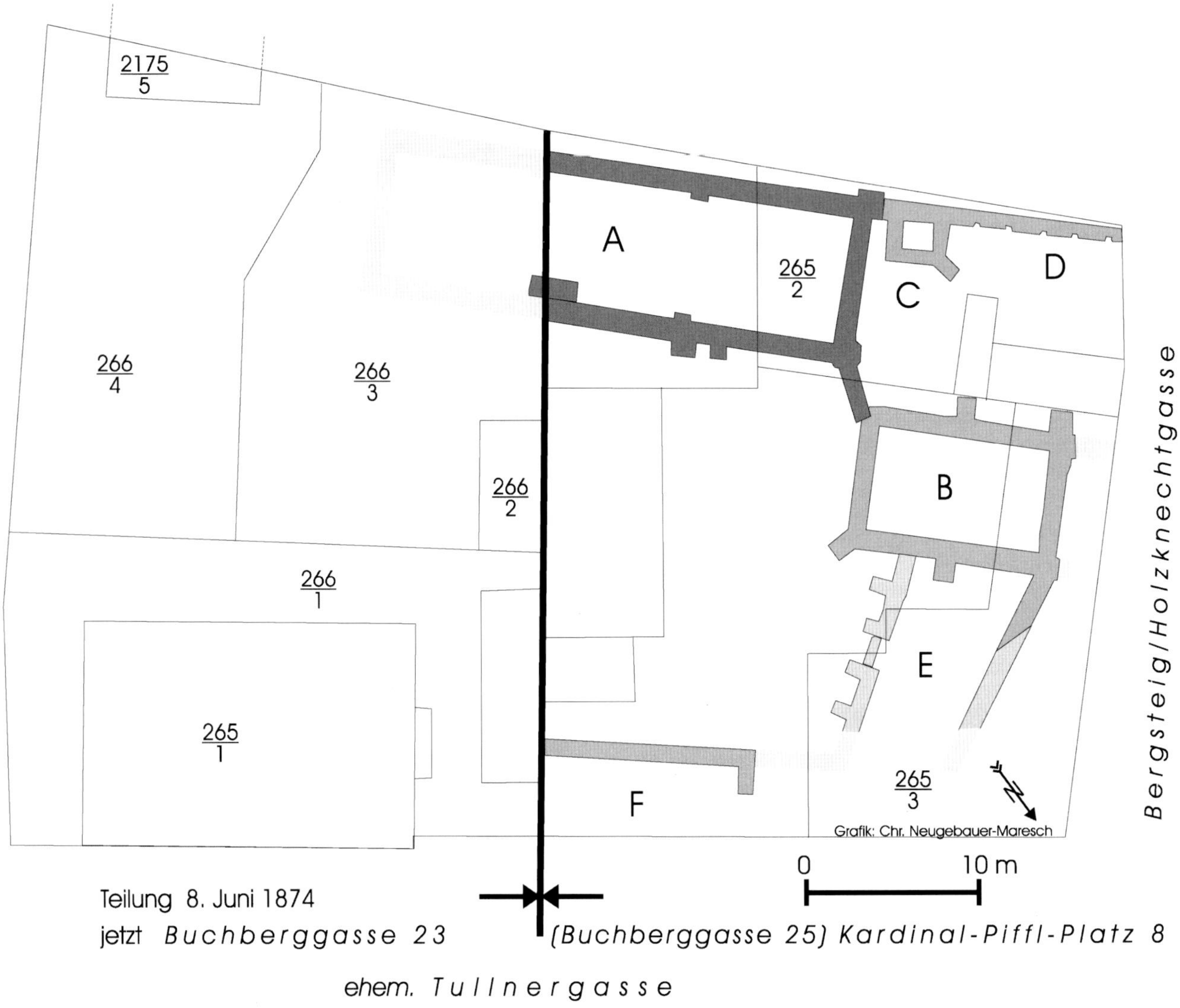

A "Chorhof" oder "Stainhaus", ab der 2. Hälfte des 13. Jhdts., mit graphischer Ergänzung der Baumassen eines 3. Joches auf Parz. 266/3

B Kellergebäude, 1. Drittel 14. Jhdt.

C Turm, 1. Drittel 14. Jhdt.

D Begrenzungsmauer mit Laufgang, 1. Drittel 14. Jhdt.

F Quertrakt, mittelalterlich

E Arkadenbau, 2. Hälfte 15. Jhdt.

Kat. Nr. 29.3

Kat. Nr. 29.2

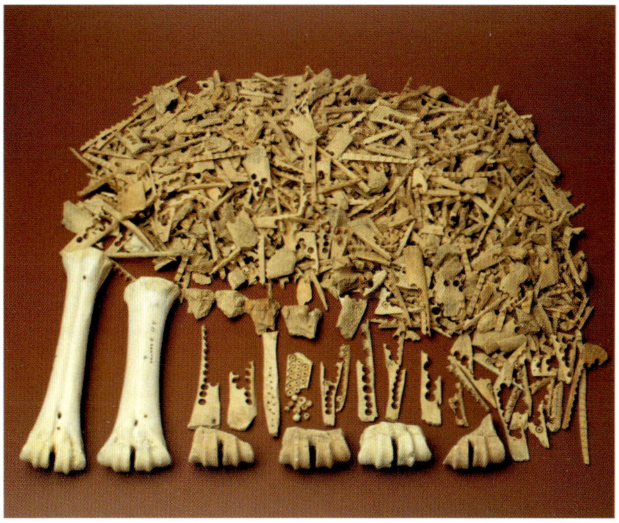

Kat. Nr. 29.5

Kat. Nr. 29.4

Kat. Nr. 29.6

Dargestellt ist in flachem Relief ein Edelmann, auf einer Maske mit drei teils abgenützten Schlüsselringen stehend. Der Kopfteil fehlt.

29.5 Relikte einer Gebetsperlenproduktion

14./15. Jahrhundert
Knochen
Stadtmuseum Klosterneuburg, Grabungen Kardinal-Piffl-Platz. 8, Inv. Nr. 283
Foto: Bundesdenkmalamt, A. Schumacher

Als Relikte der Gebetsperlenproduktion eines so genannten Paternosterers sind die Metapodien von Rindern mit Zerlegungs- und Bearbeitungsspuren anzusehen: abgehackte Gelenksenden, gespaltene Schaftteile mit Anbohrungen sowie zahlreiche Reststücke nach dem Herausdrechseln der Perlen.

29.6 Wasserkrug

1. Hälfte 16. Jahrhundert
Schwarzhafnerware, Höhe 41 cm
Stadtmuseum Klosterneuburg, Grabungen Kardinal-Piffl-Platz 8, Inv. Nr. 313
Foto: Bundesdenkmalamt, A. Schumacher

Hohes Standbodengefäß mit eingezogenem Hals und verdicktem, waagrecht abgeschnittenem und innen gekantetem Rand mit Ausguss-Schneppe, Henkel von der Schulter bis zur oberen Halspartie mit eingestempelter Töpfermarke (Halbrundschild, unter einem schwebenden Balken ein Kreuz, das rechts oben und links unten von einer Kugel begleitet wird).

J. Ne.